Theorienvergleichende Rekonstruktion mikroökonomischer Modelle zum Arbeitsangebot privater Haushalte

Europäische Hochschulschriften
Publications Universitaires Européennes
European University Studies

Reihe V
Volks- und Betriebswirtschaft

Série V Series V
Sciences économiques, gestion d'entreprise
Economics and Management

Bd./Vol. 2966

PETER LANG
Frankfurt am Main · Berlin · Bern · Bruxelles · New York · Oxford · Wien

Mirjam Jaquemoth

Theorienvergleichende Rekonstruktion mikroökonomischer Modelle zum Arbeitsangebot privater Haushalte

PETER LANG
Europäischer Verlag der Wissenschaften

Bibliografische Information Der Deutschen Bibliothek
Die Deutsche Bibliothek verzeichnet diese Publikation in der Deutschen Nationalbibliografie; detaillierte bibliografische Daten sind im Internet über <http://dnb.ddb.de> abrufbar.

Zugl.: München, Techn. Univ., Diss., 2002

D 91
ISSN 0531-7339
ISBN 3-631-51008-X

www.peterlang.de

Vorwort

Die vorliegende Arbeit ist an vielen verschiedenen Orten entstanden. Mein Dank gilt all denen, die dieses Vorhaben beharrlich mitgetragen haben.

Ganz besonders zu danken habe ich meinem Doktorvater Herrn Prof. Dr. Georg Karg für seine vertrauensvolle und fachliche Begleitung der Arbeit. Trotz der räumlichen Distanz war er stets ein ausgesprochener Förderer des Vorhabens, seine Bereitschaft zur Unterstützung und die Qualität der mit ihm geführten Diskussionen ist gewiss außergewöhnlich gewesen. Besonderer Dank gebührt ferner meiner Lehrerin Frau Prof. Dr. Barbara Seel, die mein wissenschaftliches Interesse bereits im Studium geweckt und in Richtung der Dissertation gefördert hat. In ihrer Obhut ist dann auch die erste Konzeption dieser Arbeit entstanden. Als Gutachterin stand sie mir ebenso im Weiteren stets mit Rat und Tat zur Seite. Herrn Prof. Dr. Martin Moog danke ich ganz herzlich dafür, das Amt des dritten Prüfers übernommen zu haben. Mein weiterer Dank gilt dem Vorsitzenden der Prüfungskommission, Herrn Prof. Dr. Hannes Weindlmeier, für seine Mitwirkung am Promotionsverfahren.

Nicht zu vergessen seien meine Arbeitgeber, die Universität Dortmund, die Verbraucher-Zentrale NRW e.V. sowie die Fachhochschule Osnabrück, die für mein Vorhaben der „nebenberuflichen" wissenschaftlichen Qualifizierung viel Verständnis zeigten und mich darin nach ihren Kräften unterstützt haben.

Zu guter Letzt ein herzlicher Dank all denen, die zwar nichts mit der wissenschaftlichen Seite des Vorhabens zu tun hatten, ohne deren Ermunterung und Begleitung der mehrjährige Kraftakt aber mit Sicherheit kaum zu schaffen gewesen wäre.

Inhaltsverzeichnis

I Einleitung

„Mir gefällt das ganze modische ‚positivistische' Kleben am Beobachtbaren überhaupt nicht. Ich halte es für trivial, daß man auf atomistischem Gebiete nicht beliebig genau prognostizieren kann, und denke, daß Theorie nicht aus Beobachtungsresultaten fabriziert, sondern nur erfunden werden kann (wie Sie übrigens auch) (...). Meiner Meinung nach ist die gegenwärtige prinzipiell statistische Beschreibung nur ein Durchgangsstadium. Ich möchte nochmals sagen, daß ich Ihre Behauptung, daß aus einer deterministischen Theorie keine statistischen Sätze gefolgert werden können, nicht für richtig halte. Denken Sie nur an die klassische statistische Mechanik (Gastheorie, Theorie der Brown'schen Bewegung). Beispiel: ein materieller Punkt läuft gleichförmig auf einer geschlossenen Kreisbahn; ich kann die Wahrscheinlichkeit rechnerisch bestimmen, ihn zu einer bestimmten Zeit auf einem bestimmten Teil der Peripherie anzutreffen. Wesentlich ist nur, daß ich den Anfangszustand nicht oder nicht genau kenne!"[1]

Diese Ausführungen zum Verhältnis von Theorie und Empirie im Allgemeinen könnten den aktuellen Sach- und Streitstand in der Theorienbildung auf jedem Gebiet, auch auf dem Gebiet des Arbeitsangebots[2], beschreiben. Bemerkenswerterweise stammen sie aus einem Brief von Einstein an Popper aus dem Jahre 1935. Nahezu zeitgleich ist der Ursprung der Theorien und Modelle zum Arbeitsangebot anzusetzen, nämlich mit der Arbeit von Robbins (1930).

In der Bundesrepublik Deutschland wurde der Analyse des individuellen Arbeitsangebots seit Beginn der 80er Jahre des letzten Jahrhunderts, insbesondere durch die Wirtschafts- und Sozialpolitik, ein vermehrtes Interesse entgegengebracht. Der Strukturwandel der Erwerbsarbeit, v. a. die langfristig andauernde Massenarbeitslosigkeit, die Zunahme informeller Beschäftigungsverhältnisse und die veränderten subjektiven Einstellungen zur Erwerbsarbeit, insbesondere bei Frauen, sowie der Wandel in Bevölkerung und Gesellschaft, hier v. a. der Geburtenrückgang, die Zunahme von Ehescheidungen sowie die wachsende Anzahl neuer Lebensgemeinschaften, haben dies bedingt. Diesen Veränderungen angemessen zu begegnen, gilt heute mehr denn je als politische Herausforderung[3].

Hier sind verstärkt Erklärungsmodelle erforderlich, die der Vielfalt des Phänomens der Erwerbsbeteiligung gerecht werden. Die traditionelle neoklassische Theorie des Arbeitsan-

---

[1] Einstein (1935), S. 412 ff.

[2] In der klassischen Literatur über Gütermärkte wird eigentlich zwischen Angebot (d. h. der Funktionsgleichung) und angebotener Menge (d. h. der abhängigen Variable der Funktionsgleichung) unterschieden, insbesondere, wenn Änderungen betrachtet werden. Demgegenüber wird in der Arbeitsmarktökonomik fast immer nur von dem Arbeitsangebot gesprochen (siehe u. a. Franz (1991) und Schumann (1987)). Solange die Funktionsgleichung für das Arbeitsangebot als konstant angenommen werden kann, wird hier daher gleichermaßen verfahren und der Einfachheit halber auch in Bezug auf die angebotene Menge von Arbeitsangebot gesprochen.

[3] Siehe beispielhaft Matthies et al. (1994).

gebots, die ihr Augenmerk auf den direkten Zusammenhang zwischen Lohnsatz und angebotener Arbeitsmenge richtet, scheint diesem Anspruch nicht hinreichend zu genügen. Jedenfalls sind in den letzten beiden Jahrzehnten solche mikroökonomischen Erklärungsansätze populär geworden, die den sozioökonomischen Kontext des Arbeitsmarktgeschehens, und hier vor allem den Haushaltskontext, mitberücksichtigen[4]. Begünstigt wurden dadurch verschiedene Tendenzen einer Reformulierung der Theorie des Haushalts[5].

Schon vor längerer Zeit forderte Seel (1984b), dass für realitätsnähere Aussagen zur Arbeitsteilung im Haushalt weitere Differenzierungen in die bestehenden Erklärungsansätze eingeführt werden sollten, u. a. solche zur Beschreibung der sehr komplexen Strukturen von Konsumtechnologien[6]. In der Modellbildung hat sich seitdem Weiteres getan. So hat Hufnagel (2001), der anmerkt, dass die Methoden der moderneren Ansätze bisher zu wenig Anwendung gefunden haben, die traditionelle, neoklassische Stone-Geary-Nutzenfunktion entsprechend zu einem produktionstheoretisch begründeten Stone-Geary-Gossen-Lancaster-Modell expliziert. Seine Überlegungen zu den Anwendungmöglichkeiten dieser Explikation beziehen sich in erster Linie auf die mikroökonomische Nachfrageanalyse. In Beispielen zeigt er aber, dass sich aus dem Modell u. a. auch neue Möglichkeiten für die empirische Untersuchung des Arbeitsangebots ergeben können[7]. Nichtsdestoweniger liegen zu der Problematik des individuellen Arbeitsangebots im Haushaltskontext insgesamt nach wie vor nur recht grob gefasste Erklärungsansätze vor, wie dann auch Seel (2001) unlängst neuerlich zum Ausdruck gebracht hat. Die Modellannahmen lägen zu einem guten Teil „im Bereich der Spekulation", die Kausalität der herangezogenen Konstrukte ließe zu wünschen übrig, sodass die Schlussfolgerungen insgesamt „im Bereich des Beliebigen" blieben[8].

Dieser Mangel betrifft aber in erster Linie die auf deduktivem Weg abgeleiteten Erklärungsansätze, also einzelne deduktiv-nomologisch begründete Aussagen oder Aussagesysteme (d. h. Theorien und Modelle). Empirische Studien auf der Grundlage induktiv-statisti-

---

[4] Zur Einbeziehung des Haushaltskontexts siehe im deutschsprachigen Raum die zahlreichen Arbeiten auf der Basis des „Sozio-oekonomischen Panels" (SOEP); richtungsweisend war hier v. a. Merz (1989, 1990).

[5] Siehe v. a. die in den 80er Jahren innerhalb der bundesdeutschen Haushaltsökonomik entstandene Diskussion um die angemessene Erfassung der Wechselbeziehungen zwischen Erwerbsarbeit und Hausarbeit, die u. a. getragen wurde von Hesse (1983) und der Erwiderung von Seel (1984a), sowie durch Seel (1984b), Peters-Wellmer (1984) und Krüsselberg/Auge/Hilzenberger (1986).

[6] Siehe Seel (1984b), S. 12.

[7] Siehe Hufnagel (2001), insbes. S. 9 ff. und S. 222.

[8] Siehe Seel (2001), S. 57.

scher Erklärungsansätze sind nicht nur vergleichsweise zahlreicher[9], sondern sie unterliegen in ihrer Begründung auch anderen Kriterien. Induktiv-statistische Ansätze schenken vor allem Tatsachenfragen Beachtung, deduktiv-nomologische Ansätze indes den Geltungsfragen[10]. Tatsachen können widersprüchlich sein. Das ist der Grund, weshalb die vergleichsweise zahlreicheren induktiv-statistischen Aussagesysteme in ihren Annahmen, Aussagen und Schlussfolgerungen tatsächlich erheblich variieren und sich teilweise widersprechen. Aus der Sicht der deduktiv-nomologischen Forschungslogik kann das Nebeneinander von Erklärungen, die logisch nicht miteinander in Einklang stehen, allerdings nicht zufrieden stellen. Von dieser Seite besteht daher ein Interesse, herauszufinden, ob und wie sich die existierenden Annahmen, Aussagen und Schlussfolgerungen der induktiv-statistischen Aussagesysteme durch logischen Vergleich sicher begründen lassen. Gleichwohl gibt es auch Stimmen, die angesichts der Unsicherheit, mit der Daten insbesondere in den Wirtschaftswissenschaften behaftet sind, fordern, dass sich die angewandte Mathematik vollständig vom deduktiv-nomologischen zum induktiv-statistischen Schließen umorientieren sollte[11].

Trotz der mannigfaltigen Entwicklungen könnte man in den Worten von Einstein (1935) sagen, dass die ökonomischen Aussagesysteme zum Arbeitsangebot durch ihr "Kleben an Beobachtbarem" insgesamt zu einer gewissen Theorielosigkeit neigen. Der Grund liegt darin, dass die zahlenmäßig dominierenden induktiv-statistischen Ansätze den datenbeschreibenden Charakter der Modelle methodisch in den Vordergrund ihrer Analyse stellen[12]. Gemeint ist also nicht das Fehlen von Modellen. Sondern es mangelt einerseits an einzelnen Modellen, die enger an theoretischen Konzeptionen angelehnt sind, andererseits an der theorienvergleichenden Rekonstruktion der bereits existierenden Modelle. Mit dem Begriff der Rekonstruktion sollen hier bestimmte theorienvergleichende Verfahren bezeichnet werden. Sie sind dadurch festgelegt, dass sie die ursprünglichen Konzeptualisierungsleistungen der zu vergleichenden Theorien und der dazugehörenden Modelle innerhalb eines einheitlichen Bezugssystem nachbilden. Durch die sich darin darbietende Menge von untereinander abhängenden Aussagesystemen soll erkennbar werden, welche logischen Beziehungen (z. B. Äquivalenz, Ableitbarkeit, Vereinbarkeit, Widerspruch)[13] zwischen den Modellen und den

---

9 Den aktuellen Stand gibt das Werk von Kooremann/Wunderink (1997) wieder; hinsichtlich der wichtigsten empirischen Arbeiten ist nach wie vor Bartenwerfer (1990) aktuell.

10 Vgl. Popper (1994), S. 6.

11 Vgl. Dinges (2001), S. 173 ff.

12 Siehe hierzu auch der Überblick von Hayo (1997), S. 266-289, über die wesentlichen Ansätze in der Ökonometrie. Danach ist die Kritik der Theorielosigkeit ökonometrischer Modelle zumindest innerhalb der Methodologie der Ökonometrie nicht neu.

13 Vgl. Popper (1994), S. 7.

ihnen zu Grunde liegenden Theorien bestehen. Noch Arni (1989) bemerkte, dass, ungeachtet der seinerzeit in der allgemeinen Wissenschaftstheorie intensivierten Diskussion um Fragen eines einheitlichen, empirisch begründeten Theorienzusammenhangs, die Ökonomik hiervon bis dahin noch keinerlei Notiz genommen hätte[14].

Dieser Mangel verwundert umso mehr, als in den Sozialwissenschaften auf dem Kasseler Soziologentag 1974, zumindest mit Bezug auf die Soziologie, bereits eine sehr lebhafte Diskussion um den Theorienvergleich stattgefunden hat. Dieser war unter anderem verbunden mit dem Versuch, die Bedeutung der theorienvergleichenden Rekonstruktion von Aussagesystemen für den Erkenntnisfortschritt einer Wissenschaft genauer zu bestimmen. Die Bedeutungen können sehr unterschiedlich sein. Sie können darin gesehen werden,[15]

- die Konzeptualisierungsleistung eines bestimmten Aussagesystems in die eines anderen zu übersetzen unter Kennzeichnung von Überschneidungen, Abweichungen und Leerstellen;
- die einzelnen Aussagesysteme gemeinsam und wechselseitig nachzubilden, um deren jeweils zu Grunde liegende Konzeptualisierungsleistung und Reichweite aufzudecken;
- die im jeweils anderen Aussagesystem entwickelten und geprüften Gesetzesaussagen im eigenen Bezugssystem nachzuvollziehen oder
- ein konsensfähiges, gemeinsames Bezugssystem zu schaffen, innerhalb dessen die wesentlichen Elemente der verschiedenen Aussagesysteme gleichermaßen rekonstruiert werden können.

Der zunächst in der sozialwissenschaftlichen Grundwissenschaft der Soziologie angestrebte Theorienvergleich war mit der Erwartung verknüpft, die Leistungsfähigkeit von sozialwissenschaftlichen Theorien dadurch insgesamt zu erhöhen, dass Redundanzen beseitigt und bis dahin scheinbar unverbundene Theorien zu Theorien höheren Allgemeinheitsgrades zusammengefasst werden könnten.[16]

Der Mangel an analogen Bestrebungen in der Ökonomik könnte unter Umständen an den organisatorischen Strukturen der empirischen Wirtschaftsforschung liegen. Der Wissenschaftsrat bemerkte hierzu in einer Stellungnahme, dass an den Hochschulen in Deutschland zwar mittlerweile eine beträchtliche Zahl von Instituten und Lehrstühlen eingerichtet wurden, die explizit für empirische Wirtschaftsforschung ausgewiesen sind, diese aber noch nicht zur Standardausstattung der Hochschulen gehören. Träger der empirischen Wirt-

---

[14] Siehe Arni (1989), S. 49.

[15] Siehe Hondrich/Matthes (1978), S. 15 ff.

[16] Siehe Hondrich (1976), S. 19.

schaftsforschung seien überwiegend die Wirtschaftsforschungsinstitute der Blauen Liste[17]. Direkte Überschneidungen zwischen den Aufgabenfeldern der empirischen Forschung an den Hochschulen und in den Wirtschaftsforschungsinstituten seien dabei nicht zu beobachten. So mangele es in den Hochschulen an kontinuierlichen empirischen Arbeiten und in den Wirtschaftsforschungsinstituten an theoretischen Arbeiten. Die Kooperation von Instituts- und Hochschulforschung in den Wirtschaftswissenschaften sollte daher enger geknüpft und intensiviert werden.[18] Denn für den praktisch orientierten Wissenschafter sind konkurriende theoretische Ansätze und Fragen der „richtigen" Methodik zur Analyse eines bestimmten Sachverhaltes oft nur eine Randerscheinung[19]. An anderer Stelle wird der zu wenig geregelte Zugang zu den mit öffentlichen Mitteln finanzierten Daten als das Hauptproblem der Zusammenarbeit zwischen empirischer Wirtschaftsforschung und Wirtschaftstheorie gesehen[20]. Für die vorliegende Fragestellung bedeutet der festgestellte Mangel, dass Arbeiten der ökonomischen Theorien- und Modellbildung, die traditionell zum Arbeitsschwerpunkt der Hochschulen zählen, in Deutschland nur punktuell mit Fragestellungen der empirischen Wirtschaftsforschung in Berührung kommen.

Die meisten Arbeiten zum Arbeitsangebot stammen aus den USA. Dort ist die Verflechtung zwischen Universitäten und außeruniversitären Einrichtungen wesentlich größer. Empirische Wirtschaftsforschung, die von den Universitäten geleistet wird, besteht in den USA aber zu einem erheblichen Teil aus Auftragsarbeiten und wird wesentlich über diese finanziert. Hieraus erklärt sich ein nachrangiges Interesse an der empirische Überprüfung von Aussagesystemen. Im Vordergrund steht das Sammeln und Aufbereiten von Datenmaterial für die Politikberatung.[21]

Der zweite Absatz des eingangs zitierten Briefes von Einstein an Popper beschäftigt sich mit dem gleichfalls aktuell gewordenen Forschungsproblem, ob und inwieweit es angesichts unseres Nichtwissens wissenschaftlich gerechtfertigt ist, aus einer deterministischen (= deduktiv-nomologischen) Theorie stochastische (= statistische) Schlussfolgerungen zu ziehen. Für Einstein ist die Notwendigkeit, Theorien statistisch zu formulieren, allein dadurch gegeben, dass wir nicht alles wissen und dennoch möglichst exakte Prognosen benötigen. Den großen prognostischen Erfolg von Wahrscheinlichkeitsansätzen stellt Popper nicht in

---

[17] Zur Wissenschaftsgemeinschaft Blaue-Liste (heute Gottfried Wilhelm Leibniz Gemeinschaft) gehören außeruniversitäre Forschungsinstitute und Serviceeinrichtungen, die wegen ihrer überregionalen und gesamtstaatlichen Bedeutung von Bund und Ländern gefördert werden.

[18] Vgl. Wissenschaftsrat (1998), v. a. S. 14 ff.

[19] Siehe hierzu die Kritik von Hayo (1997), S. 267.

[20] Siehe hierzu das als Reaktion auf die Stellungnahme des Wissenschaftsrat verfasste Memorandum von Hauser/Wagner/Zimmermann (1998), v. a. S. 371 ff.

[21] Vgl. Wissenschaftsrat (1998), v. a. S. 17 ff.

Frage[22]. Nach seiner Ansicht dürfe dieser jedoch nicht darüber hinwegtäuschen, dass statistische Aussagen sich nicht falsifizieren lassen. Daher sollten sie von der empirischen Wissenschaft nicht als empirisch-wissenschaftlich anerkannt werden.[23]

Dies sind die Ausgangspunkte und Zielsetzungen der vorliegenden Arbeit:

Auf dem Gebiet des Arbeitsangebots bestehen schon seit längerer Zeit genügend Gründe für die Notwendigkeit, Gesetzesaussagen der Induktionslogik folgend statistisch zu formulieren, anstatt sie auf deduktivem Wege aus bestehenden Theorien und Modellen abzuleiten[24]. Denn trotz und zugleich wegen der mittlerweile komplexer gewordenen Modelle fehlt es immer noch an gesicherten Kenntnissen der tiefer liegenden Gesetzmäßigkeiten. Zum einen unterliegt die zu erklärende Realität selbst - infolge der Auflösung der Beschäftigungsmuster der traditionellen Arbeitsgesellschaft und dem Aufkommen neuer Lebensformen - einem ständigen Veränderungprozess[25]. Zum anderen sind die entwickelten, komplexeren Modelle zwar prinzipiell leichter zu falsifizieren, weil sie in ihren Erklärungen den realen Zusammenhängen näher kommen könnten. Ihre Entwicklung hat aber zugleich das Problem fehlender empirischer Daten zu diesen realen Zusammenhängen aufgeworfen[26], sodass es heute nahezu unmöglich geworden ist, die als realitätsnäher geltenden, komplexeren Modelle empirisch zu testen.

Wegen der Notwendigkeit des Aufstellens von Gesetzesaussagen auf induktivem Wege dürfte eine Vielzahl von Modellen existieren, die, weil sie nicht aus anderen deduziert wurden, redundant oder noch nicht miteinander verbunden sind. Hinsichtlich der Gültigkeit dieser Modelle hat sich ein pragmatischer Standpunkt durchgesetzt, entsprechend dem, den seinerzeit Einstein gegenüber Popper vertreten hatte. Danach werden in der empirisch-wissenschaftlichen Analyse auch Modelle aus statistischen Gesetzesaussagen akzeptiert, mit der Einschränkung, dass ihre Verwerfung im Gegensatz zu der Falsifikation deduktiv abgeleiteter Gesetzesaussagen bzw. Modelle als prinzipiell provisorisch gilt. Kommen neue Daten hinzu, verlangt dies eine neue Überprüfung[27]. Brandes (1985) spricht in diesem Zusammenhang in Anlehnung an Stegmüller (1973) von der „logischen Kluft zwischen der Falsifikation einer deterministischen und der Verwerfung einer stochastischen Hypothese“[28]. Damit haben deduktiv-nomologisch und induktiv-statistisch begründete Modelle

---

22 Siehe hierzu Popper (1994), S. 145.

23 Siehe hierzu Popper (1994), S. 47 ff. und 425 ff.

24 Zu den Gründen für diese Notwendigkeit im Allgemeinen vgl. Stegmüller (1969), S. 490.

25 Vgl. hierzu u. a. Matthies et al. (1994).

26 Vgl. zu der Datenproblematik Juster/Stafford (1991), S. 488 u. 511 ff.

27 Siehe dazu des Näheren Stegmüller (1973), S. 50.

28 Siehe Brandes (1985), S. 125; vgl. dazu auch Stegmüller (1973), S. 50.

immer auch einen unterschiedlichen Wahrheitsanspruch. Die erstgenannten Modelle beanspruchen, dass ihre Folgerungen wahr sind, die letztgenannten, dass diese wahrscheinlich sind. Vorliegend wird gezeigt, dass diese Kluft zwar nicht überwunden werden kann, jedoch durch die gewählte Vorgehensweise deutlich an Bedeutung verlieren könnte.

Ziel der Arbeit ist es, die Güte der mikroökonomischen Modelle zum Arbeitsangebot privater Haushalte im theorienvergleichenden Zusammenhang und damit in Relation zueinander zu ermitteln. Um entscheiden zu können, welches Modell die Realität am besten erklärt und voraussagt, muss festgelegt werden, wie die Güte der Übereinstimmung eines Modells mit der Realität geprüft werden kann. Grundsätzlich existieren hierzu zwei Möglichkeiten. Die Güte eines Modells kann bestimmt werden anhand einer Prüfung der Übereinstimmung seiner Annahmen mit der Realität und/oder anhand einer Prüfung der Übereinstimmung seiner der Folgerungen/Prognosen mit der Realität[29]. Hinsichtlich der deduktiv-nomologisch begründeten Modelle wurde in der Ökonomik lange Zeit die Ansicht vertreten, dass es hier auf eine Übereinstimmung der Annahmen mit der Realität nicht ankomme[30]. Eine vergleichende Prüfung beider Modelltypen über die erstgenannte Alternative wurde mithin als fruchtlos angesehen. Ein Vergleich ihrer Prognosegüte ist wegen der logischen Kluft zwischen den Modelltypen ebenfalls nicht möglich. Als praktikable und erfolgversprechende Strategie zur Bewältigung dieses Problems wird vorliegend eine Kombination aus Gehaltsmaximierung und Faktualisierung angesehen. Hierbei handelt es um zwei alternative Verfahren der theorienvergleichenden, modellexternen Prüfung.

Das erste Verfahren bestimmt die wesentlichen Beziehungen zwischen den Annahmen und Folgerungen eines Aussagesystems (eines Modells oder einer Theorie) als logische Implikationen, die sich auf deduktivem Wege strukturell noch weiter spezifizieren lassen. Die Bedeutung der Gehaltsmaximierung wird in der vorliegenden Arbeit vor allem darin gesehen, dass sich einerseits die Konzeptstruktur der induktiv-statistischen Aussagesysteme unter Kennzeichnung der jeweiligen Implikationsbeziehungen in die Struktur der deduktiv-nomologischen Aussagesysteme übersetzen lässt. Dadurch können Überschneidungen, Abweichungen und Leerstellen kenntlich gemacht werden. Andererseits lassen sich alle Aussagesysteme gemeinsam und wechselseitig innerhalb eines einheitlich deduktiv-nomologischen begründeten Bezugsystems nachbilden.

Ein erweiterter Bezugsrahmen, der auch die Eigenheiten der induktiv-statistischen Aussagesysteme angemessen berücksichtigt, wird vorliegend über das zweite der oben genannten Verfahren angestrebt, nämlich über die Faktualisierung. Ausgangspunkt ist die Idee der Korrektur des rekonstruierten deduktiv-nomologischen Theoriensystems durch einzelne

29 Lauenstein/Karg (1980), S. 160.

30 Richtungsweisend war hierfür u. a. Friedman (1953).

induktiv-statistische Gesetzesaussagen. Die Korrektur bezieht sich hier im Wesentlichen auf die Frage, ob die Annahmen der rekonstruierten Modelle auf Tatsachen gründen. Geprüft wird, ob diesbezüglich eine Übereinstimmung der Modellannahmen mit vorhandenen induktiv-statistisch begründeten Gesetzesaussagen festgestellt werden kann. Das Verfahren der Faktualisierung vermag dabei die Aufmerksamkeit auf die für die fortlaufende Entwicklung der Modelle jeweils grundlegenden Konzeptualisierungsleistungen zu lenken. Denn die meisten Modifikationen und Neuentwicklungen im Bereich des Arbeitsangebots stammen aus der Verallgemeinerung empirisch ermittelter Sachverhalte in Form von statistischen Gesetzesaussagen. Da die Logik der Faktualisierung genau darauf beruht, idealisierte Gesetzesaussagen Schritt für Schritt durch faktische Gesetzesaussagen zu ersetzen, wird durch die Anwendung dieses Verfahrens der tatsächliche Ablauf der Theorien- und Modellbildung nachvollziehbar und diskutierbar.

Nun gibt es schon zahlreiche, unterschiedlich ausführliche mikroökonomische Überblicksarbeiten zur Theorie und Empirie des Arbeitsangebots privater Haushalte. An erster Stelle sei hier ‚Labor Supply' von Killingsworth (1983) genannt. Zu erwähnen sind weiterhin das von Smith (1980) herausgegebene Sammelwerk ‚Female Labor Supply' sowie die namhaften Monographien über die Arbeitsmarktökonomik, die alle auch Ausführungen zum Arbeitsangebot enthalten[31]. Anzuführen sind daneben die nicht ganz so zahlreichen Lehrbücher zur Mikroökonomik des privaten Haushalts bzw. der Familie, die gewöhnlich ebenso Abschnitte zur Theorie und Empirie des Arbeitsangebots enthalten[32].

Diese Überblicksarbeiten zielen in der Regel auf eine umfassende Darstellung und Bewertung der vorhandenen Theorien, Modelle, Methoden und empirischen Ergebnisse. Hierzu steht die vorliegende Arbeit insofern in entscheidendem Gegensatz, als nicht Vollständigkeit ihr Ziel ist, sondern Auslese. Der Theorienvergleich soll vorliegend dazu beitragen, redundante Folgerungen zu beseitigen und scheinbar unverbundene Modelle zu solchen mit höherem Allgemeinheitsgrad zusammenzufassen. Dass der Unterschied zwischen beiden Zielsetzungen keineswegs trivial ist, liegt vor allem daran, dass bei den Erklärungen zum Arbeitsangebot induktiv-statistische Ansätze überwiegen. Die Rekonstruktion mittels Faktualisierung zeigt dann auch, dass das Verfahren über eine wissenschaftsgeschichtliche

---

31 Z. B. das ‚Handbook of Labor Economics' von Ashenfelter/Layard (1986) sowie für den deutschsprachigen Raum ‚Arbeitsmarktökonomik' von Franz (1991). Modelle, Methoden und politische Überlegungen zu den Entscheidungen über Arbeit werden ferner in dem Sammelwerk von Haddad/Hoddinott/Alderman (1997) ausführlich als Problem der innerhäuslichen Ressourcenallokation dargelegt, wobei die Frage in den Vordergrund gestellt wird, wie diesbezüglich die Nutzenfunktion in Mehrpersonenhaushalten zustande kommt (S. 5 ff.).

32 Vor allem Deaton/Muellbauer (1980); Kooreman/Wunderink (1997) sowie für den deutschsprachigen Raum Seel (1991a).

Darstellung deutlich hinausgehen kann und ferner nicht nur eine Eingrenzung der Theorien ermöglicht, sondern auch methodische Anregungen für die zukünftige Theorienbildung liefert.

Die vorliegende Arbeit besteht aus drei Teilen.

Im nachfolgenden **Kapitel II.** werden zunächst der Gegenstand und die Methodologie der mikroökonomischen Modelle zum Arbeitsangebot privater Haushalt bestimmt. Bei den Überlegungen zur Modellbildung und internen Modellprüfung zeigt sich, ob und inwiefern die Modelle tatsächlich - wie vermutet - die gegensätzlichen Schlussverfahren der deduktiv-nomologischen und induktiv-statistischen Methodik aufweisen. Aus dieser Zuordnung werden Konsequenzen für die Möglichkeiten einer modellexternen Prüfung im Rahmen eines Theorienvergleichs gezogen. Hierauf Bezug nehmend wird die weitere Eingrenzung der Problemauswahl und Zielsetzung der vorliegenden Arbeit begründet.

Die Modelle zum Arbeitsangebot privater Haushalte werden in **Kapitel III.** in der vorgefundenen Form durch Kenntlichmachen ihrer Anwendungsbedingungen, Aussagesysteme und Implikationsbeziehungen zu einem deduktiv-nomologischen Theoriensystem rekonstruiert. Dieses hier als Gehaltsmaximierung bezeichnete Verfahren wird einheitlich auf alle Modelle angewandt. Dadurch wird sichergestellt, dass konkurrierende Modelle überhaupt als solche erkannt und hiernach empirisch diskriminiert werden können. In dem vereinheitlichten Theoriensystem lassen sich u. a. neoklassische Grundmodelle von produktionstheoretischen Grundmodellen abgrenzen. Nahezu allen Grundmodellen lassen sich ferner Modellvarianten zuordnen in der Art, wie sie bereits nach Killingsworth (1983) mit Bezug auf die Neoklassik namentlich gekennzeichnet wurden.

Bei der anschließenden Rekonstruktion der Modelle über das Verfahren der Faktualisierung werden die Anwendungsbedingungen (Antezedenzbedingungen und Modellannahmen) des entstandenen deduktiv-nomologischen Aussagesystems induktiv auf ihren Idealisierungsgrad überprüft und, wenn es notwendig ist, auch erweitert. Dies wird hier als unumgängliche Grundlage für einen späteren empirischen Test der Modellimplikationen betrachtet. Dieser Test selbst ist dann aber nicht mehr Gegenstand der Arbeit. Über die Faktualisierung wird mit Bezug auf jedes einzelne Modell allerdings konkret dargelegt, an welche Voraussetzungen ein solcher Test geknüpft ist.

Schließlich wird sich zeigen lassen, dass durch die Kombination aus der deduktiv-nomologischen Begründung der Modelle (über das Verfahren der Gehaltsmaximierung) und der induktiv-statistischen Überprüfung ihrer Anwendungsbedingungen (über die Faktualisierung) insgesamt ein Bezugsrahmen geschaffen werden kann, innerhalb dessen sich auch zukünftig deduktive und induktive Modellansätze in einer der beiden Methoden angemessenen Form gemeinsam und gegenseitig rekonstruieren lassen.

Der Teil der Arbeit, der sich auf die Gehaltsmaximierung bezieht, fällt gegenüber dem der Faktualisierung notwendigerweise deutlich umfangreicher aus. Denn während sich die Gehaltsmaximierung auf das komplette Theoriensystem bezieht, werden in der Faktualisierung hiervon nur die Anwendungsbedingungen betrachtet. Jedes der beiden Verfahren erfordert auch in der Darlegung der Modelle seine eigene Systematik, weshalb eine Trennung der theorienvergleichenden Rekonstruktion der Modelle in zwei Kapiteln notwendig ist. Das heißt, jedes Modell muss zweimal vorgestellt werden, jeweils in unterschiedlichen Zusammenhängen. Ordnungsprinzip für die Gehaltsmaximierung ist die in der Literatur übliche, noch zu begründende Systematik von Grundmodellen und einzelnen Modellvarianten. Ordnungsprinzip für die Faktualisierung sind die Implikationsbeziehungen zwischen den logisch selbstständigen Modellen, die erst gänzlich erkennbar werden, wenn alle Modelle durch Gehaltsmaximierung zu einem einheitlichen deduktiv-nomologischen Theoriensystem rekonstruiert worden sind.

Im abschließenden **Kapitel IV.** werden aus den Ergebnissen der theorienvergleichenden Rekonstruktionen durch Gehaltsmaximierung und Faktualisierung Schlussfolgerungen mit Bezug auf die weitere Auslese der Modelle gezogen. Vorgeschlagen wird ein Verfahren, welches eine empirische Diskriminierung der Modelle erlaubt, unabhängig davon, welchem Schlussverfahren sie ursprünglich angehört haben.

II Allgemeine Grundlegung

Die theorienvergleichende Rekonstruktion der mikroökonomischen Modelle zum Arbeitsangebot sollte nicht eher vorgenommen werden, als erstens präzisiert worden ist, auf welchen Erkenntnisgegenstand sich der Vergleich der Modelle bezieht. Zweitens muss dargelegt werden, wie mit diesen Modellen in Bezug auf diesen Gegenstand bislang methodisch gearbeitet wurde. Dies erst schafft die Voraussetzung für die Konkretisierung der Zielsetzung eines Theorienvergleichs und einer in dieser Hinsicht begründeten Vorgehensweise.

Die vorgefundenen Theorien und Modelle sind wissenschaftstheoretisch betrachtet jeweils ein Erkenntnisprodukt der *Mikroökonomik*. Ein solches kann generell definiert werden als ein „allgemein rechtfertigbares System von Ausdrücken, das dazu dient, Erkenntnisse über bestimmte Sachverhalte unter einem bestimmten Gesichtspunkt zu ordnen“[33]. Die betrachteten Sachverhalte machen das Materialobjekt der Theorien und Modelle aus, der jeweilige Gesichtspunkt der Betrachtung entspricht ihrem Formalobjekt. Abb. II-1[34] zeigt, dass das *Formalobjekt* der *Mikroökonomik* insgesamt aus der speziellen Fragerücksicht bzw. Sichtweise der *Ökonomik*[35] und deren Hilfswissenschaft, der *Mathematik* besteht. Ihr *Materialobjekt* setzt sich zusammen aus dem Verhalten der einzelnen Wirtschaftseinheiten. Die Modelle zum Arbeitsangebot erklären hieraus nur die Zusammenhänge speziell mit Bezug auf das Arbeitsangebot privater Haushalte.

1 Gegenstand

1.1 Materialobjekt

Das Materialobjekt der Mikroökonomik im Allgemeinen umfasst alle Sachverhalte, die unmittelbar oder mittelbar mit den „Verfügungen über Zwecke und Mittel in Einzelwirtschaften“[36] bzw. Wirtschaftseinheiten zu tun haben. Zu diesen Verfügungen gehört auch die erwerbswirtschaftliche Abgabe von Arbeitsleistungen des Haushalts über den Arbeitsmarkt an andere Wirtschaftseinheiten. Das Arbeitsangebot im Sinne der Mikroökonomik umfasst traditionell nicht jene Arbeitsleistungen, die unentgeltlich verrichtet werden, wie zum Beispiel Hausarbeit oder Nachbarschaftshilfe[37].

---

33 Keller (1982), S. 39 f.

34 Die Seitenangaben zu den Fundstellen aller Abbildungen finden sich in einem gesonderten Verzeichnis auf S. 412 f.

35 Siehe hierzu im Weiteren unter II1.2 Formalobjekt S. 25 ff.

36 Seel (1991a), S. 39.

37 Vgl. die Erläuterungen bei Bender (1976), S. 223-232.

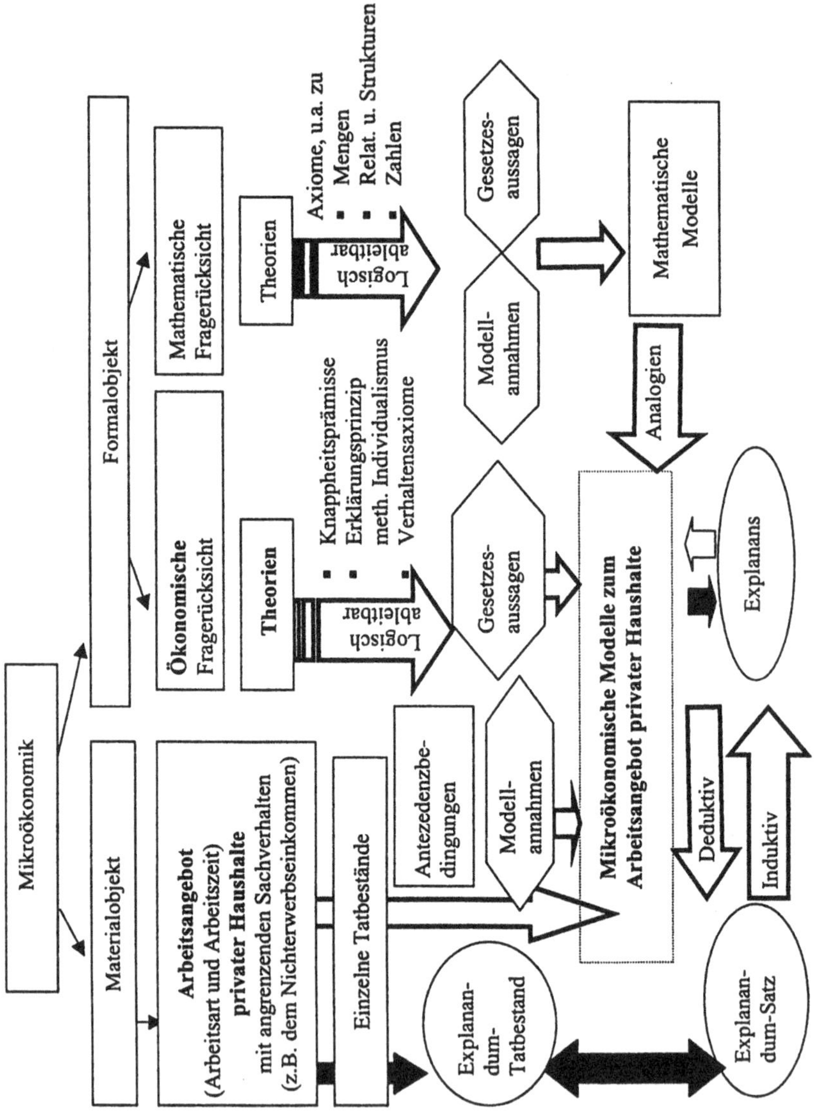

Abb. II-1 *Mikroökonomische Aussagesysteme zum Arbeitsangebot privater Haushalte unter erkenntnistheoretischer Perspektive*

Die Wirtschaftseinheiten, an die der Haushalt seine Arbeitsleistungen verkaufen kann, sind das eigene Unternehmen (selbstständige Erwerbstätigkeit) und/oder ein fremdes Unternehmen sowie der Staat (unselbstständige Erwerbstätigkeit)[38].

Üblicherweise wird das Arbeitsangebot in den mikroökonomischen Theorien unter zwei Aspekten betrachtet: Zum einen wird nach den Bestimmungsgründen für die Wahl der *Arbeitsart* gefragt (qualitativer Aspekt), zum anderen nach den Gründen für die Wahl des Umfangs an *Arbeitszeit* (quantitativer Aspekt)[39].

Bei dem qualitativen Aspekt geht es um die Frage, welche der verschiedenen Arbeitsarten der Haushalt anbietet. Die Wahl der Arbeitsart wird vielfach als Berufswahl, zumindest als langfristig bindende Entscheidung für ein bestimmtes Beschäftigungsverhältnis betrachtet. Entsprechend findet dieser Aspekt üblicherweise in dynamischen Erklärungsansätzen Berücksichtigung[40], wobei sich die vorliegende Arbeit auf statische Ansätze beschränkt. Auf die Unterschiede zwischen statischen und dynamischen Modellen wird noch näher eingegangen[41]. Da die meisten Modelle zuerst in statischer Form entwickelt wurden, bevor sie zu dynamischen Modellen erweitert oder modifiziert wurden, ist eine Beschränkung auf statische Modelle hinsichtlich der Zielsetzung des Theorienvergleichs gerechtfertigt.

Wird in statischen Ansätzen nach den Bestimmungsgründen für die Wahl der Arbeitszeit gefragt, dann ist es eher der Regelfall, zu unterstellen, dass es für die betrachtete Person nur eine Arbeitsart gibt[42]. Dies ist sicherlich ein Mangel, wenn man bedenkt, dass für heutige Erwerbsbiografien ein mehrfacher Wechsel des Beschäftigungsverhältnisses und das Ausüben mehrerer bezahlter Tätigkeiten nebeneinander keine Seltenheit mehr sind[43]. In älteren Erklärungsansätzen wird für diese eine Arbeitsart unter quantitativen Gesichtspunkten eine vollständig flexible Arbeitszeit vorausgesetzt. Diese Annahme gilt heute, angesichts von Unterbeschäftigung und zahlreicher gesetzlicher und tariflicher Regelungen zur Arbeitszeit, ebenfalls als nicht mehr realitätsnah. Denn trotz der Bemühungen um Flexibilisierung können nach wie vor die wenigsten Arbeitnehmer völlig frei über Umfang und Lage ihrer Arbeitszeit entscheiden. Studien jüngeren Datums gehen daher tendenziell von fixierten Arbeitszeiten aus[44].

---

38 Vgl. Bender (1976), S. 223.

39 Vgl. die ausführliche Darstellung bei Luckenbach (1975), S. 127.

40 Vgl. der Hinweis auf die Humankapitaltheorie bei Bender (1976), S. 224.

41 Siehe S. 38 f.

42 Eine der wenigen Ausnahmen bilden die Ansätze von Lancaster (1966a,b) und Evans (1976).

43 Vgl. Giarini/Liedtke (1999), Matthies et al. (1994).

44 Siehe v. a. Untiedt (1992).

Unter dem quantitativen Aspekt des Arbeitsangebots wird ferner die Frage der Partizipation am Arbeitsmarkt behandelt. Sie äußert sich als Wahlmöglichkeit zwischen einem positiven Arbeitsangebot und einem Arbeitsangebot gleich Null[45]. Heute weiß man, dass in empirischen Analysen des Arbeitsangebots die Partizipationsentscheidung bis in die 70er Jahre des letzten Jahrhunderts hinein sträflich vernachlässigt wurde, wodurch Daten falsch interpretiert wurden. Denn jede Stichprobe zum Arbeitsangebot teilt sich durch die Partizipationsentscheidung der beobachteten Individuen zwangsläufig in zwei Datensätze auf, in die der Erwerbstätigen und die der Erwerbslosen. Da die Aufteilung der Daten nicht zufällig ist, muss sie erklärt werden, sonst führt sie zu Fehlinterpretationen. Dies haben als erstes Gronau (1973, 1974) und Lewis (1974) festgestellt. Das Verdienst von Heckman (u. a. 1976, 1980) ist es, das unter dem Begriff der ‚sample (self) selection' bekannt gewordene Problem durch entsprechende Modellspezifikationen gelöst zu haben.

In Spezifikationen dieser Art spielt der Bezug von Nichterwerbseinkommen eine wichtige Rolle. Ohne Bezugnahme auf diesen Sachverhalt lässt sich nur schwerlich deuten, warum erwerbsfähige Personen dem Arbeitsmarkt über längere Zeit völlig fernbleiben, während andere mit ihrem Arbeitsangebot äußerst elastisch zum Beispiel auf Lohnsatzänderungen reagieren. Ein Blick zurück auf den ersten mikroökonomischen Erklärungsansatz zum Arbeitsangebot, den Robbins (1930) vorlegte, zeigt, dass damals angrenzende Sachverhalte, wie der Erhalt von Nichterwerbseinkommen, noch gar keine Beachtung fanden. Dort interessierte lediglich der elementare Zusammenhang zwischen Arbeitsangebot und dem Ertrag der Arbeit auf der einen Seite sowie die vermiedene Mühe nicht getaner Arbeit auf der anderen Seite. Die Genese der Modelle zum Arbeitsangebot zeigt insgesamt, dass sich viele von ihren Vorläufern vor allem dadurch unterscheiden, dass sie weitere Sachverhalte in die Erklärung einbeziehen. Dadurch sind die neueren Modelle in Bezug auf ihr Materialobjekt immer komplexer geworden. Neben den bereits angesprochenen Sachverhalten gehören solche wie Heirat, Fertilität, Besteuerung von Einkommen, Humanvermögen u. ä. mehr somit heute schon fast selbstverständlich zum Materialobjekt der Erklärungsmodelle des Arbeitsangebots. Wer ein Modell entwickelt, welches einen dieser Sachverhalte ausklammert, ist, wie die Praxis zeigt, der Fachöffentlichkeit hierfür zumindest eine Erklärung schuldig[46]. Diese Feststellung ist keinesfalls banal. Schließlich müssen Erklärungen zu neuen Sachverhalten innerhalb der jeweiligen Theorie begründet werden.

---

[45] Vgl. Deaton/Muellbauer (1980), S. 88.

[46] Siehe beispielhaft die Begründungen von Franz (1991), S. 21.

1.2 Formalobjekt

Die behandelten Modelle knüpfen mit ihrer ökonomischen und mathematischen Fragerücksicht an die Neoklassik an, die sich innerhalb der Nationalökonomik aus den verschiedenen Zweigen der Grenznutzenschule entwickelt hat. Die Neoklassik ist einschließlich ihrer zahlreichen Weiterentwicklungen und Modifikationen als gegenwärtig dominierendes Lehrgebäude der Mikroökonomik anzusehen. Während die Grundannahmen der Grenznutzenschule beibehalten wurden, sind die auch als „Neo-Neoklassik" bezeichneten jüngeren Erklärungsansätze in der Tradition der Grenznutzenschule durch weitgehende Axiomatisierung und Mathematisierung ihres theoretischen Systems einerseits und inhaltliche Ausweitung auf verschiedene Marktformen, nicht-marktgängige Güter, politische Prozesse sowie auf institutionelle Fragestellungen andererseits gekennzeichnet[47].

In den jüngeren Ansätzen der Neoklassik werden folgende Grundsätze als denkrichtig angesehen. Erstens die nationalökonomische Grundannahme der *Knappheit* von Gütern in Relation zu Bedürfnissen[48]. Zweitens die drei grundlegenden Erklärungsprinzipien der Grenznutzenschule:[49]

- Alle Phänomene, so auch das Arbeitsangebot, sollten auf individuelle Entscheidungsakte zurückgeführt werden (*Prinzip des methodologischen Individualismus)*.
- Die individuellen Entscheidungsakte genügen angesichts des am Eigennutz orientierten Menschen bestimmten systematischen Anforderungen, wodurch Erklärungen des Zustandekommens solcher Entscheidungen, u. a. durch eine Theorie des Arbeitsangebots, über den Grundsatz der Zweckmäßigkeit gerechtfertigt sind (*Prinzip der Rationalität)*.
- Das Wirtschaftsgeschehen lässt sich weitestgehend als eine Folge von Dispositions- und Marktgleichgewichten deuten (*positive Interpretation des Prinzips des Gleichgewichts*). Dispositionsgleichgewichte des Haushalts (=Haushaltsgleichgewichte) kennzeichnen Zustände der Anpassung an die für den Haushalt relevanten Ziele (z. B. bestimmte Nutzenvorstellungen) unter Berücksichtigung der für ihn geltenden Restriktionen (z. B. der geltenden Marktlöhne und -preise). Marktgleichgewichte beschreiben die Ausgeglichenheit zwischen Angebot und Nachfrage, z. B. auf dem Arbeitsmarkt. Diese Gleichgewichtszustände werden alternativ auch als Referenzsituationen interpretiert, die durch wirtschaftspolitische Maßnahmen, z. B. die Steuerung des Arbeitsangebots durch die

---

47 Eine entsprechende Kennzeichnung der Neoklassik findet sich bei Fehl (1993a), S. 1516 f. Zu den Tendenzen der Axiomatisierung und Mathematisierung vgl. Seel (1975), S. 56 f.

48 Vgl. Woll (2000), S. 48.

49 Vgl. Fehl (1993a), S. 1516 f. und Fehl (1993b), S. 830. Zu den Überlegungen, auf die die Grundannahmen historisch zurückzuführen sind, siehe die Darstellung von Seel (1975), S. 56 f.

Instrumente der Fiskalpolitik, herbeizuführen sind (*normative Interpretation des Prinzips des Gleichgewichts*).

Diese Erklärungsprinzipien fußen auf einem bestimmten Leitbild zur Stellung des im Haushalt verorteten, souveränen Marktpartners im Wirtschaftsgeschehen[50]. Es beinhaltet einerseits das Ordnungsmodell der Marktwirtschaft (mit dem Koordinationsprinzip der vollkommenen Konkurrenz und der Bevorzugung von Privateigentum an den Produktionsmitteln), andererseits ein bestimmtes Menschenbild, das v. a. durch die Verhaltensannahmen des rationalen Handelns („homo oeconomicus") gekennzeichnet ist.

Das Rationalitätsaxiom wird bekanntlich als Durchführungsgrundsatz („ökonomisches Prinzip") alternativ in zweierlei Weise spezifiziert, nämlich als Maximalprinzip (mit gegebenen Mitteln möglichst weit gehende Zielerreichung) oder als Minimalprinzip (bei gegebenem Ziel möglichst geringer Mitteleinsatz)[51]. In die Modelle der Theorie des Haushalts geht das Rationalitätsaxiom bekanntlich als Nutzenmaximierungs- bzw. Kostenminimierungsregel ein. Es besagt ferner, dass jede Wirtschaftseinheit zu jeder Zeit über alle Daten, also über seine Ziele/Bedürfnisse, seine Restriktionen und Handlungsalternativen vollständig informiert ist, womit insgesamt die absolute Bestimmtheit des abgeleiteten Haushaltsgleichgewichts gerechtfertigt erscheint.

Die Erklärungsprinzipien der Neoklassik eröffnen den Blick auf bestimmte nomologische Strukturen. Sie legen fest, inwiefern eine Aussage, also ein Satz, über den entschieden werden kann, ob er wahr oder falsch ist, aus der Sicht der Neoklassik ökonomisch begründet ist. Diese Art zu Denken ist die *ökonomische Fragerücksicht* der Neoklassik.

Während in den ersten neoklassischen Ansätzen noch die Beobachtung und Bewahrung des Marktgeschehens im Vordergrund standen, fassen ihre zeitgenössischen Vertreter die ökonomische Fragerücksicht deutlich allgemeiner, indem sie diese viel stärker an der Art des durch Knappheit, individuelle Entscheidungsakte, Rationalität und Gleichgewicht gekennzeichneten ökonomischen Problems festmachen. Dies hat vor allem dazu geführt, dass die neueren Ansätze das Zustandekommen und die Bedingungen für das Zustandekommen eines Gleichgewichts in den Begriff der Rationalität mit hineingenommen haben[52].

Das beobachtete Geschehen wird zwar auch bei ihnen auf das nicht zufällige und in diesem Sinne rationale Handeln einzelner Personen zurückgeführt. Zusätzliche Einschränkungen werden jedoch in dem Umstand gesehen, dass die Art und Weise, wie der Mensch bei seinen Wahlentscheidungen vorgeht, maßgeblich davon abhängt, dass der Mensch kein stets

---

50 Vergleichbare Überlegungen gibt es zum Leitbild der Konsumenten- und Produzentensouveränität, siehe Seel (1998), S. 99 und Kuhlmann (1990); grundlegend hierzu Meyer-Dohm (1965).

51 Siehe u. a. Henrichsmeyer/Gans/Evers (1993), S. 46.

52 Siehe u. a. die Ansätze in dem Sammelwerk Haddad/Hoddingott/Alderman (1997).

informiertes und sozial isoliertes Wesen ist. Dies hat zum einen zu den verschiedensten Konzeptionen „eingeschränkter Rationalität“[53] geführt. Wahlentscheidungen werden zum anderen in den Kontext sozialer Koordinationsprozesse gestellt, beispielsweise in den Kontext der durch Institutionen vermittelten Interdependenz zwischen Produktion und Konsum. Eine Grenzziehung zwischen älteren und neueren Ansätzen der Neoklassik ist dennoch nicht ganz einfach. Frey (1990) hat die Eigenschaften des den neueren Ansätzen unterlegten ökonomischen Verhaltensmodells über fünf Punkte gekennzeichnet[54].

Bei dem ersten Punkt handelt es sich um eine geringfügige Modifikation des über die älteren Ansätze eingeführten *Prinzips des methodologischen Individualismus:*

- Handlungseinheit ist der Einzelne; vorliegend ist dies derjenige, der über sein Arbeitsangebot entscheidet.

Über die restlichen vier Punkte wird das Prinzip der Rationalität der älteren Ansätze zum *Prinzip eingeschränkter Rationalität* modifiziert:

- Das menschliche Verhalten wird durch Anreize bestimmt. Das heißt, Menschen reagieren auch bei eingeschränkter Information in systematischer, vorhersehbarer Weise, wenn ihnen eine Handlungsmöglichkeit vorteilhaft erscheint; so bleiben Menschen bei einem zu geringen Lohnsatz dem Arbeitsmarkt fern, auch wenn sie nicht ausschließen können, dass anderswo auch höhere Lohnsätze bezahlt werden.
- Die Anreize werden durch Präferenzen und Einschränkungen hervorgerufen, zwischen denen strikt getrennt werden muss; das Fernbleiben vom Arbeitsmarkt kann den Wunschvorstellungen des Einzelnen entsprechen oder eine Folge von Einschränkungen z. B. in Form eines zu niedrigen Lohnsatzes sein.
- Die Individuen sind auf ihren eigenen Vorteil bedacht, sie verhalten sich im Großen und Ganzen eigennützig; selbst der altruistische Haushaltsvorstand handelt nicht vollkommen ohne Eigennutz.
- Einschränkungen (Restriktionen) bestimmen den zum Handeln verfügbaren Möglichkeitsraum und werden maßgeblich durch Institutionen vermittelt; so bestimmt der Haushaltskontext z. B. maßgeblich die Produktions- und Konsumtionsmöglichkeiten im Nichtmarktbereich.

Das *Prinzip des Gleichgewichts* in seinen beiden Interpretationen bleibt in den neuen Ansätzen unverändert.

---

[53] Vgl. hierzu Seel (1991a), S. 99.

[54] Siehe in allgemeiner Form Frey (1990), S. 4-8.

Nach Fehl (1993a) ist die neoklassische Theorie durch diese Modifikationen zu einem Instrument der Analyse von Koordinationsprozessen schlechthin geworden[55], einschränkend müsste man wohl sagen, zum Analyseinstrument von einzelwirtschaftlichen Koordinationsprozessen. Auf jeden Fall hat sich die Reichweite ihres Materialobjekts zwangsläufig und keineswegs unbeabsichtigt auch auf den Nicht-Marktbereich ausgedehnt. Ein Beleg für diese Entwicklung ist die entsprechend durch die Art des Problems verallgemeinerte Definition des ökonomischen Ansatzes, wie sie von Becker (1993) vorgenommen wurde.[56] Ein einheitlicher Name für diese „ökonomische Sicht der Welt“[57] hat sich bislang nicht durchgesetzt, vielleicht auch deshalb nicht, weil darunter einzelne Ansätze sind, die trotz ihrer Gemeinsamkeiten im Detail mitunter eine deutlichere Nähe zur Neoklassik erkennen lassen als andere. Selbst die relativ häufig rezipierten Ansätze, die mit verändertem neoklassischem Instrumentarium eine Theorie der Produktivität der Nichterwerbsarbeitszeit ausgearbeitet haben, werden keineswegs durchgehend der „Neuen Mikroökonomik“ zugeordnet[58]. Vergleichbare Zuordnungsschwierigkeiten sind bei den Ansätzen der „Institutionenökonomik“, „Spieltheorie“ bzw. „Verhandlungstheorie“ auszumachen[59]. Die beabsichtigte theorienvergleichende Rekonstruktion kann hier mehr Klarheit verschaffen. Hierfür ist es zunächst ausreichend, das mit dem Verhaltensmodell von Frey (1990) bezeichnete Erklärungsschema als die *ökonomische Fragerücksicht* der neueren Ansätze in der Tradition der Neoklassik zu bezeichnen.

Mikroökonomische Modelle machen ferner Gebrauch von der *mathematischen Fragerücksicht.* Sie nutzen die Mathematik nicht nur als Instrument der Darstellung und Analyse von Strukturen, sondern auch zu deren Entdeckung. Daher sind die Modelle insgesamt nicht

---

[55] Siehe Fehl (1993a), S. 1517.

[56] „Die Definition der Ökonomie durch den Bezug auf knappe Mittel und konkurrierende Ziele ist von allen am allgemeinsten. Sie definiert Ökonomie durch die Art des Problems, das sie lösen soll und umfasst weitaus mehr als den Markt-Bereich...“ Becker (1993), S. 2.

[57] Frey (1990), S. 10.

[58] Siehe u. a. die Zuordnung bei Luckenbach (1978), S. 211 ff., bei der das outputorientierte Modell von Gronau (1973b, 1977) bei der Darstellung neuerer Ansätze gar nicht erwähnt wird; wie dies heute an anderer Stelle indes üblich ist, z. B. Kooreman/Wunderink (1997), S. 103 ff. Seel (1991a), S. 146 ff. und Deaton/Muelbauer (1980), S. 243 ff. schlagen diesbezüglich einen Mittelweg ein, dadurch, dass sie das Modell von Gronau offenbar nicht zu den produktionstheoretischen Modellen zählen, es aber bei der Frage des Arbeitsangebots zusammen mit dem Modell von Becker (1965) von neoklassischen Interpretationen abgrenzen. Vor dem Hintergrund, dass es in der Produktionstheorie auch neoklassische Produktionsfunktionen gibt, erscheint eine Abgrenzung zwischen Neoklassik und Produktionstheorie auch nicht ganz einfach.

[59] Siehe auch der Hinweis bei Haddad/Hoddinott/Alderman (1997), S. 2.

frei von den deduktiv-nomologischen und induktiv-statistischen Strukturen, die die Mathematik einbringt, und müssen auch in dieser Hinsicht rekonstruiert werden.

An dieser Stelle muss der Vollständigkeit halber noch erwähnt werden, dass es durchaus auch andere Ansichten darüber gibt, worin das Formalobjekt einer Ökonomik zu sehen ist, die sich dem Materialobjekt des privaten Haushalts zuwendet. Von der Mikroökonomik zu unterscheiden sind insbesondere die Betrachtungen in der Tradition des Anfang letzten Jahrhunderts in den USA entstandenen Institutionalismus und seines Vorläufers, der "Alten Ökonomik".[60] Ein Vergleich dieser beiden großen haushaltsökonomischen Theorierichtungen ist indes nicht Ziel der vorliegenden Arbeit. Der Theorienvergleich bezieht sich nur auf jene Erklärungsansätze, die den hier mit dem Material- und Formalobjekt der Mikroökonomik gekennzeichneten Paradigmen folgen.

2 Methoden

Im Großen und Ganzen ist die Mikroökonomik in ihren Methoden der Tradition des naturwissenschaftlichen Denkens verpflichtet. Danach können Wissensfortschritte vor allem durch Mathematisierung und nachträgliche experimentelle Überprüfung von Hypothesen an der Erfahrung erzielt werden, da uns sicheres Wissen und die reine Beobachtung versagt sind - eine Anschauung, die im ausgehenden Mittelalter unter dem Einfluss des Rationalismus die Wissenschaftslandschaft grundlegend verändert hat. Der Entwicklungsgang der klassischen Wirtschaftstheorie zeigt, dass von daher immer mehr Momente des konkreten Wirtschaftsbezugs aus der Theorie im engeren Sinne ausgelagert wurden, beispielsweise indem durch die Mathematisierung des Nutzenbegriffs die konkreten Verhaltensannahmen auf ein Minimum reduziert wurden[61].

Dennoch sind die Kriterien, die die Mikroökonomik für das Entwickeln und Begründen von Modellen insgesamt vorgibt, weniger eindeutig und einheitlich, als dies ihre Wurzeln vermuten lassen. Für den vorliegenden Zweck der theorienvergleichenden Rekonstruktion der Modelle speziell zum Arbeitsangebot kommt erschwerend hinzu, dass in den einzelnen Studien solche Beurteilungskriterien kaum expliziert werden[62]. Gleichwohl spiegeln aber alle Modelle implizit, durch die Bevorzugung einer bestimmten Methode, hierzu jeweils eine bestimmte Auffassung. Da die Besonderheiten der Theorienbildung und -prüfung

---

[60] Zur Abgrenzung der beiden Wissenschaftskonzepte siehe Seel (1975), S. 34 ff. sowie (1991), S. 326. Zu den bekanntesten Fachvertretern dieser Theorierichtung in der Tradition der Institutionalisten zählen im deutschsprachigen Raum Egner (1976) und v. Schweitzer (1968, 1991).

[61] Vgl. Seel (1975), 56 f.

[62] Siehe hierzu auch die Kritik von Hayo (1997), S. 267, wonach sich praktisch orientierte Ökonometriker zu methodologischen Fragen ihres Vorgehens oftmals kaum Gedanken machen.

generell zu wenig in den Blick genommen werden, ist die Vorstellung recht weit verbreitet, dass die Theoriesituation in der Ökonomik einem einheitlichen Konzept folge, welches eine weitgehende Affinität zu den Naturwissenschaften zeige und sich mit herkömmlichen wissenschaftstheoretischen Konzepten zutreffend beschreiben ließe[63].

Nach dem volkswirtschaftlichen Grundlagenwerk von Woll (2000) umfasst die Bildung und Begründung von Theorien in den Wirtschaftswissenschaften der herrschenden Auffassung gemäß fünf Schritte:

- „Die wissenschaftliche Arbeit beginnt mit der *Beobachtung und Sammlung von Fakten.*
- Zwischen auslösenden Faktoren (Ursachen) und bestimmten Folgen (Wirkungen) werden Beziehungen postuliert (Behauptungen oder *Hypothesen*); der sprachlichen Vereinfachung dienen begriffliche Festlegungen von Sachverhalten (*Definitionen*).
- Aus den Hypothesen werden durch logische Ableitung (Deduktion) *Theorien gebildet* (abgeleitete Hypothesen oder Konklusionen). Da die Ausgangshypothesen die abgeleiteten Hypothesen oder Konklusionen bereits mit einschließen, bezeichnet man sie summarisch auch als Implikationen.
- In einem Prüfverfahren wird festgestellt, ob die Hypothesen sich logisch halten lassen (*Konsistenztest*) und mit den Fakten nicht kollidieren (*empirischer Test).*
- Die *Prüfungsfolgen* sind: Überstehen Hypothesen diese Prüfung nicht, werden sie korrigiert oder dann aufgegeben, wenn sich eine alternative Hypothese als überlegen erweist; behaupten sich Hypothesen, gelten sie als vorläufig gültige Theorien, auf die bei wirtschaftspolitischen Entscheidungen zurückgegriffen werden kann."[64]

In einem Anhang mit der Überschrift „Ökonometrische Grundlagen" ergänzt Woll seine Überlegungen zur Theorienbildung und -prüfung gegenüber älteren Auflagen seines Lehrbuches um einige Aspekte[65]. Dort betont er die Wichtigkeit, die der Ökonometrie für die Entwicklung empirisch gestützter Theorien mittlerweile zukomme. Das Ziel der Ökonometrie sei von „doppelter Art":

„Erstens soll die ökonomische Hypothese, die lediglich in einer allgemeinen Funktionsform vorgegeben ist, numerisch bestimmt werden (*Hypothesenschätzung*). Zweitens soll der „Wahrheitsgehalt" der Hypothese überprüft werden (*Hypothesentest*). Unter theoretischem Aspekt ist der Hypothesentest von größerer Bedeutung, da er über Annahme oder Ablehnung der Hypothese entscheidet. Aus praktischen, vor allem wirtschaftspolitischen Erwägungen ist die Hypothesenschätzung bedeutsam, da sie die Grundlage für numerisch spezifizierte Simulationen oder Prognosen bildet; dies setzt die Annahme der Hypothese voraus". [66]

Im Weiteren spricht Woll mit Bezug auf die Hypothesenschätzung und -prüfung allerdings nicht mehr von den zwei Zielen eines eigenständigen Wissenschaftszweiges, nämlich

---

63 Siehe die Kritik an dieser Auffassung bei Arni (1989), S. 134.

64 Woll (2000), S. 11 f.

65 In der fünften Auflage seines Lehrbuches (1976) findet sich dieser Anhang noch nicht.

66 Woll (2000), S. 28.

dem der Ökonometrie. Hypothesenschätzung und -prüfung sind ihm stattdessen zwei unmittelbar aufeinander folgende Schritte bei der Entwicklung empirisch gestützter Theorien. Offenbar ist dies der Versuch, die Vorgehensweise in der Ökonometrie methodisch mit der herrschenden Auffassung zur Theorienbildung und -prüfung in den Wirtschaftswissenschaften in Einklang zu bringen. Allerdings unterstellt Woll hierbei eine zwischen Ökonomen, Statistikern und Mathematikern streng arbeitsteilige Vorgehensweise. Die Aufgabe des Ökonomen in der ökonometrischen Arbeit betrachtet er mit dem Ausdruck einer Hypothese in Form eines mathematischen Modells bereits als abgeschlossen. Das weitere Vorgehen überantwortet er an Statistiker und Mathematiker. Deren Aufgabe sei es, die deterministisch formulierte Hypothese in eine stochastische umzuwandeln, um sie dann numerisch zu spezifizieren (Hypothesenschätzung) und empirisch zu testen (Hypothesentest). Dabei misst er dem Hypothesentest für die ökonomische Theorienbildung dann allerdings ausdrücklich eine besondere Bedeutung zu[67].

Die Auffassung von Woll zur Aufgabenteilung zwischen Ökonomik, Statistik und Mathematik fußt augenscheinlich auf dem traditionellen Ansatz in der Ökonometrie, der auch in den Erklärungsansätzen zum Arbeitsangebot privater Haushalte am weitesten verbreitet ist. Danach bildet ein deduktiv begründetes Modell die Grundlage der ökonometrischen Modellierung. Zunächst sind die Parameter des Modells zu schätzen. Abweichungen der aus der Theorie übernommenen, numerisch spezifizierten Modellstruktur von den Annahmen des klassischen Regresssionsmodells werden als das eigentlich Aufgabenfeld des Ökonometrikers betrachtet. Sie zeigen sich üblicherweise in niedrigen t- und F-Werten, „falschen" Vorzeichen der Schätzwerte oder anderen Gütekriterien. In der sich anschließenden Phase werden neue Variablen in das Modell hineingenommen, Ausreißer beseitigt etc., bis die Schätzgleichung den Ansprüchen an ein Regressionsmodell gerecht wird[68].

Die von Woll als namhaftem Vertreter der Volkswirtschaftlehre verfochtene Aufgabenteilung ist, abgesehen davon, dass sie sich in der Realität so nicht bestätigen lässt, nicht ganz unproblematisch. Denn nach ihm werden geringstenfalls in der Phase der Hypothesenschätzung und Modellspezifizierung induktiv-statistische Methoden bevorzugt werden, wohingegen die Ökonomik in der Darstellung von Woll ausschließlich der deduktiv-nomologischen Methodik folgt. Das Vermischen der Methoden führt zu folgendem Problem. Die Transformation der deterministischen in eine stochastische Hypothese kommt einem Wechsel von der deduktiven Methodik zur induktiven Methodik innerhalb eines Erklärungsansatzes gleich. Dieser Wechsel führt spätestens in der Phase des Hypothesentestes zu dem methodisch nicht überwindbaren Problem der „logischen Kluft zwischen der Falisifi-

---

[67] Siehe Woll (2000), S. 28.

[68] Vgl. Hayo (1997), S. 268 f.

kation einer deterministischen Hypothese und der Verwerfung einer stochastischen Hypothese"[69], welches in der Einleitung schon angesprochen wurde. Im Gegensatz zur Falsifikation einer deterministischen Hypothese ist die empirische Verwerfung statistischer Gesetzeshypothesen relativ zu anerkannten Daten niemals endgültig, sondern prinzipiell provisorisch. Wird in der Theorienbildung auf statistische Gesetzesaussagen zurückgegriffen, müssten diese stets rückgängig gemacht werden, sobald neue Daten hinzukommen[70]. Daher kann eine statistische Hypothese nur auf der Basis der jeweils verfügbaren Daten und nur im Vergleich zu anderen, mit ihr auf gleicher Basis rivalisierenden statistischen Alternativhypothesen beurteilt werden[71].

Die unter Schritt drei bei Woll (2000) gekennzeichnete deduktive Methodik[72] beinhaltet zunächst den formallogischen Schluss von einer deterministisch formulierten Hypothese auf den zu erklärenden Sachverhalt (Implikation). Ein konsequentes Fortschreiten im Sinne der deduktiven Methodik müsste dann nicht nur mit einem bestimmten Prüfverfahren verbunden sein, das Woll in Schritt vier beschreibt, sondern auch mit bestimmten Prüffolgen nach den Gesichtspunkten der Falsifizierung, dem Schritt fünf[73].

Die Ausführungen von Woll (2000) zu dieser Problematik kennzeichnen insgesamt die Zwangslage, in der sich aus methodologischer Sicht auch die zu untersuchenden Modelle zum Arbeitsangebot befinden. Es ist dies die Situation, dass angesichts der Dominanz einer eher pragmatischen Zielsetzung der kurzfristigen Diagnose und Prognose aus der empirischen Wirtschaftsforschung mittlerweile eine Vielzahl von Modellen hervorgegangen ist, die innerhalb der Wirtschaftstheorie als empirisch bestätigt gelten, obgleich diese Bestätigung, weil sie auf isolierten statistischen Hypothesen beruht, nach der deduktiv-nomologischen Methodik, die von der Wirtschaftstheorie ansonsten als maßgeblich angesehen worden ist, streng genommen ohne jeden Informationsgehalt ist[74]. Nach Hayo (1997) wird in der Wissenschaftstheorie heute trotz der Schwächen induktiven Vorgehens nur noch selten der Anspruch erhoben, dass man in der Ökonomik tatsächlich durch empirische Falsifizierung von Theorien zu wissenschaftlichem Fortschritt gelangen könnte[75].

---

[69] Brandes (1985), S. 125. Stochastisch wird hier als Synonym für wahrscheinlichkeitstheoretisch und statistisch verwendet.

[70] Vgl. Stegmüller (1973), S. 49.

[71] Vgl. Stegmüller (1973), S. 55.

[72] Siehe S. 30.

[73] Siehe Woll (2000), S. 13.

[74] Zu dieser Bewertung siehe Stegmüller (1973), S. 55.

[75] Siehe Hayo (1997), S. 274 und 280.

Die Kritik an der Konstruktion immer größerer und komplexerer empirischer Modelle hat diese Situation Anfang der 80er Jahre des letzten Jahrhunderts sogar noch zugespitzt, indem gezielt Ansätze entwickelt wurden, die geringere Anforderungen an theoretische Vorkenntnisse und schwächere stochastische Annahmen bezüglich der Modellvariablen erfordern[76]. Ausgangspunkt dieser neueren Ansätze ist u. a. die Annahme eines daten-generierenden Prozesses (DPG), der das statistische Verhalten der untersuchten Variablen vollständig beschreibt. Da eine vollständige Erfassung dieses Prozesses als unmöglich gilt, versucht man den (DPG) durch Selektion der „unwichtigen Variablen" schrittweise zu vereinfachen. Theoriegeleitete Überlegungen sollen diese Auswahl unterstützen. Das Vorgehen ist dennoch primär induktiv, weil die Einordnung in einen theoretischen Zusammenhang erst nach der empirischen Bestimmung des Modells erfolgt[77].

Folgendes könnte die Diskrepanz in der Ökonomik zwischen dem Anspruch an eine deduktiv-nomologische, falsifikatorische Theorieauffassung und der in der Empirie tatsächlich realisierten induktiv-statistischen, verifizierenden Theorieauffassung erklären: Die Forschungspraxis in den Wirtschaftswissenschaften orientierte sich lange Zeit überwiegend an der von Friedman (1953) vertretenen methodologischen Position des Instrumentalismus. Danach gilt die Prognosetüchtigkeit bzw. Prognosegenauigkeit einer Theorie als das erstrangige Gütekriterium für ihre Beurteilung[78] und weniger deren deduktiv-nomologische Begründbarkeit und Falsifikation. Eine Theorie soll ‚empirie-nahe' Prognosen oder technologisch verwertbare Aussagen ermöglichen, wobei es auf die empirische oder logische Begründbarkeit der Annahmen, aus denen die Prognosen gewonnen werden, nicht ankomme. Dies führt bei Friedman zu der vielfach diskutierten Schlussfolgerung, dass auch aus falschen Annahmen Wahres gefolgert werden kann[79]. Arni (1989), der sich intensiv mit der aus Friedmans Essay erwachsenen „Assumption"-Kontroverse auseinandergesetzt hat, vertritt in diesem Zusammenhang die These, dass man bei Friedman von einer ökonomiespezifischen Methodologie sprechen muss, die unter anderem mit einem bestimmten, eher „lockeren Theoriestil" [80] verbunden sei. Polemisierend stellt er dazu fest:

„Man erstellt ideale Modelle (stellt fiktionale Situationsannahmen zusammen), welche (strukturelle) Merkmale aufweisen, die einem in irgendeinem Sinne als relevant (eventuell: die einem [auch] im Hinblick auf die Gewinnung von Einsichten über die Wirklichkeit in irgendeinem Sinne bedeutsam) erscheinen. Und dann leitet man für solche Modelle Theo-

---

76 Vgl. Knepel (1984), S. 622.

77 Siehe hierzu Hayo (1997), S. 273.

78 Kriterien zur Beurteilung der Prognosetauglichkeit werden diskutiert bei Lauenstein/Karg (1980).

79 Siehe Friedman (1953), S. 30.

80 Siehe Arni (1989), S. 10.

reme (die einen in irgendeinem Sinne interessant dünken) ab und zwar aus Gesetzesannahmen, die man in irgendeinem Sinne für brauchbar hält (einige dieser Annahmen schätzt man vielleicht als einigermassen zutreffend ein, an genaueren Ueberprüfungen oder an möglichen Verbesserungen ist man allerdings nicht interessiert; von anderen weiss man zum vornherein, dass sie falsch sind). Solche Theoreme, die selbst nicht auf die Wirklichkeit anwendbar sind, werden dann in irgendeiner Weise zum Vorbild einer - irgendwie betriebenen - Fertigung von empirischen Hypothesen (von Abkömmlingen) genommen. Wenn entsprechende Fertigungsversuche einigermassen reüssieren (prognostisch einigermassen erfolgreich sind), weiss man nicht (recht) warum; wenn sie fehlschlagen, weiss man ebenfalls nicht (recht) warum.“ [81]

Wie aus den Ausführungen von Woll (2000) zu entnehmen ist, mit denen hier exemplarisch die vorherrschende ökonomiespezifische Theorieauffassung gekennzeichnet wird, lässt sich der Theoriestil in der Ökonomik zunächst einmal als Mischung aus instrumentalistischer und falsifikationistischer Theorieauffassung kennzeichnen[82]. Diese Mischung war bereits bei Friedman angelegt, dessen Theorieauffassung zumindest „falsifikationistische Züge“ trägt[83]. Die in der Folgezeit überwiegend von Vertretern des Kritischen Rationalismus geäußerte Kritik an Friedmans These, die besagt, dass es auf die Begründbarkeit und Realitätsnähe der Annahmen nicht ankomme, hat möglicherweise dazu beigetragen, dass die falsifikationistische Theorieauffassung von Friedman mehr und mehr in Richtung der herkömmlichen Auffassung des Kritischen Rationalismus interpretiert wird[84]. So kommt Tiezel (1981) u. a. zu dem Schluss, dass

„bestimmte Äußerungen Friedmans vermuten (lassen), dass er (allerdings nur implizit und auf recht diffuse Weise) den Begriff „Abstraktheit“ auch zur Kennzeichnung der Stellung von Gesetzesaussagen („Annahmen“) in einem deduktiven theoretischen System verwendet: Ob eine Hypothese als „Annahme“ oder „Implikation“ aufzufassen sei, hänge von der jeweiligen Verwendung der Hypothese ab und sei keines ihrer (unveränderlichen) Charakteristika“. [85]

Auf der anderen Seite zeigt sich, dass die Ökonomik zumindest auf dem Gebiet der Arbeitsmarktökonomik den Standards an eine strenge Falsifikation deduktiv-nomologischer Gesetzesaussagen in ihrer Forschungspraxis gar nicht erschöpfend folgt. Möglicherweise ist der Grund darin zu suchen, dass gerade auf dem Gebiet der Arbeitsökonomik die Prognosetüchtigkeit einer Theorie oder eines Modells als Gütekriterium aus eher praktischen Überlegungen im Vordergrund steht. Kurzfristige Vorhersagen - wie sie überwiegend in der Politikberatung benötigt werden - setzen nicht unbedingt ein Prognosemodell voraus, das um-

---

[81] Arni (1989), S. 133 f.

[82] Vgl. Hufnagel (2001), S. 100 ff.

[83] Siehe auch die Einschätzung von Arni (1989), S. 20.

[84] Siehe u. a. Tiezel (1981), S. 237-265 und Albert (1996), S. 451-486.

[85] Tiezel (1981), S. 261.

fassend deduktiv-nomologisch fundiert ist. Solange sich die Daten nicht ändern, kann ein durch induktive Erklärung gestütztes Prognosemodell hier ebenso gute Dienste tun.

Gerade auf dem Gebiet der Arbeitsmarktökonomik wird in der überwiegend US-amerikanisch geprägten Forschungspraxis von der in den Wirtschaftswissenschaften immer noch vorherrschenden Auffassung, dass die Theorienbildung und -prüfung den Normen der deduktiven Methodik folgt, erkennbar abgewichen. Die uneinheitlichen Auffassungen kommen auf der Grundlage des von Woll beschriebenen Schemas allerdings erst richtig zum Vorschein, wenn hinsichtlich der Theorienprüfung - dem vierten Schritt in seinem Schema[86] - die zwei Phasen des Konsistenztests und des empirischen Tests chronologisch und inhaltlich voneinander getrennt werden. Nur dann zeigt sich nämlich der für die vorliegenden Modelle typische Unterschied zwischen rein theorieorientierten Erklärungsansätzen, die die relevanten Aussagen ausschließlich auf deduktivem Wege ableiten, und empirisch-realistischen, datenorientierten Ansätzen, die induktiv vorgehen. Bei den rein theorieorientierten Erklärungsansätzen müssen die Aussagen untereinander konsistent sein. Bei der empirisch-realistischen Theorie muss ein Konsistenztest insofern nicht maßgeblich sein, als ein Widerspruch unter den Einzelaussagen bei induktivem Vorgehen auf Grund des Wahrscheinlichkeitscharakters der Aussagen niemals sicher entscheidbar ist[87].

Vertreter der rein theorieorientierten Erklärungsansätze betrachten die Tätigkeit des Aufstellens einer Theorie, die in dem Schema von Woll (2000) mit den Schritten eins und zwei bezeichnet wurde[88], als einer logischen Analyse weder fähig noch bedürftig. Sie interessieren sich nicht für die Frage, wie eine Wissenschaft zu einer neuen Gesetzeshypothese gelangt ist, ob durch Intuition oder sorgfältig geplante statistische Analyse. Allerdings legen Autoren wie Popper wert darauf, dass in der Phase der Deduktion und Konklusion - dem Schritt drei und vier bei Woll (2000) - vorläufig unbegründete Hypothesen rational nachkonstruiert werden, indem aus ihnen auf logisch-deduktivem Weg Folgerungen abgeleitet und diese auf ihre innere Widerspruchslosigkeit geprüft werden.[89]

Nun ist es nicht so, dass empirisch-realistische Ansätze keinesfalls mit den rein theorieorientierten Ansätzen zusammenpassen, beide können einander sogar fruchtbar ergänzen.

---

86 Siehe oben S. 30.

87 Die Unterscheidung zwischen rein theorieorientierten und empirisch-realistischen Erklärungsansätzen findet sich in dieser Form auch in dem betriebswirtschaftlichen Lehrbuch von Wöhe (2000), S. 33 f. Auf diesem Verständnis fußt ferner die Unterscheidung zwischen theorieorientierten und datenorientierten Erklärungsansätzen in der Art, wie sie von Hujer/Knepel (1984), S. 621 vertreten wird; ein vergleichbarer, bezugnehmend auf die Haushaltswissenschaften noch etwas pragmatischerer Standpunkt, findet sich überdies bei Seel (1991a), S. 332.

88 Siehe oben S. 30.

89 Siehe Popper (1994), S. 6 f.

Entscheidend ist, in welcher Form der Übergang von der deduktiven zur induktiven Methodik vollzogen wird und dass dieser deutlich gekennzeichnet wird. Die Vertreter der theorieorientierten Ansätze betrachten das Aufstellen einer Theorie einer logischen Analyse zwar als weder zugänglich noch bedürftig, dies schließt andererseits jedoch nicht aus, dass man sich gegebenenfalls der induktiven Methodik bedient, um etwas Neues zu entdecken. Viele der Modelle zum Arbeitsangebot sind in ihrer Entwicklung genau diesen Weg gegangen. Von der Norm der deduktiven Methodik wird erst abgewichen, wenn versäumt wird, die aufgefundenen Hypothesen später auf logisch-deduktivem Wege rational zu rekonstruieren.

Nachfolgend werden die Konzeptionen dargestellt, die bei der Ausarbeitung und der teils eigenen Weiterentwicklung der ökonomischen Modelle zum Arbeitsangebot privater Haushalte konkret zum Tragen kommen. Um den Bezug zu den Konzeptionen der allgemeinen Wissenschaftstheorie herzustellen, werden die Modellkategorien, unter die sich die Modelle einordnen lassen, entsprechend ausführlich methodisch begründet. Wenn im Weiteren von Modellen gesprochen wird, sind damit jene Aussagesysteme gemeint, die für die Erklärung und Prognose des Arbeitsangebots privater Haushalte verwendet werden. Der Begriff wird aussagenlogisch aber noch weiter spezifiziert. Der Vorgang der Erklärung und Prognose selbst gehört zur Phase der Modellbildung. Hiervon abgegrenzt wird der Vorgang der Modellprüfung, der sich ausschließlich der Frage der Geltung eines Modells zuwendet[90].

2.1 Modellbildung

Die ökonomischen Modelle zum Arbeitsangebot privater Haushalte bilden einzelne Aussagesysteme, verstanden als eine logische Verknüpfung von Aussagen bzw. Aussageformen. Hierin ist eine Aussage A - beispielsweise die Aussage, dass der Umfang an Erwerbsarbeitszeit von der Höhe des Lohnsatzes abhängt - ein Satz, der entweder wahr oder falsch ist. Wohingegen eine Aussageform $A(w, t^e)$ - z. B. $t^e = p \cdot x / w$ - ein Satz mit zwei Variablen und einer Konstante ist; und zwar w als Variable für den Lohnsatz, t^e als Variable für den Umfang an Erwerbsarbeitszeit sowie $p \cdot x$ als Konstante, mit der die Ausgaben für Marktgüter beschrieben werden. Erst durch Einsetzen von Zahlenwerten in die Variablen wird diese Aussageform zu der obigen Aussage A. Logisch verknüpft sein können beispielsweise die Aussagen A mit einer weiteren Aussage B durch Konjunktion $A \wedge B$ (A und B ist wahr), durch Disjunktion $A \vee B$ (A oder B), durch Implikation $A \rightarrow B$ (aus A folgt B) oder durch Äquivalenz $A \Leftrightarrow B$ (aus A folgt B und aus B folgt A)[91].

---

[90] In Anlehnung an Opp (1999), S. 87.

[91] Zu den hier verwendeten Grundbegriffen der Logik siehe Schwarze (1989a), S. 32 ff.

Modelle entstehen aus der Kombination von Theorie(n) und Modellannahmen. Eine Theorie ist - gleichermaßen wie ein Modell - ein Aussagesystem. Modellannahmen sind indes einzelne Aussagen, die die räumlichen und zeitlichen Bedingungen für die Geltung einer Theorie festlegen. Aus der Kombination beider resultiert ein Modell, welches die Theorie nur auf die in den Modellannahmen beschriebenen Sachverhalte bezieht[92]. Je nachdem, wie bei der Modellbildung verfahren wird, deduktiv-nomologisch oder induktiv-statistisch[93], existieren zum Arbeitsangebot des privaten Haushalts zwei Modellkategorien.

Jede der $k=(1,\ldots K)$ mikroökonomischen Theorien T^k kann zunächst einmal als Konjunktion von $i=(1,\ldots I)$[94] universalen Gesetzesaussagen $G_1^k \wedge \ldots \wedge G_I^k$ aufgefasst werden[95]:

(1) $T^k \Leftrightarrow G_1^k \wedge \ldots \wedge G_I^k$.

Universale Gesetzesaussagen sind solche Aussagen, innerhalb derer keine Individualien gebraucht werden, die also keine Eigennamen oder äquivalente Ausdrücke, wie „dieser da", bzw. keine Raum-Zeit-Koordinaten aufweisen[96]. Sie liegen in den Theorien zum Arbeitsangebot meist als „Wenn-Dann-Aussagen" oder als „Je-desto-Aussagen" vor. So finden wir beispielsweise in einer Modellvariante der Neoklassik[97] die Aussage:

„*Wenn* sich das Nichterwerbseinkommen irgendeiner Person erhöht, *dann* bewirkt dies bei dieser Person einen Rückgang ihres Arbeitsangebots."

Diese Aussage behauptet einen Zusammenhang zwischen zwei Tatbeständen[98], der „Erhöhung des Nichterwerbseinkommens" und dem „Rückgang des Arbeitsangebots". Der

---

92 Zu diesem Modellbegriff siehe [Max] Albert (1996), S. 460 ff., der unter anderem Bezug nimmt auf [Hans] Albert (1984), S. 39.

93 Der erste Teil der Disjunktion bezieht sich auf die Methode der Modellbildung (deduktiv oder induktiv), der zweite Teil auf die hieraus ableitbare Geltung des Modells bzw. einzelner hierin enthaltener (Gesetzes-)Aussagen (nomologisch oder statistisch). Steht die Methode im Vordergrund der Betrachtung, wird im Folgenden nur die Bezeichnung deduktiv und induktiv verwendet. Wenn entscheidend ist, ob und wie das Modell oder einzelne (Gesetzes-)Aussagen begründet werden können, werden die Bezeichnungen nomologisch bzw. statistisch gebraucht.

94 Die Bezeichnung eines Index erfolgt vorrangig in der Weise, wie in der Literatur üblich, um eine Vergleichbarkeit mit den zitierten Arbeiten zu erleichtern. Sofern Missverständnisse ausgeschlossen sind, werden einzelnen Indizes, wie hier der Index i, daher in unterschiedlichen Zusammenhängen verwendet.

95 Diese Auffassung vertritt u. a. auch Albert (1996), S. 460 ff.

96 Vgl. hierzu u. a. Popper (1994), S. 37.

97 Siehe weiter unten S. 149 ff.

98 ‚Tatbestand' wird hier nicht im juristischen Sinne verwendet, sondern meint einen vorgefundenen Sachverhalt. Juristisch beinhaltet der ‚Tatbestand' den Maßstab, an dem Sachverhalte gemessen werden.

eine ist in der Wenn-Komponente der Aussage beschrieben, der andere in der Dann-Komponente. Einen vergleichbaren Zusammenhang beschreibt die nachstehende Je-Desto-Aussage:

„*Je* höher das Nichterwerbseinkommen einer Person, *desto* geringer ist ihr Arbeitsangebot."

In der Wenn-Dann-Aussage können die Prädikate nur zwei qualitativ messbare Werte annehmen, sie können zutreffen oder nicht. Im Gegensatz dazu sind die Prädikate in der Je-Desto-Aussage quantitativ messbar.[99]

Dynamische Ansätze zum Arbeitsangebot unterscheiden sich von den hier behandelten statischen dadurch, dass sich ihre Gesetzesaussagen auf Tatbestände bzw. Zusammenhänge beziehen, die mindestens zwei verschiedenen Zeitpunkten zuzuordnen sind. Sie erlauben damit eine Erfassung von Tatbeständen bzw. Zusammenhängen im Zeitverlauf:

„*Wenn* das Nichterwerbseinkommen irgendeiner Person zu dem Zeitpunkt eins höher ist als zu dem Zeitpunkt zwei, *dann* weist diese Person zum Zeitpunkt eins ein geringeres Arbeitsangebot auf als zum Zeitpunkt zwei." (= Dynamischer Ansatz).

Aussagen aus dynamischen Ansätzen lassen sich unter bestimmten Bedingungen in Aussagen statischer Ansätze überführen und umgekehrt. Der hier zur Kennzeichnung eines dynamischen Ansatzes verwendeten Wenn-Dann-Aussage liegt letztlich die obige statische Je-Desto-Aussage zu Grunde. Für die Transformation wurden die zwei quantitativen Prädikate der Je-Desto-Aussage in vier qualitative Prädikate der Wenn-Dann-Aussage überführt. Auf dynamische Ansätze kann von daher immer dann verzichtet werden, wenn sich an den betrachteten Tatbeständen bzw. Zusammenhängen im Zeitverlauf nichts geändert hat.

Die Gesetzesaussagen $G_1^k \wedge ... \wedge G_I^k$ der einzelnen Theorien $T^1,...T^K$ sind dem Verständnis des wissenschaftlichen Erkennens nach dem Formalobjekt der Mikroökonoomik zugeordnet (siehe Abb. II-1). Das Bindeglied zwischen dem Formal- und Materialobjekt bildet der Vorgang der Erklärung bzw. Prognose eines Tatbestandes mit Hilfe dieser Gesetzesaussagen. Da das Materialobjekt der wirtschaftlichen Wirklichkeit kaum zu überschauen ist, stellt auch der zu erklärende bzw. zu prognostizierende Tatbestand im Zusammenhang mit dem Arbeitsangebot privater Haushalte in der Regel nur einen Ausschnitt aus dem insgesamt relevanten Materialobjekt dar. Diese Vereinfachung des Materialobjekts auf wenige Tatbestände kann als Modellbildung bezeichnet werden. Die Modellbildung auf dem Wege der Erklärung bzw. Prognose erfolgt entweder deduktiv oder induktiv; sie wird herbeigeführt im Falle der Deduktion durch den Schluss vom Explanans (der Erklärung) auf das Explanandum (das zu Erklärende), im Falle der Induktion umgekehrt. Dieser Unterschied führt

---

99 Zur allgemeinen Struktur von „Wenn-dann-Aussagen" sowie „Je-Desto-Aussagen" siehe die Darstellung von Opp (1999), S. 31 ff.

dazu, dass im Allgemeinen zwei Kategorien von Modellen auseinander gehalten werden.[100] Da die Modelle zum Arbeitsangebot privater Haushalte nur zu einem Teil rein theorieorientiert begründet sind, ansonsten empirisch-realistisch, ist deren jeweilige Zuordnung zu einer der beiden Modellkategorien offenbar von besonderer Bedeutung. Deutlich wird dies allerdings nur, wenn diese Modelle konkret auf Erklärungen bezogen werden. Werden die Modelle für Prognosen genutzt, verschwimmt der Unterschied allzu leicht.

Die nachfolgende Übersicht II-1[101] ordnet die beiden Modellkategorien und ihre Unterarten nach diesen Gesichtspunkten. Sp.1[102] kennzeichnet den Gegenstand der Modelle über ihr Formal- und Materialobjekt. Sp.2 grenzt die drei grundlegenden Ausdrucksformen voneinander ab. In den Sp.3 bis 6 erfolgt eine Trennung zwischen den beiden Modellkategorien. Beschrieben wird, welche Aussageformen in den beiden Unterarten der Erklärung und Prognose jeweils gesucht bzw. gegeben sind.

In den beiden Erklärungsmodellen ist der zu erklärende Tatbestand (Explanandum-Tatbestand), z. B., dass eine Person erwerbstätig ist, an einer bestimmten Raum-Zeit-Stelle gegeben, die durch den 1xν-Vektor $\mathbf{n} = (a_1,\dots,a_\nu)$ von Konstanten zu ν Raum-Zeit-Koordinaten (=Individuenkonstanten) beschrieben wird (Z.7, Sp.3 u. 5).

Bei der deduktiv-nomologischen Modellkategorie wird der diesen Tatbestand erklärende Satz gesucht ($E\mathbf{n}$, Explanandum-Satz) (Z.6, Sp.3), der aus einem gegebenen Explanans $G \Leftrightarrow \forall \mathbf{m}[S\mathbf{m} \rightarrow E\mathbf{m}]$ impliziert wird (Z.4). Dabei ist $\mathbf{m} = (a_{z1},\dots,a_{z\nu})$ eine zxν-Matrix von ν Individuenkonstanten zu $z = 1,\dots Z$ Raum-Zeit-Stellen. Die Zeile $z = 1$ der Matrix $\mathbf{m}$ entspricht dem Vektor $\mathbf{n}$ von Individuenkonstanten, d. h. es gilt $\mathbf{n} \subset \mathbf{m}$. Der Deduktionsschluss besagt nun, dass auf Grund von $\mathbf{n} \subset \mathbf{m}$ der Schluss von den erfüllten Antezedenzbedingungen $S\mathbf{n}$ auf den gesuchten Explanandum-Satz $E\mathbf{n}$ logisch sicher ist, sofern G gilt (Z.5). Der sichere Schluss von $S\mathbf{n}$ auf $E\mathbf{n}$ folgt vom Formalobjekt auf das Materialobjekt (von Z.4-5 auf Z.6-7).[103]

In der induktiv-statistischen Modellkategorie (Sp.5) wird erst in der Erklärung die Richtigkeit der Aussageform $E\mathbf{m}$ für den Explanandum-Satz $E\mathbf{n}$ mit $\mathbf{m} \supset \mathbf{n}$ festgestellt (Z.6). Gesucht wird hierfür der Beweis der Aussage $E\mathbf{m}$ für alle $z \geq 1$ (Z.4). Den Induktionsanfang bildet die Aussage, dass $E\mathbf{n}$ für $z = 1$ wahr ist. Sodann erfolgt der Beweis für den Induktionsschluss von $z = 1$ auf $z = 2$. Aus der wiederholten Anwendung dieses Schlusses von $z = 2$ auf $z = 3$ usw. folgt seine Verallgemeinerung. Für beliebige $z \geq 1$ gilt: Falls $E\mathbf{m}$

---

100 Mit dem Vergleich zwischen der Deduktionslogik und Induktionslogik beschäftigt sich ausführlich Popper (1994), u. a. auf S. 3 ff.

101 Die Seitenangaben zu den Fundstellen aller Übersichten finden sich in einem gesonderten Verzeichnis auf S. 414 f.

102 Hier und im Folgenden werden Spalten mit Sp. und und Zeilen mit Z. abgekürzt.

103 Vgl. u. a. Hempel (1965), S. 462; Stegmüller (1969), S. 126.

für z wahr ist, so auch für $z+1$. $E\mathbf{m}$ ist damit durch vollständige Induktion als Explanans anerkannt (Z.5). Der Induktionsschluss folgt vom Materialobjekt auf das Formalobjekt (von Z.6-7 auf Z.4-5).[104]

Nr.	*1*	*2*	*3*	*4*	*5*	*6*
1	***Gegenstand***	***Ausdrucksformen***	***Aussagesysteme***			
2			Deduktiv-nomologische Modellkategorie		Induktiv-statistische Modellkategorie	
3			Erklärungsmodelle	Prognosemodelle	Erklärungsmodelle	Prognose modelle
4	Formalobjekt	Explanans	**gegeben** $G \Leftrightarrow \forall \mathbf{m}[S\mathbf{m} \rightarrow E\mathbf{m}]$		gesucht $E\mathbf{m}$ ist für alle $z \geq 1$ zu beweisen	**gegeben** Da $E\mathbf{m}$ für $z \geq 1$ bewiesen wurde, gilt mit $\mathbf{n} \subset \mathbf{m}$ auch $E\mathbf{n}$ für $z = 1$
5			**Deduktionsschluss** Als Explanans gilt: $G \Leftrightarrow \forall \mathbf{n}[S\mathbf{n} \rightarrow E\mathbf{n}]$ mit $\mathbf{n} \subset \mathbf{m}$		**Induktionsschluss** Für beliebiges $z \geq 1$ gilt: Falls $E\mathbf{m}$ für z gilt, so auch $z+1$. $E\mathbf{m}$ ist als Explanans anerkannt.	
6	Materialobjekt	ExplanandumSatz	gesucht	**gegeben**	**gegeben (=Induktionsanfang)**	
			$E\mathbf{n}$ gilt für $z = 1$		$E\mathbf{n}$ gilt für $z = 1$	
7		Explanandum-Tatbestand	**gegeben** an der Stelle $\mathbf{n}$	gesucht	**gegeben** an der Stelle $\mathbf{n}$	gesucht

Übersicht II-1 *Vergleich von deduktiv-nomologischer und induktiv-statistischer Modellkategorie*

Bei den Prognosen wird in Bezug auf den Explanandum-Tatbestand in beiden Modellkategorien (Sp.4 u. 6) genau umgekehrt verfahren. Der noch nicht eingetretene Tatbestand (Z.7) soll an der Stelle $\mathbf{n} \subset \mathbf{m}$ durch einen gegebenen Explanandum-Satz $E\mathbf{m}$ vorausgesagt werden (Z.6, Sp.4 bzw. 6). Ein Beispiel hierfür ist die Voraussage, dass unter unveränderten Bedingungen die bereits in der Erklärung betrachtete Person auch zukünftig arbeiten wird. Diese Aussage wird in beiden Modellkategorien aus dem gegebenen Explanans abgeleitet (Z.4), allerdings über verschiedene Schlussverfahren (Z.5). Leicht zu übersehen ist, dass die entsprechende Aussage $E(\mathbf{m}) \rightarrow E(\mathbf{n})$ auf der Grundlage der Unterart der induktiv-statistischen Modellkategorie nur mit der Wahrscheinlichkeit gilt, mit der auch die Erklärung $E\mathbf{m}$

[104] Vgl. u. a. Stegmüller (1969), S. 631 ff.; Schwarze (1989a), S. 40, Reinhardt/Soeder (1990), S. 20.

wahr ist. In der deduktiven Modellkategorie ist die Geltung von Erklärung und Prognose über $G \Leftrightarrow \forall \mathbf{n}[S\mathbf{n} \rightarrow E\mathbf{n}]$ gleichermaßen gesichert.

Die Vorstellung, dass in der Erklärung oder Prognose über den Vorgang der Modellbildung eine Kombination von Theorie und Tatbestandsbeschreibung eingegangen wird, verträgt sich gut mit dem oben eingeführten formalen Modellbegriff. Die Übereinstimmung setzt lediglich voraus, dass die Tatbestandsbeschreibung zur Modellannahme erklärt wird[105]. So wird mit jeder Erklärung oder Prognose durch das Hinzufügen von einer bis J Modellannahmen $M_1,\ldots,M_J$ zu den Gesetzesaussagen eine Theorie um eine Zahl von bis zu R von Modellen $T_{M1},\ldots,T_{MR}$ ergänzt. Wie soeben gezeigt wurde, müssen dabei allerdings zwei Modellkategorien unterschieden werden, abhängig davon, ob in der Modellbildung das deduktive oder induktive Schlussverfahren der Erklärung bzw. Prognose angewandt wurde.

2.1.1 Deduktiv-nomologische Modellkategorie

Einen Tatbestand im Zusammenhang mit dem Arbeitsangebot privater Haushalte über ein deduktiv-nomologisches Modell ökonomisch zu erklären, heißt Folgendes: Auf der Grundlage mindestens einer universalen, ökonomisch begründeten Gesetzesaussage G_i^{kD}[106] wird aus den singulären Aussagen zu ihren Antezedenzbedingungen S_i^D mindestens eine weitere singuläre Aussage E_i^D durch Implikation ($\rightarrow$) logisch abgeleitet, die den Tatbestand wiedergibt. Die Struktur einer solchen Erklärung kann durch das in der nachfolgenden Übersicht II-2 dargestellte Schema veranschaulicht werden, das auf Hempel/Oppenheim (1948) zurückgeht[107]. Die doppelte waagerechte Linie zwischen dem Explanans und dem Explanandum symbolisiert das deduktive Schlussverfahren, wonach der Schluss vom Explanans auf das Explanandum einer sicheren Implikation folgt.

Die universalen Gesetzesaussagen (Z.2, Sp.2) behaupten für sich genommen, dass an allen durch Einsetzen in den Vektor **m** erlaubten Raum-Zeit-Stellen, an denen darüber hinaus die Antezedenzbedingungen S_i^D gelten, auch die singulären Aussagen E_i^D bestehen werden. Dabei ist **m** eine $z \times \nu$-Matrix von Variablen, die Individualien durch die Vielzahl möglicher Variablenausprägungen allgemein beschreibt. Singuläre Aussagen gelten im Gegensatz zu den universalen Gesetzesaussagen nur an der Raum-Zeit-Stelle, die mit dem $1 \times \nu$-Vektor **n** von Individuenkonstanten beschrieben wird[108]. Eine singuläre Aussage ist

---

105 Vgl. Albert (1996), S. 460.

106 Der Index D steht hier und im Folgenden für Aussagen, die der deduktiv-nomologischen Modellkategorie zugeordnet werden können.

107 Vgl. Stegmüller (1969), S. 86; Hempel/Oppenheim (1948), S. 135-175. Eine ausführliche Erklärung der Struktur liefert auch Opp (1999), S. 45 ff. Zu der hier gewählten Art der formalen Darstellung siehe auch Albert (1996), S. 458.

108 Siehe u. a. Popper (1994), S. 32.

z. B. die Aussage, dass eine bestimmte Person hier und jetzt bei einem Bruttolohnsatz in Höhe von 20 Euro pro Stunde jede Woche 19,5 Stunden arbeitet.

Nr.	*1*	*2*	*3*	*4*
1	***Aussage-formen***	***Deduktiv-nomologische Modellkategorie***	***Unterarten***	
			Erklärung	Prognose
2	Ex-planans	Logisches Schema für eine **Gesetzesaussage**: (2) $G_i^{kD} \Leftrightarrow \forall \mathbf{m}[S_i^D\mathbf{m} \rightarrow E_i^D\mathbf{m}]$ • Universale Gesetzesaussagen G_i^{kD} • Antezedenzbedingungen S_i^D • Raum-Zeit Stellen **m**	**gegeben**	**gegeben**
3		Logisches Schema für ein **Modell**: (3) $T_{Mr}^D \Leftrightarrow H_{rl}^D \Leftrightarrow \forall \mathbf{m}[M_j^D\mathbf{m} \wedge S_i^D\mathbf{m} \rightarrow E_i^D\mathbf{m}]$ alternativ auch in der Kurzform: $T_{M1}^D \Leftrightarrow H_{1l}^D : M_j^D \wedge G_i^{kD}$ • Modellannahmen M_j^D		
4	Explanan-dum-Satz	Also ist sicher, dass an der Raum-Zeit Stelle **n** mit $\mathbf{n} \subset \mathbf{m}$ gilt: $M_j^D\mathbf{n} \wedge S_i^D\mathbf{n} \rightarrow E_i^D\mathbf{n}$ • Explanandum-Satz: Es gilt $E_i^D\mathbf{n}$.	gesucht	**gegeben**
5	Explanan-dum-Tat-bestand	• Ein Tatbestand an der Stelle **n**	**gegeben**	gesucht

Übersicht II-2 *Deduktiv-nomologische Modellkategorie mit ihren Unterarten*

Auch die Aussagen zu den Antezedenzbedingungen sind singuläre Aussagen. Sie bezeichnen einen Tatbestand, der in Bezug auf das Materialobjekt vorausgesetzt wird, um die Theorie auf dieses anwenden zu können. Wenn eine Anzahl von Antezedenzbedingungen zusätzlich die Grundbedingungen erfüllt, widerspruchsfrei, unabhängig, hinreichend und notwendig zu sein, bilden sie ein System von Axiomen[109]. Es wird in der Rekonstruktion der Modelle zu zeigen sein, dass sich alle mikroökonomischen Modelle zum Arbeitsangebot diesbezüglich auf wenige Axiomensysteme zurückführen lassen.

Die Aussagen zu den Antezedenzbedingungen bilden die Voraussetzung für eine Kette von Schlussfolgerungen (siehe Z.2 nach Z.5 in Übersicht II-2). Möglich wird diese dadurch, dass die Antezedenzbedingungen in der Wenn-Komponente bzw. Je-Komponente der nomologischen Gesetzesaussagen zunächst in allgemeiner Form als $S_i^D\mathbf{m}$, bei Realisierung an einer Stelle dann in konkreter Form als $S_i^D\mathbf{n}$ genannt werden. Erst ihre durch Anwendung

[109] Siehe unter anderem Popper (1994), S. 41.

auf den Einzelfall mit diesem eingegangene Verbindung führt die Erklärung herbei. Bindeglied zwischen Formal- und Materialobjekt ist hier die Aussage, dass die Antezedenzbedingungen S_i^D der Theorie nun an einer bestimmten Raum-Zeit-Stelle **n** innerhalb des Materialobjekts tatsächlich erfüllt sind, also der Einzelfall S_i^D**n** beobachtet wurde.

Aus einer deduktiv-nomologischen Erklärung wird ein entsprechender Modellansatz (Z.3 in Übersicht II-2) dadurch, dass den Antezedenzbedingungen S_i^D der Theorie weitere Anwendungsbedingungen in Form von Modellannahmen M_j^D hinzugefügt werden. Die Wenn-Komponente bzw. Je-Komponente einer Aussage besteht im Modell somit aus mindestens zwei Elementen, also im erstgenannten Fall aus „Wenn.....und wenn.....“. Die Antezedenzbedingungen beschreiben alle Tatbestände, auf die die Theorie anwendbar ist; die Modellannahmen beschränken diese auf die Anwendungsmöglichkeiten des Modellansatzes. Ziel ist die Einschränkung der Theorie. Der Bezug der Theorie zum Materialobjekt wird konkreter, aber auch enger. Uninteressante Schlussfolgerungen, die sich nicht aus den Modellannahmen ableiten lassen, werden durch den Modellansatz ausgegrenzt.

Formal lautet der Übergang von der Theorie zum Modell (s. auch Z.2 nach Z.3 in Übersicht II-2) folgendermaßen.[110] Gegeben ist eine allgemeine Theorie T^{kD} als Konjunktion von Gesetzesaussagen $G_1^{kD} \wedge ... \wedge G_I^{kD}$. Diese werden in einem Modell mit den Gesetzesaussagen H_{rl}^D nur für die Fälle als zutreffend behauptet, für die seine Modellannahmen M_j^D:

(4)
$$H_{rl}^D \Leftrightarrow \left[M_j^D \wedge G_i^{kD}\right] \qquad i = 1,\ldots I, j = 1,\ldots,J, k = 1,\ldots,K, l = 1,\ldots,L, r = 1,\ldots,R$$
$$T_{Mr}^D \Leftrightarrow H_{r1}^D \wedge \ldots \wedge H_{rL}^D$$

Das entstandene Modell T_{Mr}^D ist insofern eine Folgerungsmenge aus T^{kD}:

(5) $T^{kD} \Rightarrow T_{Mr}^D$,

und kann deshalb als eine spezielle Theorie T_{Mr}^D von T^{kD} interpretiert werden. Im Allgemeinen sind die Gesetzesaussagen $H_{r1}^D \wedge ... \wedge H_{rL}^D$ eines Modells - wie hier mit ($\Rightarrow$) dargestellt - gegenüber der ihnen zu Grunde liegenden Theorie $T^{kD} \Leftrightarrow G_1^{kD} \wedge ... \wedge G_I^{kD}$ logisch schwächer, d. h. nur das Modell T_{Mr}^D folgt aus der Theorie T^{kD} und nicht umgekehrt[111].

Modellannahmen und Antezedenzbedingungen müssen nicht notwendigerweise realitätsnah oder empirisch gesichert sein. Sie können auch als per Konvention akzeptierte Aussa-

---

[110] Zu diesem Modellbegriff und seiner formalen Darstellung Albert (1996), S. 460 ff.

[111] Vgl. Albert (1996), S. 461.

gen betrachtet werden. Allerdings wird die Notwendigkeit ihrer Realitätsnähe in der Ökonomik zunehmend kontrovers diskutiert[112].

Der gekennzeichneten deduktiv-nomologischen Modellkategorie mit ihren beiden Unterarten zur Ableitung von Erklärungen und Prognosen folgt, wie bereits erwähnt wurde, nur ein Teil der mikroökonomischen Modelle zum Arbeitsangebot. Dies soll zunächst anhand der rein verbalen Darstellung eines ausgewählten Aussagesystems erläutert werden. Angeknüpft wird dafür an die bereits erörterte Wenn-Dann-Aussage, mit der erklärt wird, dass und inwiefern das Nichterwerbseinkommen einer Person mit deren Arbeitsangebot zusammenhängt[113]. Sie wird nunmehr mit (D) als deduktive, universale Gesetzesaussage G_1^{kD} kenntlich gemacht, die eine negative Korrelation zwischen Nichterwerbseinkommen und Arbeitsangebot behauptet. Diese Wenn-Dann-Aussage wird sodann eingebunden in ein deduktiv-nomologisches Aussagesystem, in welchem alle anderen erörterten Aussageformen ebenfalls konkret veranschaulicht werden. Danach wird exemplarisch dargestellt, welche mathematischen Verfahren angewandt werden, um ein derartiges Aussagesystems deduktiv-nomologisch zu spezifizieren.

Das gewählte Beispiel ist insofern aufschlussreich, als G_1^{kD} Bestandteil einer Reihe von Theorien und Modellen ist, die sich ansonsten jedoch deutlich voneinander unterscheiden. Ihre Erklärungen und Prognosen werden erst unterschiedlich, sobald zu G_1^{kD} weitere Annahmen hinzukommen. Gemeint sind v. a. jene Modelle, die das Arbeitsangebot unter dem Blickwinkel des Zustandekommens individueller Nutzenvorstellungen im Kontext gemeinsamer Ressourcen untersuchen. Dazu gehören die ‚Familiennutzen-Familienbudget-Modelle, die ‚Modelle des „männlichen Chauvinisten"' sowie die ‚Individualnutzen-Familienbudget-Modelle'[114].

Die Übersicht II-3 stellt mit:

(6) $T_{M1}^{D} \Leftrightarrow H_{11}^{D} \forall \mathbf{m}\left[M_1^D\mathbf{m} \wedge S_1^D\mathbf{m} \rightarrow E_1^D\mathbf{m}\right]$

ein verbalisiertes, deduktiv-nomologisches Modell T_{M1}^{D} mit seiner Gesetzesaussage H_{11}^{D} (Sp.2) dar, welches in Form von M_1^D, S_1^D, G_1^{kD} sowie E_1^D jeweils eine Aussage zu den vier grundlegenden Aussageformen enthält (Sp.1), die für eine Erklärung oder Prognose gegeben sein müssen. Seine Anwendung setzt voraus, dass Ehepartner an den Stellen **m** Entscheidungen über ihr Arbeitsangebot auf der Grundlage eines gemeinsamen, aus Erwerbseinkommen und Nichterwerbseinkommen bestehenden, Haushaltsbudgets (= Total-

---

[112] Den Diskussionsstand erörtert u. a. Arni (1989).

[113] Siehe S. 37.

[114] Diese Namensgebung, die sich in der Literatur durchgesetzt hat, geht auf Killingsworth (1983), S. 29 ff. zurück.

einkommens) treffen (Modellannahme $M_1^D\mathbf{m}$)[115]. Ferner verlangt die Anwendung des Modells, dass die Antezedenzbedingung $S_1^D\mathbf{m}$ gegeben ist, die als Wenn-Komponente der Gesetzesaussage G_1^{kD} vorliegt, wonach sich das Nichterwerbseinkommen erhöht hat. Sind diese beiden Voraussetzungen an den Stellen **m** erfüllt, gilt die Implikation aus G_1^{kD} mit Sicherheit als wahr, wonach die Partner auf die Erhöhung ihres Nichterwerbseinkommens mit einem Rückgang ihres Arbeitsangebots reagieren ($E_1^D\mathbf{m}$ als Dann-Komponente der Gesetzesaussage G_1^{kD}).

Für das Verhältnis zwischen der Dann-Komponente und dem Explanandum-Satz muss gelten, dass entweder wie im vorliegenden Beispiel die Prädikate der Dann-Komponente und des Explandum-Satzes identisch sind oder andernfalls die Prädikate der Dann-Komponente der Gesetzesaussage in den Prädikaten des Explanandum-Satzes enthalten sind. Der Explanandum-Satz darf also kein Prädikat enthalten, das enger ist als das Prädikat der Dann-Komponente[116]. Dies wäre der Fall, wenn der Explanandum-Satz nur bei einem der beiden Ehepartner einen Rückgang des Arbeitsangebots feststellt.

Verballogische Darstellungen und Untersuchungen dieser Art stoßen an ihre Grenzen, sobald komplexere Zusammenhänge erfasst werden. Die Frage, in welchem Ausmaß sich das Nichterwerbseinkommen erhöhen muss, damit die Ehepartner gar nicht mehr arbeiten, wäre ein Beispiel hierfür. In solchen Fällen werden deduktiv-nomologisch begründete Implikationen auf mathematische Aussageformen z. B. der folgenden Art angewendet:

(7) $A(x) \rightarrow B(x)$,

wonach die Lösungsmenge der Aussageform $A(x)$ in $B(x)$ enthalten ist. In den deduktiv-nomologischen Modellen zum Arbeitsangebot werden zumeist auch Gleichungen

(8) $A_1^D = A_2^D$

und Ungleichungen:

(9) $A_1^D < A_2^D$ oder $A_1^D > A_2^D$

mit den Termen A_1^D und A_2^D in ihren jeweiligen Aussageformen verwendet.

Ein wie in Übersicht II-3 verbal dargelegtes Modell wird in den deduktiv-nomologischen Erklärungsansätzen vor allem als funktionaler Zusammenhang zwischen Variablen beschrieben. Dafür werden Funktionsgleichungen in ihren analytischen und grafischen Darstellungsformen gewählt, die dem Wert einer unabhängigen Variablen x einen aus ihr durch Rechenoperationen gewonnenen Wert einer abhängigen Variablen $g = f(x)$ zuordnet.

---

115 Erwerbseinkommen meint Einkommen aus unselbstständiger Erwerbsarbeit, alle anderen Einkommensarten werden unter dem Begriff des Nichterwerbseinkommens erfasst. Siehe hierzu auch die Erläuterung zum Begriff des Arbeitsangebots oben unter S. 21 f.

116 Vgl. Opp (1999), S. 47.

Meist sind es deutlich abstraktere, also nicht beobachtbare Strukturen, die über mathematische Veranschaulichungen beschrieben oder durch Analogieschlüsse aufgefunden werden. Hierin unterscheiden sich die deduktiv-nomologischen Modelle zum Arbeitsangebot deutlich von den induktiv-statistischen Modellen. Denn letztere benutzen mathematische Verfahren in erster Linie dazu, Zusammenhänge zwischen Beobachtungsdaten über statistische Gesetzesaussagen näher zu spezifizieren. Die Beobachtungsdaten werden also - entgegen der Vorgehensweise der deduktiv-nomologischen Modellen - nicht aus unbeobachteten Zusammenhängen, den nomologischen Gesetzesaussagen, impliziert, sondern als Feststellung statistisch vergegenwärtigt. Beispielsweise wird in den linearen Regressionsmodellen ein vermuteter linearer Zusammenhang zwischen dem Nichterwerbseinkommen und den Arbeitsangeboten eines Ehepaares so weit näher spezifiziert, dass er anschließend u. a. in Form des Korrelationskoeffizienten statistisch gemessen werden kann. Nichterwerbseinkommen und Arbeitsangebote liegen als Beobachtungsdaten vor, der Korrelationskoeffizient ist eine statistische Hilfsgröße zur Interpretation des vermuteten Zusammenhangs zwischen den Beobachtungsdaten.

Nr.	*1*	*2*	*3*	
1	***Aussageformen***	***Deduktiv-nomologisches Modell*** T^D_{M1}	***Unterarten***	
			Erklärung	Prognose
2	Explanans	$T^D_{M_1} \Leftrightarrow H^D_{11} \forall \mathbf{m}\left[M^D_1\mathbf{m} \wedge S^D_1\mathbf{m} \rightarrow E^D_1\mathbf{m}\right]$	**gegeben**	**gegeben**
3	• Modell-annahme	$M^D_1\mathbf{m}$: Eheleute entscheiden an den Stellen **m** über ihr Arbeitsangebot auf der Grundlage ihres gemeinsamen Totaleinkommens		
4	• Antezedenz-bedingung	$S^D_1\mathbf{m}$: An den Stellen **m** erhöht sich das Nichterwerbseinkommen von Eheleuten		
5	• Gesetzes-aussage	$G^{kD}_1 \Leftrightarrow \forall \mathbf{m}\left[S^D_1\mathbf{m} \rightarrow E^D_1\mathbf{m}\right]$: Wenn sich das Nichterwerbseinkommen von Eheleuten erhöht, dann verringern sie ihr Arbeitsangebot		
6	Explanandum-Satz	$E^D_1\mathbf{m}$: An den Stellen **m** verringern Eheleute ihr Arbeitsangebot	gesucht	**gegeben**
7	Explanandum-Tatbestand	E^D_1	**gegeben**	gesucht

Übersicht II-3 *Beispiel für ein verbalisiertes Modell der deduktiv-nomologischen Modellkategorie mit seinen beiden Unterarten*

Da die deduktiv-nomologischen Modelle mathematische Verfahren in hohem Maße dazu einsetzen, unbeobachtbare Strukturen zu veranschaulichen, kennen sie für viele Zusammenhänge nur insoweit Erklärungen, als diese in der Sprache der Mathematik oder sogar in ganz bestimmten mathematischen Aussageformen bzw. Beweisverfahren abgefasst sind.

Die Bedeutung dieser Feststellung soll ausgehend von T_{M1}^{D} (siehe Übersicht II-3) veranschaulicht werden, welches hierfür zu dem neoklassischen Familiennutzen-Familienbudget-Modell expliziert wird. Als Erstes wird die an den Stellen **m** geltende Modellannahme M_1^D mit einer Funktionsgleichung für die Totaleinkommensrestriktion zu $M_1^{D'}$**m** ausgelegt[117]:

(10) $M_1^{D'}: S_T = w_i \cdot t_i^e + V = w_i \cdot T_i - w_i \cdot x_{0i} + V = p \cdot x$, mit $V = V_1 + V_2 = V_1 + w_j \cdot t_j^e$.

Dieser zufolge treffen die Ehepartner i und j Entscheidungen über ihr Arbeitsangebot t_i^e und t_j^e zwar - wie in M_1^D**m** angenommen - auf der Grundlage eines gemeinsamen Totaleinkommens S_T, mit w_i und w_j für die individuellen Bruttolohnsätze, V_1 für das gemeinsame Nichterwerbseinkommen aus Transfer- und Kapitalvermögen sowie $V_2 = w_j \cdot t_j^e$ für das Erwerbseinkommen des jeweiligen Partners j von i. Zusätzlich wird jedoch ausdrücklich bedacht, dass auf Grund der begrenzt verfügbaren Zeit einer jeden Person $w_i \cdot T_i$ sich die individuellen Arbeitsangebote nicht nur auf Erwerbs- und Nichterwerbseinkommen beziehen, sondern zwangsläufig auch im Kontext der Entscheidung zwischen der individuell realisierten Freizeit $w_i \cdot x_{0i}$ und der über Einkommen finanzierten Marktgüter $p \cdot x$ steht.

Zur Klärung der Frage einer angemessenen Allokation der verfügbaren Zeit auf die beiden Verwendungsweisen Freizeit und Erwerbsarbeit wird zusätzlich folgende Gesetzesaussage G^{NK} [118] benötigt, mit der das ökonomische Prinzip[119], das sich auf die Ziele des Wirtschaftens erstreckt, in der neoklassischen Theorie des Haushalts als Durchführungsgrundsatz erfasst wird[120]:

---

117 Vgl. hierzu des Näheren Kap. III1.2.3.1, S. 176 ff. Unterstellt wird hier der vereinfachte Fall, dass der innerfamiliäre Kreuzsubstitutionseffekt einer Lohnsatzänderung von i auf das Arbeitsangebot des Ehepartners j Null ist. Das Arbeitsangebot des Partners kann in diesem Fall pauschal als Einkommensgröße $V_2 = w_j \cdot t_j^e$ erfasst, d. h., es kann angenommen werden, dass zu den Bestandteilen von V nicht nur das Nichterwerbseinkommen V_1 aus Transfer- und Kapitalvermögen gehört, sondern auch das Erwerbseinkommen V_2 des Partners j.

118 Aussagen, die bestimmten Theorien zugeordnet sind, wie hier der Neoklassik NK, werden nicht noch zusätzlich als deduktiv oder statistisch gekennzeichnet, sofern sich diese Zuordnung aus dem Zusammenhang ergibt. Es müsste vorliegend exakt $G^{NK,D}$ an Stelle von G^{NK} heißen.

119 Vgl. Henrichsmeyer/Gans/Evers (1993), S. 46 und Seel (1975), S. 81.

120 Vgl. in diesem Sinne Henderson/Quandt (1983), S. 7 ff. Siehe dazu auch des Näheren die Ausführungen zur Rekonstruktion der Neoklassik, S. 127 ff.

„*Wenn* die Axiome der Präferenz gelten, *dann* wird ein Wirtschaftssubjekt versuchen, bei gegebenem Budget sowie gegebenen Güterpreisen eine Güterkombination nachzufragen, welche ihm ein Nutzenmaximum bringt." (Gesetzesaussage G^{NK}).

Die Gesetzesaussage G^{NK} beruht auf den Antezedenzbedingungen S^{NK}, die in der Literatur als Axiome der Präferenz bezeichnet und in der Neoklassik dazu benutzt werden, die Präferenzstruktur eines Haushaltes so zu axiomatisieren, dass sie sich in Form einer Nutzenfunktion darstellen lässt:[121]

„Ein Wirtschaftssubjekt kann die Güter seines Begehrens nach ihrer Dringlichkeit ordnen, sodass die Möglichkeit besteht, diese Präferenzen in Form einer Nutzenfunktion darzustellen" (Axiome der Präferenz S^{NK}).

Die Nutzenfunktion kann mathematisch u. a. in Form des Cobb-Douglas-Typs spezifiziert werden:[122]

(11) $U = U(x_{0i}, x) = x_{0i}^{c} \cdot x^{d}$.

Die Annahme einer Cobb-Douglas Nutzenfunktion wird im Weiteren mit M_1^{NK} gekennzeichnet. Dabei sind c und d positive Zahlen, mit denen sich verschiedene Präferenzordnungen beschreiben lassen. Es gelte $c + d = 1$. Die Nutzenfunktion beschreibt die (gemeinsamen) Präferenzen des Ehepaares in Bezug auf k Güterbündel $(x_{0i}, x)^k$. Hierin beschreibt x_{0i} die Menge der individuell von jeder Person realisierten Freizeit i und x die Menge von Marktgütern. Die Nutzenfunktion ist eine Funktion in $i+1$ Variablen. Die indifferenten Güterbündel lassen sich geometrisch als Hyperschalen im Güterraum darstellen. Im Zwei-Güter-Fall werden hieraus Indifferenzkurven.

Die mathematische Formulierung von G^{NK} läuft formal auf die Bestimmung der Bedingungen für das Vorliegen eines Extremwertes der Nutzenfunktion (11) unter Berücksichtigung der Totaleinkommensrestriktion (10) hinaus. Das Optimierungsproblem lautet:

(12) $U = U(x_{0i}, x) = x_{0i}^{c} \cdot x^{d} \rightarrow \max!$, unter der Nebenbedingung (10).

Das ursprünglich aus der Modellannahme M_1^D und der Gesetzesaussage G_1^{kD} bestehende deduktiv-nomologische Modell

(6) $T_{M_1}^{D} \Leftrightarrow H_{1I}^{D}: M_1^D \wedge G_1^{kD}$, mit $G_1^{kD}: S_1^D \rightarrow E_1^D$,

wurde bisher dahingehend expliziert, dass aus der lediglich verbal formulierten Modellannahme M_1^D die Annahme $M_1^{D'}$ zur Totaleinkommensrestriktion wurde. Ferner wurde der neoklassische Durchführungsgrundsatz des ökonomischen Prinzips G^{NK} neu hinzugenom-

---

121 Siehe Seel (1991a), S. 91 ff., die Bezug nimmt auf Debreu (1976).

122 Siehe Varian (1991), S. 59.

men, dem mit M_1^{NK} eine Cobb-Douglas Nutzenfunktion zu Grunde gelegt worden ist. Entstanden ist also das Modell

(13) $T_{M_2}^D \Leftrightarrow H_{2l}^D\colon M_1^{D'} \wedge M_1^{NK} \wedge G_1^{kD} \wedge G^{NK}$,

welches insofern als Explikation von T_{M1}^D bezeichnet werden kann, als einerseits T_{M1}^D aus ihm gefolgert werden kann:

(14) $T_{M_2}^D \Leftrightarrow H_{2l}^D\colon M_1^{D'} \wedge M_1^{NK} \wedge G_1^{kD} \wedge G^{NK} \rightarrow T_{M_1}^D$,

es andererseits eine weitere Gesetzesaussage H_{21}^D impliziert, die aus T_{M1}^D nicht geschlossen werden kann, die allerdings ihrerseits G_1^{kD} impliziert:

(15) $T_{M2}^D\colon\left(M_1^{D'} \wedge M_1^{NK} \wedge G_1^{kD} \wedge G^{NK}\right) \rightarrow H_{21}^D \rightarrow G_1^{kD}$,

mit

(16) $H_{21}^D\colon \dfrac{\partial t_i^e}{\partial V} = \dfrac{\partial f(V)}{\partial V} < 0$,

wonach der in T_{M1}^D über G_1^{kD} zunächst verbal formulierte Zusammenhang zwischen Nichterwerbseinkommen V und den Arbeitsangeboten t_i^e der Eheleute in T_{M2}^D mathematisch als Differenzialquotient von $t_i^e = f(V)$ nach V dargestellt werden kann. Dies ist nachfolgend zu erörtern.

Die in (15) enthaltene Implikation $(M_1^{D'} \wedge M_1^{NK} \wedge G_1^{kD} \wedge G^{NK}) \rightarrow H_{21}^D \rightarrow G_1^{kD}$ kann nur dann falsch sein, wenn $M_1^{D'} \wedge M_1^{NK} \wedge G_1^{kD} \wedge G^{NK}$ wahr ist und die Implikation auf die Gesetzesaussage H_{21}^D falsch. Entsprechend ist zu prüfen, ob die Schlussfolgerung aus dem Optimierungsproblem, welches mit den Aussageformen (12) und (10) von T_{M2}^D beschrieben wird, als Aussage in der Aussageform (16) enthalten ist.

Je nachdem, welches Verfahren für die Lösung der Extremwertaufgabe gewählt wird, kann zwischen "Gesamtwertkriterium" und "Grenzwertkriterium" unterschieden werden[123]. Verfahren, die das Gesamtwertkriterium anwenden, summieren die kardinal gemessenen Einzelnutzen der erreichbaren Zwecke zu einem Gesamtnutzen auf und maximieren diesen.

Durchgesetzt hat sich in den mikroökonomischen Theorien zum Arbeitsangebot indes das Grenzwertkriterium der Grenznutzenschule, unter anderem deshalb, weil die Zahlen, die die Nutzenfunktionen den einzelnen Güterkombination zuordnen, nach heutiger Erkenntnis keine kardinale Bedeutung haben müssen. Ein weiterer Vorteil ist, dass durch die Verwendung der Gossen'schen Gesetze der Vergleich zwischen Alternativen in den Vordergrund gestellt wird[124].

Das Erste Gossen'sche Gesetz unterstellt, dass der Grenznutzen $\partial U(\cdot)$ der Menge x_i eines Gutes der Art i positiv ist, der Nutzenzuwachs $\partial^2 U(\cdot)$ aber mit steigendem Verbrauch

---

[123] Vgl. Seel (1991a), S. 49 ff.

[124] Vgl. Woll (1992), S. 289.

abnimmt. Bezieht man den Verbrauch auf die Zeit t_i, während der das Gut i genutzt bzw. bereitgestellt wird, gilt[125]:

$$(17) \quad S_1^{GNS}: U(0) = 0, \frac{\partial U(x_i)}{\partial t_i} > 0 \text{ (d.h. positiv)}, \frac{\partial^2 U(x_i)}{\partial t_i^2} < 0 \text{ (d.h. abnehmend)}.$$

Das Zweite Gossen'sche Gesetz unterstellt Güterknappheit insofern, als die Summe der Zeiten t_i durch die einer Person maximal verfügbare Zeit T begrenzt ist:

$$(18) \quad S_2^{GNS}: T - \sum_i^I t_i = 0.$$

Es besagt dann im Weiteren, dass ein Mensch, dem die Wahl zwischen dem Genuss mehrerer Güter i frei steht, dessen Zeit T aber nicht ausreicht, Optimalität folgendermaßen erreichen wird. Er wird ein nutzenmaximales Haushaltsgleichgewicht bei einer Güterkombination erzielen, bei der der diesermaßen beschriebene Grenznutzen aller Gütermengen x_i bezogen auf die Zeitdauer t_i gleich groß ist[126]:

$$(19) \quad E_1^{GNS}: \frac{\partial U(x_1)}{\partial t_1} = \ldots = \frac{\partial U(x_I)}{\partial t_I}.$$

Da das Erste dem Zweiten Gossen'sche Gesetz axiomatisch vorausgesetzt wird, soll im Weiteren das Erste als Antezedenzbedingung S_1^{GNS} des Zweiten gelten: Das Zweite Gossen'sche Gesetz lautet dann mit dieser und seiner eigenen Antezedenzbedingung S_2^{GNS}:

$$(20) \quad G^{GNS} \Leftrightarrow \forall \mathbf{m}\left[S_1^{GNS}\mathbf{m} \wedge S_2^{GNS}\mathbf{m} \rightarrow E_1^{GNS}\mathbf{m}\right],$$

woraus sich E_1^{GNS} als Haushaltsgleichgewicht ergibt.

Zwar erforderten auch die Verfahren zur Anwendung des Grenzwertkriteriums ursprünglich einen kardinal messbaren Nutzen. Die meisten von ihnen kommen heute aber mit einer ordinalen Nutzenfunktion aus. Voraussetzung dafür war der Beweis, dass die Maximierung einer ordinalen Nutzenfunktion der einer kardinalen gleichwertig ist, sofern diese durch monotone Transformation aus der kardinalen Nutzenfunktion hervorgeht. Die Zahlen, die eine ordinale Nutzenfunktion den Güterkombinationen zuordnet, dienen nur der Angabe der Nutzenindizies, mit denen die Präferenzstärken der verschiedenen Güterkombinationen ordinal gemessen werden.[127]

Um das Verfahren für die Lösung der Extremwertaufgabe in das Modell T_{M2}^{D}[128] aufzunehmen, muss dieses folglich um G^{GNS} erweitert werden zu:

---

[125] Diese Auslegung findet sich bereits bei Gossen (1854), S. 12-22; vgl. dazu Krelle (1987), S. 17 f. sowie die Darstellung bei Seel (1991a), S. 49 ff.

[126] Siehe Gossen (1854), S. 12.

[127] Siehe Henderson/Quandt (1983), S. 16.

[128] Siehe die Modelldefinition (13), S. 49.

(21) $T^D_{M3} \Leftrightarrow H^D_{3l}: M^{D'}_1 \wedge M^{NK}_1 \wedge G^{kD}_1 \wedge G^{GNS} \wedge G^{NK}$ (siehe auch Übersicht II-4).

Die zu T^D_{M2} gehörende Implikation (15) muss entsprechend modifiziert werden zu

(22) $T^D_{M3}: \left(M^{D'}_1 \wedge M^{NK}_1 \wedge G^{kD}_1 \wedge G^{GNS} \wedge G^{NK}\right) \rightarrow H^D_{31} \rightarrow \left(H^D_{21} \rightarrow G^{kD}_1\right)$.

Bei der Umsetzung des Grenzwertkriteriums werden verschiedene Verfahren der Differenzialrechnung angewandt. Schwerpunktmäßig zu nennen ist die Multiplikatorregel des französischen Mathematikers Lagrange (1736-1813), bei der die Nebenbedingung(en), die bei der Extremwertbestimmung zu berücksichtigen sind, mit einem Faktor, dem jeweiligen Lagrange'schen Multiplikator, multipliziert und zu der Funktion addiert wird, die dann auf Extremwerte untersucht wird[129].

Zur Lösung der durch die Nutzenfunktion (12) und die Totaleinkommensrestriktion (10) festgelegten Optimierungsaufgabe[130] setzt man, hier nach dem Logarithmieren der Nutzenfunktion und Substitution der Arbeitszeit t^e_i durch die Differenz der individuell verfügbaren Zeit abzüglich der Freizeit ($t^e_i = T_i - x_{0i}$), folgende Lagrange-Funktion an:

(23) $L = c \ln x_{0i} + d \ln x + \lambda(w_i \cdot T_i + V - w \cdot x_{0i} - p \cdot x) \rightarrow \max!$

Nach dem Theorem von Lagrange muss ein Optimum (x^*_{0i}, x^*) die drei Bedingungen erster Ordnung erfüllen. Diese lauten für die obige Lagrange-Funktion (23):

(24) $\dfrac{\partial L}{\partial x_{0i}} = \dfrac{c}{x_{0i}} - \lambda \cdot w_i = 0$

(25) $\dfrac{\partial L}{\partial x} = \dfrac{d}{x} - \lambda \cdot p = 0$

(26) $\dfrac{\partial L}{\partial \lambda} = w_i \cdot T_i + V - w_i \cdot x_{0i} - p \cdot x = 0$.

Auch die Bedingungen zweiter Ordnung sind erfüllt, wenn die Nutzenfunktion dem Ersten Gossen'schen Gesetz genügt.

Mit (24) und (25) aufgelöst nach Lohnsatz w_i und Preis p folgt eingesetzt in (26)

(27) $c + d = \lambda(w_i \cdot T_i + V)$.

Daraus folgt aufgelöst nach λ

(28) $\lambda = \dfrac{c+d}{w_i \cdot T_i + V}$.

Eingesetzt in (24) und aufgelöst nach x_{0i} ergibt

(29) $x_{0i} = \dfrac{c}{c+d} \cdot \dfrac{(w_i \cdot T_i + V)}{w_i}$.

$x_{0i} = T - t^e_i$ erbringt nach einigen Umformungen folgende Arbeitsangebotsfunktion:

---

[129] Zum Lagrange-Verfahren siehe z. B. Schwarze (1989b), S. 90 ff.

[130] Siehe oben S. 48.

(29') $t_i^e = g(V, w_i) = T_i - \frac{c}{c+d} \cdot T_i - \frac{c}{c+d} \cdot \frac{V}{w_i}$.

Die Differenziation von (29') nach V ergibt die Gesetzesaussage H_{31}^D

(29'') $H_{31}^D: g'(V) = \frac{\partial t_i^e}{\partial V} = -\frac{c}{c+d} \cdot \frac{1}{w_i} < 0$

und ermöglicht damit die zu beweisende Implikation

(22) $T_{M3}^D: \left(M_1^{D'} \wedge M_1^{NK} \wedge G_1^{kD} \wedge G^{GNS} \wedge G^{NK}\right) \rightarrow H_{31}^D \rightarrow \left(H_{21}^D \rightarrow G_1^{kD}\right)$[131].

Aus dem deduktiv-nomologischen Modell T_{M3}^D folgt eine Optimierungsaufgabe, deren Lösung in Form von (29'') zu der Arbeitsangebotsfunktion (29') führt (siehe Z.5 in Übersicht II-4). Sofern (29'') wahr ist, kann H_{21}^D, dargestellt in (16), nicht falsch sein, weil (29'') schließlich nur für positive Werte definiert ist. Es gilt:

(30) $H_{31}^D: g'(V) = \frac{\partial t_i^e}{\partial V} = -\frac{c}{c+d} \cdot \frac{1}{w_i} \rightarrow H_{21}^D: f'(V) = \frac{\partial t_i^e}{\partial V} < 0 \rightarrow G_1^{kD}$.

Sofern das Verhältnis $\partial t_i^e / \partial V$ numerisch nicht genau festgelegt ist, sondern nur feststeht, dass die beiden Größen eine gegenläufige Tendenz aufweisen, folgt aus der Je-Desto-Gesetzesaussage H_{21}^D ferner die Wenn-Dann-Gesetzesaussage G_1^{kD} [132], was zu beweisen war. Demnach wirkt sich eine Erhöhung des Nichterwerbseinkommens eines Ehepaares unter Zugrundelegung von T_{M3}^D bei sonst gleich bleibenden Bedingungen (also u. a. unter unveränderter Nachfrage nach x) stets negativ auf die Arbeitsangebote der Ehepartner aus.

Eine vergleichbare Implikation wird erreicht, wenn man statt der Cobb-Douglas-Nutzenfunktion eine Stone-Geary-Nutzenfunktion unterstellt. Dies ist insofern besonders interessant, da diese Nutzenfunktion wegen ihrer Eignung für lineare Regressionsanalysen auch besonders gern bei der Modellbildung durch induktiv-statistische Erklärungen genutzt wird[133]. Gegeben sei

(31) $U = U(x_{0i}, x) = \alpha_1 \cdot \ln(x_{0i} - \gamma_1) + \alpha_2 \cdot \ln(x - \gamma_2)$,

mit dem Definitionsbereich $x_{0i}, x, \alpha_1, \alpha_2 \geq 0$[134]. Die Parameter γ_1 und γ_2 bezeichnen einen Mindestbedarf an Freizeit x_{0i} bzw. des Aggregats an Marktgütern x. Die zugehörige Lagrange-Funktion lautet:

(32) $L = \alpha_1 \cdot \ln(x_{0i} - \gamma_1) + \alpha_2 \cdot \ln(x - \gamma_2) + \lambda \cdot (w_i \cdot T_i + V - w_i \cdot x_{0i} - p \cdot x) \rightarrow \max!$

Aus dem Auflösen der entsprechenden Bedingungen erster Ordnung für das Vorliegen eines Extremwertes nach der optimalen Arbeitszeit resultiert die Arbeitsangebotsfunktion:

---

131 Siehe oben S. 51.

132 Siehe oben S. 38.

133 Siehe u. a. Merz (1990), S. 246.

134 Vgl. dazu Henderson/Quandt (1983), S. 37 f.

(33) $h(V,w_i,p)=t_i^e=T-\gamma_1-\frac{\alpha_1}{w_i}(w_i\cdot T_i+V-w_i\cdot\gamma_1-p\cdot\gamma_2).$

Nach Differenziation von (33) nach V folgt:

(33') $H_{41}^D: h'(V)=\frac{\partial t_i^e}{\partial V}=-\alpha_1\cdot\frac{1}{w_i}.$

Nr.	*1*	*2*
1	***Aussage-formen***	***Deduktiv-nomologische Modelle T_{M3}^D und T_{M4}^D***
2	Explanans	$T_{M3}^D \Leftrightarrow H_{31}^D \forall \mathbf{m}\left[M_1^{D'}\mathbf{m} \wedge M_1^{NK}\mathbf{m} \wedge G_1^{kD}\mathbf{m} \wedge G^{GNS}\mathbf{m} \wedge G^{NK}\mathbf{m}\right]$ $T_{M4}^D \Leftrightarrow H_{41}^D \forall \mathbf{m}\left[M_1^{D'}\mathbf{m} \wedge M_2^{NK}\mathbf{m} \wedge G_1^{kD}\mathbf{m} \wedge G^{GNS}\mathbf{m} \wedge G^{NK}\mathbf{m}\right]$
3	•Modell-annahmen	$M_1^{D'}\mathbf{m}$: An den Stellen **m** gilt die Totaleinkommensrestriktion (10) $M_1^{NK}\mathbf{m}$: An den Stellen **m** gilt die Cobb-Douglas Nutzenfkt. (11) $M_2^{NK}\mathbf{m}$: An den Stellen **m** gilt die Stone-Geary Nutzenfkt. (31)
4	• Anteze-denzbe-dingun-gen	$S_1^D\mathbf{m}$: An den Stellen **m** steigt das Nichterwerbseinkommen an $S_1^{GNS}\mathbf{m}$: An den Stellen **m** gilt das Erste Gossen'sche Gesetz $S_2^{GNS}\mathbf{m}$: An den Stellen **m** herrscht Güterknappheit $S^{NK}\mathbf{m}$: An den Stellen **m** gelten die Axiome der Präferenz
5	• Gesetzes-aussagen	G^{GNS}: Zweites Gossen'sches Gesetz G^{NK}: Aussagen aus den Axiomen der Präferenz G_1^{kD}: Wenn sich das Nichterwerbseinkommen von Eheleuten erhöht, dann verringern sie ihr Arbeitsangebot Für T_{M3}^D folgt (29'') $H_{31}^D: g'(V)=\frac{\partial t_i^e}{\partial V}=-\frac{c}{c+d}\cdot\frac{1}{w_i}<0$ Für T_{M4}^D folgt (33') $H_{41}^D: h'(V)=\frac{\partial t_i^e}{\partial V}=-\alpha_1\cdot\frac{1}{w_i}<0$ ——— Danach gilt $H_{31}^D \rightarrow H_{21}^D \rightarrow G_1^{kD}$ sowie $H_{41}^D \rightarrow H_{21}^D \rightarrow G_1^{kD}$, mit: $H_{21}^D: \frac{\partial t_i^e}{\partial V}=\frac{\partial f(V)}{\partial V}<0$
6	Explanan-dum-Satz	$E_1^D\mathbf{m}$: In **m** verringern Eheleute ihr Arbeitsangebot.
7	Explanan-dum-Tatbestand	E_1^D

Übersicht II-4 *Beispiel für mathematisierte deduktiv-nomologische Modelle*

Die Implikation von (33') auf (16) H_{21}^D erweist sich als wahr, denn es gilt:

$$(34)\quad H_{41}^D: h'(V) = \frac{\partial t_i^e}{\partial V} = -\alpha_1 \cdot \frac{1}{w_i} \rightarrow H_{21}^D: f'(V) = \frac{\partial t_i^e}{\partial V} < 0\,.$$

Demnach ermöglicht das mit einer Stone-Geary-Nutzenfunktion mathematisierte deduktiv-nomologische Modell T_{M4}^D ebenfalls den sicheren Schluss auf H_{21}^D. Je nachdem, welche Nutzenfunktion unterstellt wird, gelten für die Implikation unterschiedliche mathematische Spezifikationen, nämlich (29'') oder (33') (siehe Z.5 in Übersicht II-4).

Das Beispiel wurde konstruiert, weil sich an ihm zum einen veranschaulichen lässt, wie in den Modellen der deduktiv-nomologischen Modellkategorie verbal formulierte Gesetzesaussagen in mathematisch formulierte transformiert werden und wie dabei gewährleistet wird, dass der Schluss vom Explanans auf das Explanandum sicher ist (siehe der Schluss von Z.2-5 auf Z.6-7 in Übersicht II-4). In der verbalisierten Gesetzesaussage von Modell T_{M2}^D muss gewährleistet sein, dass das Prädikat der Dann-Komponente in dem Prädikat des Explanandum-Satzes enthalten ist[135]. In den mathematisierten Gesetzesaussagen der Modelle T_{M3}^D und T_{M4}^D muss die Lösungsmenge von G_1^{kD} in der Lösungsmenge von H_{31}^D und H_{41}^D enthalten sein[136]. Weiter unten, bei der Erörterung der Modellüberprüfung, wird zu zeigen sein, welche Anforderung diese Bedingung an den Konsistenztest und die empirische Prüfung deduktiv-nomologischer Modelle stellt.

Das Beispiel veranschaulicht ferner, dass sich bei deduktiv-nomologischen Modellen tatsächlich über mathematische Aussageformen weitere nomologische Strukturen im Formalobjekt erschließen lassen, die aus den Beobachtungsdaten zum Materialobjekt nicht sicher zu folgern sind. Dies wurde bereits als besonderer Vorzug gegenüber den induktiv-statistischen Modellen gekennzeichnet. Nachfolgendes Beispiel dient der Erläuterung dieser Überlegung.

Aus der Gesetzesaussage H_{31}^D (29'') für eine Cobb-Douglas-Funktion oder H_{41}^D (33') für eine Stone-Geary-Funktion (siehe Z.5 in Übersicht II-4) kann jeweils eine weitere Gesetzesaussage H_{32}^D bzw. H_{42}^D gefolgert werden, die in beiden Fällen besagt, dass die Abhängigkeit zwischen Nichterwerbseinkommen V und Arbeitsangebot t_i^e durch die Größe des (Eigen-)Lohnsatzes w_i beeinflusst wird. Die bereits existierende Gesetzesaussage G_1^{kD} besagt hingegen nur etwas über einen negativen Zusammenhang zwischen Nichterwerbseinkommen und Arbeitsangebot. Angenommen wurde dabei, die Variablen Nichterwerbseinkommen und Arbeitsangebot wären beobachtet worden, nicht aber der Lohnsatz.

Die Implikation von T_{M3}^D bzw. T_{M4}^D auf G_1^{kD} ermöglicht in diesem Fall die Entdeckung einer durch reine Beobachtung nicht zu erkennenden nomologischen Struktur. Gut darstel-

---

135 Siehe auch oben S. 45.

136 Siehe Schwarze (1989a), S. 34.

len lässt sich dieser Erkenntnisgewinn in grafischer Form. Dies wird nachfolgend für das Modell T_{M3}^{D} beispielhaft erläutert.

Zu diesem Zweck werden in die Arbeitsangebotsfunktion auf der Grundlage einer Cobb-Douglas Nutzenfunktion mit c=0,5 und d=0,5

(29') $H_{31}^{D}: t_i^e = g\left(V, w_i^B\right) = 176 - 0{,}5 \cdot 176 - 0{,}5 \cdot \frac{1}{w_i^B} \cdot V$

zwei unterschiedliche Zahlenwerte w_{1i}^B und w_{2i}^B für den Lohnsatz w_i^B eingesetzt. Errechnet wird das Arbeitsangebot in Stunden pro Monat in Abhängigkeit von dem Nichterwerbseinkommen und dem Lohnsatz. Die maximal für das Arbeitsangebot zur Verfügung stehende Zeit T_i wird auf 176 Stunden pro Monat begrenzt, was vom Umfang her der gesetzlich erlaubten, werktäglichen Arbeitszeit entspricht.

Das Ergebnis sind zwei Aussagen, die beide wahr sind, da jedes Mal (29'') erfüllt ist:

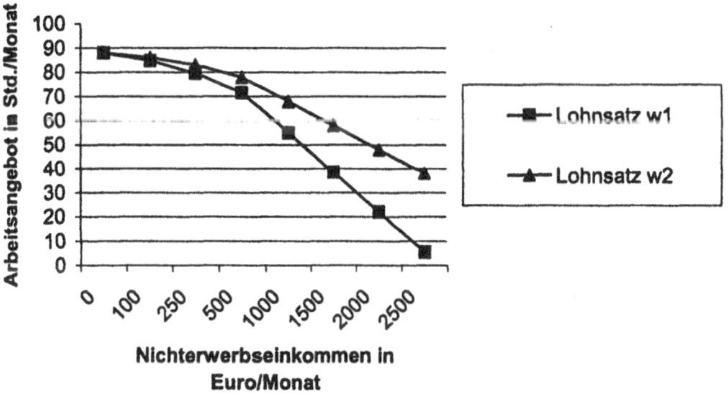

Abb. II-2 *Arbeitsangebotsfunktion (29'') mit* T_i = 176 Std./Monat *sowie* w_{1i}^B = Euro 15,- / Std. *bzw.* w_{2i}^B = Euro 25,- / Std.

Die beiden Funktionsgleichungen, die sich aus der Arbeitsangebotsfunktion mit den unterschiedlichen Zahlenwerten für den Lohnsatz w_i^B ergeben, laufen mit Erhöhung des Nichterwerbseinkommens V auseinander. Der Effekt einer Erhöhung des Nichterwerbseinkommens V auf das Arbeitsangebot t_i^e fällt umso geringer aus, je höher der Lohnsatz ist.

Die Gesetzesaussage H_{32}^{D}, die diesen Zusammenhang beschreiben soll, wäre damit allein durch logische Ableitung aus T_{M3}^{D} impliziert worden. An den Stellen **m** kann mit dem Modell T_{M3}^{D} folglich nicht nur sicher auf H_{21} und G_1^{kD} geschlossen werden, sondern auch sicher auf H_{32}^{D}:

(35)
$$T_{M3}^{D}: \left(M_1^{D'} \wedge M_1^{NK} \wedge G_1^{kD} \wedge G^{GNS} \wedge G^{NK}\right) \rightarrow H_{31}^{D} \rightarrow \left(H_{21}^{D} \rightarrow G_1^{kD}\right)$$
$$T_{M3}^{D}: \left(M_1^{D'} \wedge M_1^{NK} \wedge G_1^{kD} \wedge G^{GNS} \wedge G^{NK}\right) \rightarrow H_{32}^{D}$$

Andererseits führt von den anderen, ebenfalls implizierten Gesetzesaussagen H_{21} und G_1^{kD} kein logisch sicherer Weg zu H_{32}^D. Auf den mit H_{32}^D beschriebenen Zusammenhang, wonach der Effekt des Nichterwerbseinkommens auf das Arbeitsangebot von der Höhe des Lohnsatzes beeinflusst wird, könnte man bei reiner Beobachtung, ohne die Möglichkeit der Deduktion aus T_{M3}^D, nur durch Zufall stoßen, nämlich dadurch, dass man die Einzeldaten zum Arbeitsangebot und Nichterwerbseinkommmen zufällig mit den Daten zum Lohnsatz an den mit **m** bezeichneten Stellen kombiniert.

Insofern ist die induktiv-statistische Modellbildung, die genau in dieser Weise vorgeht, der deduktiven Modellbildung eindeutig unterlegen. Hier würden die den nomologischen Aussagen H_{21}^D, G_1^{kD} und H_{32}^D inhaltlich analogen, statistischen Gesetzesaussagen, die zunächst einmal zufällig an den Stellen **m** gleichzeitig gelten, tatsächlich erst im Nachhinein systematisch aufeinander bezogen. Eine (35) entsprechende, induktiv-statistisch begründete Implikationsbeziehung würde also lediglich auf der Betrachtung und Verallgemeinerung von Erfahrungstatsachen beruhen.

2.1.2 Induktiv-statistische Modellkategorie

Zunächst einige Vorbemerkungen zu der Form der Darstellung der induktiv-statistischen Modellkategorie. Das oben in Übersicht II-2 eingeführte Schema wurde in der Literatur ursprünglich nur für die Darlegung der Struktur deduktiv-nomologischer Modelle verwendet. Dennoch soll dieses hier des besseren Vergleichs wegen gleichfalls zur Erörterung der induktiv-statistischen Modelle herangezogen werden. Dies ist in der sozialwissenschaftlichen Literatur mittlerweile durchaus üblich, führt jedoch bisweilen zu Ungenauigkeiten. Zu Schwierigkeiten kommt es immer dann, wenn man unberücksichtigt lässt, dass die induktiv-statistische Methode im Unterschied zur deduktiv-nomologischen in zwei deutlich zu trennenden Phasen der wissenschaftlichen Arbeit Verwendung findet. Für Erklärungen genutzt, ist das Aufstellen von Gesetzesaussagen das Ziel. Bei der Prognose wird auf ein bereits existierendes Modell zurückgegriffen, um dieses für Vorhersagen anzuwenden und gegebenenfalls empirisch zu testen[137].

Vertreter der deduktiv-nomologischen Methode sprechen sich in der Regel strikt dagegen aus, dass die Phase des Aufstellens von Gesetzesaussagen einer wissenschaftlichen Begründung zugänglich ist. Auf diesen Unterschied weist in dieser Deutlichkeit Popper (1994) hin, wenn auch in einem etwas anderen Zusammenhang als dem hier dargestellten[138]. Dass dieser Unterschied gerade für die Modelle zum Arbeitsangebot wesentlich ist, wurde bereits

---

137 Siehe als Beispiel die Argumentation von Friedrichs (1980), S. 67, der diese Unterscheidung nicht vornimmt.

138 Siehe Popper (1994), S. 6.

angedeutet. Die gängige Praxis, durch induktives Folgern zu neuen Einfällen für Gesetzesaussagen zu gelangen, die anschließend so behandelt werden, als seien sie sichere Schlussfolgerungen aus einer Theorie, sind in der empirischen Wirtschaftsforschung jedenfalls kein Einzelfall[139]. Beispielhaft für viele andere Arbeiten auf dem Gebiet des Arbeitsangebots ist die Vorgehensweise von Merz (1990). Das Regressionsmodell, das er schätzt, enthält eine wesentlich größere Zahl von Parametern und Variablen, als das ihm zu Grunde gelegte mikroökonomische Erklärungsmodell. Erst nach erfolgter Schätzung entscheidet Merz dann - hauptsächlich auf Grund von statistischen Überlegungen -, welche Parameter er für die Erklärung als relevant betrachtet und welche nicht. Die ausgewählten Parameter werden dann zu Gesetzesaussagen verallgemeinert[140]. Hufnagel (2001) kann an einem Beispiel indes zeigen, dass und inwieweit sich Aussagen zum Arbeitsangebot verheirateter Frauen in induktiv-statistischen Erklärungsansätzen, die auf der Grundlage einer Nutzenfunktion vom Stone-Geary-Typ getroffen werden, mit einem Mal nicht mehr falsifizieren lassen, wenn die Regressoren stärker theorieorientiert ausgewählt werden[141].

Die hier kritisierte Praxis ist damit verbunden, dass - wie bereits oben erörtert wurde - im Verhältnis zu den rein theorieorientierten Ansätzen auch von der Entwicklung neuer, empirisch-realistischer, datenorientierter Ansätze gesprochen wird, „bei denen vorhandene empirische Informationen ausgewertet werden, ohne dass ausgefeilte Theorien vorliegen“[142]. Diese Entwicklung hat für das vorliegende Ziel einer Rekonstruktion der Modelle zum Arbeitsangebot den Ausschlag gegeben. Es wird vorliegend die These vertreten, dass die Rekonstruktion Redundanzen und Lücken in der logischen Begründung aufzuzeigen vermag. Nachfolgend wird daher die kenntlich gemachte Unterscheidung neu eingeführt, wonach induktiv-statistische Modelle zwar wie die deduktiv-nomologischen Modelle auch zweierlei Anwendungen ermöglichen, Erklärungen und Prognosen, die darüber hinaus aber vor allem dahingehend zu unterscheiden sind, dass sie zwei verschiedenen Phasen wissenschaftlichen Arbeitens zugehören. Übersicht II-5 und Übersicht II-8 veranschaulichen die zwei resultierenden Verfahren, jeweils für die beiden Unterarten des Erklärungsmodells einerseits und des Prognosemodells andererseits. In beiden Übersichten symbolisieren die gewellten

139 Siehe exemplarisch die Interpretation einer geschätzten Arbeitsangebotsfunktion bei Schultz (1980), S. 79; der Umgang mit den ermittelten Lohnelastizitäten des Arbeitsangebots bei Hanoch (1980), S. 313; die Auslegung des Einflusses nicht ökonomischer Faktoren auf das Erwerbsverhalten verheirateter Frauen bei Untiedt (1992), S. 145 sowie die Monografie von Kooreman/Wunderink (1997), in der keinerlei Aufteilung hinsichtlich der dargestellten induktiven und deduktiven Modellansätze erfolgt.

140 Siehe Merz (1990), S. 240-270. Diese Vorgehensweise wurde weiter oben als typisch für die neueren Ansätze in der Ökonometrie bezeichnet, siehe Fußnote 77, S. 33.

141 Siehe Hufnagel (2001), S. 222 ff.

142 Knepel (1984), S. 622.

Linien das induktive Schlussverfahren. Sie sind im Gegensatz zu dem Schema in Übersicht II-2, durch welches die deduktiven Modellarten darstellt werden, nicht durchgezogen, weil eben der Schluss nicht durch Implikation erfolgt und deshalb nur mit einer statistischen Wahrscheinlichkeit gilt.

Nr.	*1*	*2*	*3*
1	***Ausdrucks-formen***	***Induktiv-statistische Modellkategorie***	***Er-klärung***
2	Explanandum-Tatbestände	Mehrere Tatbestände an der Stelle **n**	**gegeben**
3	Explanandum-Sätze	$M_j^I\mathbf{n}$, $S_i^I\mathbf{n}$ und $E_i^I\mathbf{n}$ sind wahre Tatbestände in **n**, die festgelegt werden als: • Modellannahmen M_i^I • Antezedenzbedingungen S_i^I • Explanandum-Satz E_i^I	**gegeben**
	vvvvvvvvvvvv	vvvvvvvvvvvvvvvvvvvvvvvvvvvvvvvvvvvvvvvvvvvvvvv	vvvvvvv
4	Explanans	**Induktionsanfang**: Für $z=1$ gilt: $S_i^I\mathbf{n} \rightarrow E_i^I\mathbf{n}$ bzw. $M_j^I\mathbf{n} \wedge S_i^I\mathbf{n} \rightarrow E_i^I\mathbf{n}$ sind mit einer Wahrscheinlichkeit von P wahr. **Induktionsschluss**: Für beliebiges $z \geq 1$ und eine sehr kleine Zahl ε gilt: • Mit Bezug auf eine Gesetzesaussage: Falls $S_i^I\mathbf{m} \rightarrow E_i^I\mathbf{m}$ für z wahr sind, so auch für $z+1$. Mit $\mathbf{n} \subset \mathbf{m}$ folgt, dass allgemein gilt: (36) $G_i^I \Leftrightarrow \forall\mathbf{m}\left[S_i^I\mathbf{m} \overset{1-P<\varepsilon}{\rightarrow} E_i^I\mathbf{m}\right]$ • Mit Bezug auf ein Modell: Falls $M_i^I\mathbf{m} \wedge S_i^I\mathbf{m} \rightarrow E_i^I\mathbf{m}$ für z wahr sind, so auch für $z+1$. Mit $\mathbf{n} \subset \mathbf{m}$ folgt, dass allgemein gilt[143]: (37) $\overset{1-P\left(E_i^I\mathbf{m},\, M_j^I\mathbf{m} \wedge S_i^I\mathbf{m}\right)<\varepsilon}{T_{Mr}^I \Leftrightarrow H_{rl}^I: \dfrac{M_j^I\mathbf{m} \wedge S_i^I\mathbf{m}}{\text{Also ist es praktisch sicher, dass } E_i^I\mathbf{m}}[1-P<\varepsilon]}$	$[P]$ gesucht gesucht

Übersicht II-5 *Induktiv-statistische Modellkategorie mit der Unterart des Erklärungsmodells*[144]

[143] Der waagerechte Linie symbolisiert hier das induktive Schlussverfahren, welches über die Erklärung zur Modellbildung führt. Der Ausdruck $1-P<\varepsilon$ kennzeichnet dabei die statistische Wahrscheinlichkeit, mit der dieser Schluss gilt.

Die Unterart ‚Erklärungsmodell', dargestellt in Übersicht II-5, lässt sich kennzeichnen als das Ergebnis induktiv-statistischer Modellbildung. Die zweite Unterart ‚Prognosemodell' wird weiter unten erörtert[145]. In der Erklärung sind die Explananda gegeben, das Explanans wird gesucht (Sp.3). Die Sätze $M_j^I\mathbf{n}, S_i^I\mathbf{n}$ und $E_i^I\mathbf{n}$ (Z.3, Sp.2), kennzeichnen die gegebenen Tatbestände (Z.2), die gemeinsam an der Stelle beobachtet wurden, die mit den ν Raum-Zeit-Koordinaten des 1xν-Vektor $\mathbf{n}$ beschrieben wird.

Nach einer großen Zahl von Wiederholungen dieser Beobachtung gilt es mit einer Wahrscheinlichkeit von $P = P(\cdot)$ nahe 1 als praktisch sicher, dass $S_i^I\mathbf{n}$, $M_j^I\mathbf{n}$ und $E_i^I\mathbf{n}$ für $z = 1$ wahr sind. Dies ist der Induktionsanfang (Z.4, Sp.2). Sodann erfolgt der Schluss von z auf $z+1$. Falls die Aussageformen $S_i^I\mathbf{m}$, $M_j^I\mathbf{m}$ und $E_i^I\mathbf{m}$, für die zu beweisen ist, dass sie an $z = 1,\ldots,Z$ Raum-Zeit-Stellen gelten, wegen $\mathbf{n} \subset \mathbf{m}$ an der Stelle z=1 wahr sind, so auch an der Stelle $z+1$. Dieser Schluss lässt sich durch wiederholte Anwendung auf $z \geq 1$ verallgemeinern. Danach erklärt die Gesetzesaussage G_i^I immer dort, wo $S_i^I\mathbf{m}$ beobachtet wird, das Eintreten von $E_i^I\mathbf{m}$. Über $S_i^I\mathbf{m} \wedge M_j^I\mathbf{m}$ kann die Geltung der Gesetzesaussage G_i^I auf Situationen begrenzt werden, in denen zusätzlich die Modellannahme $M_j^I\mathbf{m}$ gegeben ist.

Entstanden ist ein Modell T_{Mr} mit den Gesetzesaussagen H_{rl}^I, die wie G_i^I für $\mathbf{m}$ das Eintreten von $E_i^I\mathbf{m}$ über $S_i^I\mathbf{m}$ erklären, vorausgesetzt, es ist zusätzlich $M_j^I\mathbf{m}$ erfüllt. Beide von $z = 1$ auf $z \geq 1$ verallgemeinerte Gesetzesaussagen G_i^I bzw. H_{rl}^I gelten mit einer statistischen Wahrscheinlichkeit von $1 - P < \varepsilon$ und nur mit dieser als wahr.

Im Gegensatz zu dem deduktiv-nomologischen Erklärungsmodell lässt sich das induktiv-statistische Modell T_{Mr}, weil es aus einer oder mehreren statistischen Gesetzesaussagen besteht, nicht als Folgerungsmenge einer Konjunktion von Gesetzesaussagen $G_1^k \wedge \ldots \wedge G_I^k$ ableiten bzw. nicht als spezielle Theorie T_{Mr} einer allgemeinen Theorie T^k interpretieren. Jedes induktiv-statistische Modell

(38) $T_{Mr}^I \Leftrightarrow H_{rl}^I \wedge \ldots \wedge H_{rL}^I$

steht zunächst einmal für sich. Dies schließt nicht aus, dass die Folgerung

(39) $T^{kI} \Rightarrow T_{Mr}^I$

möglicherweise wahr ist. Da das Modell nicht aus der Theorie deduziert wurde, kann die Folgerung aber ebenso gut falsch sein. Der Schluss ist nicht zwingend wahr oder falsch. Bei

---

[144] Zur formalen Struktur des Schlusses der induktiv-statistischen Erklärung siehe Stegmüller (1969), S. 646.

[145] Siehe S. 73 ff.

einer Rekonstruktion der Modelle im Rahmen eines deduktiv-nomologischen Systems muss sich die Folgerung erst als zutreffend erweisen.

Ein zu dem obigen deduktiv-nomologischen Erklärungsmodell analog gewähltes Beispiel soll diese Unterschiede der Modellbildung veranschaulichen. Der zuvor nomologisch erklärte Tatbestand, wonach Eheleute an den Stellen **m** unter der Antezedenzbedingung eines steigenden Nichterwerbseinkommens ihr Arbeitsangebot verringern, wird nunmehr mit einer statistischen Gesetzesaussage erklärt (siehe Übersicht II-6).

Gegeben sei eine Stichprobe mit den Tatbeständen M_1^I, S_1^I und E_1^I (siehe Z.2, Sp.3, Übersicht II-6). Zu diesen wurde statistisch ermittelt, dass 85 % aller Eheleute an der Stelle **n** ihre Entscheidungen über ihr Arbeitsangebot auf der Grundlage einer gemeinsamen Totaleinkommensrestriktion trafen (Tatbestand M_1^I) und eine Erhöhung in ihrem Nicht erwerbseinkommen erfuhren (Tatbestand S_1^I). Von diesen Eheleuten erwähnten mehr als 95 %, sie hätten in der Folge weniger gearbeitet (Tatbestand E_1^I)[146].

Aus der Einzelbeobachtung, dass die drei beschriebenen Tatbestände zeitlich und räumlich in vorliegender Form miteinander verbunden aufgetreten sind, wird induktiv folgender Zusammenhang geschlossen. Wenn in der Grundgesamtheit von den Eheleuten, für die die Konjunktion $M_1^I \wedge S_1^I$ zutrifft, 95 % den Tatbestand E_1^I eines rückläufigen Arbeitsangebots haben, dann gilt dies mit einer gewissen Streuung ebenso für eine Stichprobe. Nun ist dies in der untersuchten Stichprobe der Fall, also gilt es auch für die Grundgesamtheit (siehe der Schluss von Z.3 auf Z.4 mit der Wahrscheinlichkeit P in Übersicht II-6).

Bei dem hieraus geschlossenen induktiv-statistischen Modell

$$(41)\quad T_{M1}^I \Leftrightarrow H_{11}^I \Leftrightarrow \forall \mathbf{m}\left[M_1^I\mathbf{m} \wedge S_1^I\mathbf{m} \overset{P=0,95}{\rightarrow} E_1^I\mathbf{m} \right],$$

das ein rückläufiges Arbeitsangebot kausal aus den Annahmen $M_1^I\mathbf{m} \wedge S_1^I\mathbf{m}$ erklärt, wird die Gesetzesaussage G_1^{kI}, die mit $S_1^I\mathbf{m}$ nur die Erhöhung des Nichterwerbseinkommens voraussetzt, mit $M_1^I\mathbf{m}$ auf die Fälle begrenzt, in denen eine gemeinsame Totaleinkommensrestriktion eingehalten wird. Für das induktiv-statistische Modell $T_{M1}^I \Leftrightarrow H_{11}^I$ gilt der Schluss auf $E_1^I\mathbf{m}$ nur mit einer Wahrscheinlichkeit von $P=0,95$.

---

146 Die Werte für die Wahrscheinlichkeiten werden für die Beispiele hier und im Folgenden willkürlich gewählt.

Nr.	*1*	*2*	*3*
1	***Ausdrucks-formen***	***Induktiv-statistisches Modell*** T^I_{M1}	***Erklä-rung***
2	Explanan-dum-Tatb.	Mehrere Tatbestände an der Stelle **n**	**gegeben**
3	Explanan-dum-Sätze	• $M^I_1\mathbf{n} \wedge S^I_1\mathbf{n}$ ist wahr: 85 % der Eheleute weisen den Tatbestand M^I_1 einer gemeinsamen Totaleinkommens-restriktion (10)[147] zusammen mit dem Tatbestand S^I_1 einer Erhöhung ihres Nichterwerbseinkommens auf • $E^I_1\mathbf{n}$ ist wahr: Von den Eheleuten, für die diese Kon-junktion $M^I_1\mathbf{n} \wedge S^I_1\mathbf{n}$ zutrifft, haben 95 % ein rückläu-figes Arbeitsangebot	**gegeben**
	vvvvvvvvvv	*vvvvvvvvvvvvvvvvvvvvvvvvvvvvvvvvvvvvvvvvvvvvvvvvvvv*	*vvvvvvv*
4	Explanans	**Induktionsanfang**: $M^I_1\mathbf{n} \wedge S^I_1\mathbf{n} \rightarrow E^I_1\mathbf{n}$ und $S^I_1\mathbf{n} \rightarrow E^I_1\mathbf{n}$ sind jeweils mit einer Wahrscheinlichkeit von P=0,95 wahr **Induktionsschluss**: Dann gilt für $\mathbf{n} \subset \mathbf{m}$: • *Einerseits* die statistische Gesetzesaussage (40) $G^{kI}_1 \Leftrightarrow \forall \mathbf{m}\left[S^I_1\mathbf{m} \overset{P=0,95}{\rightarrow} E^I_1\mathbf{m}\right]$ G^{kI}_1: Wenn sich das Nichterwerbseinkommen von Eheleu-ten erhöht, dann verringern sie ihr Arbeitsangebot mit der angegebenen Wahrscheinlichkeit • *Andererseits* gilt das induktiv-statistische Modell (41) $T^I_{M1} \Leftrightarrow H^I_{11} \Leftrightarrow \forall \mathbf{m}\left[M^I_1\mathbf{m} \wedge S^I_1\mathbf{m} \overset{P=0,95}{\rightarrow} E^I_1\mathbf{m}\right]$ H^I_{11}: Wenn Eheleute auf der Grundlage eines gemeinsamen Totaleinkommens entscheiden und wenn sich ihr Nichter-werbseinkommen erhöht, dann verringern sie ihr Arbeitsan-gebot mit der angegebenen Wahrscheinlichkeit	[P] gesucht

Übersicht II-6 *Beispiel für ein verbalisiertes induktiv-statistisches Modell in der Unterart des Erklärungsmodells*

[147] Siehe oben S. 47.

Wird bereits beim Induktionsanfang die Anwendungsbedingung über die $M_1^I \wedge S_1^I$ auf die Fälle eingeschränkt, in denen M_1^I erfüllt ist, gilt ferner auch die Implikationsbeziehung

(40) $G_1^{kI} \Leftrightarrow \forall \mathbf{m}\left[S_1^I \mathbf{m} \rightarrow E_1^I \mathbf{m}\right]$

zunächst einmal mit der gleichen Wahrscheinlichkeit als zutreffend wie das induzierte Modell. Dabei ist nicht ausgeschlossen, dass das Verfahren der Induktion für die Geltung von (40) eine höhere Wahrscheinlichkeit ergeben würde, wenn die Induktion stattdessen nicht bereits zu Anfang auf die Annahme beschränkt würde, dass ferner $M_1^I \mathbf{m}$ wahr ist.

Die hiermit inhaltlich vergleichbare Gesetzesaussage $G_1^{kD} \Leftrightarrow \forall \mathbf{m}\left[S_1^D \mathbf{m} \rightarrow E_1^D \mathbf{m}\right]$ des deduktiv-nomologischen Modells T_{M1}^D in Übersicht II-3 besagt dagegen, dass immer dann, wenn die Antezendenzbedingung $S_1^D \mathbf{m}$ an den Stellen **m** erfüllt ist, mit Sicherheit auf $E_1^D \mathbf{m}$ geschlossen werden kann, also darauf, dass das Arbeitsangebot zurückgeht. Im Modell wird das Schlussverfahren auf $M_1^D \mathbf{m}$ eingeschränkt, bleibt aber weiterhin sicher.

Auf die Konsequenzen dieses Unterschieds wird im Rahmen der Überlegungen zur Modellprüfung des Näheren eingegangen werden[148]. Bevor die Unterart des Prognosemodells erörtert wird, muss allerdings noch auf folgende Besonderheit hingewiesen werden.

In den mikroökonomischen Modellen zum Arbeitsangebot, die aus induktiven Erklärungen hervorgegangen sind, werden die Gesetzesaussagen oftmals nicht wie oben dargestellt als reine statistische Gesetzesaussagen formuliert, sondern in Form von stochastisch gestörten, nomologischen Gesetzesaussagen. Grundlage für die zahlreichen Modellspezifikationen dieser Art bildet das klassische Regressionsmodell. Dabei wird die nomologische Gesetzesaussage in den neueren Erklärungsansätzen dem traditionellen Ansatz in der Ökonometrie folgend meist aus einer allgemeineren Theorie deduziert[149]. Es wird nachfolgend gezeigt, inwiefern es sich trotzdem um Modelle handelt, die der induktiv-statistischen Modellkategorie zuzuordnen sind. Weil die meisten von ihnen in einer aus dem einfachen linearen Regressionsmodell abgeleiteten Spezifikation vorliegen, reicht es für die weitere Abgrenzung der Problemstellung aus, sich mit diesem Grundtypus und einer weiteren, komplexeren Modellspezifikation, dem Tobit-Modell, exemplarisch zu befassen.

Tobin entwickelte (1958) einen Modellansatz, der das Schätzproblem löst, welches aus der Intervallbeschränkheit des individuellen Arbeitsangebots $\left[0, t_{max}^e\right]$ sowie der Konzentration seiner Beobachtungswerte im Punkt $t^e = 0$ resultiert. Die Intervallbeschränkheit bezieht sich auf den Umstand, dass die beobachtete Arbeitszeit für die Gruppe der Erwerbs-

---

148 Siehe auch weiter unten S. 74 ff.

149 Siehe hierzu die Erläuterungen zum traditionellen Ansatz Fußnote 68, S. 31 oben.

losen stets Null ist, für die Erwerbstätigen stets positiv. Folglich beschränken sich die Relationen zwischen den Beobachtungen der abhängigen Variablen zum „Umfang Arbeitszeit" t_i^e und den unabhängigen Variablen x_i, die die Arbeitszeit erklären sollen, auf das Intervall $\left[0, t_{\max}^e\right]$. Dies führt dazu, dass die Beobachtungen zu t_i^e ferner eine Konzentration im Punkte $t^e = 0$ zeigen. Der Ansatz von Tobin stellt eine Erweiterung des sog. Probit-Ansatzes dar, einem Ansatz, der noch heute zur Erklärung der Partizipationswahrscheinlichkeit genutzt wird und der Modellklasse der diskreten Regressionsmodelle zugehört[150]. Dies veranlasste Goldberger (1964) dazu, ihm den Spitznamen „Tobit-Modell" zu geben, der sich schließlich in der Literatur durchgesetzt hat[151]. Das Besondere an dem Probit-Modellansatz, nämlich die Unterteilung in einen beobachtbaren und einen latenten Modellteil, wurde von Tobin dahin erweitert, dass der Ansatz auch zur kombinierten Schätzung von Partizipationswahrscheinlichkeit, Arbeitszeit und Lohnsatz herangezogen werden kann. Hiermit kann mit dem Tobit-Modells in einem Schritt sowohl die Ursache der Begrenzung der abhängigen Variablen „Umfang Arbeitszeit" t_i^e erklärt werden als auch deren Wertebereich.

Viele weitere Modellspezifikationen zur Analyse des Arbeitsangebots sind Modifikationen des Tobit-Modells[152]. Bisweilen wird hierin alternativ das Logit-Modell vorausgesetzt, welches für die Störvariable im Unterschied zu dem Probit-Modell eine logistische Verteilungsfunktion an Stelle einer standardnormalen annimmt[153]. Einen detaillierten Überblick über weitere Modellspezifikationen liefert Bartenwerfer (1990) und in allgemeinerer Form Maddala (1983).

Für die Zuordnung dieser Modellspezifikationen zu der induktiv-statistischen Modellkategorie kommt es nun darauf an, zu zeigen, dass in diesen - wie auch im linearen Regressionsmodell - grundsätzlich nomologische Gesetzesaussagen durch einen stochastischen Modellteil überlagert sind. Bei dem nachfolgend erörterten linearen Regressionsmodell und der Modellspezifikation des Tobit-Modells handelt es sich jeweils um eine additive Überlagerung.

Das einfache lineare Regressionsmodell versucht die Variation einer abhängigen Variablen y durch Änderungen einer oder mehrerer unabhängiger Variablen x_j zu erklären. Da-

---

150 Der Ansatz wurde ursprünglich im Bereich der Dosis-Wirkungs-Analyse entwickelt, um die kritische Dosis von Pharmaka zu bestimmen. Siehe dazu Finney (1947).

151 Vgl. den Hinweis von Maddala (1983), S. 151.

152 Z. B. das Tobit-Modell bivariaten Typus von Heckman (1974) und das zweistufige Tobit-Modell ebenfalls von Heckman (1976).

153 Das Logit-Modell geht zurück auf Berkson (1944). Zu der Verteilungsfunktion der Standardnormalverteilung im Probit-Modell vgl. v. a. Theil (1971).

bei sind (y_{ik}, x_{ij}, v_i) Tupel von Beobachtungen zu Zufallsvariablen, zwischen denen folgende lineare Regressionsbeziehung angenommen wird:[154]

(42) $$y_{ik} = a_i + \sum_{j}^{J} b_j x_{ij} + v_i,$$

mit $i = 1,2,...,I$ für die Zahl der Beobachtungen, $k = 1,2,...,K$ für verschiedene abhängige Variablen, die erklärt werden sollen, sowie $j = 1,2,...,J$ für die Zahl der Zufallsvariablen vom Typ x_{ij}, über die die Erklärung vorgenommen wird.

Diese Regressionsbeziehung besteht aus einem absoluten Glied a_i sowie aus einer systematisch-erklärenden (= nomologischen) Komponente $b_j x_{ij}$ und einer diese überlagernden stochastischen Komponente v_i. Allerdings setzt dies voraus, dass bei Variation der unabhängigen Variablen x_{ij} folgende Annahme erfüllt ist:

(43) $$\sum_{j=1}^{J} \mathbf{x}_j^2 > 0.$$

Ferner muss die Verteilung von v_i stochastisch folgende Eigenschaften haben.
Der Erwartungswert der Störvariablen v_i muss gleich Null sein:

(44) $$E(v_i) = 0.$$

Die Varianz der Störvariablen muss in jeder Beobachtung i gleich sein (Homoskedastizität):

(45) $$V(v_i|\mathbf{x}_i) = \sigma^2, \text{ wobei } \mathbf{x}_i = x_{i1},...,x_{iJ}.$$

Die Störvariablen der einzelnen Beobachtungen müssen untereinander unkorreliert sein (keine Autokorrelation):

(46) $$E(v_i v_{i'}|\mathbf{x}_i) = 0, \text{ für alle } i \neq i,\ i = 1,..,I,\ i' = 1,..I'.$$

Schließlich werden die Beobachtungen der Störvariablen v_i in der Regel als normalverteilt angenommen:

(47) $$v_i \approx N(0, \sigma^2).$$

Ein lineares Regressionsmodell vom Funktionstyp (42) kann mit der OLS-Methode der kleinsten Quadrate (= Ordinary Least Squares-Method) numerisch spezifiziert werden. Gesucht wird die bestmögliche Annäherung der zu schätzenden Regressionsgeraden an die Beobachtungspunkte. Dafür bestimmt man $\hat{a}$ und $\hat{b}$ so, dass

(48) $$\sum_{i=1}^{I} \hat{v}_i^2 = \sum_{i=1}^{I} (y_i - \hat{y}_i)^2 \rightarrow \min!.$$

In den empirischen Analysen der sog. ersten Generation wurden auf der Grundlage des einfachen linearen Regressionsmodells hauptsächlich die Parameter folgender Gleichungen geschätzt[155]:

---

[154] Vgl. Schneeweiß (1990), S. 29 ff.

$$(49)\quad t_i^e = a + b_1 \cdot w_i + b_2 \cdot V_i + v_i$$

$$(50)\quad t_i^e = a_i + \sum_{j=1}^{M}\left(b_{1ij} \cdot w_j\right) + b_{2i}\sum_{j=1}^{M} V_j + v_i$$

$$(51)\quad t_i^e = a_i + b_{1i} \cdot w_i + b_{2i} \cdot \left(V_i + \sum_{j \neq i}^{M}\left(w_j t_j^e + V_j\right)\right) + v_i .$$

Die Regressionsgleichung (49) erklärt die Arbeitszeit einer einzelnen Person über deren Lohnsatz w_i und Nichterwerbseinkommen V_i. Die Störvariable v_i kann inhaltlich so interpretiert werden, dass in ihr alle nicht näher spezifizierten Einflussgrößen wie zum Beispiel die Kinderzahl oder die Präferenzordnung der Einzelperson bzw. ihres Haushalts zusammengefasst sind. Demgegenüber erklären (50) und (51) die Arbeitszeit über ein interdependentes lineares Regressionsmodell im Haushaltskontext. (50) bezieht sich auf jeweils ein Haushaltsmitglied $i = 1,\ldots, M$, dessen Arbeitszeit gegenüber (49) nicht nur durch den eigenen Lohnsatz, sondern insgesamt durch die Lohnsätze und Nichterwerbseinkommen aller Haushaltsmitglieder $j = 1,\ldots, M$ beeinflusst wird. (51) geht indessen - wie in dem obigen Beispiel - davon aus, dass die sog. Kreuzsubstitutionseffekte des Lohnsatzes null sind, sodass die Arbeitszeit jeder einzelnen Person durch deren Lohnsatz w_i und die Summe aller Nichterwerbseinkommen beeinflusst wird, wobei gegenüber (49) angenommen wird, dass zu dessen Bestandteilen nicht nur das Nichterwerbseinkommen aus Transfer- und Kapitalvermögen gehört, also $V_i + \sum V_j$, sondern auch das Erwerbseinkommen $w_j \cdot t_j^e$ der übrigen Haushaltsmitglieder.

Die Schätzung der Parameter b_1 und b_2 wurde in den Studien der ersten Generation benutzt, um Lohn- und Einkommenselastizitäten des Arbeitsangebots zu berechnen. Die Untersuchungen konzentrierten sich dabei auf die Personengruppe der Erwerbstätigen. Wie es überhaupt dazu kommt, dass sich eine Person für die Partizipation am Arbeitsmarkt entscheidet, wurde nicht analysiert. Auch wurde ein gegebenenfalls festgestellter Zusammenhang zwischen dem Arbeitsangebot und dem Lohnsatz einerseits und dem Einkommen andererseits nicht weiter erklärt.

Eine Zusammenstellung der Ergebnisse von ausgewählten empirischen Untersuchungen der ersten Generation, von denen die meisten aus den Jahren zwischen 1960 bis Mitte 1970 stammen, liefern u. a. Cain/Watts (1973)[156] und Killingsworth (1983)[157].

---

155 Siehe Killingsworth (1983), S. 100.

156 Siehe Cain/Watts (1973), S. 328 ff.

157 Die Unterteilung der Analysen in solche der ersten und zweiten Generation stammt von Killingsworth (1983), S. 110 ff.

Die Modellspezifikationen der ersten Generation haben sich im Nachhinein als zu wenig theoretisch fundiert und mit einem Schätzproblem behaftet erwiesen, wobei das eine das andere bedingt und umgekehrt[158]. Zum einen beruhen die Regressionsbeziehungen (49), (50) und (51) allesamt auf dem Funktionstyp (42), also dem einfachsten Regressionsmodell mit einer abhängigen und mehreren unabhängigen Variablen. Erklärt wird mit $k=1$ die Variable $y_{i1} = [0,1]$ für die Partizipation am Arbeitsmarkt, die nur die Werte 0 für eine Person „partizipiert nicht" und 1 für „partizipiert" annehmen kann. Hiervon zu unterscheiden ist mit $k=2$ die Erklärung der Variable $[0, y_{i2\max}]$ für den Umfang an Arbeitszeit. Die in den Regressionsbeziehungen (49) enthaltene systematisch-erklärende Komponente lässt sich aus deduktiv-nomologischen Modellen, die das Arbeitsangebot auf der Grundlage eines Nutzenmaximierungsmodells erklären, nicht ableiten. Dieser Mangel an nomologischer Begründung ist schließlich mit folgendem Schätzproblem verknüpft. Bei der numerischen Bestimmung von Arbeitsangebotsfunktionen aus empirisch ermittelten Individualdaten auf der Basis eines Regressionsmodells vom Typ (42) stellt sich die Frage, wie damit umgegangen werden soll, dass das Verhalten der beobachteten Individuen i zwangsläufig und nicht zufällig eine „sample selection" bewirkt, also eine Trennung der Beobachtungswerte hinsichtlich der Gruppe der Erwerbslosen $i = 1,2,\ldots m$ und der der Erwerbstätigen $i = m+1,\ldots, M$. Dies hat einerseits - wie bereits erwähnt - eine Intervallbeschränktheit der Beobachtungswerte zur Erwerbsarbeitszeit zur Folge, hier in Form von $[0, y_{i2\max}]$, und deren Konzentration im Punkt Null, $y_{i2} = 0$. Andererseits liegen für die gleiche Personengruppe keine Daten zu den Lohnsätzen vor, die bei einer Erwerbstätigkeit möglicherweise am Markt zu erzielen wären.

Die empirischen Analysen der zweiten Generation beruhen demgegenüber auf Modellspezifikationen, in die Arbeitsangebotsfunktionen u. a. vom Typ (29') eingehen, die - wie in Übersicht II-4 dargestellt wurde - aus deduktiv-nomologischen Modellen in der Art von T_{M3}^{D} abgeleitet werden. Der Zusammenhang zwischen Arbeitsangebot und Lohnsätzen bzw. Einkommen kann hierin über die Maximierung einer Nutzenfunktion unter Berücksichtigung einer Budgetrestriktion detaillierter erklärt werden. Dennoch sind hinsichtlich der Breite und Tiefe der Explizierung auch innerhalb dieser Studien recht große Unterschiede auszumachen[159].

Das oben dargestellte Schätzproblem der „sample selection" erweist sich in den Studien der zweiten Generation als ein Problem, das über eine entsprechend veränderte Modellspezifikation durchaus systematisch erklärt werden kann. Dreh- und Angelpunkt bilden Erklärungen der Wahrscheinlichkeit, dass eine Person aktiv am Arbeitsmarkt teilnimmt

---

158 Siehe u. a. die Einschätzung von Killingsworth (1983), S. 68.

159 Siehe bspw. die geringe Explizierung bei Untiedt (1992), S. 39 u. 75 im Vergleich zu Strom/Wagenhals (1991), S. 575 ff.

$P(y_{i1} = 1)$. Spezifiziert werden diese auf der Grundlage von linearen Wahrscheinlichkeitsmodellen, die eine Regression der Wahrscheinlichkeit, dass die abhängige Variable y_{i1} den Wert 1 annimmt, auf die unabhängigen Variablen x_{ij} vornehmen:

(52) $$P(y_{i1} = 1 | x_{ij}) = \sum_j x_{ij} b_j .$$

Damit verbunden ist jedoch ein neues Schätzproblem, das den meisten Modellspezifikationen der ersten Generationen unbekannt war, eben weil sich diese in der Hauptsache der Erklärung der Arbeitszeit $t_i^e \equiv y_{i2} > 0$ gewidmet hatten.

Die Ausprägungen der Variable y_{i1} zur Partizipation sind dichotom, da diese nur den Wert Eins für „Partizipation am Arbeitsmarkt" und Null für „keine Partizipation" annehmen kann. Das lineare Wahrscheinlichkeitsmodell (52) weist in dieser Hinsicht den Mangel auf, dass nicht gewährleistet ist, dass bei alternativen Werten für x_{ij} die Wahrscheinlichkeit $P(y_{i1}|x_{ij})$ tatsächlich im Intervall $[0,1]$ liegt. Deswegen werden für diskrete Regressionsanalysen generell Transformationen angewandt, die die Wahrscheinlichkeit $P(y_{i1}|x_{ij})$ aus dem Intervall $[0,1]$ in das Intervall $[-\infty,\infty]$ überführen. In den Modellspezifikationen zum Arbeitsangebot haben sich die Probit- oder Logit-Transformationen durchgesetzt.

Die verschiedenen Modellspezifikationen der zweiten Generation sind nahezu alle dadurch gekennzeichnet, dass sie Funktionsformen wählen, die eine Schätzung beider Dimensionen des Arbeitsangebotes, der Partizipationswahrscheinlichkeit und der Arbeitszeit, ermöglichen. An dieser Stelle wird beispielhaft die 1958 von Tobin entwickelte Tobit-Modellspezifikation herausgegriffen, die, obwohl sie ursprünglich für die Erklärung der Ausgaben für dauerhafte Konsumgüter entwickelt wurde, auch in der Schätzung von Arbeitsangebotsfunktionen relativ weit verbreitet ist. Dies liegt unter anderem daran, dass beide Dimensionen des Arbeitsangebots in einem Schritt erklärt werden können. Das Tobit-Modell in seiner allgemeinen Spezifikation lautet[160]:

(53) $$y_{i2} = \begin{cases} y_{i2}^* = x_{i2} b_2 + v_{i2} \text{ wenn } y_{i2}^* > 0 \\ 0, \text{ wenn } y_{i2}^* \le 0 \text{ mit } i = 1, \dots, m \end{cases} .$$

Ihm liegt die Überlegung zu Grunde, dass die beiden oben geschilderten Schätzprobleme, die aus einer systematischen Teilung der Beobachtungen resultieren, auf den Einfluss einer latenten Variablen y_{i2}^* zurückgeführt werden können. Diese Überlegung führt zu der Unterteilung in einen beobachtbaren Modellteil

(54) $$y_{i2} = \begin{cases} y_{i2}^*, \text{ wenn } y_{i2}^* > 0 \\ 0, \text{ wenn } y_{i2}^* \le 0 \end{cases} ,$$

160 Siehe Tobin (1958), S. 24-36. Zu der Darstellung des Tobit-Modells vgl. auch Maddala (1983), S. 151 ff.

der die Dichotomie der Beobachtungswerte zum Arbeitsangebot y_{i2} erklärt, und einen latenten Modellteil

(55) $y_{i2}^{*} = x_{i2}b_2 + v_{i2}$,

der über die latente Variable y_{i2}^{*} die dem Arbeitsangebot zu Grunde liegende Arbeitsneigung erklärt[161]. Diese Konstruktion gewährleistet einerseits, dass die Störvariable v_{i2} trotz der Beschränkung von y_{i2} auf das Intervall $[0, y_{i2\max}]$ einer unbeschränkt stetigen Verteilung im Intervall $[-\infty, +\infty]$ genügt. Ohne diese Korrektur würde die Schätzung der Gleichung zur fehlerhaften Schätzung des Koeffizienten $\hat{b}_2$ führen.

Auf die Erklärung des Arbeitsangebots angewandt, wird die Funktionsgleichung für y_{i2}^{*} durch eine Arbeitsangebotsfunktion ersetzt - beispielsweise vom Typ (29') aus Übersicht II-4 -, die man für die systematische Erklärung der Daten zum Arbeitsangebot nutzen möchte. Hieraus ergibt sich wiederum ein Schätzproblem. In die Arbeitsangebotsfunktionen gehen nur die Lohnsätze der Erwerbstätigen als unabhängige Variable ein, weil nur diese beobachtbar sind. Das Problem lässt sich dadurch lösen, dass die in (53) eingesetzte Arbeitsangebotsfunktion um eine zweite Funktion zur Erklärung des Lohnsatzes ergänzt wird. Hierbei bezieht man sich häufig auf Erklärungsansätze der „Humankapitaltheorie“[162], die v. a. auf Mincer (1974) zurückgehen und den Lohnsatz einer Person mit deren Wissen und Fertigkeiten zu erklären versuchen[163]. Ein solches Regressionsmodell zur Bestimmung der Lohngleichung lautet:

(56) $w_i^{*} = \sum_j q_j \cdot h_{ij} + e_i$,

mit den Beobachtungen w_i^{*} für die abhängige Variable Lohnsatz, h_{ij} für alle unabhängigen Variablen beispielsweise zur Schulausbildung sowie e_i für die Störvariable. q_j ist der zu schätzende Koeffizient.

Nach Hinzufügen der Lohngleichung lässt sich das Tobit-Modell nach Heckman (1974) als bivariate Erweiterung des ursprünglich univariaten Tobit-Modells darstellen. Auf der Grundlage einer aus einer Cobb-Douglas Nutzenfunktion abgeleiteten Arbeitsangebotsfunktion (29) ergibt dies folgendes Tobit-Modell:

---

161 Vgl. die Interpretation bei Bartenwerfer (1990), S. 25.

162 Nach den Grundsätzen der ordnungsgemäßen Buchführung müsste es hier eigentlich Humanvermögentheorie heißen. Denn in der Bilanz wird hinsichtlich der Kapitalherkunft stets nur zwischen Eigen- und Fremdkaptial unterschieden, während die Unterscheidung zwischen Menschen, Sachen und Geld der Einteilung hinsichtlich der Kapitalverwendung folgt.

163 Vgl. Bartenwerfer (1990), S. 38.

Latenter Modellteil

$$t_i^e{*} = 1 - \frac{c+d}{c} - \frac{c}{c+d} \cdot \frac{V_i}{w_i} + v_i$$

$$w_{i*} = q_j \cdot h_{ij} + e_i$$

Beobachtbarer Modellteil

(57) mit $T = t_i^e + x_{0i}$.

$$t_i^e = \begin{cases} t_i^{e*}, \text{wenn } t_i^e{*} > 0 \text{ mit } i = \{1,2,\ldots m\} \\ 0, \text{ wenn } t_i^e{*} \leq 0 \end{cases}$$

$$w_i = \begin{cases} w_i^{e*}, \text{wenn } t_i^e{*} > 0 \text{ mit } i = \{1,2,\ldots m\} \\ 0, \text{ wenn } t_i^e{*} \leq 0 \end{cases}$$

Danach wird eine Person nur arbeiten, wenn u_i als lineare Funktion

(58) $$u_i = -\frac{c}{c+d} \cdot \frac{V_i}{e_i} + v_i$$

der beiden Störvariablen v und e den mit der Standardabweichung σ_u standardisierten Schwellenwert

(59) $$u_i/\sigma_u > -\left[1 - \frac{c}{c+d} - \frac{c}{c+d} \cdot \frac{V_i}{q_j \cdot h_{ij}}\right] \Big/ \sigma_u$$

übersteigt.

Danach errechnet sich die Wahrscheinlichkeit $P(t_i^e = 0)$ dafür, dass eine Person dem Arbeitsmarkt fernbleibt, über

(60) $$P\left(t_i^e = 0\right) = P\left(u_i/\sigma_u \leq \xi_i\right) = \Phi(\xi_i),$$

mit

(61) $$\xi_i = -\left[1 - \frac{c}{c+d} - \frac{c}{c+d} \cdot \frac{V_i}{q_j \cdot h_{ij}}\right] \Big/ \sigma_u$$

und $\Phi(\cdot)$ für die standardisierte Normalverteilungsfunktion.

Zugleich kann die Wahrscheinlichkeit, dass eine Person eine bestimmte Arbeitszeit am Markt anbietet $P\left(t_i^e = t_i^e{*} > 0\right)$ und dabei einen bestimmten Lohnsatz erzielt $P(w_i = w_i{*})$ erklärt werden mit:

(62) $$P\left(t_i^e = t_i^e{*} > 0, w_i = w_i^e{*}\right) = \Phi(\cdot) \frac{\phi\left(v_i = t_i^e - 1 + \frac{c}{c+d} + \frac{c}{c+d} \cdot \frac{V_i}{w_i}, e_i = w_i - q_j h_{ij}\right)}{\Phi(\cdot)},$$

wobei $\phi(\cdot)$ die bivariate Dichtefunktion der gewählten Normalverteilung ist.

Die Modellbildung durch induktive Erklärung eines beobachteten Tatbestands zum Arbeitsangebot erfolgt schließlich durch numerische Schätzung des Tobit-Modells oder alternativer Spezifikationen. Für die Schätzung wird eine Likelihood-Funktion aufgestellt:

$$(63)\quad \begin{aligned} L_{TOBIT} &= \left[\prod_{(t_i^e * \le 0)} P\left(t_i^e = 0\right)\right] \cdot \left[\prod_{(t_i^e * > 0)} P\left(t_i^e = t_i^e *, w_i = w_i^e *\right)\right] \\ &= \left[\prod_{(t_i^e * \le 0)} \Phi(\xi_i)\right] \cdot \left[\prod_{(t_i^e * > 0)} \phi(v_i, e_i; \Sigma)\right] \end{aligned}$$

mit der bivariaten Dichtefunktion $\phi(v_i, e_i; \Sigma)$, wobei für v_i und e_i Erwartungswerte gleich Null und einer Varianz-Kovarianz-Matrix Σ angenommen werden. Sie wird im Sinne der Maximum-Likelihood-Methode so maximiert, dass mit der unterstellten Regressionsfunktion den Beobachtungspunkten die größte Wahrscheinlichkeit zukommt.

Mit der Schätzung wird das jeweilige Regressionsmodell aus seiner mathematischen Aussageform in eine statistische Gesetzesaussage überführt. Ergebnis ist eine Je-Desto-Aussage, die besagt: Je größer V, desto größer der Umfang der angebotenen Arbeitsstunden t_i^e[164]. Diese im Regressionsmodell enthaltene Zuordnungsvorschrift wird allerdings durch die Störvariablen v_i und e_i überlagert, mit denen berücksichtigt werden soll, dass die Eindeutigkeit der Vorschrift nur im statistischen Mittel besteht. Hierdurch kann die im Einzelfall auftretende Abweichung der Variablen t_i^e von ihrem Mittelwert auf die stochastisch unabhängigen Zufallsvariablen v_i und e_i zurückgeführt werden[165].

Der Unterschied zu dem in Übersicht II-5 umschriebenen induktiv-statistischen Erklärungsmodell ist nun folgender. Vergleichbar dem in Übersicht II-4 dargestellten Vorgehen bei der Mathematisierung deduktiv-nomologischer Modelle erfolgt auch mit den Regressionsmodellen eine Mathematisierung des Erklärungsmodells, allerdings mit dem entscheidenden Unterschied, dass eine Trennung in einen deterministischen und einen stochastischen Modellteil stattfindet.

Zwangsläufig werden bei der Mathematisierung des induktiv-statistischen Modells gegenüber seiner ursprünglichen verbalen Aussageform a priori Vorstellungen darüber verwendet, welcher Teil der statistischen Gesetzesaussagen sich ebenso gut deterministisch formulieren lässt, ohne dass sich die Richtigkeit der Gesamtaussage nach Einsetzen von Zahlzeichen verändert. So muss dem zunächst verbal formulierten Modell T_{M1}^I (siehe Übersicht II-6) zu seiner Mathematisierung eine Antezedenzbedingung S_2^I hinzugefügt werden, die seine stochastischen Voraussetzungen festlegt (siehe Z.4 in Übersicht II-7). Bei den Studien der zweiten Generation wird hinsichtlich der Trennung in deterministischen

[164] Vgl. dazu allgemein Opp (1999), S. 55.

[165] Vgl. Schneeweiß (1990), S. 29 ff.

Nr.	*1*	*2*
1	***Aussage-formen***	***Induktiv-statistisches Modell T^I_{M2}*** ***(mit T^D_{M3} als deterministischem Teil, s. Übersicht II-4)***
2	Explanans	$T^I_{M2} \Leftrightarrow$ $1-P\begin{pmatrix} E^I_1\mathbf{m}, M^{D'}_1\mathbf{m} \wedge M^{NK}_1\mathbf{m} \wedge \\ S^I_2\mathbf{m} \wedge G^{kD}_1\mathbf{m} \wedge G^{GNS}\mathbf{m} \wedge G^{NK}\mathbf{m} \end{pmatrix} < \varepsilon$ $H^I_{2l}: \dfrac{M^{D'}_1\mathbf{m} \wedge M^{NK}_1\mathbf{m} \wedge S^I_2\mathbf{m} \wedge G^{kD}_1\mathbf{m} \wedge G^{GNS}\mathbf{m} \wedge G^{NK}\mathbf{m}}{\text{Also ist es praktisch sicher, dass } E^I_1\mathbf{m}} [1-P<\varepsilon]$
3	• Modell-an.	$M^{D'}_1\mathbf{m}$: An den Stellen **m** gilt die Totaleinkommensrestriktion (10) $M^{NK}_1\mathbf{m}$: An den Stellen **m** gilt die Cobb-Douglas Nutzenfkt. (11)
4	• Antezedenzbedingungen	$S^{GNS}_1\mathbf{m}$: An den Stellen **m** gilt das Erste Gossen'sche Gesetz $S^{GNS}_2\mathbf{m}$: An den Stellen **m** gilt das Zweite Gossen'sche Gesetz $S^{NK}\mathbf{m}$: An den Stellen **m** gelten die Axiome der Präferenz $S^I_2\mathbf{m}$: An den Stellen **m** gilt (63)
5	• Gesetzesaussagen	G^{GNS} : Zweites Gossen'sches Gesetz G^{NK} : Aussagen aus den Axiomen der Präferenz G^{kD}_1 : Wenn sich das Nichterwerbseinkommen von Eheleuten erhöht, dann verringern sie ihr Arbeitsangebot Für $E(v)=0$ folgt (65) $H^I_{21}: g'(V) = \dfrac{\partial t^e_1}{\partial V} = -\dfrac{\hat{c}}{\hat{c}+\hat{d}} \cdot \dfrac{1}{\hat{q}_j \cdot h_j} < 0$ mit einer Wahrscheinlichkeit von $\lfloor 1-P<\varepsilon \rfloor$. ——— Danach gilt $H^I_{21} \rightarrow G^{kI'}_1 \rightarrow G^{kI}_1$ $G^{kI'}_1: f'(V) = \dfrac{\partial t^e_1}{\partial V} < 0$ G^{kI}_1 : Wenn sich das Nichterwerbseinkommen von Eheleuten erhöht, dann verringern sie ihr Arbeitsangebot mit der angegebenen Wahrscheinlichkeit um den angegebenen Betrag
6	Explanandum-Satz	$E^I_1\mathbf{m}$: An den Stellen **m** verringern Eheleute ihr Arbeitsangebot
7	Expld.-Tatbest.	E^I_1

Übersicht II-7 *Beispiel für ein mathematisiertes induktiv-statistisches Modell (Funktionstyp Tobit-Modell)*

und stochastischen Modellteil im Weiteren nicht selten in der Weise verfahren, dass der deterministische Teil aus einem bereits vorhandenen deduktiv-nomologischen Modell deduziert wird[166]. Dies entspricht im vorliegenden Fall der Deduktion der um die Lohngleichung erweiterten Arbeitsangebotsfunktion aus T^D_{M3}:[167]

$$(29') \quad t_i^e = g(V, w_i) = T_i - \frac{c}{c+d} \cdot T - \frac{c}{c+d} \cdot \frac{V}{w_i}.$$

Diese geht nach der Standardisierung mit σ_u als deterministischer Teil ξ_i zur Erklärung der Wahrscheinlichkeit $P(t_i^e = 0)$ als (61) in (60) ein[168]. In ihrer strukturellen Form, d. h. wie in (57) gegliedert in Arbeitsangebots- und Lohnfunktion, findet sie sich ferner als deterministischer Teil zur Erklärung von $P(t_i^e = t_i^e * > 0)$ und $P(w_i = w_i *)$ in (62) wieder und insgesamt in der zu schätzenden Likelihood-Funktion (63)[169].

Entstanden ist das induktiv-statistische Modell vom Funktionstyp eines Tobit-Modells (siehe Übersicht II-7):

$$(64) \quad \begin{array}{l} T^I_{M2} \Leftrightarrow \\ \quad 1 - P\left(E_1^I\mathbf{m}, M_1^{D'}\mathbf{m} \wedge M_1^{NK}\mathbf{m} \wedge S_2^I\mathbf{m} \wedge G_1^{kD}\mathbf{m} \wedge G^{GNS}\mathbf{m} \wedge G^{NK}\mathbf{m}\right) < \varepsilon \\ H^I_{2l}: \dfrac{M_1^{D'}\mathbf{m} \wedge M_1^{NK}\mathbf{m} \wedge S_2^I\mathbf{m} \wedge G_1^{kD}\mathbf{m} \wedge G^{GNS}\mathbf{m} \wedge G^{NK}\mathbf{m}}{\text{Also ist es praktisch sicher, dass } E_1^I\mathbf{m}} [1 - P < \varepsilon] \end{array}$$

Um aus Modell T^I_{M2} Implikationen abzuleiten, muss dieses numerisch geschätzt werden. Angesichts der stochastischen Störung des aus T^D_{M3} deduzierten deterministischen Modellteils können Implikationen aus T^I_{M2} aber im Gegensatz zu denen aus T^D_{M3} nicht logisch sicher aus dem numerisch spezifizierten Explanans abgeleitet werden. Das Explanans bezieht sich immer nur auf das Raum-Zeit-Gebiet der Beobachtungsdaten. Trotz des deterministischen Modellteils ermöglicht das Modell also nur induktiv-statistische Erklärungen[170].

T^I_{M2} ermöglicht unter anderem eine Implikation auf die statistische Gesetzesaussage:

$$(65) \quad H^I_{21}: g'(V) = \frac{\partial t_i^e}{\partial V} = -\frac{\hat{c}}{\hat{c}+\hat{d}} \cdot \frac{1}{\hat{q}_j \cdot h_j} < 0 \text{ (siehe Übersicht II-7).}$$

Bei steigendem Nichterwerbseinkommen sinkt das Arbeitsangebot um den Faktor:

$$(66) \quad -\frac{\hat{c}}{\hat{c}+\hat{d}} \cdot \frac{1}{\hat{q}_j \cdot h_j}, \text{ wobei } \hat{q}_j \cdot h_j = w^* \text{ den dabei angenommenen Lohnsatz erklärt.}$$

Möglich ist also auch - dem deduktiven Fall von T^D_{M3} und T^D_{M1} vergleichbar - der Schluss von T^I_{M2} auf G_1^{kI}, die statistische Gesetzesaussage des verbalisierten Modells T^I_{M1} (siehe Übersicht II-6):

---

166 Vgl. Killingsworth (1983), S. 132 ff.

167 Siehe S. 52.

168 Siehe S. 69.

169 Siehe S. 69 u. S. 70.

170 Vgl. hierzu auch die allgemeinen Überlegungen von Opp (1999), S. 56.

(67) $H_{21}^{I} \rightarrow G_{1}^{kI}{}': f'(V) = \frac{\partial t_i^e}{\partial V} < 0 \rightarrow G_{1}^{kI}$,

d. h. wenn sich das Nichterwerbseinkommen von Eheleuten erhöht, dann sinkt deren Arbeitsangebot mit der angegebenen Wahrscheinlichkeit.

Beide stimmen aber nur in ihrer Struktur mit den gleich lautenden Gesetzesaussagen des deduktiv-nomologischen Modells T_{M3}^{D} überein (siehe Übersicht II-4):

(30) $H_{31}^{D}: g'(V) = \frac{\partial t_i^e}{\partial V} = -\frac{c}{c+d} \cdot \frac{1}{w_i} \rightarrow H_{21}^{D}: f'(V) = \frac{\partial t_i^e}{\partial V} < 0 \rightarrow G_{1}^{kD}$.

Der entscheidende Unterschied ist, dass $G_{1}^{kI}{}'$ auf Grund des mit S_{2}^{I} angenommenen Tobit-Funktionstyps stochastisch gestört ist und deshalb nur mit der Wahrscheinlichkeit $[1 - P < \varepsilon]$ gilt; der Schluss auf G_{1}^{kD} ist indes sicher.

Das entstandene Modell kann anschließend zu Prognosezwecken umgebildet und auf dieser Grundlage empirisch geprüft werden (siehe Übersicht II-8).

Nr.	*1*	*2*	*3*
1	***Ausdrucks-formen***	***Induktiv-statistische Modellkategorie***	***Prognose***
2	Explanans	$1 - P\left(E_i^I, M_j^I \wedge S_i^I\right) < \varepsilon$ $T_{Mr}^{I} \Leftrightarrow H_{rl}^{I}: \frac{M_j^I \mathbf{m} \wedge S_i^I \mathbf{m}}{\text{Also ist es praktisch sicher, dass } E_i^I \mathbf{m}} [1 - P < \varepsilon]$ Angenommen, an den Stellen **s**, mit $\mathbf{m} = \mathbf{s} \in IN$, würden die Modellannahmen M_j^I und die Antezedenzbedingungen S_i^I gelten.	gegeben $[P]$
	vvvvvvvvvvvv	vvvvvvvvvvvvvvvvvvvvvvvvvvvvvvvvvvvvvvvvvvvvvvvv	vvvvvvv
3	Explanandum-Satz	Also ist mit einer Wahrscheinlichkeit von $[1 - P < \varepsilon]$ sicher, dass $E_i^I \mathbf{s}$ gilt	gegeben
4	Explanandum-Tatbestände	$E_i^I \vee \neg E_i^I$	gesucht

Übersicht II-8 *Induktiv-statistische Modellkategorie in der Unterart des Prognosemodells*

Diese Möglichkeit der Modellbildung wird hier als die zweite Unterart der induktiv-statistischen Modellkategorie bezeichnet. Sie gleicht auf den ersten Blick, wie Übersicht II-2 zeigt, hinsichtlich ihrer Struktur sehr der deduktiv-nomologischen Prognose. Scheinbar wird die Prognose in Form des Explanandum-Satzes (siehe Z.3, Sp.2. in Übersicht II-8) genauso aus den Modellannahmen und Gesetzesaussagen (Explanans) abgeleitet wie im deduktiven Modell. Tatsächlich handelt es sich bei dem Schluss (von Z.2 auf Z.3) aber nicht um eine logische Ableitung, sondern um eine auf Grund von Erfahrung geltende, insofern niemals sichere Begründung des Explanandum-Satzes durch das Explanans. Die zuvor im Rahmen der Modellbildung auf der Grundlage von Schätzwerten ermittelten Gesetzesaussagen G_i^I gelten eben nur mit einer statistischen Wahrscheinlichkeit von $[1-P<\varepsilon]$ als sicher, folglich kann auch das Eintreffen oder Nicht-Eintreffen des Explanandum-Tatbestands $E_i^I \vee \neg E_i^I$ nur mit dieser Wahrscheinlichkeit vorausgesagt werden (Z.4, Sp.2). Hierbei steht der Junktor $\neg E_i^I$ für „E_i^I trifft nicht ein".

2.2 Modellprüfung

Die Güte der Übereinstimmung eines Modells mit der Realität kann modellintern oder modellextern ermittelt werden. Modellintern vollzieht sich die Prüfung anhand jener Beurteilungsverfahren, die von dem jeweils zu prüfenden Ansatz selbst, wenn auch zumeist nur implizit, zur Verfügung gestellt werden. Die Regeln, die durch die einzelnen Modelle zum Arbeitsangebot privater Haushalte nahe gelegt werden, können über deren Zuordnung zu den beiden Modellkategorien erschlossen werden. Nachfolgend wird erörtert, dass dieses Vorgehen zweckmäßig und unproblematisch ist, solange ein Modell für sich allein genommen untersucht wird. In diesem Falle bleibt das Beurteilungsverfahren für die anderen Modelle unverbindlich. Soll die Güte eines Modell jedoch, wie in der vorliegenden Arbeit beabsichtigt, theorienvergleichend und damit in Relation zu der Güte anderer Modelle ermittelt werden, so muss für diese modellexterne Prüfung eine Methode gewählt werden, die nicht im Vorhinein eine bestimmte Modellrichtung favorisiert[171]. Die nachfolgende Darlegung der Beurteilungsverfahren im Rahmen der jeweiligen modellinternen Prüfung dient dem Nachweis einer diesbezüglichen Inkonsistenz zwischen der deduktiven und induktiven Methode. Bezugnehmend hierauf werden anschließend die Möglichkeiten der modellexternen Prüfung erwogen.

2.2.1 Modellinterne Prüfung

In den herkömmlichen wissenschaftstheoretischen Konzepten werden für Modelle, die der deduktiv-nomologischen Modellkategorie zuzuordnen sind, in der Hauptsache Beurteilungsverfahren des Kritischen Rationalismus (Popper 1994) gewählt, für solche der induktiv-statistischen Modellkategorie dagegen die des logischen Positivismus (Schlick 1925).

Der Positivismus betrachtet die aus der Erfahrung stammenden positiven Tatsachen als die Quelle der Erkenntnis. Der logische Positivismus als eine der jüngeren Strömungen dieser empiristischen Erkenntnistheorie betrachtet dabei nur solche Aussagen als wissenschaftlich begründet, die sich auf elementare Erfahrungsaussagen zurückführen lassen (Indukti-

---

171 Vgl. die einstige Diskussion in den Sozialwissenschaften v. a. Seyfarth (1978), S. 285 ff.

onslogik). Der Kritische Rationalismus trennt dagegen hinsichtlich der Beurteilung wissenschaftlicher Erkenntnisse streng zwischen der Gewinnungs- und der Geltungsproblematik und interessiert sich nur für letztere. Er richtet sein Augenmerk dabei zum einen auf die Präzisierung der deduktiv-nomologischen Ableitungsverfahren (Deduktionslogik). Zur Sicherung der empirischen Überprüfbarkeit hat er zum anderen das positivistische Sinnkriterium der Verifizierbarkeit durch das Abgrenzungskriterium der Falisifizierbarkeit ersetzt.[172]

2.2.1.1 Deduktiv-nomologische Modellkategorie

Bei der internen Prüfung der Modelle der deduktiv-nomologischen Modellkategorie steht das Ziel der ständigen empirischen Bewährung der Implikationen des Aussagesystems im Vordergrund. Die Modelle müssen dafür zuerst einer logischen Kritik (Konsistenztest) unterzogen werden, die der Suche nach Widersprüchen im Aussagesystem verpflichtet ist. Dieser Prüfung der logischen Gehalts liegt die Überlegung zu Grunde, dass erst ein in sich logisch konsistentes Aussagesystem mit seinen Implikationen einer sinnvollen faktischen Kritik (empirischer Test) durch Konfrontation mit Daten ausgesetzt werden kann.[173]

Beim Konsistenztest lassen sich insgesamt zwei Gesichtspunkte unterscheiden, nach denen die Prüfung der Modelle erfolgen kann[174]:

- **Erstens** kann geprüft werden, ob die einzelnen Aussagen eines deduktiv-nomologischen Modells tatsächlich als zusammengehörig betrachtet werden können oder ob sie sich widersprechen. In Bezug auf die mikroökonomischen Modelle zum Arbeitsangebot spielt vor allem eine Rolle, dass es eine Reihe von Einzelaussagen gibt, die man als Theorie oder Modell bezeichnet, weil man vermutet, dass sie in einem deduktiven Zusammenhang stehen, ohne dass dieser in allen Fällen bisher als solcher nachgewiesen wurde. Treten beim logischen Vergleich der Folgerungen untereinander innere Widersprüche zu Tage, müssten die deduktiven Ableitungsbeziehungen logisch bereinigt werden.
- Untersucht werden kann **zweitens** die logische Form des Modells, beispielsweise um zu klären, welche der Aussagen einer allgemeineren Theorie zugehören und welche den speziellen Modellannahmen. Auch kann in diesem Zusammenhang erörtert werden, ob das Modell empirisch gehaltvoll ist, also auch falsch sein kann.

---

172 Siehe hierzu das Hauptwerk des Kritischen Rationalismus von Popper (1994), S. 6 ff., welches eine explizite Gegenposition zum logischen Positivismus darstellt.

173 Siehe Opp (1999), S. 184 ff.

174 Vgl. Popper (1994), S. 7 f. und Opp (1999), S. 189.

Beide Möglichkeiten laufen strenggenommen auf eine formallogische Prüfung des Wahrheitswerts der Aussagen hinaus. Dabei müssten der Aussagenlogik gemäß zunächst sämtliche Teilaussagen und deren Verknüpfungen auf der Grundlage so genannter Wahrheitstafeln in die Klasse der wahren oder die Klasse der falschen Aussagen eingeteilt werden (siehe Übersicht II-9).

w(A)	w(B)	w($\neg A$)	w($A \wedge B$)	w($A \vee B$)	w($A \rightarrow B$)	w($A \Leftrightarrow B$)
W	W	F	W	W	W	W
W	F	F	F	W	F	F
F	W	W	F	W	W	F
F	F	W	F	F	W	W

Übersicht II-9 *Wahrheitstafel für die wichtigsten Junktoren*[175]

Als Bindeglieder für die Verknüpfung von Teilaussagen werden die bekannten Junktoren $\neg A$ für „nicht A", $A \wedge B$ für „A und B", $A \vee B$ für „A oder B", $A \Rightarrow B$ allgemein für „wenn A, dann B" und $A \rightarrow B$ für „B ist in A enthalten" sowie $A \Leftrightarrow B$ für „A genau dann, wenn B" verwendet[176]. Der Wahrheitswert einer zusammengesetzten Aussage ergibt sich dann eindeutig aus der vorherigen Belegung der Teilaussagen w(A) und w(B) mit dem Wahrheitswert des Wahren „W" oder des Falschen „F".

Aus der Wahrheitstafel lassen sich allgemein gültige Aussageformen ableiten, die durch das Einsetzen der Teilaussagen in eine wahre Aussage übergehen. Diese sind für die deduktiv-nomologischen Modelle insofern wichtig, als sich aus ihnen die Schlussregeln ergeben, mit denen man von einer wahren Aussage auf eine neue wahre Aussage schließen kann, ohne dass deren Wahrheitswert bekannt sein muss. Anwendung müssten diese beim Schluss vom Explanans auf das Explanandum finden. Die wichtigsten Schlussregeln lauten[177]:

(68) $\dfrac{A \rightarrow B \quad A}{B}$ Satz zum „modus ponens"

(69) $\dfrac{A \rightarrow B \quad \neg B}{\neg A}$ Satz zum „modus tollens"

(70) $\dfrac{A \rightarrow B \quad B \rightarrow C}{A \rightarrow C}$ Satz zum „modus barbara".

Der Konsistenztest müsste vor diesem Hintergrund je nachdem, nach welchem der beiden angeführten Gesichtspunkte geprüft wird, wie folgt durchgeführt werden.

---

175 Siehe Reinhardt/Soeder (1990), S. 14 f.

176 Vgl. hierzu auch S. 36.

177 Siehe Reinhardt/Soeder (1990), S. 17.

Zu Erstens: Untersuchung eines Modells auf seine innere Widerspruchslosigkeit

Zu diesem Zweck müssen für die Teilaussagen zunächst sämtliche Wahrheitswerte, die möglich sind, angesetzt werden. Danach kann der Wahrheitsgehalt der verknüpften Aussagen und Schlussregeln geprüft werden. Dabei wird der Anspruch, zwischen logisch wahren und falschen Aussagen unterscheiden zu können, bei Aussageformen wie einer Funktionsgleichung dadurch eingelöst, dass die nach dem Definitionsbereich zulässigen Zahlzeichen eingesetzt werden.

Dies soll anhand der bereits erörterten Implikationsbeziehung des mathematisierten Modells T_{M3}^{D} kurz veranschaulicht werden (siehe Übersicht II-4):

$$\text{(22)}\quad \begin{aligned} &T_{M3}^{D} \Leftrightarrow H_{3l}^{D} \forall \mathbf{m}\left[M_{1}^{D'}\mathbf{m} \wedge M_{1}^{NK}\mathbf{m} \wedge G_{1}^{kD}\mathbf{m} \wedge G^{GNS}\mathbf{m} \wedge G^{NK}\mathbf{m}\right] \\ &\rightarrow \left[H_{31}^{D}\mathbf{m} \rightarrow H_{21}^{D}\mathbf{m} \rightarrow G_{1}^{kD}\mathbf{m}\right] \end{aligned}$$

Der Schluss auf $H_{31}^{D} \rightarrow H_{21}^{D} \rightarrow G_{1}^{kD}$ kann nur falsch sein, wenn T_{M3}^{D} wahr ist und H_{31}^{D}, H_{21}^{D} sowie G_{1}^{kD} falsch sind. Sind diese drei Gesetzesaussagen dagegen wahr, dann ist die Implikation auf jeden Fall wahr, unabhängig davon, ob auch T_{M3}^{D} wahr ist. Denn es gilt:

T_{M3}^{D}	H_{31}^{D}	$T_{M3}^{D} \rightarrow H_{31}^{D}$
W	W	W
F	W	W
F	F	W
W	F	F

Übersicht II-10 *Wahrheitstafel zur Darstellung des Wahrheitsgehalts einer Implikation*[178]

Wird die Funktionsgleichung

$$\text{(29'')}\ H_{31}^{D}: g'(V) = \frac{\partial t_{i}^{e}}{\partial V} = -\frac{c}{c+d} \cdot \frac{1}{w_{i}} < 0$$

aus Übersicht II-4, die dieser Implikation zu Grunde liegt, aus ihrer Aussageform in eine Aussage überführt, kann eindeutig entschieden werden, welchen Wahrheitsgehalt die Implikation hat. Sie kann nur dann falsch sein, wenn T_{M3}^{D} wahr ist und wenn nach dem Einsetzen von Zahlzeichen in die Variablen und Konstanten der Funktionsgleichung (29'') eine Aussage entstanden ist, in der auf beiden Seiten nicht die gleiche Zahl steht.

---

[178] Vgl. Übersicht II-9.

Zu Zweitens: Untersuchung der logischen Form der Modelle

Nachgeprüft wird in diesem Zusammenhang, ob einzelne Aussagen oder Verknüpfungen von Aussagen aus logischen Gründen gehaltslos sind. Gehaltslos, weil tautologisch, ist bei spielsweise die Verknüpfung:[179]

(71) $A \vee \neg A$.

Im deduktiv-nomologischen Modell wird eine Kombination zwischen Modellannahmen und universalen Gesetzesaussagen eingegangen. Das gesamte System von Gesetzesaussagen, die Theorie, folgt meist aus einer Kette von Ableitbarkeitsbeziehungen. Die Ausdrücke, die Ausgangspunkt für diese Beziehungen sind, können als Axiome aufgefasst werden. Eine empirische Prüfung der Modelle bezieht sich gewöhnlich nur auf die Antezedenzbedingungen der Gesetzesaussagen, auf die Modellannahmen und die hieraus entwickelten Implikationen, nicht aber auf die Axiome. Daher kann es erheblich sein, wie viele und vor allem welche Annahmen in die Implikationen statt in die Axiome gesteckt werden. Nach dem Deduktionstheorem der Aussagenlogik kann man hierbei beliebig viele Annahmen als Axiome auffassen[180]. Auch daraus können Tautologien resultieren. Angenommen, die Antezedenzbedingungen S_1^{GNS} und S_2^{GNS} des Zweiten Gossen'schen Gesetzes G^{GNS} wären Axiome. Dann würde gelten:

(72) $(S_1^{GNS} \wedge S_2^{GNS}) \Rightarrow G^{GNS}$,

d. h. das Gesetz folgt aus den beiden Antezedenzbedingungen. Dies entspricht dem eigentlichen Verständnis von Gossen (1854)[181]. Wenn (72) gilt, so muss nach dem Deduktionstheorem der Aussagenlogik prinzipiell auch gelten[182]:

(73) $S_1^{GNS} \Rightarrow (S_2^{GNS} \rightarrow G^{GNS})$,

wonach die Implikation von S_2^{GNS} auf G^{GNS} aus S_1^{GNS} folgt.

Falls (72) wahr ist, ist (73) eine Tautologie, denn (73) kann nicht falsch sein, wenn (72) gilt. Bei einem empirischen Test wäre nicht entscheidbar, ob sich die Annahme der Güterknappheit S_2^{GNS} empirisch bewähren muss, wenn das Zweite Gossen'sche Gesetz G^{GNS} gefolgert wird, oder nicht. Anzustreben ist es daher, nur so viele Axiome zu verwenden, wie unbedingt erforderlich. Bei der Faktualisierung der Modelle wird die Konjunktion aus S_1^{GNS} und S_2^{GNS} deshalb über das neoklassische Axiom der Präferenz S^{NK} axiomatisiert[183].

---

[179] Siehe Stegmüller (1969), S. 45.

[180] Siehe Stegmüller (1969), S. 55.

[181] Siehe Gossen (1854), S. 12.

[182] Zu diesen Konsequenzen aus dem Deduktionstheorem vgl. Albert (1996), S. 455.

[183] Siehe hierzu das Modell der Grenznutzenschule auf S. 371 ff.

Ein deduktiv-nomologisches Modell, das sich hinsichtlich seiner logischen Form klar und unangreifbar zeigt, kann anschließlich durch Konfrontation mit Daten faktisch kritisiert werden. Grundlage bildet das Modell in Prognoseform. Eine singuläre Aussage, die aus der Konjunktion der Anwendungsbedingungen und der Verneinung des Explanandum-Satzes besteht, für die demnach gilt

(74) $M_j\mathbf{n} \wedge S_i\mathbf{n} \rightarrow \neg E_i\mathbf{n}$

ist insofern ein potenzieller Falsifikator des Modells[184]. Wenn $\neg E_i\mathbf{n}$ sich in der Konfrontation mit den Daten als wahr herausstellt, dann ist das gesamte Modell mit all seinen Implikationsbeziehungen definitiv widerlegt. Die Falsifikation kann nur rückgängig gemacht werden, wenn sich zeigt, dass die Daten nicht zutreffend oder falsch waren. Das hat die wichtige Konsequenz, dass bei deduktiv-nomologischen Modellen prinzipiell auch isolierte Hypothesen geprüft werden können. Auf mögliche Konkurrenten dieser Hypothesen muss also nicht Bezug genommen werden[185].

Eine singuläre Aussage, die aus der Konjunktion der Anwendungsbedingungen und des Explanandum-Satzes besteht:

(75) $M_j\mathbf{n} \wedge S_i\mathbf{n} \rightarrow E_i\mathbf{n}$

ist dagegen ein potenzieller Konfirmator des Modells[186]. Wenn $E_i\mathbf{n}$ wahr ist, dann hat sich das Modell zunächst bewährt.

2.2.1.2 Induktiv-statistische Modellkategorie

Beurteilungsverfahren, die ein Aussagesystem auf seinen logischen Gehalt hin überprüfen, werden von Modellen der induktiv-statistischen Modellkategorie nicht angewandt. Innerhalb dieser Kategorie gilt ein Modell stattdessen als wissenschaftlich begründet, sobald es sich einerseits möglichst genau auf die zu Grunde gelegten Erfahrungstatsachen zurückführen lässt und es andererseits in Bezug auf zukünftige Erfahrungstatsachen genaue Prognosen ermöglicht.

Die Annäherung an die Erfahrungstatsachen erfolgt, wie im Rahmen der Modellbildung dargestellt wurde[187], über die induktiv-statistischen Verfahren der Erklärung. Das induktiv-statistische Erklärungsmodell gilt als umso sicherer, je mehr Erfahrungstatsachen vorliegen, die es empirisch stützen. Dann ist die „Induktionsbasis“ groß. Der Grad der Sicherheit wird im Erklärungsmodell mit dem Wahrscheinlichkeitsmaß ausgedrückt, mit dem die statisti-

---

184 Vgl. Opp (1999), S. 190.

185 Vgl. Stegmüller (1973), 49 ff.

186 Vgl. Opp (1999), S. 191.

187 Siehe S. 56 ff.

schen Gesetzesaussagen für die zu Grunde gelegten Erfahrungstatsachen als zutreffend behauptet werden. Ein solches Modell kann letztlich nur dadurch in seiner Prognoseform überprüft werden, dass es den künftigen Verlauf der Erfahrungstatsachen in ihrer Beziehung zueinander richtig und genauso gut wiedergibt wie in Bezug auf die ursprünglich zu Grunde gelegten Erfahrungstatsachen.[188]

Allerdings ist eine Widerlegung bzw. Bestätigung statistischer Gesetzesaussagen nicht möglich, ohne auf potenzielle Konkurrenten dieser Aussage Bezug zu nehmen. Die Frage, ob eine statistische Gesetzesaussage die Erfahrungstatsachen auch in Bezug auf andere Daten richtig wiedergibt (Alternativhypothese) oder nicht (Nullhypothese) kann nur im Vergleich beider beantwortet werden[189]. Da statistische Gesetzesaussagen nicht sicher gelten, ist eine Verwerfung der Alternativhypothese bzw. Bestätigung der Nullhypothese prinzipiell provisorisch, sie muss bei Hinzutreten neuer Daten rückgängig gemacht werden[190].

Die Konsequenzen, die sich hieraus für den Theorienvergleich ergeben, sollen mit Bezug auf das Beispiel aus Übersicht II-6 veranschaulicht werden, mit welchem bereits die Modellbildung durch induktive Erklärung erläutert wurde. Danach hat die Bildung des Modells T_{M1}^{I} folgende statistische Gesetzesaussage hervorgebracht:

$$(76) \quad G_1^{kI} \Leftrightarrow \forall \mathbf{m}\left[S_1^I\mathbf{m} \overset{P=0,95}{\rightarrow} E_1^I\mathbf{m} \right]:$$

„Wenn sich das Nichterwerbseinkommen von Eheleuten erhöht (S_1^I), dann verringern sie ihr Arbeitsangebot mit einer Wahrscheinlichkeit von $P=0,95$ (E_1^I)".

Die Gesetzesaussage beruht auf einer Verallgemeinerung der Fälle, die unter der Modellannahme eines gemeinsamen Totaleinkommens M_1^I an der durch den 1xν-Vektor **n** beschriebenen Raum-Zeit-Stelle beobachtetet worden sind. Angenommen, die Aussage würde nun auf der Grundlage von T_{M1}^{I} in der Unterart des Prognosemodells getestet werden, und zwar anhand der Fälle, die diesmal an der durch den 1xν-Vektor **s** beschriebenen Raum-Zeit-Stelle beobachtet werden. Dafür gilt (77) (siehe Sp.2, Z.2 Übersicht II-11). Nach der Alternativhypothese ist es mit einer Wahrscheinlichkeit von $P=0,95$ beinahe sicher, dass $S_1^I\mathbf{s} \overset{P}{\rightarrow} E_1^I\mathbf{s}$ gilt. Die Nullhypothese besagt, dass mit einer hiervon abweichenden Wahrscheinlichkeit von $P \neq 0,95$ das Gleiche gilt.

[188] Vgl. Schneeweiß (1990), S. 74.

[189] Vgl. Stegmüller (1973), S. 55.

[190] Vgl. Stegmüller (1973), S. 50.

Nr.	*1*	*2*	*3*
1	*Aussage-formen*	*Induktiv-statistische Modellkategorie*	*Prognose*
2	Explanans	(77) $1-P(E^I_1, M^I_1 \wedge S^I_1) < \varepsilon$ $T^I_{M1} \Leftrightarrow H^I_{11}: \dfrac{M^I_1\mathrm{s} \wedge S^I_1\mathrm{s}}{\text{Also ist es praktisch sicher, dass } E^I_1\mathrm{s}}[1-P<\varepsilon]$	**gegeben**
		$M^I_1\mathrm{s}$ An der Stelle s entscheiden Eheleute über ihr Arbeitsangebot auf der Grundlage ihres gemeinsamen Totaleinkommens $S^I_1\mathrm{s}$ An der Stelle s erhöht sich das Nichterwerbseinkommen von Eheleuten $G^I_1\mathrm{s}$ Wenn sich das Nichterwerbseinkommen von Eheleuten erhöht, dann verringern sie ihr Arbeitsangebot mit einer Wahrscheinlichkeit von $P = 0{,}95$	
	vvvvvvvv	vvvvvvvvvvvvvvvvvvvvvvvvvvvvvvvvvvvvvvvvvvvvvvvvvvvvv	vvvvvvv
3	Explanan-dum-Satz	Also ist mit einer Wahrscheinlichkeit von $P = 0{,}95$ beinahe sicher, dass $E^I_1\mathrm{s}$ eintrifft	$P = 0{,}95$
		$E^I_1\mathrm{s}$: An der Stelle s verringern Eheleute ihr Arbeitsangebot mit einer Wahrscheinlichkeit von 0,95 (Alternativhypothese)	**gegeben**
4	Explanan-dum-Tat-bestand	$E^I_1 \vee \neg E^I_1$	gesucht

Übersicht II-11 *Beispiel für ein verbalisiertes induktiv-statistisches Modell in der Unterart des Prognosemodells*

Gesetzt den Fall, an der Stelle s wäre der Tatbestand $\neg E^I_1$ beobachtet worden (Z.4). Ein solcher Einzelfall kann die in Form des Explanandum-Satzes vorliegende Alternativhypothese nicht endgültig widerlegen. Denn die Alternativhypothese besagt lediglich, dass für jede beliebige Menge von Eheleuten etwa 95 % ein rückläufiges Arbeitsangebot zeigen. Daher kann es sein, dass genau der beobachtete Einzelfall zu den etwa 5 % der Fälle gehört, für die $\neg H^I_{11} \Leftrightarrow \forall \mathrm{s}[S^I_1\mathrm{s} \rightarrow \neg E^I_1\mathrm{s}]$ zutrifft, obwohl ansonsten für alle anderen 95 % $H^I_{11} \Leftrightarrow \forall \mathrm{s}[S^I_1\mathrm{s} \rightarrow E^I_1\mathrm{s}]$ gilt. Wird an der Stelle s $\neg E^I_1$ festgestellt, dann wäre die Alternativhypothese nur vorläufig widerlegt.

Wird an einer anderen Stelle s_2 zu einem späteren Zeitpunkt beobachtet, dass dort für etwa 95 % der Eheleute $H_{11}^I \Leftrightarrow \forall s_2 \left[S_1^I s_2 \rightarrow E_1^I s_2 \right]$ gilt, so muss das Verwerfen der Alternativhypothese wieder rückgängig gemacht werden.

Erfolgt die Erklärung durch Regression, dann entscheidet zusätzlich zu der Treffsicherheit, mit der die empirischen Daten wiedergegeben werden, die angesetzte Spezifikation der Regressionsgleichungen über die Güte der Anpassung. Wie angesprochen, steht für die Erklärung des Arbeitsangebots in dieser Hinsicht eine Vielzahl von Regressionsmodellen zur Verfügung, zwischen denen eine Auswahl getroffen werden muss. Als Beispiele wurden das klassische, lineare Regressionsmodell und das Tobit-Modell dargestellt[191]. Andere Modelle unterscheiden sich von diesen dadurch, dass sie die abhängige Variable des Arbeitsangebots mit jeweils anderen unabhängigen Variablen erklären und mit unterschiedlichen funktionellen Formen arbeiten. Nicht selten erscheinen für eine bestimmte Fragestellung mehrere Regressionsmodelle als gleich plausibel.

Aus einer falsch angesetzten Regressionsfunktion können aber auch Fehlschätzungen bzw. -prognosen resultieren. Eine sinnvolle Auswahl kann nach verschiedenen Kriterien erfolgen[192]. Entscheidend ist die Erfüllung der Modellannahmen. So gilt für das klassische Regressionsmodell, dass die Störvariablen keine signifikante Autokorrelation aufweisen dürfen. Zur Überprüfung dieser Modelleigenschaften sind spezielle statistische Tests entwickelt worden, zum Beispiel der Durbin-Watson-Test auf Autokorrelation[193].

Doch auch die induktiv-statistischen Modelle enthalten, wie oben dargelegt wurde, meistens einen deduktiv-nomologisch begründeten, deterministischen Modellteil. Dadurch unterliegen die Schätzwerte der Koeffizienten einer entsprechenden sachlichen Beschränkung durch die Determinanten. Diese ist zunächst der gleichen logischen Kritik zu unterziehen, wie dies für jene Modelle gezeigt wurde, die ausschließlich in einem deduktiv-nomologischen Zusammenhang stehen.

Die Regressionsgleichung soll gewährleisten, dass die im Beobachtungszeitraum geschätzte Regressionsbeziehung die Variation der abhängigen Variablen möglichst genau erklärt. Je mehr Erfahrungstatsachen vorliegen, die diese Regressionsbeziehung stützen, desto besser erscheint die Erklärung. Als Maßstab der Beurteilung dienen statistische Kenngrößen wie das Bestimmtheitsmaß, das ist der Anteil der erklärten Varianz an der Gesamtvarianz der endogenen Variablenwerte.

Doch auch ein hohes Bestimmtheitsmaß garantiert nicht die Richtigkeit der für die Erklärung oder Prognose angesetzten Regressionsbeziehung. Die aus einer geschätzten Regres-

---

[191] Siehe S. 62 ff.

[192] Vgl. die Kriterien bei Schneeweiß (1990), S. 74.

[193] Die Tests werden ausführlich dargestellt bei Schneeweiß (1990), S. 186 ff.

sion hervorgegangenen Modelle können erst dann als gut mit der Wirklichkeit übereinstimmend bezeichnet werden, wenn darüber hinaus zumindest noch festgestellt wurde, dass auch die Modellannahmen (43) bis (47)[194] zu den stochastischen Eigenschaften des Regressionsmodells erfüllt sind.

Denn die Güte der Übereinstimmung eines Modells mit der Realität kann - wie bereits angesprochen - grundsätzlich auf zweierlei Weise festgestellt werden, nämlich durch Prüfung der Übereinstimmung seiner Anwendungsbedingungen mit der Realität und/oder durch Prüfung der Übereinstimmung seiner Erklärungen bzw. Prognosen (=Implikationen) mit der Realität[195]. Wenn die Anwendungsbedingungen der Realität entsprechen, dann zeigt sich bei der Prüfung der Prognosegüte das Problem der logischen Kluft zwischen der Falsifikation deduktiv-nomologischer Modelle und der Verwerfung induktiv-statistischer Modelle. Stellt sich nämlich heraus, dass die an der Stelle **n** gültige Regression an der Stelle **s** keine Grundlage für eine gute Prognose abgibt, so würde man das Regressionsmodell mit folgendem Argument verwerfen: Unter der Annahme, dass die an Stelle **n** gültige Regression auch für **s** gilt, müsste sich an der Stelle **s** etwas sehr Unwahrscheinliches ereignet haben. Die Verwerfung des Regressionsmodells ist jedoch nicht zwingend, denn es könnte sich ja in der Tat etwas sehr Unwahrscheinliches ereignet haben. So kann es sein, dass die für **n** gültige Regression an der mit dem $1x\nu$-Vektor $\mathbf{s}_2$ beschriebenen Raum-Zeit-Stelle wiederum gute Prognosen liefert, was zur Folge hätte, dass man die Verwerfung des Regressionsmodells wieder zurücknehmen müsste.

Fehlprognosen können also zum einen daraus resultieren, dass eine Regression mit einer falsch angesetzten Regressionsgleichung durchgeführt wurde. Sie können aber auch aus einem Strukturbruch herrühren, der sich darin zeigt, dass sich die Parameter abrupt ändern. In diesem Fall befinden sich in einer Stichprobe Beobachtungen mit alten und mit neuen Parameterwerten. Eine sichere Prognose mit Hilfe eines Regressionsmodells ist unter diesen Umständen nicht möglich. Zwischen einer Fehlprognose und einem Strukturbruch ist kaum zu unterscheiden[196], eben weil die Verwerfung von Wahrscheinlichkeitsaussagen nicht zwingend ist. Es wird nachfolgend zu zeigen sein, dass wir hiermit hinsichtlich des Ziels der theorienvergleichenden Rekonstruktion der Modelle an einem entscheidenden Punkt angelangt sind. Da die Verwerfung oder Bestätigung einer statistischen Gesetzesaussage prinzipiell provisorisch ist[197], können auch die Regressionsmodelle nur mit solchen Regressionsmodellen konkurrieren, die sich exakt auf die gleichen Daten beziehen. Ansonsten

---

[194] Vgl. S. 64.

[195] Siehe Lauenstein/Karg (1980), S. 160.

[196] Vgl. Schneeweiß (1990), S. 76.

[197] Vgl. Stegmüller (1973), S. 48 ff.

kann zwischen beiden nicht diskriminiert werden. Dieser Anspruch dürfte in der Forschungspraxis kaum erfüllbar sein, was möglicherweise der Grund dafür ist, dass diese Norm auch bei den mikroökonomischen Modellen zum Arbeitsangebot privater Haushalte kaum Beachtung findet. Es wird zu zeigen sein, dass die angestrebte Rekonstruktion der Modelle hier weiterhelfen kann.

2.2.2 Modellexterne Prüfung

Wegen der Inkonsistenz zwischen der deduktiven und induktiven Methode ist ein logischer Vergleich der Folgerungen aus den Modellen der beiden Modellkategorien untereinander nicht ohne weiteres möglich. Dies wurde bereits als logische Kluft zwischen den Modellen gekennzeichnet. Die Beurteilungsverfahren, die innerhalb der beiden Modellkategorien für eine Modellprüfung entwickelt wurden, dürfen nur auf die eigenen Modelle angewandt werden. Die angestrebte modellexterne Prüfung, die sich auf Modelle beider Kategorien erstreckt, erfordert demnach eine Methode, bei der nicht ausschließlich von den Maßstäben der modellinternen Prüfung ausgegangen wird. Diese Problematik soll zunächst eingehend erörtert werden. Anschließend wird geprüft, welche der in der Literatur diskutierten Konzeptionen des Theorienvergleichs sich für den vorliegenden Zweck der Rekonstruktion der mikroökonomischen Modelle zum Arbeitsangebot als brauchbar erweisen könnten.

2.2.2.1 Erörterung der besonderen Problematik

Theorienvergleichende Vorhaben benötigen demzufolge eine explizite Methodologie des Theorienvergleichs, sie nehmen hierauf jedoch nur selten Bezug. Überhaupt gibt es bislang keine anerkannten Verfahren, mittels derer man angesichts der Vielfalt an theoretischen Konzeptionen zwischen Theorien bzw. Modellen normativ diskrimieren könnte. Daran hat auch die „Theorienvergleichsdebatte“, die es in den 70er Jahren in den Sozialwissenschaften gab, nichts ändern können. In der Soziologie gilt sie mittlerweile als versandet, ohne zu verbindlichen Ergebnissen geführt zu haben[198]. In den Wirtschaftswissenschaften scheinen explizite methodologische Überlegungen generell erst in den letzten Jahren stärker gefragt zu sein, zumindest lassen dies die Arbeiten u. a. von Brandes (1985), Arni (1989), Holub (1993), und Albert (1996) vermuten, die in dieser Hinsicht ein großes Defizit feststellen.

Dass der Theorienvergleich in den Wirtschaftswissenschaften so gering entwickelt ist, könnte daran liegen, dass die Erklärungsansätze nicht vergleichbar sind, oder entsprechende Vergleichsversuche nicht unternommen wurden[199].

---

198 Vgl. Greshoff (1993), S. 8.

199 Siehe auch die Einschätzung von Greshoff (1993), S. 1, die sich auf die Sozialwissenschaften allgemein bezieht.

In Bezug auf die vorliegenden Modelle zum Arbeitsangebot wurde oben dargelegt, dass schon über die interne Prüfung der einzelnen induktiv-statistischen Modelle nur eine provisorische Prüfung der Modelle stattfindet. Das heißt, selbst wenn man den in Teilen der Wissenschaftstheorie durchaus anerkannten Standpunkt vertritt, dass es grundsätzlich schwierig sei, verschiedene Theorien und Modelle miteinander zu vergleichen, ist der vorliegend gekennzeichnete Zustand noch unbefriedigend. Demnach existieren in der Arbeitsmarktökonomik eine Vielzahl von Modellen, die alle nur Provisorien sind, deren Geltung durch das Hinzukommen neuer Fakten bereits nach kürzester Zeit äußerst fraglich ist, sofern sie nicht permanent durch die Konfrontation mit diesen Fakten geprüft werden. Diese Voraussetzung ist meistens nicht erfüllt. Allerdings können statistische Gesetzesaussagen auch endgültig verworfen werden, nämlich dadurch, dass man sie auf Grund bestimmter Daten im Vergleich zu anderen, mit ihnen rivalisierenden statistischen Alternativhypothesen prüft[200]. Solche Vergleiche fanden in der Vergangenheit aber nur sehr vereinzelt statt[201].

An dieser Stelle drängt sich die Frage auf, welchen Gehalt eine solche Prüfung mit Bezug auf die Vergleichbarkeit der induktiv-statistischen Modelle mit den deduktiv-nomologischen hätte. Wie wäre beispielsweise der Sachverhalt zu beurteilen, dass die logische Kritik eines deduktiv-nomologischen Modellteils Widersprüche sichtbar werden lässt, sich das Gesamtmodell aber im direkten Vergleich mit einem anderen, induktiv-statistischen, Modell bewähren konnte?

Dies veranschaulicht, dass für den Vergleich von Theorien und Modellen Methoden nötig sind, die sich nicht auf die spezifischen Kriterien begründen, die jeder Erklärungsansatz für sich entwickelt hat. Die von Giesen/Schmid (1978) vorgelegte Kritik an den seinerzeit in der Soziologie existierenden theorienvergleichenden Konzeptionen zeigt zumindest ansatzweise den Weg, wie im vorliegenden Fall vorgegangen werden könnte[202], auch wenn die einzelnen Kritikpunkte hier nicht vollends geteilt werden. Dies wird nachfolgend erörtert. Dafür werden zunächst die drei Konzeptionen, auf die Giesen/Schmid (1978) ihre Kritik bezogen hatten, auf die vorliegende Zielsetzung einer theorienvergleichenden Rekonstruktion ökonomischer Modelle zum Arbeitsangebot übertragen und kritisch gewürdigt. Auf dieser Grundlage wird entschieden, wie weiter vorzugehen ist.

---

200 Siehe Stegmüller (1973), S. 55.

201 Z. B. in der Studie von Schultz (1990), der zwei neoklassische Modelle gegeneinander testet, das Familiennutzen-Familienbudget-Modell gegen das verhandlungstheoretische Modell.

202 Siehe Giesen/Schmid (1978), S. 232-254.

2.2.2.2 Existierende Konzeptionen

2.2.2.2.1 Inkommensurabilität

Die Vorstellung der Inkommensurabilität entspricht dem wissenschaftstheoretischen Standpunkt, dass Aussagen durch ihren Begründungs- und Verwendungszusammenhang innerhalb einer bestimmten Theorie festgelegt sind. Zu den namhaften Vertretern dieses Standpunktes zählen Kuhn (1967), Hanson (1965) und Feyerabend (1962).

Nach Giesen/Schmid (1978) gelten diesbezüglich für den Vergleich von Theorien und Modellen folgende Thesen:

„1. Ein theoretischer Begriff (oder die Menge aller theoretischer Begriffe) S[203] in einer Theorie T kann nur dann verstanden werden, wenn die zentralen Behauptungen von T bekannt sind: Die Bedeutung von S ergibt sich aus der Verwendung von S in T.

2. Wenn T durch eine andere Theorie T‘ modifiziert oder ersetzt wird, ändert sich folglich die Bedeutung von S auch dann, wenn S sowohl in T wie in T‘ Verwendung findet“.[204]

Angewandt auf die vorliegenden Modelle zum Arbeitsangebot würde dies bedeuten, dass die Modelle generell unvergleichbar sind, auch hinsichtlich einzelner Aussagen, weil jedes Aussagesystem für sich steht.

Giesen/Schmid (1978) lehnen die Vorstellung der Inkommensurabilität mit der Begründung ab, dass sich hieraus grundsätzliche Schwierigkeiten für die empirische Prüfung von Theorien ergeben würden. Denn ist eine Aussage nur in ihrem Aussagesystem wahr, wird ihre Widerlegung durch empirische Evidenz kaum mehr möglich sein[205]. Aussagenlogisch wird man dieser Bewertung vollkommen zustimmen müssen. Werden die Thesen der Inkommensurabilität indes auf die induktiv-statistischen Modelle zum Arbeitsangebot bezogen, wird man zu einem etwas anderen Urteil kommen, einfach weil diese auf Wahrscheinlichkeitsaussagen beruhen.

Betrachten wir dafür zunächst das in Übersicht II-3 dargestellte allgemeine Modell der deduktiv-nomologischen Kategorie:

(3) $T_{M_1}^{D} \Leftrightarrow H_{11}^{D} \forall \mathbf{m} \left[M_1^D \mathbf{m} \wedge S_1^D \mathbf{m} \rightarrow E_1^D \mathbf{m} \right].$

Angenommen, die dem Modell zu Grunde liegende Gesetzesaussage

$G_1^{1D} \forall \mathbf{m} \left[S_1^D \mathbf{m} \rightarrow E_1^D \mathbf{m} \right]$ sei wahr und stamme aus der allgemeinen Theorie T^1:

(78) $T^1 \Leftrightarrow G_1^{1D} \wedge G_2^{1D} \wedge G_3^{1D}.$

Selbst wenn die Konjunktion $G_1^{1D} \wedge G_2^{1D} \wedge G_3^{1D}$ falsch ist, bliebe die Gesetzesaussage G_1^{1D} als solche unabhängig davon nach (3) weiterhin wahr. Entgegen den obigen Thesen

---

203 S bezeichnet in diesem Zitat nicht die Antezedenzbedingungen.

204 Giesen/Schmid (1978), S. 234.

205 Siehe Giesen/Schmid (1978), S. 234.

Eins und Zwei ergibt sich in der Deduktionslogik der Wahrheitswert eines Aussagesystems aus den Wahrheitswerten der einzelnen Aussagen und nicht umgekehrt. Insofern haben Giesen/Schmid (1978) mit ihrem Standpunkt recht, dass die Vorstellungen der Inkommensurabilität Schwierigkeiten bereiten.

Etwas anders fällt die Beurteilung mit Bezug auf die Modelle der induktiv-statistischen Kategorie aus. Statistische Gesetzesaussagen können in der Tat nicht isoliert betrachtet werden. Bezogen auf These 1 zur Inkommensurabilität bedeutet dies, dass zumindest die Nullhypothese in die Beurteilung einer statistischen Gesetzesaussage mit einbezogen werden muss. In Bezug auf These 2 heißt dies, dass bei Hinzutreten eines auf neuen Daten ermittelten Aussagesystems der Wahrheitswert dieser Gesetzesaussage neu beurteilt werden muss. Dies wird nachfolgend an dem in Übersicht II-11 dargelegten induktiv-statistischen Modell T^I_{M1} in Prognoseform erörtert.

Im dortigen Explanandum-Satz wird der Stelle **s** der Tatbestand E^I_1 zugeschrieben (Z.3). Die Wahrscheinlichkeit $P = 0{,}95$, mit der diese Zuordnung geschieht, ist dem Explanans zu entnehmen (Z.2). Der Schluss setzt voraus, dass zu der Stelle **s** auch die Tatbestände $M^I_1 \wedge S^I_1$ gehören.

Nun wird es in den meisten Fällen noch weitere Tatbestände geben, die an der Stelle **s** vorliegen und sich E^I_1 zuordnen lassen. Für diese werden sich in der Regel auch andere, von P abweichende Wahrscheinlichkeiten der Zuordnung zu E^I_1 ergeben. Angenommen, dazu gehöre der Tatbestand S^I_3 sinkender Lohnsätze. Danach liegen an der Stelle **s** erstens die Tatbestände $M^I_1\mathbf{s} \wedge S^I_1\mathbf{s}$ vor, wonach Eheleute auf der Grundlage einer gemeinsamen Totaleinkommensrestriktion entscheiden und zugleich ein Anstieg in deren Nichterwerbseinkommen verzeichnet wird, zweitens existiert an der gleichen Stelle **s** der Tatbestand $S^I_3\mathbf{s}$ sinkende (Eigen-)Lohnsätze w_i. Angenommen, dieser zusätzlich erfasste Tatbestand S^I_3 sei dem Tatbestand E^I_1 eines rückläufigen Arbeitsangebots nur mit einer Wahrscheinlichkeit von $P = 0{,}80$ zugeordnet. Damit gilt folgende Konstellation.
Erstens ist weiterhin das Modell T^I_{M1} anerkannt:[206]

$$(79)\quad T^I_{M1} \Leftrightarrow H^I_{11}: \frac{\begin{array}{c} 1-P\left(E^I_1, M^I_1 \wedge S^I_1\right) < \varepsilon \\ M^I_1\mathbf{s} \wedge S^I_1\mathbf{s} \end{array}}{\text{Also ist es praktisch sicher, dass } E^I_1\mathbf{s}} \left[P = 0{,}95\right].$$

Zweitens gilt die statistische Gesetzesaussage G^I_2 mit ihrer Antezedenzbedingung S^I_3:

$$(80)\quad \frac{\begin{array}{c} 1-P\left(E^I_1, S^I_2\right) < \varepsilon \\ S^I_3\mathbf{s} \end{array}}{G^I_2: \text{Also ist es beinahe sicher, dass } E^I_1\mathbf{s} \text{ gilt}} \left[P = 0{,}80\right].$$

[206] Erläuterung der Symbolik siehe Fußnote 143, S. 58.

Im Fall, dass gleichzeitig $M_1^I\mathbf{s} \wedge S_1^I\mathbf{s}$ sowie $S_3^I\mathbf{s}$ vorliegen, führt das gleiche Schlussverfahren also zu zwei sich widersprechenden Schlüssen. Denn $E_1^I\mathbf{s}$ gilt einerseits mit der Wahrscheinlichkeit $P = 0{,}95$, andererseits mit der Wahrscheinlichkeit $P = 0{,}80$. Jedes Mal lässt sich der statistischen Gesetzesaussage H_{11}^I die rivalisierende Gesetzesaussage G_2^I gegenüberstellen. Beide zusammen sind logisch unverträglich, obwohl jeder Schluss für sich wahr ist. Nach Stegmüller muss der Schluss von einer statistischen Gesetzesaussage auf ein Explanandum folglich auf einer fehlerhaften Konstruktion beruhen[207]. In Bezug auf die These Eins und Zwei könnte man indes ebenso gut von der Inkommensurabilität zweier Aussagesysteme sprechen.

Insofern kann man den beiden Thesen zur Inkommensurabilität zwar zustimmen, aber nur mit der Einschränkung, dass diese zwingend nur für die induktiv-statistische Modellkategorie gelten. Denn eine analoge Situation ist für ein deduktiv-nomologisches Modell undenkbar. Die beiden Schlussfolgerungen würden sich dort nämlich logisch miteinander vertragen. Betrachten wir hierzu das Beispiel aus Übersicht II-3. Danach gilt[208]:

$$(81)\quad H_{11}^D\!: \frac{\begin{array}{c}\forall\mathbf{m}\left(M_1^D\mathbf{m} \wedge S_1^D\mathbf{m} \rightarrow E_1^D\mathbf{m}\right)\\ M_1^D\mathbf{n} \wedge S_1^D\mathbf{n}\end{array}}{E_1^D\mathbf{n}}, \text{ mit } \mathbf{n} \subset \mathbf{m}.$$

Analog dem induktiv-statistischen Modell wird nunmehr angenommen, es gelte zudem die Gesetzesaussage G_2^D, wonach ein niedrigerer Lohnsatz S_3^D einen Rückgang im Arbeitsangebot E_1^D zur Folge hätte:

$$(82)\quad G_2^D\!: \frac{\begin{array}{c}\forall\mathbf{m}\left(S_2^D\mathbf{m} \rightarrow E_1^D\mathbf{m}\right)\\ S_3^D\mathbf{n}\end{array}}{E_1^D\mathbf{n}}.$$

Die Aussage $E_1^D\mathbf{n}$ würde zwar auch hier aus jeweils zwei unterschiedlichen Antezedenzbedingungen abgeleitet werden, in H_{11}^D aus einem gemeinsamen Totaleinkommen M_1^D und einer Erhöhung des Nichterwerbseinkommens S_1^D; in G_2^D aus einer Lohnsatzsenkung S_3^D. Weil diese Anwendungsbedingungen jedoch prinzipiell zugleich erfüllt sein können, sind beide Schlüsse in diesem Fall logisch wahr. Die sicheren Schlussfolgerungen erlauben eine sichere Diskriminierung zwischen H_{11}^D und G_2^D.

Gerade im Vergleich beider Aussagesysteme zeigt sich die Schwierigkeit, die induktiv-statistischen Modellen anhaftet, will man ihre Prognosen gegen solche aus deduktiv-nomologischen Modellen diskriminieren. In der nachfolgenden Übersicht II-12 sind zu diesem

---

[207] Siehe Stegmüller (1969), S. 633.

[208] Die waagerechte Linie symbolisiert hier den deduktiven Schluss, der im Gegensatz zu den induktiv-statistischen Modellen sicher ist und folglich keine Angabe einer Wahrscheinlichkeit erfordert.

Zweck zu jeder Modellkategorie jeweils ein Modell und eine Aussage mit gleichen Anwendungsbedingungen und derselben Implikation dargestellt: in Z.3, Sp.4 findet sich das deduktiv-nomologische Modell $T^D_{M1} \Leftrightarrow H^D_{11}$ nach (81) und daneben in Sp.5 die nomologische Gesetzesaussage G^D_2 nach (82); in Z.3, Sp.6 ist das induktiv-statistische Modell $T^I_{M1} \Leftrightarrow H^I_{11}$ nach (79) beschrieben und daneben in Sp.7 die statistische Gesetzesaussage G^I_2 nach (80)[209]. Sp.1 bis 3 beziehen sich auf die Anwendungsbedingungen $M_1 \wedge S_1$ (gemeinsames Totaleinkommen und Erhöhung des Nichterwerbseinkommens) und S_3 (sinkender Lohnsatz) der Aussagesysteme sowie auf den Explanandum-Satz E_1 (Verringerung des Arbeitsangebots). In Z.4 bis 10 findet sich hierzu eine Wahrheitstafel. Daneben in Sp. 4 bis 5 wird der Wahrheitsgehalt der Implikationen von den Anwendungsbedingungen auf den Explanandum-Satz dargestellt, derart, wie er von dem jeweiligen Modell oder der jeweiligen Aussage vorgegeben wird.

Nr.	*1*	*2*	*3*	*4*	*5*	*6*	*7*
1	***Aussageformen***			***Modelle/Aussagen***			
2	$M_1 \wedge S_1$	S_3	E_1	***Deduktiv-nomologisch***		***Induktiv-statistisch***	
3				$T^D_{M1} \Leftrightarrow H^D_{11}$: $M^D_1 \wedge S^D_1 \rightarrow E^D_1$	G^D_2: $S^D_3 \rightarrow E^D_1$	$T^I_{M1} \Leftrightarrow H^I_{11}$: $M^I_1 \wedge S^I_1 \overset{P}{\rightarrow} E^I_1$	G^I_2: $S^I_3 \overset{P}{\rightarrow} E^I_1$
4	W	W	W	W	W	P(W)=*0,95*	P(W)=*0,80*
5	W	W	F	**F**	**F**	P(**F**)=*0,95*	P(**F**)=*0,80*
6	W	F	W	W	W	P(W)=*0,95*	P(W)=*0,80*
7	F	W	W	W	W	P(W)=*0,95*	P(W)=*0,80*
8	F	F	W	W	W	P(W)=*0,95*	P(W)=*0,80*
9	F	W	F	W	**F**	P(W)=*0,95*	P(**F**)=*0,80*
10	W	F	F	**F**	W	P(**F**)=*0,95*	P(W)=*0,80*
11	F	F	F	W	W	P(W)=*0,95*	P(W)=*0,80*

Übersicht II-12 *Vergleichbarkeit deduktiv-nomologischer und induktiv-statistischer Modelle und Aussagen (Teil 1)*

Ein Vergleich des aus dem induktiven Schlussverfahren hervorgegangenen Modells H^I_{11} mit der Gesetzesaussage G^I_2 zeigt, dass ihre Implikationen gemeinsam wahr sein (Z.4, Z.6 bis 8 und Z.11, Sp.6 u. 8), sich widersprechen (Z.9 u. 10) oder gemeinsam falsch sein kön-

---

209 Siehe S. 87 f.

nen (Z.5). In all diesen Fällen sind weder die Implikationen noch die Konsequenzen aus ihrem Vergleich sicher. Das Diskriminieren zwischen Modell und Aussage wird zusätzlich dadurch erschwert, dass der Wahrheitsgehalt der Implikation auf das Ereignis E_1 aus dem Modell H_{11}^I mit einer Wahrscheinlichkeit von $P(E_1^I) = 0{,}95$ angegeben werden kann (Sp.6), während der Wahrheitsgehalt der Implikation aus der Gesetzesaussage G_2^I nur eine Wahrscheinlichkeit von $P = 0{,}80$ aufweist (Sp.7).

Im Falle des deduktiv-nomologischen Modells H_{11}^D und der nomologischen Gesetzesaussage G_2^D ist demgegenüber eindeutig entscheidbar, dass entweder beide Implikationen auf E_1 wahr sind, sich widersprechen oder falsch sind (Sp.4 u. 5). Kommt es zu einem Widerspruch, sind beide eindeutig gegeneinander diskriminiert.

Die Problematik zeigt sich noch eindringlicher, sobald das Beispiel um einen Aspekt erweitert wird, dem für die Verschiedenartigkeit der Modelle des Arbeitsangebots eine zentrale Bedeutung zukommt. Angenommen, ein Forscher hätte eines Tages beobachtet, dass an der Stelle **s** die Gruppe der Ehefrauen auf Lohnsatzsenkungen w_m, denen ihre Partner ausgesetzt sind, mit einer Erhöhung ihres eigenen Arbeitsangebots t_f^e reagiert hätten. Diese Beobachtung stünde zu G_2^I und G_2^D im gewissen Widerspruch, weil diese für Eheleute eine gleichgerichtete Reaktion von Arbeitsangebot t_i^e und Lohnsatz w_i voraussagen.

Die Beobachtung könnte einen induktiv arbeitenden Forscher dazu veranlassen, die Gesetzesaussage G_2^I nach (80) für die Gruppe der Ehefrauen mit der Modellannahme M_2^I zu dem neuen Modell T_{M5}^I zu explizieren:

$$(83)\quad T_{M5}^I \Leftrightarrow H_{51}^I : \frac{\begin{array}{c} 1 - P\left(\neg E_1^I, M_2^I \wedge S_3^I\right) < \varepsilon \\ M_2^I \mathbf{n} \wedge S_3^I \mathbf{n} \end{array}}{\text{Also ist es beinahe sicher, dass } \neg E_1^I \mathbf{n} \text{ gilt}} \left[P = 0{,}80\right].$$

Mit diesem wird der Zusammenhang zwischen dem Tatbestand S_3^I eines sinkenden Lohnsatzes und dem eines Rückgangs des Arbeitsangebots E_1^I über die Modellannahme M_2^I ausdrücklich durch die Fälle ausgeschlossen, in denen Ehefrauen mit ihrem Arbeitsangebot auf die Lohnsätze ihrer Männer reagieren. Die gegenüber von G_2^I speziellere Gesetzesaussage H_{51}^I besagt mit einer - hier für das Beispiel ebenfalls rein willkürlich gewählten - Wahrscheinlichkeit von $P = 0{,}80$, dass in diesen Fällen Ehefrauen auf Veränderungen im Lohnsatz nicht mit einem gegenläufigen Arbeitsangebot reagieren.

Wie weiter unten bei der Rekonstruktion der Modelle durch Gehaltsmaximierung noch ausführlich zu erörtern ist, gibt es mit dem sog. Familienutzen-Familienbudget-Modell tatsächlich ein Modell, das in dieser Form von Bognanno/Hixson/Jeffers (1974) zu dem spezielleren Modell des „männlichen Chauvinisten" modifiziert wurde[210].

---

[210] Siehe Bognanno/Hixson/Jeffers (1974)1, S. 82.

Gesetzt den Fall, dieses Ergebnis hätte den Forscher des Weiteren dazu veranlasst, sich auch das Arbeitsangebot der Ehemänner in Bezug auf den Lohnsatz ihrer Ehefrauen einmal genauer anzusehen. Dazu führt er die Modellannahme M_3^I ein, die besagt, dass die Gesetzesaussage G_2^I an der Stelle **n** nunmehr die Reaktion von Ehemännern auf den sinkenden Lohnsatz S_3^I ihrer Frauen erklärt. Das heißt, G_2^I wird über M_3^I auf ein weiteres Modell T_{M6}^I eingegrenzt. Angenommen, der Forscher hätte durch diese Eingrenzung seine Vermutung, dass die Ehemänner auf einen sinkenden Lohnsatz ihrer Partnerin ebenfalls anders reagieren als G_2^I impliziert, letztlich nicht bestätigen können. Im Gegenteil, der von G_2^I implizierte Schluss auf E_1^I wäre sogar mit einer Wahrscheinlichkeit $P = 0{,}80$ bestätigt worden:

$$1 - p\left(E_1^I, M_3^I \wedge S_3^I\right) < \varepsilon$$

$$(84) \quad T_{M6}^I \Leftrightarrow H_{61}^I : \frac{M_3^I \mathbf{n} \wedge S_3^I \mathbf{n}}{\text{Also ist es sicher, dass } E_1^I \mathbf{n} \text{ gilt}} [P = 0{,}80].$$

Die induktiven Modelle T_{M5}^I und T_{M6}^I stellen Explikationen der statistischen Gesetzesaussage G_2^I dar. Bei Modell T_{M5}^I führt dies dazu, dass das Eintreffen von $\neg E_1^I$ mit der gleichen Wahrscheinlichkeit $P = 0{,}80$ behauptet wird wie nach G_2^I und H_{51} das Eintreffen von E_1^I (vgl. Sp.6 in Übersicht II-13 mit Sp.8 in Übersicht II-12). Dennoch vertragen sich beide Modelle und die Gesetzesaussage miteinander, da es in der Induktion kein unwiderrufliches Argument dafür gibt, ob die Anwendungsbedingungen und die Implikation einer statistischen Gesetzesaussage mit einem Tatbestand übereinstimmen oder nicht. Sind die Anwendungsbedingungen von T_{M5}^I erfüllt (siehe Z.5, Sp.1 in Übersicht II-13) und an der gleichen Stelle die von T_{M6}^I auch (siehe Z.5, Sp.2), dann ist bei Eintreffen von $\neg E_1^I$ das Modell T_{M5}^I mit einer Wahrscheinlichkeit von $P(W) = 0{,}80$ zutreffend und mit einer Wahrschein lichkeit von $P(F) = 0{,}20$ unzutreffend. T_{M6}^I ist dagegen bei $\neg E_1^I$ mit einer Wahrscheinlichkeit von $P(F) = 0{,}80$ unzutreffend und mit $P(W) = 0{,}20$ zutreffend[211].

[211] Bei Popper heißt es dazu: „Den Satz: „Hier wird es morgen regnen oder auch nicht regnen“ werden wir, da er nicht widerlegbar ist, nicht als empirisch bezeichnen; wohl aber den Satz: „Hier wird es morgen regnen“. Popper (1994), S. 15.

Nr.	*1*	*2*	*3*	*4*	*5*	*6*	*7*
1	***Aussageformen***			***Modelle/Aussagen***			
2	$M_2 \wedge S_3$	$M_3 \wedge S_3$	E_1	***Deduktiv-nomologisch***		***Induktiv-statistisch***	
3				$T^D_{M5} \Leftrightarrow H^D_{51}$: $M^D_2 \wedge S^D_3 \rightarrow \neg E^D_1$	$T^D_{M6} \Leftrightarrow H^D_{61}$: $M^D_3 \wedge S^D_3 \rightarrow E^D_1$	$T^I_{M5} \Leftrightarrow H^I_{51}$: $M^I_2 \wedge S^I_3 \overset{P}{\rightarrow} \neg E^I_1$	$T^I_{M6} \Leftrightarrow H^I_{61}$: $M^I_3 \wedge S^I_3 \overset{P}{\rightarrow} E^I_1$
4	W	W	W	**F**	W	P(**F**)=*0,80*	P(W)=*0,80*
5	W	W	F	W	**F**	P(W)=*0,80*	P(**F**)=*0,80*
6	W	F	W	**F**	W	P(**F**)=*0,80*	P(W)=*0,80*
7	F	W	W	W	W	P(W)=*0,80*	P(W)=*0,80*
8	F	F	W	W	W	P(W)=*0,80*	P(W)=*0,80*
9	F	W	F	W	**F**	P(W)=*0,80*	P(**F**)=*0,80*
10	W	F	F	W	W	P(W)=*0,80*	P(W)=*0,80*
11	F	F	F	W	W	P(W)=*0,80*	P(W)=*0,80*

Übersicht II-13 Vergleichbarkeit deduktiv-nomologischer und induktiv-statistischer Modelle und Aussagen (Teil 2)

Auch diesmal gilt, dass eine analoge Situation bei den Modellen des deduktiven Schlussverfahrens niemals eintreten kann. T_{M5}^{I} und G_2^I würden sich logisch ausschließen. Würde ein zu T_{M5}^{I} analoges Modell

(85) $T_{M5}^{D} \Leftrightarrow H_{51}^{D}: M_2^D \wedge S_3^D \rightarrow \neg E_1^D$

eine Prognose implizieren, die sich als wahr erweist (bspw. Z.5, Sp.4 in Übersicht II-13) und wäre an den gleichen Raum-Zeit-Stellen **m** G_2^D falsch, dann wäre G_2^D zwangsläufig und unwiderruflich falsifiziert. Entweder ist der Schluss auf E_1^D wahr oder falsch. Wenn sich auf diese Weise G_2^D widerlegen ließe, dann wäre damit allerdings nicht zwangsläufig auch ein Modell der Art von T_{M6}^{I} widerlegt bzw. bestätigt:

(86) $T_{M6}^{D} \Leftrightarrow H_{61}^{D}: M_3^D \wedge S_3^D \rightarrow E_1^D$,

welches mit $G_2^D: S_3^D \rightarrow E_1^D$ diesen Schluss erlaubt.

Denn H_{61}^D gilt gegenüber G_2^D nur in bestimmten Situationen, die durch die Modellannahme M_3^D beschrieben werden. Es darf nur auf den Zusammenhang zwischen dem Lohnsatz der Frau und dem Arbeitsangebot ihres Mannes angewandt werden. Da H_{51}^D demgegenüber nur auf den Zusammenhang zwischen dem Lohnsatz der Ehefrau und ihrem Arbeitsangebot angewandt werden darf, sind die Schlüsse aus H_{51}^D und H_{61}^D logisch ohne Einschränkung miteinander zu vereinbaren. H_{51}^D kann beim Eintreffen des Tatbestands sinkender Lohnsätze S_3^D das Fehlen einer gegenläufigen Reaktion im Arbeitsangebot, also $\neg E_1^D$, richtig erklären, sofern M_2^D erfüllt ist (siehe bspw. Z.5, Sp.4 in Übersicht II-13), wohingegen H_{61}^D beim Eintreffen von S_3^D die gegenläufige Reaktion des Arbeitsangebots E_1^D erklären kann, sofern M_3^D erfüllt ist (siehe bspw. Z.4, Sp.5). Ebenso gibt es Fälle, in denen beide Gesetzesaussagen sich eindeutig widersprechen, beispielsweise wenn M_2^D und M_3^D gleichzeitig erfüllt sind und der Lohnsatz sinkt. In diesem Fall ist H_{51}^D widerlegt, H_{61}^D bestätigt (siehe Z.4, Sp.4 u. 5).

Das Problem, dass sich induktiv-statistische Modelle nicht normativ gegeneinander diskriminieren lassen, bestätigt also die Thesen Eins und Zwei zur Inkommensurabilität von Giesen/Schmid (1978)[212], allerdings nur für die induktiv-statistischen Modelle. Die deduktiv-nomologischen Modelle lassen sich eindeutig gegeneinander abgrenzen. Ein deduktiver Theorienvergleich ist allerdings mit einer anderen Problematik behaftet, was nunmehr zu erörtern ist.

Modellannahmen können auch von einem rein hypothetischen Tatbestand herrühren[213]. Die oben eingeführte Modellannahme M_2^D, wonach Ehefrauen auf einen sinkenden Lohnsatz ihres Partners nicht mit einer Verringerung ihres Arbeitsangebots reagieren, spielt in

---

212 Siehe S. 86.

213 Vgl. dazu i. a. Albert (1996), S. 454 bzw. S. 460.

dieser Hinsicht eine wichtige Rolle. Auch wenn sie den Eindruck macht, realistisch zu sein, muss sie nicht unbedingt einer empirischen Untersuchung entnommen worden sein. Die Modellannahme kann ebenso gut hypothetisch konstruiert worden sein. Dies sieht man dem Modell T^D_{M5} nicht so ohne weiteres an.

In der Tat stützen sich die Modellannahmen der hier behandelten Modelle keineswegs selten auf Modellannahmen, die bislang nicht empirisch bestätigt worden sind. Den Autoren ist es in diesem Fall meist ein Anliegen, darzulegen, inwiefern die Modellannahmen zumindest evident erscheinen. Hierfür ist die angeführte Gruppe von Modellen, die den Schwerpunkt auf Entscheidungen im Haushaltskontext legen, wiederum ein passendes Beispiel[214].

So gehen die Vertreter der diesbezüglichen Modelle des „männlichen Chauvinisten" davon aus, dass verheiratete Frauen in ihrem Entscheidungsverhalten die Eigenschaft eines „secondary workers" aufweisen. Bevor sie über ihr eigenes Arbeitsangebot entscheiden, so wird argumentiert, warten sie erst die Entscheidung ihres Mannes ab, dessen Erwerbseinkommen sie als ihr eigenes Nichterwerbseinkommen betrachten. Umgekehrt beziehen verheiratete Männer das Erwerbseinkommen ihrer Partnerinnen annahmegemäß überhaupt nicht in die eigene Arbeitsangebotsentscheidung ein. Diese Modellannahme soll hier mit M^D_4 bezeichnet werden. Die Vertreter der Modelle des „männlichen Chauvinisten" modifizieren in dieser Hinsicht das Modell

(87) $T^D_{M5} \Leftrightarrow H^D_{51}: M^D_2 \wedge S^D_3 \rightarrow \neg E^D_1$,

wonach Ehefrauen, sofern diese auf die Lohnsätze ihrer Männer reagieren M^D_2, bei einer Lohnsatzsenkung S^D_3 kein rückläufiges Arbeitsangebot $\neg E^D_1$ zeigen. Aus ihm wird:

(88) $T^D_{M7} \Leftrightarrow H^D_{71}: M^D_4 \wedge S^D_1 \rightarrow E^D_1$.

Demgemäß besteht zwischen dem Nichterwerbseinkommen aus Erwerbseinkommen des Ehemannes $M^D_4 \wedge S^D_1$ und dem Arbeitsangebot der Ehefrau ein negativer Zusammenhang. Das heißt, in T^D_{M7} wird das über den Lohnsatz w_m erzielte Erwerbseinkommen des Ehemannes $w_m \cdot t^e_m$ nunmehr zwar explizit in die Totaleinkommensrestriktion (10)[215] einbezogen, aber es wird weiterhin so behandelt, als sei es wie das Nichterwerbseinkommen aus Transfer- und Kapitaleinkommen V_1 für die Entscheidung der Ehefrau nur als Einkommensgröße relevant:

(89) $M^{D''}_1: S_T = w_f \cdot t^e_f + (V_1 + w_m \cdot t^e_m) = p \cdot x$.

Oben wurde gezeigt, dass durch die Einführung der Modellannahme M^D_2 eine Konstellation entstanden war, die es im deduktiven Fall ermöglicht, Modell T^D_{M5} und T^D_{M6} normativ gegen G^D_2 zu diskriminieren. Entweder gilt an den Stellen **m** der Schluss von Modell

---

[214] Siehe hierzu oben S. 44.

[215] Siehe oben S. 47.

T^D_{M5}, auf $\neg E^D_1$, dann wird G^D_2 widerlegt, oder es gilt der Schluss von Modell T^D_{M6} auf E^D_1, dann wird G^D_2 bestätigt. Wenn sich T^D_{M5} bestätigt, dann können offenbar nur noch die Reaktionen von Ehefrauen auf den Lohnsatz ihrer Männer erklärt werden. Die allgemeinere Gesetzesaussage G^D_2 für Reaktionen beider Ehepartner auf Lohnsatzänderungen gilt dann ebenso nicht mehr wie T^D_{M6} für die Reaktion des Arbeitsangebots der Männer auf Lohnsatzänderungen ihrer Frauen.

Das Modell T^D_{M7} in (88) ist nicht mit diesem Nachteil behaftet, weil es den Zusammenhang zwischen dem Lohnsatz des Mannes und dem Arbeitsangebot seiner Frau über die Gesetzesaussage G^D_1 als Zusammenhang zwischen einer speziellen Form von Nichterwerbseinkommen, $w_m \cdot t^e_m$, und dem Arbeitsangebot der Frau darstellt. Danach verringert sich das Arbeitsangebot von Ehefrauen, wenn ihr Nichterwerbseinkommen infolge einer Lohnsatzerhöhung beim Mann anwächst.

Andererseits dürfte die Überprüfung des Wahrheitsgehalts seiner Anwendungsbedingungen angesichts der Modellannahme M^D_4 im Vergleich zu T^D_{M5}, T^D_{M6} und G^D_2 deutlich größere Schwierigkeiten bereiten. Auch wenn die Modellannahme, Ehefrauen verhielten sich wie „secondary workers", zumindest insofern überzeugend klingt, als sie doch die traditionelle Erwartung einer geschlechtsspezifischen Arbeitsteilung widerspiegelt[216], ist sie doch gegenüber den anderen Modellannahmen M^D_2 und M^D_3 und auch gegenüber von S^D_1 und S^D_3 deutlich abstrakter oder zumindest hinsichtlich ihres empirischen Gehalts gegenüber diesen anders zu bewerten. Ob eine Ehefrau auf den Lohnsatz ihres Ehemannes reagiert, ist ein konkretes und daher relativ gut messbares Phänomen. Ob sie als „secondary worker" fungiert und das Erwerbseinkommen ihres Mannes als ihr Nichterwerbseinkommen betrachtet, ist dagegen eine Frage von Gefühlen, Wahrnehmungen und Vorstellungen, also ein ungegenständliches, deutlich schwerer messbares Phänomen.

Albert (1996) hat am Beispiel der Außenhandelstheorie in der bereits mehrfach zitierten Abhandlung dargelegt, inwiefern „eine Häufung unrealistischer Modellannahmen" in diesem Sinne generell „ein ernsthaftes Hindernis bei dem Versuch (ist), aus einem empirischen Test Schlüsse zu ziehen".[217]

Es wird in den beiden nachfolgenden Kapiteln, in denen die Rekonstruktion der Modelle vorgenommen wird, zu zeigen sein, dass beispielsweise die Modellvariante des „männlichen Chauvinisten", die tatsächlich in der Art von T^D_{M7} existiert und sogar ausdrücklich als Spezialfall eines Familiennutzen-Familienbudget-Modells in der Art von T^D_{M1} gekennzeichnet

[216] Wobei Killingsworth mit der Kennzeichnung eines männlichen Chauvinismus diese Verhaltensweise augenscheinlich abwertet und letztlich dem Verhalten der Männer negativ zuordnet. Siehe Killingsworth (1986), S. 29 ff.

[217] Albert (1996), S. 482.

worden ist, entsprechende Tendenzen aufweist, sich gegen die Konkurrenz zu immunisieren[218].

Zusammenfassend lässt sich Folgendes festhalten: Würde man bei dem Vergleich der Theorien und Modelle der Konzeption der Inkommensurabilität folgen, dann würde dies dazu berechtigen, an solchen Modellen festzuhalten, die konkurriende Ansprüche erheben könnten, diese aber angesichts ihrer unterschiedlichen Schlussverfahren nicht gegenseitig ausweisen können oder müssen. Die Modelle wären dann nur noch modellintern überprüfbar[219].

Bei den induktiv-statistischen Modellen äußerte sich der Nachteil eines Vergleichs, der auf die spezifischen Kriterien des induktiven Schlussverfahrens angewiesen ist, darin, dass Modelle und Aussagen zu Prognosen führten, die wahr gewesen sind, sich aber logisch nicht miteinander vertrugen. Zwischen ihnen konnte empirisch nicht endgültig diskriminiert werden, weil auf Grund der verwendeten Wahrscheinlichkeitsaussagen hierfür kein gültiges Argument existiert.

In deduktiv-nomologischen Modellen können dagegen solche Modellannahmen, für die nicht sichergestellt werden kann oder überprüft wurde, ob sie in der Anwendung des Modells erfüllt sind, aus logischen Gesichtspunkten niemals zu einer verlässlichen Falisifikation führen. Durch das Hinzufügen von Modellannahmen können von daher Aussagesysteme derart modifiziert werden, dass Konkurrenzen unversehens aufgehoben sind.

2.2.2.2.2 Gehaltsmaximierung

Nach dem Konzept der Gehaltsmaximierung sind Theorien und Modelle untereinander vergleichbar, sofern sich zwischen ihnen Implikationen feststellen lassen, die auf logisch-deduktivem Weg abgeleitet werden können. Drei Arten von Implikationsbeziehungen werden hierbei voneinander abgegrenzt:[220]

1. Eine Theorie T bzw. ein Modell T_M ist mit einer anderen Theorie T' bzw. einem anderen Modell T_M' identisch, wenn beide Aussagesysteme zueinander äquivalent sind ($T \Leftrightarrow T', T_M \Leftrightarrow T_M'$).
2. Zwischen der einen Theorie T bzw. dem einen Modell T_M und einer anderen Theorie T' bzw. Modell T_M' besteht eine homogene Reduktionsbeziehung, d. h. T_M impliziert T_M' ($T \rightarrow T', T_M \rightarrow T_M'$).

---

218 Siehe hierzu die Faktualisierung des Modell des „männlichen Chauvinisten“ auf S. 355, mit T_{VN1}^{NK} für T_{M7}^{D} und T_{VN0}^{NK} für T_{M1}^{D}.

219 Vgl. hierzu die entsprechende Bewertung von Giesen/Schmid (1978), S. 236, zu den von ihnen dargestellten soziologischen Theorien, in der allerdings nicht auf die Besonderheiten der deduktiven und induktiven Theorienbildung Bezug genommen wird.

220 Nach Giesen/Schmid (1978), S. 237.

3. Eine heterogene Reduktionsbeziehung liegt vor, wenn T und T' bzw. T_M und T_M' an sich untereinander inkonsistent sind. Es ist aber möglich, über eine Brückentheorie B von T bzw. T_M zu T' bzw. T_M' zu kommen ($T \Rightarrow T' : B \wedge T$, $T_M \Rightarrow T_M' : B \wedge T_M$).

Durch einen Theorienvergleich, der Implikationsbeziehungen dieser Art zu spezifizieren vermag, können Theorien niedriger Allgemeinheit durch solche höherer Allgemeinheit ersetzt werden. Da die Theorie mit einem höheren Allgemeinheitsgrad gehaltvoller ist, verspricht man sich, durch das sukzessive Ersetzen von Theorien Wissensfortschritte.

Häufig scheitert die Umsetzung des Konzeptes jedoch daran, dass sich für die Spezifizierung heterogener Reduktionsbeziehungen keine Brückentheorien auffinden lassen. Hiervon abgesehen lassen sich nach Giesen/Schmid (1978) auch logische Argumente gegen das Konzept anführen. Einige der Theorien, die durch andere höherer Allgemeinheit ersetzt wurden, könnten falsche Schlussfolgerungen enthalten haben. Im Verlauf der Theorieentwicklung würden sich diese Falschheitsgehalte zwangsläufig addieren. Zugleich nimmt wegen des fortschreitenden Ersetzens von Theorien die Zahl der Theorien ab, die einen solchen Falschheitsgehalt korrigieren könnten[221].

Die Kritik von Giesen/Schmid (1978) lässt sich auch folgendermaßen auslegen. Eine logisch selbstständige Theorie wird bekanntlich durch das Hinzufügen logisch selbstständiger Modellannahmen $M_1,\ldots,M_J$ um logisch selbstständige Modelle $T_{M1},\ldots,T_{MR}$ ergänzt. In der Regel lassen sich innerhalb eines solchen theoretischen Systems dann Modelle von verschiedenen Allgemeinheitsstufen unterscheiden[222]. Logisch selbstständig sind dabei alle Modelle, deren Modellannahmen logisch unabhängig sind[223]. Dies gilt auch für jene Modelle, die aus ein und derselben Theorie abgeleitet wurden. Entsprechend könnten auch die Modellannahmen als „Brückentheorie" oder zutreffender, als Korrespondenzregel einer Implikationsbeziehung zwischen Theorie und Modell interpretiert werden, in der Art der von Giesen/ Schmid (1978) unter Punkt 3 gekennzeichneten heterogenen Reduktionsbeziehung.

Die Allgemeinheitsstufen, nach denen Theorien und Modelle auf diese Weise geordnet werden können, legen nach dem ‚modus tollens'[224] eindeutig fest, welche falsifizierenden Schlüsse von einem Modell auf ein anderes als zulässig zu betrachten sind und welche nicht. Für den Fall, dass ein Modell auch einen Falschheitsgehalt enthält, geht dieser in das Modell höherer Allgemeinheit ein. Hierauf bezieht sich augenscheinlich die Kritik von Giesen/ Schmid (1978). Das Addieren der Falschheitsgehalte wird jedoch nur dann zu einem Pro-

221 Vgl. Giesen/Schmid (1978), S. 239.

222 Vgl. Popper (1994), S. 44 ff.

223 Vgl. Albert (1996), S. 464 f.

224 Siehe S. 76.

blem, wenn das Ziel ausschließlich darin gesehen wird, die Modelle niedriger Allgemeinheit durch solche höherer Allgemeinheit endgültig zu ersetzen. Tatsächlich laufen die Modelle höherer Allgemeinheit auf Grund der Addition der Falschheitsgehalte eher die Gefahr, falsifiziert zu werden. Falsifizierte Modelle können aber als Hilfsmittel der Modellbildung von heuristischem Wert sein[225]. Aus ihnen können nämlich auch nach einer Falsifikation weiterhin Modelle niedriger Allgemeinheit abgeleitet werden, die wegen ihrer logischen Selbstständigkeit durchaus ohne den nachgewiesenen Falschheitsgehalt sein können. Damit würden wieder neue Modelle existieren, die andere Modelle korrigieren können.

So gesehen lässt sich das Konzept der Gehaltsmaximierung als eine Strategie auslegen, mit der sich einerseits alle wesentlichen logischen Implikationen zwischen Modellen ergründen lassen. Andererseits führt die Entwicklung von immer gehaltvolleren Modellen dazu, dass der Falschheitsgehalt von Theorien und Modellen auch als solcher erkennbar wird.

Den von Giesen/Schmid (1978) angeführten Mangel, wonach sich Falschheitsgehalte im Laufe der Theorieentwicklung addieren würden, hatte Popper seinerzeit mit dem Konzept der Wahrheitsnäherung zu vermeiden versucht. Giesen/Schmid (1978) legen das Konzept von Popper entsprechend gesondert dar, stellen an ihm aber gleichfalls logische Mängel fest[226]. Hierbei greifen sie eine Kritik von Tichy (1974) und Miller (1974) auf, die Popper aufs Schärfste kritisiert hatten. Da Popper auf diese Kritik in der Zwischenzeit mit einer Modifikation seines Konzeptes angemessen reagiert hat, wird an dieser Stelle hierauf und nicht auf die von Giesen/Schmid (1978) erfolgte Erörterung eingegangen[227].

Nach Popper ist eine Theorie bzw. ein Modell wahr, wenn es mit den Tatsachen übereinstimmt. Da wir die Wahrheit aber niemals kennen werden, können wir nur den relativen Wahrheitsgehalt bestimmen, der sich aus dem Vergleich zweier oder mehrerer Theorien bzw. Modelle ergibt. Ein Modell T_M' kann in dieser Hinsicht gegenüber einem anderen Modell T_M als möglicher Fortschritt angesehen werden, wenn es mindestens jene Tatsachen zuverlässig erklärt, bei denen sich schon T_M bewährt hat, und darüber hinaus Tatsachen erklären kann, durch die T_M falsifiziert wurde. Das Gleiche gilt für eine Theorie. Dies ist aber nur möglich, wenn sich T_M und T_M' zumindest über die Brückentheorie B bzw. eine Modellannahme logisch widersprechen[228]. Bezugnehmend auf die obige Interpretation der Gehaltsmaximierung verträgt sich diese Vorstellung mit der Vorstellung zweier logisch

225 Vgl. Albert (1996), S. 466.

226 Vgl. Giesen/Schmid (1978), S. 240 ff.

227 Siehe das erstmals in der 7. Auflage durch einen entsprechenden Anhang XV. ergänzte Werk von Popper (1994), S. 428-433.

228 Vgl. Popper (1994), S. 429.

selbstständiger Modelle von unterschiedlichem Allgemeinheitsgrad, von denen sich das speziellere T_M' gegenüber dem allgemeineren T_M bewährt hat.

2.2.2.2.3 Faktualisierung

Ausgangspunkt der Überlegungen bei der Faktualisierung ist die Korrektur eines Erklärungsansatzes durch einen anderen. Diese Idee an sich ist nicht neu, sie wurde aber durch Krajewski (1977) erstmals ausführlich auf die Zielsetzung des Theorienvergleichs angewandt[229]. Grundlage bildet die seinerzeit in Polen entwickelte ‚method of idealization and gradual concretization', wonach wissenschaftliche Erkenntnis ein Resultat des Aufwärtssteigens vom Abstrakten zum Konkreten ist. Krajewski (1977) bevorzugt an Stelle des Ausdrucks ‚concretization' den der ‚factualization', weil dieser besser mit dem Begriff ‚idealization' zu vereinbaren sei. Schließlich sei jede Form von Generalisierung Abstraktion, nicht aber zwangsläufig Idealisierung[230].

Idealisierte Gesetzesaussagen („idealizational laws") sind nach Krajewski (1977) solche Gesetzesaussagen, die über ihre Anwendungsbedingungen Zustände faktisch existierender Systeme ausschließen und sich damit auf ideele Dinge beziehen („ideal objects"). Idealisiert sind Gesetzesaussagen demnach dann, wenn einige ihrer Anwendungsbedingungen nachweislich unrealistisch sind.

Faktische Gesetzesaussagen („factual laws") beziehen ihre Anwendungsbedingungen hingegen ausschließlich auf real existierende Dinge („real objects"). Faktisch sind Gesetzesaussagen also dann, wenn jede ihrer Anwendungsbedingungen realistisch ist.

Faktualisierung („factualization") ist in diesem Zusammenhang entweder der Nachweis, dass eine Gesetzesaussage keine idealisierten Anwendungsbedingungen enthält, also faktisch gilt, und/oder die schrittweise erfolgende Annäherung einer idealisierten Gesetzesaussage an eine faktische Gesetzesaussage. Eine *faktualisierte Gesetzesaussage* ist folglich nachweislich weitestgehend realistisch. In diesem Sinne ist die Faktualisierung nicht auf Wahrheitsvergleiche angewiesen, sie erlaubt aber trotzdem eine Entscheidung darüber, welche Theorie bzw. welches Modell realistischer und in dieser Hinsicht besser ist.[231]

Um den Nachweis hierfür zu erbringen, differenziert Krajewski (1977) zwischen drei Formen von Gesetzen[232]. Diese lassen sich problemlos in die vorliegende Notation übertragen. Danach gibt es das reale Gesetz (= Explanandum), das wissenschaftliche Gesetz,

---

[229] Vgl. auch die Bewertung von Giesen/Schmid (1978), S. 244.

[230] Siehe Krajewski (1977), S. 327 ff.

[231] Siehe Krajewski (1977), S. 323-325.

[232] Siehe Krajewski (1977), S. 325.

gleichbedeutend mit der (=universalen) Gesetzesaussage $G_i \Leftrightarrow \forall \mathbf{m}[S_i\mathbf{m} \rightarrow E_i\mathbf{m}]$, und dessen verschiedene Ausdrucksformen (= Modelle) $T_{Mr} \Leftrightarrow H_{rl} \Leftrightarrow \forall \mathbf{m}[M_j\mathbf{m} \wedge G_i\mathbf{m}]$.

Ziel des wissenschaftlichen Fortschrittes nach Krajewski (1977) ist es, die universalen Gesetzesaussagen und Modelle so zu verändern, dass sie nicht nur mit den Veränderungen der realen Gesetze Schritt halten, sondern diese darüber hinaus immer besser abbilden. Angenommen, die Anwendungsbedingungen $M_0 \wedge S_0$ beschreiben die realen Sachverhalte, die ein Eintreffen des Explanandums E_0 bewirken, dann ließe sich das Ziel wissenschaftlichen Fortschritts formal als Annäherung an die realen Gesetze G_0 ausdrücken[233]:

(90) $M_0 \wedge S_0 = \lim_{j \to \infty} M_j \wedge \lim_{i \to \infty} S_i$

(91) $G_0 = \lim_{i \to \infty} G_i$.

Modelle, deren Anwendungsbedingungen allesamt nachweislich realistisch sind, werden nach Krajewski (1977) als *vollkommen faktualisierte bzw. faktische Modelle* bezeichnet[234]:

(92) $T_{Mr}^{Fa} \Leftrightarrow H_{rl}^{Fa} \Leftrightarrow \forall \mathbf{m}\left[M_j^{Fa}\mathbf{m} \wedge S_i^{Fa}\mathbf{m} \rightarrow E_i\,\mathbf{m}\right]$.

Alle anderen, die unrealistische Anwendungsbedingungen enthalten, sind *idealisierte* (bzw. nicht-nachweislich faktualisierte) *Modelle*, z. B.:

(93) $T_{Mr}^{Id} \Leftrightarrow H_{rl}^{Id} \Leftrightarrow \forall \mathbf{m}\left[M_j^{Fa}\mathbf{m} \wedge S_i^{Fa}\mathbf{m} \wedge M_{j+1}^{Id}\mathbf{m} \wedge S_{i+1}^{Id}\mathbf{m} \rightarrow E_i\mathbf{m}\right]$.

Unrealistische Anwendungsbedingungen beziehen sich auf ideele Dinge, also auf empirisch nicht bestätigte Sachverhalte. Sie sind entsprechend dadurch gekennzeichnet, dass die Wahrscheinlichkeit ihres Eintreffens gleich Null ist:

(94) $M_{j+1}^{Id}\mathbf{m} \wedge S_{i+1}^{Id}\mathbf{m} : P\left(M_{j+1}^{Id}\mathbf{m}\right) = 0 \wedge \ldots \wedge P\left(M_j^{Id}\mathbf{m}\right) = 0 \wedge P\left(S_{i+1}^{Id}\mathbf{m}\right) = 0 \wedge \ldots P\left(S_i^{Id}\mathbf{m}\right) = 0$.

Realistische Anwendungsbedingungen sind demgegenüber der Wahrheit nahe. Sie sind also in der Realität mit einer Wahrscheinlichkeit P erfüllt:

(95) $M_j^{Fa}\mathbf{m} \wedge S_i^{Fa}\mathbf{m} : P\left(M_j^{Fa}\mathbf{m}\right) \geq 0 \wedge P\left(S_i^{Fa}\mathbf{m}\right) \geq 0$

Die beiden Definitionsgleichungen (94) und (95) eingesetzt in den Ausdruck (93) für idealisierte Modelle ergibt:

(96) $T_{Mr}^{Id} \Leftrightarrow \forall \mathbf{m}\left[P\left(M_j^{Fa}\mathbf{m}\right) \geq 0 \wedge P\left(S_i^{Fa}\mathbf{m}\right) \geq 0 \wedge P\left(M_{j+1}^{Id}\mathbf{m}\right) = 0 \wedge P\left(S_{i+1}^{Id}\mathbf{m}\right) = 0 \rightarrow E\mathbf{m}\right]$

Der *Prozess der Faktualisierung* eines idealisierten Modells lässt sich dann dadurch kennzeichnen, dass die unrealistischen Anwendungsbedingungen $P\left(M_j^{Id} \wedge S_i^{Id}\right) = 0$ Schritt für

233 Siehe Krajewski (1977), S. 325.

234 Siehe Krajewski (1977), S. 333 ff.

Schritt durch realistische $P\left(M_j^{Fa} \wedge S_i^{Fa}\right) \geq 0$ ersetzt werden. Dabei ist jede Stufe durch einen höheren *Faktualisierungsgrad* gekennzeichnet:[235]

(97) $H_{11}^{Id} \Leftrightarrow \forall \mathbf{m}\left[P\left(M_1^{Id}\mathbf{m}\right) = 0 \wedge P\left(M_2^{Id}\mathbf{m}\right) = 0 \wedge P\left(S_1^{Id}\mathbf{m}\right) = 0 \wedge P\left(S_2^{Id}\mathbf{m}\right) = 0 \rightarrow E\mathbf{m}\right]$

(98) $H_{12}^{Id} \Leftrightarrow \forall \mathbf{m}\left[P\left(M_1^{Fa}\mathbf{m}\right) \geq 0 \wedge P\left(M_2^{Id}\mathbf{m}\right) = 0 \wedge P\left(S_1^{Fa}\mathbf{m}\right) \geq 0 \wedge P\left(S_2^{Id}\mathbf{m}\right) = 0 \rightarrow E\mathbf{m}\right]$

(99) $H_{13}^{Fa} \Leftrightarrow \forall \mathbf{m}\left[P\left(M_1^{Fa}\mathbf{m}\right) \geq 0 \wedge P\left(M_2^{Fa}\mathbf{m}\right) \geq 0 \wedge P\left(S_1^{Fa}\mathbf{m}\right) \geq 0 \wedge P\left(S_1^{Fa}\mathbf{m}\right) \geq 0 \rightarrow E\mathbf{m}\right]$.

Die schrittweise Faktualisierung von Theorien und Modellen soll nunmehr am *Beispiel* des deduktiv-nomologischen Modells verdeutlicht werden, welches in Übersicht II-4 dargestellt wurde:

(21) $T_{M3}^D \Leftrightarrow H_{31}^D \forall \mathbf{m}\left[M_1^{D'}\mathbf{m} \wedge M_1^{NK}\mathbf{m} \wedge G_1^{kD}\mathbf{m} \wedge G^{GNS}\mathbf{m} \wedge G^{NK}\mathbf{m}\right] \rightarrow H_{31}^D$.

Das Modell T_{M3}^D entspricht inhaltlich dem neoklassischen Modell, mit dem in der Literatur die Partizipationsentscheidung eines Haushalts über dessen Präferenzen, dem mit seinem Arbeitsangebot am Markt erzielbaren Reallohnsatz und seinem Nichterwerbseinkommen erklärt wird[236]. Bei der Rekonstruktion der Modelle wird erkennbar werden, dass das hier zur Veranschaulichung der Problemstellung ausgewählte Modell T_{M3}^D eines von drei Modellen ist, die sich aus einem in der Literatur nicht beschriebenen verallgemeinerten neoklassische Grundmodell ableiten lassen[237].

T_{M3}^D grenzt die drei Gesetzesaussage G_1^{kD}, G^{GNS} und G^{NK} auf solche Fälle ein, in denen $M_1^{D'}$ und M_1^{NK} gelten. Die Gesetzesaussage H_{31}^D, die aus T_{M3}^D abgeleitet werden kann, ermöglicht eine Implikation von $M_1^{D'}$ und M_1^{NK} und der Antezedenzbedingung S_1^D der Gesetzesaussage G_1^{kD} auf E_1^D. Danach verringert sich das Arbeitsangebot von Ehepaaren, wenn sich nach S_1^D deren Nichterwerbseinkommen erhöht *und* wenn dem Arbeitsangebot nach $M_1^{D'}$ eine Totaleinkommensrestriktion und nach M_1^{NK} eine Cobb-Douglas-Nutzenfunktion zu Grunde gelegt werden kann.

Der erste Schritt der Faktualisierung bestünde nun darin, weitere Aussagen aufzudecken, die für diese Implikation faktisch relevant sein könnten, aber vom Aussagesystem T_{M3}^D vorenthalten werden. Mit der Modellannahme $M_1^{D'}$ wurde eine Totaleinkommensrestriktion unterstellt, die ausdrückt, dass die Bereitstellung von Marktgütern u. a. über die „Produktionsanstrengungen" der Erwerbsarbeit erfolgt[238]. Denn Marktgüter x haben ihren Preis p und können vom Haushalt nur bezogen werden, wenn hierfür entweder genügend Nichter-

---

235 Siehe Krajewski (1977), S. 334 f.

236 Siehe u. a. Seel (1991a), S. 199.

237 Das Modell T_{M3}^D wird in der Rekonstruktion als Modellvariante T_{VR2}^{NK} bezeichnet; das verallgemeinerte neoklassische Grundmodell als T_{VR0}^{NK}. Siehe hierzu des Näheren S. 143 ff.

238 Siehe oben S. 47.

erwerbseinkommen V vorhanden ist oder der Haushalt sich über Erwerbsarbeit $w_i \cdot t_i^e$ um das notwendige Erwerbseinkommen bemüht:

(10) $M_1^{D'}: S_T = w_i \cdot t_i^e + V = w_i \cdot T_i - w_i \cdot x_{0i} + V = p \cdot x$, mit $V = V_1 + w_j \cdot t_j^e$.

In der Modellannahme $M_1^{D'}$ fehlt u. a. der Aspekt, dass die Güter x, die der Haushalt begehrt, nicht nur über den Markt finanziert und bereitgestellt werden. In den sog. outputorientierten Modellen wird z. B. argumentiert, dass es zu den Marktgütern Substitute gibt, die vom Haushalt selbst produziert werden. In dem Modell von Gronau (1977) werden diese Substitute als Haushaltsgüter bezeichnet. Danach kann der Haushalt alternativ Marktgüter x_m oder Haushaltsgüter x_h konsumieren:

(100) $x = x_m + x_h$,

wobei die Marktgüter über die Produktionsanstrengungen in der Erwerbsarbeit t_i^e und über Nichterwerbseinkommen V finanziert werden,

(101) $x_m = \frac{w_i \cdot t_i^e}{p} + \frac{V}{p}$,

die Haushaltsgüter über die Produktionsanstrengungen in der Hausarbeit t_i^h:

(102) $x_h = \frac{\partial f_i}{\partial t_i^h}\left(t_i^h\right)$.

Bezugnehmend auf Gronau (1977) könnte man mithin argumentierten, dass die Implikation auf E_1^D im Modell T_{M3}^D implizit davon abhängt, dass neben $M_1^{D'}$ zugleich $M_{1a}^{D'}$ angenommen wird, wonach die Güter x, die der Haushalt begehrt, nur aus Marktgütern bestehen:

(103) $M_{1a}^{D'}: x = x_m$.

In dem zweiten Schritt der Faktualisierung wird nun der Nachweis geführt, ob die Modellannahmen des rekonstruierten, explizierten Modells insgesamt realistisch sind oder ob sie einen leeren Gegenstandsbereich kennzeichnen. Die Konjunktion $M_1^{D'} \wedge M_{1a}^{D'}$ erhält man unter Berücksichtigung von (100), (101) und (102) in der Totaleinkommensrestriktion (10):

(104) $M_1^{D'} \wedge M_{1a}^{D'}: S_T = w_i \cdot t_i^e = w_i \cdot T_i - w_i \cdot x_{0i} - w_i \cdot t_i^h = p \cdot x_m - V$.

Angenommen, der empirische Nachweis könnte für $M_1^{D'} \wedge M_{1a}^{D'}$ nicht erbracht werden, sondern nur für M_1^{NK}, mit der eine Cobb-Douglas-Nutzenfunktion unterstellt wird. In diesem Fall wäre zwar nach Krajewski (1977)[239] das gesamte Modell T_{M3}^D idealisiert; denn es gilt

(105) $T_{M3}^{D,Id} \Leftrightarrow H_{3l}^{D,Id}: P\left(M_1^{D'} \wedge M_{1a}^{D'}\right)^{Id} = 0 \wedge P\left(M_1^{NK}\right)^{Fa} \geq 0 \wedge G_1^{kD} \wedge G^{GNS} \wedge G^{NK}$.

Es ergäben sich allerdings Ansatzpunkte für seine Fortentwicklung zu einem faktualisierbaren Modell. In einem dritten und letzten Schritt der Faktualisierung würde man folglich

239 Vgl. Krajewski (1977), S. 335.

versuchen, ein alternatives Modell zu konstruieren, welches ebenfalls u. a. die Gesetzesaussage G_1^{kD} enthält, aber realistischere Anwendungsbedingungen. Bezugnehmend auf Gronau (1977) könnte man argumentieren, dass es realistischer sei, anstelle von $M_{1a}^{D'}: x = x_m$ davon auszugehen, dass es zu den vom Haushalt begehrten Marktgütern x_m Substitute gibt, nämlich Haushaltsgüter x_h, die der Haushalt selbst produziert:

(100') $M_{1b}^{D'}: x = x_m + x_h$, mit $x_m = \frac{w_i \cdot t_i^e}{p} + \frac{V}{p}$ und $x_h = \frac{\partial f_i}{\partial t_i^h}\left(t_i^h\right)$.

Setzt man $M_{1b}^{D'}$ anstelle von $M_{1a}^{D'}$ in die Konjunktion $M_1^{D'} \wedge M_{1a}^{D'}$, so ergibt dies:

$M_1^{D'} \wedge M_{1b}^{D'}$:

(106) $S_T = w_i \cdot t_i^e = w_i \cdot T_i - w_i \cdot x_{0i} - w_i \cdot t_i^h = p \cdot x_m - V = p \cdot x - p \cdot \frac{\partial f_i}{\partial t_i^h}\left(t_i^h\right) - V$.

Würde sich nun zeigen lassen, dass die Wahrscheinlichkeit für das Eintreffen der Konjunktion $M_1^{D'} \wedge M_{1b}^{D'}$ im Gegensatz zu $M_1^{D'} \wedge M_{1a}^{D'}$ größer gleich Null ist; also

(107) $P\left(M_1^{D',Id} \wedge M_{1b}^{D'}\right)^{Fa} \geq 0$,

dann wäre T_{M3}^D hinsichtlich seiner Modellannahmen vollkommen faktualisiert:

(108) $T_{M3}^D \Leftrightarrow H_{3l}^{D,Fa}: P\left(M_1^{D'} \wedge M_{1b}^{D'}\right)^{Fa} \geq 0 \wedge P\left(M_1^{NK}\right)^{Fa} \geq 0 \wedge G_1^{kD} \wedge G^{GNS} \wedge G^{NK}$.

Die Faktualisierung muss an dieser Stelle nicht beendet sein, beispielsweise könnte als nächstes untersucht werden, ob die Antezedenzbedingungen der drei Gesetzesaussagen G_1^{kD}, G^{GNS} und G^{NK} faktualisierbar sind. Vollständig faktualisiert ist das Modell eigentlich erst dann, wenn sich zeigen lässt, dass die Wahrscheinlichkeit, dass alle Modellannahmen und Antezedenzbedingungen in der Realität erfüllt sind, mit $P\left(M_j \wedge S_l\right) \geq 0$ gegeben ist[240].

Da oben angenommen wurde, dass die Antezedenzbedingungen von G^{GNS} und G^{NK} axiomatisch gesetzt sind, könnte man im Unterschied zu Krajewski auch argumentieren, dass die Faktualisierung beendet ist, wenn nur noch Axiome als idealisiert vorausgesetzt werden.

An dem Beispiel lässt sich Folgendes veranschaulichen. Die Faktualisierung eines Modells ermöglicht einerseits eine Entscheidung zwischen besseren und schlechteren Modellen. Besser sind die Modelle, die einen höheren Faktualisierungsgrad aufweisen. Sie ermöglicht andererseits eine Rekonstruktion der Modellabfolge. In dem Beispiel wurde stark vereinfacht die Modifikation des neoklassischen Grundmodells durch das outputorientierte Grundmodell von Gronau rekonstruiert. Die Überlegenheit der Faktualisierung gegenüber den anderen beiden Methoden des Theorienvergleichs beruht in dieser Hinsicht auf folgenden Faktoren:

---

240 Vgl. dazu Krajewski (1977), S. 335.

- Bei dem Vergleich der Modelle werden logische Mittel angewandt, ohne dass die Beziehung zwischen den Modellen einem deduktiv-nomologischen Ableitungsverhältnis entsprechen muss.
- Bei der Entscheidung zwischen besseren und schlechteren Modellen bedient sich die Faktualisierung eines Maßstabes, der an dem Wahrscheinlichkeitsbegriff der induktiv-statistischen Modellkategorie ansetzt, ohne dabei in Konflikt mit dem deduktiven Prüfungsverfahren der Falsifizierung zu gelangen. Nicht die Wahrheitsannäherung wird als Erkenntnisfortschritt aufgefasst, sondern die fortschreitende Faktualisierung idealisierter Gesetzesaussagen. Der Induktionsschluss von den durch Erfahrung verifizierten Einzelaussagen auf ein Modell könnte insofern als Bestätigungsinstanz eines höheren Faktualisierungsgrads des entwickelten Modells betrachtet werden. Dies verträgt sich insofern mit der deduktiven Logik, als diese ohnehin für das Aufstellen einer Theorie keine Maßstäbe anwendet. Unabhängig davon, welchen Faktualisierungsgrad die Modelle aufweisen, müssen sie sich im Prinzip alle der letzten Prüfung der Falsifizierung ihrer Implikationen stellen. Mit der Methode der Faktualisierung kann man möglicherweise zielgerichteter diejenigen Modelle finden, bei denen sich eine solche empirische Prüfung zuallerst lohnt.

Giesen/Schmid (1978)[241] führen die Differenzierung zwischen qualitativer Faktualisierung und einer sich auf quantitative Variablen beziehenden „*Limesfaktualisierung*“ ein, welche bei Krajewski (1977) keine Erwähnung findet. Danach ist ein Modell T_M durch T_M‘ quantitativ faktualisiert, wenn das neue Modell T_M‘ erstens eine Variable nennt, die einen bestimmten kritischen Wert annehmen muss, damit die Folgerungen des alten Modells T_M mit der Realität übereinstimmen. Das neue Modell T_M‘ muss zweitens mindestens eine Gesetzesaussage enthalten, die besagt, dass dieser für das alte Modell T_M erforderliche kritische Wert empirisch nicht erreichbar und damit unrealistisch ist. T_M gilt als durch T_M' faktualisiert, sobald beide Bedingungen erfüllt sind.

3 Zur Methode der vorliegenden Untersuchung

Die theorienvergleichende Rekonstruktion ökonomischer Modelle zum Arbeitsangebot privater Haushalte findet ihren Ausgangs- und Endpunkt jeweils in der Abgrenzung eines konsensfähigen Bezugsrahmens, innerhalb dessen die Erklärungsansätze in dem einen Fall aufgefunden, in dem anderen Fall wieder aufgebaut werden können.

Der Bezugsrahmen für das Auffinden der relevanten Erklärungsansätze wurde in dieser Arbeit durch eine Rückschau auf deren bisherigen Gegenstand, differenziert nach Material- und Formalobjekt, sowie die bei der Modellbildung und -prüfung gebräuchlichen Methoden

---

[241] Siehe Giesen/Schmid (1978), S. 248.

gekennzeichnet. Bezogen auf das Materialobjekt der Modelle, dem ,Arbeitsangebot privater Haushalte', war die Entwicklung in der herangezogenen Literatur zunächst durch den Wunsch nach einer größeren Realitätsnähe der Modelle gekennzeichnet. Dazu wurden statistische Methoden entwickelt, mit denen die funktionalen Beziehungen zwischen dem Arbeitsangebot und den Variablen, die dieses erklären, auf empirischem Wege aufgespürt werden sollten. Erkennbar wurde, dass das Arbeitsangebot nicht nur durch den Lohnsatz erklärt werden kann, sondern durch eine Vielzahl von Variablen, unter anderem durch solche, die man anfänglich eher dem Bereich der Soziologie zugeschrieben hatte, zum Beispiel die Entscheidungsfindung im Haushaltskontext. Diese Entwicklung im Bereich der Empirie konnte nicht ohne Konsequenz für das Formalobjekt bleiben. Man erkannte, dass das Zustandekommen der beobachteten Daten zumindest theoretisch verstanden und möglichst auch modellmäßig erfasst werden musste. Dies führte zu der Entwicklung von Modellen der so bezeichneten zweiten Generation, die nicht mehr nur aus einem mehrere Variablen verknüpfenden System von Funktionsgleichungen bestehen, sondern sogar Angaben über die stochastische Natur der Variablen enthalten. Trotzdem neigen gerade diese Modelle zu einer gewissen Theorielosigkeit. Ursächlich hierfür ist die logische Kluft zwischen nomologischen und statistischen Gesetzesaussagen.

Richtungweisend für das weitere Vorgehen ist die Schaffung eines gemeinsamen konzeptionellen Bezugsrahmens, in dem die verschiedenen Erklärungsansätze derart rekonstruiert werden können, dass sie hinsichtlich ihrer wesentlichen Konzeptualisierungsleistungen und Reichweiten vergleichbar sind, unabhängig davon, wie sie ursprünglich begründet wurden, ob induktiv-statistisch oder deduktiv-nomologisch. Überschneidungen, Leerstellen sowie Gegensätze in der Theorienbildung sollen auf diese Weise erkennbar werden.

Dies bedeutet konkret Folgendes: Dem Konzept der *Gehaltsmaximierung* gemäß wird aus der Vielzahl der anfangs allenfalls bedingt vergleichbaren deduktiv-nomologischen und induktiv-statistischen Erklärungsansätze ein einheitliches System von Theorien und Modellen unterschiedlicher Allgemeinheit konstruiert. Dazu werden die bereits bestehenden, stellenweise verborgen liegenden Implikationsbeziehungen ausdrücklich gekennzeichnet und neue Implikationen über Brückentheorien hergestellt. Das heißt, die Konzeptstruktur der deduktiv-nomologischen Ansätze wird genutzt, um alle Ansätze nach einheitlichen Kriterien wechselseitig nachzubilden.

Für diese Vorgehensweise spricht, dass in der Ökonomik zumindest für den Vergleich der Folgerungen aus Theorien und Modellen das Prüfungsverfahren der Deduktionslogik als Richtlinie allgemein gefordert bzw. akzeptiert wird. Danach sollten einzelne Aussagen sich entweder äquivalent zueinander verhalten, voneinander ableitbar oder zumindest miteinander vereinbar sein[242]. Ein widerspruchsvolles Aussagesystem gilt als nichtssagend, weil aus ihm jede beliebige Aussage ableitbar ist[243]. Unterschiedliche Ansichten werden in der Ökonomik lediglich hinsichtlich der Prüfungsverfahren durch empirische Anwendung der Modelle und ihrer Folgerungen vertreten. Während an einigen Stellen der Induktionslogik gemäß gefordert wird, dass die Anwendungsbedingungen der Modelle eine empirische Basis haben und die Modellimplikationen empirisch verifiziert werden sollten[244], werden an andere Stelle[245] der Deduktionslogik gemäß die Anwendungsbedingungen als nicht notwendigerweise empirisch gesicherte Grundannahmen und die Implikationen nur als vorläufig verifizierbar, aber als endgültig falsifizierbar betrachtet. Teils wird auch eine Mittelstellung zwischen diesen beiden Extrema eingenommen[246].

Obwohl das Lehrgebäude der Ökonomik also anderes erwarten lässt, überwiegen zum Arbeitsangebot die hier als induktiv-statistisch bezeichneten Modelle, die mit induktiven Methoden aus der Beobachtung ausfindig gemacht wurden, ohne dass die Notwendigkeit gesehen wurde, die Modelle nachher über einen logischen Vergleich ihrer Folgerungen u. a. auf ihre innere Widerspruchslosigkeit hin zu untersuchen. Ein Rekonstruieren dieser Modelle anhand des Kriteriums der inneren Widerspruchslosigkeit verspricht folglich eine Eingrenzung der Modelle.

Ein typisches Beispiel für vorgenannte Auslassung ist das Grundlagenwerk zum Arbeitsangebot von Killingsworth (1983):

„Empirical studies of static labor supply models are of interest for at least four reasons: First, they may be used to test the predictions and implications of theoreticals models (...). Second, such studies may provide information on the signs and magnitudes of effects about which theoretical models make no a priori predictions (...). Third, such studies may shed light on a variety of important labor markt developments (...). Fourth, empirical studies are an important tool for evaluation of proposed government policies". [247]

Die vielfältigen Zielsetzungen, die dort mit empirischen Studien zum Arbeitsangebot verbunden werden, sind zwar genannt, es fehlen jedoch weitere Überlegungen dazu, wie diese gerade angesichts ihrer Verschiedenheit nebeneinander zu verwirklichen sind. Das

---

242 Siehe beispielhaft Woll (2000), S. 11 ff, Franke (1992), S. 1 sowie Henrichsmeyer/Gans/Evers (1982), S. 36 ff.

243 Siehe hierzu die grundsätzlichen Überlegungen zur Widerspruchslosigkeit als Grundforderung an ein theoretisches System bei Popper (1994), S. 59.

244 Siehe beispielhaft Franke (1992), S. 1.

245 Siehe beispielhaft Henrichsmeyer/Gans/Evers (1982), S. 37, von denen der Methodenstreit zwischen induktivem und deduktivem Vorgehen seinerzeit sogar als bereits zugunsten der deduktiven Methode beigelegt betrachtet wurde.

246 Siehe beispielhaft Woll (2000), S. 11 ff.

247 Killingsworth (1983), S. 67.

betrifft vor allem die beiden Zielsetzungen, wonach empirische Studien Lücken in der Theorienbildung schließen und gleichzeitig deren Prüfung ermöglichen sollen. Denn empirisch ermittelte Aussagen sind eben stets Wahrscheinlichkeitsaussagen, was, wie gezeigt wurde, zur Folge hat, dass sie selbst dann empirische Geltung beanspruchen können, wenn sie sich logisch widersprechen. Ohne logisches Nachkonstruieren empirisch aufgefundener Aussagen ist eine empirische Überprüfung solcher Aussagen nicht nur sinnlos, sondern verdeckt das Defizit. Solange sich nicht alle Modelle einer logischen Prüfung auf innere Widerspruchslosigkeit unterzogen haben, muss dies zumindest als Unschärfe des Modellbegriffs interpretiert werden.

Bei der Rekonstruktion der Theorien und Modelle über das Verfahren der Gehaltsmaximierung wird die Forderung, dass sich die Annahmen und Aussagen eines logisch selbstständigen Modells untereinander nicht widersprechen dürfen, wohl aber jene aus voneinander nicht ableitbaren Modellen, an oberster Stelle stehen. Die Implikationsbeziehungen sind bei der Gehaltsmaximierung entsprechend kenntlich zu machen.

Logisch selbstständig sind dabei fraglos solche Modelle, welche aus verschiedenen Theorien abgeleitet wurden, die ihrerseits dem Kriterium der logischen Selbstständigkeit genügen. Unter Bezugnahme auf Albert (1996) wird die logische Selbstständigkeit hier aber ferner so ausgelegt, dass auch Modelle aus derselben Theorie logisch unabhängig sein können, sofern ihre Modellannahmen logisch unabhängig sind[248].

Die logische Selbstständigkeit der Modelle hat zur Folge, dass diese unter Umständen nicht miteinander konkurrieren, selbst wenn sie sich in ihren Folgerungen widersprechen. Dies zeigt eindruckvoll eine Untersuchung, die von Karg (1973) im Rahmen der Theorie der Konsumgüternachfrage durchgeführt wurde. In dieser wird ein Verfahren zur Prüfung verschiedener Annahmen auf Konsistenz vorgestellt. Den Anlass bildete die Existenz mehrerer konkurrierender Hypothesen über den Einfluss der Einkommensverteilung auf die Einkommenselastizität. Den Hypothesen lagen verschiedene Annahmen über Engel-Kurven zu Grunde. Geprüft wurde, bei welchen Parameterbereichen eine Engel-Funktion den einzelnen Annahmen genügt. Dabei ließ sich zeigen, dass die errechneten Parameterbereiche nur zum Teil gemeinsame Werte hatten, womit sich die Annahmen über die Engel-Kurven zum Teil als inkonsistent erwiesen. Mit der Inkonsistenz der Annahmen konnte nachgewiesen werden, dass die Hypothesen faktisch gar nicht miteinander konkurrieren[249]. Das Gleiche gilt für verschiedene Modelle, deren Annahmen inkonsistent sind.

Es soll hier nochmals betont werden, dass die so verstandene Forderung nach logischer Selbstständigkeit zumindest nicht dem Sprachgebrauch in der mikroökonomischen Literatur

---

248 Siehe Albert (1996), S. 464 f.

249 Siehe Karg (1973), insbesondere S. 123 f.

zum Arbeitsangebot entspricht. So werden die Modelle der beiden großen Theorierichtungen, der Neoklassik und der Neuen Haushaltsökonomik, von den meisten Autoren generell als logisch selbstständige Modelle verstanden, mit dem Argument, dass sie sich durch ihre Aussagen zur Nichterwerbsarbeitszeit zumindest inhaltlich deutlich voneinander unterscheiden. Diese Einschätzung ist nach dem hier vertretenen Verständnis aber nur dann zutreffend, sofern sich bei der Rekonstruktion herausstellt, dass beide Theorierichtungen deswegen stets logisch unvereinbar sind. Die Rekonstruktion wird indes das Gegenteil zeigen. Danach existieren nicht wenige Modelle, die sich mit verschiedenartigen Modellannahmen alternativ als Spezialfall zweier Theorierichtungungen erweisen[250].

Die bei der Gehaltsmaximierung erfolgende Einteilung in logisch selbstständige Modelle führt über die Unterscheidung von Modellen unterschiedlicher Allgemeinheitsstufen zu der Einteilung in Modellunterarten und -nebenarten. Die Allgemeinheitsstufen legen eindeutig fest, welcher falsifizierende Schluss von einem Modell auf ein anderes als zulässig zu betrachten ist. Modelle, die sich in der Vergangenheit nicht haben bewähren können, erhalten damit nochmalig eine Bedeutung. Denn ihre Falsifikation kann auf Modelle höherer Allgemeinheit übertragen werden, ohne dass eine erneute empirische Prüfung nötig ist.

Hier sei daran erinnert, dass eine logisch selbstständige Theorie bzw. ein Theoriezweig durch das Hinzufügen verschiedener, logisch selbstständiger Modellannahmen $M_1,\ldots,M_J$ um eine entsprechende Zahl R logisch selbstständiger Modelle $T_{M1},\ldots,T_{MR}$ ergänzt wird. In der Regel lassen sich innerhalb eines solchen theoretischen Systems dann Modelle verschiedener Allgemeinheitsstufen unterscheiden[251].

Stark vereinfacht zeigt Übersicht II-14, wie auf diese Weise durch die Gehaltsmaximierung sämtliche Annahmen und Gesetzesaussagen der Mikroökonomik zum Arbeitsangebot zu einem System von Modellen mit verschiedenen Allgemeinheitsstufen zusammengefasst werden können.

An der obersten Stelle des „Theorie- und Modellbaums" stehen mit der Grenznutzenschule G^{GNS} und den Aussagen aus den neoklassischen Axiomen der Präferenz G^{NK} die allgemeinsten Aussagen der Mikroökonomik zum Arbeitsangebot des Haushalts. Aus diesen werden durch das Hinzufügen von Modellannahmen, durch die das Materialobjekt des Arbeitsangebots auf bestimmte Sachverhalte eingrenzt wird, die einzelnen Modelle abgeleitet.

---

250 Siehe u. a. die Abgrenzung zwischen dem neoklassischen Grundmodell und aktivitätsanalytischen Grundmodell von Lancaster bei Seel (2001), S. 49 ff. und zwischen den Modellen der Neoklassik und der Neuen Mikroökonomik generell bei Kooreman/Wunderink (1997), S. 27 ff. In der Rekonstruktion kann zwischen den beiden angeführten Modellen und einigen weiteren Modellen der Neoklassik und der Neuen Mikroökonomik indes kein Widerspruch festgestellt werden, das neoklassische Grundmodell wird sich dort als Spezialfall des aktivitätsanalytischen und inputorientierten Grundmodells erweisen.

251 Vgl. Popper (1994), S. 44 ff.

Das Modell der Grenznutzenschule T_M^{GNS} wird sich hierbei als das allgemeinste Modell von allen erweisen. Aus ihm folgt ein verallgemeinertes verhandlungstheoretisches Modell T_{VN2}, welches sich als das speziellere von beiden ausnahmesweise als logisch stärker erweisen wird, weil es die Wenn-Komponente des Modells der Grenznutzenschule logisch abschwächt. Die vier Grundmodelle, das neoklassische T_{GM}^{NK} und die drei produktionstheoretischen Formulierungen T_{GM}^{out}, T_{GM}^{in} sowie T_{GM}^{akt}, lassen sich durch speziellere Annahmen allesamt entweder nur aus dem Modell der Grenznutzenschule ableiten oder aus diesem und dem verallgemeinerten verhandlungstheoretischen Modell gemeinsam. Die Beziehungen und logische Selbstständigkeit der Grundmodelle wird an entsprechender Stelle noch zu begründen sein. Aus den vier Grundmodellen folgen durch weitere Modellannahmen speziellere Modelle.

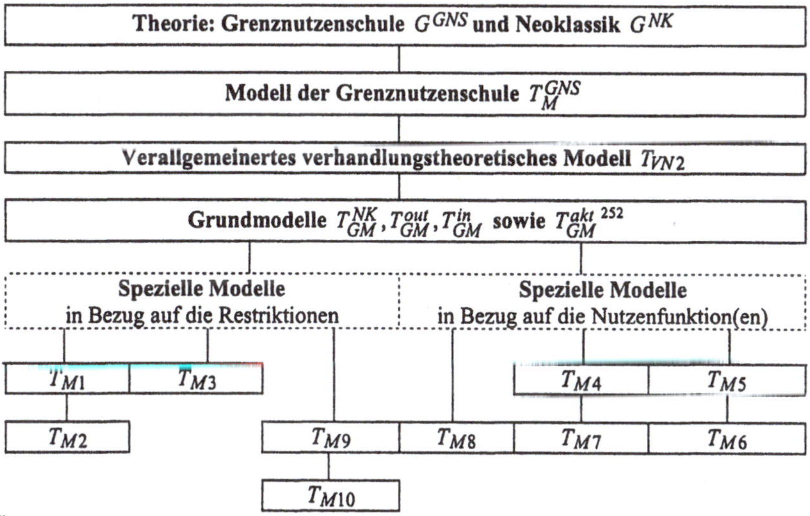

Übersicht II-14 *Allgemeinheitsstufen der verschiedenen Modelle zum Arbeitsangebot*

So lassen sich fast durchgängig bei jedem Grundmodell zwei Hauptzweige voneinander unterscheiden, je nachdem ob die spezielleren Modelle sich auf die Restriktionen oder die Nutzenfunktion(en) des Haushalts beziehen. Zu beiden Zweigen existieren weitere Spezialisierungen, was zu vielen parallel-absteigenden Linien führt, die hier nur schematisch dargestellt sind. Sichtbar ist, dass die einzelnen Verzweigungen sehr unterschiedlich ausfallen. So gibt es Modelle, die wie das hier mit T_{M10} gekennzeichnete Modell, einen Spezialfall eines

---

[252] Die Grundmodelle befinden sich auf unterschiedlichen Allgemeinheitsstufen. Dies ist hier der Einfachheit halber noch nicht dargestellt.

anderen Modells darstellen, hier von T_{M9}, ohne dass es in der parallel verlaufenden Linie hierzu eine Entsprechung gibt.

Die logische Selbstständigkeit einzelner Modelle einerseits und deren Zugehörigkeit zu verschiedenen Allgemeinheitsstufen andererseits bewirken, dass sich die Ergebnisse einer empirischen Prüfung der Modelle niedriger Allgemeinheitsstufe auf die höherer übertragen lassen, allerdings nicht umgekehrt. Mit anderen Worten, hat sich ein bestimmtes Modell empirisch nicht bewährt, so kann dieses Ergebnis auf alle Modelle, aus dem dieses ableitbar ist, übertragen werden. Dieser elementare Schluss, der „modus tollens" der klassischen Logik, kann mit Hilfe von Übersicht II-15 folgendermaßen dargestellt werden[253]. Abgebildet ist ein Ausschnitt aus Übersicht II-14, aus dem hervorgeht, dass die Modelle T_{M9} und T_{M10} durch das Hinzufügen von Modellannahmen, die hier mit M_9 bzw. M_9 und M_{10} bezeichnet werden, aus den Gesetzesaussagen der Grenznutzenschule G^{GNS} und der Neoklassik G^{NK} ableitbar sind. Es gilt $G^{GNS} \wedge G^{NK} \Rightarrow T_{M9} \Rightarrow T_{M10}$.

Ist l ein Folgesatz aus den Gesetzesaussagen H_{10l} und deren Anwendungsbedingungen, so kann das Ableitbarkeitsverhältnis (analytisches Implikationsverhältnis) zwischen H_{10l} und l in Form von $H_{10l} \rightarrow l$ symbolisiert werden. Wird weiterhin angenommen, eine empirische Prüfung hätte ergeben, dass der Folgesatz l nicht zutrifft, so gilt $\neg l$. Aus der Konjunktion des Ableitbarkeitsverhältnisses $H_{10l} \rightarrow l$ und der Annahme $\neg l$ kann über den falsifizierenden Schluss $[(H_{10l} \rightarrow l) \bullet \neg l] \rightarrow \neg H_{10l}$ festgestellt werden, dass auch H_{10l} falsch ist, dann gilt $\neg H_{10l}$.

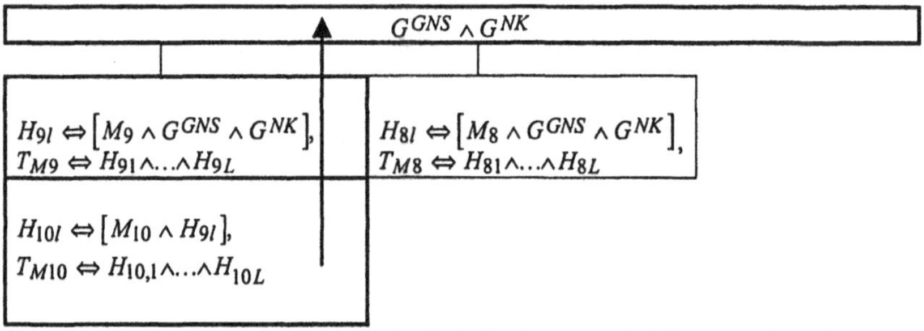

Übersicht II-15 *Schlussweise von der Falsifikation eines deduktiv-nomologischen Modells auf die eines anderen Modells, aus dem dieses ableitbar ist*

[253] Zu dem Schlussverfahren im Allgemeinen siehe insbesondere Popper (1994), S. 44 ff. Ferner dazu Albert (1996), S. 464 und die dortige Darstellung eines ökonomischen Theoriebaums zur Außenhandelstheorie, in dem sich Falsifikationen von Theorien über verschiedene Allgemeinheitsstufen nach oben, aber nicht nach unten fortpflanzen. Die Argumentation von Albert kann als eine Anwendung der Überlegungen von Popper betrachtet werden, auch wenn Albert sich in diesem Punkt nicht ausdrücklich auf Popper bezieht.

In Übersicht II-15 symbolisiert der nach oben weisende Pfeil, dass durch diese Schlussweise nicht nur alle Gesetzesaussagen H_{10l} mit ihren Anwendungsbedingungen falsifiziert werden, sondern gleich das ganze System, aus dem der Folgesatz l abgeleitet wurde, also auch die Konjunktionen $M_{10} \wedge H_{9l}$ und $M_9 \wedge G^{GNS} \wedge G^{NK}$. Denn es kann zunächst von keiner der Gesetzesaussagen H_{10l} und H_{9l} und $G^{GNS} \wedge G^{NK}$ behauptet werden, dass die Falsifikation gerade sie trifft oder nicht. Nur wenn der Folgesatz l von einem Teilsystem unabhängig ist, kann in Bezug auf dieses eine solch gesonderte Aussage gemacht werden.

Übersicht II-15 veranschaulicht ferner, wie mit Hilfe verschiedener Allgemeinheitsstufen eine Falsifikation auf einen Zweig (d. h. auf eine Ableitbarkeitsbeziehung bzw., wenn man so will, auf eine Modellklasse) beschränkt werden kann. Angenommen, k wäre ein Folgesatz aus den Gesetzesaussagen H_{8l} des Modells T_{M8} und dessen Anwendungsbedingungen, d. h. es gelte $H_{8l} \rightarrow k$. Nehmen wir weiter an, k hätte sich gegenüber dem Folgesatz l empirisch bewährt. Unter diesen Umständen kann man lediglich feststellen, dass die den Modellen T_{M8}, T_{M9} und T_{M10} zu Grunde liegenden Gesetzesaussagen $G^{GNS} \wedge G^{NK}$ zwar als ganzes falsifiziert sind, sie aber dennoch ein Teilsystem beinhalten, welches von der Falsifikation von l offensichtlich nicht betroffen ist. Dieses zu isolieren, wäre das Ziel. Die allgemeineren Gesetzesaussagen $G^{GNS} \wedge G^{NK}$ sind hierbei von großem heuristischem Wert. Man wird diese als Hilfsmittel nutzen, um aus ihnen möglichst viele, neue, logisch unabhängige Modelle abzuleiten. Ziel ist es, die noch im verborgenen liegende Leistungsfähigkeit der allgemeineren Gesetzesaussagen $G^{GNS} \wedge G^{NK}$ freizulegen. Möglicherweise finden sich weitere Modelle, deren Folgesätze man ebenso wie $H_{8l} \rightarrow k$ nicht als falsifiziert betrachten muss.

Ein eigener empirischer Test der Folgerungen aus den Modellen ist zwar nicht Ziel der Arbeit. Die hier beschriebene Schlussfolgerung von der Falsifikation eines Modells auf ein anderes kann aber im Nachhinein schon für jene Modelle vorgenommen werden, die in der Vergangenheit bereits einer empirische Prüfung unterzogen wurden. Die falsifizierenden Schlüsse, die hier zur Sprache gekommen sind, können damit nachhaltig und ohne dass nochmals eine empirische Prüfung erforderlich ist, zur Eingrenzung der Modelle genutzt werden. Bestärkt werden diese Erwartungen dadurch, dass viele Modelle eben durch induktive Erklärungen zustandegekommen sind, in denen genau diese Frage, nämlich ob und wie eine einzelne Aussage oder ein ganzes Modell von einem anderen abhängt, nicht von Interesse war. Gleiches gilt buchstäblich immer für die Möglichkeit, mit Hilfe von Allgemeinheitsstufen eine bereits in der Vergangenheit erfolgte Falsifikation eines allgemeineren Modells durch die Ableitung weiterer, logisch selbstständiger Modelle zu beschränken.

Die Rekonstruktion wird sich vor diesem Hintergrund nicht nur damit befassen müssen, die Ableitbarkeitsverhältnisse zwischen den vorgefundenen Modellen zu bestimmen, sondern es müssen auch neue, noch nicht dargelegte Folgerungen und Modelle gesucht werden. Bezugnehmend auf einzelne Modelle, die als Spezialfälle derselben Theorierichtung ernstgenommen werden, wäre bespielsweise zu überprüfen, ob diese über das Hinzufügen verschiedener Annahmen als logisch selbstständige Modelle aus derselben Theorierichtung abgeleitet werden können und welche Verzweigungen zwischen ihnen bestehen.

Schließlich können auf der Basis des entstandenen, einheitlichen Bezugssystems nachfolgende empirische Prüfungen von Theorien und Modellen gezielter als bisher vorbereitet werden.

Ein Nachteil, alle Modelle auf diesem Wege einer Gehaltsmaximierung unter Kennzeichnung der Implikationsbeziehungen in ein einheitliches System von Theorien und Modellen unterschiedlicher Allgemeinheit zu überführen, liegt allerdings deutlich auf der Hand. Logische Implikationsbeziehungen passen, wie gezeigt wurde, als Kriterium der Modellprüfung nur in die Konzeptstruktur der deduktiv-nomologischen Modelle. Zwangsläufig wird die Rekonstruktion der induktiv-statistischen Erklärungsansätze durch eine ihnen fremde Konzeptstruktur mit Bezug auf deren Konzeptualisierungsleistungen und Reichweite zu einer Gehaltsminderung führen.

Dieser Nachteil der einseitigen Gehaltsminderung mit Bezug auf induktiv-statistische Modelle wird durch das sich anschließende Verfahren der *Faktualisierung* teilweise aufgehoben. Denn das neu geschaffene, deduktiv-nomologische Theoriensystem muss sich hierbei einer Kritik durch einzelne induktiv-statistische Gesetzesaussagen unterziehen. Die Faktualisierung bildet den zweiten Schritt in der Rekonstruktion der Modelle. Die Vorgehensweise ist hier folgende. Bei der Gehaltsmaximierung wurden bereits weitere, von einzelnen Modellen nicht ausdrücklich genannte Modellannahmen aufgedeckt, die für die Folgerungen aus den Modellen relevant sind. Bei der Faktualisierung wird nunmehr ein Nachweis zu führen sein, ob die Modellannahmen der rekonstruierten Modelle insgesamt realistisch und damit überhaupt erfüllbar sind oder ob einige von ihnen einen leeren Gegenstandsbereich aufweisen. Dieser Schritt richtet sich quasi gegen die explanatorische Nützlichkeit der rekonstruierten Modelle. So ergibt sich die kritische Potenz der zusätzlich eingeführten Modellannahmen beispielsweise speziell aus der Behauptung, dass sich insbesondere diese auf einen leeren Gegenstandsbereich beziehen könnten. Die korrigierten Modelle sollen in diesem Fall als idealisiert ausgewiesen werden, ansonsten, wenn alle Modellannahmen nachweislich als weitestgehend realistisch sind, als faktualisiert.[254]

Solche empirische Nachweise werden vorliegend durch Rückgriff auf die zahlreich vorhandenen induktiv-statistischen Gesetzesaussagen zu führen versucht. Der Deduktionslogik folgend können bekanntlich beliebig viele Annahmen in das Theorem an Stelle der Anwendungsbedingungen gesteckt werden und umgekehrt. Folglich kann versucht werden, für die Modelle jene Modellannahmen aufzuspüren, die bereits als induktiv-statistische Geset-

---

[254] Vgl. Krajewski (1977), 323 ff. und Giesen/Schmid (1978), S. 246 f. und die Df. weiter oben auf S. 99 f.

zesaussage vorliegen. Dies hat den Vorteil, dass die Vielzahl der empirischen Untersuchungen im Nachhinein für die Eingrenzung deduktiv-nomologischer Modelle genutzt werden kann. Zwischen den Modellannahmen logisch selbstständiger Modelle müssen keinerlei Implikationsbeziehungen bestehen, folglich können in dieser Phase der Rekonstruktion auch solche induktiv-statistischen Gesetzesaussagen verwendet werden, die sich aus keiner anderen Aussage implizieren lassen und daher im Verfahrensschritt der Gehaltsmaximierung unberücksichtigt bleiben mussten. Der in induktiv-statistischen Gesetzesaussagen enthaltene Wahrscheinlichkeitswert kann als $P(M_j \wedge S_i) \geq 0$ interpretiert werden.

Mit der empirischen Negation einer der beider Anwendungsbedingungen, also mit $P(M_j) = 0$ oder $P(S_i) = 0$, muss ein Modell als idealisiert gelten. Da seine Anwendungsbedingungen zumindest teilweise unrealistisch sind, wird es niemals zur Erklärung des Arbeitsangebot angewandt werden können. Um die in dem Modell enthaltene Konzeptualisierungsleistung indes zu bewahren, kann in solchen Fällen versucht werden, ein alternatives Modell zu konstruieren, welches den gleichen Explanandum-Satz enthält und folglich den gleichen Tatbestand erklärt, das aber von realistischeren Anwendungsbedingungen ausgeht. Damit ist der zweite Aspekt der Faktualisierung angesprochen, nämlich die schrittweise Annäherung einer idealisierten Gesetzesaussage an eine faktische.

Die Güte der Übereinstimmung eines Modell mit der Realität kann - wie bereits ausgeführt wurde - durch Prüfung der Übereinstimmung seiner Anwendungsbedingungen mit der Realität und/oder durch Prüfung der Übereinstimmung seiner Schlussfolgerungen mit der Realität gemessen werden[255]. Dies setzt voraus, dass die Implikationen stetig von den numerischen Daten abhängen, die in das Modell eingehen. Mathematische Probleme, deren Lösungen nicht stetig von ihren Eingangsdaten abhängen, werden als nichtkorrekt gestellte Probleme bezeichnet[256]. Analog kann ein Modell, welches diese Korrektheitsbedingung nicht erfüllt, als nichtkorrekt gestelltes Modell bezeichnet werden. Ein nichtkorrektes Modell unterstellt Anwendungsbedingungen, die nicht über den gesamten Bereich der Realisierungen der zufälligen Koeffizienten sicher sind. Ohne Angabe des Bereichs der Realisierungen der zufälligen Koeffizienten, innerhalb derer die Anwendungsbedingungen realistisch sind, sind die Implikationenen nicht stabil. Bei Verlassen des Stabilitätsbereichs kommt es zu einem Strukturbruch in den Implikationen. Da die Anwendungsbedingungen nicht mehr erfüllt werden, sind auch die Implikationen nicht mehr zulässig. Das Modell selbst kann diesen Strukturbruch nicht erklären[257].

---

[255] Siehe oben S. 83 und der dortige Verweis auf Lauenstein/Karg (1980), S. 160.

[256] Vgl. Göpfert et al. (1986), S. 147.

[257] Siehe oben S. 83.

Folgt man den Überlegungen von Giesen/Schmid (1978) könnte man den Nachweis der Nichtkorrektheit eines Modells T_M durch ein anderes Modell T_M' als Limesfaktualisierung bezeichnen[258]. Nun wird es nach den obigen Überlegungen indes auch Modelle geben, die über einen bestimmten Parameterbereich durchaus korrekt gestellt sind und bei Angabe dieses Bereichs als faktualisiert gelten können, obwohl sie bezogen auf den gesamten, zulässigen Parameterbereich nichtkorrekt und damit idealisiert sind. Bei Giesen/Schmid (1978) erlaubt die als Limesfaktualisierung bezeichnete quantitative Faktualisierung aber nur die Beantwortung der Frage, ob ein Modell korrekt oder nichtkorrekt ist. Im Unterschied zu Giesen/Schmid (1978) wird deshalb hier für die quantitative Faktualisierung ein Verfahren gewählt, mit dem sich auch bestimmen lässt, für welchen Parameterbereich ein Modell als faktualisiert gelten kann und für welchen als idealisiert.

Dieses Vorhaben soll *quantitativ-parametrische Faktualisierung* genannt werden. Es knüpft an der Methode der parametrischen Optimierung an, mit der die Empfindlichkeit eines Optimierungsproblems gegenüber Störungen untersucht wird. Quantitativ-parametrische Faktualisierung ist entweder der Nachweis, dass eine Gesetzesaussage innerhalb eines bestimmten Parameterbereichs keine idealisierten Anwendungsbedingungen enthält, also faktisch gilt, und/oder die schrittweise erfolgende Annäherung einer idealisierten Gesetzesaussage an eine innerhalb eines bestimmten Parameterbereichs faktische geltende Gesetzesaussage[259].

Ausgangspunkt der Überlegungen bildet eine „Familie *gestörter Probleme*“[260]. Beispielsweise kann das Ausgangsproblem der Maximierung einer Nutzenfunktion $U(\cdot)$ unter einer Nebenbedingung $b(\cdot)$

(109) $u(\mathbf{x}) \rightarrow \max!,\ b(\mathbf{x}) \geq 0$

mit der Störung $\mathbf{s} \in \mathbf{S}$ und den erklärenden, unabhängigen Variablen $\mathbf{x} \in \mathbf{X}$ wie folgt in eine Familie gestörter Probleme eingebettet werden:

(110) $U(\mathbf{x},\mathbf{s}) \rightarrow \max!,\ B(\mathbf{x},\mathbf{s}) \geq 0$, mit $U(\mathbf{x},0) = u(\mathbf{x})$ und $B(\mathbf{x},0) = b(\mathbf{x})$.

Dieser gestörten Optimierungsaufgabe kann nun über

(111) $$f_S(\mathbf{s}) = \sup_{\substack{B(\mathbf{x},\mathbf{s}) \geq 0 \\ \mathbf{x} \in \mathbf{X}}} U(\mathbf{x},\mathbf{s})$$

eine Empfindlichkeitsfunktion $f_S(\mathbf{s})$ zugeordnet werden, die dem Maximalwert von $U(\mathbf{x},\mathbf{s})$ über X in Abhängigkeit von $\mathbf{s}$ entspricht. Nimmt die Störvariable $\mathbf{s}$ der Empfind-

---

258 Siehe oben S. 104.

259 Siehe im Unterschied dazu die Df. zur qualitativen Faktualisierung S. 99 f.

260 Vgl. hierzu Göpfert et al. (1986), S. 218 ff.

lichkeitsfunktion den Wert Null an, dann beschreibt $f_s(0)$ den Maximalwert von $U(\mathbf{x},\mathbf{s})$ ohne Störung und damit das Ausgangsproblem.

Eine gegebene Störung $\mathbf{s}$ lässt sich dann folgendermaßen beschreiben. Maximiert wird die Nutzenfunktion $U(\cdot)$ unter der gestörten Nebenbedingung $b(\cdot)$

(112) $u(\mathbf{x}) \rightarrow \max!,\ b(\mathbf{x}) \geq \mathbf{s}$.

Das duale Problem hierzu lautet:

(113) $\varphi(\mathbf{y}) \rightarrow \min!,\ \mathbf{y} \leq 0$, mit $\varphi(\mathbf{y}) = \sup\limits_{\mathbf{s} \in IR} \left(f_s(\mathbf{s}) + \mathbf{y}' \cdot \mathbf{s}\right) = -f_s^D(-\mathbf{y})$

mit dem Dualwert der Empfindlichkeitsfunktion f_s^D.

Das Optimierungsproblem ist genau dann stabil vom Grade 0, wenn der Optimalwert des Ausgangsproblems ohne Störung $f_s(0)$ dem Wert der Empfindlichkeitsfunktion mit Störung $f_s^{DD}(0)$ entspricht:

(114) $f_s(0) = f_s^{DD}(0) = \inf\limits_{\mathbf{s} \leq 0} \varphi(\mathbf{s})$

Das Optimierungsproblem ist des Weiteren genau dann stabil vom Grade 1,2,3..., wenn

(115) $\partial f_s(0) \neq \varnothing$,

also die erste Ableitung der Empfindlichkeitsfunktion ohne Störung keine leere Menge aufweist, sie damit über die Stelle des Ausgangsproblems hinaus stetig differenzierbar ist.

Bei der parametrischen Optimierung wird die Stabilität des Optimierungsproblems über einen bestimmten Parameterbereich untersucht. Als Parameter können die Koeffizienten der Zielfunktion oder der Nebenbedingungen gewählt werden, aber auch die Begrenzungsvektoren in der Beschreibung der Nebenbedingungen[261]. Gegeben ist ein Optimierungsproblem mit dem Restriktionsbereich:

(116) $M(\mathbf{p},\mathbf{w},\mathbf{y}) \subset X$,

mit $\mathbf{p} \in \mathbf{P}$, $\mathbf{w} \in \mathbf{W}$, $\mathbf{y} \in \mathbf{Y}$ als verschiedene Parametermengen.

Ziel der parametrischen Optimierung ist es, Stabilitätsbereiche zu bestimmen, innerhalb derer sich die ausgewählten Parameter verändern können, ohne dass die Stabiltätsbedingungen (114) und (115) der Optimierungsaufgabe verletzt werden.

Die hier im Rahmen einer parametrischen Faktualisierung angestrebte Bestimmung des Parameterbereichs, über den ein Modell als faktualisiert gelten kann, setzt voraus, dass die Anwendungsbedingungen des Modells bereits ohne Störung über ein Ausgangsproblem stationär qualitativ faktualisiert werden konnten. In diesem Fall kann davon ausgegangen werden, dass die Anwendungsbedingungen des Modells auch bei einer Störung in einer hinreichend kleinen Umgebung von diesem Ausgangsproblem ebenfalls realistisch sind. In diesem solchermaßen gekennzeichneten lokalen Stabilitätsbereich hängen die Implikationen

---

[261] Vgl. hierzu Göpfert et al. (1986), S. 169 ff.

des Modells stetig differenzierbar von s ab. Aus den stationär faktualisierten Anwendungsbedingungen ergibt sich über die Bestimmung der optimalen Lösung des Modells folglich der Optimalwert $f_S(0)$ des Ausgangsproblems ohne Störung. Die anschließende parametrische Optimierung liefert mit Bezug auf einzelne Parameter dann jene lokalen Stabilitätsbereiche, innerhalb derer das Modell als faktualisiert gelten kann, weil es im Bereich der Realisierung der zufälligen Koeffizienten zu lokal stabilen Optimierungsaufgaben und damit zu lokal stabilen Implikationen führt.

III Theorienvergleich

1 Erster Schritt: Rekonstruktion durch Gehaltsmaximierung

Die Zielsetzung des Theorienvergleichs setzt wegen der Unterschiede zwischen den mikroökonomischen Modellen zum Arbeitsangebot privater Haushalte eine Rekonstruktion der vorgefundenen Modelle voraus. Die Unterschiede ergeben sich zum einen daraus, welche Theorien und welche Modellannahmen in den Modellen zu Erklärungen und Prognosen verarbeitet worden sind. Ausschlaggebend für die Notwendigkeit der Rekonstruktion sind indes die Unterschiede, die sich zum anderen aus den verschiedenartigen methodischen Vorgehensweisen der Modellbildung ergeben. Diese Problematik wurde ausführlich erörtert.

Über die Rekonstruktion werden die Beziehungen zwischen den Modellen deutlich. Dies erleichtert nicht nur eine spätere empirische Überprüfung, sondern ist sogar notwendige Voraussetzung für diese. Weiterhin werden über die Rekonstruktion erst die spezifischen Konzeptualisierungsleistungen und Reichweiten der Modelle erkennbar. Die Konzeptualisierungsleistung eines Modells bezieht sich auf die Theorien und Modellannahmen, die in das Modell eingehen, sie ist auf der Ebene des Formalobjekts angesiedelt. Die Reichweite wird festgelegt über die Sachverhalte, die von den Modellen erklärt und prognostiziert werden können, sie ist dem Materialobjekt der Modelle zugeordnet.

Ein Schema, in welchem die Modelle zum Arbeitsangebot der privaten Haushalte allesamt eindeutig, ausschließlich und vollständig geordnet werden - eine sog. Klassifikation - existiert bisher nicht. Möglicherweise kann es sie derzeit nicht geben, weil angesichts der Unterschiede in den Methoden der Modellbildung das Kriterium der Vollständigkeit nicht ohne weiteres erfüllbar ist. Dennoch werden üblicherweise zwei Modellklassen voneinander unterschieden: neoklassische Interpretationen des individuellen Arbeitsangebots aus der "Traditionellen Haushaltsökonomik" und produktionstheoretische aus der Sicht der "Neuen Haushaltsökonomik"[262]. Doch scheint bereits diese Abgrenzung in der Literatur nicht unumstritten, zumindest werden diesen Klassen einzelne Modelle durchaus unterschiedlich zugeordnet. Beispielhaft sei hier das Modell von Gronau (1977) genannt, das nach Seel eher zur traditionellen, neoklassischen Theorie gehört, nach Killingsworth, Hagenaars sowie Kooreman/Wunderink eher zur Neuen Haushaltsökonomik[263].

Der Verfahrensschritt der Gehaltsmaximierung vermag wegen des Fehlens von allgemein anerkannten Kriterien am Ende nur eine Typologie hervorzubringen, also eine Ordnung rekonstruierter Modelle, die nicht vollständig sein wird. Dabei wird darauf vertraut, dass auch

---

262 Siehe u. a. die Einteilung bei Seel (1991a), S. 104 ff. u. Kooreman/Wunderink (1997), S. 10 ff.

263 Gronau (1977), S. 1099-1124. Siehe Seel (1984a), S. 5-13; Killingsworth (1983), S. 39; Hagenaars (1990), S. 492; Kooreman/Wunderink (1997), S. 27 ff.

und gerade in dieser Ordnung Lücken, Überschneidungen und Gegensätze in der Theorienbildung sichtbar werden. Die Kriterien für die vorliegende Einteilung sind im Sinne der deduktiv-nomologischen Methode der Modellbildung auf der einen Seite die Implikationsbeziehungen zwischen einzelnen Theorien und Modellen, auf der anderen Seite deren logische Selbstständigkeit.

Der weit verbreiteten Praxis, die Neoklassik und die Produktionstheorie als die beiden grundlegenden Theorien zur Einteilung der Modelle zu betrachten, wird vorliegend nur mit einer wesentlichen Einschränkung entsprochen. Sie werden nicht als grundlegende Theorien, sondern als Grundmodelle interpretiert. Dies hat folgenden Hintergrund.

Die mikroökonomischen Modelle haben in der Vergangenheit zweifellos Änderungen erfahren, die man nicht mehr bloß als Fortschritt im Sinne der neoklassischen Tradition bezeichnen kann. Dies wurde bereits bei der Behandlung des Formalobjekts ausführlich erörtert[264]. Die Änderungen hatten eine ausgeprägte konzeptionelle Abgrenzung zwischen einer Haushaltstheorie bewirkt, die der neoklassischen Tradition weiterhin eng verbunden war, und einer Unternehmenstheorie, die wesentlich auf produktionstheoretischen Überlegungen gründete. Erst im Nachhinein, mit den Arbeiten einer Reihe amerikanischer Nationalökonomen, insbesondere von der sog. „Chicagoer Schule", sind die produktionstheoretischen Überlegungen dann von der Unternehmenstheorie auch auf die Haushaltstheorie übertragen worden.

Interpretiert man die sog. neoklassischen und produktionstheoretischen Erklärungsansätze zum Arbeitsangebot als die beiden grundlegenden Theorierichtungen für die Einteilung der Modelle zum Arbeitsangebot, so besteht die Gefahr, dass Folgendes übersehen wird[265]. Mit Bezug auf den privaten Haushalt liegen beide eigentlich nur in Form von Grundmodellen vor, die beide durch konzeptionelle Bemühungen der Grenznutzenschule um Präzisierung und Axiomatisierung und um Erweiterung ihrer Reichweite gekennzeichnet sind. Gossen (1854) hatte nicht nur ein Nutzenkonzept und das dazugehörige Nutzenmaximierungsprinzip vorgelegt, sondern auch ein hierauf bezogenes Konzept der „Produktionsanstrengungen" für die Bereitstellung der begehrten, nur beschränkt verfügbaren Güter[266]. Sein Produktionskonzept ist letztlich so allgemein gehalten, dass sich

[264] Siehe oben S. 25 ff.

[265] Für diese beiden Theorierichtungen werden hier die gängigen Bezeichnungen verwendet (vgl. hierzu Seel 1991, S. 196 ff.), obwohl nicht nur die Trennung in die beiden Theorierichtungen, sondern allein schon ihre Bezeichnungen nicht ganz unproblematisch sind. Denn in der Produktionstheorie werden Produktionsfunktionen gewöhnlich unter anderem auch unter neoklassischen Annahmen betrachtet (vgl. Henrichsmeyer/Gans/Evers 1993, S. 125 ff.).

[266] Siehe die Darlegung der theoretischen Ideen von Gossen in der heutigen Terminologie und Analytik von Krelle (1987), dort v. a. S. 18 f.

hieraus die neoklassischen Modelle zum Arbeitsangebot ebenso ableiten lassen wie alle produktionstheoretischen Modelle. Die Neoklassik führt hierfür die Modellannahme von Güterpreisen ein, um die Produktionsanstrengungen des Haushalts zur Bereitstellung von Gütern messbar zu machen; die Produktionstheorie entwickelt verschiedene Modellannahmen über die Gesetz- und Regelmäßigkeiten der Produktion, die über das mathematische Instrument der Produktionsfunktion wiedergegeben werden.

Werden Neoklassik und Produktionstheorie in diesem Sinne als Grundmodelle der Grenznutzenschule interpretiert, so erweisen sie sich zwar als logisch selbstständig, nicht aber unbedingt als grundsätzlich verschieden. So erweist sich z. B. die verhandlungstheoretische Modellvariante der Neoklassik als ein Modell, aus dem sich eine eigene Klasse von outputorientierten, produktionstheoretisch begründeten Modellvarianten als Spezialfälle ableiten lässt, wohingegen das neoklassische Grundmodell spezieller ist als das produktionstheoretische. Die erwähnte Praxis, von Grund auf zwischen neoklassischen und produktionstheoretischen Modellen zu unterscheiden, wäre der Entdeckung dieser Implikationsbeziehung nicht förderlich gewesen.

Nachfolgend wird demgemäß mit der Darstellung des Lehrsystems der Grenznutzenschule begonnen, das zu einer grundlegenden Gesetzesaussage zusammengefasst werden kann (siehe Z.1a in Übersicht III-1). Die Trennlinie zwischen den Modellen wird sodann nach folgendem Grundsatz festgesetzt. Die Modelle werden danach unterschieden, in welcher Form sie das Gossen'sche Konzept der Produktionsanstrengungen durch weitere Modellannahmen explizieren. Sein Konzept hat Gossen (1854) in einem Modell dargelegt, welches über die Modellannahme $M^{GNS}: \mu_i = x_i/t_i$ mit dem Parameter μ_i die Produktivität der Zeit t_i mit Bezug auf die Bereitstellung von Gütern x_i beschreibt (Z.1c). Die Axiome der Präferenz S^{NK}, aus denen die Neoklassik ihre Gesetzesaussagen G^{NK} folgert, dienen der Präzisierung und Axiomatisierung des Nutzenkonzepts der Grenznutzenschule (Z.1b). In den Modellen der Neoklassik im Sinne von Robbins (1930) werden Marktgüter x_i und (Frei-)Zeit t_i als unmittelbar nutzenstiftende Güter betrachtet, für die der Haushalt pro Mengeneinheit einen Markt- bzw. Schattenpreis zu entrichten hat. Das führt zu der Annahme, dass die Produktionsanstrengungen bei der Verwendung von Zeit für die Bereitstellung von Marktgütern, die nach Gossen über die Mengenrelation $\mu_i = x_i/t_i$ erfasst werden, dem Reallohnsatz gleich zu setzen sind ($\mu_{1i} = w_i/p_i$). Die Annahme, dass der Haushalt bestimmte Güter erst nach einem haushaltsspezifischen Transformationsprozess nutzen kann, kennzeichnet die Produktionsanstrengungen in den produktionstheoretischen Modellen. Bei Gronau (1973, 1977) wird μ_{1i} zu einem Ausdruck für den Produktivitätsvergleich zwischen Erwerbsarbeit und Hausarbeit expliziert, bei Becker (1965) und Lancaster (1966a) erweist sich μ_{1i} als ein Ausdruck in w_j und p_i.

Nr.	1	2	3	4	5
1		THEORIEN UND GRUNDMODELLE			
1a	**Konzeptualisierungsleistung**	**Gesetzesaussage des Zweiten Gossen'schen Gesetzes der Grenznutzenschule** $G^{GNS} \Leftrightarrow \forall \mathbf{m}\left[S_1{}^{GNS} \wedge S_2^{GNS} \rightarrow E_1^{GNS}\right]$, mit S_1^{GNS} für d. Erste Gossen'sche Gesetz, $S_2^{GNS}: T - \sum_i t_i = 0$ u. E_1^{GNS} für d. Ausgleich d. mit Preisen gewogenen Grenznutzens			
1b		**Neoklassische Gesetzesaussagen zum Indifferenzprinzip** $G^{NK} \Leftrightarrow \forall \mathbf{m}\left[S^{NK} \rightarrow E^{NK}\right]$ mit den Axiomen der Präferenz S^{NK}			
1c		Modell der Grenznutzenschule $T_M^{GNS} \Leftrightarrow M^{GNS} \wedge G^{GNS} \rightarrow E_M^{GNS}$, mit M^{GNS} für die Produktionsanstrengungen. Erweitertes Modell der Grenznutzenschule $T_M^{GNS} \wedge G^{NK}$			
1d		**Verallgemeinertes verhandlungstheoretisches Modell** $T_{VN2}: S_1^{in} \wedge M'_{15} \wedge T_M^{GNS} \wedge G^{NK}$			
1e		**Neoklassisches**	**Produktionstheoretische Grundmodelle**		
1f		**Grundmodell** $T_{GM}^{NK}: M_1 \wedge M_2 \wedge T_M^{GNS} \wedge G^{NK}$; $T_{GM}^{NK}: M_1 \wedge M_{15} \wedge T_{VN2}$	**Gronau (1973,1977)** T_{GM}^{out}: $M_2 \wedge M_4 \wedge M_5 \wedge M_{16} \wedge T_M^{GNS} \wedge G^{NK}$; $T_{VN2}^{out}: M_{15} \wedge M_5 \wedge M_{16} \wedge T_{VN2}$	**Becker (1965)** T_{GM}^{in}: $S_1^{in} \wedge M_{23} \wedge T_M^{GNS} \wedge G^{NK}$; $T_{VN2}^{in}: M_{23} \wedge T_{VN2}$	**Lancaster (1966a)** T_{GM}^{akt}: $S_1^{akt} \wedge M_2 \wedge M_{28} \wedge T_M^{GNS} \wedge G^{NK}$
1g		**Definition Güterbündel:**			
		Freizeit und Marktgüter	Freizeit u. konsumierbare Güter	Haushaltsendgüter	Gütereigenschaften
1h		**Bereitstellung der Güterbündel:**			
		Über den **Markt**	Über eine **verbundene Produktion** mit mehreren Produkten und mehreren Produktionsfaktoren		
1i			**Explizite Formulierung von Input-Output-Beziehungen durch Produktionsfunktionen**		**Aktivitätsanalyse**

1j			**Outputorientierte Formulierung** von zwei bzgl. ihrer Definitions- und Wertebereiche sowie ihrer funktionalen Gestalt verschiedenartigen Produktionsfunktionen: ▪ **Neoklassische Produktionsfkt.** für die Herstellung v. **Haushaltsgütern** ▪ **Lineare Produktionsfunktion** für die Bereitstellung v. **Marktgütern**	**Inputorientierte Formulierung** von bzgl. ihres Definitions- und Wertebereichs einheitlichen, **linear-homogenen Produktionsfunktionen** zur expliziten Beschreibung der Technologie zur Herstellung von **Haushaltsendgütern**	Erfassung der Menge aller Produktionspunkte (**Aktivitäten**), mit denen auf Grund alternativer **Technologien** eine Verankerung und Freisetzung von **Gütereigenschaften** möglich ist
1k			Bestimmung **effizienter Produktionsfunktionen**		
			▪ über den Vergleich der **Grenzproduktivitäten** der Hausarbeitszeit gegenüber der Erwerbsarbeitszeit auf der Grundlage der partiellen Ertragsfunktionen	▪ über die Bestimmung der **Minimalkostenkombinationen** mit Bezug auf die Einsatzmengen der Produktionsfaktoren für alternative Produktarten u. -mengen	▪ über die Bestimmung **effizienter Aktivitäten**, die auf dem Rand der alternativ realisierbaren Technologien liegen
1l			Eingrenzung auf ein **Einprodukt-Modell**: Haushaltsgüter und Marktgüter werden auf der Outputebene zu konsumierbaren Gütern zusammengefasst	Bestimmung der **Produktionsmöglichkeitslinie** unter Einsatz aller Produktionsfaktoren bei vorgegebener Faktorausstattung und im Rahmen der effizienten Produktionsfunktionen	
1m			**Faktorausstattung** ist durch **Totaleinkommensrestriktion festlegt**		
2a	**Reich-weite**	**Individuelle Präferenzordnung** als Bestimmungsgrund der **Erwerbsarbeitszeit**			
2b		**Reallohnsatz** als Bestimmungsgrund der **Erwerbsarbeitszeit**		**Gleichheit** von **Faktorpreisverhältnis** (gegeben durch Lohnsätze, Marktgüterpreise) und **Grenzproduktivitätsverhältnis in jedem Produktionverfahren** als Bestimmungsgrund der **Erwerbsarbeitszeit**	**Effizienter Rand der zu Grunde gelegten Technologie** zur Verankerung und Freisetzung von Gütereigenschaften als Bestimmungsgrund der **Erwerbsarbeitszeit**
			Verhältnis der Grenzproduktivität der Hausarbeitszeit zum Reallohnsatz als Bestimmungsgrund der **Erwerbsarbeitszeit**		

Übersicht III-1 Grundmodelle

Ein noch zu konstruierendes, verhandlungstheoretisches Modell wird schließlich mit Ausnahme des aktivitätsanalytischen Modells die Basis für alle Grundmodelle abgeben (Z.1d).

1.1 Grundlegende Gesetzesaussagen im Lehrsystem der Grenznutzenschule

Gossen (1854) hat mit seiner subjektiven Wertlehre einige zentrale Ideen der Grenznutzenschule vorweggenommen und damit den Übergang von der Klassik zur Neoklassik als Erster vollzogen, ohne allerdings schulbildend zu wirken. In der Klassik wurde der Wert der Güter im Sinne der Arbeitswertlehre unabhängig von ihrem Gebrauchswert aus der Mengenrelation der Arbeitszeiten bestimmt, die für die Herstellung der Güter erforderlich waren. Die von Gossen formulierten Gesetzmäßigkeiten sind später als Erstes und Zweites Gossen'sches Gesetz in die Literatur eingegangen:

„Der Mensch, dem die Wahl zwischen mehreren Genüssen frei steht, dessen Zeit aber nicht ausreicht, alle vollaus sich zu bereiten, muß, wie verschieden auch die absolute Größe der einzelnen Genüsse sein mag, um die Summe seines Genusses zum Größten zu bringen, bevor er auch nur den größten sich vollaus bereitet, sie alle theilweise bereiten, und zwar in einem solchen Verhältnis, **daß die Größe eines jeden Genusses in dem Augenblick, in welchem seine Bereitung abgebrochen wird, bei allen noch die gleiche bleibt**. Es folgt dieses aus dem Gesetz der Abnahme der Genüsse (...)" (Hervorhebungen im Original).[267]

Beide Gesetze identifizieren im Gegensatz zur Arbeitswertlehre die subjektiven Güterwertschätzungen der Nachfrage als den entscheidenden Bestimmungsgrund des Tauschwertes der Güter. Grundlegend ist die Vorstellung, wonach der Nutzen der zuletzt verbrauchten Einheit eines Gutes, der Grenznutzen, auch den Wert der übrigen Einheiten festlegt, die verwendet wurden.[268]

Als Erstes Gossen'sches Gesetz wird das „Gesetz des abnehmenden Grenznutzens" bezeichnet, als Zweites das diesem im Zitat vorangestellte, fett hervorgehobene Gesetz vom „Ausgleich der gewogenen Grenznutzen"[269]. Gossen kann zeigen, dass unter der Annahme knapper Zeit das Zweite Gossen'sche Gesetz aus dem Ersten folgt. Bei der Darstellung der deduktiv-nomologischen Modellkategorie wurden die beiden Gesetze bereits im Vorgriff auf die nunmehr folgenden Überlegungen als Gesetzesaussage definiert[270]:

---

[267] Gossen (1854), S. 12.

[268] Vgl. Krelle (1987), S. 38.

[269] Vgl. Oberender (1993), S. 843.

[270] Siehe S_1^{GNS}, S. 50 f.

(20) $G^{GNS} \Leftrightarrow \forall \mathbf{m}\left[S_1^{GNS} \wedge S_2^{GNS} \rightarrow E_1^{GNS}\right]$

mit den Antezedenzbedingungen S_1^{GNS}, die als Erstes Gossen'sches Gesetz vorliegen, ferner den Antezedenzbedingungen der Güterknappheit S_2^{GNS} aus dem Zweiten Gossen'schen Gesetz sowie dem Explanandum-Satz E_1^{GNS} vom Ausgleich der gewogenen Grenznutzen im Haushaltsgleichgewicht.

Gossen legt seine Vorstellungen zum Nutzenkonzept und dem Nutzenmaximierungsprinzip erstmalig in seinem Modell zur optimalen Einteilung der Zeit auf verschiedene (Konsum-) Aktivitäten dar. Hierauf bezieht sich das obige Zitat. Das Modell wird nachfolgend in der heutigen, neoklassischen Terminologie dargestellt[271]. Hierfür müssen die Gesetzesaussagen der Neoklassik G^{NK} aus den Axiomen der Präferenz stellenweise in Form der Konjunktion $T_M^{GNS} \wedge G^{NK}$ in die Darstellung des Modells der Grenznutzenschule T_M^{GNS} miteinbezogen werden. Dies führt dann zu dem erweiterten Modell der Grennutzenschule $T_M^{GNS\prime}$.

Den Ausgangspunkt bildet die Antezedenzbedingung des Ersten Gossen'schen Gesetzes S_1^{GNS}, wonach der Grenznutzen aus der Zeit $U'_i(t_i)$ positiv ist und der Nutzenzuwachs mit steigendem Verbrauch abnimmt. Gossen unterstellt hierzu in seinem Modell, dass die Abnahme des Nutzenzuwachses linear mit der Zeit t_i erfolgt, in der die Konsumaktivitäten stattfinden:

(117) $\dfrac{\partial U_i(t_i)}{\partial t_i} = a_{oi} - a_{1i} \cdot t_i > 0$, wobei $a_{0i}, a_{1i} > 0$

mit t_i als die Zeit für die Nutzung der Güterarten $i = 1,\ldots,I$ über Konsumaktivitäten.

Der Nutzen wird nach dem Gesamtwertkriterium maximiert, wofür Gossen von der Additivität der Einzelnutzen ausgeht. Das Optimierungsproblem lautet bei ihm:

(118) $U := \sum_i U_i(t_i) = \sum_i \left(a_{0i} \cdot t_i - \frac{1}{2} a_{1i} \cdot t_i^2\right) \rightarrow \max!,$

wobei die Antezedenzbedingung des Zweiten Gossen'schen Gesetzes S_2^{GNS}:

(119) $S_2^{GNS}: T - \sum_i t_i = 0$

zu berücksichtigen ist, die besagt, dass für die Dauer der Nutzung von Konsumgütern, t_i, nur eine beschränkte Zeit T zur Verfügung steht.

Die optimale Zeitdauer t_i^* einer Konsumaktivität leitet Gossen geometrisch ab. Nach den heute üblichen marginalanalytischen Verfahrensweisen kann diese auch mit dem Lagrange-Verfahren bestimmt werden:

---

[271] Vgl. hierzu Krelle (1987), S. 17-18 bezugnehmend auf Gossen (1854), S. 12-22.

(120) $L = U_i(t_i) + \lambda \cdot \left(T - \sum_i t_i \right) = \sum_i \left(a_{0i} \cdot t_i - \frac{1}{2} a_{1i} \cdot t_i^2 \right) + \lambda \cdot \left(T - \sum_i t_i \right) \to \max!$

(121) $\frac{\partial L}{\partial t_i} = \frac{\partial U_i(t_i)}{\partial t_i} - \lambda = \sum_i a_{0i} - \sum_i a_{1i} \cdot t_i - \lambda = 0$

(122) $\frac{\partial L}{\partial \lambda} = T - \sum_i t_i = 0$.

Hieraus ergibt sich für die optimale Zeitdauer t_i^* die Bedingung:

(123) $\left. \frac{\partial U_i(t_i)}{\partial t_i} \right|_{t_i = t_i^*} = \lambda^* = \sum_i a_{0i} - \sum_i a_{1i} \cdot t_i \Big|_{t_i = t_i^*}$.

Diese entspricht dem Explanandum-Satz E_1^{GNS} aus der Gesetzesaussage G^{GNS} (20) des Zweiten Gossen'schen Gesetzes, wonach der Grenznutzen der Zeit t_i in allen Verwendungsweisen i der Zeit gleich sein muss. Ferner ist zu erkennen, dass der optimale Grenznutzen der Zeit dem Wert entspricht, den der Lagrange-Multiplikator λ annimmt.

In einem Modellansatz, der nachfolgend als das Modell der Grenznutzenschule T_M^{GNS} bezeichnet wird, hat Gossen (1854) die Konsumaktivitäten in Bezug gesetzt zu der optimalen Güternachfrage und den Produktionsanstrengungen ihrer Bereitstellung[272]. Hinsichtlich der Güternachfrage modifiziert er die Nutzenfunktion (118) zu:

(124) $U_i^x(x_i) = \bar{a}_{0i} \cdot x_i - \frac{1}{2} \bar{a}_{1i} \cdot x_i^2$, mit $a_{0i} = \bar{a}_{0i} \cdot \frac{x_i}{t_i}$ und $a_{1i} = \bar{a}_{1i} \cdot \left(\frac{x_i}{t_i} \right)^2$ [273].

Die Produktionsanstrengungen μ_i für die Bereitstellung der Güter kennzeichnet Gossen über das Verhältnis zwischen Gütern und Zeit, das für die Realisierung der i-ten Konsumaktivität erforderlich ist:

(125) $\mu_i = \frac{x_i}{t_i}$.

Mit diesen folgt aus (124) die Funktion für den Gesamtnutzen (118) der durch den Arbeitseinsatz geschaffenen Güter:

(126) $U_i^{x_i}(t_i) = a_{0i} \cdot t_i - \frac{1}{2} a_{1i} \cdot (t_i)^2$.

Der Arbeitseinsatz in der i-ten Konsumaktivität kann Freude bereiten oder Leid. Auch hierfür wird eine lineare Grenznutzenfunktion mit abnehmendem Grenznutzen unterstellt. Der Gesamtnutzen aus dem Arbeitseinsatz beträgt:[274]

---

272 Siehe Krelle (1987), S. 18-23, bezugnehmend auf Gossen (1854), S. 34-81.

273 Abweichend von Krelle (1987), S. 19, der - wohl versehentlich - $\bar{a}_{0i} = a_{oi}\mu_i$ setzt.

(127) $U_i^{ti}(t_i) = b_{oi} \cdot t_i - \frac{1}{2} b_{1i} \cdot (t_i)^2$.

Der Gesamtnutzen der Güternachfrage unter Berücksichtigung der Produktionsanstrengungen errechnet sich aus der Addition der beiden Nutzenfunktionen (127) und (126). Die über (117) erfasste Antezedenzbedingung S_1^{GNS} des Ersten Gossen'schen Gesetzes über den Grenznutzenverlauf muss dann modifiziert werden zu:

(117') $S_1^{GNS}: U(0) = 0, \frac{\partial U(x_i, t_i)}{\partial x_i \partial t_i} > 0, \frac{\partial^2 U(x_i, t_i)}{\partial^2 x_i \partial^2 t_i} < 0$.

Gossen (1854) unterstellt zu der Gesamtnutzenfunktion des Weiteren, dass der Nutzen, der unmittelbar aus dem Arbeitseinsatz resultiert, über alle Güter einheitlich ausfällt. Die zugehörige Optimierungsaufgabe lautet:

(128) $U := \sum_i U_i^{xi}(t_i) + \sum_i U_i^{ti}(t_i) = \sum_i \left[(a_{0i} + b_0) t_i - \frac{1}{2} a_{1i} (t_i)^2 \right] - \frac{1}{2} b_1 \left(\sum_i t_i \right)^2 \rightarrow \max!$.

Bei der Maximierung der Gesamtnutzenfunktion U: ist die Zeitrestriktion (119) S_2^{GNS} zu berücksichtigen.

Das Haushaltsoptimum wird in dem Modell T_M^{GNS} geometrisch aus dem Schnittpunkt der beiden linearen Grenznutzenkurven $U_i^{xi}{}'(t_i)$ und $U_i^{ti}{}'(t_i)$ bestimmt. Ungünstigerweise ist jedoch der gesamte Arbeitseinsatz $\sum t_i$ nicht vorgegeben. Gossen zerlegt die Maximierung daher in zwei Schritte. Zuerst wird durch Einsetzen von (119) in (128) die Größe T so gewählt, dass der Gesamtnutzen $U^*(T)$ mit Bezug auf T maximal ist.

(128') $U := \sum_i U_i^{xi}(T) + \sum_i U_i^{ti}(T) \rightarrow \max!$, mit $T = \sum t_i$.

Durch Nullsetzen der 1. Ableitung von $U^*(T)$ erhält man diesbezüglich:

$$
(129) \quad \begin{aligned} &\frac{\partial U^*(T)}{\partial T} = a_{0i} - a_{1i} \cdot T + b_0 - b_1 \cdot T = 0 \\ &\Rightarrow T^* = \frac{a_{0i} + b_0}{a_{1i} + b_1} \end{aligned}
$$

Der ermittelte Wert T^* wird anschließend in den Schnittpunkt der beiden linearen Grenznutzenfunktionen eingesetzt. Hieraus folgt das Haushaltsgleichgewicht für den optimalen Arbeitseinsatz t_i mit Bezug auf die Arbeitsfreude/-leid $U^{ti}(t_i)$ und mit Bezug auf die durch diesen Arbeitseinsatz geschaffenen Güter $U_i^{xi}(t_i)$ im Sinne des Zweiten Gossen'schen Gesetzes G^{GNS}:

[274] Die Nutzenfunktion wird hier mit Indizes versehen, weil Gossen zwischen impliziter und expliziter Nutzenfunktion wechselt. Der Index gibt die abhängige Variable an, auf die sich der Nutzenwert implizit bezieht.

$$(130)\ \frac{\partial U_i^{x_i}(t_i)}{\partial t_i} = \frac{\partial U_i^{t_i}(t_i)}{\partial t_i} = a_{0i} - a_{1i} \cdot T^* = b_0 - b_1 \cdot T^* = a_{1i} \cdot b_0 - b_1 \cdot a_{0i}\,.$$

Mit Berücksichtigung des Lagrange-Multiplikators λ in seiner Bedeutung als Schattenpreis der Zeit $\sum t_i$ bzw. Grenznutzen der Zeit beruhend auf (123)[275] folgt aus der Funktion für die Produktionsanstrengungen (125) die Aussage des Zweiten Gossen'schen Gesetzes:

$$(131)\ \frac{\frac{\partial U_i}{\partial x_i}}{\frac{1}{\mu_i}} = \frac{\frac{\partial U_i}{\partial x_i}}{\frac{t_i}{x_i}} = \frac{x_i \partial U_i}{t_i \partial x_i} = \frac{t_i \partial U_i}{t_i \partial t_i} = \lambda\,,$$

wonach im Haushaltsgleichgewicht die mit ihren Preisen gewogenen Grenznutzen aller Güter gleich sein müssen. Mit Bezug auf die Güter x_i ist der Preis durch die Produktionsanstrengungen μ_i festgelegt; mit Bezug auf die Nutzung der Zeit t_i durch die Dimension der Zeit.

Das Modell T_M^{GNS} von Gossen (1854) zur optimalen Güternachfrage unter Berücksichtigung der Produktionsanstrengungen kann vor diesem Hintergrund folgendermaßen bewertet werden. Es grenzt die Gesetzesaussage G^{GNS} über (124) auf den Fall ein, dass mit Bezug auf jedes Gut x_i ein festes, definiertes Verhältnis zwischen Arbeitseinsatz und Güterbereitstellung besteht. Dieses nach modernem Verständnis als Produktivität μ_i eines Arbeitsträgers interpretierbare Verhältnis wird hier als die Modellannahme M^{GNS} gekennzeichnet:

$$(125)\ M^{GNS}: \mu_i = \frac{x_i}{t_i}\,.$$

Unter der Voraussetzung, dass M^{GNS} erfüllt ist, kann die Bedingung (131) für das Haushaltsgleichgewicht als Explanandum-Satz E_M^{GNS} aus den Antezedenzbedingungen S_1^{GNS} und S_2^{GNS} der Gesetzesaussage G^{GNS} des Zweiten Gossen'schen Gesetzes abgeleitet werden. Das Modell T_M^{GNS} zur optimalen Güternachfrage unter Berücksichtigung der Produktionsanstrengungen ist folglich definiert über

$$(132)\ T_M^{GNS} \Leftrightarrow H^{GNS} \forall \mathbf{m}\left[M^{GNS}\mathbf{m} \wedge S_1^{GNS}\mathbf{m} \wedge S_2^{GNS}\mathbf{m} \rightarrow E_M^{GNS}\mathbf{m}\right],$$
$$\text{mit } G^{GNS} \Leftrightarrow \forall \mathbf{m}\left[S_1^{GNS}\mathbf{m} \wedge S_2^{GNS}\mathbf{m} \rightarrow E_1^{GNS}\mathbf{m}\right].$$

E_M^{GNS} besagt, dass bei gegebener Arbeitsproduktivität $M^{GNS}: \mu_i = x_i / t_i$ auf der Grundlage der beiden Gossen'schen Gesetze davon auszugehen ist, dass der Haushalt seine Zeit $\sum t_i$ so auf die Güter x_i seines Begehrens aufteilen wird, dass der Quotient aus Grenznutzen und Produktionsanstrengungen für jedes Gut gleich ist.

Um das auf geometrischem Wege abgeleitete Modell der Grenznutzenschule T_M^{GNS} mit den heutigen mikroökonomischen Modellen vergleichen zu können, muss für die abgelei-

---

275 Siehe oben S. 124 f.

teten Gleichgewichtsbedingungen eine Nutzenfunktion angenommen werden. Das in dieser Form dargestellte Modell T_M^{GNS} erfordert Gesetzesaussagen aus den neoklassischen Axiomen der Präferenz G^{NK} und ist entsprechend über diese Verbindung definiert:

(133) $T_M^{GNS'} \Leftrightarrow T_M^{GNS} \wedge G^{NK}$.

Es wird zu zeigen sein, dass aus diesem erweiterten Gossen'schen Modell alle anderen Modelle zum Arbeitsangebot durch eine überschaubare Zahl zusätzlicher Modellannahmen abgeleitet werden können. Dies ist insofern bedeutsam, als eine vollständige, vergleichende empirische Überprüfung aller Modelle voraussetzt, dass die Modellannahmen eines jeden Modells erfüllt sind. Wenn die Zahl der Modellannahmen überschaubar ist, kann diese Voraussetzung eher kontrolliert werden.

1.2 Rekonstruktion neoklassischer Modelle

Die innerhalb der Neoklassik entwickelte Haushaltsökonomik beschränkt sich auf die Analyse der Bestimmungsfaktoren des Marktes, wofür ihr liberales wirtschaftspolitisches Grundverständnis ausschlaggebend ist[276]. Damit bilden einzelne Märkte das Materialobjekt der Theorie. Wechselseitige Zusammenhänge, die gerade aus der Sicht der Wirtschaftssubjekte zwischen den Märkten bestehen können, bleiben unberücksichtigt. Der marktwirtschaftliche Kreislaufprozess wird partialanalytisch betrachtet.

Definiert werden die Märkte einerseits durch die Art der zwischen Anbietern und Nachfragern ausgetauschten Güter, andererseits durch die diesen Austauschprozess tragenden Wirtschaftssubjekte. Folglich trennt die neoklassische Theorie des (privaten) Haushalts zwischen zwei Theorien, nämlich einer zur Güternachfrage und einer zum Faktorangebot.

Der im Rahmen der neoklassischen Theorie des Faktorangebots seit Robbins (1930) übliche statische Einkommen-Freizeit-Ansatz bildet in der Literatur den Ausgangspunkt der mikroökonomischen Interpretation des Arbeitsangebots.[277] Daher wird er vorliegend als das neoklassische Grundmodell gekennzeichnet.

1.2.1 Grundmodell

Der Erklärungsansatz von Robbins (1930) bezieht sich ausschließlich auf die Frage nach dem Umfang der von einem Individuum angebotenen Erwerbsarbeitszeit. Entscheidungen über eine Partizipation am Arbeitsmarkt wurden erst später zum Gegenstand der Analyse des individuellen Arbeitsangebots. Auch wird das Arbeitsangebot des Haushalts stets auf

---

276 Vgl. Mises (1959), S. 597.

277 Vgl. Spaetling (1976), S. 19 u. 24.

einen individuellen Entscheidungsakt zurückgeführt. Fragen des Zustandekommens gemeinsamer Haushaltsentscheidungen im Haushaltskontext spielen daher keine Rolle.

Robbins (1930) argumentiert, dass die Entscheidung eines Individuums über die Höhe seines Erwerbseinkommens zugleich eine Entscheidung über den Umfang der von Erwerbsarbeit freien Zeit x_0 ist, sofern die zur Disposition stehende Zeit $\overline{T}$ begrenzt ist. Die Erwerbsarbeitszeit t^e mit dem Stundenlohnsatz w für die Erzielung eines Erwerbseinkommens S_y entspricht der Differenz zwischen verfügbarer Zeit $\overline{T}$ und freier Zeit x_0:

(134) $S_y = w \cdot t^e = w(\overline{T} - x_0)$.

Robbins (1930) erkannte, dass aus dieser Funktionsgleichung logisch folgt, dass die beiden Verwendungsarten von Zeit, die Erwerbsarbeitszeit t^e und die von der Erwerbsarbeit freie Zeit x_0, aus der Sicht des Individuums miteinander konkurrieren, sobald das Individuum nicht nur der Erzielung von Einkommen durch Erwerbsarbeitszeit t^e einen Wert zuschreibt, sondern auch der freien Zeit x_0. Danach können Veränderungen der individuellen Erwerbsarbeitszeit allein über deren materiellen Wert nicht hinreichend erklärt werden:

> "We cannot predict *a priori* what the effects of a change in taxation or of a change in wage rates will be; we must ascertain the probable elasticity of demand for income in terms of effort of the taxpayers or wageearners concerned".[278]

Zusätzlich bedarf es folglich der Berücksichtigung der immateriellen Bewertung der Erwerbsarbeit über den vermiedenen Müheaufwand nicht getaner Arbeit. Die heutigen Ansätze, die in der Tradition von Robbins stehen, gehen den direkten Weg über das Argument der Freizeitnachfrage x_0. Freizeit wird als ein Gut begriffen, das in der Präferenzordnung des Haushalts in Konkurrenz zu der Gesamtheit von Marktgütern x (sog. Hick'sches Aggregat) tritt, die u. a. über Erwerbseinkommen finanziert werden können[279].

Das optimale Angebot an Erwerbsarbeitszeit wird üblicherweise analytisch über das Lagrange-Verfahren bestimmt und/oder grafisch im Rahmen der Indifferenzkurvenanalyse. Für beide Verfahren ist es notwendig, davon auszugehen, dass sich die Präferenzordnung des Haushalts über die Axiome der Präferenz in Form einer Nutzenfunktion darstellen lässt.

Der Grenznutzenschule folgend wird die optimale Güternachfrage auf einen individuellen Entscheidungsakt zurückgeführt, der den methodischen Prinzipien der Rationalität und Gleichgewichtsorientierung genügt. Danach sind die Nutzenschätzungen des Haushalts ein wesentlicher Bestimmungsgrund für den Wert der von ihm nachgefragten Güter. Das „Nutzenkonzept" von Gossen (1854) kennt aber noch nicht den Begriff des Nutzens. Um die Präferenzordnung von Menschen zu beschreiben, benutzt Gossen analog den Begriff ‚Genuss':

---

[278] Robbins (1930), S. 126.

[279] Vgl. u. a. Deaton/Muellbauer (1980), S. 86 ff.; Varian (1991), S. 161 ff.; Seel (1991a), S. 196 ff.

„Darüber, daß jeder seinen Lebensgenuß zum Größten bringen will, sind alle einig. Selbst der Asket, der sich von diesem Lebenszweck scheinbar am weitesten entfernt, bekundet die Wahrheit dieses Satzes....“[280].

Da der Nutzen schwer messbar ist, wird er im neoklassischen Grundmodell nach Robbins (1930) einfach als eine Möglichkeit angesehen, die Präferenzen eines Haushaltes zu beschreiben. Verwendet wird nicht der Grenznutzen selbst, sondern die Grenzrate der Substitution, die sich aber als messbare Größe aus dem Quotienten der Grenznutzen der Güter bestimmen lässt.

Dieses sog. Indifferenzprinzip ist eine eigene Konzeptualisierungsleistung der Neoklassik (siehe Z.1b in Übersicht III-1), die gegenüber der Grenznutzenschule eben u. a. durch ihre Bemühungen um eine Präzisierung und Axiomatisierung ihrer Aussagesysteme gekennzeichnet ist[281]. Deshalb wird die diesem zu Grunde liegende Aussage G^{NK} als universale Gesetzesaussage aufgefasst mit den Antezedenzbedingungen in Form der „Axiome der Präferenz“ S^{NK}[282].

Auf der Basis der Axiome der Präferenz werden nutzengleiche Güterkombinationen in Form von Indifferenzkurvensystemen erfasst. Dabei handelt es sich um eine ordinale Nutzenmessung, das heißt, für die Nutzenzuweisung ist die zahlenmäßige Nutzendifferenz zwischen zwei Güterbündeln nicht von Bedeutung. Die Existenz einer stetigen, ordinalen Nutzenfunktion setzt eine vollständige, reflexive, transitive und stetige Präferenzordnung voraus. Das Axiom der „Vollständigkeit“ besagt, dass alle beliebigen Güter i und j durch die Präferenzrelationen der schwachen Bevorzugung $x_i \succeq x_j$ oder $x_j \succeq x_i$ beschreibbar sind. Das Axiom der „Reflexivität“ erfordert, dass für alle Güterbündel i und j, die gleich sind, die Indifferenzrelation $x_i \sim x_j$ gilt. Das Axiom der „Transitivität“ drückt aus, dass eine Präferenzrelation durchgängig über alle einbezogenen Güterbündel gilt. Durch das Axiom der „Stetigkeit“ lässt sich die definierte Präferenzrelation schließlich durch eine stetige Nutzenfunktion darstellen[283].

Das Lagrange-Verfahren setzt eine explizite Formulierung der Nutzenfunktion voraus. Häufig wird dabei eine Cobb-Douglas- oder Stone-Geary-Nutzenfunktion verwendet. Gegeben sei die bereits weiter oben eingeführte Cobb-Douglas- Nutzenfunktion[284]. Diese lautet mit den Zahlenwerten $c = d = 0{,}5$ für Güterkombinationen (x_0, x) aus Freizeit x_0 und dem Hicks'schen Marktgüteraggregat x:

---

280 Gossen (1854), S. 1 f.

281 Siehe hierzu Seel (1975), S. 55 ff.

282 Siehe hierzu auch die grundsätzlichen Überlegungen auf S. 47.

283 Vgl. Varian (1990), S. 117.

284 Siehe hierzu S. 48 ff.

(11') $U = U(x_0, x) = x_0^{0,5} \cdot x^{0,5}$.

Die Nutzenfunktion weist den Gütern x_0 und x die Nutzenwerte U zu. Aus ihr lässt sich ein Indifferenzkurvensystem ableiten, welches aus einer Schar von Indifferenzkurven besteht, die jeweils unterschiedliche Nutzenniveaus repräsentieren. Jede einzelne Indifferenzkurve beschreibt den geometrischen Ort von Güterkombinationen (x_0, x), die in der Bewertung des Individuums denselben Nutzen U stiften. Je weiter eine Indifferenzkurve vom Koordinatenursprung entfernt ist, desto höher ist das Nutzenniveau, d. h. es gilt $U_1 < U_2 < U_3$:

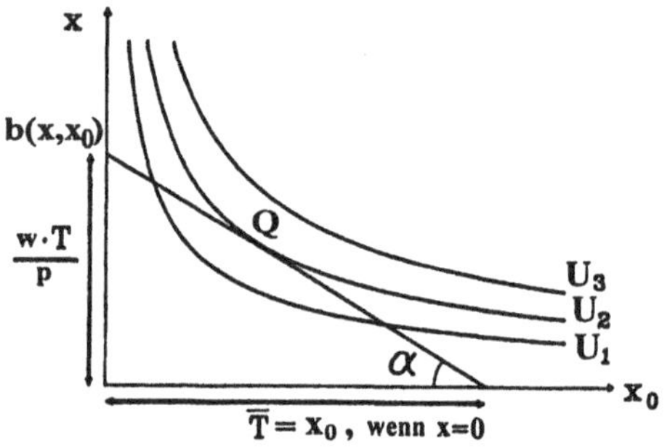

Abb. III-1 *Bestimmung der optimalen Erwerbsarbeitszeit im traditionellen Einkommen-Freizeit-Modell*[285]

Bei der Indifferenzkurvenanalyse wird es zumeist als ausreichend angesehen, anzunehmen, das Indifferenzkurvensystem bilde insgesamt eine ordinale Nutzenfunktion ab:

(135) $U = U(x_0, x)$.

Die Budgetrestriktion für das maximal verfügbare Totaleinkommen S_T ergibt sich aus dem erforderlichen Gleichgewicht für das Erwerbseinkommen S_y:

(136) $S_y = w(\overline{T} - x_0) = w \cdot t^e = p \cdot x \Rightarrow b(x, x_0) = S_T = w \cdot \overline{T} = p \cdot x + w \cdot x_0$.

Für die Entstehung des monetären Einkommens gilt die oben beschriebene Funktionsgleichung (134). Für die Einkommensverwendung ist maßgeblich, dass nur so viel Geld für Konsumgüter ausgegeben werden darf, wie Einkommen S_y erzielt wurde:

(137) $S_y = p \cdot x$,

mit p für den Durchschnittspreis aller Marktgüter des Aggregats x. Wird die Budgetrestriktion (136) nach x als Funktion von x_0 aufgelöst, lässt sich diese geometrisch als Budgetgerade dargestellen (siehe Abb. III-1). Sie hat die Steigung:

---

285 Grafik mit geringfügigen Änderungen in der Notation entnommen aus Seel (1991a), S. 197.

$$(138)\quad \tan\alpha = \left.\frac{dx}{dx_0}\right|_{\overline{S}_T} = -\frac{w}{p},\ \text{mit}\ \frac{w}{p}\ \text{für den Reallohnsatz}.$$

Mit den Koordinatenachsen begrenzt sie den Güterraum der erlaubten Kombinationen von Freizeit und Marktgütern. Die verfügbare Zeit T kann entweder vollständig für die Erzielung von Einkommen zum Kauf von Marktgütern eingesetzt werden (Ordinatenschnittpunkt) oder vollständig für Freizeit (Abszissenschnittpunkt) oder für Kombinationen hieraus.

Das Arbeitsangebot in Form der Erwerbsarbeitszeit ergibt sich nach (136) aus der Aufteilung der verfügbaren Zeit auf Freizeit und den Kauf von Marktgütern. Analytisch wird es normalerweise über das Lagrange-Verfahren bestimmt[286]. Gesucht ist der Extremwert der Nutzenfunktion (135) unter der Nebenbedingung, dass die Budgetrestriktion (136) erfüllt ist. Dies führt zu der Lagrange-Funktion:

$$(139)\quad L(x_0,x,\lambda) = U(x_0,x) + \lambda\cdot b(x_0,x) = U(x_0,x) + \lambda(w\cdot T - p\cdot x - w\cdot x_0) \rightarrow \text{max!},$$

wobei zusätzlich die Nichtnegativitätsbedingungen der Güternachfrage

$$(140)\quad x \geq 0,\ x_0 \geq 0$$

als erfüllt angenommen und deshalb meistens nicht explizit berücksichtigt werden.

Die notwendigen Bedingungen für das Vorliegen eines Extremwertes verlangen, dass die partiellen ersten Ableitungen von $L(\cdot)$ verschwinden:

$$(141)\quad \frac{\partial L}{\partial x_0} = \frac{\partial U}{\partial x_0} - \lambda\cdot w = 0$$

$$(142)\quad \frac{\partial L}{\partial x} = \frac{\partial U}{\partial x} - \lambda\cdot p = 0$$

$$(143)\quad \frac{\partial L}{\partial \lambda} = w\cdot T - p\cdot x - w\cdot x_0 = 0.$$

Dabei stellt die Gleichung (143) sicher, dass die Budgetrestriktion erfüllt ist.

Die Lösung des Gleichungssystems gibt den Punkt an, für den die Nutzenfunktion $U(x_0,x)$ mit $b(x_0,x)=0$ ein Maximum erreicht. Dieses sog. Haushaltsgleichgewicht folgt aus (141) und (142):

$$(144)\quad \frac{\dfrac{\partial U}{\partial x_0}}{\dfrac{\partial U}{\partial x}} = \frac{dx}{dx_0} = -\frac{w}{p}.$$

In dem über die Abb. III-1 beschriebenen Güterraum lässt sich dieses Haushaltsgleichgewicht nun geometrisch als Tangentialpunkt zwischen einer Indifferenzkurve und der Budgetgeraden darstellen. Dies beruht auf dem Verfahren der Indifferenzkurvenanalyse. Es besagt, dass das Haushaltsgleichgewicht bei der Güterkombination erreicht wird, bei der die

---

286 Vgl. Seel (1991a), S. 197.

Steigung der Indifferenzkurve (135) (sog. innere Tauschrelation zwischen den Gütern) mit der Steigung der Budgetgeraden (136) (äußere Tauschrelation) übereinstimmt. Die Steigung der Indifferenzkurve ist über das Verhältnis der Grenznutzen der Güter festgelegt, dargestellt über den linken Ausdruck in (144). Da die partiellen Ableitungen einer ordinalen Nutzenfunktion nur unter zusätzlichen Annahmen kardinal interpretiert werden dürfen, wird in der Indifferenzkurvenanalyse das Verhältnis der Grenznutzen üblicherweise ersetzt durch die Grenzrate der Substitution, hier der Substitution von Marktgütern durch Freizeit, beschrieben über den mittleren Ausdruck. Denn entlang einer Indifferenzkurve gilt[287]:

(145) $dU = \frac{\partial U}{\partial x_0} \cdot dx_0 + \frac{\partial U}{\partial x} \cdot dx = 0$.

Die Steigung der Budgetgeraden ist über das Verhältnis der Faktorpreise $-w/p$ festgelegt.

In dem analytischen Verfahren muss anhand der partiellen zweiten Ableitungen von L nach x_0, x sowie λ noch geprüft werden, ob an den ermittelten Stellen tatsächlich ein Maximum der Nutzenfunktion vorliegt oder kein Extremwert[288]. Ein Maximum liegt vor, wenn die Bedingungen zweiter Ordnung $\partial^2 L/\partial^2$ für alle Werte dx und dx_0 negativ sind.

Die Bedingungen (141) bis (143) bilden ein System von Gleichungen in den Variablen x_0, x sowie λ. Parameter sind der Lohnsatz w, der Marktgüterpreis p sowie das Totaleinkommen S_T. Löst man die Gleichung (141) nach der Freizeit x_0 auf, so erhält man die Nachfragefunktion für Freizeit $x_0 = f_0(w, p, \bar{S}_T)$. Aus dieser kann die "Marshall'sche Arbeitsangebotsfunktion" $t^e = f_e(w, p, \bar{S}_T)$ ermittelt werden[289]:

(146) $t^e = f_e(w, p, \bar{S}_T) = T - x_0 = T - f_0(w, p, \bar{S}_T)$,

die zeigt, dass das optimale Arbeitsangebot eine Funktion des Lohnsatzes w, der Marktgüterpreise p sowie des Totaleinkommens $\bar{S}_T$ ist.

Die duale Formulierung der Lagrange-Funktion, über die das Totaleinkommen unter Berücksichtigung eines vorgegebenen Nutzens minimiert wird, führt zu der Hicks'schen Arbeitsangebotsfunktion $t^e = g_e(w, p, \bar{U})$[290]:

(147) $t^e = g_e(w, p, \bar{U}) = T - x_0 = T - g_0(w, p, \bar{U})$.

In der "komparativen Statik"[291] des Arbeitsangebots wird analysiert, wie der Umfang der Erwerbsarbeitszeit im Haushaltsgleichgewicht auf Veränderungen in den Parametern der Arbeitsangebotsfunktion reagiert. Den Zusammenhang zwischen Arbeitsangebot und Ände-

---

287 Vgl. Henderson/Quandt (1983), S. 7 ff.

288 Vgl. Seel (1991a), S. 54 f.

289 Vgl. Deaton (1980), S. 37 ff. und 89 ff.

290 Vgl. Deaton (1980), S. 37 ff. und 89 ff.

291 Zur "komparativen Statik" im Allgemeinen vgl. Varian (1991), S. 90 und S. 164.

rungen im (Stunden-)Lohnsatz beschreiben Arbeitsangebotskurven[292]. Die Kurven werden als "negativ geneigt", "einfach umbiegend" oder "doppelt umbiegend" dargestellt, je nachdem welches Indifferenzkurvensystem bzw. welcher Ausschnitt hieraus vorausgesetzt wird[293].

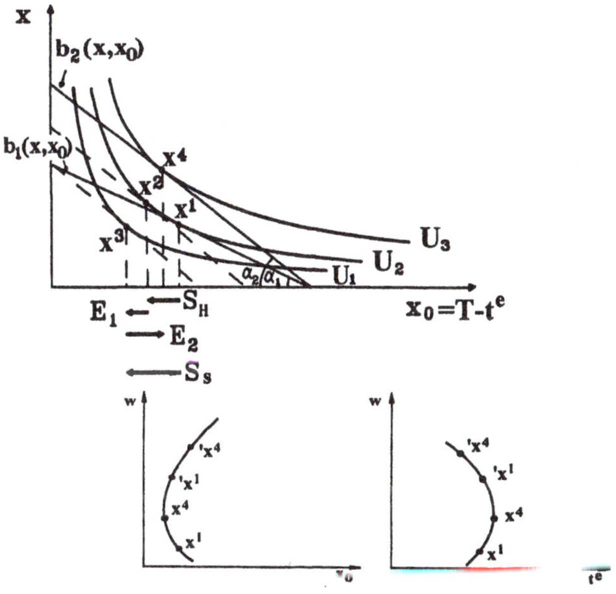

Abb. III-2 *Oben: Einkommens- und Substitutionseffekte einer Lohnsatzänderung bei Superiorität; unten: Lohn-Freizeit-Kurve und Arbeitsangebotskurve*[294]

Der Verlauf einer einfach umbiegenden Arbeitsangebotskurve ist in Abb. III-2 im Schaubild unten rechts dargestellt[295]. Das Schaubild links gegenüber zeigt die Lohn-Freizeit-Kurve als Gegenstück. Der untere Abschnitt der Kurve wird in dem oberen Schaubild auf den Effekt einer Lohnsätzänderung bei Superiorität zurückgeführt. Eine Lohnsatzerhöhung von w_1 auf w_2 bewirkt „ceteris paribus" auf Grund der von $\tan\alpha_1 = -w_1/p$ auf $\tan\alpha_2 = -w_2/p$ ver-

---

292 Siehe hierzu u. a. Seel (1991a), S. 198 f. u. 223 ff. sowie Schumann (1987), S. 78 ff.

293 Vgl. v. a. Kleinhückelskoten (1984), S. 145-157.

294 Mit geringfügig veränderten Notationen obere Grafik aus Seel (1991a), S. 199 sowie untere Grafiken aus Schumann (1987), S. 79.

295 Zu beachten ist, dass die Achsen vertauscht sind, d. h. der Lohnsatz *w* stellt hier jeweils die unabhängige Variable dar.

änderten Steigung der Budgetgeraden eine Verlagerung des Haushaltsgleichgewichts von x^1 nach x^4. Folge ist in dem hier dargestellten Normalfall ein Rückgang der Nachfrage nach Freizeit bzw. eine Zunahme der Erwerbsarbeitszeit. Als normal wird ein Indifferenzkurvensystem bezeichnet, sofern sich die einbezogenen Güter, hier Marktgüter und Freizeit, zueinander "superior" verhalten. Superior ist ein Gut 1 dann, wenn die Grenzrate der Substitution von Gut 2 durch Gut 1 steigt, sobald der Anteil von Gut 1 an den insgesamt nachgefragten Gütern zurückgeht und der Anteil von Gut 2 steigt[296].

Analytisch können die Effekte, die aus veränderten Parametern im Haushaltsgleichgewicht hervorgehen, durch eine "Slutsky-Gleichung" dargestellt werden. Unter Berufung auf die Arbeiten von Slutsky (1915) sowie Hicks/Allen (1934) wird der jeweilige Gesamteffekt in einen Einkommens- und Substitutionseffekt zerlegt. Da Slutsky diesbezüglich die Vorarbeiten geleistet hat, bezeichnet man die zugehörige Gleichung als Slutsky-Gleichung[297]. Der Unterschied von Slutsky gegenüber Hicks/Allen begründet sich auf der Definition des Substitutionseffekts. Slutsky definierte den Substitutionseffekt der Marshall'schen Nachfragefunktion gemäß als Effekt einer Nachfrageänderung auf Grund einer Änderung im Tauschverhältnis der betrachteten Güter bei konstantem Totaleinkommen $\overline{S}_T$, während sich die Definition von Hicks/Allen der Hicks'schen Nachfragefunktion gemäß auf einen konstanten Nutzen $\overline{U}$ bezieht. Beide Formen der Slutsky-Gleichung sind im Rahmen der neoklassischen Nachfragetheorie entwickelt worden, um die Auswirkungen einer Preisänderung auf die Nachfrage nach Marktgütern zu erfassen. Für infinitesimal kleine Datenänderungen führen beide Substitutionseffekte dort zum gleichen Ergebnis[298]. Seit Robbins werden sie analog auf die Zerlegung des Gesamteffektes einer Lohnsatzänderung auf die Nachfrage nach Freizeit bzw. das Angebot an Erwerbsarbeitszeit angewendet[299].

Der Substitutionseffekt nach Slutsky ergibt folgende Slutsky-Gleichung:[300]

$$(148)\quad \begin{aligned} dx_0 &= \frac{\partial x_0}{\partial w} = \left.\frac{\partial f_0}{\partial w}\right|_{\overline{S}_T} \cdot dw + \frac{\partial f_0}{\partial S_T} \cdot T \\ dx_0 &= S_{unk} = S_S \qquad\qquad + E_2 \end{aligned} \quad \text{, wobei } x_0 = f_0\left(w, p, \overline{S}_T\right).$$

mit f_0 als die oben definierte Marshall'sche Nachfragefunktion nach Freizeit.

Die beiden Ausdrücke auf der linken Seite beschreiben den unkompensierten Gesamtsubstitutionseffekt einer Lohnsatzänderung $dx_0 = S_{unk}$ („uncompensated substitution effect"), der in Abb. III-2 in einer Verlagerung des Haushaltsgleichgewichts von x^1 nach x^4

---

296 Vgl. Kleinhückelskoten/Spaetling (1981), S. 511-526.

297 Vgl. Wagner/Wiegert (1982), S. 21.

298 Vgl. Varian (1991), S. 130 f. Zum Beweis der Übereinstimmung siehe Varian (1990), S. 135 ff.

299 Vgl. Gerfin/Heimann (1976), S. 353-362.

300 Vgl. u. a. Deaton/Muellbauer (1980), S. 91.

zum Ausdruck kommt. Die rechte Seite zeigt seine Zerlegung in zwei Bestandteile. Der erste Summand beschreibt die Änderung in der Freizeitnachfrage (und damit auch im Arbeitsangebot) von x^1 nach x^3 auf Grund der Änderung im Relativpreisverhältnis zwischen Freizeit x_0 und Marktgütern x bei konstantem Totaleinkommen $\overline{S}_T$. Dieser Effekt entspricht dem aus der neoklassischen Nachfragetheorie bekannten Slutsky-Substitutionseffekt S_S („income-compensated substitution effect"). Der zweite Summand - die Änderung im Arbeitsangebot von x^3 nach x^4 auf Grund des durch die Neuwertung der Zeit T gestiegenen Totaleinkommens - kommt in der Nachfragetheorie in dieser Form nicht vor. Denn dieser Effekt E_2 („total-income effect") bezieht sich auf das Totaleinkommen und nicht wie der konventionelle Einkommenseffekt der Nachfragetheorie auf das Erwerbseinkommen[301].

Der Slutsky-Substitutionseffekt lässt sich speziell mit Bezug auf die Wirkung einer Lohnsatzänderung noch weiter zerlegen, nämlich in den Hicks'schen Substitutionseffekt S_H und den ebenfalls aus der neoklassischen Nachfragetheorie bekannten konventionellen Einkommenseffekt einer Preisänderung E_1 auf die Nachfrage nach einem Gut[302]:

$$(149)\quad \begin{aligned} dx_0 &= \frac{\partial x_0}{\partial w} = \left.\frac{\partial g_0}{\partial w}\right|_{\overline{U}} \cdot dw - \frac{\partial f_0}{\partial S_T} \cdot x_0 + \frac{\partial f_0}{\partial S_T} \cdot T \\ dx_0 &= S_{unk} = S_H \qquad\quad - E_1 \qquad\quad + E_2 \end{aligned}$$

mit g_0 als die oben definierte Hicks'sche Nachfragefunktion nach Freizeit.

Der erste Summand auf der rechten Seite entspricht jetzt dem Hicks'schen Substitutionseffekt S_H mit konstantem Nutzen $\overline{U}$ („utility-compensated substitution effect"), also der Verlagerung von x^1 nach x^2; der zweite geht konform mit dem konventionellen Einkommenseffekt E_1 einer Preisänderung des Gutes Freizeit von x^2 nach x^3 („conventional income effect") und der dritte entspricht dem bisherigen Totaleinkommenseffekt E_2 von x^3 nach x^4.

Abb. III-2 zeigt, dass der Hicks'sche-Substitutionseffekt S_H und der konventionelle Einkommenseffekt E_1 beim normalen Verlauf der Indifferenzkurven in dieselbe Richtung weisen. Bezogen auf die Nachfrage nach Freizeit bewirken beide eine Änderung, die der Änderung des Lohnsatzes entgegengerichtet ist. Der Totaleinkommenseffekt E_2 hingegen ist stets positiv. Wenn der Lohnsatz erhöht wird, verlagert sich die Budgetgerade für das Totaleinkommen vom Koordinatenursprung aus betrachtet parallel nach oben. Weil im Normalfall der konventionelle Einkommens- und der Substitutionseffekt zusammen den Totaleinkommenseffekt dominieren, zeigt eine Lohnsatzänderung in Bezug auf die Nachfrage nach

301 Vgl. u. a. Deaton/Muellbauer (1980), S. 91.

302 Zu der mathematischen Ableitung vgl. Deaton/Muellbauer (1980), S. 91.

Freizeit normalerweise einen negativen Gesamteffekt. Bei steigendem Lohn würde die Freizeit vermindert, womit sich der Umfang an Erwerbsarbeitszeit erhöht[303].

Die mit (149) beschriebene Spezifikation der Slutsky-Gleichung für die Nachfrage nach Freizeit bzw. für das Arbeitsangebot wird in der Literatur allerdings recht selten verwendet[304]. Meist wird stattdessen folgende Slutsky-Gleichung zu Grunde gelegt, sofern mit dem Hicks'schen Substitutionseffekt gearbeitet wird: [305]

$$(150)\quad \begin{aligned} dt^e &= \frac{\partial t^e}{\partial w} = \left.\frac{\partial g_e}{\partial w}\right|_{\bar{U}} \cdot dw + \frac{\partial f_e}{\partial S_T} \cdot t^e \\ dt^e &= S_{unk} = S_H \qquad\quad + E_2 \end{aligned}.$$

Diese kann aber aus (149) hergeleitet werden. Denn mit (146) und (147) gilt

$$(149) \Rightarrow (150)\quad \begin{aligned} dt^e &= \frac{\partial t^e}{\partial w} = \left.\frac{\partial g_e}{\partial w}\right|_{\bar{U}} \cdot dw + \frac{\partial f_e}{\partial S_T} \cdot (T - x_0) \Rightarrow \frac{\partial t^e}{\partial w} = \left.\frac{\partial g_e}{\partial w}\right|_{\bar{U}} \cdot dw + \frac{\partial f_e}{\partial S_T} \cdot t^e \\ dt^e &= S_{unk} = S_H \qquad\quad + E_2 \qquad\quad - E_1 \Rightarrow S_{unk} = S_H \qquad\quad + E_2 \end{aligned}.$$

Ein Vergleich zwischen (148) und (149) zeigt, dass im Gegensatz zur neoklassischen Nachfragetheorie, die beiden Substitutionseffekte nach Slutsky und Hicks selbst für infinitesimal kleine Datenänderungen nicht zu dem gleichen Ergebnis führen[306], denn es gilt

$$(151)\quad \begin{aligned} dx_0 &= \left.\frac{\partial f_0}{\partial w}\right|_{\bar{S}_T} = \left.\frac{\partial g_0}{\partial w}\right|_{\bar{U}} \cdot dw - \frac{\partial f_0}{\partial S_T} \cdot x_0 \\ dx_0 &= S_S \qquad = S_H \qquad\quad - E_1 \end{aligned},$$

d. h. der Slutsky-Substitutionseffekt S_S entspricht in der Theorie des Arbeitsangebots stets dem um den konventionellen Einkommenseffekt E_1 verminderten Hicks-Substitutionseffekt S_H. Diese Überlegung ist der Autorin aus der Literatur nicht bekannt, sie ist aber für die Rekonstruktion des neoklassischen Grundmodells wichtig, eben weil der Substitutionseffekt unterschiedlich definiert wird.

In ökonometrischen Studien wird die Slutsky-Gleichung in Form von (150) häufiger mit Hilfe von Elastizitäten als mit Hilfe von Differenzialen ausgedrückt[307]. Daraus ergibt sich:

$$(150')\quad \frac{\partial t^e}{\partial w} \cdot \frac{w}{t^e} = \left(\left.\frac{\partial g_e}{\partial w}\right|_{\bar{U}} \cdot \frac{w}{t^e} \right) + \left(\frac{\partial f_e}{\partial S_T} \cdot \frac{w}{t^e} \right) \cdot t^e .$$

---

303 Vgl. Seel (1991a), S. 198.

304 Neben Deaton/Muellbauer (1980), S. 91, u. a. bei Seel (1991a), S. 199.

305 Ausschließlich verwendet wird sie u. a. bei Franz (1991), S. 38 ff. und Killingsworth (1983), S. 106 ff.; ferner in mikroökonomischen Lehrbüchern u. a. in Linde (1992), S. 85; aber auch in vielen ökonometrischen Studien, u. a. bei Merz (1990), S. 260 f.

306 Den Beweis für die Gleichheit beider Effekte in der Güternachfrage liefert Varian (1985), S. 128 ff. am Beispiel kompensierender Einkommensänderungen in der Wohlfahrtsökonomie.

307 Siehe hierzu die Übersicht über entsprechende Studien bei Killingsworth (1983), S. 193 ff.

Die unkompensierte Lohnelastizität („uncompensated wage elasticity") auf der linken Seite sowie die kompensierte Lohnelastizität („income-compensated wage elasticity") und die gesamte Einkommenselastizität („total income elasticity") als ihre Bestandteile auf der rechten Seite zeigen sich dabei als Quotient aus der relativen Veränderung des Angebots an Erwerbsarbeitszeit und der relativen Veränderung des Lohnsatzes w bzw. dem Totaleinkommen S_T.

Da das neoklassische Grundmodell das Arbeitsangebot des Haushalts auf einen individuellen Entscheidungsakt zurückführt, werden die beschriebenen Effekte bzw. Elastizitäten nur auf eine Eigenlohnsatzänderung bezogen, mit w als dem eigenen Lohn und t^e dem hierauf reagierenden eigenen Arbeitsangebot.

Der zweite Abschnitt der Arbeitsangebotskurve zwischen $'x^1$ und $'x^4$ (siehe unteren Teil der Abb. III-2) erklärt sich aus einem vom Normalfall abweichenden Indifferenzkurvensystem, in welchem die Präferenzen mit Bezug auf das Marktgüteraggregat x in Relation zur Freizeit x_0 "inferior" sind (siehe hierzu Abb. III-3).

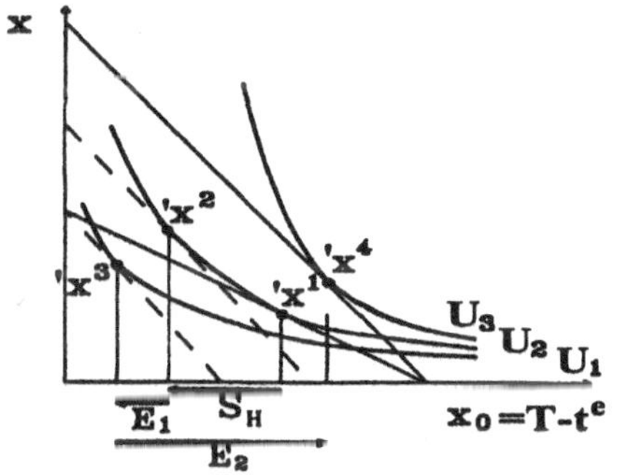

Abb. III-3 *Einkommens- und Substitutionseffekte einer Lohnsatzänderung bei Inferiorität der Marktgüter*[308]

Die Arbeitsangebotskurve zeigt für diesen Abschnitt einen inversen und damit anomalen Verlauf. Ursächlich ist ein ausgeprägter positiver Totaleinkommenseffekt E_2, der die beiden übrigen, negativen Teileffekte S_H und E_1 nunmehr deutlich überwiegt. Der Gesamteffekt, bezogen auf die Nachfrage nach Freizeit, ist positiv. Bei steigendem Lohn bedeutet dies für das Arbeitsangebot eine Reduktion des Umfanges der Erwerbsarbeitszeit[309].

Inferiorität der Freizeit x_0 in Relation zum Konsumaggregat x hat demgegenüber keine Anomalie im Arbeitsangebot zur Folge (siehe Abb. III-4).

---

[308] Mit geringfügigen Änderungen in der Notation aus Seel (1991a), S. 225.

[309] Vgl. Seel (1991a), S. 224.

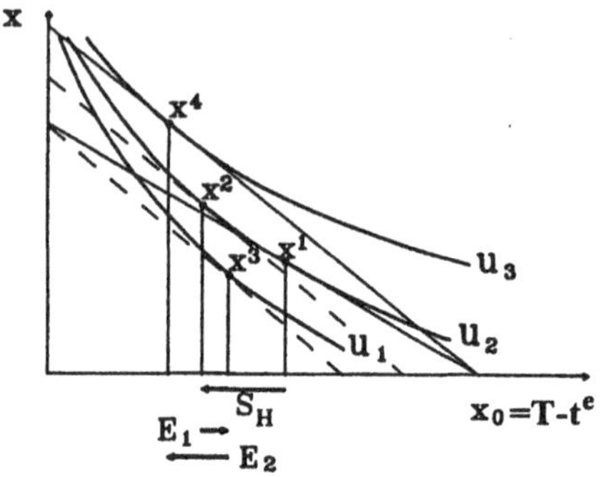

Abb. III-4 *Einkommens- und Substitutionseffekte einer Lohnsatzänderung bei Inferiorität der Freizeit*[310]

Der Verlauf der Arbeitsangebotskurve in Abb. III-2 im Abschnitt zwischen den Haushaltsgleichgewichten x^1 und x^4 könnte neben einem normalen Indifferenzkurvensystem folglich ebenso gut aus einem Indifferenzkurvensystem mit Inferiorität der Freizeit resultieren.

Durch die Annahme spezifischer Indifferenzkurvensysteme bzw. Präferenzrelationen können demzufolge auch sämtliche Abschnitte einer doppelt umbiegenden Arbeitsangebotskurve mit zwei Wendepunkten B und C erklärt werden, dargestellt in Abb. III-5. Der Kurvenabschnitt zwischen A und B ist durch eine negative Steigung gekennzeichnet, der zwischen B und C durch eine positive, d. h. es gilt:

$$(152)\quad A-B{:}\frac{dt^e}{dw}<0,\quad B-C{:}\frac{dt^e}{dw}>0\qquad B,C{:}\frac{d^2t^e}{dw^2}=0.$$

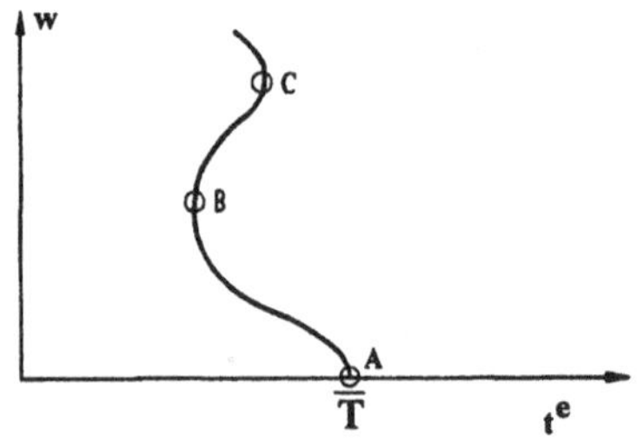

Abb. III-5 *Doppelt umbiegende Arbeitsangebotskurve*[311]

310 Entnommen aus Seel (1991a), S. 225.

311 Geringfügig geändert aus Schumann (1987), S. 80.

Beruht die Erklärung auf der Vorstellung eines Wechsels zwischen den Eigenschaften der Superiorität und Inferiorität bei Freizeit und Marktgütern, sind besondere Annahmen nötig, die sich auf das Zustandekommen solcher Wechsel beziehen. Modelle dieser Art gehören zu den noch zu erörternden Varianten des neoklassischen Grundmodells.

Die Reichweite des neoklassischen Grundmodells umspannt mithin zwei Bestimmungsgründe der Erwerbsarbeitszeit: die Präferenzordnung und den Reallohnsatz (siehe Z.2 a,b in Sp.2, Übersicht III-1). Erklärt wird, in welchem Umfang ein Haushalt bei vorgegebener Präferenzordnung und vorgegebenem Reallohnsatz erwerbstätig wird.

Über eine Implikationsbeziehung lässt sich das neoklassische Grundmodell des Arbeitsangebots T_{GM}^{NK} in der dargestellten Form aus dem Modell der Grenznutzenschule zur optimalen Güternachfrage unter Berücksichtigung der Produktionsanstrengungen herleiten. Dies verlangt zum Ersten die Einführung einer Modellannahme M_1, wonach zwischen der Funktion für die Produktionsanstrengungen bzw. der Modellannahme M^{GNS} der Grenznutzenschule[312]:

(125) $M^{GNS}: \mu_i = \dfrac{x_i}{t_i}$,

mit welcher die Bereitstellung eines Gutes i aus dem Arbeitseinsatz t_i beschrieben wird, und einer Funktion für die Produktionsanstrengungen μ_{1i} folgende Identität besteht:

(125') $M_1: \mu_i = \dfrac{x_i}{t_i} \overset{!}{\equiv} \mu_{1i} = \dfrac{x_i}{t_i^e} = \dfrac{w_i}{p_i} = \mu'_{1i}$.

Danach lassen sich die Produktionsanstrengungen μ_i zur Bereitstellung der Güter i auch über die Produktionsanstrengungen μ_{1i} beschreiben, die daraus resultieren, dass diese Güter alternativ auch über den Einsatz von Erwerbsarbeit t_i^e bereitgestellt werden können. In diesem Fall ergeben sich die Produktionsanstrengungen μ_{1i} aus dem am Markt geltenden Reallohnsatz w_i/p_i, also aus der äußeren Tauschrelation zwischen den Marktgütern i und den hierzu erforderlichen Arbeitseinsätzen i. Aus (125') resultiert die Budgetrestriktion des neoklassischen Grundmodells für die Güter i, die besagt, dass sich das Einkommen (134) und die Ausgaben für die Güter i innerhalb einer Periode (137) entsprechen müssen:

(153) $S_y = w_i \cdot t_i^e = p_i \cdot x_i$.

Mit der Antezedenzbedingung des Zweiten Gossen'schen Gesetzes

(119) $S_2^{GNS}: T - \sum_i t_i = 0$

folgt aus dieser die Funktionsgleichung für die Totaleinkommensrestriktion:

(136) $S_y = w(T - x_0) = w \cdot t^e = p \cdot x \Rightarrow b(x, x_0) = S_T = w \cdot T = p \cdot x + w \cdot x_0$,

sofern definiert wird

---

312 Siehe S. 124 u. 126.

(154) $M_2: T - \sum_i t_i - x_0 = T - \sum t_i^e - x_0 = 0$, wobei $\sum t_i^e = t^e$.

Erforderlich ist also zum Zweiten eine Modellannahme M_2, die unterstellt, dass der Haushalt hinsichtlich der Verwendungsweisen der Zeit T zwischen dem mit $t_i = t_i^e$ produktiv genutzten Arbeitsangebot t_i^e und der Freizeit x_0 unterscheidet. Dies kann mit Bezug auf (119) durchaus als Explizierung des Gedankens von Gossen interpretiert werden, der für den Arbeitseinsatz t_i einen linear abnehmenden Grenznutzen annimmt. Die Freude, die der Einsatz von t_i bereitet, nimmt danach laufend ab, bis sie schließlich zum Arbeitsleid wird[313]. Über die Differenzierung von T in t_i und x_0 kann der jeweils entgangene Nutzen aus dem Einsatz von t_i als Opportunitätskosten gekennzeichnet werden, die sich bei der nächstbesten Verwendung von t_i als Freizeit x_0 ergäben.

Für jeden Bewertungsakt formulierte Gossen (1854) bekanntlich separate Präferenzordnungen, die er schließlich zu einer zusammenfasste. Während Gossen zur Lösung der Extremwertaufgabe noch auf das Verfahren der Variablensubstitution zurückgreifen muss, ermöglicht die Konzeptualisierungsleistung der Neoklassik marginalanalytische Betrachtungen auf der Grundlage einer Nutzenfunktion. Erforderlich ist damit zum Dritten die universale Gesetzesaussage G^{NK} der neoklassischen Theorie.

Danach besteht zwischen dem neoklassischen Grundmodell des Arbeitsangebots T_{GM}^{NK} und dem Modell der Grenznutzenschule nach Gossen (1854) folgende heterogene Reduktionsbeziehung. Über die Modellannahmen M_1 und M_2 und durch Hinzunahme der Gesetzesaussage G^{NK} kann T_{GM}^{NK} vollständig aus dem Gossen'schen Modell T_M^{GNS} deduziert werden:

(155) $T_M^{GNS} \Rightarrow T_{GM}^{NK}: M_1 \wedge M_2 \wedge G^{NK} \wedge T_M^{GNS}$.

Eine Bestätigung hierfür liefert folgende Überlegung. Zunächst setzt man die neoklassische Modellannahme M_1 zu den Produktionsanstrengungen (125') in die Gossen'sche Nutzenfunktion (124)[314] für die Güternachfrage ein, also:

(124) $U_i^x(x_i) = \bar{a}_{0i} x_i - \frac{1}{2} \bar{a}_{1i} x_i^2$, mit $a_{0i} = \bar{a}_{0i} \frac{x_i}{t_i} = \bar{a}_{0i} \mu_i$ und $a_{1i} = \bar{a}_{1i} \left(\frac{x_i}{t_i} \right)^2 = \bar{a}_{1i} \mu_i^2$.

Hiernach kann auf Grund von

(156) $a_{0i} = \bar{a}_{oi} \cdot \frac{w_i}{p_i}$ und (157) $a_{1i} = \bar{a}_{1i} \cdot \left(\frac{w_i}{p_i} \right)^2$

der Nutzen mit Bezug auf die Güternachfrage unter Berücksichtigung der Produktionsanstrengungen (125') unmittelbar auf x_i bezogen werden.

---

313 Siehe oben S. 125.

314 Siehe oben S. 124.

Aus

(124) $\sum_i U_i^{x_i}\left(t_i^e\right)$ folgt (158) $U_i^x(x_i) = a_{0i} \cdot \frac{p_i}{w_i} x_i - \frac{1}{2} a_{1i} \cdot \left(\frac{p_i}{w_i}\right)^2 \cdot x_i^2$.

Im zweiten Teil der Nutzenfunktion (128) wird die in der Modellannahme M_2 festgelegte Identität (154) angenommen, wodurch sich der Nutzen aus Arbeitsergebnis bzw. -mühe auf die bei Gossen noch unbekannte, modernere Zeitkategorie der Freizeit x_0 beziehen lässt. Durch diese Änderungen erhält man an Stelle von (128)

(128')
$$\begin{aligned} U &:= \sum_i U_i^x(x_i) + U^{x_0}(x_0) \\ &= \sum_i \left[a_{0i} \cdot \frac{p_i}{w_i} x_i - \frac{1}{2} a_{1i} \cdot \left(\frac{p_i}{w_i}\right)^2 \cdot x_i^2 \right] + b_0 \cdot (T - x_0) - \frac{1}{2} b_1 \cdot (T - x_0)^2 \rightarrow \max! \end{aligned}$$

mit der Nebenbedingung

(159) $-\sum_i t_i^e - x_0 + T = -\sum_i \frac{p_i}{w_i} \cdot x_i - x_0 + T = 0$.

Die Lagrangefunktion lautet dann:

(160)
$$\begin{aligned} L &= \sum_i \left[a_{0i} \cdot \frac{p_i}{w_i} x_i - \frac{1}{2} a_{1i} \cdot \left(\frac{p_i}{w_i}\right)^2 \cdot x_i^2 \right] + b_0 \cdot (T - x_0) - \frac{1}{2} b_1 \cdot (T - x_0)^2 \\ &+ \lambda \left(-\sum_i \frac{p_i}{w_i} \cdot x_i - x_0 + T \right) \rightarrow \max! \end{aligned}$$

Bedingungen 1. Ordnung für das Vorliegen eines Haushaltsgleichgewichts sind:

(161) $\frac{\partial L}{\partial x_i} = a_{0i} \cdot \frac{p_i}{w_i} - a_{1i} \cdot \left(\frac{p_i}{w_i}\right)^2 \cdot x_i - \lambda \cdot \frac{p_i}{w_i} = 0 \Rightarrow \lambda = a_{0i} - a_{1i} \cdot \frac{p_i}{w_i} \cdot x_i$

(162) $\frac{\partial L}{\partial x_0} = -b_0 - b_1 \cdot x_0 + \lambda = 0 \Rightarrow \lambda = b_0 + b_1 \cdot x_0$

(163) $\frac{\partial L}{\partial \lambda} = -\sum_i \frac{p_i}{w_i} \cdot x_i - x_0 + T = 0$.

Aus (161) und (162) folgt

(164) $a_{0i} \cdot \frac{p_i}{w_i} - a_{1i} \cdot \left(\frac{p_i}{w_i}\right)^2 \cdot x_i = b_0 + b_1 \cdot x_0$

und hieraus mit (156) und (157)[315]:

(164')
$$\begin{aligned} &\frac{w_i}{p_i} \cdot (\bar{a}_{0i} - \bar{a}_{1i} \cdot x_i) = b_0 + b_1 \cdot x_0 \\ \Leftrightarrow &-\left(\frac{b_0 - b_1 \cdot x_0}{\bar{a}_{0i} - \bar{a}_{1i} \cdot x_i}\right) = -\frac{w_i}{p_i} \end{aligned}$$

---

[315] Siehe S. 140 f.

Damit erweist sich der modifizierte Explanandum-Satz E_M^{GNS}, gegeben durch (164'), als äquivalent zu der Bedingung (144) des neoklassischen Grundmodells[316]:

$$(144)\ \frac{\frac{\partial U}{\partial x_0}}{\frac{\partial U}{\partial x}} = \frac{dx}{dx_0} = -\frac{w}{p},$$

sofern die Nutzen aus den Gütern, wie Gossen annimmt, additiv sind, also $\overline{U} := U^x + U^{x_0}$.

Der hiermit vorgelegte Beweis für die Existenz der Reduktionsbeziehung (155) bedeutet, dass eine Falsifikation des neoklassischen Grundmodells T_{GM}^{NK} automatisch in gleicher Weise das Modell der Grenznutzenschule T_M^{GNS} betreffen würde, allerdings nicht umgekehrt. Dies folgt aus dem elementaren Schluss des „modus tollens" der klassischen Logik[317]. Da auch andere Modelle auf T_M^{GNS} beruhen, wie noch zu zeigen sein wird, würde sich eine Falsifikation des neoklassischen Grundmodells auch auf deren deduktive Basis auswirken. Allerdings wären sie ebenso über ihre Modellannahmen angesichts des „modus tollens" gegen eine Falsifikation von dieser Seite geschützt.

1.2.2 Modelle mit speziellen Aussagen zu den Restriktionen

Zum neoklassischen Grundmodell existieren zwei Kategorien von Modellvarianten (siehe Z.2a Übersicht III-2). Die erste, nachfolgend zu erörternde Kategorie (Sp.2. bis 4) enthält spezielle Aussagen zu der Budgetrestriktion (136)[318] des neoklassischen Grundmodells, die zur Abgrenzung der Modelle zum Teil ausdrücklich zu Modellannahmen erklärt werden. Dabei ist zu bedenken, dass prinzipiell jede Gesetzesaussage Modellannahme sein kann[319]. Die zweite Kategorie (Sp.5 bis 7), die in Kapitel 1.2.3 erörtert wird, folgt aus gegenüber dem Grundmodell veränderten Aussagen zu der Nutzenfunktion (135)[320]. Ob und inwieweit es sich bei diesen Aussagen um Modellannahmen handelt, muss auch hier im Einzelfall geklärt werden.

Die in den Sp.2 bis 4 der Übersicht III-2 dargestellten Modellvarianten gehören überraschenderweise teilweise einer höheren Allgemeinheitsstufe an als das neoklassische Grundmodell. Das heißt, sie beinhalten eine größere Anzahl potenzieller Falsifikatoren und sind daher gehaltvoller. Die Variante zur Berücksichtigung von Nichterwerbseinkommen, im Weiteren als T_{VR0}^{NK} bezeichnet, kann auf der höchsten Allgemeinheitsstufe verortet wer-

---

316 Siehe oben S. 131.

317 Zur Definition siehe oben S. 76; siehe ferner das Beispiel in Übersicht II-15, oben S. 110.

318 Siehe oben S. 130.

319 Siehe hierzu ausführlich oben S. 29 ff.

320 Siehe S. 130.

den[321]. Standardisierte Wahlmöglichkeiten werden über T_{VR8}^{NK} erfasst, ein Modell, welches sich im neoklassischen Bezugsrahmen sogar als falsch herausstellen wird. Einzig die Varianten zur Berücksichtigung der Besteuerung des Erwerbseinkommens, T_{VR4}^{NK} bis T_{VR7}^{NK}, sind spezieller als das neoklassische Grundmodell. Eine tragende Rolle für den Allgemeinheitsgrad von T_{VR0}^{NK} wird die Berücksichtigung des Nichterwerbseinkommens einnehmen.

1.2.2.1 Nichterwerbseinkommen und die Frage der Partizipation am Arbeitsmarkt

Die Größe des Nichterwerbseinkommens V bezeichnet in der vorliegenden Modellvariante eine Einkommensart, welche das Modell nicht über die Erwerbsarbeitszeit und den Lohnsatz endogen erklärt, sondern exogen voraussetzt. Einige Autoren definieren das Nichterwerbseinkommen auch konkret als Einkommen aus Kapitalvermögen oder Transferleistungen[322] oder als Einkommen aus einer anderen Form von Erwerbsarbeit als der betrachteten[323]. Modellansätze, die den Erhalt von Nichterwerbseinkommen berücksichtigen, wurden entwickelt, um mit dieser Größe die Partizipationsentscheidung zu erklären, also die Frage, warum Personen nicht zu jedem beliebigen Lohnsatz bereit sind, Arbeit anzubieten. Erste Überlegungen hierzu finden sich u. a. bei Perlman (1969).

Zur Berücksichtigung des Empfangs von Nichterwerbseinkommen V muss die Totaleinkommensrestriktion (136) um die Variable V erweitert werden[324].

Aus (136) $b_1(x, x_0) = S_T = w \cdot T = p \cdot x + w \cdot x_0$
wird: (165) $b_2(x, x_0) = S_T = w \cdot T + V = p \cdot x + w \cdot x_0$.

---

[321] Siehe hierzu auch Z.1 in der später noch zu erörternden Übersicht III-3.

[322] Vgl. Seel (1991a), S. 199.

[323] Siehe z. B. Schumann (1987), S. 83.

[324] Vgl. Perlman (1969), S. 30 ff.; Bender (1976), S. 226 ff.; Killingsworth (1983), S. 4 ff.; Deaton/Muellbauer (1980), S. 273 ff. und Seel (1991a), S. 199 ff.

Nr.	1	2	3	4	5	6	Sp.7
1	**Modell-varianten**	T_{VR0}^{NK} bis T_{VR3}^{NK}	T_{VR4}^{NK} bis T_{VR7}^{NK}	T_{VR8}^{NK}	T_{VN0}^{NK}	T_{VN1}^{NK}	T_{VN2}^{NK}
2a	**Konzeptu-alisierungs-leistung**	Spezielle Aussagen zu den Restriktionen			Spezielle Aussagen zu den Nutzenfunktionen		
2b					**Kollektive Nutzenfunktion**	**Männer als wohlwollende Diktatoren**	**Nash-Verhandlungslösung** basierend auf einer **Neuman-Morgen-stern'schen Nutzenfunk-tion**
2c		**Nichterwerbs-einkommen**	**Einkommens-gleichung: Nettolohn** statt Bruttolohn	**Zeitrestriktion: Standardisierte Wahlmög-lichkeiten** am Arbeitsmarkt	**Familienbudget(restriktion)**		
2d			**Virtuelles Nichterwerbs-einkommen**	**Marktversagen**			**Verhandlungsstrategien**
3a	**Reichweite**	Siehe Grundmodell					
3b					Präferenzordnung im Mehrpersonen-Haushalt als Bestimmungsgrund der innerfamilialen Arbeitsteilung		
3c		Der vom Nichterwerbseinkommen und der Präferenzordnung abhängende Schwellenlohnsatz als Bestimmungsgrund der Erwerbs-beteiligung		Standardisierung als Bestim-mungsgrund der Über- und Un-terbeschäftigung	Kreuzreal-lohnsätze als Bestim-mungsgründe der inner-familialen Arbeitsteilung	Geschlechtsspezifische Effekte, die vom Erwerbs-einkommen des Ehe-mannes ausgehen, als Be-stimmungsgrund der innerfamilialen Arbeits-teilung	Macht-, Droh- und Abhän-gigkeitspositionen bei un-terschiedlichen Konflikt-situationen als Bestim-mungsgrund der innerfami-lialen Arbeitsteilung

Übersicht III-2 *Modellvarianten zum neoklassischen Grundmodell*

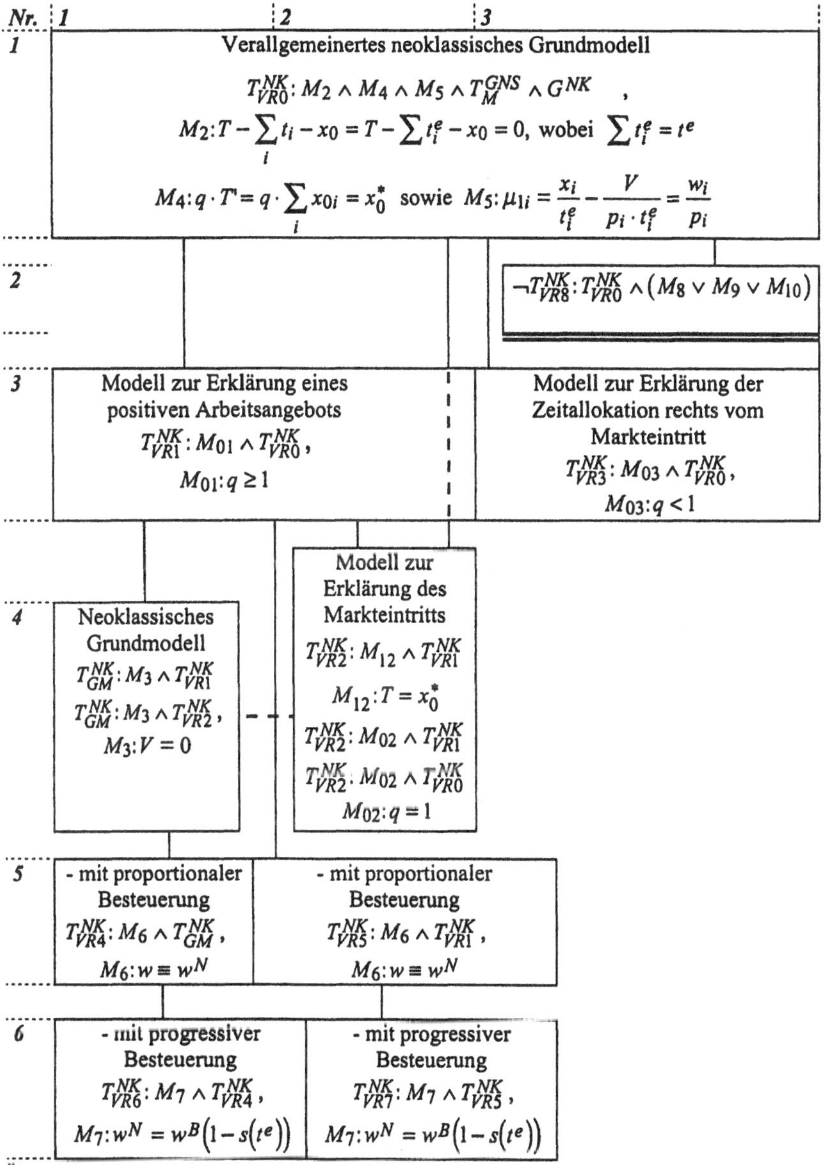

Übersicht III-3 *Neoklassisches Grundmodell und seine Varianten zu den Restriktionen*

Die Unterschiede, die sich hieraus gegenüber dem neoklassischen Grundmodell ergeben, zeigen sich besonders eindrücklich in der Indifferenzkurvenanalyse. Die in Abb. III-6 dicker eingezeichnete Budgetgerade mit der Steigung $\tan \alpha_1$ beschreibt die Totaleinkommensrestriktion (136) des Grundmodells. Durch den Bezug von Nichterwerbseinkommen verschiebt sich diese um den Differenzbetrag von $V/p = V/p_i$ parallel nach oben. Nunmehr gilt die mit (165) beschriebene Budgetgerade, die zu dem dargestellten Haushaltsgleichgewicht x^1 führt.

Das neoklassische Grundmodell, welches den Empfang von Nichterwerbseinkommen dagegen unberücksichtigt lässt, unterstellt implizit stets eine Erwerbsarbeitszeit größer Null. Denn die Wahrscheinlichkeit für ein Haushaltsgleichgewicht mit maximaler Freizeitnachfrage $x_0 = \overline{T}$ ist wegen der konvex verlaufenden Indifferenzkurven auf der Basis der fett eingezeichneten Budgetgeraden (136) sehr gering. Dies würde voraussetzen, dass eine Indifferenzkurve den unteren Randpunkt der Budgetgeraden berührt, ohne die x_0-Achse und die Budgetgerade zu schneiden. Dafür müsste die Indifferenzkurve rechtwinklig sein, also den Fall wiedergeben, wonach Freizeit und Marktgüter absolute Komplemente sind.

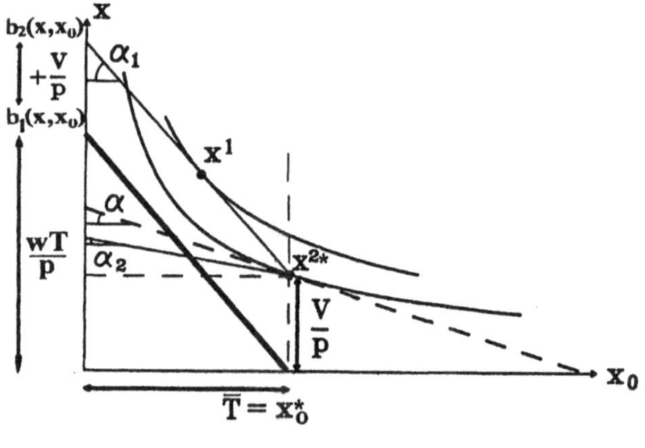

Abb. III-6 *Bestimmung der optimalen Erwerbsarbeitszeit unter Berücksichtigung von Nichterwerbseinkommen*[325]

Auf der Basis der um den Bezug von Nichterwerbseinkommen erweiterten Totaleinkommensrestriktion (165) sind in dem vorliegenden Modell hingegen auch Haushaltsgleichgewichte möglich, die am unteren Endpunkt der Budgetgeraden, also in x^{2*} liegen. Dadurch wird die Erklärung des Umfangs der Erwerbsarbeitszeit zwangsläufig um den Gegenstand der Partizipationsentscheidung erweitert. Die Wahrscheinlichkeit des Zustandekommens solcher „Ecklösungen" ist jetzt sogar recht hoch. Denn da die Erwerbsarbeitszeit per definitionem nicht negativ werden kann (Nichtnegativitätsbedingung), steht die Ecklösung x^{2*}

[325] Erweitert um die Budgetrestriktion im neoklassischen Grundmodell nach Seel (1991a), S. 200.

nicht nur für eine Erwerbsarbeitszeit gleich Null (hier dargestellt durch die gestrichelte Budgetgeraden mit der Steigung $\tan\alpha$), sondern in x^{2*} kumulieren ferner alle Haushaltsgleichgewichte, in denen die Erwerbsneigung so gering ist, dass sie mathematisch gesehen einer Erwerbsarbeitszeit kleiner Null entsprechen würden (hier dargestellt durch die Budgetgerade mit der Steigung $\tan\alpha_2$).

Haushaltsgleichgewichte der mit x^1 beschriebenen Art mit einer Erwerbsarbeitszeit größer Null gelten als "innere Lösung" des Problems des optimalen Arbeitsangebots. Für sie gilt weiterhin die Bedingung (144) des neoklassischen Grundmodells, wonach die Grenzrate der Substitution zwischen Freizeit und Marktgütern gleich dem Reallohnsatz sein muss:

$$(144)\quad \left|\frac{dx}{dx_0}\right| = \frac{w}{p}.$$

Wäre die Erwerbsarbeitszeit gleich Null, wie in x^{2*}, so läge eine "Ecklösung" vor, die im neoklassischen Grundmodell nicht explizit bedacht wird[326]. Eine solche Ecklösung kann zum einen daraus resultieren, dass sich der Haushalt mit einer Freizeitnachfrage von $T = x_0^*$ exakt im Markteintrittspunkt befindet. Aus der notwendigen Bedingung (141) für das Vorliegen eines Extremwertes folgt, dass in diesem speziellen Fall gelten muss[327]:

$$(166)\quad \frac{\partial U}{\partial x_0^*}\cdot\frac{1}{\lambda} = w^* = w,$$

mit w^* als sog. Schattenlohnsatz für x_0^*. Der Schattenlohnsatz stellt den Grenznutzen der Freizeit $\partial U/\partial x_0^*$ bezogen auf den Grenznutzen des Geldes λ in der Ecklösung x^{2*} dar. Der dem Schattenlohnsatz w^* entsprechende Lohnsatz $w^*=w$ wird als "reservation wage" (=Schwellenlohnsatz) bezeichnet. Es ist dies der Lohnsatz w, zu dem der Haushalt gerade bereit ist, seine Arbeitskraft am Markt anzubieten. Im zum Markteintrittspunkt gehörigen Haushaltsgleichgewicht ist folglich zwangsläufig die Bedingung (144) erfüllt ist, es gilt:

$$(167)\quad \left|\frac{dx}{dx_0^*}\right|\cdot\frac{\lambda}{\lambda} \equiv \frac{w^*}{p} = \frac{w}{p} = \left|\frac{dx}{dx_0}\right|.$$

Für alle Lohnsätze, die größer als w^* sind, gilt ebenfalls die Bedingung (144). Beide Fälle werden mit

$$(168)\quad \frac{w^*}{p} \leq \frac{w}{p} = \left|\frac{dx}{dx_0}\right|$$

beschrieben, die auch als die Bedingung für eine „innere Lösung" des optimalen Arbeitsangebots (= positives Arbeitsangebot) bezeichnet wird[328].

---

[326] Zu den Gleichgewichtsbedingungen für x^1 und x^{2*} hier und im Folgenden vgl. Seel (1991a), S. 201.

[327] Siehe oben S. 131.

[328] Vgl. Killingsworth (1983), S. 7.

Eine Ecklösung in der Art von x^{2*} mit x_0^* resultiert zum anderen auch aus solchen Lohnsätzen w, die unterhalb des Schattenlohnsatzes w^* liegen:

(169) $\left|\frac{dx}{dx_0^*}\right| = \frac{w^*}{p} > \frac{w}{p}$.

In diesem Fall gilt anstelle von (166)

(166') $\frac{\partial U}{\partial x_0^*} \cdot \frac{1}{\lambda} = w^* > w$.

In Abb. III-6 würde ein Haushaltsgleichgewicht im Markteintrittspunkt aus der gestrichelten Budgetgeraden mit der Steigung $\tan\alpha = -w/p$ resultieren. Solange die Grenzrate der Substitution von Marktgütern durch Freizeit $|dx/dx_0|$ den Reallohnsatz w/p übersteigt - in Abb. III-6 gilt dies für $\tan\alpha_2 = w/p$ - wird eine Person keine Erwerbsarbeit anbieten.

Es lässt sich zeigen, dass zwischen der Modellvariante T_{VR1}^{NK}, die über das Haushaltsgleichgewicht (168) definiert ist, und dem neoklassischen Grundmodell T_{GM}^{NK} eine heterogene Reduktionsbeziehung besteht. Hierin erweist sich das neoklassische Grundmodell sogar als das speziellere Modell von beiden. Ausgangspunkt der Beweisführung bilden die beiden Budgetrestriktionen der Modelle. Für den speziellen Fall M_3, der besagt, dass das Nichterwerbseinkommen Null ist

(170) $M_3 : V = 0$,

folgt die Totaleinkommensrestriktion (136) des Grundmodells T_{GM}^{NK} aus (165), die für die vorliegende Modellvariante T_{VR1}^{NK} gilt[329]. Entsprechend kann M_3 als Modellannahme interpretiert werden, die die Modellvariante T_{VR1}^{NK} auf solche Situationen einschränkt, für die das neoklassische Grundmodell gilt (siehe Z.3 u. Z.4, Sp.1 in Übersicht III-3):

(171) $T_{VR1}^{NK} \Rightarrow T_{GM}^{NK} : M_3 \wedge T_{VR1}^{NK}$.

In Übersicht III-4 wird der Extremwert der gleichen Nutzenfunktion $U = U(x_0, x)$ einmal für T_{GM}^{NK} unter der Nebenbedingung (136), das andere mal für T_{VR1}^{NK} unter (165) bestimmt[330]. In beiden Fällen gelangt man auf der Basis der jeweiligen Lagrange-Funktion (139) bzw. (172) zu derselben Gleichgewichtsbedingung, gegeben durch (144)[331] bzw. (168)[332] in der vorletzten Zeile, vorausgesetzt, es liegt eine innere Lösung vor, bei der die Erwerbsarbeitszeit größer gleich Null ist (d. h. $T \neq x_0$). Die resultierenden Haushaltsgleichgewichte werden für die Erwerbsarbeitszeit allerdings - wegen der Geltung von M_3 nur für T_{GM}^{NK} - unterschiedliche Werte erbringen. Dies folgt aus den Unterschieden

---

329 Siehe oben S. 143 ff.

330 Siehe oben S. 143 ff.

331 Siehe auch oben S. 147.

332 Siehe oben S. 148.

zwischen den beiden partiellen Ableitungen der Lagrange-Funktion nach λ, also zwischen (143) und (173).

Neoklassisches Grundmodell T_{GM}^{NK}[333]	Modellvariante mit Nichterw.eink. T_{VR1}^{NK}
(139) $L = U(x_0, x) + \lambda(w \cdot T - p \cdot x - w \cdot x_0) \rightarrow \max!$	(172) $L = U(x_0, x) + \lambda(w \cdot T + V - p \cdot x - w \cdot x_0) \rightarrow \max!$
(141) $\frac{\partial L}{\partial x_0} = \frac{\partial U}{\partial x_0} - \lambda \cdot w = 0$	
(142) $\frac{\partial L}{\partial x} = \frac{\partial U}{\partial x} - \lambda \cdot p = 0$	
(141) = (142) $\Leftrightarrow$ (144) $\left\|\frac{dx}{dx_0}\right\| = \frac{w}{p}$	Sog. innere Lösung: $\Leftrightarrow$ (168) $\left\|\frac{dx}{dx_0^*}\right\| \equiv \frac{w^*}{p} \leq \frac{w}{p} = \left\|\frac{dx}{dx_0}\right\|$
(143) $\frac{\partial L}{\partial \lambda} = w \cdot T - p \cdot x - w \cdot x_0 = 0$	(173) $\frac{\partial L}{\partial \lambda} = w \cdot T + V - p \cdot x - w \cdot x_0 = 0$

Übersicht III-4 *Gleichgewichtsbedingungen für T_{GM}^{NK} und T_{VR1}^{NK} unter der Voraussetzung von $T \neq x_0$*

Mit steigendem Nichterwerbseinkommen V nimmt die Erwerbsarbeitszeit im Normalfall der Superiorität von Freizeit und Marktgütern ab. Ursache ist ein positiver "Totaleinkommenseffekt" E_2, der u. a. eine erhöhte Nachfrage nach Freizeit bewirkt. Dieser Unterschied in den Haushaltsgleichgewichten folgt aus der uneinheitlichen Anwendbarkeit der Modelle. Das neoklassische Grundmodell T_{GM}^{NK} gilt eben nur für den Spezialfall, dass die Modellannahme $M_3{:}V = 0$ erfüllt ist. Nur bei einem Nichterwerbseinkommen von Null ergibt sich zwischen (143) und (173) der beiden Modelle T_{GM}^{NK} und T_{VR1}^{NK} kein Unterschied.

Analytisch lässt sich der Zusammenhang zwischen Nichterwerbseinkommen und der Erwerbsarbeitszeit wie folgt herleiten. Benötigt wird eine explizit formulierte Nutzenfunktion, für die wir vorliegend die auf der Grundlage von Gossen (1854) modifizierte Nutzenfunktion (128') wählen[334]. Die dortige Nebenbedingung (159) muss dafür zu der vorliegenden Totaleinkommensrestriktion (165) erweitert werden. Angenommen wird der Fall, dass es nur ein Gut x gibt, so dass auf den Index i zur Bezeichnung verschiedener Güter verzichtet werden kann.

---

[333] Siehe oben (141) bis (143), S. 131.

[334] Siehe oben S. 141.

Aus der Gleichgewichtsbedingung

$$(164') \quad \left(\frac{b_0 - b_1 \cdot x_0}{\bar{a}_{0i} - \bar{a}_{1i} \cdot x_i}\right) = \frac{w_i}{p_i}$$ [335]

wird in diesem Fall mit (165):

$$(174) \quad w \cdot \left(\bar{a}_0 - \bar{a}_1 \cdot \left(\frac{w \cdot T + V}{p} - \frac{w}{p} \cdot x_0\right)\right) = p \cdot (b_0 - b_1 \cdot x_0)$$

$$\Rightarrow w \cdot \left(\bar{a}_0 - \bar{a}_1 \cdot \left(\frac{w}{p} \cdot t^e + \frac{V}{p}\right)\right) = p \cdot (b_0 - b_1 \cdot x_0)$$

$$\Rightarrow t^e = \frac{p}{w} \cdot \frac{\bar{a}_0}{\bar{a}_1} - \frac{p^2}{w^2 \cdot \bar{a}_1}(b_0 - b_1 \cdot x_0) - \frac{V}{w}.$$

Unter Berücksichtigung der durch den Arbeitseinsatz t^e geschaffenen Güter kann man mit $M_1 : \mu_1 = w/p$ bekanntlich setzen[336]:

$$(156) \; a_0 = \bar{a}_0 \cdot \frac{w}{p} \text{ und } (157) \; a_1 = \bar{a}_1 \cdot \left(\frac{w}{p}\right)^2.$$

Eingesetzt in (174) ergibt dies:

$$(174') \quad t^e = \frac{a_0}{a_1} - a_1 \cdot (b_0 - b_1 \cdot x_0) - \frac{V}{w}, \quad \frac{\partial t^e}{\partial V} = -\frac{1}{w} < 0.$$

Mit steigendem Nichterwerbseinkommen V nimmt die Erwerbsarbeitszeit t^e demnach auch auf der Basis der von Gossen (1854) unterstellten Nutzenfunktion (128') ab.

Betrachten wir nun den Fall eines Haushaltsgleichgewichts im Markteintrittspunkt. In diesem wird die gesamte Zeit T, die zur Verfügung steht, für Freizeit genutzt, es gilt also $T = x_0^*$, mit x_0^* als die Freizeitnachfrage im Markteintrittspunkt. Für die Modellvariante T_{VR1}^{NK} gilt an dieser Stelle speziell die Bedingung (167)[337]. Auch in dieser Hinsicht verhält sich T_{VR1}^{NK} äquivalent zu T_{GM}^{NK}, denn (167) ist ebenfalls äquivalent der Gleichgewichtsbedingung (144) des neoklassischen Grundmodells:

$$(167) \left|\frac{dx}{dx_0^*}\right| \equiv \frac{w^*}{p} = \frac{w}{p} = \left|\frac{dx}{dx_0}\right| \Leftrightarrow (144) \left|\frac{dx}{dx_0}\right| = \frac{w}{p}.$$

Allerdings kann auf der Grundlage von (167) der Lohnsatz zusätzlich als „reservation wage" w^* ausgelegt werden, also als Lohnsatz, zu dem der Haushalt soeben bereit ist, in den Arbeitsmarkt einzutreten. Anhand von T_{VR1}^{NK} wird über den Effekt, den das Nichter-

335 Siehe oben S. 141.

336 Siehe S. 140.

337 Siehe S. 147.

werbseinkommen auf den „reservation wage“ ausübt, in der Literatur schließlich die Partizipation am Arbeitsmarkt erklärt[338].

Streng genommen setzt diese Erklärungsmöglichkeit jedoch eine zusätzliche Modellannahme $M_{12}: T = x_0^*$ voraus, die sichergestellt, dass genau der Fall vorliegt, der erklärt werden soll, nämlich eine Freizeitnachfrage x_0^*, die im Haushaltsgleichgewicht die verfügbare Zeit T vollkommen ausschöpft. Das heißt, man benötigt ein Modell T_{VR2}^{NK}, welches über M_{12} die bisher diskutierte Modellvariante T_{VR1}^{NK} auf Situationen begrenzt, in denen der Haushalt soeben bereit ist, in den Arbeitsmarkt einzutreten:

(175) $T_{VR1}^{NK} \Rightarrow T_{VR2}^{NK}: M_{12} \wedge T_{VR1}^{NK}$.

Die neue Modellvariante T_{VR2}^{NK} ist ein Spezialfall von T_{VR1}^{NK}. Beide Modelle lassen sich darüber hinaus aber auch als Spezialfälle einer gemeinsamen, allgemein gültigeren Modellvariante T_{VR0}^{NK} kenntlich machen. In diesem Fall ist zwischen beiden Modellen eine direkte Implikationsbeziehung nicht zwingend erforderlich, denn beide sind mit den noch zu erläuternden Modellannahmen M_{01} und M_{02} logisch selbstständige Modelle. Mit Bezug auf T_{VR0}^{NK} weisen die Modelle indes unterschiedliche Allgemeinheitsgrade auf (siehe Z.3, Sp.1 u. 2, in Übersicht III-3). Denn T_{VR2}^{NK} folgt mit M_{02} sowohl unmittelbar aus T_{VR0}^{NK} als auch über T_{VR1}^{NK} aus T_{VR0}^{NK}. Es gilt:

(176) $T_{VR0}^{NK} \Rightarrow T_{VR1}^{NK}: M_{01} \wedge T_{VR0}^{NK} \Rightarrow$ (175) $T_{VR2}^{NK}: M_{02} \wedge T_{VR1}^{NK}$

(177) $T_{VR0}^{NK} \Rightarrow T_{VR2}^{NK}: M_{02} \wedge T_{VR0}^{NK}$,

was im Folgenden zu erörtern ist.

Der allen drei Implikationsbeziehungen (175), (176) und (177) zu Grunde liegende Gedankengang ist folgender. Die Erklärung der Partizipationsentscheidung erfordert eigentlich einen Vergleich der Güterkombinationen im Markteintrittspunkt x_0^* mit solchen, die weiter rechts davon liegen. Güterkombinationen rechts von x_0^* wären aber mit einer Freizeitnachfrage verbunden, mit der die Gesamtzeit T überstiegen würde, die bei der Ermittlung des Markteintrittspunkts x_0^* vorausgesetzt wird. Für solche Betrachtungen müsste $T = x_0^* < x_0$ gelten. Diese Ungleichung lässt sich aus der für die Modellvariante T_{VR1}^{NK} geltenden Budgetrestriktion (165) nicht implizieren, solange die zu Grunde liegenden Nichtnegativitätsbedingungen nicht verletzt werden. Eine Erklärung der Partizipationsentscheidung mit T_{VR1}^{NK} wird erst möglich, wenn sich die Partizipationsentscheidung über eine „Brücke“ in Form von $M_{12}: T = x_0^*$ in T_{VR1}^{NK} abbilden lässt, so wie dies in der Implikation (175) erfolgt[339]. Mit der resultierenden Modellvariante T_{VR2}^{NK} wird T_{VR1}^{NK} auf die Frage des Markteintrittspunkts

---

[338] Vgl. Perlman (1969), S. 30 ff.; Bender (1976), S. 226 ff.; Killingsworth (1983), S. 4 ff.; Deaton/Muellbauer (1980), S. 273 ff. und Seel (1991a), S. 199 ff.

[339] Siehe ferner die allgemeinen Überlegungen zu der Entwicklung von Brückentheorien bei der Gehaltsmaximierung auf S. 97.

beschränkt. Mit Hilfe der Gleichgewichtsbedingungen für T_{VR2}^{NK} werden in der Literatur die Determinanten des „reservation wage" bestimmt[340].

Analoge Betrachtungen können jedoch ebenso mit einer Modellvariante T_{VR0}^{NK} über die Implikationsbeziehungen (176) und (177) durchgeführt werden. T_{VR0}^{NK} hat den Vorteil, dass ihre Implikationen generell sowohl für die „innere Lösung" der Arbeitsangebotsentscheidung als auch für die Partizipationsentscheidung gelten und darüber hinaus sogar in den Fällen logisch richtig sind, in denen das Haushaltsgleichgewicht des Haushalts gedanklich rechts vom Markteintrittspunkt x_0^* liegt.

Die Modellvariante T_{VR0}^{NK} lässt sich mit vier Modellannahmen aus dem - um die Gesetzesaussagen G^{NK} aus den neoklassischen Axiomen der Präferenz - erweiterten Modell der Grenznutzenschule T_M^{GNS} ableiten:

(178) $T_M^{GNS} \wedge G^{NK} \Rightarrow T_{VR0}^{NK}: M_2 \wedge M_4 \wedge M_5 \wedge T_M^{GNS} \wedge G^{NK}$.

Die Modellannahme $M_2: T - \sum t_i - x_0 = T - \sum t_i^e - x_0 = 0$ einer Aufteilung der Zeit in Freizeit und Erwerbsarbeitszeit ist in dieser Form für den Ein-Güter-Fall bereits in das neoklassische Grundmodell eingegangen.

Die Modellannahme M_4 resultiert aus der oben skizzierten Problemstellung, wonach rechts vom Markteintrittspunkt x_0^* die für Freizeit x_0 verfügbare Zeit mit T' eigentlich größer sein müsste als die regulär der Ermittlung des Markteintrittspunkts zu Grunde gelegte Gesamtzeit T. Das heißt, für Betrachtungen von Situationen, in denen es noch nicht zu einem Markteintritt gekommen ist, müsste gelten $T' > x_0^*$; im Markteintrittspunkt gilt entsprechend $T' = T = x_0^*$ und für ein Arbeitsangebot größer gleich Null $T' \leq x_0^*$. Die Modellannahme M_4

(179) $M_4: q \cdot T' = q \cdot \sum_i x_{0i} = \sum_i x_{0i}{}^*$, wobei $\sum_i x_{0i} = x_0$ und $\sum_i x_{0i}^* = x_0^*$,

mit q als einem Vielfachen bzw. Bruchteil der tatsächlich realisierten Freizeitnachfrage x_{0i}, gilt für den Markteintrittspunkt sowie für den Bereich diesseits und jenseits davon:

- $q \geq 1$ mit $T' \leq x_0^*$ für ein Arbeitsangebot t^e größer gleich Null („innere Lösung" des Problems),
- $q = 1$ kennzeichnet den Markteintrittspunkt $T' = T = x_0^*$ (Partizipationsentscheidung) und
- $q < 1$ kennzeichnet Situationen $T' > x_0^*$ oberhalb bzw. rechts vom Markteintritt x_0^*.

Die Modellannahme M_5 ist schließlich eine Explizierung der Modellannahme M_1:

(180) $M_5: \mu_i = \frac{x_i}{t_i} \overset{!}{\equiv} \mu_{1i} = \frac{x_i}{t_i^e} - \frac{V}{p_i \cdot t_i^e} = \frac{w_i}{p_i}$; (125') $M_1: \mu_i = \frac{x_i}{t_i} \overset{!}{\equiv} \mu_{1i} = \frac{x_i}{t_i^e} = \frac{w_i}{p_i}$ [341]

[340] Vgl. u. a. Seel (1991a), S. 202 ff.

[341] Siehe oben S. 139.

auf Situationen, in denen der Haushalt auch Nichterwerbseinkommen V bezieht.

Die Konjunktion der Modellannahmen M_2, M_4 und M_5 ergibt für die Modellvariante T_{VR0}^{NK}, soweit es nur ein Gut x gibt, folgende Totaleinkommensrestriktion:

(181) $b(x,x_0) = S_T = wT + V = px + w \cdot \frac{x_0^*}{q}$.

Je nachdem, welchen Wert der Faktor q annimmt, folgt aus T_{VR0}^{NK} entweder die Gleichgewichtsbedingung für die innere Lösung, für den Markteintritt oder für Güterkombinationen rechts davon. Für jede dieser Situationen wird eine eigene Modellannahme formuliert:

(182) $M_{01}: q \geq 1$

(183) $M_{02}: q = 1$, mit $M_{02} \in M_{01}$

(184) $M_{03}: q < 1$.

Mit M_{01} resultiert aus T_{VR0}^{NK} über die Implikationsbeziehung (176)[342] die Modellvariante T_{VR1}^{NK} für die Erklärung der inneren Lösung des Entscheidungsproblems; mit M_{02} folgt nach (177) die Variante T_{VR2}^{NK}, mit der aus der inneren Lösung speziell der Fall des Markteintritts erklärt wird. Eine dritte Modellvariante T_{VR3}^{NK} erklärt über M_{03} auf der Grundlage von T_{VR0}^{NK} alle Situationen, in denen der Haushalt dem Arbeitsmarkt fernbleibt:

(185) $T_{VR0}^{NK} \Rightarrow T_{VR3}^{NK}: M_{03} \wedge T_{VR0}^{NK}$.

Danach sind die Modelle T_{VR1}^{NK}, T_{VR2}^{NK} und T_{VR3}^{NK} spezielle Modelle von T_{VR0}^{NK}, wobei T_{VR1}^{NK} und T_{VR3}^{NK} den gleichen, höheren Allgemeinheitsgrad aufweisen, da T_{VR2}^{NK} ein Spezialfall von T_{VR1}^{NK} ist (siehe Z.3 u. Z.4 in Übersicht III-3).

Den Beleg hierfür liefern die notwendigen Bedingungen für das Vorliegen eines Extremwertes auf der Grundlage der Totaleinkommensrestriktion (181) und der neoklassischen Nutzenfunktion $U(x,x_0)$:

(186) $L = U(x,x_0) + \lambda(w \cdot T + V - p \cdot x - w \cdot \frac{x_0^*}{q}) \rightarrow \max!$

(187) $\frac{\partial L}{\partial x} = \frac{\partial U}{\partial x} - \lambda \cdot p = 0$

(188) $\frac{\partial L}{\partial x_0^*} = \frac{\partial U}{\partial x_0^*} - \lambda \cdot \frac{w}{q} = 0 \Rightarrow \frac{\partial U}{\partial x_0^*} \cdot \frac{1}{\lambda} = \frac{w}{q}$

(189) $\frac{\partial L}{\partial \lambda} = w \cdot T + V - p \cdot x - \frac{w}{q} \cdot x_0^* = 0$.

Aus (188) folgt auf der Grundlage von (166) mit Bezug auf den Schattenlohnsatz w^*:[343]

---

[342] Siehe (176), S. 151.

[343] Siehe S. 147.

$$(166') \quad \frac{\partial U}{\partial x_0^*} \cdot \frac{1}{\lambda} = w^* \cdot q = w,$$

wobei der „reservation wage" nunmehr mit $w^* \cdot q$ über den Faktor q eindeutig festgelegt ist.

Im Haushaltsgleichgewicht muss also gelten (187) = (188):

$$(190) \quad \frac{\frac{\partial U}{\partial x_0^*}}{\frac{\partial U}{\partial x}} = \left|\frac{dx}{dx_0^*}\right| = \frac{w}{p \cdot q}.$$

Für die Modellvariante T_{VR1}^{NK}, die für die innere Lösung des Entscheidungsproblems wirksam ist, gilt die Gleichgewichtsbedingung (168)[344]. Sie verhält sich mit $M_{01}: q \geq 1$ äquivalent zu (190):

$$(168) \left|\frac{dx}{dx_0^*}\right| = \frac{w^*}{p} \leq \frac{w}{p} \Leftrightarrow (190) \left|\frac{dx}{dx_0^*}\right| = \frac{w}{p \cdot q} \quad \text{mit } q \geq 1.$$

Für die Modellvariante T_{VR2}^{NK}, die auf der Grundlage von T_{VR1}^{NK} speziell den Markteintritt erklärt, gilt die Bedingung (167). Diese ist mit $M_{02}: q = 1$ ebenfalls äquivalent zu (190):

$$(167) \left|\frac{dx}{dx_0^*}\right| = \frac{w^*}{p} \equiv \frac{w}{p} \Leftrightarrow (190) \left|\frac{dx}{dx_0^*}\right| = \frac{w}{p \cdot q} \quad \text{mit } q = 1.$$

Und schließlich muss für die Modellvariante T_{VR3}^{NK} gelten:

$$(169) \left|\frac{dx}{dx_0^*}\right| = \frac{w^*}{p} > \frac{w}{p}, \text{ was mit } M_{03}: q < 1 \text{ gleichsam gegeben ist.}$$

Damit wurde gezeigt, dass T_{VR0}^{NK} über die zusätzlichen Modellannahmen M_{01}, M_{02} bzw. M_{03} die Gleichgewichtsbedingungen (167), (168) sowie (169) impliziert.

Das hier angesprochene Problem ist in den induktiv-statistischen Modellansätzen unter dem Stichwort „sample selection" hinreichend bekannt, es findet aber in den deduktiv-nomologischen Ansätzen nicht angemessen Berücksichtigung. In den induktiv-statistischen Modellansätzen wird die Trennung der Beobachtungswerte hinsichtlich der Gruppe der Erwerbslosen und der Gruppe der Erwerbstätigen primär als Schätzproblem betrachtet, das über eine entsprechende Modellspezifikation systematisch erklärt werden sollte. Grundlage bilden Erklärungen der Wahrscheinlichkeit, dass eine Person aktiv am Arbeitsmarkt teilnimmt. Der q-Faktor übernimmt in der vorliegenden (deduktiv-nomologischen) Modellvariante T_{VR0}^{NK} entsprechend die Funktion der latenten Variable y_{i2}^* der induktiv-statistischen Modelle auf der Basis von Regressionsansätzen[345]. In beiden Modellansätzen wird die Dichotomie der Beobachtungswerte zum Arbeitsangebot modellendogen über den Wert

---

[344] Siehe hierzu und zu den nachfolgenden Vergleichen die Bedingungen auf S. 147.

[345] Siehe dazu S. 67.

einer latenten Variablen zu erklären versucht. Es wird bei der Rekonstruktion der anderen Grundmodelle noch zu zeigen sein, dass der q-Faktor im Unterschied zu y_{i2}^* indes keine technische Größe bleibt, die ökonomisch lediglich als Erwerbsneigung gedeutet werden kann, sondern vollständig, auch ohne stochastische Annahmen, von den einzelnen Modellen erklärt werden kann. Interessant, aber nicht überraschend ist, dass die Modelle den q-Faktor dann auch unterschiedlich erklären. In den produktionstheoretischen Grundmodellen kann er konkret auf Produktivitätsvergleiche zurückgeführt werden.

Im Prinzip wird mit den induktiv-statistischen Modellspezifikationen ausgesprochen, mit welcher Wahrscheinlichkeit die Modelle T_{VR1}^{NK}, T_{VR2}^{NK} und T_{VR3}^{NK} das Arbeitsangebot von Haushalten zutreffend erklären. In den deduktiv-nomologischen Modellansätzen ist das statistische Geltendmachen von Erklärungen indes nicht erlaubt. Es muss mit Sicherheit entscheidbar sein, unter welchen Bedingungen ein Modell anwendbar ist. Oben wurde gezeigt, dass die Modellannahmen M_{01}, M_{02} und M_{03} eine solche Abgrenzung zwischen den drei unterschiedlichen Erklärungen aus den Modellen T_{VR1}^{NK}, T_{VR2}^{NK} und T_{VR3}^{NK} auch auf deduktiv-nomologischem Wege möglich machen. Sofern eine Person erwerbstätig ist, muss zur Erklärung der Partizipationsentscheidung unter der Annahme M_{02} die Modellvariante T_{VR2}^{NK} herangezogen werden. Für den Umfang der Erwerbstätigkeit gilt indes unter der Annahme M_{01} die Variante T_{VR1}^{NK}. Eine Erwerbslosigkeit erklärt mit M_{03} die Variante T_{VR3}^{NK}.

Erweist sich die Erklärung auf der Grundlage einer der drei Modellvarianten als unzutreffend, so ist das verallgemeinerte neoklassische Grundmodell T_{VR0}^{NK} ebenfalls eindeutig falsifiziert. Das Fehlen solcher Überlegungen in der Literatur zeigt nur zu deutlich, dass die für empirische Studien verwendeten Modellspezifikationen zu wenig deduktiv-nomologisch begründet sind.

Der wegen $q = 1$ am einfachsten über die Bedingung (167) ermittelbare „reservation wage" $w^* \cdot q$ hängt von der Höhe des Nichterwerbseinkommens und dem Verlauf der Indifferenzkurven ab. Den Zusammenhang verdeutlicht die nachfolgende Abb. III-7. Bei Superiorität von Marktgütern und Freizeit nimmt die Grenzrate der Substitution $|dx/dx_0|$ von Marktgütern durch Freizeit, die bei dem dargestellten Indifferenzkurvensystem einen Markteintritt zur Folge hätte, bei Steigerung des Nichterwerbseinkommens von V_1 nach V_4 beständig zu. Je höher sie ist, umso höher muss der Reallohnsatz sein, der vom Haushalt aus als lohnend betrachtet wird, um erwerbstätig zu werden. Die Budgetgeraden, die einen Markteintritt bei x_0^* bewirken, werden entsprechend von V_1 nach V_4 immer steiler.

Eine veränderte Präferenzordnung, die durch Inferiorität von Freizeit gekennzeichnet ist, hat genau den umgekehrten Effekt. Je höher das Nichterwerbseinkommen, desto niedriger die Grenzrate der Substitution $|dx/dx_0|$. Bei Inferiorität von Marktgütern verstärkt sich demgegenüber der Effekt, wonach ein höheres Nichterwerbseinkommen die Grenzrate der Substitution $|dx/dx_0|$ von Marktgütern durch Freizeit anwachsen lässt.

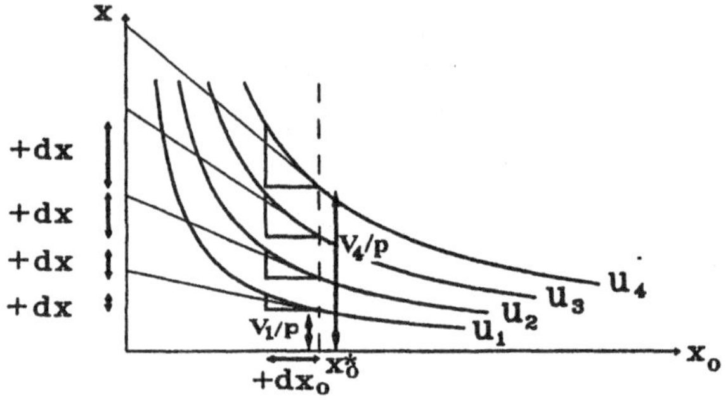

Abb. III-7 *Einfluss von Nichterwerbseinkommen und dem Indifferenzkurvensystem auf die Grenzrate der Substitution bezüglich des Nutzens bei Superiorität von Freizeit und Marktgütern*[346]

Analytisch lassen sich die Determinanten des „reservation wage" $w^* \cdot q$ wie folgt herleiten. Benötigt wird die Arbeitsangebotsfunktion (174') für die Modellvariante T_{VR2}^{NK}, die mit $M_{02}: q = 1$ aus der Implikationsbeziehung $T_{VR0}^{NK} \Rightarrow T_{VR2}^{NK}: M_{02} \wedge T_{VR0}^{NK}$ folgt[347].

(174) $t^e = \frac{p}{w} \cdot \frac{\bar{a}_0}{\bar{a}_1} - \frac{p^2}{w^2 \cdot \bar{a}_1}(b_0 - b_1 \cdot x_0) - \frac{V}{w}$.

Für diese ergibt sich wegen M_{02} auf der Basis von (166') $w^* \cdot q = w$[348] als Ausdruck für den „reservation wage", dass im Markteintrittspunkt $w^* = w$ gelten muss. Da im Markteintritt die abhängige Variable der Erwerbsarbeitszeit ferner $t^e = 0$ sein muss, folgen hierüber aus (174) die Determinanten des „reservation wage":

$$t^e = \frac{p}{w^* \cdot q} \cdot \frac{\bar{a}_0}{\bar{a}_1} - \frac{p^2}{(w^* \cdot q)^2 \cdot \bar{a}_1}(b_0 - b_1 \cdot x_0) - \frac{V}{w^* \cdot q} = 0$$

(174'') $$\Rightarrow w^* \cdot q\left(p \cdot \frac{\bar{a}_0}{\bar{a}_1} - V\right) = \frac{p^2}{\bar{a}_1}(b_0 - b_1 \cdot x_0) \qquad \text{für } M_{02}: q = 1.$$

$$\Rightarrow w^* \cdot q = \frac{p^2(b_0 - b_1 \cdot x_0)}{\left(p \cdot \frac{\bar{a}_0}{\bar{a}_1} - V\right) \cdot a_1} \Rightarrow w^* \cdot 1 = \frac{p^2(b_0 - b_1 \cdot x_0^*)}{\left(p \cdot \frac{\bar{a}_0}{\bar{a}_1} - V\right) \cdot a_1}$$

Determiniert wird der „reservation wage" und damit die Erwerbsbeteiligung danach durch die Präferenzordnung, hier beschrieben über die Parameter a und b der Nutzenfunktion

---

346 Angefertigt auf der Grundlage einer Darstellung zum Verlauf von Indifferenzkurven im allgemeinen Fall zweier superiorer Güter aus Seel (1991a), S. 188.

347 Siehe oben S. 150.

348 Siehe oben S. 154.

(128)[349], sowie das Nichterwerbseinkommen V in Relation zum Preisniveau p für die Marktgüter. Dies kennzeichnet insgesamt die Reichweite der Modellvariante T_{VR2}^{NK} (siehe Z.3c in Übersicht III-2).

Die erwiesenermaßen niedrigere Partizipationsquote bei Frauen gegenüber Männern lässt sich mit T_{VR0}^{NK} und seinen Varianten vor diesem Hintergrund folgendermaßen erklären. Im Markteintrittspunkt ist $q = 1$, weshalb sich dort bei einem „reservation wage" von $w^* \cdot q = w$ der Schattenlohnsatz w^* und der Lohnsatz w einander entsprechen[350]. Folglich muss die niedrigere Partizipationsquote bei Frauen gegenüber Männern aus dem Zusammenspiel eines niedrigeren q-Faktors und eines höheren Schattenlohnsatz w^* resultieren. Je stärker der q-Faktor nach unten von Eins abweicht, desto mehr überschreitet der Schattenlohnsatz w^* im Ausdruck $w^* \cdot q = w$ für den „reservation wage" den Reallohnsatz w. Unter Zugrundelegung von (174'') könnte die Ursache hierfür sein, dass Frauen durchschnittlich über ein höheres Nichterwerbseinkommen V verfügen. Möglicherweise kommen Frauen durch die geltenden sozialen Normen eher in den Genuss von Nichterwerbseinkommen als Männer oder werden eher dazu ermutigt, einen bestehenden Anspruch geltend zu machen, insbesondere wenn hierdurch eine Hausfrauen- und Familientätigkeit alimentiert wird. Aus (174'') ist zu ersehen, dass auch ein höherer Grenznutzen der Freizeit gegenüber dem Grenznutzen der Marktgüter für den höheren Schattenlohnsatz w^* und entsprechend niedrigeren q-Faktor bei Frauen verantwortlich sein könnte. Marktgüter wären in diesem Fall gegenüber der Freizeit inferior. Auch hierfür sprechen die geltenden sozialen Normen, die der Gruppe der Frauen traditionell eher Anerkennung gewähren, wenn sie sich voll und ganz dem Haushalt zuwenden. In der mikroökonomischen Theorienbildung mündet dieses Argument in jene Modelle, die in Bezug auf die Verwendung der Nichterwerbsarbeitszeit zwischen rein konsumtiv genutzter Freizeit und produktiv genutzter Hausarbeitszeit differenzieren. Diese werden später Gegenstand der Betrachtung sein[351].

Die besondere Reichweite speziell der Modellvariante T_{VR2}^{NK} zur Erklärung der Partizipationsentscheidung gewinnt heute ferner unter dem Schlagwort des „Lohnabstandsgebots" an Aktualität. Ist der Schattenlohnsatz w^* hoch, müssen die Löhne w ebenfalls hoch sein, damit die Bezieher von Nichterwerbseinkommen einen „reservation wage" $w^* \cdot q = w$ erzielen, durch den sie sich veranlasst sehen, mit $q = 1$ in den Arbeitsmarkt einzutreten.

---

349 Siehe oben S. 125.

350 Siehe Bedingung (166'), S. 154.

351 Siehe unten S. 213 ff.

1.2.2.2 Besteuerung des Erwerbseinkommens und Zusammenwirken von Steuer- und Transfersystem

Der Einfluss des Nichterwerbseinkommens auf das Arbeitsangebot wurde bislang pauschal für alle Formen des Nichterwerbseinkommens und losgelöst von dem geltenden oder einem alternativ erwogenen Steuersystem betrachtet. Mitunter erscheint es vor allem speziell mit Blick auf den Erhalt von Transfereinkommen sinnvoller, der Frage nachzugehen, ob Steuer- und Transfersystem hinsichtlich der Steuerung des Arbeitsangebots nach den Maßgaben der Sozialpolitik gut aufeinander abgestimmt sind. Denn aus einer mangelhaften Abstimmung beider können, wie oben bereits angedeutet, nicht beabsichtigte negative Arbeitsanreize resultieren (sog. "Armutsfalle")[352].

Diese Diskussion ist in der Bundesrepublik immer noch aktuell. Die Forderung nach einem einheitlichen Steuer- und Transfersystem durch Einführung einer sog. Negativen Einkommensteuer werden als Lösungsmöglichkeiten ebenso verfochten, wie die Senkung der Transfereinkommen unterhalb des Niveaus der Niedrigeinkommen aus Erwerbsarbeit[353].

In diesbezüglichen Modellvarianten T_{VR4}^{NK}, T_{VR5}^{NK}, T_{VR6}^{NK} sowie T_{VR7}^{NK}, die in den Z.5 und 6 der Übersicht III-3 dargestellt sind, wird mit gegenüber T_{VR0}^{NK} (Z.3) veränderten Budgetrestriktionen berücksichtigt, dass die Ausgabenseite des Budgets nicht nur durch die marktgerichtete Nachfrage des Haushalts belastet wird, sondern auch durch Steuerzahlungen. Den Grundgedanken hierzu lieferten Rosen (1976a, 1976b) und Hausman (1979), in dem sie den Lohnsatz in der Totaleinkommensrestriktion als Nettolohn interpretierten:

(191) $M_6\!: w \equiv w^N$.

Mit Bezug auf die für den Erhalt von Nichterwerbseinkommen verallgemeinerte Modellvariante T_{VR0}^{NK} (siehe Z.3 in Übersicht III-3) betrifft dies die Restriktion (165)[354]. Mit Bezug auf das neoklassische Grundmodell T_{GM}^{NK} betrifft dies die Restriktion (136)[355].

Grundsätzlich kann die Besteuerung von Erwerbseinkommen proportional oder progressiv erfolgen. Bei dem Verfahren der proportionalen Besteuerung stimmen durchschnittlicher und marginaler Steuersatz überein. Das heißt, der Bruttolohnsatz vermindert sich um einen konstanten Steuersatz auf den Wert des Nettolohnsatzes. Auf das Arbeitsangebot wirkt sich dies wie eine entsprechende Lohnsatzminderung aus. Der Effekt einer progressiven Besteuerung des Einkommens aus Erwerbsarbeit unterscheidet sich hiervon deutlich. Die progressive Besteuerung beruht auf dem Prinzip, den Grenzsteuersatz in Abhängigkeit von der

---

[352] Vgl. hierzu auch Hagenaars (1990), S. 487.

[353] Vgl. Ministerium für Arbeit, Gesundheit und Soziales NRW (1996), S. 301 ff.

[354] Siehe oben S. 143.

[355] Siehe oben S. 139.

Höhe des Bruttoeinkommens schrittweise heraufzusetzen. Der Durchschnittssteuersatz erscheint damit als steigende Funktion des Bruttoerwerbseinkommens.[356]

In Abb. III-8 stellt die Linie $\overline{AB}$ die Budgetrestriktion auf der Grundlage des Bruttoarbeitseinkommens $w \cdot t^e = w \cdot (T - x_0)$ dar, die äquivalent ist zu der unveränderten Totaleinkommensrestriktion (165) für T^{NK}_{VR0} :

(165‘) $\overline{AB}: b(x, x_0) = S_T = w \cdot T + V = p \cdot x + w \cdot x_0 \Rightarrow b(x, t^e) = w \cdot t^e + V - p \cdot x$.

Unterliegt das Erwerbseinkommen einem proportionalen Steuersatz s, dann gilt die bereits eingeführte $M_6: w \equiv w^N$, die weiter ausgelegt wird als $w^N = w^B(1-s)$:

(165“) $\overline{EB}: b(x, t^e) = S_T = t^e \cdot w^B(1-s) + V - p \cdot x$.

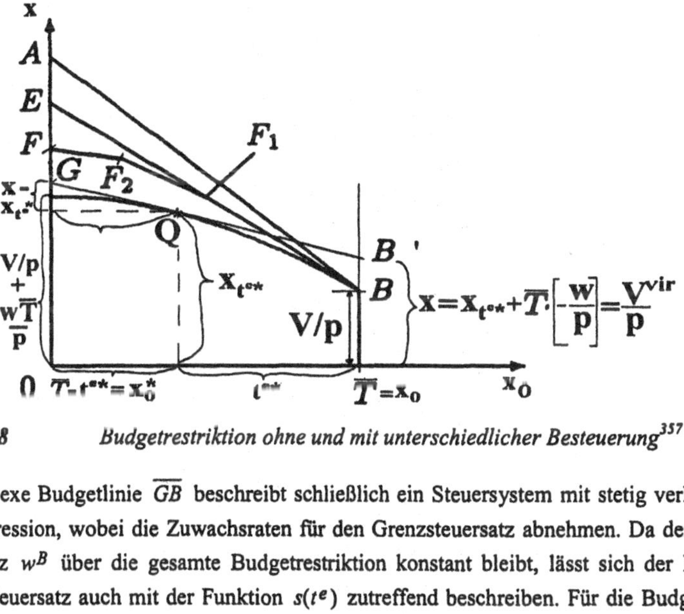

Abb. III-8 *Budgetrestriktion ohne und mit unterschiedlicher Besteuerung*[357]

Die konvexe Budgetlinie $\overline{GB}$ beschreibt schließlich ein Steuersystem mit stetig verlaufender Progression, wobei die Zuwachsraten für den Grenzsteuersatz abnehmen. Da der Bruttolohnsatz w^B über die gesamte Budgetrestriktion konstant bleibt, lässt sich der Durchschnittssteuersatz auch mit der Funktion $s(t^e)$ zutreffend beschreiben. Für die Budgetrestriktion gilt folglich neben $M_6: w \equiv w^N$ auch $M_7: w^N = w^B(1 - s(t^e))$, d. h. es gilt:

(165“‘) $\overline{GB}: b(x, t^e) = S_T = t^e \cdot w^B(1 - s(t^e)) + V - p \cdot x$.

Der Streckenzug $\overline{BF}$ setzt sich demgegenüber aus mehreren linearen Segmenten zusammen, in denen das Erwerbseinkommen von $\overline{BF_1}$ über $\overline{F_1F_2}$ bis $\overline{F_2F}$ jeweils in Abhängig-

[356] Vgl. Bender (1976), S. 227.

[357] Leicht verändert und um die Größe des virtuellen Nichterwerbseinkommens $\overline{TB'}$ erweitert nach Franz (1991), S. 50.

keit vom Erwerbseinkommen einem höheren, innerhalb eines Segments jedoch konstanten Grenzsteuersatz ausgesetzt ist, für den $ds/d(w^B \cdot t^e)$ gilt. Der Durchschnittssteuersatz beträgt $s(w^B \cdot t^e)$. Die meisten Steuersysteme sind in dieser Art mehrstufig, sie kombinieren proportionale, stückweise proportionale und progressive Elemente miteinander. Das gilt auch für die Bundesrepublik Deutschland. Es sollen nachfolgend nur die beiden Fälle der progressiven Besteuerung weiter verfolgt werden, mehrstufige Steuersysteme verlangen zusätzliche Modellannahmen zur Kennzeichnung der Übergänge von Stufe zu Stufe[358].

Für die Bestimmung eines optimalen Arbeitsangebots größer gleich Null ergeben sich im Falle einer proportionalen Besteuerung keine grundlegenden Unterschiede zu dem neoklassischen Grundmodell T_{GM}^{NK} und der das Nichterwerbseinkommen berücksichtigenden Modellvariante T_{VR1}^{NK}. Durch die Interpretation des Lohnsatzes als Nettolohnsatz erhält man die Modellvarianten:

(192) $T_{VR4}^{NK}: M_6 \wedge T_{GM}^{NK}$ (wg. T_{GM}^{NK} ohne Nichterwerbseinkommen)

(193) $T_{VR5}^{NK}: M_6 \wedge T_{VR1}^{NK}$ (wg. T_{VR1}^{NK} mit Nichterwerbseinkommen).

Beide gelangen zu der Erklärung, dass eine höhere Besteuerung der Erwerbsarbeit negative Arbeitsanreize hervorruft. Dies gilt aber für jede Form von Lohnsatzsenkung in T_{GM}^{NK} und T_{VR1}^{NK}, ihre beiden Varianten T_{VR4}^{NK} und T_{VR5}^{NK} können diesen Zusammenhang jedoch konkret auf Situationen beziehen, in denen hierfür eine Veränderung des Steuersatzes verantwortlich ist.

Die beiden Modellvarianten progressiver Besteuerung ohne und mit Berücksichtigung des Erhalts von Nichterwerbseinkommen resultieren nach den Überlegungen zur Totaleinkommensrestriktion[359] unter Hinzunahme der Modellannahme M_7 aus den Varianten mit proportionaler Besteuerung:

(194) $T_{VR4}^{NK} \Rightarrow T_{VR6}^{NK}: M_7 \wedge T_{VR4}^{NK}$ (wg. T_{VR4}^{NK} ohne Nichterwerbseinkommen)

(195) $T_{VR5}^{NK} \Rightarrow T_{VR7}^{NK}: M_7 \wedge T_{VR5}^{NK}$ (wg. T_{VR5}^{NK} mit Nichterwerbseinkommen).

Bei progressiver Besteuerung kann die Berücksichtigung des Nichterwerbseinkommens als Bestimmungsfaktor des Arbeitsangebots auf der Grundlage von T_{VR7}^{NK} mit bedeutsamen analytischen Problemen verbunden sein. Hierauf hat als erster Rosen (1976b) hingewiesen. Die von ihm angesprochenen Probleme werden vorliegend darauf zurückgeführt, dass die zugehörige Modellvariante T_{VR7}^{NK} gegenüber derjenigen ohne Besteuerung T_{VR1}^{NK} zu veränderten Schlussfolgerungen bezüglich des Einflusses des Nichterwerbseinkommens gelangt.

Betrachten wir dafür die Gleichgewichtsbedingung für Erwerbsarbeitszeiten größer Null unter der Annahme einer durchgehend progressiven Besteuerung, woraus folgt, dass die

---

358 Vgl. hierzu den grundlegenden Aufsatz von Hausman (1979).

359 Siehe oben S. 159.

Budgetgleichung stetig und somit differenzierbar ist. Maßgeblich für diese innere Lösung des optimalen Arbeitsangebots war ohne Berücksichtigung einer Besteuerung des Erwerbseinkommens die Gleichgewichtsbedingung (144) aus T_{VR1}^{NK} (siehe Übersicht III-4). Die Implikationsbeziehung zwischen T_{VR1}^{NK} und der Modellvariante T_{VR7}^{NK}, die T_{VR1}^{NK} auf den Fall der progressiven Besteuerung eingrenzt, lautet:

(196) $T_{VR1}^{NK} \Rightarrow T_{VR7}^{NK}: M_6 \wedge M_7 \wedge T_{VR1}^{NK}$,

mit $M_6: w \equiv w^N$ und $M_7: w^N = w^B(1-s(t^e))$ (siehe Übersicht III-3).

Für T_{VR7}^{NK} ist der Extremwert der Nutzenfunktion $U(x,x_0)$ mit $x_0 = T - t^e$ an Stelle von (165)[360] unter Berücksichtigung der Totaleinkommensrestriktion (165''') zu bestimmen[361].

Maximiert werden muss demnach die folgende Lagrange-Funktion[362]:

(197) $L = U(x_0,x) + \lambda\left(t^e \cdot w^B\left(1-s\left(t^e\right)\right) + V - p \cdot x\right) \rightarrow \max!$

Dies ergibt für T_{VR7}^{NK} die Gleichgewichtsbedingung:

$$(198)\quad \left|\frac{dx}{dx_0}\right| = \frac{\frac{\partial w^N}{\partial t^e}}{p} \text{ mit } \left[\frac{\partial w^N}{\partial t^e}\right] = \frac{\frac{\text{EUR}}{\text{h}}}{\frac{\text{h}}{\text{h}}} = \frac{\text{EUR}}{\text{h}},\ \frac{\partial w^N}{\partial t^e} > 0,\ \frac{\partial^2 w^N}{\left(\partial t^e\right)^2} < 0.$$

An Stelle des konstanten (Netto-)Lohnsatzes w in (144) für T_{VR1}^{NK} (siehe Übersicht III-4) tritt in (198) für T_{VR7}^{NK} der Ausdruck $\partial w^N / \partial t^e$, der besagt, dass der Nettolohnsatz in Abhängigkeit von der Erwerbsarbeitszeit mit abnehmenden Zuwachsraten für den Grenzsteuersatz sinkt. Entsprechend nimmt der Effekt des von der Besteuerung ausgehenden negativen Arbeitsanreizes mit der Höhe der Erwerbsarbeitszeit zu, der Zuwachs des Einflusses wird aber geringer.

Die Gleichgewichtsbedingung für T_{VR1}^{NK} wurde bereits um die Budgetrestriktion (165) zu der Arbeitsangebotsfunktion (174') expliziert[363]:

(174) $t^e = \frac{a_0}{a_1} - a_1 \cdot (b_0 - b_1 \cdot x_0) - \frac{V}{w}$.

Ersetzt man hierin den Lohnsatz w durch den mit M_6 und M_7 in T_{VR7}^{NK} weiter explizierten Nettolohnsatz w^N, so erhält man für diese Arbeitsangebotsfunktion:

(174''') $t^e = \frac{a_0}{a_1} - a_1 \cdot (b_0 - b_1 \cdot x_0) - \frac{V}{w^B\left(1-s\left(t^e\right)\right)}$.

---

360 Siehe S. 143.

361 Siehe S. 159.

362 Siehe Rosen (1976b), S. 492.

363 Siehe oben S. 150.

Ein Vergleich zwischen den beiden Arbeitsangebotsfunktionen (174) und (174''') zeigt nun Folgendes. Angenommen, beide Modellvarianten T_{VR1}^{NK} und T_{VR7}^{NK} würden den selben Wert für die abhängige Variable der Erwerbsarbeitszeit t^{e*} zutreffend erklären. Dann müsste die Differenz aus den beiden Arbeitsangebotsfunktionen gleich Null sein:

$$(199)\ \Delta t^{e*} = \frac{a_0}{a_1} - a_1 \cdot (b_0 - b_1 \cdot x_0) - \frac{V}{w} - \frac{a_0}{a_1} + a_1 \cdot (b_0 - b_1 \cdot x_0) + \frac{V}{w^B\left(1 - s\left(t^e\right)\right)} \stackrel{!}{=} 0 .$$

Tatsächlich folgt aber aus (199):

$$(200)\ \Delta t^{e*} = \frac{V}{w^B\left(1 - s\left(t^e\right)\right)} - \frac{V}{w} \neq 0 .$$

Denn in (174''') hängt der Ausdruck für den Lohnsatz vom Arbeitsangebot ab, in (174) ist er konstant. Daraus folgt, je größer das Arbeitsangebot t^{e*}, desto größer wird die über (200) errechnete Differenz zwischen den Werten, die T_{VR7}^{NK} gegenüber T_{VR1}^{NK} erklärt. Die Differenz begründet sich folgendermaßen. Löst man die der jeweiligen Arbeitsangebotsfunktion zu Grunde liegende Totaleinkommensrestriktion jeweils nach dem Nichterwerbseinkommen auf, so erhält man für die Arbeitsangebotsfunktion (174''') aus der Totaleinkommensrestriktion

$$(165''')\ b\left(x, t^e\right) = t^e \cdot w^B\left(1 - s\left(t^e\right)\right) + V = p \cdot x \Rightarrow V = p \cdot x - t^e \cdot w^B\left(1 - s\left(t^e\right)\right)$$

und für (174) aus

$$(165'')\ \ b\left(x, t^e\right) = t^e = \frac{p}{w} \cdot x - \frac{V}{w} \Rightarrow V = p \cdot x - t^e \cdot w ,$$

wobei $w = w^B - s \cdot w^B$ den Nettolohnsatz beschreibt, mit w^B für den Bruttolohnsatz und s den Steuersatz bei proportionaler Besteuerung.

Bildet man nun aus den beiden abgeleiteten Ausdrücken für das Nichterwerbseinkommen die Differenz:

$$(201)\ \Delta V = t^e \cdot \left[w - w^B\left(1 - s\left(t^e\right)\right)\right] = t^e \cdot w^B\left(s\left(t^e\right) - s\right),$$

so wird deutlich, dass bei der progressiven Besteuerung durch den Parameter V in (165''') ein Nichterwerbseinkommen unterstellt wird, welches in Abhängigkeit vom Arbeitsangebot mit der Steuerprogression steigt. Folglich kann dieses nicht das tatsächliche Nichterwerbseinkommen sein, denn dieses ist exogen vorgegeben. Abb. III-8 zeigt dann auch, dass bei der progressiven Besteuerung der Schnittpunkt, der sich zwischen der Verlängerung der Tangente an die Budgetrestriktion im Haushaltsoptimum ($\overline{QB'}$) nach rechts und der Vertikalen auf $T = x_0$ ergibt, mit $B': V^{vir}/p$ höher liegt als der Schnittpunkt für das tatsächliche Nichterwerbseinkommen $B: V/p$. Danach bestimmt in (165''') das um die Differenz zwischen $B': V^{vir}/p$ und $B: V/p$ mit $t^e \cdot w^B(s(t^e) - s)$ erhöhte „virtuelle Nichterwerbseinkommen" das Arbeitsangebot, also:

$$(202)\quad V^{vir} = V + t^e \cdot w^B\left(s\left(t^e\right) - s\right),$$

während in (165'') das tatsächliche Nichterwerbseinkommen V maßgeblich ist. Wird dieser Zusammenhang nicht berücksichtigt, kommt es auf der Grundlage der die Besteuerung einbeziehenden Arbeitsangebotsfunktion (174''') zu einer fehlerhaften Erklärung des Arbeitsangebots. Das Arbeitsangebot wird dann so erklärt, als sei es um die in (200) errechnete Differenz größer als es tatsächlich ist.

In den induktiv-statistischen Modellansätzen spielt die Berechnung des „virtuellen Nichterwerbseinkommens" V^{vir} seit Rosen (1976b) eine bedeutende Rolle[364]. Wird im Falle der progressiven Besteuerung des Erwerbseinkommens an Stelle von V^{vir}, das sich in Abhängigkeit vom optimalen Arbeitsangebot t^e verändert, mit der konstanten Größe V gerechnet, so führt dies zu fehlerhaften Schätzwerten bei Regressionen des optimalen Arbeitsangebots auf das Nichterwerbseinkommen, sofern das Abweichen des virtuellen Nichterwerbseinkommens vom tatsächlichen nicht modellendogen erklärt wird. Im deduktiv-nomologischen Modellansatz ist eine gesonderte Berechnung dieser Größe allerdings nicht notwendig, da sie sich allein aus der Konjunktion der Modellannahmen M_6 und M_7 ergibt. Dies bestätigt ein Vergleich zwischen dem Ausdruck, den Rosen (1976b) für die Berechnung des virtuellen Nichterwerbsinkommens V^{vir} vorgeschlagen hat, und dem vorliegend aus der Konfrontation von T_{VR1}^{NK} mit T_{VR7}^{NK} abgeleiteten Ausdruck (202) für V^{vir}.

Rosen (1976b) schlägt vor, das Nichterwerbseinkommen V wie folgt zu der Größe des virtuellen Nichterwerbseinkommens V^{vir} (hier beide mit den Preisen p gewichtet) zu modifizieren:

(203) $$\frac{V^{vir}}{p} = x = \overline{T} \cdot \left(-\frac{w}{p}\right) + x_{t^{e*}} = \overline{T} \cdot \left(-\frac{w}{p}\right) + \frac{V}{p} + \frac{t^{e*} \cdot w^B\left(1 - s\left(t^{e*}\right)\right)}{p},$$

mit V^{vir} für das virtuelle Nichterwerbseinkommen, x für den durch V^{vir} ermöglichten Konsum an Marktgütern, $\overline{T}$ für die verfügbare Zeit, $-w/p$ für die Steigung der Tangente an das Haushaltsgleichgewicht Q, t^{e*} für das optimale Arbeitsangebot sowie $x_{t^{e*}}$ für den hiermit ermöglichten Konsum an Marktgütern und $s_{t^{e*}} = s(t^{e*})$ für den jeweils geltenden Grenzsteuersatz bezogen auf t^{e*}.

Die Steigung der Tangente $-w/p$ kann geometrisch über das Verhältnis der Streckenabschnitte oberhalb von Q beschrieben werden (siehe Abb. III-8):

(204) $$\frac{\left(x - x_{t^{e*}}\right)}{\left(\overline{T} - t^{e*}\right)} = -\frac{w}{p}.$$

Für $t^{e*} = 0$, eingesetzt in (204), ergibt sich der Schnittpunkt zwischen der Verlängerung der Tangente von Q nach rechts mit der Vertikalen auf $\overline{T} = x_0$:

364 Vgl. Killingsworth (1983), S. 90 f., S. 173; Franz (1991), S. 53 f.; Kooreman/Wunderink (1997), S. 59.

(204') $x = \overline{T} \cdot \left(-\frac{w}{p} \right) + x_{t^{e*}} = \frac{V^{vir}}{p}.$

Mit

(205) $S_y : x_{t^{e*}} = \frac{V}{p} + \frac{t^{e*} \cdot w^B \left(1 - s\left(t^{e*}\right)\right)}{p},$

eingesetzt in (204'), leitet Rosen (1976b) den Ausdruck (203) für das virtuelle Nichterwerbseinkommen ab, der in den entsprechenden induktiv-statistischen Modellansätzen an Stelle des Nichterwerbseinkommens verwendet wird. Für $w = w^B - s \cdot w^B$ folgt wegen

(206) $\overline{T} - t^e = t^{e*} - t^e$

aus diesem der vorliegend aus dem Vergleich zwischen T_{VR7}^{NK} und T_{VR1}^{NK} abgeleitete Ausdruck (202) für das virtuelle Nichterwerbseinkommen[365], was zu beweisen war.

Für die Betrachtung der Partizipationsentscheidung wurde unter der Annahme, dass keine Besteuerung des Erwerbseinkommens erfolgt, die Modellvariante T_{VR2}^{NK} herangezogen. Es stellt sich nunmehr die Frage, ob vor dem Hintergrund, dass über die Implikationsbeziehung (196)[366] die innere Lösung der Bestimmung des optimalen Arbeitsangebots auf der Grundlage von T_{VR1}^{NK} in Form von T_{VR7}^{NK} erfolgreich auf den Fall der progressiven Besteuerung verallgemeinert werden konnte, dies auch für die Partizipationsentscheidung gilt, nämlich dadurch, dass T_{VR2}^{NK} über die gleichen Modellannahmen M_6 und M_7 zu einer neuen, bislang noch nicht diskutierten Modellvarianten der progressiven Besteuerung wird.

Die Determinante für den „reservation wage" wurde auf der Grundlage von T_{VR2}^{NK} expliziert zu[367]:

(174'') $w^* = \frac{p^2 (b_0 - b_1 \cdot x_0{}^*)}{p \cdot \bar{a}_{0i} - \bar{a}_{1i} \cdot V}$, für $M_{02} : q = 1$.

Danach hängt der „reservation wage" in T_{VR2}^{NK} nur ab von den Parametern a und b der Nutzenfunktion (128)[368], dem Preisniveau der Marktgüter p und dem Nichterwerbseinkommen V, nicht aber von der Besteuerung s des Erwerbseinkommens. Dies leuchtet auch insofern ein, als nach Abb. III-8 die Tangente im Markteintritt bei $T = x_0^*$ die Vertikale auf $T = x_0^*$ in demselben Punkt B schneidet, der auch über die Strecke $\overline{BT}$ den Quotienten aus Nichterwerbseinkommen und den Preisen beschreibt.

365 Siehe oben S. 162.

366 Siehe oben S. 161.

367 Siehe oben S. 156.

368 Siehe oben S. 125.

Eine spezielle Modellvariante für die Partizipationsentscheidung bei Besteuerung des Erwerbseinkommens ist folglich gar nicht erforderlich, die Modellvariante T_{VR2}^{NK} lässt sich allgemein auf jede Partizipationsentscheidung anwenden.

Schließlich ist noch die Frage offen, ob sich für die Implikationskette

(207) $T_{VR0}^{NK} \Rightarrow T_{VR1}^{NK} \Rightarrow T_{GM}^{NK} \Rightarrow T_{VR4}^{NK} \Rightarrow T_{VR6}^{NK}$,

die sich auf die innere Lösung des Arbeitsangebots bezieht, eine vergleichbare Implikationskette zumindest für den Theoriezweig

(208) $T_{VR0}^{NK} \Rightarrow T_{VR2}^{NK}$

finden lässt, mit dem dann eine Partizipationsentscheidung erklärt wird. Dafür müsste in Analogie zu $T_{VR1}^{NK} \Rightarrow T_{GM}^{NK}$ als Nächstes M_3: $V = 0$ unterstellt werden, was zu folgendem Ergebnis führt.

Setzt man M_3: $V = 0$ unter Berücksichtigung von[369]

(156) $a_0 = \bar{a}_0 \cdot \frac{w}{p}$ und (157) $a_1 = \bar{a}_1 \cdot \left(\frac{w}{p}\right)^2$

in die Determinanten für den „reservation wage" (174") ein, so erhält man:

(174"") $$\frac{w^*}{w^*} = 1 = \frac{\left(b_0 - b_1 \cdot x_0^*\right)}{a_0} \Rightarrow a_0 = \left(b_0 - b_1 \cdot x_0^*\right).$$

Daraus folgt mit der Grenznutzenfunktion für die (Frei-)Zeit

(127) $\frac{\partial U(x_0)}{\partial x_0^*} = \left(b_0 - b_1 \cdot x_0^*\right)$ (die T_M^{GNS} zu Grunde liegt[370])

für den Grenznutzen vorliegend der Ausdruck:

(209) $$a_0 = \left(b_0 - b_1 \cdot x_0^*\right) = \frac{\partial U(x_0)}{\partial x_0^*} \quad .$$

Einen vollkommen analogen Grenznutzen mit Bezug auf eine zusätzliche Freizeiteinheit erhält man auf der Grundlage der Nutzenfunktion (128), mit der das neoklassische Grundmodell T_{GM}^{NK} als Spezialfall des Modells T_M^{GNS} der Grenznutzenschule beschrieben wurde[371]. Aus der ersten Ableitung von (128) mit $t^e = T - x_0^*$

(128) $$\begin{aligned} &U := U^x\left(t^e\right) + U^t\left(t^e\right) = \left(a_0 + b_0\right) \cdot t^e - \frac{1}{2} a_1 \left(t^e\right)^2 - \frac{1}{2} b_1 \left(t^e\right)^2 \rightarrow \max! \\ &\Rightarrow U' = a_0 + b_0 - a_1 \cdot t^e - b_1 \cdot t^e \Rightarrow a_0 + b_0 - a_1 \cdot x_0^* - b_1 \cdot x_0^* \end{aligned}$$

folgt unter der Voraussetzung, dass $a_1 = 0$ ist:

---

369 Siehe oben S. 140.

370 Siehe oben S. 125 unter Berücksichtigung der nach Modellannahme M_2 geltenden Identität $\bar{T} - t_i \equiv x_{0i}$.

371 Siehe oben S. 125.

$$(210)\ a_0 = \left(b_0 - b_1 \cdot x_0^*\right) = \frac{\partial U(x_0)}{\partial x_0^*}.$$

Inhaltlich bedeutet die notwendige Voraussetzung $a_1 = 0$, dass der Grenznutzen aus der Nachfrage nach Marktgütern nicht, wie in (128) unterstellt wird, linear abnimmt. Da eine Marktgüternachfrage mit M_3: $V = 0$ auf Grund des Fehlens von Nichterwerbseinkommen bei einer Erwerbsarbeitszeit von Null gar nicht möglich ist, kann für die Marktgüter auch keine linear abnehmende Grenznutzenkurve gelten. Diese Schlussfolgerungen bedeuten, dass unter den Annahmen M_3: $V = 0$ und $M_{02}: q = 1$ das neoklassische Grundmodell T_{GM}^{NK} in der Modellvariante T_{VR2}^{NK} abbildbar ist.

Insgesamt gilt damit für den zweiten, mit $M_{02}: q = 1$ aus $T_M^{GNS} \Rightarrow T_{VR0}^{NK}$ folgenden Theoriezweig:

$$(211)\ T_M^{GNS} \Rightarrow T_{VR0}^{NK} \Rightarrow T_{VR2}^{NK} \Rightarrow T_{GM}^{NK}.$$

Danach würde eine Falsifikation von T_{GM}^{NK} in aufsteigender Linie innerhalb der Theoriezweige die Modellvarianten T_{VR1}^{NK} und T_{VR2}^{NK} und mit diesen das verallgemeinerte neoklassische Grundmodell T_{VR0}^{NK} sowie das Modell T_M^{GNS} der Grenznutzenschule in gleicher Weise betreffen. Die spezielleren Modellvarianten T_{VR4}^{NK} bis T_{VR7}^{NK}, die sich auf Situationen der Besteuerung des Erwerbseinkommens beziehen, würden von der Falsifikation allerdings nicht tangiert. Gleiches gilt für T_{VR3}^{NK}. Dies ergibt sich aus dem „modus tollens“ (siehe u. a. Übersicht II-15).

1.2.2.3 Standardisierte Wahlmöglichkeiten am Konsumgüter- und Arbeitsmarkt

In einer weiteren, in Z.2, Sp.3 der Übersicht III-3 beschriebenen Modellvariante T_{VR8}^{NK} werden beschränkte Wahlmöglichkeiten auf dem Arbeitsmarkt als gegeben angenommen. Erste Ansätze dieser Art fertigten Bronfenbrenner/Mossin (1967) sowie Perlman (1969) zum Themenkreis der Überbeschäftigung an. Danach werden zahlreiche Haushalte durch kollektive Arbeitszeitregelungen zu Mehrarbeit in Form von Überstunden oder Schwarzarbeit gezwungen, weil sie infolge fixierter Arbeitszeiten sonst nur ein suboptimales Haushaltsgleichgewicht erreichen würden. Dieser Gedanke entspricht konzeptionell einer Modifikation des neoklassischen Gleichgewichtsbegriffs, mit dem nunmehr auch Fälle von Marktversagen gedeutet werden (siehe Z.2d., Sp.4 in Übersicht III-2). In Fällen der Unter- oder Überbeschäftigung ist der Markt ausgeglichen, ohne dass hiermit die Angebots- und Nachfragepläne aller Marktteilnehmer erfüllt sind.

Neuere Arbeiten von Stobernack (1991) und Untiedt (1992) erfassen sämtliche Formen der Arbeitszeitbeschränkung bis hin zur Arbeitslosigkeit. Hiernach lässt sich ein Nebeneinander von Unter- und Überbeschäftigung auf individuelle Entscheidungen über Arbeitszeit und Erwerbsbeteiligung bei mangelnder Arbeitszeitflexibilität zurückführen. Aktuelle Bedeutung haben diese Modellvarianten nach wie vor in der Diskussion um Arbeitszeitflexibilisierung und Überstunden-Abbau.

Standardisierungen der Wahlmöglichkeiten wurden in neoklassischen Erklärungsansätzen zunächst in Bezug auf die Nachfrage nach Konsumgütern Beachtung geschenkt. Einen grundlegenden Beitrag haben Tobin/Houthakker (1950/51) geliefert, die sich der Frage widmeten, wie sich eine Rationierung von Konsumgütern unter Kriegseinfluss auf die Preiselastizität der Güternachfrage auswirkt.

Seit Bronfenbrenner/Mossin (1967) und Perlman (1969) wird in der Neoklassik unter dem Stichwort der Güterrationierung auch die Wirkung von Arbeitszeitregelungen erfasst. Arbeitszeiten können dem Haushalt gesetzlich, tariflich oder betrieblich vorgegeben sein. Die zugehörige Modellvariante ist durch eine diskontinuierlich verlaufende Budgetlinie gekennzeichnet, was zur Folge hat, dass nur bestimmte Punkte oder Bereiche und die damit verbundenen Arbeitszeiten auf der Budgetrestriktion realisiert werden können.

Killingsworth (1983) unterscheidet diesbezüglich zwei Systeme von Arbeitszeitbeschränkungen[372]. Beim „take-it-or-leave-it"-System ist dem Haushalt der Umfang der Arbeitszeit vorgegeben. Gewählt werden kann nur zwischen einer Erwerbsbeteiligung mit fester Arbeitszeit und der Arbeitslosigkeit. Beim „take-it range of hours"-System kann der Haushalt innerhalb eines nach oben und unten begrenzten Bereiches den Umfang seiner Arbeitszeit frei wählen. In beiden Fällen folgt aus der Diskontinuität der Budgetlinie, dass ein nutzenmaximierender Haushalt sich veranlasst sehen kann, ein Arbeitsangebot größer gleich Null zu realisieren, für das die Gleichgewichtsbedingung (144) des Modells T_{VR0}^{NK}:

$$(144) \quad \left|\frac{dx}{dx_0}\right| = \frac{w}{p}$$

nicht gelten muss, obwohl das Arbeitsangebot dem Haushalt den höchsten Nutzen gewährt.

Veranschaulicht wird dies in der nachfolgenden Abb. III-9. Dargestellt wird die Situation, wonach ein Haushalt den Umfang seines Arbeitsangebots zum Lohnsatz w_1/p vollkommen frei bestimmen kann. Ferner soll er alternativ zu einem deutlich höheren Lohnsatz w_3/p arbeiten können, dann allerdings mit einer Arbeitszeit t_R^e, die fest vorgegeben ist. Auf der Grundlage des eingezeichneten, aus u_1 und u_R bestehenden Indifferenzkurvensystems wird dieser Haushalt die über Punkt x^3 beschriebene Möglichkeit des fixierten, jedoch besser entlohnten Arbeitsangebots wählen. Denn mit ihr kann er das Nutzenniveau u_R erreichen, welches über u_1 liegt, also über dem Nutzenniveau, das er mit dem Haushaltsgleichgewicht x^1 bei frei gestaltbarer Arbeitszeit, aber niedrigerem Lohnsatz w_1/p erreichen würde. Folglich kann der Punkt x^3 als optimal bezeichnet werden, obwohl die Tangente an die Indifferenzkurve in diesem Punkt nicht durch die Budgetlinie gebildet

372 Siehe Killingsworth (1983), S. 46.

wird, die sich für w_3/p ergibt. Killingsworth (1983) merkt an, dass es von daher kaum begründbar erscheint, x^3 nicht als das Haushaltsgleichgewicht zu bezeichnen[373].

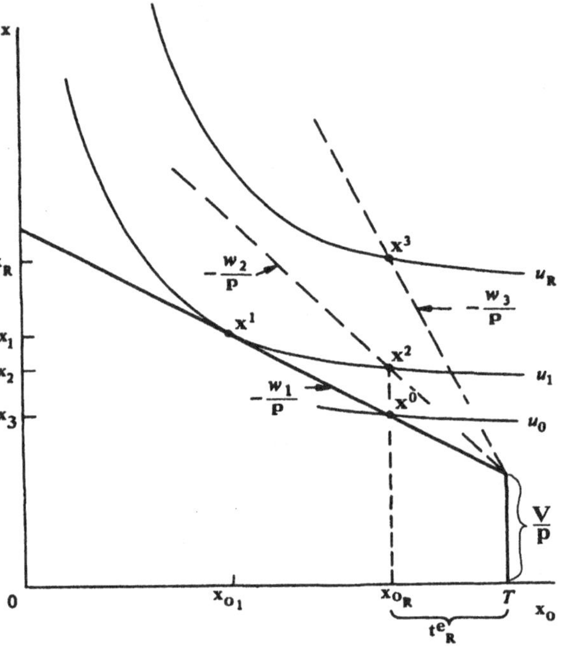

Abb. III-9 *Optimales Arbeitsangebot bei kontinuierlichen und diskontinuierlichen Budgetlinien*[374]

Die Abb. III-9 ermöglicht auch einen Rückschluss darauf, welche Lohndifferenz mindestens notwendig ist, um den Haushalt von der frei gestaltbaren zur fixierten Arbeitszeit zu bewegen. Hätte der Haushalt sich angesichts eines Lohnsatzes von w_1/p für x^1 entschieden, so bestünde für ihn bei gleichem Lohnsatz kein Anlass, auf ein Arbeitsregime zu wechseln, das mit einer fixierten Arbeitszeit im Umfang von t_R^e verbunden wäre. Denn dieser Wechsel wäre mit einem niedrigeren Nutzenniveau u_0 verbunden. Einbußen im Nutzen wären nur dann nicht zu erwarten, wenn der Lohnsatz bei fixierter Arbeitszeit mindestens auf dem Niveau von w_2/p läge. Dann könnte mit x^2 ein Haushaltsgleichgewicht realisiert werden, welches auf der gleichen Indifferenzkurve läge wie x^1.

373 Siehe Killingsworth (1983), S. 58.

374 Mit angepasster Notation nach Killingsworth (1983), S. 59.

Die Differenz zwischen den beiden Lohnsätzen w_1/p bei unrationierter Arbeitszeit und w_2/p bei rationierter Arbeitszeit, die den Haushalt für den Wechsel auf eine nicht der Gleichgewichtsbedingung (144) entsprechende Arbeitszeit entschädigt, wird in der Literatur als „compensating wage differential" bezeichnet[375].

Überlegungen der obigen Art finden sich in erster Linie in induktiv-statistischen Modellansätzen, insbesondere, weil auch sie dort als beachtenswertes Schätzproblem gelten. Vergleichbar der Problematik des „virtuellen Nichterwerbseinkommens" und der „sample selection" werden Arbeitsangebotsfunktionen im vorliegenden Zusammenhang dann fehlerhaft geschätzt, wenn unberücksichtigt bleibt, dass angesichts von Arbeitszeitbeschränkungen die auf der Grundlage der Gleichgewichtsbedingung (144) errechnete, gewünschte Arbeitszeit von der tatsächlich realisierten Arbeitszeit abweichen kann. Besonders augenfällig werden solche Fehlschätzungen bei der Bestimmung von Einkommens- und Substitutionseffekten.

Ein erneuter Blick auf Abb. III-9 mag dies verdeutlichen. Angenommen, in einer Zufallsstichprobe wäre bei Haushalten mit Lohnsätzen von w_1/p das Haushaltsgleichgewicht x^1 beobachtet worden, bei solchen mit w_2/p indes x^2. Dies könnte zu dem Schluss veranlassen, dass die Differenz zwischen dem Arbeitsangebot t_R^e in Punkt x^2 und t_I^e in x^1 auf Einkommens- und Substitutionseffekten einer Lohnsatzänderung beruht. Da x^2 als Ergebnis einer Rationierung kein Tangentialpunkt aus der über w_2/p bestimmten Budgetlinie an die Indifferenzkurve ist, wäre eine solche Interpretation in diesen Fällen indes falsch. Andererseits könnten in der Stichprobe auch Fälle sein, in denen ebenfalls Lohnsatz w_2/p gilt, allerdings ohne Rationierung der Arbeitszeit. Solche Haushalte würden mit w_2/p ein Haushaltsgleichgewicht realisieren, das mit einer höheren Arbeitszeit gegenüber x^2 verbunden ist. Wird der Umstand, dass x^2 nicht unbedingt ein Tangentialpunkt sein muss, ignoriert, würde man den Gesamteffekt einer Lohnsatzerhöhung ohne Arbeitszeitbeschränkung auf der Grundlage dieser Stichprobe höher einschätzen als er tatsächlich ist.

Vergleichbare Probleme resultieren aus der Interpretation eines Arbeitsangebots, das den Wert Null aufweist. Es kann zum einen daraus resultieren, dass ein Haushalt gar keine Erwerbstätigkeit wünscht, zum anderen darauf zurückzuführen sein, dass der Haushalt zu der gewünschten Arbeitszeit keinen passenden Arbeitsplatz findet.

Induktiv-statistische Arbeitsangebotsmodelle lösen das Problem des „compensating wage differential" dadurch, dass sie auf der Grundlage eines Multinominalen Wahrscheinlichkeitsmodells die Wahrscheinlichkeit berechnen, erwerbstätig zu sein. Dabei wird die Wahrscheinlichkeit für eine positive Arbeitszeit nicht nur aus der Wahrscheinlichkeit einer gewünschten Erwerbstätigkeit erklärt, sondern aus dem Produkt zwischen dieser und der Wahrscheinlichkeit, angesichts von Arbeitszeitbeschränkungen auch einen den Wunschvor-

---

375 Siehe Abowd/Ashenfelter (1981), S. 141-170.

stellungen entsprechenden Arbeitsplatz zu bekommen. Dieses Verfahren wird auch als „doppelte" Sample Selection und die zugehörigen Ansätze als „double hurdle"-Modelle[376] bezeichnet.

Standardisierungen in der erwerbswirtschaftlich genutzten Zeit bewirken eine unelastischere Reaktion der Erwerbsarbeitszeit auf Lohnsatzänderungen. Nach Ergebnissen einer Studie von Stobernack (1991) werden die Lohnelastizitäten tatsächlich zu hoch geschätzt, wenn Arbeitszeitrestriktionen unberücksichtigt bleiben.

Werden hinsichtlich einer Erwerbstätigkeit mehrere Optionen einbezogen, die auf einer Diskontinuität der Budgetlinie beruhen, muss die Modellspezifikation lediglich um diese Wahlmöglichkeiten erweitert werden. Dafür wird eine Arbeitsangebotsfunktion mit fixierten Arbeitszeiten formuliert, in der die abhängige Variable der Arbeitszeit beispielsweise drei nominalskalierte Ausprägungen aufweist, nämlich „nichterwerbstätig", „teilzeiterwerbstätig" und „vollzeiterwerbstätig". Ein Beispiel für diese induktiv-statistische Modellspezifikation liefert die Arbeit von Untiedt (1992).

Standardisierungen in den Wahlmöglichkeiten am Arbeitsmarkt können und werden in der Realität häufig mit Standardisierungen auf dem Konsumgütermarkt zusammentreffen, zum Beispiel insofern, als ein Haushalt, der nur zwischen einer Nichterwerbstätigkeit (N), Teilzeit- (T) oder Vollzeiterwerbstätigkeit (V) wählen kann, meist zugleich ein beschränktes Angebot an Kinderbetreuungsmöglichkeiten aus Ganztages- (Gt) und Halbtagesbetreuung (Ht) vorfindet und ansonsten nur die Alternative hat, ganz auf diese Angebote zu verzichten (Ke). Dennoch werden die Wahlmöglichkeiten an den Märkten in der neoklassischen Theorie in der Regel partialanalytisch dargestellt[377]. Durch das Zusammenwirken beider Formen der Standardisierung am Arbeitsmarkt wird das „compensating wage differential" indes noch weiter verschärft.

Nachfolgende Abb. III-10 zeigt, dass die Budgetrestriktion infolgedessen nur noch aus der durch die sechs Sternchen (*) gekennzeichneten Punktemenge besteht. Diese ergibt sich aus den Schnittpunkten der Linien, die jeweils als Lot auf die Marktgüternachfrage bzw. Freizeitnachfrage eine Standardisierung beschreiben. Die gestrichelte Linie umschreibt zum Vergleich diejenige Budgetrestriktion, die gelten würde, wenn alle Standardisierungen aufgehoben wären. Die optimale Lösung läge ohne Standardisierung in Punkt P_1, also auf einem höheren Nutzenniveau als in P_2, dem Gleichgewicht mit Standardisierung.

Die geringe Anzahl an Kombinationsmöglichkeiten zwischen den Gütern x und x_0 kann also zur Folge haben, dass es für einzelne Nutzenniveaus gar keine oder nur eine einzige

---

376 Vgl. Blundell (1990), S. 273-293.

377 Vgl. die einzelnen Grafiken hierzu bei Deaton/Muellbauer (1980), S. 9 ff. und Seel (1991a), S. 69 ff.

Wahlmöglichkeit gibt. In diesem Fall ist das Axiom der Vollständigkeit verletzt, dessen Gültigkeit von der Neoklassik über die Antezedenzbedingungen von G^{NK} vorausgesetzt wird (siehe Z.1b Übersicht III-1). Denn nicht für alle (x^i, x_0^i), (x^j, x_0^j) in X gilt, dass entweder $(x^i, x_0^i) \succeq (x^j, x_0^j)$ oder $(x^j, x_0^j) \succeq (x^i, x_0^i)$. Folglich existiert keine stetige Nutzenfunktion[378].

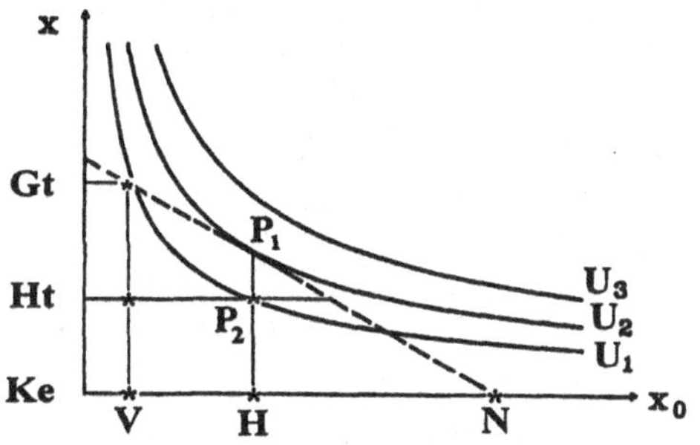

Abb. III-10 *Zusammenwirken standardisierter Wahlmöglichkeiten am Arbeits- und Konsumgütermarkt*[379]

Nach den Überlegungen von Popper (1994) zur deduktiven Prüfung von (axiomatisierten) Theorien[380] kann die vorliegende Modellvariante T_{VR8}^{NK} zur Erfassung der Standardisierung daher nicht als widerspruchsfrei bezeichnet werden. Denn aus ihr ergeben sich Schlussfolgerungen, die offenbar logisch nicht mit den Antezedenzbedingungen S^{NK} zu der Gesetzesaussage G^{NK} des Modells vereinbar sind. Folglich kann und muss die Modellvariante T_{VR8}^{NK} bereits ohne empirische Prüfung verworfen werden. Dies hat jedoch im Unterschied zu den bisher betrachteten Modellvarianten keinerlei Auswirkung auf andere Varianten, da auf Grund der modellendogenen Widersprüche auch keine Implikationsbeziehung zu anderen Modellvarianten besteht.

Denn nur auf den ersten Blick ist T_{VR8}^{NK} ein Spezialfall von T_{VR0}^{NK}. Um dies zu belegen, müssen zunächst die Modellannahmen der Standardisierung spezifiziert werden. Die Annahme fixierter Arbeitszeiten geht konform mit einer Begrenzung der Erwerbsarbeitszeit auf einen bestimmten Wert bzw. Wertebereich. Werden die Optionen „vollerwerbstätig“, „teilerwerbstätig“ sowie „nichterwerbstätig“ miteinander verglichen, so muss für jede dieser Optionen ein Haushaltsgleichgewicht bestimmt werden. M_8 schränkt die Suche nach dem

---

[378] Zu der Annahme der Vollständigkeit im Allgemeinen, siehe Varian (1990), S. 116.

[379] Eigene Darstellung.

[380] Vgl. Popper (1994), S. 7 und 41.

Haushaltsgleichgewicht auf den Fall einer Vollzeiterwerbstätigkeit ein, M_9 auf eine Teilzeiterwerbstätigkeit sowie M_{10} auf eine Nichterwerbstätigkeit:

(212) $M_8: t^e \geq 38{,}5$ h/Woche

(213) $M_9: 19{,}25 < t^e < 28{,}5$ h / Woche

(214) $M_{10}: t^e = 0$ h/Woche.

Vergleichbare Annahmen ließen sich auch für die Beschränkungen am Konsumgütermarkt ableiten.

Die Frage, welches Arbeitsangebot mit Bezug auf eine dieser drei Modellannahmen optimal ist, mündet in eine Modellspezifikation, die sich, sofern sie konsistent wäre, als Folgerungsmenge aus T_{VR0}^{NK}, dem neoklassischen Grundmodell, auf der höchsten Allgemeinheitsstufe darstellen lassen müsste (siehe Z.1 u. 2, Sp.3 in Übersicht III-3):

(215) $T_{VR0}^{NK}: M_2 \wedge M_4 \wedge M_5 \wedge T_M^{GNS} \wedge G^{NK} \overset{!}{\Rightarrow} T_{VR8}^{NK}: (M_8 \vee M_9 \vee M_{10}) \wedge T_{VR0}^{NK}$.

Aus der Wahrheitstafel für Junktoren in Übersicht II-9 folgt: Der Schluss (215) von T_{VR0}^{NK} auf die vorliegende Modellvariante T_{VR8}^{NK} ist falsch, weil mit $W(T_{VR0}^{NK})$ die Variante T_{VR0}^{NK} als wahr angenommen wird, sich in T_{VR8}^{NK} jedoch die Axiome der Präferenz S^{NK} als unwahr erweisen, in ihr also $F(G^{NK})$ gilt:

$$(216)\quad \begin{aligned} &W(M_2) \wedge W(M_4) \wedge W(M_5) \wedge W\left(T_M^{GNS}\right) \wedge F\left(G^{NK}\right) \wedge W\left(M_8 \vee M_9 \vee M_{10}\right) \\ &\Rightarrow W\left(T_{VR0}^{NK}\right) \wedge F\left(T_{VR8}^{NK}\right) \rightarrow F\left(T_{VR0}^{NK} \rightarrow T_{VR8}^{NK}\right) \end{aligned}.$$

Die Implikation (215) kann nur dann wahr sein, wenn die Modellvariante T_{VR0}^{NK} falsch ist:

(217) $F\left(T_{VR0}^{NK}\right) \wedge F\left(T_{VR8}^{NK}\right) \Rightarrow W\left(T_{VR0}^{NK} \rightarrow T_{VR8}^{NK}\right)$.

Dies konnte jedoch bislang nicht festgestellt werden. Wenn T_{VR0}^{NK} jedoch tatsächlich falsch wäre, dann müssten gemäß der beiden Implikationsketten (207)[381] und (218) auch alle anderen neoklassischen Modellvarianten falsch sein. Nur so wäre bei Falschheit von T_{VR0}^{NK} gewährleistet, dass folgende Implikationsketten insgesamt wahr sind:

$$(218)\quad \begin{aligned} &F\left(T_{VR0}^{NK}\right) \rightarrow F\left(T_{VR1}^{NK}\right) \rightarrow F\left(T_{GM}^{NK}\right) \rightarrow F\left(T_{VR4}^{NK}\right) \rightarrow F\left(T_{VR6}^{NK}\right) \\ &\Rightarrow W\left(T_{VR0}^{NK} \rightarrow T_{VR2}^{NK} \rightarrow T_{GM}^{NK} \rightarrow T_{VR4}^{NK} \rightarrow T_{VR6}^{NK}\right) \end{aligned}$$

(211) $F\left(T_{VR0}^{NK}\right) \rightarrow F\left(T_{VR2}^{NK}\right) \Rightarrow W\left(T_{VR0}^{NK} \rightarrow T_{VR2}^{NK}\right)$.

Wären alle neoklassischen Modellvarianten und das Grundmodell falsch, dann würde dies für die praktische Anwendung, also für den Schluss vom Explanans auf das Explanandum, zum einen bedeuten, dass der Explanandum-Satz stets falsch sein müsste, sofern er logisch richtig impliziert wurde. Zum anderen müssten aber auch die Modellannahmen allesamt falsch sein. Falsch sind sie mit Sicherheit stets dann, wenn sie unrealistisch sind. Diese Si-

---

381 Siehe oben S. 165.

tuation kann nicht zufriedenstellen, da Modelle mit unrealistischen Annahmen und unzutreffenden Erklärungen von sich aus ausschließen, die Wirklichkeit abzubilden.

Möglicherweise hat genau diese Situation einen Anstoß zur Entwicklung von Modellen gegeben, die eben solche Standardisierungen auf dem Arbeits- und Konsumgütermarkt angemessener erfassen als die Variante T_{VR8}^{NK}. Letztlich sind es die eingeschränkten Substitutionsmöglichkeiten zwischen Marktgütern und der Arbeitszeit, die den Gegenstand der sog. produktionstheoretischen Modelle ausmachen. Durch die Bevorzugung induktiv-statistischer Modellansätze ist das gekennzeichnete Problem möglicherweise eher als Schätzproblem denn als Widerspruch zwischen T_{VR8}^{NK} und den anderen neoklassischen Modellen gesehen worden. Der Vorwurf, dass sich die Neoklassik durch ihre Erklärungsmuster gegen die Erfahrung immunisiere, ist auf jeden Fall nicht neu[382] und passt zu der hier getroffenen Feststellung, dass die Neoklassik bei der Erklärung der Folgen einer Standardisierung am Arbeitsmarkt an Grenzen stößt, die nur durch unrealistische Modellannahmen zu überwinden sind. Vorliegend wird die Modellvariante T_{VR8}^{NK} zumindest als aus der Neoklassik nicht ableitbar bewertet:

(219) $\neg T_{VR8}^{NK} : T_{VR0}^{NK} \wedge (M_8 \vee M_9 \vee M_{10})$ (siehe Z.2, Sp.3, in Übersicht III-3).

1.2.3 Modelle mit speziellen Aussagen zum Zustandekommen von Nutzenvorstellungen

Bevor auf jene neoklassischen Modelle eingegangen wird, die spezielle Aussagen zum Zustandekommen von Nutzenvorstellungen erlauben, sind vorweg einige grundsätzlich Anmerkungen erforderlich. Die bisher unter dem verallgemeinerten neoklassischen Grundmodell T_{VR0}^{NK} subsumierten neoklassischen Modellvarianten beziehen sich streng genommen nur auf einen Einpersonenhaushalt oder den eher hypothetischen Fall, dass in einem Mehrpersonenhaushalt alle Mitglieder einheitliche Nutzenvorstellungen haben. Allerdings wird in manchen Arbeiten auch die Position vertreten, dass das Zustandekommen der individuellen Präferenzstruktur im sozialen Kontext bereits Gegenstand dieser Modelle sei. So wird die oben dargestellte, umbiegende Arbeitsangebotskurve nicht selten durch die Annahme spezifischer Präferenzrelationen über den Wechsel zwischen den Eigenschaften der Superiorität und Inferiorität unter Freizeit und Konsumgütern erklärt[383].

Schumann (1987) weist in seinem Lehrbuch der Mikroökonomik in dieser Hinsicht lediglich darauf hin, dass es beim neoklassischen Grundmodell T_{GM}^{NK} einerseits darauf an-

---

[382] Siehe v. a. die diesbezügliche Kritik von Albert (1965), S. 410.

[383] Z. B. bei Külp (1983), Schumann (1987) und Sharif (2000); eine allgemeine Einschätzung dazu, ob das Problem des Zustandekommens von Wertvorstellungen generell ein legitimer Gegenstand der Ökonomik ist, liefert u. a. Seel (1991a), S. 79 ff.

kommt, bei welchem Lohnsatz die Betrachtung von Arbeitsangebotsentscheidungen beginnt, andererseits, welchen volkswirtschaftlichen Entwicklungsstand man voraussetzt. Bei sehr niedrigen Reallohnsätzen müsse der Haushalt sein Arbeitsangebot unter deutlichem Verzicht auf Freizeit ausdehnen, um überhaupt sein Existenzminimum sichern zu können[384]. Steige hiervon ausgehend der Reallohnsatz, würde der Haushalt erst einmal einen Nachholbedarf an Freizeit haben, wodurch sein Arbeitsangebot zurückgehe. Dies entspricht den Vorstellungen von T_{GM}^{NK} zur Inferiorität von Marktgütern, dargestellt in Abb. III-3. Die Marktgüter sinken in der persönlichen Bewertung des Haushalts, wenn ihre Menge in Relation zur Freizeit zurückgeht. Erst bei weiter steigendem Reallohnsatz wird es nach Schumann für den Haushalt wieder interessant, mehr zu arbeiten, denn dann sei ein Luxusbedarf zu realisieren. Dies entspräche dem Fall der Inferiorität von Freizeit (siehe Abb. III-4), in dem der infolge eines steigenden Reallohnsatzes bewirkte Zuwachs an Erwerbsarbeitszeit verbunden ist mit einer geringeren persönlichen Bewertung der Freizeit.[385]

Külp (1983) verspricht sich währenddessen von einer Ergänzung des neoklassischen Grundmodells T_{GM}^{NK} um den Aspekt der sozialen Beeinflussung von Präferenzen eine Erhöhung seiner Erklärungskraft. Denn die individuelle Nachfrage nach Marktgütern und Freizeit hänge nicht nur vom Reallohnsatz und den Präferenzen des Haushalts ab, sondern gleichfalls von den Präferenzen der Bezugspersonen. Diese Präferenzen dokumentierten sich dem Haushalt in der realisierten Nachfrage seines sozialen Umfelds nach Marktgütern. Weiter argumentiert er, der einzelne Haushalt sei im gesellschaftlichen Zusammenhang stets bestrebt, durch demonstrative Ausweitung seiner Nachfrage nach Marktgütern in eine höhere soziale Gruppe aufzurücken. Hier folgt Külp (1983) augenscheinlich den Vorstellungen des "auffälligen Konsums“ (conspicuous consumption)[386]. Bei dieser Gelegenheit sind Situationen denkbar, in denen ein Haushalt das typische Nachfrageverhalten der nächsthöheren sozialen Gruppe auch ohne eine Erhöhung des Reallohnsatzes nachzuahmen versucht, was nur über eine Veränderung in den Präferenzrelationen möglich ist.

Vorliegend wird der Standpunkt vertreten, dass Külp (1983) hiermit den Argumentationsrahmen des Grundmodells T_{GM}^{NK} und seiner allgemeineren Form, der Variante T_{VR0}^{NK}, bereits verlassen hat, da er das Arbeitsangebot des Haushalts nicht mehr nur auf einen individuellen Entscheidungsakt zurückführt. Im neoklassischen Grundmodell bilden die Preise für die Marktgüter, der Lohnsatz für die Erwerbsarbeit und die Präferenzen des Haushalts, bezogen auf Güterkombination aus Marktgütern und Freizeit, die Bestimmungsfaktoren des

---

384 Deshalb kann es sinnvoll sein, in der neoklassischen Erklärung umbiegender Arbeitsangebotskurven zwischen armen und nicht-armen Personen zu unterscheiden. Siehe hierzu insbesondere Sharif (2000), S. 409 ff.

385 Siehe Schumann (1987), S. 80.

386 Siehe v. a. Veblen (1899).

optimalen Arbeitsangebots. Von daher ist es zwar legitim, dass Veränderungen in den individuellen Präferenzrelationen für den Verlauf einer umbiegenden Arbeitsangebotskurve verantwortlich gemacht werden. Dennoch sollte bei der Interpretation einer gegebenenfalls empirisch beobachteten, umbiegenden Arbeitsangebotskurve mit der nötigen Vorsicht vorgegangen werden. Eine solche Beobachtung darf nicht sogleich als empirische Bestätigung der Argumentation im Sinne von Külp (1983) angesehen werden. Erforderlich ist der zusätzliche empirische Beweis, ob und inwieweit die Biegungen in der Arbeitsangebotskurve tatsächlich auf Veränderungen in den Präferenzrelationen beruhen. Da Präferenzen schwer zu operationalisieren sind, ist ein derartiger Beweis nicht ganz einfach. Auf jeden Fall erfordert er einen Modellansatz, in dem die Präferenzstruktur endogen aus dem Zusammenhang zwischen Reallohnsatz und sozialem Umfeld erklärt wird. Külp (1983) nennt zwar die strukturellen Änderungen, die dafür verantwortlich sein könnten, dass die Arbeitsangebotskurve in Abhängigkeit vom Reallohnsatz Biegungen aufweisen kann, er erklärt aber nicht, bei welchen Parameterwerten für den Reallohnsatz die strukturellen Änderungen wirksam werden. Das heißt, der Modellansatz von Külp liegt nur in seiner reduzierten Form (= Prognoseform) vor. Unterschiede zwischen seinem Modellansatz und dem neoklassischen Grundmodell bestehen jedoch nur in der strukturellen Form der Modelle. Werden die Modelle lediglich in ihrer reduzierten Form numerisch spezifiziert, kann hiernach nicht mehr auf ihre strukturelle Form geschlossen werden[387]. Eine Trennung zwischen Effekten, die von den Präferenzen ausgehen, und solchen, die auf den Lohnsatz zurückzuführen sind, ist auf diese Weise ausgeschlossen. Beide Modelle könnten nur dann empirisch voneinander diskriminiert werden, wenn das Modell von Külp anhand von explizierten Strukturgleichungen den Zusammenhang zwischen Reallohnsatz und Präferenzrelation erklärt und das neoklassischen Grundmodell diesen entsprechend ausschließt.

Unter dem Blickwinkel kollektiver Güteraustauschverhältnisse gehört die Frage nach dem Zustandekommen von Nutzenfunktionen in sozialen Zusammenhängen indes zu den klassischen Problemen der Wohlfahrtsökonomik. In dieser Form wurden diese zuallererst von Samuelson (1956), allerdings bezogen auf die Nachfrage nach Marktgütern erörtert[388]. Hiernach wird das Wohlfahrtsoptimum in einer Gemeinschaft als Pareto-Optimum bezeichnet. Diese Feststellung lässt generell, so auch mit Bezug auf den Haushalt, noch offen, wie der aus den pareto-optimalen Güterkombinationen erzielte Nutzen unter den Gemeinschaftsmitgliedern aufzuteilen ist. Die zwei Möglichkeiten, die Pareto-Optimalität gewährleisten, wählte Samuelson (1956) seinerzeit zum Ausgangspunkt zweier Modellvarianten.

---

[387] Vgl. zu der reduzierten und strukturellen Form eines Modells Schneeweiß (1990), S. 253 ff.

[388] Vgl. den Hinweis bei Killingsworth (1983), S. 30.

Die erste Modellvariante setzt voraus, dass im Mehrpersonenhaushalt entweder alle Haushaltsmitglieder die gleiche Präferenzordnung haben oder ein (altruistischer) Diktator die kollektive Präferenzordnung festlegt. Durch Übertragung dieser Überlegungen speziell auf das Problem des Arbeitsangebots entstand mit der Dissertation von Kosters (1966) das später von Killingsworth namentlich gekennzeichnete Familiennutzen-Familienbudget-Modell[389] (siehe T_{VN0}^{NK} in Sp.5 von Übersicht III-2).

Nach einer zweiten Modellvariante kann Pareto-Optimalität aber auch erreicht werden, wenn der Ehemann nach Festlegung seines Arbeitsangebots als wohlwollender Diktator seiner Frau alle weiteren Entscheidungen überlässt. Aus dieser Annahme resultiert das von Killingsworth gekennzeichnete Modell des „männlichen Chauvinisten" (siehe T_{VN1}^{NK} in Sp.6 von Übersicht III-2).

Eine dritte neoklassische Modellvariante mit veränderten Annahmen zum Zustandekommen der Nutzenvorstellungen des Haushalts, die Samuelson in seinen Überlegungen nicht berücksichtigte, bezeichnete Killingsworth schließlich als Individualnutzen-Familienbudget-Modelle. Mit ihr werden in der Literatur allerdings mehrere, in einzelnen Punkten stark voneinander abweichende Modellansätze bezeichnet. Den gemeinsamen Ausgangspunkt bildet stets die Modellannahme, dass nicht die Familie als Ganzes Entscheidungen trifft, sondern jedes Haushaltsmitglied seine eigenen Ziele verfolgt, wenn auch im familialen Kontext (siehe T_{VN2}^{NK} in Sp.7 von Übersicht III-2).

1.2.3.1 Familiennutzen-Familienbudget-Modell

Samuelson (1956) bezieht sich auf einen Beitrag von Scitovsky (1941/42), der versucht hatte, eine für Volkswirtschaften geltende konsistente Präferenzrelation abzuleiten.

Scitovsky folgt der Lehrmeinung von Pareto, wonach das Wohlfahrtsoptimum einer Gemeinschaft dann erreicht ist, wenn eine Verbesserung des Nutzens bei einer Person nur noch durch Verschlechterung des Nutzens bei anderen Mitgliedern der Gemeinschaft möglich ist. Er unterstellt eine bestimmte gesamtwirtschaftliche Nutzenverteilung und argumentiert wie folgt. Wenn mit Ausnahme eines Gutes die Menge der gesamtwirtschaftlich produzierten Güter definiert ist, so lässt sich mit dem Kriterium der Pareto-Effizienz die Menge des verbleibenden Gutes bestimmen, mit der die Bedingung des Wohlfahrtsoptimums erfüllt ist. Der geometrische Ort aller auf diese Weise erhaltenen Güterkombinationen, die angesichts einer vorgegebenen Nutzenverteilung mit den verfügbaren Ressourcen erreichbar sind, ergibt eine konvex zum Koordinatenursprung verlaufende Linie, die sog. Scitovsky-Linie.[390]

---

[389] Siehe Killingsworth (1983), S. 29 ff.

[390] Siehe Scitovsky (1941-42), S. 89-110.

Samuelson (1956) kritisiert, dass Scitovsky-Linien keine gesamtwirtschaftlichen Indifferenzkurven sind, da veränderte Nutzenverteilungen jeweils zu neuen Scitovsky-Linien führen, die sich entweder schneiden oder Tangenten zueinander bilden. Eine Scitovsky-Linie beschreibt demnach zwar pareto-optimale Güterkombinationen, sie lässt aber offen, wie der Nutzen optimal zwischen den Gesellschaftsmitgliedern zu verteilen ist.

Nach Samuelson (1956) hat eine Gemeinschaft nur zwei Möglichkeiten, um aus der Menge möglicher Pareto-Optima eines als das Bestmögliche zu bestimmen. Zum Ersten kann es einem Mitglied der Gruppe überlassen sein, von allen möglichen Nutzenverteilungen diejenige auszuwählen, die ihm persönlich als die Bestmögliche erscheint. Dies entspricht einem diktatorischen Vorgehen. Zum Zweiten können die individuellen Nutzenfunktionen der Gruppenmitglieder durch deren ungeteilten Willen zur Herstellung eines Konsenses in eine gemeinsame Nutzenfunktion überführt werden, durch die gewährleistet wird, dass die Grenznutzen der von den einzelnen Mitgliedern eingebrachten Ressourcen in allen Verwendungsweisen gleich sind. Für Samuelson verläuft die innerfamiliale Konsensbildung typischerweise nach dieser zweiten, altruistischen Vorgehensweise:

"Where the family is concerned the phenomenon of altruism inevitably raises its head: if we can speak at all of the indifference curves of any one member, we must admit that his tastes and marginal rates of substitution are contaminated by the good that other members consume. These Veblen-Duesenberry external consumption effects are the essence of family life".[391]

Die Überlegungen von Samuelson (1956) bezogen sich nur auf die Nachfrage des Haushalts nach Marktgütern. Das erste Familiennutzen-Familienbudget-Modell zur Erklärung des Arbeitsangebots von Kosters (1966) hat hierauf bezugnehmend heute üblicherweise folgende Form[392]. Argumente der nachfolgenden familialen Nutzenfunktion (220) sind die von Kosters mit dem Begriff der Nichtmarktaktivität bezeichnete Freizeitnachfrage x_{0i} eines jeden Familienmitgliedes $i = 1,2,.., M$ und das Hicks'sche Konsumaggregat x, welches auf den gesamten Familienhaushalt bezogen wird:

(220) $U = U[x_{0i}, x]$.

Diese Familiennutzenfunktion unterscheidet sich von der Nutzenfunktion des neoklassischen Grundmodells T_{GM}^{NK} und seiner Verallgemeinerung T_{VR0}^{NK}[393]

(135) $U = U[x_0, x]$

---

[391] Samuelson (1956), S. 9 f.

[392] Siehe v. a. die grundlegende Arbeit von Killingsworth/Heckman (1986), S. 126 ff.

[393] Siehe hierzu v. a. oben S. 130.

nur dahingehend, dass bei der Freizeitnachfrage x_{0i} nach einzelnen Familienmitgliedern $i = 1,2,.., M$ unterschieden wird. Die funktionale Beziehung zwischen Nutzenindizes und Güterbündel wird als kollektiv zu Stande gekommene Nutzenfunktion interpretiert.

Diese Familiennutzenfunktion (220) wird gleichfalls unter Berücksichtigung einer Totaleinkommensrestriktion maximiert, allerdings werden auch hierin die verschiedenen Formen der Zeitverwendung für die einzelnen Familienmitgliedern $i = 1,\ldots, M$ im Allgemeinen bzw. für die Eheleute $i = f, m$ im Speziellen getrennt ausgewiesen. Die Restriktion des familialen Totaleinkommens ergibt sich aus der Bewertung der Zeit aller Familienmitglieder $w_i \cdot T_i$ und dem Nichterwerbseinkommen V der Familie:

(221)
$$\begin{aligned} b(x, x_{0i}) = S_T &= \sum_{i=1}^{M} w_i \cdot T_i + V = p \cdot x + \sum_{i=1}^{M} w_i \cdot x_{0i} \\ \Rightarrow S_T &= \sum_{i=1}^{M} w_i \left(T_i - x_{0i}\right) + V = p \cdot x \end{aligned} .$$

Aus der Gleichgewichtsbedingung:

(222)
$$\frac{\frac{\partial U}{\partial x_{0i}}}{w_i} = \frac{\frac{\partial U}{\partial x}}{p} = \lambda \Rightarrow \left|\frac{dx}{dx_{0i}}\right| = \frac{w_i}{p}, \text{ mit } i = 1,\ldots, M \text{ bzw. } i = f, m,$$

folgt die optimale Freizeitnachfrage eines jeden Familienmitglieds i und mit $T_i - x_{0i} = t_i^e$ die zugehörigen individuellen Arbeitsangebote. Die Familie soll ihr Totaleinkommen so auf Marktgüter und Freizeit/Erwerbsarbeitszeit verteilen, dass der Quotient aus Grenznutzen und Preis eines jeden Gutes x und x_{0i} gleich dem Lagrange-Multiplikator λ ist. An der Anwendung des den neoklassischen Modellen zu Grunde liegenden Indifferenzprinzips ändert sich insofern nichts, als es für das Indifferenzprinzip bei Vorliegen einer einzigen Nutzenfunktion unerheblich ist, auf wie viele und welche Güter sich die Präferenzordnung bezieht. Die Gleichgewichtsbedingung bleibt dieselbe, auch wenn für jedes Haushaltsmitglied ein separates Gut zur Freizeitnachfrage berücksichtigt wird.

Das dargestellte Familiennutzen-Familienbudget-Modell T_{VN0}^{NK} kann mit Hilfe einer einzigen Modellannahme M_{11} aus dem verallgemeinerten neoklassischen Grundmodell T_{VR0}^{NK} abgeleitet werden. Beide Modelle verhalten sich zueinander äquivalent, sofern bei der in T_{VN0}^{NK} vorgenommenen Unterscheidung zwischen verschiedenen Haushaltsmitglieder $i = 1,\ldots, M$ (hier speziell mit $i = m, f$ für den Ehemann und die Ehefrau) folgende Identitäten gegeben sind:

(223)
$$\frac{\partial U}{\partial x_0} \equiv \frac{\partial U}{\partial x_{0f}} = \frac{\partial U}{\partial x_{0m}}, \quad w \equiv w_m = w_f .$$

Wird diese aufgehoben und an ihrer Stelle unterstellt, dass die Grenznutzen aus der Freizeitnachfrage x_{0m} und x_{0f} und damit auch die Lohnsätze der Haushaltsmitglieder voneinander abweichen können, also:

$$(224)\quad M_{11}: \frac{\frac{\partial U}{\partial x_{0m}}}{\frac{\partial U}{\partial x_{0f}}} = \frac{w_m}{w_f} \begin{matrix} \leq \\ \geq \end{matrix} 1, \text{ mit } w \equiv w_i \text{ und } i = m, f,$$

so gilt T^{NK}_{VN0}. Mit der folgenden Annahme M'_{11}

$$(225)\quad M'_{11}: \frac{\frac{\partial U}{\partial x_{0m}}}{\frac{\partial U}{\partial x_{0f}}} = \frac{w_m}{w_f} = 1 \Leftrightarrow \frac{\partial U}{\partial x_0} = w, \text{ mit } w \equiv w_i \text{ und } i = m, f,$$

erweist sich das verallgemeinerte neoklassische Grundmodell T^{NK}_{VR0} schließlich als Spezialfall von T^{NK}_{VN0}. Analog der aus der Literatur bekannten Vorstellung eines Hicks'schen Konsumaggregats gelangt man über M'_{11} ausgehend von M_{11} zu einem Freizeitaggregat $x_0 \equiv x_{0m} = x_{0f}$. Die Variante T^{NK}_{VR0}, die bislang als das neoklassische Modell mit dem höchsten Allgemeinheitsgrad angesehen wurde, erscheint vor diesem Hintergrund lediglich als Spezialfall von T^{NK}_{VN0}:

(226) $T^{NK}_{VN0} \Rightarrow T^{NK}_{VR0}: M'_{11} \wedge T^{NK}_{VN0}$ (siehe Z.2 und 3, Sp.3, in Übersicht III-5).

Demgemäß gilt für T^{NK}_{VN0}:

(227) $T^{NK}_{VN0}: M_2 \wedge M_4 \wedge M_5 \wedge M_{11} \wedge T^{GNS}_{M} \wedge G^{NK}$,

mit den bisher auch für T^{NK}_{VR0} unterstellten, nunmehr um M_{11} erweiterten Modellannahmen.

Die größere Reichweite des Familiennutzen-Familienbudget-Modells T^{NK}_{VN0} gegenüber seinem Spezialfall T^{NK}_{VR0} erlaubt eine Schlussfolgerung, der in der Literatur eine besondere Bedeutung zukommt. Der Bereich zulässiger Lösungen für das Haushaltsgleichgewicht in T^{NK}_{VN0} wird auf der Basis gemeinschaftlicher Ausgaben und Einnahmen dargestellt. Da ferner auf der Einnahmenseite das Einkommen aus dem Arbeitsangebot der einzelnen Haushaltsmitglieder individuell ausgewiesen wird, können entsprechend der aus der Nachfragetheorie bekannten Unterscheidung zwischen Eigenpreis- und Kreuzpreiseffekten neben Eigenlohneffekten auch Kreuzlohneffekte ermittelt werden. Demzufolge reagieren Eheleute nicht nur auf Änderungen ihres eigenen Lohnsatzes, sondern auch gegenseitig auf Lohnsatzänderungen. Hiermit lässt sich die innerfamiliale Arbeitsteilung in Mehrpersonenhaushalten erklären, was die erhöhte Reichweite von T^{NK}_{VN0} gegenüber T^{NK}_{VR0} ausmacht.

Nr.	1	2	3

1

Verhandlungstheoretisches Modell

$$T_{VN2}^{NK}: M_2 \wedge M_4 \wedge M_5 \wedge M'_{15} \wedge T_M^{GNS} \wedge G^{NK}, \textit{ mit}$$

$$M_2: T - \sum_i t_i - x_0 = T - \sum t_i^e - x_0 = 0$$

$$M_4: q \cdot T' = q \cdot \sum_i x_{0i} = \sum_i x_{0i}^*$$

$$M_5: \mu_{1i} = \frac{x_i}{t_i} \overset{!}{\equiv} \frac{x_i}{t_i^e} - \frac{V}{p_i \cdot t_i^e} = \frac{w_i}{p_i}$$

$$M'_{15}: \frac{dU_i}{dU_j} \Leftrightarrow \left.\frac{(U_i - D_i)}{(U_j - D_j)}\right|_{\overline{N} = (U_i - D_i)(U_j - D_j)},$$

wobei $i, j = m, f$ mit $i \neq j$

2

Familiennutzen-Familienbudget-Modell

$$T_{VN0}^{NK}: M_{15} \wedge T_{VN2}^{NK},$$

$$M_{15}: \frac{dU_m}{dU_f} = 1$$

$\Leftrightarrow$

Familiennutzen-Familienbudget-Modell

$$T_{VN0}^{NK}: M_2 \wedge M_4 \wedge M_5 \wedge M_{11} \wedge T_M^{GNS} \wedge G^{NK}$$

$$M_{11}: \frac{\frac{\partial U}{\partial x_{0m}}}{\frac{\partial U}{\partial x_{0f}}} = \frac{w_m}{w_f} \overset{\leq}{\underset{\geq}{=}} 1$$

3

Modell des ‚männlichen Chauvinisten'

$$T_{VN1}^{NK}: M_{13} \wedge T_{VN0}^{NK},$$

$$M_{13}: \left.\frac{dg_{0m}}{dw_f}\right|_U = \left.\frac{dg_{0f}}{dw_m}\right|_U \equiv 0$$

„Verallgemeinertes" neoklass. Grundmodell

$$T_{VR0}^{NK}: M'_{11} \wedge T_{VN0}^{NK},$$

$$M'_{11}: \frac{\frac{\partial U}{\partial x_{0m}}}{\frac{\partial U}{\partial x_{0f}}} = \frac{w_m}{w_f} = 1$$

4

Standardisierte Wahlmöglichkeiten

$$\neg T_{VR8}^{NK}: T_{VR0}^{NK} \wedge (M_8 \vee M_9 \vee M_{10})$$

$$M_8: t^e \geq 38{,}5$$

$$M_9: 19{,}25 < t^e < 28{,}5$$

$$M_{10}: t^e = 0$$

5

Heckman-Variante

$$T_{VN1R4}^{NK}: T_{VN1}^{NK} \wedge \left(T_{VR8}^{NK} \wedge M_{14}\right)$$

$$M_{14}: T_f = x_{0f} + \overline{t_f^h} + t_f^e$$

Übersicht III-5 *Neoklassische Modellvarianten zum Zustandekommen der Nutzenvorstellungen*

Die traditionelle Slutsky-Gleichung (150)[394] für die Eigenlohneffekte einer Lohnsatzänderung auf das Arbeitsangebot wird dazu um die folgende Gleichung für die Kreuzlohneffekte ergänzt:

$$(150``) \quad \begin{aligned} dt_i^e &= \frac{\partial t_i^e}{\partial w_j} = \left.\frac{\partial g_{ei}}{\partial w_j}\right|_{\overline{U}} dw_j \pm \frac{\partial f_{ei}}{\partial S_T} \cdot t_j^e, \text{ mit } i = f, m \text{ und } j = m, f, \text{ wobei } i \neq j \\ dt_i^e &= S_{unk} = S_H \qquad\qquad \pm E_2 \end{aligned} .$$

mit g_{ei} für die Hicks'sche und f_{ei} für die Marshall'sche Funktion des Arbeitsangebots. Eine solche Ergänzung gilt prinzipiell auch für die Slutsky-Gleichung (149)[395], die nach konventionellem Einkommenseffekt und Totaleinkommenseffekt differenziert, auch wenn eine solche Gleichung in der Literatur keinerlei Erwähnung findet.

Der einkommenskompensierte Kreuzsubstitutionseffekt einer Lohnsatzänderung bei der Person i, bezogen auf das Arbeitsangebot seines Ehepartners j, kann sowohl ein positives als auch ein negatives Vorzeichen aufweisen, je nachdem, ob die Freizeit der beiden Eheleute in deren Augen als Komplemente oder Substitute betrachtet werden. Demgegenüber können Ashenfelter/Heckman (1974) in einer induktiv-statistischen Untersuchung zeigen, dass der Effekt einer Lohnsatzänderung, jeweils bezogen auf das eigene Arbeitsangebot, für beide Eheleute positiv ist. Doch impliziert das Familiennutzen-Familienbudget-Modell bezüglich dieser Effekte nach Ashenfelter/Heckman generell Folgendes: Wenn beide Eheleute erwerbstätig sind liegt eine inneren Lösung des Entscheidungsproblems vor. Für diese gilt, dass die begrenzte Hesse'sche Determinante positiv und die Substitutionsmatrix symmetrisch ist. Bei einer Lohnsatzänderung für den Ehepartner i ist der kompensierte Kreuzsubstitutionseffekt, bezogen auf das Arbeitsangebot des Ehepartners j, derselbe wie der Substitutionseffekt einer Lohnsatzänderung des Familienmitgliedes j, bezogen auf das Arbeitsangebot von Familienmitglied i. Es gilt:[396]

$$(228) \quad \left.\frac{dg_{0i}}{dw_j}\right|_{\overline{U}} = \left.\frac{dg_{0j}}{dw_i}\right|_{\overline{U}} \quad \text{mit } i = f, m \text{ und } j = m, f, \text{ wobei } i \neq j .$$

Ashenfelter/Heckman (1974) haben die These von der Gültigkeit der Bedingung (228) einem empirischen Test auf der Grundlage von Querschnittsdaten der US-Volkszählung aus dem Jahre 1960 unterzogen. Die These konnte hierbei nicht widerlegt werden. Gleichwohl ermitteln die Autoren für Ehepartner durchaus unterschiedliche Gesamteffekte bei der gegenseitigen Reaktion auf Änderungen im Lohnsatz des Partners. Sie schließen hieraus, dass

---

[394] Siehe oben S. 136.

[395] Siehe oben S. 136.

[396] Siehe Ashenfelter/Heckman (1974), S. 75.

bei Ehepartnern die Gesamteffekte einer Lohnsatzänderung alleine auf Grund ihrer individuell unterschiedlichen Einkommenseffekte differieren. Für die Einkommenseffekte berechnen sie bei Lohnsatzerhöhung ∂w_m für den Mann, bezogen auf die Arbeitzeit der Ehefrau $\partial t_f^e = T - \partial g_{0f}$, einen positiven Koeffizienten, bei ∂w_f für die Frau, bezogen auf die Arbeitszeit des Ehemannes $\partial t_m^e = T - \partial g_{0m}$, einen negativen Koeffizienten.

Die These von Ashenfelter/Heckman (1974) zur Gültigkeit der Bedingung (228) konnte auch durch eine weitere Studie von Hausman/Ruud (1984) nicht widerlegt werden.

Die angeführten Studien enthalten allerdings beide keine Erklärung für die Differenz zwischen den Einkommenseffekten für die Ehepartner. Auf der Basis der von ihnen zu Grunde gelegten Nutzenfunktion (220)[397] kann aber nur eine unterschiedliche Bewertung der individuellen Freizeitnachfrage x_{0i} die Ursache sein. Gilt dem Haushalt die Freizeit der Ehefrau gegenüber der Freizeit des Ehemannes und gegenüber den Marktgütern als superior, so hätte eine Lohnsatzerhöhung bei ihr mit Bezug auf seine Arbeitszeit in der Tat den „normalen" negativen Einkommenseffekt zur Folge. Die hiervon abweichende, positive Reaktion der Ehefrau auf die Erhöhung seines Lohnsatzes findet vor diesem Hintergrund nur dann eine Erklärung, wenn der Haushalt zugleich die Marktgüter und die Freizeit des Ehemannes gegenüber der Freizeit der Ehefrau als inferior betrachtet. Das hieße, für den Haushalt verlieren die Marktgüter und die Freizeit des Ehemannes an Wert, wenn die Freizeit der Ehefrau zurückgeht. Diese Erklärung entspricht den Vorstellungen der traditionellen Arbeitsteilung, wonach der Mann in der Nutzung seines Einkommens auf Alimentierung aus der Nichterwerbsarbeitszeit der Ehefrau angewiesen ist, die Frau umgekehrt in der Nutzung ihrer Nichterwerbsarbeitszeit auf die Alimentierung aus dem Einkommen des Ehemannes.

1.2.3.2 Modell des „männlichen Chauvinisten"

Aus der Annahme, dass ein Ehemann nach Festlegung seines Arbeitsangebots als „wohlwollender Diktator" seiner Frau alle weiteren Entscheidungen überlässt, entstand die als Modell des „männlichen Chauvinisten" bezeichnete Variante[398]. Ehefrauen warten danach als Zweitverdiener ("secondary worker") zunächst die Entscheidung ihrer Ehemänner ab, bevor sie über ihr eigenes Arbeitsangebot nachdenken. Das Erwerbseinkommen ihrer Männer behandeln sie dann so, als gehöre es zu ihrem eigenen Nichterwerbseinkommen.

Die Bedingung (222) von der Gleichheit der gewogenen Grenznutzen der Zeit in den beiden Verwendungsweisen, Einkommenserzielung durch den Ehemann und durch die

---

397 Siehe oben S. 177

398 Siehe Killingsworth (1983), S. 30.

Ehefrau[399], die das Pareto-Optimum voraussetzt, ist hier durch die Annahme eines einvernehmlichen Vorgehens der Eheleute sichergestellt. Der Ehemann verfolgt mit Bezug auf sein Arbeitsangebot annahmegemäß zwar seine eigenen Ziele, er zeigt sich aber damit einverstanden, dass seine Ehefrau allein die Präferenzordnung festlegt, mit der sie abschließend das Haushaltsgleichgewicht bestimmt.

Das noch heute sehr populäre, im Folgenden mit T_{VN1}^{NK} gekennzeichnete chauvinistische Modell geht auf eine Studie von Mincer (1962) zurück, mit der nach dem Krieg in den USA die ungewöhnlich hohe Arbeitslosigkeit bei Männern erklärt wurde. Dass die Erwerbsbeteiligung von Frauen in den Zeiten der wirtschaftlichen Rezension sogar noch zunahm, wurde als ordnungspolitische Herausforderung begriffen. Richtungsweisende Arbeiten für die Begründung dieses Modells lieferten ferner Untersuchungen von Bowen/Finegan (1965), Barth (1967) und Parker/Shaw (1968).

Die Ausführungen von Mincer (1962) werden jedoch in der Literatur in ihrer zentralen Bedeutung für die Entwicklung des chauvinistischen Modells unterschätzt. Bisweilen werden sie in erster Linie als produktionstheoretische Interpretation des individuellen Arbeitsangebots gewürdigt[400]. Das liegt offenbar daran, dass Mincer in seinem Ansatz als einer der ersten Autoren Hausarbeitszeit von Erwerbsarbeitszeit und Freizeit abgrenzt. Sicherlich wurde mit dieser Unterscheidung ein wesentlicher Grundstein für die produktionstheoretische Interpretation des individuellen Arbeitsangebots gelegt. Für die Zuordnung zur Produktionstheorie fehlt bei ihm jedoch der Aspekt des "produktiven Konsums"[401].

Dreh- und Angelpunkt ist bei Mincer (1962) die Überlegung, dass der Haushalt nicht an der reinen Marktentnahme von Gütern interessiert ist, sondern an Konsumaktivitäten, die neben Marktgütern auch Zeit erfordern. Auf Grund ihrer Eigenart, für den Konsum obligatorisch zu sein, grenzt er diese Form der Zeitverwendung ausdrücklich von der originären Freizeit x_0 ab, indem er sie als Hausarbeitszeit kennzeichnet.

Im Gegensatz zu produktionstheoretischen Überlegungen bleibt diese Unterscheidung jedoch eine Unterscheidung auf der Präferenzebene. Marktgüter x, Hausarbeitszeit t^h und Freizeit x_0 werden nur in der Nutzenfunktion als beschränkt substituierbare Güter betrachtet, auf der Ebene der Budgetrestriktion gelten sie weiterhin - wie in dem verallgemeinerten neoklassischen Grundmodell T_{VR0}^{NK} - als vollständig substituierbar. Die Nutzenfunktion wird im Sinne der chauvinistischen Interpretation familialer Entscheidungen als individuelle Nutzenfunktion der Ehefrau begriffen, in die, geduldet durch den Ehemann, nur die persönli-

---

399 Siehe S. 178.

400 Vgl. z. B. Killingsworth (1983), S. 39 sowie Gustafsson (1991), S. 408. Eine Ausnahme bildet u. a. die Einordnung des Ansatzes bei Seel (1991a), S. 205 und bei Zameck-Glyscinski (1985), S. 113.

401 Zameck-Glyscinski (1985), S. 113.

chen Bewertungen der Ehefrau zu den drei Gütern der Zeitverwendung eingehen. Sie wird hier deshalb mit dem Index *f* gekennzeichnet[402]:

(229) $U_f = U_f\left[x, x_{0f}, t_f^h\right]$.

Von den Gütern, die der Ehemann konsumiert, betrachtet die Frau für sich nur die Marktgüter x als entscheidungsrelevant. Diese fallen ausnahmslos als gemeinsam genutzte Güter ins Gewicht. Seine diesbezüglichen Präferenzen gehen implizit über die durch sein Erwerbseinkommen geschaffene Kaufkraft in die Budgetfunktion der Ehefrau ein. Weil er ohne Rücksicht auf seine Frau über sein eigenes Arbeitsangebot und damit über seinen Beitrag an der Erarbeitung der gemeinsam genutzten Marktgüter x entscheidet, wird der Ehemann als Chauvinist bezeichnet. Den Nutzen, den diese Marktgüter x der Ehefrau stiften, vergleicht sie mit dem Nutzen aus der von ihr geleisteten Hausarbeitszeit t_f^h und ihrer Freizeitnachfrage x_{0f}.

Die Ehefrau verfügt über ein Totaleinkommen, welches sich aus der ihr verfügbaren, mit ihrem Lohnsatz w_f bewerteten Zeit T_f und dem familialen Nichterwerbseinkommen V zusammensetzt. Letzteres besteht im Modell des „männlichen Chauvinisten" nicht nur aus dem eigentlichen Nichterwerbseinkommen V_1, sondern umfasst auch das Erwerbseinkommen des Ehemannes $(w_m \cdot t_m^e)$[403]:

(230) $S_T = w_f \cdot T_f + V = p \cdot x + w_f\left(t_f^h + x_{0f}\right)$, mit $V = V_1 + V_2 = V_1 + (w_m \cdot t_m^e)$.

Danach ist die Ehefrau nur dann geneigt eine Erwerbsarbeit aufzunehmen, wenn das Erwerbseinkommen ihres Ehemannes für die Finanzierung der gemeinsam genutzten, von ihr gewünschten Marktgüter x nicht ausreicht.

Die Lagrange-Funktion zur Ermittlung des Haushaltsgleichgewichts lautet mit Bezug auf die Nutzenfunktion (229) und die Totaleinkommensrestriktion (230):[404]

(231) $L = U_f\left(x, x_{0f}, t_f^h\right) + \lambda \cdot \left[w_f T_f + V - p \cdot x - w_f\left(t_f^h + x_{0f}\right)\right] \rightarrow \max!$

Die notwendigen Bedingungen für das Vorliegen eines Extremwertes sind:

(232) $\dfrac{\partial L}{\partial x} = \dfrac{\partial U_f}{\partial x} - \lambda \cdot p = 0$

[402] Siehe v. a. Mincer (1962), S. 67-82. Die Modellspezifikation und Notation folgt hier nicht dem Original. Mincer liefert einen in Regressionsgleichungen formulierten induktiv-statistischen Ansatz, der vorliegend in einen deduktiv-nomologischen Ansatz überführt wird.

[403] Vgl. dazu die allgemeinen Überlegungen oben S. 47.

[404] Vgl. hierzu auch Zameck-Glyscinski (1985), S. 112 ff.

(233) $\frac{\partial L}{\partial x_{0f}} = \frac{\partial U_f}{\partial x_{0f}} - \lambda \cdot w_f = 0$

(234) $\frac{\partial L}{\partial t_f^h} = \frac{\partial U_f}{\partial t_f^h} - \lambda \cdot w_f = 0$

(235) $\frac{\partial L}{\partial \lambda} = S_T - p \cdot x - w_f \cdot x_{0f} - w_f \cdot t_f^h = w_f T_f + V - p \cdot x - w_f \cdot x_{0f} - w_f \cdot t_f^h = 0$.

Folglich müssen die Grenznutzen der Zeit in allen Verwendungsweisen gleich sein dem entgangenen Ertrag aus der nicht realisierten Verwendungsweise der Erwerbsarbeit, gegeben durch den Lohnsatz w_f der Frau:

(236) $\frac{\frac{\partial U_f}{\partial x_{0f}}}{w_f} = \frac{\frac{\partial U_f}{\partial t_f^h}}{w_f}$.

Das heißt, da die Nutzung der Zeit in allen Verwendungsweisen mit denselben Opportunitätskosten w_f verbunden ist, muss das Verhältnis ihrer Grenznutzen im Gleichgewicht gleich eins sein. Für das Haushaltsgleichgewicht gilt dann im Weiteren, dass das Verhältnis zwischen dem Grenznutzen der Freizeit und dem Grenznutzen der Marktgüter dem Verhältnis zwischen dem Grenznutzen der Hausarbeitszeit und dem Grenznutzen der Marktgüter entsprechen muss. Eine Differenzierung in die beiden Kategorien der Zeitverwendung ist von daher ohne Erklärungskraft. Beide Quotienten müssen mit dem Reallohnsatz identisch sein, also dem Verhältnis der Opportunitätskosten aus der Nutzung von Zeit und Marktgütern entsprechen:

(237) $\frac{\frac{\partial U_f}{\partial x_{0f}}}{\frac{\partial U_f}{\partial x}} = \frac{\frac{\partial U_f}{\partial t_f^h}}{\frac{\partial U_f}{\partial x}} = \frac{w_f}{p}$.

Die Gleichgewichtsbedingung (237) gilt in T_{VN1}^{NK} für die innere Lösung des Problemes des optimalen Arbeitsangebots. Sie erweist sich wegen der Existenz nur einer Nutzenfunktion $U_f \equiv U$ als äquivalent zu (144)[405], die aus der Modellvariante T_{VR1}^{NK} zu dem verallgemeinerten Grundmodell T_{VR0}^{NK} für die innere Lösung folgt, und entsprechend zu (222) für das Familiennutzen-Familienbudget-Modell T_{VN0}^{NK}[406].

Anhand von Bedingung (236) zeigt sich ferner, worin der entscheidende Unterschied zwischen dem chauvinistischen Modell T_{VN1}^{NK} der Neoklassik und einer produktionstheoretischen Interpretation des Arbeitsangebots liegt. Bei Mincer (1962) führt die Überlegung,

---

405 Siehe oben S. 149.

406 Siehe oben S. 178.

dass der Konsum von Marktgütern nicht ohne zeitlichen Aufwand möglich ist, lediglich zu der Schlussfolgerung, dass die für eine Konsumaktivität aufgewendete Hausarbeitszeit t_f^h genauso wie die nachgefragte Freizeit x_{0f} nicht anderweitig genutzt werden kann. Der Gesamtpreis einer Konsumaktivität setzt sich in seinem Ansatz aus zwei Bestandteilen zusammen, dem direkten Preis p für das konsumierte Marktgut und den Opportunitätskosten w_f für die nachgefragte Hausarbeitszeit.

Demgegenüber ist der Preis eines konsumierbaren Gutes in den produktionstheoretischen Ansätzen nicht durch den Markt vorgegeben, sondern Ergebnis von haushaltsspezifischen Effizienzüberlegungen. In den inputorientierten produktionstheoretischen Ansätzen errechnet er sich aus der Minimalkostenkombination, mit der ein vorgegebenes Produktionsniveau $\bar{z}$ bezogen auf dieses Gut zu den niedrigst möglichen Kosten realisiert werden kann. Entscheidende Einflussfaktoren sind neben den Preisen p und w_f der nunmehr produktiv eingesetzten Marktgüter und der Zeit auch die eingesetzte Produktionstechnologie und die Produktionsmenge $\bar{z}$. In den aktivitätsanalytischen Ansätzen ergibt sich der Preis einer konsumierbaren Gütereigenschaft z aus dem effizienten Rand der Technologie, der dadurch gekennzeichnet ist, dass eine bestimmte Outputmenge nicht mit weniger Input hergestellt werden kann. Und in dem outputorientierten Modell ist der Preis schließlich Resultat eines Produktivitätsvergleichs zwischen Reallohnsatz und der produktiven Nutzung der mit den entgangenen Erträgen der Erwerbsarbeit bewerteten Hausarbeitszeit (siehe Z.1k, Übersicht III-1).

Auf der Basis seines reinen Opportunitätskostenansatzes kann das neoklassische Modell T_{VN1}^{NK} des „männlichen Chauvinisten" einzig anhand von geschlechtsspezifischen Einkommens- bzw. Lohndifferenzen erklären, weshalb Frauen in der Regel als "secondary workers" fungieren. Setzt man die Gleichgewichtsbedingung (235) in (234)[407], so folgt für den Grenznutzen der Hausarbeitszeit der Ehefrau:

$$(234') \quad \frac{\partial U_f}{\partial t_f^h} = \lambda \cdot w_f \Rightarrow \frac{\partial U_f}{\partial t_f^h} = \lambda \cdot w_f \left(\frac{V - p \cdot x}{T_f - x_{0f} - t_f^h} \right) = \lambda \cdot w_f \left(\frac{V - p \cdot x}{t_f^e} \right).$$

Danach bestimmen u. a. das Erwerbseinkommen des Ehemannes als Nichterwerbseinkommen der Ehefrau V und das Arbeitsangebot der Ehefrau t_f^e den Grenznutzen der Hausarbeitszeit der Ehefrau. Dabei bewirkt ceteris paribus ein Anstieg im Erwerbseinkommen des Ehemannes einen Anstieg im Grenznutzen ihrer Hausarbeitszeit, während ein Anstieg in ihrem Arbeitsangebot den Grenznutzen senkt. Sinkt bei konstantem Schattenpreis λ, den das Einhalten der Totaleinkommensrestriktion kostet, ihr Lohnsatz w_f, so steigt ebenfalls der Grenznutzen ihrer Hausarbeitszeit. Je höher sein Erwerbseinkommen und je niedriger

---

407 Siehe oben S. 185.

Lohnsatz und Arbeitsangebot der Ehefrau, desto nutzbringender ist die Hausarbeitszeit der Ehefrau für den Haushalt.

Ordnungspolitische Maßnahmen, die das Einkommen des Erstverdieners in geringerem Maße besteuern als das des Zweitverdieners, entfalten hiernach in T_{VN1}^{NK} geschlechtsspezifische Arbeitsanreize. Denn unter der Voraussetzung einer gemeinsamen steuerlichen Veranlagung geht die Ehefrau bei progressiver Besteuerung von einem bereits durch das Einkommen des Mannes erhöhten marginalen Steuersatz aus, bevor sie über ihr Arbeitsangebot entscheidet. Der erhöhte Steuersatz hat mit Bezug auf ihr Arbeitsangebot einen negativen Eigenlohneffekt. Das Ehegattensplitting erscheint somit auf der Basis von T_{VN1}^{NK} als wirksames Instrument zur Entlastung des Arbeitsmarktes[408].

Einen vergleichbaren geschlechtsspezifischen Effekt hat in dem chauvinistischen Modell der Erhalt eines Transfereinkommens, sofern dieses auf der Basis des Familieneinkommens gewährt wird. Trifft der Ehemann Entscheidungen über sein Arbeitsangebot ohne Berücksichtigung des Erwerbseinkommens seiner Ehefrau, so kann er dabei nicht bemessen, wie viel Transfereinkommen der Familie letztlich zustehen wird. Nur seine Ehefrau wird den Effekt des Transfereinkommens vollständig berücksichtigen können. Der Erhalt von Transfereinkommen wird in T_{VR0}^{NK} bekanntlich unter der Größe des Nichterwerbseinkommens subsumiert und folglich mit einem negativen Totaleinkommenseffekt in Verbindung gebracht. Diese Schlussfolgerung wird über das chauvinistische Modell T_{VN1}^{NK} auf den Spezialfall begrenzt, dass der Erhalt von Transfereinkommen einen negativen Arbeitsanreiz speziell auf Ehefrauen ausübt.

Die Effekte geschlechtsspezifischer Entscheidungen über die innerfamiliale Arbeitsteilung kennzeichnen insgesamt die besondere Reichweite des chauvinistischen Modells, vorausgesetzt, die durch den Mann angewandte „Diktatorregel" ist als Modellannahme erfüllt. T_{VN1}^{NK} stellt in dieser Hinsicht einen Spezialfall des Familiennutzen-Familienbudget-Modells T_{VN0}^{NK} dar (siehe Z.3, Sp.2 in Übersicht III-5):

(238) $T_{VN0}^{NK} \Rightarrow T_{VN1}^{NK}: M_{13} \wedge T_{VN0}^{NK}$.

Die chauvinistische Modellannahme, wonach Ehefrauen unabhängig von ihrem Ehemann entscheiden, entspricht nämlich formal der Annahme eines kompensierten Kreuzsubstitutionseffekts gleich Null. Eine entsprechende Umdeutung des Familiennutzen-Familienbudget-Modells T_{VN0}^{NK} kann beispielsweise in dem induktiv-statistischen Modellansatz bei Bognanno/Hixson/Jeffers (1974) festgestellt werden[409]. Für die kompensierten Kreuzsubstitutionseffekte (228) T_{VN0}^{NK} [410]muss in T_{VN1}^{NK} gelten:

---

408 Auf diese Implikationen verweist u. a. Hagenaars (1990), S. 488.

409 Siehe Bognanno/Hixson/Jeffers (1974), S. 82.

410 Siehe oben S. 181.

(239) $M_{13}: \left.\frac{dg_{0i}}{dw_j}\right|_{\overline{U}} = \left.\frac{dg_{0j}}{dw_i}\right|_{\overline{U}} \overset{!}{\equiv} 0$, mit $i = f, m$ und $j = m, f$, wobei $i \neq j$.

Hiernach reagieren die Eheleute auf gegenseitige Lohnsatzänderungen nicht mit einer Änderung im Tauschverhältnis ihrer Freizeit. Keiner von beiden sieht sich auf Grund einer Lohnsatzänderung bei seinem Partner dazu veranlasst, seine gegen dessen Freizeit zu substituieren.

Vor diesem Hintergrund besteht der Kreuzlohneffekt, den eine Änderung des Lohnsatzes für den Ehemann auf das Arbeitsangebot seiner Frau ausübt, ausschließlich aus einem Einkommenseffekt. Aus (150") für T_{VN0}^{NK}[411] wird mit der chauvinistischen Modellannahme M_{13} für T_{VN1}^{NK}:

(150''') $\frac{\partial t_f^e}{\partial w_m} = \left.\frac{dg_{ef}}{dw_m}\right|_{\overline{U}} - \frac{\partial f_{ef}}{\partial S_T} \cdot t_m^e \Rightarrow \frac{\partial t_f^e}{\partial w_m} = -\frac{\partial f_{ef}}{\partial S_T} \cdot t_m^e.$

Der Umstand, dass in T_{VN1}^{NK} das Erwerbseinkommen des Ehemannes als Nichterwerbseinkommen der Ehefrau ausgelegt wird, erweist sich mit der Modellannahme M_{13} nicht mehr als der eigentliche Unterschied zum Familiennutzen-Familienbudget-Modell T_{VN0}^{NK}. Im Gegenteil, diese Auslegung folgt sogar ausdrücklich aus T_{VN0}^{NK}, sofern M_{13} unterstellt wird.

Fernerhin gilt wegen der festgestellten Äquivalenz zwischen der Gleichgewichtsbedingung (237) für T_{VN1}^{NK} und (222) für T_{VN0}^{NK}[412], dass die Unterscheidung in Freizeit und Hausarbeitszeit im ursprünglichen chauvinistischen Modellansatz von Mincer (1962) entbehrlich ist, da sie gegenüber T_{VN0}^{NK} keine zusätzliche Erklärung ermöglicht. Dies ändert sich erst, sobald die Annahme eingeführt wird, dass die Hausarbeitszeit gegenüber der Freizeit stärker gebunden ist.

Viele der heutigen induktiv-statistischen Studien, die auf der neoklassischen Modellvariante des männlichen Chauvinisten beruhen, enthalten neben dem Lohnsatz der Ehefrau zusätzliche Variablen, mit denen die Kosten ihrer Hausarbeitszeit zutreffender erfasst werden sollen. Dazu gehören u. a. Variablen zum Alter, der Bildung, Ausbildung und Kinderzahl der beobachteten Ehefrauen[413]. Die Pionierarbeit für eine derartige Erweiterung des Ansatzes von Mincer (1962) leistete Heckman (1971) in seiner Dissertation.

Heckman (1971) sieht die Bedeutung des Ansatzes von Mincer (1962) vor allem im Bereich induktiv-statistischer Erklärungen, genauer gesagt, in der Schätzung von Nachfrage- und Arbeitsangebotsfunktionen. Über den zusätzlichen Regressor der Kosten für die Nichterwerbsarbeitszeit (= Freizeit plus Hausarbeitszeit) ließen sich - seiner Auffassung nach -

---

[411] Siehe oben S. 181.

[412] Siehe für (237), oben S. 185, und für (222), S. 178.

[413] Siehe für den deutschsprachigen Raum u. a. Franz/Kawasaki (1981); Hübler (1983); Franz (1985); Merz (1987), (1989) und (1990).

Schätzfehler vermeiden, weil damit in der Bedingung für das Haushaltsgleichgewicht die Grenznutzen aus den verschiedenen Verwendungsweisen der Zeit jeweils in angemessener Weise preislich unterschiedlich gewichtet werden könnten. Dies setze jedoch voraus, dass abweichend von Mincer (1962) die Kosten für die Nichterwerbsarbeitszeit mit Bezug auf die Personengruppe der Nichterwerbstätigen nicht einheitlich über den am Markt erzielbaren Lohnsatz beschrieben werden. Denn offenkundig hat der Vergleich der gewogenen Grenznutzen aus Nichterwerbs- und Erwerbsarbeitszeit gerade diese Personengruppe dazu veranlasst, von einer Erwerbstätigkeit abzusehen. Folglich müsste für sie der Quotient aus den Grenznutzen und den Kosten der Nichterwerbsarbeitszeit höher liegen als der Quotient aus dem Grenznutzen der Erwerbsarbeitszeit und dem am Markt erzielbaren Lohnsatz:

$$(240)\quad \frac{\dfrac{\partial U_f}{\partial\left(x_{0f}+t_f^h\right)}}{w^*} > \frac{\dfrac{\partial U_f}{\partial t^e}}{w_f},$$

mit w^* als die Kosten der Nichterwerbsarbeitszeit $\overline{T}-t^e = x_{0f}+t_f^h$.

Heckman (1971) kann zeigen, dass in dem Ansatz von Mincer (1962) durch die einheitliche preisliche Bewertung der gesamten Nichterwerbsarbeitszeit mit dem Lohnsatz eine Arbeitsangebotsfunktion für den Personenkreis der Nichterwerbstätigen fehlerhaft spezifiziert sein kann[414]. Dieser Kritik liegt der Sachverhalt „selektiver Stichproben" zu Grunde, für dessen qualifizierte Erfassung Heckman im Jahr 2000 den Nobelpreis für Wirtschaftswissenschaften erhielt.

Heckman (1971) schlägt in dieser Hinsicht eine Erweiterung des Ansatzes von Mincer (1962) vor. Diese knüpft formal an dem bereits im vorherigen Kapitel im Zusammenhang mit Überlegungen zu den standardisierten Wahlmöglichkeiten am Arbeitsmarkt zitierten Ansatz von Tobin/Houthakker (1950/51) zum Einfluss der Rationierung von Konsumgütern an. Sie ist damit zugleich ein gutes Beispiel dafür, wie in der Literatur bisweilen verschiedene Modellvarianten miteinander verknüpft werden, in diesem Fall die neoklassische Modellvariante des männlichen Chauvinisten T_{VN1}^{NK} mit der neoklassischen Variante zur Erfassung von Standardisierungen in der Zeitverwendung T_{VR8}^{NK}. Die fehlerhafte Bestimmung der Kosten der Nichterwerbsarbeitszeit bei Mincer (1962) führt Heckman darauf zurück, dass Mincer bezüglich seiner Unterscheidung zwischen Freizeit und Hausarbeitzeit nicht zwischen ungebundener und gebundener Nichterwerbsarbeitszeit unterscheidet. Für Mincer sind beide Verwendungsweisen der Nichterwerbsarbeitszeit vollkommen gegeneinander substituierbar. Heckman gibt in diesem Zusammenhang zu bedenken, dass Ehefrauen mehr arbeiten würden, wenn ihre Hausarbeitszeit nicht gebunden wäre, sie zum Beispiel nicht gehalten wären, Kinder zu betreuen.

---

[414] Ebenso hiermit befasst hatte sich seinerzeit Hall (1970).

Für den von Mincer (1962) implizit unterstellten Fall 1, bei dem auch für die Hausarbeitszeit keinerlei Beschränkungen vorliegen, ergibt die totale Differentiation der Gleichungen (232), (233), (234) und (235)[415]:

$$(241)\begin{bmatrix} U_{x0_f x0_f} & U_{x0_f t_f^h} & U_{x0_f x} & -w_f \\ U_{x0_f t_f^h} & U_{t_f^h t_f^h} & U_{t_f^h x} & -w_f \\ U_{x0_f x} & U_{t_f^h x} & U_{xx} & -p \\ -w_f & -w_f & -p & 0 \end{bmatrix} \cdot \begin{bmatrix} dx0_f \\ dt_f^h \\ dx \\ d\lambda_1 \end{bmatrix} = \begin{bmatrix} \lambda_1 \cdot dw_f \\ \lambda_1 \cdot dw_f \\ \lambda_1 \cdot dp \\ dpx - dw_f\left(T - t_f^h - x0_f\right) - dV \end{bmatrix}.$$

Der hiervon abzugrenzende Fall 2, in dem die Hausarbeitszeit der Ehefrau vollständig gebunden ist, lässt sich definieren über:

$$(242)\ t_f^h = \overline{t_f^h}\,.$$

Gilt (242), dann kann die Gleichgewichtsbedingung (234) wegen $dt_f^h = 0$ nicht aufrechterhalten werden. An Stelle von (241) muss daher in Fall 2 gelten:

$$(241')\begin{bmatrix} U_{x0_f x0_f} & U_{x0_f x} & -w_f \\ U_{x0_f x} & U_{xx} & -p \\ -w_f & -p & 0 \end{bmatrix} \cdot \begin{bmatrix} dx0_f \\ dx \\ d\lambda_2 \end{bmatrix} = \begin{bmatrix} \lambda_2 \cdot dw_f \\ \lambda_2 \cdot dp \\ dpx - dw_f\left(T - x0_f - t_f^h\right) - dV \end{bmatrix}.$$

Die Anordnung der Koeffizienten innerhalb des ersten Terms der beiden Gleichungssysteme (241) und (241') entspricht jeweils der geänderten Hesse'schen Determinanten. Die Hesse'sche Determinante in (241) wird mit $|H|$ bezeichnet, die in (241') mit $|H^*|$, der Kofaktor des Elementes der ersten Zeile und der ersten Spalte entsprechend mit $|H_{11}|$ bzw. $|H_{11}^*|$, der Kofaktor der ersten Zeile und der zweiten Spalte mit $|H_{12}|$ bzw. $|H_{12}^*|$ etc.

Die Lösung des Gleichungssystems (241) (Fall 1, ungebundene Hausarbeitszeit) nach der Cramerschen Regel ergibt für den Einkommenseffekt bezogen auf die Freizeitnachfrage:

$$(243)\ \frac{\partial x0_f}{\partial S_T} = \frac{|H_{41}|}{|H|}.$$

Der entsprechende Einkommenseffekt nach (241') (Fall 2, gebundene Hausarbeitszeit) lautet:

$$(244)\ \left(\frac{\partial x0_f}{\partial S_T}\right)^* = \frac{|H_{31}^*|}{|H^*|},$$ mit (*) zur Kennzeichnung der Determinanten in Fall 2.

Zwischen (243) für den Fall 1 und (244) für den Fall 2 besteht folgender Zusammenhang. Zu $|H| \cdot |H_{31}^*|$ lässt sich die Jacobi-Determinante bestimmen:

415 Siehe hier und im Folgenden Heckman (1971), v. a. S. 13 ff. Heckman verwendet in seiner Argumentation eine Familiennutzenfunktion, während die vorliegende Darstellung sich unmittelbar auf die Individualnutzenfunktion des chauvinistischen Modells bezieht.

(245) $|H|\cdot|H_{31}^{*}| \;=\; \begin{vmatrix} -|H_{21}| & |H_{22}| \\ -|H_{41}| & |H_{42}| \end{vmatrix}.$

Ferner gilt augenscheinlich (246) $|H^{*}| = |H_{22}|$.

Beides eingesetzt in (244) ergibt:

$$\left(\frac{\partial x_{0f}}{\partial S_T}\right)^{*} = \frac{1}{|H_{22}|}\left(\frac{|H_{22}||H_{41}| - |H_{21}||H_{42}|}{|H|}\right) = \frac{|H_{41}|}{|H|} - \frac{\frac{|H_{21}|}{|H|}\cdot\frac{|H_{42}|}{|H|}}{\frac{|H_{22}|}{|H|}} \Rightarrow$$

$$(244') \quad dx_{0f}{}^{*} = \left(\frac{\partial x_{0f}}{\partial S_T}\right)^{*} = \left(\frac{\partial x_{0f}}{\partial S_T}\right) - \frac{\left(-\frac{\partial x_{0f}}{\partial w_f}\right)}{\left(-\frac{\partial t_f^h}{\partial w_f}\right)}\cdot\left(\frac{\partial t_f^h}{\partial S_T}\right)\cdot t_f^h \Rightarrow$$

$$dx_{0f}{}^{*} = \left(\frac{\partial x_{0f}}{\partial S_T}\right)^{*} = \left(\frac{\partial x_{0f}}{\partial S_T}\right) - \left(\frac{\partial x_{0f}}{\partial S_T}\right)\cdot t_f^h.$$

Der Ausdruck auf der linken Seite von (244') entspricht dem Einkommenseffekt mit Bezug auf die Freizeit der Ehefrau, sofern der Fall 2 mit gebundener Hausarbeitszeit (*) vorliegt. Der erste Ausdruck auf der rechten Seite beschreibt den gleichen Effekt, allerdings für Fall 1, bei welchem eine Reaktion der Ehefrau auf eine eigene Lohnsatzänderung ohne Einschränkung möglich ist.

Da alle einkommenskompensierten Eigenlohneffekte unter der Annahme der Konvexität der Präferenzen negativ sind, gilt für die Substitutionseffekte $\partial t_f^h / \partial w_f < 0$ und $\partial x_{0f} / \partial w_f < 0$. Der Einkommenseffekt aus der Preisänderung des Gutes Freizeit ist normalerweise positiv, dann gilt $\partial x_{0f} / \partial S_T > 0$. Folglich ist der Einkommenseffekt im Fall 2 mit gebundener Hausarbeitszeit (*) kleiner als im ungebundenen Fall 1:

$$(247) \left(\frac{\partial x_{0f}}{\partial S_T}\right) > \left(\frac{\partial x_{0f}}{\partial S_T}\right)^{*} > 0.$$

Insgesamt gilt somit für den unkompensierten Eigenlohneffekt mit Bezug auf die Freizeit der Ehefrau, dass dieser im Fall 2 mit gebundener Hausarbeitszeit kleiner ist als in Fall 1. Sofern der Ehefrau im Fall 1 neben der ungebundenen bzw. im Fall 2 neben der gebundenen Hausarbeitszeit noch Zeit verbleibt, kann sie diese frei zwischen Freizeit und Erwerbsarbeitszeit aufteilen. Ihr Eigenlohneffekt mit Bezug auf ihre Erwerbsarbeitszeit ergibt sich demnach aus dem Eigenlohneffekt mit Bezug auf ihre Freizeit. Hieraus folgt für den Vergleich der Eigenlohneffekte mit Bezug auf die Erwerbsarbeitszeit im Falle gebundener Hausarbeitszeit (*) gegenüber dem Fall ungebundener Hausarbeitszeit:

$$(248)\ \left(\frac{\partial t_f^e}{\partial w_f}\right) > \left(\frac{\partial t_f^e}{\partial w_f}\right)^* > 0.$$

Demnach reagiert die Ehefrau auf eine Änderung ihres Lohnsatzes ∂w_f mit ihrer Erwerbsarbeitszeit ∂t_f^{e*} gegenüber ∂t_f^e in geringerem Maße, wenn ihre Hausarbeitszeit gebunden ist.

Im Fall 2 mit gebundener Hausarbeitszeit ist folglich der Eigenlohneffekt mit Bezug auf die Freizeit bzw. das Arbeitsangebot der Ehefrau absolut kleiner als im Fall 1 mit ungebundener Hausarbeitszeit. In Fall 1 braucht, wie bereits oben erörtert wurde, zwischen Freizeit und Hausarbeitszeit nicht unterschieden zu werden, da sich die Kosten der Nutzung beider Güter (=Schattenpreis) aus $w_f \cdot \lambda_1$ ergeben. In Fall 2 ist dies aber nötig, weil durch die Gebundenheit der Hausarbeitszeit mit $dt_f^h = 0$ der Schattenpreis der Freizeit mit $w_f * \cdot \lambda_2$ von dem der Freizeit bei ungebundener Hausarbeitszeit mit $w_f \cdot \lambda_2$ abweicht.

Dies ist zum einen ein Beleg dafür, dass die von Mincer (1962) mit (236)[416] unterstellte Gleichheit der Quotienten aus dem Grenznutzen der Zeit in ihren verschiedenen Verwendungsweisen und dem Lohnsatz nur im Falle ungebundener Zeiten angenommen werden kann. Zum anderen kann Heckman (1971) damit nachweisen, dass eine Unterscheidung zwischen ungebundener und gebundener Zeit innerhalb der Kategorie der Nichterwerbsarbeitszeit - beispielsweise über die Einteilung in Hausarbeitszeit und Freizeit - zwingend notwendig ist, sobald Nichterwerbsarbeitszeit nicht vollkommen disponibel ist. Für Fall 2 wurde unterstellt, dass gilt:

(249) $\overline{T} - \left(x_{0f} + \overline{t_f^h}\right) = t_f^e$ (bei teilweise gebundener Nichterwerbsarbeitszeit).

Fehlt diese Unterscheidung, so erscheint die gesamte Freizeit als gebunden, womit dann wegen:

(250) $\overline{T} - \overline{x_{0f}} = t_f^e$

auch $dt_f^e = 0$ ist und damit eine Arbeitsangebotsfunktion nicht definiert wäre.

In vergleichbarer Weise kann anhand der Überlegungen von Heckman auch der Fall gebundener Erwerbsarbeitszeiten erfasst und interpretiert werden. Dafür wird vorliegend angenommen, dass anstelle von (249) die folgende Annahme gelte:

(251) $M_{14}: \overline{T} - \left(x_{0f} + t_f^h\right) = \overline{t_f^e}$ (bei gebundener Erwerbsarbeitszeit).

Würde in diesem Fall ebenfalls nicht zwischen Freizeit und Hausarbeitszeit unterschieden werden, sondern nur die Freizeit erfasst, es gilt dann $t_f^h = 0$, dann könnte mit

[416] Siehe oben S. 185.

(252) $\overline{T} - x_{0f} = \overline{t_f^e}$

wegen $dx_{0f} = 0$ die Gleichgewichtsbedingung (233) für das Vorliegen eines Extremwertes nicht aufrechterhalten werden[417]. Eine Arbeitsangebotsfunktion wäre auch in diesem Fall nach Heckman nicht definiert.

Diese Überlegungen lassen folgenden Schluss zu. Der Fall, der in (252) dargestellt wird, stellt augenscheinlich eine Verallgemeinerung der bereits dargelegten Modellannahmen M_8, M_9 und M_{10} dar, die dem neoklassischen Modell zu den standardisierten Wahlmöglichkeiten T_{VR8}^{NK} zu Grunde liegen und demnach auch in diesem dazu führen, dass eine Arbeitsangebotsfunktion nicht definiert ist[418]. Eine angemessene Erfassung gebundener Zeiten hatte sich auf der Grundlage von T_{VR8}^{NK} wegen der Verletzung des Axioms der Präferenz als unmöglich herausgestellt. T_{VR8}^{NK} ließ sich nur dann logisch mit dem zu Grunde liegenden verallgemeinerten neoklassischen Grundmodell T_{VR0}^{NK} verbinden, wenn auch dieses als falsch vorausgesetzt wird. Dies führte oben zu der Schlussfolgerung, dass T_{VR8}^{NK} nicht als wahrer Bestandteil aus T_M^{GNS} und G^{NK} impliziert werden kann[419].

Mit der Modellannahme M_{14} aus (251) ist, wie gezeigt wurde, im Unterschied zu (252) jetzt eine Arbeitsangebotsfunktion definiert. Denn mit ihr wird bei gebundener Erwerbsarbeitszeit (nach Heckman bei gebundener Nichterwerbsarbeitszeit) zwischen Freizeit und Hausarbeitszeit unterschieden. Fügt man das chauvinistische Modell T_{VN1}^{NK} über M_{14} mit dem Modell T_{VR8}^{NK} für die Standardisierung zu der neoklassischen Heckman-Variante T_{VN1R4}^{NK} zusammen, so kann augenscheinlich jetzt auch T_{VR8}^{NK} wegen der nunmehr definierten Arbeitsangebotsfunktion als wahrer Bestandteil von T_{VN1R4}^{NK} aus T_M^{GNS} und G^{NK} impliziert werden (siehe Z.4 u. 5, Sp.3 in Übersicht III-5):

(253) $T_{VN1R4}^{NK} \cdot T_{VN1}^{NK} \wedge \left(T_{VR8}^{NK} \wedge M_{14}\right)$.

Es spricht daher - wie oben bereits angedeutet wurde[420] - tatsächlich einiges dafür, dass die Falschheit von T_{VR8}^{NK} einen Anstoß für die Entwicklung der Modellannahme M_{14} gegeben hat, über die sich T_{VR8}^{NK} mit T_{VN1}^{NK} und anderen neoklassischen Modellen vereinbaren lässt, ohne dass eines von ihnen als falsch vorausgesetzt werden muss.

1.2.3.3 Individualnutzen-Familienbudget-Modelle

Unter der dritten und letzten Kategorie von neoklassischen Modellvarianten zu der Frage des Zustandekommens gemeinsamer Nutzenvorstellungen sind mehrere, in einzelnen Punk-

---

[417] Siehe oben S. 190.

[418] Siehe oben S. 166 ff.

[419] Siehe oben S. 173 ff.

[420] Siehe oben S. 173 ff.

ten deutlich voneinander abweichende Modelle zu verzeichnen. Gemeinsam unterstellen sie gegenüber beiden zuvor dargestellten Varianten, dass nicht der (Familien-)Haushalt als Ganzes oder einzelne Haushaltsmitglieder für alle anderen Entscheidungen treffen, sondern jedes Haushaltsmitglied seine eigenen Ziele verfolgt, allerdings im Haushaltskontext.

Die älteren, nicht-kooperativen Modelle basieren zumeist auf der Duopoltheorie, die erstmalig von Leuthold (1968) für induktiv-statistische Erklärungen des Arbeitsangebots genutzt wurde. Das ursprüngliche Modell von Leuthold haben Ashworth/Ulph (1981) einige Jahre später in einem induktiv-statistischen Test mit dem Familiennutzen-Familienbudget-Modell verglichen, wobei sich bereits Unzulänglichkeiten im duopolistischen Modellansatz zeigten. Später konnten dann Kooreman/Kapteyn (1990) darlegen, inwiefern die duopolistischen Gleichgewichtsbedingungen das Erreichen einer pareto-optimalen Allokation nicht sicherstellt. Der in der Duopoltheorie ausschlaggebende „Cournot-Punkt" kann zu Haushaltsgleichgewichten führen, in denen sich der individuelle Nutzen eines Haushaltsmitglieds noch erhöhen lässt, ohne dass sich dadurch der Nutzen eines anderen Mitgliedes verringert. Ursächlich ist der nicht spezifizierte Zusammenhang zwischen den Individualnutzenfunktionen[421].

Jüngere Individualnutzen-Familienbudget-Modelle modifizieren das neoklassische Indifferenzprinzip durch Überlegungen der Spieltheorie, die sich mit Situationen befasst, in denen die einer Person zur Auswahl stehenden Alternativen durch die Entscheidung anderer beeinflusst werden[422]. Stimmen die Ziele aller Beteiligten nicht völlig überein, muss man sich zur Vermeidung von Konflikten auf ein kooperatives Vorgehen einigen. Entscheidungsprobleme dieser Art werden als Spiele beschrieben, in denen jeder Beteiligte unter einer festen Anzahl von Strategien eine auswählen muss. Die den Strategien zu Grunde liegenden subjektiven Bewertungen werden als Auszahlungen (payoffs) bezeichnet, die geometrisch in einem Auszahlungsraum dargestellt werden.[423]

Die Klassifizierung der Spiele nach dem mit den Auszahlungen erzielten Netto-Ergebnis führt zu der Unterscheidung in Null-Summen-Spiele und Nicht-Null-Summen-Spiele. Nur in den Null-Summen-Spielen addiert sich die Summe der Auszahlungen aller Beteiligten zu Null. Zwei-Personen-Null-Summenspiele sind von daher streng wettbewerbsorientiert und generell nicht-kooperativ, da der eine so viel verliert wie der andere gewinnt.[424]

---

[421] Siehe Kooreman/Kapteyn (1990), S. 588.

[422] Siehe v. a. Manser/Brown (1980), McElroy/Horney (1981), McElroy (1990).

[423] Vgl. hierzu v. a. Zimmermann (1986), S. 305 ff.; daneben Holler (1992), S. 16 ff.

[424] Vgl. Henderson/Quandt (1983), S. 222.

Spiele, in denen die Aktoren miteinander kommunizieren bzw. verhandeln können, werden als Verhandlungsspiele bezeichnet[425]. Nach der Klassifikation von Harsanyi (1977) wurden diese in der Vergangenheit mit kooperativen, Nicht-Null-Summen-Spiele gleichgesetzt[426]. Neuere Ansätze unterscheiden zwischen kooperativen und nicht-kooperativen Verhandlungsmodellen[427].

Im kooperativen Verhandlungsmodell treffen die am Spiel Beteiligten eine verbindliche Abmachung über die zu wählende(n) Strategie(n). Den Anreiz hierfür bildet ein allseitiger Vorteil gegenüber der Alternative des nicht-kooperativen Vorgehens.[428]

Der erwartete Nutzen bei kooperativem Vorgehen wird über eine Neumann-Morgenstern'sche Nutzenfunktion erfasst. Diese ist, dem neoklassischen Grundmodell vergleichbar, über eine Axiomatik individueller Präferenzen definiert. Sie ist wie diese mit dem Nachteil verbunden, dass die interpersonelle Nutzenvergleiche, die für die Ableitung der kooperativen Lösung notwendig wären, mit ihr nicht möglich sind[429].

Über die Anwendung des Indifferenzprinzips lassen sich aber immerhin die Bedingungen einer kooperativen Lösung ableiten. Danach muss die kooperative Lösung, um gewählt zu werden, mindestens so gut sein, wie die nicht-kooperative Lösung. Den geometrischen Ort aller Nutzenkombinationen, für die der individuelle Nutzen der einen Person bei gegebenem Nutzen der anderen Person maximal ist, beschreibt die Nutzenmöglichkeitslinie. Schwache Pareto-Optimalität liegt vor, wenn es zu der kooperativen Lösung keine zweite gibt, die alle Haushaltsmitglieder besser stellt. Starke Pareto-Optimalität besteht, wenn darüber hinaus keiner besser gestellt werden kann, ohne dass das Nutzenniveau eines anderen Haushaltsmitglieds sinkt[430].

Die Problemstellung auf der Grundlage der Neumann-Morgenstern'sche Nutzenfunktion wird über die Lösung von Nash (1950) um eine echte Lösungsregel ergänzt[431]. Diese besagt, dass der gesamte Zugewinn, der sich aus dem Vergleich zwischen kooperativer und nicht-kooperativer Lösung ergibt, so aufzuteilen ist, dass das Produkt der individuellen Zugewinne maximal ist[432]. Hierfür erhielt Nash 1994 zusammen mit Harsanyi, der sich im Weite-

---

425 Siehe z. B. Chiappori (1997), S. 41.

426 Siehe Harsanyi (1977), S. 111.

427 Vgl. Beblo/Soete (2000), S. 79 ff.

428 Zu den Grundlagen von Verhandlungsspielen vgl. Holler (1992), S. 17 ff.

429 Vgl. hierzu Holler (1992), S. 15.

430 Vgl. hierzu Holler (1992), S. 23.

431 Vgl. der Hinweis von Holler (1992), S. 23.

432 Siehe Harsanyi (1977), S. 149 ff.

ren vor allem mit den Annahmen beschäftigte, die die Spielteilnehmer hinsichtlich der Strategien der jeweiligen Mitspieler entwickeln, den Nobelpreis für Wirtschaftswissenschaften.

Grundlegende Arbeiten für das kooperative verhandlungstheoretische Individualnutzen-Familienbudget-Modell des Arbeitsangebots auf der Grundlage von Nash lieferten Manser/ Brown (1979, 1980) sowie McElroy/Horney (1981). Ihnen gemäß verhalten sich Personen nicht-kooperativ, wenn sie sich für das Alleinleben entscheiden, und kooperativ, wenn sie sich auf Grund eines ökonomischen Vorteils zu einem gemeinsamen Haushalt zusammenschließen. Die ökonomischen Vorteile werden aus der Transaktionskostentheorie abgeleitet, wonach Mehrpersonenhaushalte die Kosten des Tausches von personenbezogenen Gütern zu verringern vermögen. Mit steigender Haushaltsgröße ergeben sich weitere Kostenersparnisse durch das Ausnutzen sog. Skaleneffekte. Sie ergeben sich aus der Möglichkeit der Spezialisierung durch Arbeitsteilung und dem Ausnutzen von Kapazitätsgrößenvorteilen bei gemeinsamer Nutzung von Ressourcen.

Die zur "Neuen Institutionentheorie" gehörende Transaktionskostentheorie erklärt Gründung und Bestand von Institutionen über deren ökonomische Vorteilhaftigkeit bei der Abwicklung von Transaktionen. Im Zentrum steht die Frage, warum Transaktionen nicht ausschließlich über den Markt abgewickelt werden. Entscheidende Bestimmungsgröße sind die Transaktionskosten, die unmittelbar aus einer Übertragung von Gütern resultieren[433].

Elementare Überlegungen zur Transaktionskostentheorie, angewandt auf den Familienhaushalt, lieferte Ben-Porath (1980). Sie kennzeichnet den Familienhaushalt als eine Institution, in der der Tausch von personenbezogenen Gütern deutlich effizienter abgewickelt werden kann als über den Markt oder über andere Institutionen. Personenbezogene Güter, die bei ihrer Bereitstellung qualitativ eng an den Wünschen einer Person ausgerichtet werden, haben für andere Personen hiernach nur einen geringen Nutzen. Folglich ist der Tausch für den Lieferanten nur rentabel, wenn die Transaktionsbeziehung mit dem Abnehmer langfristig gesichert ist. Dies sei in der Familie schon deshalb gewährleistet, da ihre Kontinuität über die Rechtsinstitute Familie und Ehe gesellschaftlich abgesichert wird[434]. Das wechselseitige Vertrauen und die gefühlsmäßig begründete Bereitschaft, Vereinbarungen einzuhalten, trügen ein Weiteres zur Verringerung der Kontrollkosten bei. Schließlich ermögliche das Zusammenleben in einem Haushalt der Familie auf Grund der räumlichen Dichte eine hohe Anzahl sich wiederholender Transaktionen zwischen denselben Tauschpartnern. Auch hierdurch verringerten sich die Such-, Einigungs- und Kontrollkosten, die aus der Abwicklung von Transaktionen resultieren[435].

---

433 Siehe hierzu die grundlegende Arbeit von Williamson (1985).

434 Siehe Ben-Porath (1980), S. 2 ff.

435 Vgl. hierzu Ben-Porath (1980), S. 21 ff.

Ein kooperatives Vorgehen wird in dem verhandlungstheoretischen Individualnutzen-Familienbudget-Modell entweder aus der Gründung[436] oder dem Fortbestehen eines gemeinsamen Haushalts abgeleitet[437]. Die haushaltsexterne Alternative des Alleinlebens gilt in beiden Fällen als die nicht-kooperative Lösung. Einige Studien erwägen zusätzlich die Möglichkeit eines nicht den Bestand des Haushalts gefährdenden, also haushaltsinternen, nicht-kooperativen Verhaltens[438].

Die kooperative Lösung erfordert Absprachen über die innerfamiliale Nutzung der Ressourcen. In welchem Maße der Einzelne davon profitiert, hängt letztlich von seinem Konfliktpunkt - bisweilen auch Drohpunkt genannt[439] - ab, der sich haushaltsextern aus dem Nutzen der nicht-kooperativen Lösung des Alleinlebens oder haushaltsintern aus dem nicht-kooperativen Verhalten im gemeinsamen Haushalt ergibt[440].

Das Modell nach Manser/Brown (1980) legt für den Verhandlungsprozess zwischen Ehepartnern folgende individuelle Nutzenfunktionen zu Grunde:[441]

(254.1) $U_f = U_f\left[x_{0f}, x_{1f}, x_2\right]$

(254.2) $U_m = U_m\left[x_{0m}, x_{1m}, x_2\right]$,

mit U_i für die von jedem Ehepartner $i = f, m$ erzielten Nutzenwerte, x_{0i} und x_{1i} für die individuell nachgefragte Freizeit bzw. für ebensolche Marktgüter sowie x_2 für haushaltsöffentliche Güter, die von jedem genutzt werden können, ohne dass sich hierdurch die Nutzungsmöglichkeiten für den Partner verringern.

In alternativen Funktionsgleichungen findet keine Trennung zwischen individuellen und haushaltsöffentlichen Gütern statt. Ferner existieren Ansätze, in denen neben der eigenen Freizeit auch die des Partners in den individuellen Nutzenfunktionen berücksichtigt wird[442]. Für die Ableitung der Implikationsbeziehungen zwischen den neoklassischen Modellvarianten sind diese Unterschiede von untergeordneter Bedeutung. Hier kommt es nicht auf die explizite Formulierung der Nutzenfunktionen an, sondern auf die Relationen zwischen den erklärten Nutzenwerten. Ihre Vergleichbarkeit setzt allerdings die kardinale Formulierung der Nutzenfunktionen voraus.

---

436 Vgl. z. B. Ott (1989), S. 100; McElroy/Horney (1981), S. 335; Manser/Brown (1979), S. 7.

437 Vgl. z. B. die Studie von Kooreman/Kapteyn (1990) und die entsprechende Anmerkung S. 586.

438 Vgl. z. B. Kooreman/Kapteyn (1990), Lundberg/Pollak (1997).

439 Vgl. Beblo/Soete (2000), S. 79.

440 Vgl. Beblo/Soete (2000), S. 80.

441 Siehe Manser/Brown (1980), S. 33 ff.

442 Vgl. zu beiden Darstellungsweisen u. a. Kooreman/Kapteyn (1990), S. 586.

Das Haushaltsgleichgewicht wird in zwei Schritten abgeleitet[443]. Das ermöglicht die Unterscheidung zwischen Verhandlungsraum und Verhandlungslösung. Maximiert wird im ersten Schritt eine der beiden individuellen Nutzenfunktionen, hier die für den Ehemann:

(255) $U_m(x_{0m}, x_{1m}, x_2) \rightarrow \max!$

unter Berücksichtigung der Menge der möglichen Nutzenniveaus $\overline{U}_f$

(256) $U_f(x_{0f}, x_{1f}, x_2) - \overline{U_f} \geq 0,$

die der Partner, hier die Ehefrau, mit den gemeinsamen Ressourcen bei gegebener Totaleinkommensrestriktion erreichen kann:

(257) $b(x_{1i}, x_2, x_{0i}) = S_T = \sum_{i=f,m} w_i \cdot T + V_i = \sum_{i=f,m} p_{1i} x_{1i} + p_2 x_2 + \sum_{i=f,m} w_i x_{0i}.$

Werden mit $x = x_{1i} + x_2$ alle individuell und gemeinsam konsumierten Marktgüter zum Hicks'schen Konsumaggregat zusammengefasst, dann verhält sich diese Totaleinkommensrestriktion äquivalent zu (221), der des Familiennutzen-Familienbudget-Modells[444].

Aus der Lösung des Maximierungsproblems ergibt sich die sog. Kontraktkurve, die den Verhandlungsraum als den Bereich pareto-optimaler Kombinationen von Marktgütern und Freizeit kennzeichnet. Diese Allokationen aus dem Güterraum $\mathbf{X} = (x_{1i}, x_2, x_{0i})$ können sodann in den Nutzenraum $U = (U_m, U_f)$ übertragen werden, woraus sich die Nutzenmöglichkeitslinie ergibt, die in Abb. III-11 als konvex verlaufende Nutzenmöglichkeitslinie dargestellt wird. Sie ist der geometrische Ort aller möglichen Nutzenkombinationen, für die der Nutzen eines Haushaltsmitgliedes bei gegebenem Nutzen der anderen auf der Basis der gemeinsamen Ressourcen maximal ist. Auf der Nutzenebene begrenzt sie den Verhandlungsraum für ein kooperatives Vorgehen.[445]

Die Nutzenindizes der individuell besten Alternativlösung für den Ehemann D_m und die Ehefrau D_f, die als Konfliktauszahlung bezeichnet werden, bestimmen die individuelle Verhandlungsposition. Ein kooperatives Vorgehen ist lediglich dann ökonomisch vorteilhaft, wenn die Konfliktauszahlungen beider Ehepartner innerhalb des Verhandlungsraums liegen. Keiner von beiden wird sich mit einem Nutzen zufrieden geben, der unterhalb des über D_m und D_f begrenzten Sektors liegt. Um den Einfluss der Konfliktauszahlungen auf den pareto-optimalen Verhandlungsraum zu verdeutlichen, sind in Abb. III-11 zwei Fälle

---

443 Vgl. Manser/Brown, (1980), S. 33 ff.

444 Siehe oben S. 178.

445 Vgl. hierzu Holler (1992), S. 9 und S. 17.

dargestellt. Im Fall I erwartet die Ehefrau mit D_f^I[446] eine niedrigere Konfliktauszahlung gegenüber dem Fall II mit D_f^{II}. Der pareto-optimale Verhandlungsraum, der in Fall I zwischen den Punkten A und B auf der Nutzenmöglichkeitslinie liegt, ist angesichts der niedrigeren Konfliktauszahlung gegenüber Fall II um die Differenz zwischen den Koordinaten der Ortsvektoren von B und C eingeschränkt.[447] An die Bestimmung des Verhandlungsraums setzt der zweite Schritt der Ermittlung des Haushaltsgleichgewichts an. Hierzu existieren grundsätzlich zwei Ansätze, von Nash (1953) und Kalai-Smorodinsky (1975).

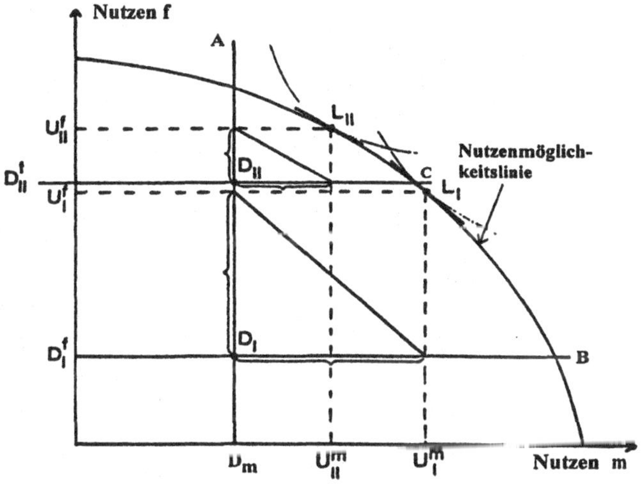

Abb. III-11 *Nash-Lösung des verhandlungstheoretischen Individualnutzen-Familienbudget-Modells*[448]

Im Folgenden wird auf den geläufigeren von beiden, die Nash-Lösung eingegangen[449], die über die Maximierung der sog. Nash-Funktion erreicht wird[450]:

---

446 In der Abbildung entspricht die Notation D_{II}^f der hier gebräuchlichen von D_f^{II}. Dies gilt entsprechend für die Notationen D_I^f und D_f^I, U_I^f und U_f^I etc.

447 Vgl. etwa Ott (1992), S. 33; sowie Manser/Brown (1980), S. 35.

448 Mit leicht veränderter Notation nach Ott (1989), S. 37.

449 Zur Bedeutung des Nash-Gleichgewichts in der ökonomischen Theorienbildung vgl. Meyerson (1999).

450 Vgl. Manser/Brown (1980), S. 37; Ott (1992), S. 33 ff.; ferner Holler (1992), S. 25 ff.

(258) $$N(x_{0f},x_{1f},x_{0m},x_{1m},x_2)= \left[U_f(x_{0f},x_{1f},x_2)-D_f(x_{0f},x_{1f},x_2)\right]\cdot\left[U_m(x_{0m},x_{1m},x_2)-D_m(x_{0m},x_{1m},x_2)\right]\rightarrow \text{max!}$$

Der gesamte ökonomische Vorteil der Kooperation ist danach so auf die Ehepartner aufzuteilen, dass das Produkt der individuellen ökonomischen Vorteile maximal ist. Für die Lösung dieses Optimierungsproblems wird die zugehörige Lagrange-Funktion gebildet[451]:

(259) $$L=\left[U_f(x_{0f},x_{1f},x_2)-D_f(x_{0f},x_{1f},x_2)\right]\cdot\left[U_m(x_{0m},x_{1m},x_2)-D_m(x_{0m},x_{1m},x_2)\right] +\lambda\left[w_fT+w_mT+V-w_fx_{0f}-w_mx_{0m}-p_{1f}x_{1f}-p_{1m}x_{1m}-p_2x_2\right]\rightarrow \text{max!}$$

Die Bedingungen 1. Ordnung für eine optimale Lösung der Nash-Funktion lauten:

(260) $$\frac{\partial L}{\partial x_{0f}}=\frac{\partial U_f(x_{0f})}{\partial x_{0f}}\cdot(U_m-D_m)-\lambda\cdot w_f=0$$

(261) $$\frac{\partial L}{\partial x_{0m}}=\frac{\partial U_m(x_{0m})}{\partial x_{0m}}\cdot(U_f-D_f)-\lambda\cdot w_m=0$$

(262) $$\frac{\partial L}{\partial x_{1f}}=\frac{\partial U_f(x_{1f})}{\partial x_{1f}}\cdot(U_m-D_m)-\lambda\cdot p_{1f}=0$$

(263) $$\frac{\partial L}{\partial x_{1m}}=\frac{\partial U_m(x_{1m})}{\partial x_{1m}}\cdot(U_f-D_f)-\lambda\cdot p_{1m}=0$$

(264) $$\frac{\partial L}{\partial x_2}=\frac{\partial U_f(x_2)}{\partial x_2}\cdot(U_m-D_m)-\lambda\cdot p_2=0$$

(265) $$\frac{\partial L}{\partial x_2}=\frac{\partial U_m(x_2)}{\partial x_2}\cdot(U_f-D_f)-\lambda\cdot p_2=0$$

(266) $$\frac{\partial L}{\partial \lambda}=(w_fT+w_mT+V-w_fx_{0f}-w_mx_{0m}-p_{1f}x_{1f}-p_{1m}x_{1m}-p_2x_2)=0\,.$$

Für das Nash-Haushaltsgleichgewicht gilt demgemäß:

(267) $$\frac{\partial U_m(x_e)}{\partial x_e}\cdot(U_f-D_f)+(U_m-D_m)\cdot\frac{\partial U_f(x_e)}{\partial x_e}=\lambda\cdot p_e\,,$$

mit $e=0f, 0m, 1f, 1m, 2$ zur Kennzeichnung der Güterart, wobei $p_{0f}=w_f$ und $p_{0m}=w_m$.

Das Gleichgewicht folgt aus dem Tangentialpunkt zwischen der Nutzenmöglichkeitslinie und der am weitesten von dem Schnittpunkt der beiden Konfliktauszahlungen D_m und D_f, dem sog. Konfliktpunkt, entfernten Hyperbel $(U_m-D_m)\cdot(U_f-D_f)=N$. In Abb. III-11 ergibt sich aus dem Fall I, der eine niedrigere Konfliktauszahlung D_f^I für die Frau annimmt, der Tangentialpunkt L_I. Das Nash-Produkt beschreibt für den gegebenen Wert von N eine Hyperbel, die aus einem System gleichseitiger Hyperbeln ("iso-gain product curves") stammt, welche asymmetrisch zu den Achsen $\overline{D_m^I A}$ und $\overline{D_f^I B}$ verlaufen und jeweils den

---

[451] Vgl. Ott (1992), S. 36 f. und S. 199; McElroy/Horney (1981), S. 336 f.

geometrischen Ort von Nutzenpunkten auf gleichen Nutzenniveaus N beschreiben. Für die Hyperbelfunktion muss gelten:

$$(268)\ (U_m - D_m)^2 - (U_f - D_f)^2 = 1 \Rightarrow \frac{(U_m - D_m)}{(U_f - D_f)} \cdot N - \frac{(U_f - D_f)}{(U_m - D_m)} \cdot N = 1.$$

Je weiter eine Hyperbel von dem Konfliktpunkt mit den Koordinaten (D_m^I, D_f^I) entfernt liegt, umso größer ist das Produkt N des Nutzenzugewinns beim kooperativen Vorgehen.

Das bedeutet für die Relation zwischen der Freizeitnachfrage bzw. dem Arbeitsangebot beider Ehepartner im Haushaltsgleichgewicht:[452]

$$(269)\ \frac{\frac{\partial U_f}{\partial x_{0f}}}{\frac{\partial U_m}{\partial x_{0m}}} \cdot \frac{w_m}{w_f} = \frac{U_f - D_f}{U_m - D_m} = -\frac{\partial U_f}{\partial U_m} \Leftrightarrow \frac{\frac{\partial U_f}{\partial t_f^e}}{\frac{\partial U_m}{\partial t_m^e}} \cdot \frac{w_m}{w_f}.$$

Der gesamte Zugewinn aus dem kooperativen Vorgehen (beschrieben durch die beiden mittleren Ausdrücke) soll derart aufgeteilt werden, dass die mit den Lohnsätzen gewichteten Grenznutzen aus den Verwendungsweisen der Zeit für beide Partner gleich sind. Der Quotient $\partial U_f / \partial U_m$ entspricht der Steigung der Nutzenmöglichkeitslinie, er beschreibt im Haushaltsgleichgewicht die Grenzrate des Transfers zwischen den individuellen Nutzenwerten, die bei der Kooperation durch jeden Ehepartner erzielt werden.

Dem Konfliktpunkt kommt hierbei eine zweifache Bedeutung zu. Er bestimmt nicht nur den Nutzenwert im Konfliktfall, sondern auch, wie der bei der Kooperation erzielte Gesamtnutzenwert auf die beiden Ehepartner aufzuteilen ist. Je höher die eigene Konfliktauszahlung, desto höher ist auch der individuell erzielte Nutzenwert bei kooperativem Vorgehen. Dies zeigt auch der Vergleich zwischen den beiden alternativen Konfliktauszahlungen für die Ehefrau, die sich mit D_f^{II} in einer besseren Verhandlungspositition befindet als mit D_f^I, wodurch sie sich über L_{II} gegenüber L_I eine höhere Nutzenauszahlung sichern kann. Infolge des unterstellten abnehmenden Grenznutzens ist im Fall I aber auch die Steigung der Nutzenmöglichkeitslinie vergleichsweise größer, weshalb sich der Nutzen leichter von der Nutzenfunktion des Ehemanns auf die der Ehefrau übertragen lässt. Folglich nimmt der relative Anteil an dem Zugewinn bei kooperativem Vorgehen mit steigendem Konfliktpunkt ab. Es gilt[453]:

---

452 Vgl. Ott (1992), S. 36 f. und S. 199.

453 Vgl. Ott (1992), S. 37 f.

$$(270)\ \frac{U_f^{II}-D_f^{II}}{U_m^{II}-D_m}<\frac{U_f^{I}-D_f^{I}}{U_m^{I}-D_m}.$$

Familienpolitische Regelungen können, je nachdem, ob die Verhandlungen durch haushaltsinterne oder -externe Konfliktpunkte beeinflusst sind, sehr unterschiedliche Effekte auf das Arbeitsangebot der Haushaltsmitglieder haben. Maßnahmen, die auf die einzelnen Personen im Haushaltskontext zielen (z. B. Kinderbetreuungsangebote, die es jedem Ehepartner ermöglichen, ohne Einschränkungen erwerbstätig zu sein), stärken deren interne Konfliktpunkte; Maßnahmen, die das Alleinleben nach einer Ehescheidung erleichtern (z. B. entsprechende Änderungen im Familienrecht), stärken indes die externen Konfliktpunkte der Haushaltsmitglieder[454].

Bisher wurde von exogen vorgegebenen Konfliktauszahlungen ausgegangen. Diese werden alternativ auch endogen erklärt. Da die Konfliktauszahlungen aus der bestmöglichen Alternative des Alleinlebens bzw. des nicht-kooperativen Vorgehens innerhalb des Haushalts abgeleitet werden, resultieren sie im Grunde genommen aus dem Haushaltsgleichgewicht des neoklassischen Grundmodells. So verwundert es nicht, dass für die Erklärung der Konfliktauszahlung im kooperativen verhandlungstheoretischen Individualnutzen-Familienbudget-Modell die gleichen Parameter herangezogen werden wie bei der Erklärung des Arbeitsangebots im verallgemeinerten neoklassischen Grundmodell T_{VR0}^{NK}, nämlich die Preise der Marktgüter, die individuellen Lohnsätze, das Nichterwerbseinkommen sowie die Präferenzordnung.

Nach den Bedingungen der Nash-Lösung führt eine Änderung in einer der Konfliktauszahlungen stets zu einem neuen Nash-Haushaltsgleichgewicht. Was das betrifft, hatte die Erhöhung der Konfliktauszahlung für die Ehefrau von D_f^I auf D_f^{II} eine Verlagerung des Nash-Haushaltsgleichgewichts von L_I nach L_{II} zur Folge. Wird die Konfliktauszahlung nunmehr endogen erklärt, beispielsweise über den Lohnsatz der Ehefrau, muss berücksichtigt werden, dass sich infolge einer Lohnsatzerhöhung auch die Nutzenmöglichkeitslinie für die kooperative Lösung verschiebt.

Effekte eines veränderten Konfliktpunktes auf das Nash-Haushaltsgleichgewicht sind bei McElroy/Horney (1981) Gegenstand einer komparativ-statischen Analyse, die dortselbst als Verallgemeinerung der diesbezüglichen Überlegungen im Familiennutzen-Familienbudget-Modell ausgelegt werden. Die von den Autorinnen aufgezeigten Implikationsbeziehungen zwischen den beiden Modellen lassen sich sogar noch weiter verallgemeinern.

---

454 Vgl. Beblo/Soete (2000), S. 80 f.

Durch Differenzieren des Nash-Gleichgewichts (267)[455] nach den Preisen, Lohnsätzen und den Nichterwerbseinkommen erhält man zunächst einmal die Slutsky-Gleichung für das Nash-Gleichgewicht mit Bezug auf den fünf Güter-Fall $\mathbf{x} = (x_{0f}, x_{0m}, x_{1f}, x_{1m}, x_2)$[456]:

$$(271)\quad \begin{bmatrix} \mathbf{X_w} \\ \lambda'_\mathbf{w} \end{bmatrix} = \begin{bmatrix} (\mathbf{X_w}|_\mathbf{N} - \lambda^{-1}\mathbf{b}\mathbf{g}'\mathbf{D_w}) - \frac{1}{2}(\mathbf{X_V} - \mathbf{B}\cdot\mathbf{E}\cdot\mathbf{D_V})\mathbf{X_V}\mathbf{r}\mathbf{w}' \\ \lambda'_\mathbf{w}|_\mathbf{N} - (c\lambda)^{-1}\mathbf{g}'\mathbf{D_w}) + \frac{1}{2}(\lambda_\mathbf{V} - \mathbf{b}\cdot\mathbf{E}\cdot\mathbf{D_V})\mathbf{w}'\mathbf{r}'\mathbf{X_V} \end{bmatrix}.$$

Die partiellen ersten Ableitungen für das optimale Güterbündel **x** und dem Vektor für die Lagrange-Multiplikatoren **λ** nach den Lohnsätzen w_m und w_f werden dort beschrieben mit:

$$(272)\quad \underset{(5\times 2)}{\mathbf{X_w}} = \left[\mathbf{X}_\mathbf{w}^m, \mathbf{X}_\mathbf{w}^f\right] = \left[\frac{\partial x}{\partial w_m}, \frac{\partial x}{\partial w_f}\right], \quad \underset{(2\times 1)}{\lambda_\mathbf{w}} = \begin{pmatrix} \frac{\partial \lambda}{\partial w_m} \\ \frac{\partial \lambda}{\partial w_f} \end{pmatrix}$$

und die nach den Nichterwerbseinkommen V_m und V_f mit:

$$(273)\quad \underset{(5\times 2)}{\mathbf{X_V}} = \left[\mathbf{X}_\mathbf{V}^m, \mathbf{X}_\mathbf{V}^f\right] = \left[\frac{\partial x}{\partial V_m}, \frac{\partial x}{\partial V_f}\right], \quad \underset{(1\times 2)}{\lambda_\mathbf{V}} = \left[\frac{\partial \lambda}{\partial V_m}, \frac{\partial \lambda}{\partial V_f}\right].$$

Die Effekte der Lohnsätze und des Nichterwerbseinkommens auf die Konfliktauszahlung des Ehemannes D_m^I und der Ehefrau D_f^I geben folgende Matrizen wieder:

$$(274)\quad \underset{(2\times 2)}{\mathbf{D_w}} = \begin{bmatrix} \frac{\partial D_m^I}{\partial w_m} & 0 \\ 0 & \frac{\partial D_f^I}{\partial w_f} \end{bmatrix}, \quad \underset{(2\times 2)}{\mathbf{D_V}} = \begin{bmatrix} \frac{\partial D_m^I}{\partial V_m} & 0 \\ 0 & \frac{\partial D_f^I}{\partial V_f} \end{bmatrix}.$$

Die diesbezüglichen Effekte auf die individuellen Konfliktauszahlungen müssen mit dem individuellen Grenznutzen des Geldes gewichtet werden. Dies führt zu der Matrix:

$$(275)\quad \underset{(5\times 2)}{\mathbf{E}} = \begin{bmatrix} \frac{\partial U_f}{\partial x_{0f}} & \frac{\partial U_f}{\partial x_{0m}} & \frac{\partial U_f}{\partial x_{1f}} & \frac{\partial U_f}{\partial x_{1m}} & \frac{\partial U_f}{\partial x_2} \\ \frac{\partial U_m}{\partial x_{0f}} & \frac{\partial U_m}{\partial x_{0m}} & \frac{\partial U_m}{\partial x_{1f}} & \frac{\partial U_m}{\partial x_{1m}} & \frac{\partial U_m}{\partial x_2} \end{bmatrix}$$

bzw. auf der Basis der individuellen Nutzenzugewinne zu

$$(276)\quad \underset{(2\times 1)}{\mathbf{g}} = (U_f - D_f, U_m - D_m) > (0,0).$$

---

[455] Siehe oben S. 200.

[456] Siehe hierzu McElroy/Horney (1981), S. 339 ff.

Der Vektor **r** erfasst den Nachfrageüberhang nach den Gütern in **x**, wobei die letzten zwei Elemente von **r** das Arbeitsangebot der Ehepartner beschreiben:

(277) $\underset{(5\times1)}{\mathbf{r}} = \mathbf{x} - (0,0,0,T_m,T_f) = \left(x_2, x_{1m}, x_{1f}, x_{0m} - T_m, x_{0f} - T_f\right).$

Schließlich sind **b**, **c**, und **B** die **(5x1)**, **(1x1)** und **(5x5)** Submatrizen der Inversen der Hesse-Matrix des Nash-Optimierungsproblems.

Um das Familiennutzen-Familienbudget-Modell als Spezialfall des kooperativen verhandlungstheoretischen Individualnutzen-Familienbudgetmodells darzustellen, sind zwei Annahmen nötig. Die erste Annahme

(278) $\mathbf{D_W} = 0$ und $\mathbf{D_V} = 0$

besagt, dass die Konfliktauszahlungen für beide Ehepartner unabhängig von deren Lohnsätzen und Nichterwerbseinkommen sind. Mit der im Familiennutzen-Familienbudget-Modell unterstellten Symmetrie der Substitutionsmatrix[457] folgt aus (278):

(279) $\underset{(5\times1)}{\mathbf{x_V}} = \mathbf{X_{Vm}} = \mathbf{X_{Vf}} = \mathbf{b}.$

Diese Eingrenzung ergibt für die Slutsky-Gleichung (271) mit Bezug auf das Nash-Gleichgewicht[458]:

(280) $$\begin{bmatrix} \mathbf{X_W} \\ \lambda'_{\mathbf{W}} \end{bmatrix} = \begin{bmatrix} \lambda \cdot \mathbf{B} - \mathbf{X_V} \cdot \mathbf{r}' \\ ('\lambda_{\mathbf{W}}|_{\mathbf{N}} + l_V \cdot \mathbf{r}' \end{bmatrix}, \text{ mit } l_V = \lambda_{Vm} = \lambda_{Vf} = c^{-1}.$$

(280) erweist sich schließlich als äquivalent zu der Slutsky-Gleichung (150), mit der die Kreuzlohneffekte für das Haushaltsgleichgewicht im Familiennutzen-Familienbudget-Modell beschrieben wurden[459]:

(281) $$\mathbf{X_W} = \lambda \cdot \mathbf{B} - \mathbf{X_V} \cdot \mathbf{r}' \Leftrightarrow (150) \left.\frac{dg_{0i}}{dw_j}\right|_U + \frac{\partial f_{0i}}{\partial S_T} \cdot \left(T_j - x_{0j}\right).$$

McElroy/Horney (1981) verdeutlichen diese Äquivalenz zwischen dem kooperativen verhandlungstheoretischen Individualnutzen-Familienbudgetmodell und dem Familiennutzen-Familienbudget-Modell auch grafisch. Dazu stellen sie die Verhandlungssituation über eine Neuverteilung der Arbeitsangebote zwischen Ehepartnern, die aus dem Nash-Gesamteffekt einer Lohnsatzerhöhung, bezogen auf deren Freizeitnachfrage, resultiert, im Zwei-Güterraum dar (siehe Abb. III-12)[460].

---

457 Siehe oben Bedingung (228), S. 181.

458 Siehe McElroy/Horney (1981), S. 342 f.

459 Siehe oben S. 181.

460 Siehe McElroy/Horney (1981), S. 344 ff.

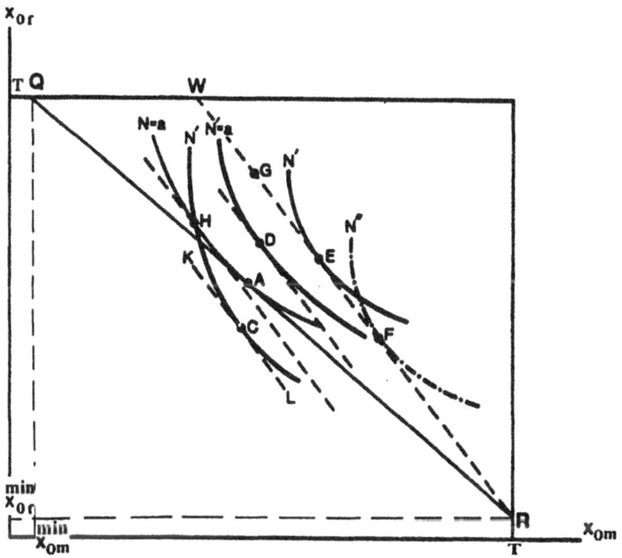

Abb. III-12 *Nash-Gesamteffekt einer Lohnsatzerhöhung mit Bezug auf die optimale Freizeitnachfrage bzw. das optimale Arbeitsangebot*[461]

Die Kontraktgerade QR beschreibt den pareto-optimalen Bereich einer kooperativen Lösung mit Bezug auf die Güter x_{0f} und x_{0m}, sie kennzeichnet den Verhandlungsraum auf der Güterebene vor der Lohnsatzerhöhung. Berücksichtigt ist, dass jeder Partner einen Mindestbedarf $x_{0i}^{\min}$ an Freizeit hat, weshalb die QR-Gerade die Koordinatenachsen nicht schneidet. Die 'iso-gain product curve', mit der die Nash-Funktion in dieser Ausgangssituation beschrieben wird, ist mit $N = a$ gekennzeichnet. Einigen sich die Partner auf ein kooperatives Vorgehen, so liegt das Nash-Haushaltsgleichgewicht in Punkt A.

Eine Lohnsatzerhöhung für die Ehefrau verändert den pareto-optimalen Bereich, nun gilt die Gerade WR, was eine Verlagerung des Haushaltsgleichgewichts von A nach E zur Folge hat. Die Bewegung von A nach E resultiert aus einem unkompensierten Lohneffekt mit Bezug auf die Nachfrage nach Freizeit bzw. dem Arbeitsangebot der Ehepartner. Dieser Effekt kann über die Slutsky-Gleichung, bezogen auf das Nash-Haushaltsgleichgewicht (271), in den einkommenskompensierten Substitutionseffekt AC und den Einkommenseffekt CE zerlegt werden (siehe Z.3-4, Sp.3-4 in Abb. III-13).

---

[461] Mit geringfügigen Änderungen in der Notation aus McElroy/Horney (1981), S. 344.

Nr.	*1*	*2*		*3*		*4*
1		Gesamt-effekt		Einkommenskompensierter Substitutionseffekt		Einkommenseffekt
2				Individualnutzen-Familienbudgetmodell		
3	(271)	$\mathbf{X}_w$	=	$(\mathbf{X}_w\|_N - \lambda^{-1}\mathbf{bg'D}_w)$	-	$\frac{1}{2}(\mathbf{X}_V - \mathbf{BED}_V)\mathbf{X}_V\mathbf{r'w'}$
4		AE	= = =	AC AD-CD (AH+HC+CD)-CD	- - -	CE CF-EF (CE+EF)-EF
5				$(\mathbf{D}_w = 0)$ ⇓		$(\mathbf{D}_V = 0)$ ⇓
6				Familiennutzen-Familienbudget-Modell		
7	(280)	$\mathbf{X}_w$	=	$\lambda \cdot \mathbf{B}$	-	$\mathbf{X}_V \cdot \mathbf{r'}$

Abb. III-13 *Slutsky-Gleichung für das Familiennutzen-Familienbudget-Modell als Spezialfall der Slutsky-Gleichung für das verhandlungstheoretische Individualnutzen-Familienbudget-Modell*[462]

Der einkommenskompensierte Substitutionseffekt AC kann noch weiter aufgegliedert werden: Zum einen in den sog. Nash-einkommenskompensierten Substitutionseffekt AD, der unter der Voraussetzung eines konstanten Nash-Gewinns N die drei Teileffekte AH, HC und CD beschreibt:

- **Zu AH**: Die Erhöhung des Lohnsatzes der Ehefrau verteuert ihre Freizeit x_{0f}. Unter der Annahme einer konstanten Kaufkraft muss der Haushalt die Freizeit der Frau wegen der veränderten Preisrelation durch die des Mannes x_{0m} substituieren. Der zugehörige Effekt AH entspricht dem Slutsky-Substitutionseffekt des Familiennutzen-Familienbudget-Modells, ihm liegt eine Drehung der Kontraktgeraden von QR nach WR zu Grunde (siehe Abb. III-12).
- **Zu HC**: Die Lohnsatzerhöhung wirkt sich ferner auf die Konfliktauszahlung D_f aus, den Nutzen, den die Ehefrau im Konfliktfall zu erwarten hat. Auch dadurch ändert sich die Grenzrate der Substitution zwischen x_{0f} und x_{0m}, nunmehr aber mit Bezug auf das Produkt der individuellen Zugewinne $N = (U_m - D_m) \cdot (U_f - D_f)$. Aus N wird N'. Die neue 'iso-gain product curve' (N') bildet nicht in Punkt H, sondern in C den Tangentialpunkt zu der neuen Kontraktgeraden WR. Dies kennzeichnet den Effekt HC.
- **Zu CD**: Mit dem Punkt C kann das alte Nutzenniveau a nicht erreicht werden. Der "relabeling"-Effekt beschreibt die Bewegung nach D, die notwendig ist, um mit der neuen 'iso-gain product curve' N' das alte Nutzenniveau a zu erreichen (so dass gilt $N' = a$).

[462] Geändert nach McElroy/Horney (1981), S. 345.

Von dem Gesamteffekt verbleibt nach Abzug der drei Teileffekte AH, HC und CD ein zweiter Einkommenseffekt **CE**, der sich aus den Komponenten **CF** und **EF** zusammensetzt (siehe Abb. III-13):

- Der Nash-Totaleinkommenseffekt CF ergibt sich aus einer Neubewertung der Zeit T_f im Totaleinkommen der Ehefrau ($w_f \cdot T_f$) durch die Lohnsatzänderung ∂w_f. Dieser Effekt lässt sich nochmals zerlegen in einen Totaleinkommenseffekt mit Bezug auf das Familienbudget (CE) und einen zweiten mit Bezug auf N (EF). Der erste Effekt CE entspricht vollends dem Totaleinkommenseffekt des Familiennutzen-Familienbudget-Modells und führt zu eine Verlagerung der Kontraktgeraden KL nach WR. Der zweite Totaleinkommenseffekt (EF) verschwindet durch einen gleichartigen, gegenläufigen Effekt. Beide ergeben sich daraus, dass eine Änderung im Totaleinkommen der Ehefrau $w_f \cdot T_f$ deren Konfliktauszahlung D_f tangiert, wodurch sich der Faktor $\left(U_f - D_f\right)$ im Produkt der individuellen Zugewinne ändert. Mit der neuen familialen Grenzrate der Substitution zwischen x_{0f} und x_{0m} wird aus N' das neue Nash-Produkt N''.

Unter der Annahme konstanter Konfliktpunkte $(\mathbf{D}_W = 0)$ und $(\mathbf{D}_V = 0)$ nehmen die auch als Bargaining-Effekt[463] bezeichneten Teileffekte HC, CD und EF, den Wert Null an. Es verbleiben noch die Effekte AH und CF, womit die Slutsky-Gleichung für das Nash-Haushaltsgleichgewicht in die des Familiennutzen-Familienbudget-Modells übergeht (siehe Abb. III-13). Sofern sich die Konfliktauszahlungen der Ehepartner nicht ändern, können folglich aus der Slutsky-Gleichung (271) für das Individualnutzen-Familienbudget-Modell gegenüber (280) auf der Grundlage des Familiennutzen-Familienbudget-Modells keinerlei zusätzliche Schlussfolgerungen gezogen werden. Erst bei Veränderungen in den Alternativen für den Konfliktfall ist eine Analyse auf der Basis von (271) lohnenswert.

Diese Überlegungen von McElroy/Horney (1981) können dann noch weiter verallgemeinert werden. Betrachten wir hierzu nochmals die Bedingung für das Nash-Haushaltsgleichgewicht (267) des Individualnutzen-Familienbudget-Modells T_{VN2}^{NK}. Diese ergab, bezogen auf die Freizeitnachfrage bzw. das Arbeitsangebot der Ehepartner, die Bedingung (269)[464]. Umgeformt lautet diese:

$$(269') \quad \frac{\frac{\partial U_f\left(x_{0f}\right)}{\partial x_{0f}} \cdot \left(U_m(\mathbf{x}) - D_m(\mathbf{x})\right)}{w_f} = \frac{\frac{\partial U_m\left(x_{0m}\right)}{\partial x_{0m}} \cdot \left(U_f(\mathbf{x}) - D_f(\mathbf{x})\right)}{w_m}.$$

Erkennbar ist, dass ihr offenbar das zweite Gossen'sche Gesetz zu Grunde liegt, welches mit Bezug auf die vorliegende Modellvariante besagt, dass der kooperativ handelnde Haushalt

---

463 Vgl. Ott (1992), S. 44.

464 Siehe oben S. 201.

sein Totaleinkommen so auf die Freizeitnachfrage x_{0f} und x_{0m} bzw. die Arbeitsangebote $t_f^e = T - x_{0f}$ und $t_m^e = T - x_{0m}$ verteilen sollte, dass die mit dem Lohnsatz gewichteten Produkte aus Grenznutzen der Freizeit und dem individuellen Zugewinn der Kooperation gleich sind.

Die analoge Gleichgewichtsbedingung im Familiennutzen-Familienbudget-Modell T_{VN0}^{NK} lautete[465]:

$$(222)\quad \frac{\frac{\partial U}{\partial x_{0f}}}{w_f} = \frac{\frac{\partial U}{\partial x_{0m}}}{w_m}.$$

Unter der Annahme, dass die Grenzrate des Nutzentransfers zwischen dem Nutzen der Ehefrau und dem des Ehemannes gleich eins ist:

$$(282)\quad M_{15}: \frac{dU_f}{dU_m} = 1$$

geht die Bedingung (269) für das Nash-Haushaltsgleichgewicht des verhandlungstheoretischen Individualnutzen-Familienbudget-Modells T_{VN2}^{NK} in die Bedingung (222) für das Familiennutzen-Familienbudget-Modell T_{VN0}^{NK} über. Danach besteht zwischen beiden Modellen augenscheinlich folgende heterogene Reduktionsbeziehung:

$$(283)\quad T_{VN2}^{NK} \Rightarrow T_{VN0}^{NK}: M_{15} \wedge T_{VN2}^{NK}.$$

Die Modellannahme M_{15} verhält sich äquivalent zu der Annahme von McElroy/Horney (1981), wonach die Konfliktauszahlungen konstant sind:

$$(284)\quad M_{15}: \frac{dU_f}{dU_m} = 1 \Leftrightarrow \left. \frac{\left(U_f - \overline{D}_f\right)}{\left(U_m - \overline{D}_m\right)} \right|_{\overline{N} = \left(U_f - \overline{D}_f\right)\cdot\left(U_m - \overline{D}_m\right)} = 1.$$

Danach ist das Familiennutzen-Familienbudget-Modell T_{VN0}^{NK}, welches bisher als das Modell mit dem höchsten Allgemeinheitsgrad angesehen wurde, offenbar nur ein Spezialfall des vorliegenden Individualnutzen-Familienbudget-Modells T_{VN2}^{NK} (siehe Übersicht III-5). Die "iso-gain product curves" sind mit den Indifferenzkurven des Familiennutzen-Familienbudget-Modells vergleichbar. Diese beschreiben allerdings im Unterschied zu den Indifferenzkurven nicht die gemeinsame Präferenzordnung, sondern das Produkt der individuellen Nutzenzugewinne aus einem kooperativen Vorgehen gegenüber der jeweiligen Alternative des Konfliktfalls.

Wenn diese Feststellung zutrifft, dann muss sich das verhandlungstheoretische Individualnutzen-Familienbudget-Modell T_{VN2}^{NK} - ohne Umweg über das Familiennutzen-Familienbudget-Modell T_{VN0}^{NK} - unmittelbar aus der Konjunktion des Modells der Grenznutzenschule T_M^{GNS} und der Gesetzesaussagen der Neoklassik G^{NK} ableiten lassen. Betrachten

---

[465] Siehe oben S. 178.

wir hierfür das um die Gesetzesaussagen der Neoklassik erweiterte Gossen'sche Modell zur optimalen Güternachfrage unter Berücksichtigung der Produktionsanstrengungen der Grenznutzenschule. Erweitert man die durch die Bedingung (131) gegebene Schlussfolgerung E_M^{GNS} für das Haushaltsgleichgewicht[466]

$$(131)\quad \frac{\dfrac{\partial U_i}{\partial x_i}}{\dfrac{1}{\mu_i}} = \frac{\partial U_i}{\partial t_i} = \lambda$$

auf den Vergleich zweier Nutzenfunktionen *i* und *j*, so erhält man:

$$(285)\quad \frac{\dfrac{\partial U_f}{\partial x_i}}{\dfrac{1}{\mu_i}} = \frac{\partial U_f}{\partial t_i} = \frac{\dfrac{\partial U_m}{\partial x_i}}{\dfrac{1}{\mu_i}} = \frac{\partial U_m}{\partial t_i} = \lambda\,.$$

Mit einer gegenüber M_{15} modifizierten Modellannahme M'_{15}, die die Bedingung der Gleichheit des Nutzentransfers zwischen den beiden Nutzenfunktionen aufhebt:

$$(286)\quad M'_{15}: \frac{dU_f}{dU_m} \Leftrightarrow \left.\frac{(U_f - D_f)}{(U_m - D_m)}\right|_{\overline{N}=(U_f - D_f)\cdot(U_m - D_m)},$$

resultiert mit den Modellannahmen M_2, M_4 und M_5 aus (285) das Haushaltsgleichgewicht für das verhandlungstheoretische Individualnutzen-Familienbudget-Modell T_{VN2}^{NK} :

$$(287)\quad \frac{\dfrac{\partial U_f(x_{0f})}{\partial x_{0f}}\cdot\left(U_m(\mathbf{x}) - D_m(\mathbf{x})\right)}{w_f} = \frac{\dfrac{\partial U_m(x_{0m})}{\partial x_{0m}}\cdot\left(U_f(\mathbf{x}) - D_f(\mathbf{x})\right)}{w_m}\,.$$

Folglich lässt sich T_{VN2}^{NK} tatsächlich über eine heterogene Reduktionsbeziehung aus den Modellen der Grenznutzenschule und der Neoklassik ableiten:

$$(288)\quad T_M^{GNS} \wedge G^{NK} \Rightarrow T_{VN2}^{NK}: M_2 \wedge M_4 \wedge M_5 \wedge M'_{15} \wedge T_M^{GNS} \wedge G^{NK}\,.$$

Mit der Bedingung der Gleichheit des Nutzentransfers zwischen beiden Nutzenfunktionen

$$(284)\quad M_{15}: \frac{dU_f}{dU_m} = 1 \Leftrightarrow \left.\frac{(U_f - \overline{D}_f)}{(U_m - \overline{D}_m)}\right|_{\overline{N}=(U_f - \overline{D}_f)\cdot(U_m - \overline{D}_m)} = 1$$

und mit den gleichen Modellannahmen M_2, M_4 und M_5 folgt aus der Konjunktion $T_M^{GNS} \wedge G^{NK}$ entsprechend das Familiennutzen-Familienbudget-Modell über die heterogene Reduktionsbeziehung:

$$(289)\quad T_M^{GNS} \wedge G^{NK} \Rightarrow T_{VN0}^{NK}: M_2 \wedge M_4 \wedge M_5 \wedge M_{15} \wedge T_M^{GNS} \wedge G^{NK}\,.$$

---

[466] Siehe oben S. 126.

Da M_{15} die Wenn-Komponente in M'_{15} verstärkt, ist das Familiennutzen-Familienbudget-Modell T_{VN0}^{NK} logisch schwächer als das verhandlungstheoretische Individualnutzen-Familienbudget-Modell T_{VN2}^{NK}, was zu zeigen war. Der Fall ist mit der Verallgemeinerung von M_{11} zu M'_{11} zu vergleichen, die den Schluss von T_{VR0}^{NK} zu T_{VN0}^{NK} ermöglichte (siehe Z.2 u. 3, Sp.2/3 in Übersicht III-5).

Das kooperative verhandlungstheoretische Individualnutzen-Familienbudget-Modell T_{VN2}^{NK} gewährt im Zusammenhang mit der innerfamilialen Arbeitsteilung im Vergleich zum Familiennutzen-Familienbudget-Modell T_{VN0}^{NK} vertiefte Einblicke in die Macht-, Droh- und Abhängigkeitsposition bei unterschiedlichen Konfliktsituationen. Je höher der eigene Konfliktpunkt im Vergleich zu dem des Partners, desto größer ist die Macht, aus der Kooperation einen persönlichen Vorteil zu ziehen. So ist die Alternative des Alleinlebens für Frauen im Allgemeinen auf Grund ihrer Benachteiligung am Arbeitsmarkt weniger nutzbringend als für Männer. Deshalb wird Frauen in der Entscheidung über ihr Arbeitsangebot generell ein geringerer haushaltsexterner Konfliktpunkt und damit eine höhere Abhängigkeit vom Ehemann unterstellt. Wegen der Einkommensunterschiede zwischen Männern und Frauen haben Frauen, selbst wenn sie über ihr Einkommen die volle Verfügungsgewalt behalten, zumeist auch innerhalb des Haushalts einen niedrigeren Konfliktpunkt als ihre Partner.

Die neueren, nicht-kooperativen Verhandlungsmodelle[467] trennen sich von der Annahme eines symmetrisch verlaufenden Verhandlungsprozesses. Statt dessen wird davon ausgegangen, dass die beiden Ehepartner unterschiedliche Strategien betreiben. Während, zumeist für die Frau, unterstellt wird, dass sie das Arbeitsangebot ihres Mannes wie bei der Cournot'schen Lösung als Datum betrachtet, wird für den Mann angenommen, dass er davon weiß, dass seine Frau sich ständig an seine Entscheidungen anpasst. In den Modellen geht es dann schwerpunktmäßig um den Prozess des Zustandekommens einer Lösung in Form eines Stackelberg-Spiels[468]. In der Stackelberg'schen Asymmetrielösung kann der überlegende Partner letztlich langfristig den höheren Nutzen aus den im Haushalt vorhandenen Ressourcen erzielen, wobei das Erreichen eines pareto-optimalen Haushaltsgleichgewichts in der Regel ausgeschlossen ist. Da in diesen Modellen über die Stackelberg'sche Asymmetrielösung die dynamische Perspektive der Zeitallokation betont wird, hier aber nur statische Modelle behandelt werden, sind sie vorliegend nicht weiter von Interesse.

---

467 Zu den älteren Ansätzen zählen die auf der Duopoltheorie beruhenden nicht-kooperative Modelle mit Cournot-Lösung, z. B. das bereits erwähnte Modell von Leuthold (1968). Siehe hierzu Fußnote 421, S. 194.

468 Vgl. Bolin (1997), Beblo (2001).

1.3 Rekonstruktion der produktionstheoretischen Ansätze

Neoklassische Modelle berücksichtigen lediglich die marktrelevanten Entscheidungen des Haushalts über Erwerbsarbeit. Das heißt, die Axiome der Präferenz werden ausschließlich auf die Güterbündel Freizeit und Marktgüter bezogen (siehe Z.1g, Sp.1 in Übersicht III-1). Folgerichtig veranschlagen sie für die Produktivität der Arbeit μ_i mit Bezug auf die begehrten Güter x_i einen Wert, der sich aus dem Quotienten aus Lohnsatz und Marktgüterpreisen w_i/p_i ergibt. Nicht berücksichtigt wird, dass die Präferenzen des Haushalts sich auch auf andere Güterbündel beziehen können, die durch den Einsatz und die Kombination von Freizeit und Marktgütern vom Haushalt selbst hergestellt werden. Das Erwägen dieser Möglichkeit bildet den Ausgangspunkt produktionstheoretischer Überlegungen. In den diesbezüglichen Modellen wird durchgängig eine verbundene Produktion mit mehreren Produkten und mehreren Produktionsfaktoren angenommen (Z.1h, Sp.3-5). Die in einem Haushalt hergestellten Gütermengen sind nicht unabhängig voneinander, sei es, weil sie um die nur begrenzt verfügbaren Produktionsfaktoren konkurrieren (Alternativproduktion) oder die Produkte technisch miteinander verbunden sind (Kuppelproduktion)[469].

Wichtigstes Instrument zur Wiedergabe von Aussagen über die Gesetz- und Regelmäßigkeiten der Produktion von Gütern ist das Konzept der Produktionsfunktion. Für ihre mathematische Aussageform werden grundsätzlich drei Möglichkeiten unterschieden[470]:

- die outputorientierte explizite Formulierung: $x = f(z)$
- die inputorientierte explizite Formulierung: $z = g(x)$
- die implizite Formulierung: $h(z,x) = 0$,

mit x für den Güterinput, z für den Güteroutput und $f(\cdot)$, $g(\cdot)$ sowie $h(\cdot)$ für die verschiedenen Produktionsfunktionen.

Die produktionstheoretischen Interpretationen des Arbeitsangebots liegen in den beiden Formen der expliziten Formulierung vor (siehe Z.1i-Z.1j, Sp.3 u. 4 in Übersicht III-1)[471]. Ferner existieren Interpretationen, die auf dem von Koopmanns (1951) entwickelten Konzept der Aktivitätsanalyse beruhen, in welchem die produktiven Zusammenhänge nicht in Form von Produktionsfunktionen, sondern über Aktivitäten definiert werden (Sp.5). Allesamt stammen die Konzepte aus der Unternehmenstheorie.

---

[469] Siehe die Definition zu verbundener und unverbundener Produktion bei Henrichsmeyer/Gans/Evers (1993), S. 145 f. Wenn die Produkte über den Konsum technisch miteinander verbunden sind, wird an Stelle von Kuppelproduktion bisweilen auch von verbundenem Konsum gesprochen; siehe dazu Seel (1999), S. 702.

[470] Vgl. Troßmann (1993), S. 1710.

[471] Siehe auch die entsprechende Klassifizierung bei Seel (1991a), S. 209 ff.

Das outputorientierte Grundmodell weist noch eine deutliche Nähe zur Neoklassik auf. Es beruht im Wesentlichen auf Arbeiten von Gronau (1973, 1977), die durch das Bestreben motiviert sind, hinsichtlich der Nichterwerbsarbeitszeit deutlich zwischen Hausarbeit und Freizeit zu unterscheiden. Dies führt in der Anwendung der Axiome der Präferenz dazu, dass nunmehr das Güterbündel ‚Freizeit' von einem konzeptionell neu geschaffenen Güterbündel ‚konsumierbare Güter' abgegrenzt wird, welches sich aus Gütermengen von vollständig gegeneinander substituierbaren Markt- und Haushaltsgütern zusammensetzt (siehe Z.1g, Sp.3 in Übersicht III-1). Die mengenmäßige Beziehung zwischen Erwerbsarbeitszeit und Marktgütern einerseits und zwischen Hausarbeit und Haushaltsgütern andererseits wird jeweils als ein eigener Produktionszusammenhang gedeutet, der mathematisch formal in outputorientierten Produktionsfunktionen wiedergegeben wird (Z.1j).

Als Begründer des inputorientierten Grundmodells der Produktionstheorie (siehe Sp.4) kann Becker (1965) angesehen werden. Nach Becker sind die Axiome der Präferenz nur sinnvoll auf Güterbündel anwendbar, die tatsächlich unmittelbar konsumiert werden können. Marktgüter und Freizeit, die neoklassischen Güterbündel, erfüllen diese Voraussetzung seiner Ansicht nach nicht. Nutzen stiften nach Becker nur jene Güterbündel, die mit Haushaltsendgütern bestückt werden (siehe Z.1g), die sich jeder Haushalt, allerdings unter dem Einsatz und der Kombination von Marktgütern und Nichterwerbszeit, selbst produzieren muss. Inputorientierte Produktionsfunktionen beschreiben diesen Produktionszusammenhang jeweils explizit als Ausdruck einer haushaltsspezifischen Produktions- bzw. Konsumtechnologie (siehe Z.1j).

Im Unterschied zu Gronau (1973, 1977) und Becker (1965) wählt Lancaster (1966a) in seinem Grundmodell für die Wiedergabe der produktiven Zusammenhänge das Konzept der Aktivitätsanalyse (siehe Sp.5). Nicht die speziellen Eigenschaften von Produktionsfunktionen stehen bei ihm im Vordergrund, sondern der Input-Output-Vergleich alternativ realisierbarer Technologien. Die Axiome der Präferenz werden dabei auf den Output an Gütereigenschaften bezogen, der dem Input an Marktgütern zugeordnet wird (Z.1g). Bei dem Vergleich alternativ realisierbarer Technologien trennt Lancaster konzeptionell zwischen Erwerbstechnologien, die der Verankerung von Gütereigenschaften in Marktgütern mit Hilfe von Erwerbsarbeit dienen, und Konsumtechnologien, die für die Freisetzung von Gütereigenschaften aus Marktgütern in der Freizeit zur Verfügung stehen (Z.3b).

Trotz dieser konzeptionellen Unterschiede lassen sich zwischen dem inputorientierten Grundmodell von Becker (1965) und dem aktivitätsanalytischen Grundmodell von Lancaster (1966a) nachträglich Verbindungen herstellen, wie dies erstmals von Evans (1972) und später dann in differenzierterer Form von Seel (1992) dargelegt wurde[472]. Letztendlich hat jede Technologie einen Rand, der dadurch gekennzeichnet ist, dass mit den gegebenen

---

[472] Siehe Seel (1992), S. 43 ff.

Inputmengen keine größeren Outputmengen erzielt werden können. Eine Funktion, die den Zusammenhang zwischen diesen Inputmengen und dem effiziente Rand einer Technologie beschreibt, geht konform mit den Vorstellungen einer Produktionsfunktion[473].

1.3.1 Outputorientierte Formulierung der Haushaltsproduktionsfunktion

1.3.1.1 Grundmodell

Outputorientierte Formulierungen der Haushaltsproduktionsfunktion stützen sich zwar in der Regel auf die Arbeiten von Gronau[474], diese ergeben allerdings kein einheitliches Modell[475]. Nur die Kritik an den Erklärungsansätzen von Lancaster (1966a) und Becker (1965) gibt diesen eine gemeinsame Basis, die besagt, dass deutlich zwischen Hausarbeit und Freizeit unterschieden werden muss. In seiner Kritik bezieht sich Gronau auf Mincer (1962), der oben als Begründer des chauvinistischen Modells der Neoklassik gekennzeichnet wurde.

In den Arbeiten von 1973 und 1976 beschränkt sich Gronau noch auf den Aspekt der Haushaltsproduktion. Erst 1977 gelingt ihm durch die Unterscheidung zwischen Konsumtechnologie und Haushaltsproduktion eine konzeptionelle Abgrenzung von den Ansätzen, die Becker (1965) und Lancaster (1966a) vorgelegt haben[476]. Entsprechend beziehen sich die meisten Nachweise in der Literatur auf diese Darlegung von 1977[477]. Dort betrachtet es dann Gronau ausdrücklich als ein Versäumnis von Becker (1965) und Lancaster (1966a), dass beide hinsichtlich der Verwendung der Nichterwerbsarbeitszeit nicht zwischen einer produktiv genutzten Hausarbeit und einer rein konsumtiven Freizeit trennen[478]. Letztlich stünden bei beiden Autoren somit die konsumtechnologischen Aspekte im Vordergrund, der eigentliche Produktionszusammenhang zwischen Hausarbeit und Haushaltsgütern würde dagegen vernachlässigt, so die Kritik von Gronau[479].

Das hier von Gronau (1977) hinsichtlich der Unterscheidung zwischen Hausarbeit und Freizeit eingeforderte Kriterium ist nicht neu, es folgt dem Reid'schen Duktus der Definition von Hausarbeit aus dem Jahr 1934. In neueren Auslegungen des maßgeblichen "Dritt-

---

473 Vgl. Koopmanns (1951).

474 Im Wesentlichen auf Gronau (1973), (1977), (1986).

475 Zu dieser Einschätzung gelangt auch Zimmermann (1985), S. 82.

476 Vgl. den Hinweis von Zimmermann (1985), S. 82.

477 Vgl. beispielsweise Hagenaars (1990), S. 492 sowie Seel (1991a), S. 209 ff.

478 Vgl. hierzu Karg/Lehmann (1991), S. 38, die hinsichtlich der Nutzung der KTBL-Datensammlung in vergleichbarer Weise strikt zwischen Handlungen der Produktion und der Konsumtion im unterhaltswirtschaftlichen Leistungsbereich des privaten Haushalts unterscheiden.

479 Siehe Gronau (1977), S. 1100.

Personen-Kriteriums", die auf Hawrylyshyn (1977) basieren, wird die Nichterwerbsarbeitszeit zur Hausarbeit gezählt, sobald diese auch an eine dritte Person delegiert werden kann, die hiervon persönlich nicht profitiert[480]. Nach Gronau (1977) äußert sich dieser Unterschied zwischen Hausarbeit und Freizeit letztlich darin, dass die Produkte aus der Hausarbeit jederzeit durch Marktgüter substituiert werden könnten[481].

Entsprechend bezieht Gronau die Axiome der Präferenz weder auf die Marktgüter, in der Art, wie dies von den neoklassischen Modellen praktiziert wird, noch auf die Haushaltsgüter, in der Art von Becker (1965). Stattdessen wird die Präferenzordnung auf ‚konsumierbare Güter' bezogen, ein Güterbündel, in welches Marktgüter ebenso eingehen können wie Haushaltsgüter. Die Präferenzordnung drückt sich dann insgesamt in Relationen zwischen Freizeit und konsumierbaren Gütern aus (siehe Z.1g, Sp.3 in Übersicht III-1).

Da der von Gronau vorgenommene Produktivitätsvergleich zwischen Erwerbsarbeit und Hausarbeit erst dann sinnvoll ist, wenn über eine materielle Grundsicherung tatsächlich die Möglichkeit besteht, auf Erwerbsarbeit zu Gunsten von Hausarbeit zu verzichten, sind etwaige Einnahmen aus Nichterwerbseinkommen in dem outputorientierten Grundmodell nach Gronau (1977) in der Regel bereits enthalten.

Gronau (1977) bestimmt das optimale Haushaltsgleichgewicht in zwei Schritten; der erste Schritt beinhaltet Effizienzüberlegungen, der zweite Präferenzüberlegungen.[482]

Die Frage nach der bestmöglichen Bereitstellung der im Haushalt konsumierbaren Güter x ist eine Frage der technologischen Effizienz. Das Güterbündel x kann mit Marktgütern x_m und Haushaltsgütern x_h bestückt sein:

(290) $x = x_m + x_h$,

das heißt, x_m und x_h messen Mengen desselben Gutes x, weil Marktgüter und Haushaltsgüter in Bezug auf x vollkommene Substitute sind.

Die Marktgüter x_m finanziert der Haushalt entweder direkt über sein Nichtwerbseinkommen V oder indirekt über seine Erwerbsarbeit, indem er in Abhängigkeit von dem geltenden Reallohnsatz w/p mit seinem Arbeitsangebot t^e ein bestimmtes Erwerbseinkommen erzielt, welches er für den Zukauf der Marktgüter ausgeben kann. Hieraus resultiert eine den neoklassischen Modellen analoge Geldrestriktion (291), mit der die neoklassischen Bedingungen für die Einkommensentstehung (134) und -verwendung (137) auf den Ertrag an Marktgütern bezogen werden[483]:

---

[480] Siehe Hawrylyshyn (1977), S. 87: "An economic service (or ... activity) is one which may be done by someone other than the person benefiting therefrom".

[481] Siehe Gronau (1977), S. 1104.

[482] Vgl. die Darstellung des Erklärungsansatzes von Gronau (1977) bei Seel (1991a), S. 209 ff.

[483] Siehe oben S. 130.

(291) $x_m \cdot p = V + t^e \cdot w \Rightarrow x_m = g(t^e) = \frac{V}{p} + \frac{w}{p} \cdot t^e$, für alle $\frac{w}{p} > 0$.

In dieser Form lässt sich die Bereitstellung der Marktgüter über Erwerbsarbeitszeit als eine lineare Produktionsfunktion $g(t^e)$ deuten (siehe Z.1j, Sp.3 in Übersicht III-1). Die konstanten Skalenerträge der Erwerbsarbeitszeit ergeben sich aus der Annahme eines konstanten Reallohnsatzes w/p[484]; V/p ist das absolutes Glied der Funktion.

Die Produktion der Haushaltsgüter erfolgt unter Einsatz von Hausarbeitszeit auf der Grundlage einer neoklassischen Produktionsfunktion (siehe Z.1j, Sp.3 in Übersicht III-1), es wird also die Gültigkeit des Gesetzes eines abnehmenden Ertragszuwachses unterstellt:[485]

(292) $x_h = f(t^h) = \frac{\partial f}{\partial t^h}(t^h) \cdot t^h$, mit $\frac{\partial f}{\partial t^h}(t^h) > 0, \frac{\partial^2 f}{\partial^2 t^h} < 0$.

Den Einsatz von Marktgütern bei der Produktion von Haushaltsgütern berücksichtigt Gronau (1977) nicht, mit dem Argument, die Analyse hiermit vereinfachen zu wollen[486].

Die weiteren Überlegungen von Gronau (1977) zeigen anfänglich größere Ähnlichkeiten mit den anderen produktionstheoretischen Modellen als man vermutet. Gronau (1977), Becker (1965) und Lancaster (1966a) lassen sich alle auf die Mehrprodukt-Modelle der Unternehmenstheorie zurückführen[487] und - wie im Weiteren noch zu zeigen sein wird - aus den Überlegungen der Grenznutzenschule zur Arbeitsproduktivität μ_i herleiten (siehe Z.1c Übersicht III-1). Für die Frage, wie viel Mengeneinheiten der Haushalt von seinen Produkten erstellen soll, kommt es danach auf die gegenseitige Abhängigkeit der Produkte bei ihrer Herstellung an. Dies entspricht den Vorstellungen der dispositiv verbundenen Produktion (= Alternativproduktion). Sämtliche Produkte konkurrieren um den im Haushalt nur begrenzt vorhandenen Produktionsfaktor Zeit, was in allen produktionstheoretischen Grundmodellen in der Formulierung einer Totaleinkommensrestriktion bedacht wird.

Unter Berücksichtigung der um die Hausarbeitszeit ausdifferenzierten neoklassischen Zeitrestriktion:

(293) $T = x_0 + t^e + t^h$

lautet die Totaleinkommensrestriktion für das Modell von Gronau[488]:

(294) $S_T = w \cdot T + V = w \cdot t^e + V + w(x_0 + t^h) = p \cdot x_m + w(x_0 + t^h)$.

---

484 Siehe Gronau (1977), S. 1105.

485 Siehe Gronau (1977), S. 1105.

486 Siehe den Hinweis in einer Fußnote bei Gronau (1977), S. 1105.

487 Zu den Mehrprodukt-Modellen der Unternehmenstheorie vgl. bspw. Henrichsmeyer/Gans/Evers (1993), S. 145 ff.

488 Eine explizite Formulierung der Totaleinkommensrestriktion findet sich bei Gronau (1977) allerdings nicht.

In den Mehrprodukt-Modellen der Unternehmenstheorie wird aus den Vorstellungen der Alternativproduktion ein Entscheidungsproblem abgeleitet, wonach die Inputfaktoren so auf die einzelnen Produktionsverfahren bzw. Produktarten aufzuteilen sind, dass der Gewinn maximal ist. Auf das Modell von Gronau (1977) übertragen ist das Totaleinkommen des Haushalts danach so auf den Zukauf von Marktgütern über Erwerbsarbeit und die Produktion von Haushaltsgütern über Hausarbeitszeit aufzuteilen, dass der Ertrag an konsumierbaren Gütern den größtmöglichen Nutzen gewährleistet. Mit der Unterstellung eines positiven Grenznutzens, bezogen auf die Zeit, kann hieraus die Entscheidung über maximal mögliche Produktionsmengen, wie vorliegend gehandhabt, als Frage der technologischen Effizienz isoliert werden.

Die maximal mögliche Produktionsmenge wird unter Beachtung der Totaleinkommensrestriktion (294) in Abhängigkeit von der Freizeitnachfrage über die Maximierung der folgenden Zielfunktion bestimmt:

(295) $x(x_m, x_h) = x_m + x_h = g(t^e) + f(t^h) = \left(\frac{V}{p} + \frac{w}{p} \cdot t^e\right) + \frac{\partial f}{\partial t^h}(t^h) \cdot t^h \rightarrow \max!$.

Dabei ist das Totaleinkommen $w(\overline{T} - \overline{x}_0) + V = (V + w \cdot t^e) + w \cdot t^h$, welches nach Abzug der Freizeitnachfrage x_0 verbleibt, so auf die beiden Alternativen des erwerbswirtschaftlich finanzierten Zukaufs $g(t^e) = x_m$ und der hauswirtschaftlichen Produktion $f(t^h) = x_h$ aufzuteilen, dass der Ertrag an konsumierbaren Gütern $x(x_m, x_h)$ maximiert wird. Hierbei sind Nichtnegativitätsbedingungen einzuhalten:

(296) $x_{\max} \geq 0,\ x_0 \geq 0,\ t^e \geq 0,\ t^h \geq 0$.

Aus den hinsichtlich der vollständigen Ausnutzung des Totaleinkommens ertragreichsten Kombinationen der vollkommenen Substitute x_m und x_h ergibt sich in Abhängigkeit von der Freizeitnachfrage die Menge aller effizienten Güterbündel, hier c-Kombinationen genannt:

(297) $c = \{x_{\max}(x_m, x_h), x_0\}$.

Da das Maximum von $x(x_m, x_h)$ in $c = \{x_{\max}, x_0\}$ unter Berücksichtigung der Totaleinkommensrestriktion (294) nicht unabhängig von der Nachfrage nach Freizeit x_0 ist, wird neben der Maximierung von $x(x_m, x_h)$ zugleich eine Maximierung der Kombinationen aus $x_{\max}(x_m, x_h)$ und x_0 benötigt. Die entsprechende Lagrangefunktion lautet[489]:

(298)
$$\begin{aligned} L &= c\left(x_{\max}[x_m, x_h], x_0\right) \\ &+ \lambda_1 \cdot \left(\frac{V}{p} + \frac{w}{p} \cdot t^e + \frac{\partial f}{\partial t^h}(t^h) \cdot t^h - x_{\max}\right) + \lambda_2 \cdot \left(T - t^e - t^h - x_0\right) \rightarrow \max!. \end{aligned}$$

Die Bedingungen erster Ordnung sind:

[489] Vgl. Gronau (1977), S. 1106.

(299) $\frac{\partial L}{\partial x_{\max}} = \frac{\partial c}{\partial x_{\max}} - \lambda_1 = 0$

(300) $\frac{\partial L}{\partial V} = \frac{\partial c}{\partial V} - \lambda_1 \cdot \frac{1}{p} = 0$

(301) $\frac{\partial L}{\partial x_0} = \frac{\partial c}{\partial x_0} - \lambda_2 = 0$

(302) $\frac{\partial L}{\partial t^e} = \frac{\partial c}{\partial t^e} + \lambda_1 \cdot \frac{w}{p} - \lambda_2 = 0$

(303) $\frac{\partial L}{\partial t^h} = \frac{\partial c}{\partial t^h} + \lambda_1 \cdot \frac{\partial f}{\partial t^h} \cdot \left(t^h\right) - \lambda_2 = 0$

(304) $\frac{\partial L}{\partial \lambda_1} = \frac{w}{p} \cdot t^e + \frac{\partial f}{\partial t^h}\left(t^h\right) \cdot t^h - x_{\max} = 0$

(305) $\frac{\partial L}{\partial \lambda_2} = T - t^e - t^h - x_0 = 0\,.$

(306) $\frac{\partial L}{\partial \lambda_2} = T - t^e - t^h - x_0 = 0\,.$

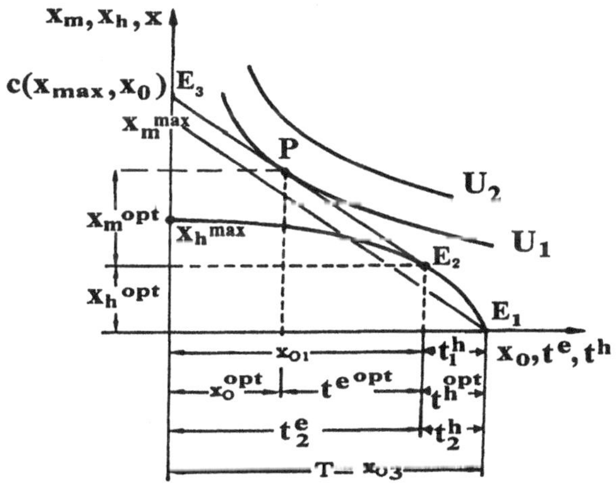

Abb. III-14 *Bestimmung der c-Effizienzlinie und der optimalen Erwerbsarbeitszeit im outputorientierten Grundmodell*[490]

Betrachtet wird zunächst der vereinfachte Fall, dass das Nichterwerbseinkommen gleich Null sei. In Abb. III-14 wird die Menge der *c*-Kombinationen durch die Effizienzlinie

[490] Nach Gronau (1977), S. 1107; verändert in Anlehnung an Seel (1991), S. 210.

$E_1E_2E_3$ wiedergegeben. Diese setzt sich nach Gronau (1977) normalerweise aus zwei Teilstrecken zusammen. In Punkt E_1 wird die verfügbare Zeit T vollständig als Freizeit x_{03} genutzt. Hiervon ausgehend wird in Richtung E_2 ein Teil der verfügbaren Zeit auch für die Nachfrage nach konsumierbaren Gütern x_{max} genutzt. Bis zu Punkt E_2 ist es am günstigsten, diese Güter ausschließlich in Form von Haushaltsgütern $x_{max} = x_h$ bereitzustellen. Die erste Teilstrecke E_1E_2, in der die Erwerbsarbeitszeit $t_1^e = 0$ ist und die Hausarbeitszeit maximal gleich t_1^h, wird daher vollständig über die Haushaltsproduktionsfunktion beschrieben:

(295)$\Rightarrow$ (292) $x(x_m = 0, x_h) = f(t^h) \rightarrow \max!$.

Die zugehörige Totaleinkommensrestriktion ist mit einem Nichterwerbseinkommen von $V = 0$:

(294) $S_T = w \cdot T = w(x_0 + t^h)$.

Der Tangentialpunkt E_2 der Geldrestriktion (291) an die Haushaltsproduktion (292) kennzeichnet den Markteintrittspunkt. An dieser Stelle hat die Grenzproduktivität der Hausarbeitszeit $\partial c / \partial t^h$ mit Bezug auf die effizienten Güterkombinationen c, die ausgehend von E_1 kontinuierlich gesunken ist, die Grenzproduktivität der Erwerbsarbeitszeit $\partial c / \partial t^e$ mit Bezug auf c erreicht. Folglich gilt:

$$(307)\ \frac{\frac{\partial c}{\partial x_0}}{\frac{\partial c}{\partial t^h}} = \frac{\frac{\partial c}{\partial x_0}}{\frac{\partial c}{\partial t^e}} \Rightarrow \frac{\partial c}{\partial t^h} = \frac{\partial c}{\partial t^e} = \lambda_2 - \lambda_1 \cdot \frac{\partial f}{\partial t^h}(t^h) = \lambda_2 - \lambda_1 \cdot \frac{w}{p} \Rightarrow \frac{\partial f}{\partial t^h}(t^h) = \frac{w}{p}.$$

Für die Bedingung einer effizienten c-Kombination im Tangentialpunkt E_2 ergibt sich alternativ zu (307) unter Berücksichtigung von (299) und (303):

$$(308)\ \frac{\frac{\partial c}{\partial t^h}}{\frac{\partial c}{\partial x_{max}}} = \frac{\partial x_{max}}{\partial t^h} = \frac{\lambda_2 - \lambda_1 \cdot \frac{\partial f}{\partial t^h}(t^h)}{\lambda_1} = \frac{\lambda_2}{\lambda_1} - \frac{\partial f}{\partial t^h}(t^h).$$

Die Grenzproduktivität der Hausarbeitszeit kann nach Gronau als der Schattenlohnsatz w^* der Zeit und folglich als Knappheitspreis der Zeit interpretiert werden:[491]

$$(309)\ \frac{\partial f}{\partial t^h}(t^h) = w^*.$$

Eingesetzt in (308) muss daher gelten[492]:

(310) $w^* = \lambda_2 / \lambda_1$.

[491] Siehe Gronau (1977), S. 1105 f., er spricht hier von „shadow price of time".

[492] Dies entspricht auch der Interpretation des Schattenlohnsatzes nach Gronau (1977), S. 1106.

Der dem Schattenlohnsatz w^* entsprechende Lohnsatz $w = w^*$ wurde im neoklassischen Grundmodell als „reservation wage" bezeichnet, also als der Schwellenlohnsatz, zu dem der Haushalt soeben bereit ist, erwerbstätig zu werden. Diese Interpretation erweist sich nach (307) auch für den Tangentialpunkt E_2 der Effizienzlinie des outputorientierten Grundmodells als richtig. Damit erhält der „reservation wage" des neoklassischen Grundmodells[493] im outputorientierten Grundmodell auf der Effizienzebene eine eigene ökonomische Interpretation. Er kennzeichnet den Quotienten aus den Grenzkosten der Zeit λ_2 und des Geldes λ_1. Man könnte insofern geneigt sein, w^* nicht als Schattenlohnsatz der Zeit zu bezeichnen, sondern als Schattenreallohnsatz der Zeit. Denn sobald der Haushalt auch über Nichterwerbseinkommen verfügt, kann der Schattenreallohnsatz, den die Einhaltung der Totaleinkommensrestriktion kostet, selbst bei einem Arbeitsangebot von Null nicht als reiner Knappheitspreis der Zeit gedeutet werden. Dies entspricht allerdings nicht dem Sprachgebrauch von Gronau[494].

Angesichts des unterstellten abnehmenden Ertragszuwachses muss der Schattenlohnsatz w^* unterhalb von E_2 größer sein als der Reallohnsatz. Für die effizienten Güterkombinationen der ersten Teilstrecke E_1E_2 muss daher gelten:

$$(311)\quad \frac{\frac{\partial c}{\partial x_0}}{\frac{\partial c}{\partial t^h}} < \frac{\frac{\partial c}{\partial x_0}}{\frac{\partial c}{\partial t^e}} \Rightarrow \frac{\partial c}{\partial t^h} > \frac{\partial c}{\partial t^e} = \lambda_2 - \lambda_1 \cdot \frac{\partial f}{\partial t^h}\left(t^h\right) > \lambda_2 - \lambda_1 \cdot \frac{w}{p}$$
$$\Rightarrow \frac{\partial f}{\partial t^h}\left(t^h\right) = w^* > \frac{w}{p}.$$

Oberhalb von Punkt E_2 fragt der Haushalt weitere konsumierbare Güter x_{max} effizienter durch den Einsatz von Erwerbsarbeitszeit und den Zukauf von Marktgütern nach als durch den Einsatz von Hausarbeitszeit. Für eine von da an konstante Hausarbeitszeit $\overline{t^h}$ folgt aus der Zielfunktion (295) eine Funktion, mit der die zweite Teilstrecke E_2E_3 der Effizienzlinie über eine lineare „Produktionsfunktion" für die Marktgüter beschrieben wird:

$$(295)\Rightarrow(312)\quad x(x_m, \bar{x}_h) = g\left(t^e\right) + f\left(\overline{t^h}\right) = \frac{w}{p} \cdot t^e + \frac{\partial f}{\partial t^h}\left(\overline{t^h}\right) \cdot \overline{t^h} \rightarrow \max!.$$

Berücksichtigt werden muss dabei die neoklassische Totaleinkommensrestriktion:

$$(294)\quad S_T = w \cdot T = p \cdot x_m + w\left(x_0 + \overline{t^h}\right) = w \cdot t^e + w\left(x_0 + \overline{t^h}\right).$$

Die Steigung der Effizienzlinie entspricht in diesem Abschnitt der Grenzproduktivität der Erwerbsarbeitszeit in Form des Reallohnsatzes:

---

493 Siehe hierzu S. 147.

494 Siehe Fußnote 491, S. 218.

$$(313)\ \frac{\frac{\partial c}{\partial x_0}}{\frac{\partial c}{\partial t^e}} = \frac{\lambda_2}{\lambda_2 - \lambda_1 \cdot w} = 1 - \frac{\lambda_2}{\lambda_1} \cdot \frac{1}{w} = 1 - \frac{\lambda_2}{\lambda_1} \cdot \frac{t^e}{p \cdot x_m} \Rightarrow \frac{t^e}{x_m} = \frac{w}{p}, \text{mit } w = \frac{p \cdot x_m}{t^e}.$$

An dieser Stelle ist erkennbar, dass das Lagrange-Verfahren bei der Berechnung der Effizienzlinie auf Grenzen stößt, da es nur lokale Extremwerte liefert. Die nicht stetig verlaufende Effizienzlinie setzt sich aber gemäß (311) und (313) streng genommen aus zwei Nebenbedingungen zusammen. Zum einen aus der Haushaltsproduktion $x_h = f(t^h)$, zum anderen aus einer linearen „Produktionsfunktion" für die Marktgüter $x_m = g(t^e)$. Folglich können die Randpunkte der Nebenbedingungen Stellen von lokalen Extremwerten sein, ohne in der Marginalanalyse als kritische Stellen zu erscheinen. Für die Untersuchung der Randpunkte stehen auch keine anderen marginalanalytischen Verfahren zur Verfügung[495]. Ein alternativer Lösungsansatz wäre durch "ad-hoc" Betrachtungen gekennzeichnet, wofür alle Tangential- und Schnittpunkte der Nebenbedingungen bestimmt werden, um entscheiden zu können, welche Nebenbedingungen für welche Definitionsintervalle wirksam sind. Für die inneren Punkte der Definitionsintervalle könnte dann auf das Lagrange-Verfahren zurückgegriffen werden. Die Randpunkte der Nebenbedingungen müssten danach gesondert auf lokale Extremwerte geprüft werden. Erst über den Vergleich der Zielwerte für die Randpunkte mit den bereits ermittelten lokalen Extremwerten im Inneren der Nebenbedingungen könnte ein globaler Extremwert entdeckt werden[496].

Die Bestimmung eines globalen Extremwerts wird im Erklärungsansatz von Gronau (1977) zusätzlich dadurch erschwert, dass die Randpunkte der Nebenbedingungen vom Parameter x_0 abhängen. Der untere Randpunkt E_1 der beiden Nebenbedingungen ist durch $T = x_0 = x_{03}$ festgelegt. Den oberen Randpunkte $x_m^{\max}$ der Geldrestriktion legen die Koordinaten $x_0, t^h = 0$ fest, den oberen Randpunkt der Haushaltsproduktionsfunktion $x_h^{\max}$ die Koordinaten $x_0, t^e = 0$. Die Randpunkte wandern folglich auf den Koordinatenachsen nach innen, wenn die Freizeitnachfrage x_0 von $T = x_{03}$ über x_{01} und x_0^{opt} nach 0 eingeschränkt wird.[497]

Der Vergleich der Werte, die die Zielfunktion (295) in allen Randpunkten annimmt, mit dem lokalen Extremum an der Stelle $\overline{t^h}$ ermöglicht erst die Berechnung der globalen Extrema in Abhängigkeit vom Parameter x_0. Unter der Voraussetzung, dass es einen Bereich

---

[495] Vgl. Heuser (1981), S. 311.

[496] Vgl. Heuser (1981), S. 312 ff. und die Vorgehensweise von Seel (1991a), S. 55 bei der Darstellung von Gronau (1977).

[497] Vgl. Seel (1991a), S. 211.

gibt, in dem die Grenzproduktivität der Hausarbeitszeit über dem Reallohnsatz liegt, womit $\overline{t^h} > 0$ ist, ergibt sich die c-Effizienzlinie in Abhängigkeit von x_0 aus[498]:

$$(314)\ c(x_0) = \begin{cases} f(t^h) = f(T - x_0) & \text{für} \quad T - \overline{t^h} \le x_0 \le T \\ f(\overline{t^h}) + g(t^e) = f(\overline{t^h}) + g(T - x_0 - \overline{t^h}) & \text{für} \quad 0 \le x_0 \le T - \overline{t^h} \end{cases}.$$

Ansonsten gilt:

$$(315)\ c(x_0) = g(t^e) = g(T - x_0).$$

Der zweite Schritt der Bestimmung des optimalen Haushaltsgleichgewichts im outputorientierten Modell entspricht weithin der Indifferenzanalyse im neoklassischen Grundmodell. Denn es wird angenommen, der Haushalt verhalte sich bei seiner Wahl zwischen Marktgütern x_m und Haushaltsgütern x_h vollkommen indifferent, beide seien für ihn Mengen desselben Guts x und insofern vollkommen gegeneinander substituierbar. Die zu maximierende Nutzenfunktion entspricht mit $x = x_{\max}$ an Stelle der neoklassischen Marktgüter $x = x_m$ daher im Prinzip der neoklassischen Nutzenfunktion (135)[499]:

$$(135')\quad U = U(x_{\max}, x_0) \rightarrow \max!,$$

wobei allerdings zu berücksichtigen ist, dass das Gut x nunmehr nicht nur aus Marktgütern x_m besteht, sondern gegebenenfalls auch aus Haushaltsgütern x_h. Ausschlaggebend für die Zusammensetzung von $x = x_{\max} = x_m + x_h$ ist die unter Ausschöpfung des Totaleinkommens in Abhängigkeit von x_0 maximal erzielbare Menge an x.

Der Unterschied zwischen dem neoklassischen und dem outputorientierten Grundmodell besteht also ausschließlich in der Nebenbedingung, die bei der Maximierung der Nutzenfunktion jeweils zu berücksichtigen ist. Maßgeblich ist dabei aber nicht allein die Totaleinkommensrestriktion (294), die gegenüber dem neoklassischen Grundmodell (136) lediglich durch Abgrenzung zwischen Freizeit und Hausarbeitszeit verändert ist:

$$(294)\ S_T = w \cdot T = p \cdot x_m + w(x_0 + t^h) = w \cdot t^e + w(x_0 + t^h)$$

(outputorientiertes Grundmodel, für $V = 0$)

$$(136)\ S_T = w \cdot T = p \cdot x + w \cdot x_0$$

(neoklassisches Grundmodell)[500].

Entscheidend ist vielmehr die Nebenbedingung, dass die optimale Güterkombination eine Punktmenge der effizienten c-Kombinationen $c = c(x_{\max}(x_m, x_h), x_0)$ von Markt- und Haushaltsgütern sowie Freizeit sein muss. In diese geht die Totaleinkommensrestriktion (294) implizit ein.

---

[498] Vgl. Seel (1991a), S. 214.

[499] Siehe oben S. 130.

[500] Siehe oben S. 130.

Die Steigung der Effizienzlinie in der Teilstrecke E_2E_3 entspricht nach Bedingung (313)[501] der Grenzproduktivität der Erwerbsarbeitszeit. Folglich muss für ein Haushaltsgleichgewicht P mit einem Arbeitsangebot $t^e \geq 0$ die Grenzrate der Substitution von x durch x_0 dem umgekehrten Preisverhältnis von Marktgütern und Freizeit entsprechen:

$$(316)\quad \frac{\frac{\partial U}{\partial x_0}}{\frac{\partial U}{\partial x}} = \left|\frac{dx}{dx_0}\right| = \frac{w}{p}.$$

Befindet sich das Haushaltsgleichgewicht genau in Punkt E_2, also dem Markteintrittspunkt, muss für die c-Effizienzlinie die Bedingung (307) gelten und folglich für das Haushaltsgleichgewicht:

$$(317)\quad \left|\frac{dx}{dx_0^*}\right| = \frac{\partial f}{\partial t^h}\left(t^h\right) = w^* = \frac{w}{p}.$$

Hier entspricht die Grenzrate der Substitution einerseits der Grenzproduktivität der Hausarbeitszeit in Form des Schattenreallohnsatzes w^*, andererseits dem Reallohnsatz als dem umgekehrten Preisverhältnis von Marktgütern und Freizeit.

Alle anderen Haushaltsgewichte rechts von Punkt E_2, für die sich eine Erwerbstätigkeit nicht als günstig erweist, ergeben sich schließlich aus der Bedingung (311) der Effizienzlinie. Da in diesem Bereich die Grenzproduktivität der Hausarbeitszeit den Reallohnsatz übersteigt, sollte der Haushalt die konsumierbaren Güter ausschließlich über die Hausarbeitszeit bereit stellen:

$$(318)\quad \left|\frac{dx}{dx_0}\right| = \frac{\partial f}{\partial t^h}\left(t^h\right) = w^* > \frac{w}{p}.$$

Die aus dem Haushaltsgleichgewicht P resultierende Aufteilung der Zeit in Freizeit x_0^{opt} und die Bereitstellung der Güter $x = x_{\max} = x_m^{opt} + x_h^{opt}$ ist in Abb. III-14 aus dem Lot zwischen P und der Abszisse sowie Ordinate zu ersehen. Die verbleibende Zeit $T - x_0^{opt}$ entfällt auf Erwerbs- und Hausarbeitszeit, deren Anteile $t^{e^{opt}}$ und $t^{h^{opt}}$ sich ihrerseits durch das Lot zwischen E_2 und der Abszisse ergeben.

Die Reichweite des outputorientierten Grundmodells ohne Berücksichtigung des Nichterwerbseinkommens erstreckt sich einerseits auf die beiden Bestimmungsgründe der Erwerbsarbeitszeit, die sich bereits aus dem neoklassischen Grundmodell ableiten ließen, also auf die Präferenzordnung und den Reallohnsatz (siehe Z.2a u. b, Sp.3, in Übersicht III-1). Hinzu kommt als weiterer Bestimmungsgrund der Erwerbsarbeitszeit das Verhältnis der Grenzproduktivität der Hausarbeitszeit zum Reallohnsatz (Z.2b), welches sich nach-

501 Siehe S. 220.

folgend[502] ausdrücklich auf den Faktor q zurückführen lässt, der in der neoklassische Modellvariante T_{VR0}^{NK} für die Kennzeichnung des Markteintritts von Bedeutung ist.

Dass bei der Betrachtung des Haushaltsgleichgewichts der Produktivitätsvergleich zwischen Erwerbsarbeit und Hausarbeit auf der Grundlage von Gronau (1977) tatsächlich zu interessanten Schlussfolgerungen führen kann, hat Hagenaars (1990) anschaulich anhand verschiedener Fragestellungen aufgezeigt[503]. Sie beschreibt zum einen den Effekt, der auf Veränderungen in der Haushaltstechnologie zurückgeht. Steigt die Grenzproduktivität der Hausarbeitszeit, so ist es für den Haushalt nach der Bedingung (317) für den Markteintritt erst ab einem entsprechend erhöhten Reallohnsatz sinnvoll, erwerbstätig zu werden. Er werde solange Marktgüter gegen Haushaltsgüter substituieren, bis die Gleichgewichtsbedingung (317) wieder erfüllt ist. Eine Erhöhung in der Grenzproduktivität der Hausarbeitszeit wirkt sich folglich bei konstantem Reallohnsatz negativ auf die angebotene Erwerbsarbeitszeit des Haushalts aus.

Ein zweiter Effekt, der aus einer Änderung in der Besteuerung der Erwerbsarbeit resultiert, ist dagegen auf eine Veränderung der Grenzproduktivität der Erwerbsarbeit zurückzuführen, er führt aber zu dem gleichen Ergebnis. Eine Besteuerung senkt den Reallohnsatz, wodurch es für den Haushalt vorteilhaft ist, die im Vergleich hierzu jetzt produktivere Hausarbeitszeit verstärkt für die Bereitstellung konsumierbarer Güter zu nutzen, solange, bis (317) erfüllt ist.

Ein dritter Effekt wird aus einer Veränderung im Nichterwerbseinkommen hervorgerufen. Dieser erklärt sich nicht aus einer veränderten Relation der Grenzproduktivitäten, sondern nach der Gleichgewichtsbedingung[504]:

$$(300)\quad \frac{\partial L}{\partial V} = \frac{\partial c}{\partial V} - \lambda_1 \cdot \frac{1}{p} = 0 \Rightarrow \frac{\partial c}{\partial V} = \lambda_1 \cdot \frac{1}{p}$$

aus einem Totaleinkommenseffekt mit Bezug auf $c = (x_{\max}, x_0)$, der unter der Annahme konstanter Preise p ausschließlich aus einer Veränderung des Schattenpreises λ_1 für das Einhalten der Geldrestriktion resultiert. Er entschärft die Geldrestriktion und macht dadurch den Zukauf von Marktgütern vergleichsweise effizienter als die Produktion von Haushaltsgütern. Auf die Frage, welcher Reallohnsatz über den Vergleich mit der Grenzproduktivität der Hausarbeitszeit zu einem positiven Arbeitsangebot führt, hat dieser Totaleinkommenseffekt nach den Bedingungen (302) und (303) keinen Einfluss, denn eine Veränderung in λ_1 betrifft die Gewichtung beider Grenzproduktivitäten in gleicher Weise:

502 Siehe unten S. 227.

503 Siehe Hagenaars (1990), S. 492 ff.

504 Siehe oben S. 217.

$$(319)\qquad \frac{\frac{\partial c}{\partial t^h}}{\frac{\partial c}{\partial t^e}} = \frac{\lambda_1 \cdot \frac{\partial f}{\partial t^h} \cdot (t^h)}{\lambda_1 \cdot \frac{w}{p}}.$$

Hagenaars (1990) geht davon aus, dass der Totaleinkommenseffekt, bezogen auf das Arbeitsangebot, größer sein wird als derjenige in den neoklassischen Modellen T_{VR1}^{NK} bzw. T_{VR2}^{NK} [505], die sich ebenfalls dadurch auszeichnen, dass sie das Nichterwerbseinkommen gegenüber ihrem Grundmodell berücksichtigen. Dieser Schluss ist nach (319) falsch. Die von ihr verwendete Abb. III-15 zeigt dann auch, dass der Effekt zwar auf Kosten der Hausarbeitszeit geht, eben weil Marktgüter über Nichterwerbseinkommen finanziert werden können, sie zeigt aber auch, dass der Effekt in gleichem Umfang der Freizeit zugute kommt. Ingesamt bleibt der Umfang des Arbeitsangebots hiervon unbeeinflusst, denn in den Markteintrittspunkten E_2 vor und E_2' nach Erhöhung des Nichterwerbseinkommens von V auf V' ist das Arbeitsangebot stets gleich Null. Der einzige Unterschied zum neoklassischen Modell besteht darin, dass auf der Grundlage des outputorientierten Grundmodells in Abb. III-15 optisch erkennbar wird, was sich ansonsten nur in einer Erhöhung des Schattenreallohnsatzes w^* auswirkt, nämlich dass die Bereitschaft, erwerbstätig zu werden, mit der Höhe des Nichterwerbseinkommens zu Gunsten einer verstärkten Freizeitnachfrage zurückgeht.

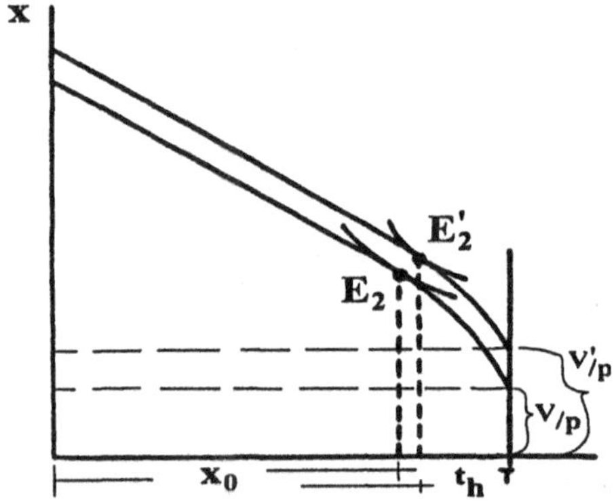

Abb. III-15 *Der Effekt von Nichterwerbseinkommen auf das Arbeitsangebot im Modell von Gronau (1977)*[506]

In ihrem Vergleich mit dem neoklassischen Grundmodell kommt Hagenaars (1990) des Weiteren zu dem Schluss, dass das outputorientierte Grundmodell von Gronau (1977) T_{GM}^{out}

[505] Siehe Hagenaars (1990), S. 495 f.

[506] Hagenaars (1990), S. 495.

eine Verallgemeinerung des neoklassischen Grundmodells T_{GM}^{NK} sei[507]. Dies kann vorliegend bestätigt werden. Nachfolgend wird bezugnehmend auf den q-Faktor des „verallgemeinerten“ neoklassischen Grundmodells T_{VRO}^{NK} zu zeigen sein, dass T_{GM}^{out} unter Berücksichtigung von Nichterwerbseinkommen ferner ein Spezialfall von T_{VRO}^{NK} ist[508].

Entscheidend für diesen Vergleich ist, dass Gronau (1977) in seinem produktionstheoretisch begründeten Grundmodell im Gegensatz zu den Mehrprodukt-Modellen der Unternehmenstheorie davon ausgeht, dass die beiden Produktarten, Haushaltsgüter und Marktgüter, auf der Outputebene vollkommen gegeneinander substituierbar sind. Auf diese Weise lässt sich das Entscheidungsproblem des kostengünstigsten Produktionsplans auf die Bedingungen reduzieren, die für ein Einprodukt-Modell gelten (siehe Z.11, Sp.3 in Übersicht III-1). Darauf begründet Gronau (1977) seinen Vergleich partieller Faktorertragsfunktionen, aus dem erkennbar werden soll, welchen Beitrag der Faktor der Erwerbsarbeitszeit t^e über die Produktionsfunktion $x_m = g_e(t^e)$ für die Bereitstellung der konsumierbaren Güter leisten kann und welchen Beitrag, verglichen dazu, der Faktor Hausarbeitszeit t^h über $x_h = f\left(t^h\right)$. Ein Vergleich der Grenzproduktivitäten beider Faktoren führt zu der jeweils in Abhängigkeit vom Faktoreinsatz mit Bezug auf die Produktion konsumierbarer Güter jeweils technologisch effizientesten Produktionsfunktion von beiden (Z.1k). Auf diese Weise gelingt es, beide Produkte, x_m und x_h, als Mengen desselben Guts $x_{\max}$ aufzufassen. Die maximal verfügbare Faktorausstattung für unterschiedliche Produktionsniveaus von $x_{\max}$ ergibt sich aus der Totaleinkommensrestriktion (Z.1m), sie steigt mit dem Rückgang der Freizeitnachfrage.

Implizit unterstellt Gronau (1977) in diesem Vergleich zwischen zwei partiellen Faktorertragsfunktionen, dass das Faktorpreisverhältnis für Hausarbeitszeit und für Erwerbsarbeitszeit im Markteintrittspunkt stets gleich Eins ist. Dies folgt aus:[509]

$$(307)\quad \frac{\partial c}{\partial t^h} = \frac{\partial c}{\partial t^e} = \frac{\partial f}{\partial t^h}\left(t^h\right) = \frac{w}{p} \Rightarrow 1 = \frac{\dfrac{\partial c}{\partial t^e}}{\dfrac{\partial c}{\partial t^h}} = 1 = \frac{\dfrac{w}{p}}{\dfrac{\partial f}{\partial t^h}\left(t^h\right)}.$$

Nur unter dieser Bedingung kann von einem Vergleich zwischen den Grenzproduktivitäten der Hausarbeits- und Erwerbsarbeitszeit im Markteintritt E_2 unmittelbar auf die effizienteste Produktionsfunktion unterhalb von E_2 (also auf die Haushaltsproduktionsfunktion) und oberhalb von E_2 (also auf die Ertragsfunktion aus Erwerbsarbeit) geschlossen werden. Denn würde der Einsatz des Produktionsfaktors Zeit in beiden Verwendungsweisen, die durch die zwei unterschiedlichen Produktionsfunktionen beschrieben werden, in E_2 nicht

---

507 Hagenaars (1990), S. 493.

508 Zu T_{GM}^{NK} und T_{VRO}^{NK} siehe oben Übersicht III-3, S. 145.

509 Siehe oben S. 218.

stets gleich viel kosten und unterhalb sowie oberhalb von ihm nicht stets mit unterschiedlichen Kosten verbunden sein, müsste zur Ermittlung der Einsatzmengen von t^h und t^e bei der Produktion eines vorgegebenen Produktionsniveaus von $x_{\max}$ stets die Minimalkostenkombination bestimmt werden, aus der hervorgeht, aus welchen Mengen von x_h und x_m ein vorgegebenes Produktionsniveau $x_{\max}$ zu den niedrigst möglichen Kosten zu realisieren ist.

Betrachten wir für den weiteren Vergleich zwischen outputorientiertem Grundmodell T_{GM}^{out} und „verallgemeinertem" neoklassischen Grundmodell T_{VR0}^{NK} nun nochmals die beiden Totaleinkommensrestriktionen, die für die Modelle jeweils unterstellt wurden.
Für T_{VR0}^{NK} gilt:[510]

(181) $b(x,x_0) = S_T = wT + V = px + w \cdot \dfrac{x_0^*}{q}$.

Wird in der Totaleinkommensrestriktion (294) des outputorientierten Grundmodells ebenfalls zusätzlich ein Nichterwerbseinkommen V berücksichtigt, so gilt für T_{GM}^{out}:[511]

(294') $b(x_m, x_0, t^h) = S_T = w \cdot T + V = p \cdot x_m + w(x_0 + t^h) = w \cdot t^e + V + w(x_0 + t^h)$.

Ferner gilt für den Vergleich beider Modelle die Identität:

(320) $x_m \equiv x$,

da beide Variablen die Menge an Marktgütern beschreiben; nämlich x_m im outputorientierten Modell, x im neoklassischen.

Ein Gleichsetzen der beiden Totaleinkommensrestriktionen (181) und (294') ergibt unter Berücksichtigung dieser Identität:

(321) $w(x_0 + t^h) = \dfrac{w \cdot x_0^*}{q} \Rightarrow q = x_0^* \cdot \left(\dfrac{1}{x_0 + t^h}\right)$.

Der Faktor q, der in T_{VR0}^{NK} als ein zeitliches Vielfaches bzw. Bruchteil vom Markteintrittspunkt x_0^* eingeführt wurde, erweist sich im vorliegenden Modell als ein Ausdruck, mit dem ein bestimmtes Verhältnis zwischen dem Umfang an Freizeit und Hausarbeitszeit im Markteintrittspunkt angenommen wird. Ein Wert von $q = 1$ beschreibt den Markteintrittspunkt, in welchem $x_0 + t^h = x_0^*$ ist.

Haushaltsgleichgewichte rechts vom Markteintrittspunkt wurden in der Neoklassik über die Modellvariante T_{VR3}^{NK} erklärt, die sich mit $M_{03}: q < 1$ aus T_{VR0}^{NK} ableitet[512]. Dort folgte aus dem Haushaltsgleichgewicht:

---

[510] Siehe oben S. 153.

[511] Siehe oben S. 215.

[512] Siehe oben Übersicht III-3, Z.3, Sp.3, S. 145.

(190) $\left|\frac{dx}{dx_0^*}\right| = \frac{w}{p \cdot q}$ für T_{VR0}^{NK}

mit $M_{03}: q < 1$ das Haushaltsgleichgewicht für T_{VR3}^{NK}:

(169) $\left|\frac{dx}{dx_0^*}\right| = \frac{w}{p \cdot q} = w^* > \frac{w}{p}$.

Vergleicht man nun die Bedingung (169) für T_{VR3}^{NK} mit der für die Effizienzlinie rechts vom Markteintrittspunkt x_0^* des outputorientierten Grundmodells T_{GM}^{out}:

(318) $\left|\frac{dx}{dx_0^*}\right| = \frac{\partial f}{\partial t^h}\left(t^h\right) = w^* > \frac{w}{p}$,

so ergibt dies für den Faktor q:

(322) $q = \dfrac{\frac{w}{p}}{\frac{\partial f}{\partial t^h}\left(t^h\right)} \Rightarrow [q] = \left[\dfrac{\frac{\text{EUR/Zeit}}{\text{EUR}/ME\text{ Marktgüter}}}{\frac{ME\text{ Haushaltsgüter}}{ME\text{ Zeit}}} = \dfrac{\frac{ME\text{ Marktgüter}}{ME\text{ Zeit}}}{\frac{ME\text{ Haushaltsgüter}}{ME\text{ Zeit}}}\right]$.

Danach beschreibt der im verallgemeinerten neoklassischen Grundmodell T_{VR0}^{NK} nicht weiter erklärte Faktor q im direkten Vergleich mit dem outputorientierten Grundmodell T_{GM}^{out} das Verhältnis zwischen der Grenzproduktivität der Erwerbsarbeitszeit und der Hausarbeitszeit, bezogen auf die Erstellung von konsumierbaren Gütern.

Legt man der Gleichgewichtsbedingung (190) aus T_{VR0}^{NK} nunmehr die Annahme $M_{02}: q = 1$ für den Markteintritt zu Grunde[513], so folgt dann auch hieraus mit (317) die entsprechende Bedingung des outputorientierten Grundmodells T_{GM}^{out}[514]:

(190) $\left|\frac{dx}{dx_0^*}\right| = \frac{w}{p \cdot q} \rightarrow$ (317) $\left|\frac{dx}{dx_0^*}\right| = \frac{\partial f}{\partial t^h}\left(t^h\right) = w^* = \frac{w}{p}$.

Für $M_{01}: q \geq 1$, mit der aus T_{VR0}^{NK} die Modellvariante T_{VR1}^{NK} für Erwerbsarbeitszeiten größer gleich Null abgeleitet wurde[515], wird nach (322), dem Ausdruck zur Erklärung des q-Faktors, angenommen, dass die Erwerbsarbeitszeit mindestens so ertragreich ist wie die Hausarbeitszeit. Tatsächlich folgt auch in diesem Fall aus T_{VR0}^{NK} die Bedingung (316') für ein Haushaltsgleichgewicht mit einem Arbeitsangebot $t^e \geq 0$ des outputorientierten Grundmodells T_{GM}^{out}:

(190) $\left|\frac{dx}{dx_0^*}\right| = \frac{w}{p \cdot q} \Leftrightarrow$ (316') $\left|\frac{dx}{dx_0^*}\right| = w^* \leq \left.\frac{\partial x}{\partial x_0}\right|_{\overline{U}} = \frac{w}{p}$[516].

---

513 Siehe oben S. 154.

514 Siehe oben S. 222.

515 Siehe oben S. 154.

516 Siehe oben S. 222.

Vor diesem Hintergrund können das verallgemeinerte neoklassische Grundmodell T_{VR0}^{NK} und das outputorientierte Grundmodell T_{GM}^{out} als äquivalent bezeichnet werden. Das Modell von Gronau T_{GM}^{out} vermag im Unterschied zu T_{VR0}^{NK} allerdings den Schattenreallohnsatz über die Identitätsgleichung:

(323) $$\partial f\left(t^h\right) / \partial t^h \equiv w^*$$

inhaltlich zu deuten. Dies folgt aus (318). Durch Gleichsetzen der beiden Ausdrücke (321) und (322) für den Faktor q erhält man einen Ausdruck:

(324) $$q|_{\bar{x}} = x_0^* \cdot \left(\frac{1}{x_0 + t^h}\right) = \frac{\frac{w}{p}}{\frac{\partial f}{\partial t^h}\left(t^h\right)}, \text{ mit } \frac{\partial f}{\partial t^h}\left(t^h\right) = w^*,$$

mit dem sich das outputorientierte Grundmodell als ein Spezialfall des verallgemeinerten neoklassischen Grundmodells darstellen lässt[517].

Im Optimum gilt für das outputorientierten Grundmodell an Stelle von (147)[518] die Hicks'sche Arbeitsangebotsfunktion:

(325) $$t^e = g_e(w, p, q, V, \overline{U}) = T - x_0 = T - g_0(w, p, q, V, \overline{U}), \text{ mit } q = \frac{\frac{w}{p}}{\frac{\partial f}{\partial t^h}\left(t^h\right)} \text{ und } V \geq 0.$$

Bedenkt man, dass in den neoklassischen Modellen die Produktivität der Erwerbsarbeit über die Modellannahme $M_1: \mu_i = x_i/t_i = \mu_1 = x/t^e = w/p$ festgelegt ist, so kann die Produktivität der Hausarbeitszeit analog definiert werden als:

(326) $$\mu_i = \frac{x_i}{t_i} \overset{!}{\equiv} \mu_2 = \frac{x_h}{t^h}.$$

μ_1 und μ_2 eingesetzt in (324) ergibt

(324'') $$M_{16}: q|_{\bar{x}} = x_0^* \cdot \left(\frac{1}{x_0 + t^h}\right) = \frac{\frac{w}{p}}{\frac{\partial f}{\partial t^h}\left(t^h\right)} = \frac{\frac{w}{p}}{w^*} = \frac{\mu_1'}{\mu_2'} = \frac{\mu_1}{\mu_2'}.$$

Der Faktor q wird hier in Form von (324'') als Modellannahme M_{16} gekennzeichnet, die eine Explizierung der Modellannahme M_5 um das Verhältnis der Grenzproduktivitäten der Zeit in der Verwendung als Erwerbsarbeitszeit und Hausarbeitszeit ermöglicht. M_5 definiert in der verallgemeinerten neoklassischen Modellvariante T_{VR0}^{NK} die Grenzproduktivität

---

[517] Dies spricht für die von Seel (1991) vorgenommene Zuordnung des outputorientierten Grundmodells zur Neoklassik. Siehe oben Fußnote 263, S. 117.

[518] Siehe oben S. 132.

der Zeit mit Bezug auf x_i unter Berücksichtigung von Nichterwerbseinkommen ebenfalls - wie M_1 - ausschließlich über den Reallohnsatz:

(180) $M_5: \mu_{1i} = \frac{x_i}{t_i} \overset{!}{\equiv} \frac{x}{t^e} - \frac{V}{p \cdot t^e} = \frac{w}{p}$ [519].

M_{16} nach dem Reallohnsatz aufgelöst ergibt für die Konjunktion $M_5 \wedge M_{16}$:

(324''') $M_5 \wedge M_{16}: \mu_i = \frac{x_i}{t_i} \overset{!}{\equiv} \mu_1 = \frac{x}{t^e} - \frac{V}{p \cdot t^e} = \frac{w}{p} \overset{!}{\equiv} \mu_2' \cdot x_0^* \cdot \left(\frac{1}{x_0 + t^h} \right)$.

Aus ihr folgen für

(327) $x_0^* \cdot \left(\frac{1}{x_0 + t^h} \right) \geq 1$, (328) $x_0^* \cdot \left(\frac{1}{x_0 + t^h} \right) = 1$ und (329) $x_0^* \cdot \left(\frac{1}{x_0 + t^h} \right) < 1$

die Bedingungen des outputorientierten Modells T_{GM}^{out} [520] für eine Erwerbsarbeitszeit größer gleich Null (316), für den Markteintrittspunkt (317) sowie für eine Erwerbsarbeitszeit rechts vom Markteintrittspunkt (318). Das heißt, aus der mit M_{16} explizierten Modellannahme M_5 folgt die Bedingung für ein Haushaltsgleichgewicht des outputorientierten Grundmodells T_{GM}^{out}, unabhängig davon, ob sich der Haushalt *im* Markteintrittspunkt, diesseits oder jenseits von diesem befindet. Folglich ist das outputorientierte Grundmodell ein über M_{16} definierter Spezialfall des verallgemeinerten neoklassischen Grundmodells T_{VR0}^{NK}:

(330) $T_{VR0}^{NK} \Rightarrow T_{GM}^{out}: M_{16} \wedge T_{VR0}^{NK}$,

welches seinerseits aus der Grenznutzenschule und der Neoklassik abgeleitet wurde[521].

Nur wenn der Modellannahme M_{16} gemäß mit Bezug auf den Markteintrittspunkt x_0^* zwischen t^h und x_0 differenziert werden kann, ergibt das outputorientierte Grundmodell für das Arbeitsangebot t^e eine eigene, gegenüber T_{VR0}^{NK} explizitere Erklärung. Mit dieser Modellannahme werden implizit Produktivitätsunterschiede zwischen der Erwerbsarbeitszeit und der Hausarbeitszeit angenommen. Denn sofern diese nicht gegeben sind, folgt mit

(331) $\frac{w}{p} = \frac{\partial f}{\partial t^h}(t^h)$

aus der Modellannahme M_{16}:

(332) $\frac{w}{p} = \frac{\partial f}{\partial t^h}(t^h) \cdot x_0^* \cdot \left(\frac{1}{x_0 + t^h} \right) = \frac{w}{p} \cdot x_0^* \cdot \left(\frac{1}{x_0 + t^h} \right) \Rightarrow x_0^* \cdot \left(\frac{1}{x_0 + t^h} \right) = 1$

die Situation für den Markteintritt x_0^*, in der für die Bestimmung des Haushaltsgleichgewichts zwischen der Freizeit x_0 und der Hausarbeitszeit t^h eben nicht mehr unterschieden werden muss. Das outputorientierte Modell T_{GM}^{out} kann ohne die Annahme M_{16}, dass

---

[519] Siehe oben S. 152.

[520] Siehe oben S. 222 f.

[521] Siehe oben Sp.3, Z1f. in Übersicht III-1, S. 121.

die Grenzproduktivitäten für Erwerbs- und Hausarbeit unterschiedlich sind, das Arbeitsangebot nicht anders erklären als T_{VR0}^{NK}, es ist in diesem Fall ihm gegenüber redundant.

1.3.1.2 Modelle mit speziellen Aussagen zu den Restriktionen

Aus Übersicht III-6 ist zu erkennen, dass das Spektrum der aus der Neoklassik bekannten Kategorien von Modellvarianten im Großen und Ganzen auch bei den outputorientierten Modellen festzustellen ist. Die in dieser Hinsicht veränderten Konzeptualisierungsleistungen und Reichweiten sind dort in Fettschrift hervorgehoben.

Outputorientierte Modellvarianten, die den Erhalt von Nichterwerbseinkommen über eine Modellannahme $M_3\!: V = 0$ ausschließen, existieren im Gegensatz zur Neoklassik nicht.

1.3.1.2.1 Besteuerung des Erwerbseinkommens und das Zusammenwirken von Steuer- und Transfersystem

Die meisten neueren outputorientierten Modelle berücksichtigen sogleich das Zusammenwirken von Steuer- und Transfersystem, und dies sogar in recht umfassender Art und Weise. Neben der bereits zitierten Arbeit von Hagenaars (1990) sei hier auf die Studie von Gustafsson (1993) verwiesen[522].

Die Besteuerung des Erwerbseinkommens wurde für die Neoklassik mit der Modellannahme $M_6\!: w \equiv w^N$ angenommen, wonach der berücksichtigte Lohnsatz als Nettolohnsatz aufzufassen ist. Mit ihr und der Modellannahme $M_{01}\!: q \geq 1$ ließen sich aus T_{VR0}^{NK} mehrere Modelle zu Besteuerung ableiten, die sich hinsichtlich der Art der Besteuerung voneinander unterschieden. Das allgemeinste Modell hiervon war T_{VR5}^{NK} mit proportionaler Besteuerung.

Aus der festgestellten Implikationsbeziehung (330) zwischen dem verallgemeinerten, neoklassischen Grundmodell T_{VR0}^{NK} und dem outputorientierten Grundmodell T_{GM}^{out} [523]

(330) $T_{VR0}^{NK} \Rightarrow T_{GM}^{out}\!: M_{16} \wedge T_{VR0}^{NK}$

folgt, wie gezeigt wurde, für $q \geq 1$ die heterogene Reduktionsbeziehung[524]:

(333) $T_{VR0}^{NK}\big|_{q\geq 1} \Rightarrow T_{GM}^{out}\big|_{q\geq 1}\!: M_{16} \wedge T_{VR0}^{NK}\big|_{q\geq 1}$.

---

522 Siehe oben S. 158 ff.

523 Siehe oben S. 229.

524 Siehe oben S. 227.

Nr.	*1*	*2*	*3*	*4*	*5*	*6*
1	**Modell-varianten**	T^{out}_{VR5}	T^{out}_{VR8}	T^{out}_{VN0}	T^{out}_{VN1}	T^{out}_{VN2}
2a	**Konzep-tualisie-rungs-leistung**	Outputorientiertes Grundmodell der Produktionstheorie				
2b		Spezielle Aussagen zu den Restriktionen		Spezielle Aussagen zu den Nutzenfunktionen		
2c				Kollektive Nutzenfunktion	Eine individuelle Nutzenfunktion nur für die Frauen	Nash-Verhandlungslösung basierend auf einer Neumann-Morgenstern-Nutzenfunktion
2d		Nettolohn statt Bruttolohn	Standardisierte Wahlmöglichkeiten **an allen Märkten**	Familienbudget(restriktion)		
2e			Marktversagen		Annahmen zur **geschlechtsspezifischen Qualifikation**	
3a	**Reich-weite**	Siehe outputorientiertes Grundmodell der Produktionstheorie				
3b				Präferenzordnung in Mehrpersonenhaushalten als Bestimmungsgrund der innerfamilialen Arbeitsteilung		
3c				**Komparative Produktionsvorteile** als Bestimmungsgrund der innerfamilialen Arbeitsteilung		
3d		Der durch die Besteuerung verringerte Schwellenlohnsatz als Bestimmungsgrund der Erwerbsbeteiligung	**Beschränkte Substituierbarkeit** zwischen Produkten aus Erwerb- und Hausarbeit (v. a. in der **Kinderbetreuung**) als Bestimmungsgrund des Arbeitsangebots		**Geschlechtsspezifische Produktionsvorteile**	Macht-, Droh- und Abhängigkeitspositionen bei unterschiedlichen Konfliktsituationen, **v. a. infolge d. Spezialisierung auf Hausarbeitszeit**, als Bestimmungsgründe der innerfamilialen Arbeitsteilung

Übersicht III-6 *Modellvarianten zum outputorientierten Grundmodell der Produktionstheorie*

Nr. 1

Verhandlungstheoretisches Modell der Neoklassik

$T_{VN2}^{NK}: M_2 \wedge M_4 \wedge M_5 \wedge M'_{15} \wedge T_M^{GNS} \wedge G^{NK}$

Nr. 2

Verhandlungstheoretisches Modell

$T_{VN2}^{out}: M_{16} \wedge M_{18} \wedge T_{VN2}^{NK}$

$$M_{16}: q\big|_{\overline{x}} = x_0^* \cdot \left(\frac{1}{x_0 + t^h}\right) = \frac{\frac{w}{p}}{\frac{\partial f}{\partial t^h}\left(t^h\right)} = \frac{\mu_1'}{\mu_2'}$$

$$M_{18}: t^h = \sum_i t_i^h$$

s. Übersicht III-5

Fam.-Fam.-Modell der Neoklassik

$T_{VN0}^{NK}: M_{15} \wedge T_{VN2}^{NK}$

$$M_{15}: \frac{dU_f}{dU_m} = 1$$

Nr. 3

Fam.nutzen-Fam.budget-Modell

$T_{VN0}^{out}: M_{15} \wedge T_{VN2}^{out}$

⇔

Fam.nutzen-Fam.budget-Modell

$T_{VN0}^{out}: M_{16} \wedge M_{18} \wedge T_{VN0}^{NK}$

Nr. 4

Modell des „männlichen Chauvinisten"

$T_{VN1}^{out}: M_{20} \wedge M_{21} \wedge T_{VN0}^{out}$

$$M_{20}: \mu_{1f} < \mu_{1m} \equiv \frac{w_f}{p} < \frac{w_m}{p}$$

$$M_{21}: \mu_{2f}' > \mu_{2m}' \equiv \frac{\partial f_f}{\partial t_f^h}\left(t_f^h\right) > \frac{\partial f_m}{\partial t_m^h}\left(t_m^h\right)$$

Nr. 5

Grundmodell $T_{GM}^{out}: M'_{19} \wedge T_{VN0}^{out}$ *mit* $M'_{19}: \frac{\frac{\partial U}{\partial x_{0m}}}{\frac{\partial U}{\partial x_{0f}}} = \frac{\lambda_{2m} \cdot w_m}{\lambda_{2f} \cdot w_f} = 1$

Nr. 6

$T_{VR0}^{NK}\big\|_{q\geq1} \wedge M_{16} \Leftrightarrow T_{GM}^{out}\big\|_{q\geq1}$	$T_{VR0}^{NK}\big\|_{q=1} \wedge M_{16} \Leftrightarrow T_{GM}^{out}\big\|_{q=1}$	$T_{VR0}^{NK}\big\|_{q<1} \wedge M_{16} \Leftrightarrow T_{GM}^{out}\big\|_{q<1}$

Nr. 7

-mit proportionaler Besteuerung

$T_{VR5}^{out}: M_6 \wedge T_{GM}^{out}\big|_{q>1}$

$M_6: w \equiv w^N$

Standardisierte Wahlmöglichkeiten

$T_{VR8}^{out}: M_{17} \wedge T_{GM}^{out}$

$$M_{17}: \frac{\mu_i}{n} = \frac{\frac{x_i}{t_i}}{n} = n_1 \cdot \frac{f_{kh}\left(t^h\right)}{t^h}$$
$$= n_2 \cdot \alpha_{km} \frac{x_{km}}{t_{km}^e} = n_2 \cdot \alpha_{km} \frac{w}{p_{km}} \quad \text{, mit } n = n_1 + n_2 + n_3 .$$
$$= n_3 \cdot \alpha_{kah} \frac{x_{kah}}{t_{kah}^e} = n_3 \cdot \alpha_{kah} \frac{w}{p_{kah}}$$

Übersicht III-7 *Outputorientiertes Grundmodell und seine Varianten*

Demgemäß lassen sich die outputorientierten Modelle zur Besteuerung des Erwerbseinkommens auf dem gleichen Wege aus dem Grundmodell ableiten, wie in der Neoklassik. Es muss gelten:

(334) $T_{VR5}^{NK}: M_6 \wedge T_{VR0}^{NK}\Big|_{q\geq 1} \Rightarrow T_{VR5}^{out}: M_{16} \wedge T_{VR5}^{NK}\Big|_{q\geq 1} \Leftrightarrow T_{VR5}^{out}: M_6 \wedge T_{GM}^{out}\Big|_{q\geq 1}$ [525].

Da die Besteuerung des Lohnsatzes w nach der Bedingung (324'')[526] für M_{16} letztlich nur den q-Faktor um den gleichen Prozentsatz reduziert, ändert sich nach (330) durch die Hinzunahme von M_6 strukturell nichts an dem outputorientierten Modell.

1.3.1.2.2 Standardisierte Wahlmöglichkeiten am Konsumgüter- und Arbeitsmarkt

Speziellere Modelle zu den Restriktionen existieren des Weiteren zum Aspekt der Standardisierung von Wahlmöglichkeiten an den Märkten. In den entsprechenden neoklassischen Modellannahmen wurde die Rationierung am Arbeitsmarkt durch Differenzierung in Vollzeit- (M_8) und Teilzeittätigkeit (M_9) sowie Arbeitslosigkeit (M_{10}) erfasst. Vergleichsweise konnte mit der Rationierung am Gütermarkt verfahren werden. In dem diesbezüglichen outputorientierten Modell wird darüberhinaus mit Bezug auf die Bereitstellung der konsumierbaren Güter von einer beschränkten Substituierbarkeit zwischen Produkten aus Erwerbsarbeit und Hausarbeit ausgegangen. Exemplarisch sei hier die Arbeit von Ribar (1992) dargestellt[527].

Ribar ergänzt das outputorientierte Grundmodell von Gronau (1977) um verschiedene Formen der marktlichen und nicht-marktlichen Kinderbetreuung, von denen er annimmt, dass zwischen diesen wegen unterschiedlicher Produktivitäten nur beschränkt substituiert werden kann. Die Gleichung für die konsumierbaren Güter x:

(290) $x = x_m + x_h = \frac{V}{p} + \frac{w}{p} \cdot t^e + f\left(t^h\right)$ [528] wird hierfür mit folgender Identität expliziert:

(335) $x \equiv \frac{Q}{n} = \frac{\alpha_{kh} \cdot x_{kh}}{n} + \frac{\alpha_{km} \cdot x_{km}}{n} + \frac{\alpha_{kah} \cdot x_{kah}}{n}$.

Danach kann die Qualität Q der Kinderbetreuung mit Bezug auf die Anzahl n der Kinder über die Betreuung durch die Mutter erfolgen, mit $x_{kh} \equiv t^h$ oder über Substitute, und zwar entweder über Marktsubstitute x_{km} oder über die nicht-marktliche Betreuung durch andere Personen x_{kah}. Die Faktoren α_{kh}, α_{km} und α_{kah} beschreiben nach Ribar (1992) die Pro-

---

[525] Siehe oben Z.6 u. 7, Sp.1 in Übersicht III-7.

[526] Siehe oben S. 228.

[527] Vgl. ferner Gustafsson/Stafford (1992), Zimmerman/De New (1991) und Millimet (2000).

[528] Siehe S. 214.

duktivitäten der einzelnen Formen der Kinderbetreuung mit Bezug auf die Gewährleistung der Qualität Q pro Kind n.

Der sonstige Konsum in Höhe einer festen Konsumsumme K darf neben den Kosten für die Inanspruchnahme der marktlichen Kinderbetreuung ($p_{km}x_{km}$) sowie den indirekten Kosten der nicht-marktlichen Kinderbetreuung ($p_{kah}x_{kah}$) das verfügbare Erwerbseinkommen nicht übersteigen. Dieser Zusammenhang wird durch eine gegenüber dem Grundmodell um die Identität $p \cdot x \equiv K + p_{kah}x_{kah} + p_{km}x_{km}$ modifizierte Geldrestriktion beschrieben:

$$(336)\ x_{km} = \frac{V + t^e \cdot w - K - p_{kah}x_{kah}}{p_{km}}.$$

Zu den indirekten Kosten der nicht-marktlichen Kinderbetreuung ($p_{kah}x_{kah}$) zählt Ribar (1992) zum einen die abgeleiteten Kosten, die bei der Inanspruchnahme der unentgeltlichen Leistung durch weitere, hiermit verbundene innerhäusliche Leistungen entstehen. Nach ihm gehören aber auch die Opportunitätskosten hierzu, die sich daraus ergeben würden, dass die Sachen oder Personen, die dem Haushalt von anderen unentgeltlich zur Verfügung werden, von ihm auch in anderer Form genutzt werden könnten als zur Kinderbetreuung. Diese Form der Opportunitätskosten wird nachfolgend nicht berücksichtigt, weil die Annahme unrealistisch ist, dass eine Person oder eine Sache unabhängig von einer konkreten Leistung generell in den Dienst eines Haushalts gestellt würde[529]. Der Ansatz von Ribar (1992) ändert sich durch die fehlende Berücksichtigung dieser Opportunitätskosten nicht, da Ribar diese wie die übrigen indirekten Kosten der nicht-marktlichen Kinderbetreuung ($p_{kah}x_{kah}$) auch nur als fixe Kosten in die obige Geldrestriktion einbezieht.

Die Lagrangefunktion für die Bestimmung der Effizienzlinie der Güter lautet:

$$(337)\ \begin{aligned} L &= c\left(K, \left[\frac{\alpha_{kh} \cdot x_{kh}}{n} + \frac{\alpha_{km} \cdot x_{km}}{n} + \frac{\alpha_{kah} \cdot x_{kah}}{n}\right]_{\max}, x_0\right) \\ &+ \lambda_1 \left(V + w \cdot t^e - K - p_{km} \cdot x_{km} - p_{kah} \cdot x_{kah}\right) + \lambda_2 \left(\frac{\overline{T}}{t^h} - \frac{t^e}{t^h} - 1 - \frac{x_0}{t^h}\right) \rightarrow \max!. \end{aligned}$$

Der sonstige Konsum K und die Kinderbetreuung $Q_{\max}/n$ gehen als separate Argumente in die Nutzenfunktion ein:

$$(338)\ U = U\left(K, \frac{Q_{\max}}{n}, x_0\right) \rightarrow \max!.$$

Bei einer Erwerbsarbeitszeit t^e gleich null folgt aus den Bedingungen erster Ordnung für das Haushaltsgleichgewicht der Schattenreallohnsatz mütterlicher Kinderbetreuung w^*:[530]

---

[529] Siehe Ribar (1992), S. 139 f.

[530] Siehe Ribar (1992), S. 140.

$$(339)\quad \left.\frac{\partial K}{\partial x_0}\right|_{\overline{U}} + \frac{\alpha_{kh}}{n}\cdot\left.\frac{\partial K}{\partial Q_{\max}}\right|_{\overline{U}} = w^*.$$

Bleibt der Umfang an nicht-mütterlicher Kinderbetreuung x_{km} und x_{kah} konstant, so resultiert aus (337), (338) und (339), dass sich der Schattenreallohnsatz w^* verringert, wenn die Produktivität der Alternativen der nicht-mütterlichen Kinderbetreuung α_{km}/n und α_{kah}/n, bezogen auf die Qualität der Kinderbetreuung $Q_{\max}$, steigt. Der Schattenreallohnsatz verringert sich ferner mit Erhöhung des Grenznutzens des Konsums $\partial U/\partial K$. Indessen steigt er, wenn das Nichterwerbseinkommen V, die Produktivität der mütterlichen Kinderbetreuung α_{kh}/n, der Grenznutzen der Freizeit $\partial U/\partial x_0$ oder der Grenznutzen der Qualität der Kinderbetreuung $\partial U/\partial Q_{\max}$ steigen.

Die durch Ribar vorgelegte Modellvariante T^{out}_{VR8} unterstellt mit (335), dass der Haushalt hinsichtlich des konsumierbaren Gutes der ‚Kinderbetreuung' zwischen verschiedenen marktlichen und nicht-marktlichen Produktionsfunktionen wählen kann, die sich in ihren Produktivitäten α_{kh}, α_{km} und α_{kah} voneinander unterscheiden. Mit der Gleichung für die konsumierbaren Güter (290) und der Geldrestriktion (336), eingesetzt in (335), folgt

$$(335')\quad \begin{aligned} n\cdot x \equiv Q &= \alpha_{kh}\cdot t^h + \alpha_{km}\left(\frac{V}{p_{km}} + \frac{w}{p_{km}}\cdot t^e_{km}\right) + \alpha_{kah}\left(\frac{V}{p_{kah}} + \frac{w}{p_{kah}}\cdot t^e_{kah}\right) \\ &= \alpha_{kh}\cdot t^h + \alpha_{km}\left(\frac{V}{p_{km}} + \frac{x_{km}}{t^e_{km}}\cdot t^e_{km}\right) + \alpha_{kah}\left(\frac{V}{p_{kah}} + \frac{x_{kah}}{t^e_{kah}}\cdot t^e_{kah}\right) \rightarrow \max!. \end{aligned}$$

Wobei für die beiden nicht-mütterlichen Formen der Kinderbetreuung gilt:

$$(340)\quad \frac{x_{kah}}{t^e_{kah}} = \frac{w}{p_{kah}}$$

$$(341)\quad \frac{x_{km}}{t^e_{km}} = \frac{w}{p_{km}}.$$

Mit (342) $\mu_{1i} = \frac{x_i}{t^e_i} \overset{!}{\equiv} \mu_{1kah} = \frac{x_{kah}}{t^e_{kah}} = \frac{w}{p_{kah}};\ \mu_{1i} = \frac{x_i}{t^e_i} \overset{!}{\equiv} \mu_{1km} = \frac{x_{km}}{t^e_{km}} = \frac{w}{p_{km}}$

können (340) und (350) auch als Explizierung der Arbeitsproduktivität nach Gossen interpretiert werden, in der Weise, wie von den neoklassischen Varianten vorgenommen.

Für die Produktivität der mütterlichen Kinderbetreuung kann ferner geschrieben werden:

$$(343)\quad \alpha_{kh} = \frac{\partial f_{kh}}{\partial t^h}(t^h) \overset{!}{\equiv} \mu_{2kh}.$$

Danach wird der Haushalt eine Kinderbetreuung realisieren, wenn für diese gilt:

$$(344)\quad \mu_1 = \alpha_{km}\cdot\mu_{1km}, \alpha_{kah}\cdot\mu_{1kah}, \mu_{2kh}.$$

Er wird eine der drei Betreuungsmöglichkeiten nicht realisieren, wenn für diese gilt:

$$(345)\quad \mu_1 > \alpha_{km}\cdot\mu_{km}, \alpha_{kah}\cdot\mu_{kah}, \mu_{2kh}.$$

Die beiden Faktoren α_{kah} und α_{km} erwecken bei Ribar (1992) den Anschein, als beschrieben sie für die außerhäuslichen Betreuungsformen genauso wie α_{kh} für die innerhäusliche Betreuung vollständig deren Produktivität mit Bezug auf die Qualität der Kinderbetreuung pro Kind. Da für die außerhäusliche Betreuung aber zusätzlich die Reallohnsätze für den Zukauf der Güter x_{kah} und x_{km} über die Erwerbsarbeit t^e_{kah} und t^e_{km} maßgeblich sind, gewichten die beiden Faktoren α_{kah} und α_{km} lediglich die Reallohnsätze als die eigentliche Größe der Grenzproduktivität der Erwerbsarbeit mit Bezug auf x_{kah} und x_{km}.

Setzt man für die Anteile, mit denen die Kinder n in den Genuss der drei Formen der Kinderbetreuung kommen, $n = n_1 + n_2 + n_3$, können (344) und (345) zu der Modellannahme M_{17} zusammengefasst werden:

(346) $$M_{17}: \frac{\mu_i}{n} = \frac{\frac{x_i}{t_i}}{n} = n_1 \cdot \frac{f_{kh}(t^h)}{t^h} = n_2 \cdot \alpha_{km} \frac{x_{km}}{t^e_{km}} = n_2 \cdot \alpha_{km} \frac{w}{p_{km}} = n_3 \cdot \alpha_{kah} \frac{x_{kah}}{t^e_{kah}} = n_3 \cdot \alpha_{kah} \frac{w}{p_{kah}}, \text{ mit } n = n_1 + n_2 + n_3,$$

mit der das vorliegende Modell T^{out}_{VR8} unterschiedliche Produktivitäten μ_i bei den verschiedenen Formen der Kinderbetreuung voraussetzt. Nach (344) und (345) werden realisierte Formen der Kinderbetreuung in M_{17} mit n_1, n_2 bzw. n_3 größer Null ausgewiesen. Ist M_{17} erfüllt, dann lässt sich das Arbeitsangebot $t^e = t^e_{kah} + t^e_{km}$ gegenüber dem Grundmodell T^{out}_{GM} zusätzlich über die beschränkte Substituierbarkeit zwischen den Formen der Kinderbetreuung erklären. Der Produktivitätsvergleich zwischen Erwerbsarbeit und Hausarbeit wird in T^{out}_{VR8} ausgelegt als ein Produktivitätsvergleich zwischen verschiedenen Substituten der außerhäuslichen Kinderbetreuung, die über Erwerbsarbeit finanziert werden müssen, und der häuslichen Kinderbetreuung, die über Hausarbeit erfolgt. Dabei wird gegenüber dem outputorientierten Grundmodell T^{out}_{GM} in T^{out}_{VR8} nicht nur zusätzlich berücksichtigt, dass es mehrere Marktsubstitute gibt, sondern auch, dass die Produktivität der Erwerbsarbeit sich nicht allein über den Reallohnsatz bestimmt, sobald sich diese Marktsubstitute qualitativ mit Bezug auf die gewünschte Leistung von dem Substitut unterscheiden, das durch Hausarbeit erbracht wird. Das entsprechende Erklärungsmodell T^{out}_{VR8} folgt mit M_{17} als heterogene Reduktionsbeziehung aus T^{out}_{GM}:

(347) $T^{out}_{GM} \Rightarrow T^{out}_{VR8}: M_{17} \wedge T^{out}_{GM}$ (Z.7, Sp.2 u.3 in Übersicht III-7).

1.3.1.3 Modelle mit speziellen Aussagen zu den Nutzenvorstellungen

1.3.1.3.1 Familiennutzen-Familienbudget-Modell

Gronau (1973) selbst hat, noch bevor er sein Grundmodell (1977) dargelegt hat, Überlegungen vorgetragen, die sich als Familiennutzen-Familienbudget-Modell interpretieren lassen. Im Vorgriff auf eine von ihm 1986 vorgelegte Arbeit, gibt er 1973 implizit die Annahme der Substituierbarkeit von Markt- und Haushaltsgütern auf, indem er eine Nutzenfunktion zu Grunde legt, die beide Güterarten als separate Argumente erfasst. Eine vergleichbare Tendenz, dass Grundmodell zu modifizieren, zeigte sich schon bei Ribar (1992), insofern, als dieser in seiner Nutzenfunktion (338) zwischen einer Konsumsumme und den konsumierbaren Gütern unterscheidet.

Neben den zitierten Arbeiten von Gronau (1973, 1977) werden zur Rekonstruktion des outputorientierten Familienbudget-Familiennutzen-Modells T_{VN0}^{out} hier die Arbeiten von Lemennicier (1979) und Graham/Green (1984) herangezogen; ferner die Darstellung von Hesse (1983), die sich auf Gronau (1977) und Lemennicier (1979) bezieht, und eine Erwiderung auf diese von Seel (1984a).

Auch das outputorientierte Familienbudget-Familiennutzen-Modell T_{VN0}^{out} unterscheidet wie sein Gegenstück aus der Neoklassik[531] gegenüber seinem Grundmodell bei der Verwendung der Zeit zwischen den verschiedenen Haushaltsmitglieder $i = 1,\ldots,M$ im Allgemeinen bzw. zwischen den Eheleuten $i = f,m$ im Speziellen. Dadurch ergeben sich in diesem bereits in der Phase der Effizienzüberlegungen Ansatzpunkte für die Erklärung der innerfamilialen Arbeitsteilung. Die Menge aller effizienten c-Kombinationen von Markt- und Haushaltsgütern, die der Haushalt unter Berücksichtigung seiner Totaleinkommensrestriktion erreichen kann:

(294'')

$$b\left(x_m, x_{0i}, t_i^h\right) = S_T = \sum_{i=1}^{M} w_i \cdot T_i + V = \sum_{i=1}^{M} w_i \cdot (t_i^e + x_{0i} + t_i^h) + V = p \cdot x_m + \sum_{i=1}^{M} w_i \cdot (x_{0i} + t_i^h)$$

ergibt sich mit (348) $c = \left\{x_{\max}\left(x_m, x_h\right), x_{0i}\right\}$ in Abhängigkeit von der Parameterkombination für die individuelle Nachfrage nach Freizeit x_{0i} aus der Zielfunktion:

(349) $x\left(x_m, x_h\right) = x_m + \sum_{i=1}^{M} f_i\left(t_i^h\right) \rightarrow \max!.$

Im neoklassischen Familiennutzen-Familienbudget-Modell T_{VN0}^{NK} wurde die Vorteilhaftigkeit einer Spezialisierung auf der Grundlage der Totaleinkommensrestriktion mit unterschiedlichen Lohnsätzen erklärt, die die Ehepartner am Markt erzielen können. Die outputo-

---

[531] Siehe oben S. 178.

rientierte Modellvariante T_{VN0}^{out} ergänzt diese Argumentation um den Aspekt, dass eine Spezialisierung darüber hinaus durch komparative Produktionsvorteile begründet sein kann. Dabei wird weiterhin angenommen, dass Marktgüter x_m und Haushaltsgüter x_h, also auch unabhängig davon, von wem sie erstellt wurden, qualitativ mit Bezug auf die Bereitstellung konsumierbarer Güter x gleich sind. Die Ehepartner $i = f, m$ spezialisieren sich in der Bereitstellung dieser konsumierbaren Güter $x = x_m + x_h$ jeweils auf die Erzeugung solcher Mengen x_m und x_h, die sie vergleichsweise am kostengünstigsten herstellen können. Im Extremfall produziert der eine durch Spezialisierung auf Hausarbeit nur Haushaltsgüter, der andere durch die Spezialisierung auf Erwerbsarbeit nur Marktgüter. Ausführlich mit dieser Frage beschäftigt hat sich Ott (1989b) in ihrer Dissertation, allerdings in erster Linie mit Bezug auf die verhandlungstheoretische Modellvariante. Bei konstanten Konfliktpunkten geht auch diese indes - wie bereits für die Neoklassik gezeigt werden konnte und an entsprechender Stelle noch zu erörtern sein wird - in das vorliegende Familiennutzen-Familienbudget-Modell über.

Die optimale Lösung des outputorientierten Familiennutzen-Familienbudget-Modells ergibt sich aus der Maximierung der Familiennutzenfunktion:[532]

(350) $U = U(x_{\max}, x_{0i}) \rightarrow \max!$

unter Berücksichtigung der Funktion zur Bestimmung der effizienten Güterbündel $c = \{x_{\max}(x_{mi}, x_{hi}), x_{0i}\}$, mit $i = 1, \ldots, M = f, m$:

$$(351)\quad \sum_{i=f,m} x(x_{mi}, x_{hi}) = \sum_{i=f,m} \left(\frac{V_i}{p} + \frac{w_i}{p} \cdot t_i^e + \frac{\partial f}{\partial t_i^h}\left(t_i^h\right) \cdot t_i^h \right) \rightarrow \max!.$$

Bei der Bestimmung dieser c-Kombination ist die aus den individuellen Totaleinkommensrestriktionen S_{T_i} der Familienmitglieder zusammengesetzte Familienbudgetrestriktion einzuhalten:

$$(352)\quad \begin{aligned} & b\left(x_{0i}, t_i^h, x_m,\right) = S_T = \sum_{i=f,m} S_{T_i} = \sum_{i=f,m} [V_i + w_i \cdot T_i] = \sum_{i=f,m} \left[V_i + w_i \cdot \left(x_{0i} + t_i^e + t_i^h\right)\right] = \\ & \sum_{i=f,m} \left[w_i \cdot \left(x_{0i} + t_i^h\right)\right] + p \cdot x_m \end{aligned}$$

sowie die Nichtnegativitätsbeschränkungen[533]

[532] Die Darstellung erfolgt auf der Grundlage des verhandlungstheoretischen Modells von Ott (1989b), S. 47 ff., welches vorliegend unter der Annahme konstanter Konfliktpunkte entsprechend modifziert wird. Die Angemessenheit dieser Vorgehensweise wird unten auf S. 247 ff. bei der Darstellung des verhandlungstheoretischen Modells noch näher begründet.

[533] Diese werden ausnahmsweise explizit aufgeführt, um später die Bedingungen für die Beteiligung an der Haus- und Erwerbsarbeit ableiten zu können.

(353) $x_{\max} \geq 0, \ \sum_{i=f,m} t_i^e, x_{0i}, t_i^h \geq 0, \ V_i \geq 0 .$

Beide Zielfunktionen (350) und (351) können über eine gemeinsame Lagrange-Funktion auf Extremwerte untersucht werden:

(354)

$$L = U(x_{\max}, x_{0i}) + \lambda_1 \left[\frac{V_f}{p} + \frac{w_f}{p} \cdot t_f^e + \frac{V_m}{p} + \frac{w_m}{p} \cdot t_m^e + \frac{\partial f_f}{\partial t_f^h}\left(t_f^h\right) \cdot t_f^h + \frac{\partial f_m}{\partial t_m^f}\left(t_m^h\right) \cdot t_m^h - x_{\max} \right]$$
$$+\lambda_{2f}\left[S_{T_f} - V_f - w_f x_{0f} - w_f t_f^e - w_f t_f^h\right]$$
$$+\lambda_{2m}\left[S_{T_m} - V_m - w_m x_{0m} - w_m t_m^e - w_m t_m^h\right]$$
$$+\varepsilon \cdot x_{\max} + \tau_f x_{0f} + \tau_m x_{0m} + \pi_f t_f^e + \pi_m t_m^e + \sigma_f t_f^h + \sigma_m t_m^h \rightarrow \max!.$$

Die notwendigen Bedingungen erster Ordnung für das Vorliegen eines lokalen Extremwertes lauten mit $i = f, m$ für $f \neq m$

(355) $\dfrac{\partial L}{\partial x_{\max}} = \dfrac{\partial U}{\partial x_{\max}} - \lambda_1 = 0$

(356) $\dfrac{\partial L}{\partial V_i} = \lambda_1 \cdot \dfrac{1}{p} + \lambda_{2i} = 0$

(357) $\dfrac{\partial L}{\partial x_{0i}} = \dfrac{\partial U}{\partial x_{0i}} - \lambda_{2i} \cdot w_i + \tau_i = 0$

(358) $\dfrac{\partial L}{\partial t_i^e} = \lambda_1 \cdot \dfrac{w_i}{p} - \lambda_{2i} \cdot w_i + \pi_i = 0$

(359) $\dfrac{\partial L}{\partial t_i^h} = \lambda_1 \cdot \dfrac{\partial f_i}{\partial t_i^h}\left(t_i^h\right) - \lambda_{2i} \cdot w_i + \sigma_i = 0$

(360) $\dfrac{\partial L}{\partial \lambda_1} = \dfrac{V_f}{p} + \dfrac{V_m}{p} + \dfrac{w_f}{p} \cdot t_f^e + \dfrac{w_m}{p} \cdot t_m^e + \dfrac{\partial f_f}{\partial t_f^h}\left(t_f^h\right) \cdot t_f^h + \dfrac{\partial f_m}{\partial t_m^h}\left(t_m^h\right) \cdot t_m^h - x_{\max} = 0$

(361) $\dfrac{\partial L}{\partial \lambda_{2i}} = S_{T_i} - w_i \cdot x_{0i} - w_i \cdot t_i^e - w_i \cdot t_i^h - V_i = 0 .$

Notwendige Bedingungen erster Ordnung für die Beteiligung an der Haus- und Erwerbsarbeit sind schließlich folgende „complementary slackness":

(362) $\varepsilon \cdot x_{\max} = 0$, (363) $\tau_i \cdot x_{0i} = 0$ (364) $\pi_i \cdot t_i^e = 0$, und (365) $\sigma_i \cdot t_i^h = 0$.

Hieraus ergeben sich folgende Beziehungen:

Aus (357) folgt (366) $\dfrac{\dfrac{\partial U}{\partial x_{0f}}}{\dfrac{\partial U}{\partial x_{0m}}} = \dfrac{\lambda_{2f} \cdot w_f - \tau_f}{\lambda_{2m} \cdot w_m - \tau_m}.$

Aus (355) eingesetzt in (358) und danach gleichgesetzt mit (357) folgt

$$(367)\ \frac{\dfrac{\partial U}{\partial x_{0i}}}{\dfrac{\partial U}{\partial x_{\max}}} = \frac{w_i}{p} - \frac{\tau_i}{\dfrac{\partial U}{\partial x_{\max}}} + \frac{\pi_i}{\dfrac{\partial U}{\partial x_{\max}}}.$$

Aus (355) eingesetzt in (359) und danach gleichgesetzt mit (357) folgt

$$(368)\ \frac{\dfrac{\partial U}{\partial x_{0i}}}{\dfrac{\partial U}{\partial x_{\max}}} = \frac{\partial f_i}{\partial t_i^h}\left(t_i^h\right) - \frac{\tau_i}{\dfrac{\partial U}{\partial x_{\max}}} + \frac{\sigma_i}{\dfrac{\partial U_i}{\partial x_{\max}}}.$$

Aus (367) und (368) lassen sich die Bedingungen für die innerhäusliche Arbeitsteilung ableiten. Wird unterstellt, die Eheleute hätten auf jeden Fall etwas Freizeit, so gilt wegen $x_{0i} > 0$ nach (363) in beiden Fällen $\tau_i = 0$. Ist dann ein Ehepartner i erwerbstätig, so muss wegen $t_i^e > 0$ nach (364) für diesen $\pi_i = 0$ gelten. Ist er stattdessen oder zugleich im Haushalt tätig, so folgt wegen $t_i^h > 0$ nach (365) für ihn $\sigma_i = 0$. Nach Ott (1989b) lassen sich somit hinsichtlich der innerfamiliären Arbeitsteilung für jeden Ehepartner drei Fälle der Beteiligung an der Haus- und Erwerbsarbeit unterscheiden[534].

Fall 1 Der Ehepartner ist erwerbstätig und beteiligt sich an der Hausarbeit. Dann gilt: $x_{0i} > 0,\ t_i^e > 0,\ t_i^h > 0 \Rightarrow\ \tau_i = 0,\ \pi_i = 0$ und $\sigma_i = 0$.

Aus (367) und (368) ergibt sich die bereits aus dem outputorientierten Grundmodell bekannte, nachfolgende Bedingung, wonach im Haushaltsgleichgewicht der Reallohnsatz (linker Ausdruck) gleich der Grenzproduktivität der Hausarbeitszeit (rechter Ausdruck) und beide gleich der Grenzrate der Substitution von konsumierbaren Gütern durch Freizeit (mittlerer Ausdruck) sein müssen:

$$(369)\ \frac{w_i}{p} = \frac{\dfrac{\partial U}{\partial x_{0i}}}{\dfrac{\partial U}{\partial x_{\max}}} = \frac{\partial f_i}{\partial t_i^h}\left(t_i^h\right).$$

Fall 2 Der Ehepartner ist ausschließlich erwerbstätig. Es gilt: $x_{0i} > 0,\ t_i^e > 0,\ t_i^h = 0 \Rightarrow \tau_i = 0,\ \pi_i = 0$ und $\sigma_i > 0$.

Auch hier folgt aus (367) und (368) ein Haushaltsgleichgewicht, das der Bedingung einer Erwerbstätigkeit auf der Basis des Grundmodells voll und ganz entspricht. Das Haushaltsmitglied spezialisiert sich auf Erwerbsarbeit, wenn der Reallohnsatz größer ist als die Grenzproduktivität der Hausarbeit:

$$(370)\ \frac{w_i}{p} = \frac{\dfrac{\partial U}{\partial x_{0i}}}{\dfrac{\partial U}{\partial x_{\max}}} > \frac{\partial f_i}{\partial t_i^h}\left(t_i^h\right).$$

---

534 Siehe Ott (1989b), S. 51 ff.

Fall 3 Der Ehepartner ist nur im Haushalt tätig. Es gilt: $x_{0i} > 0$, $t_i^e = 0$, $t_i^h > 0 \Rightarrow \tau_i = 0$, $\pi_i > 0$ und $\sigma_i = 0$.

Aus (367) und (368) folgt letztlich auch im dritten Fall die zugehörige Bedingung aus dem Grundmodell, wonach sich der Ehepartner auf Hausarbeit spezialisieren wird, wenn er in der Hausarbeit produktiver ist als in der Erwerbsarbeit:

$$(371)\ \frac{w_i}{p} = \frac{\frac{\partial U}{\partial x_{0i}}}{\frac{\partial U}{\partial x_{\max}}} < \frac{\partial f_i}{\partial t_i^h}\left(t_i^h\right).$$

Bei unterschiedlichen Lohnsätzen und gleichen Grenzproduktivitäten in der Hausarbeit kann die Bedingung (369) nur für einen der beiden Partner zutreffen. Trifft sie für denjenigen zu, der den geringeren Lohnsatz hat, so wird diese Person erwerbstätig sein *und* im Haushalt arbeiten, die andere Person mit dem höheren Lohnsatz wird sich hingegen nur auf Erwerbsarbeit spezialisieren. Ist die Person mit dem höheren Lohnsatz auch in der Haushaltsproduktion produktiver, so hängt die Arbeitsteilung von den komparativen Produktionsvorteilen ab. Ist das Verhältnis der Grenzerträge bei der Frau größer als beim Mann, es gilt:

$$(372)\ \frac{\frac{w_m}{p}}{\frac{\partial f_m}{\partial t_m^h}\left(t_m^h\right)} < \frac{\frac{w_f}{p}}{\frac{\partial f_f}{\partial t_f^h}\left(t_f^h\right)},$$

so wäre die Frau erwerbstätig und der Mann für die Hausarbeit zuständig.

Zum besseren Verständnis der Implikationsbeziehungen, die sich für das outputorientierte Familiennutzen-Familienbudget-Modell T_{VN0}^{out} im Weiteren ableiten lassen, müssen folgende Überlegungen vorangestellt werden. Da das outputorientierte Grundmodell T_{GM}^{out} als ein Spezialfall des verallgemeinerten neoklassischen Grundmodells T_{VR0}^{NK} gekennzeichnet werden konnte, ist es zwangsläufig auch ein Spezialfall des neoklassischen Familiennutzen-Familienbudget-Modells T_{VN0}^{NK}. Denn nach

(373) $T_{VN0}^{NK} \Rightarrow T_{VR0}^{NK}: M'_{11} \wedge T_{VN0}^{NK}$ [535] und (330) $T_{VR0}^{NK} \Rightarrow T_{GM}^{out}: M_{16} \wedge T_{VR0}^{NK}$ [536]

muss gelten:

(374) $T_{VN0}^{NK} \Rightarrow T_{VR0}^{NK} \Rightarrow T_{GM}^{out}$.

In T_{VN0}^{NK} und T_{VR0}^{NK} enthalten sind die Modellannahmen M_2, M_4 und M_5, die unter anderem eine Differenzierung der Verwendung von Zeit $\sum t_i$ nach verschiedenen Haushalts-

---

[535] Siehe Sp. 3, Z.2 und 3 der Übersicht III-5, S. 180.

[536] Siehe oben S. 229.

mitgliedern i erlauben. Hierin ist die Kategorie der Hausarbeitszeit t^h allerdings nicht einbegriffen, weil ihr Gebrauch in der Neoklassik unüblich ist. Das outputorientierte Grundmodell T_{GM}^{out} führt diese Kategorie zwar über die Modellannahme $M_{16}: \mu_1/\mu_2$ ein, um Produktivitätsunterschiede zwischen der Erwerbsarbeitszeit und der Hausarbeitszeit unterstellen zu können. In M_{16} fehlt aber wiederum die Differenzierung der Zeiten nach verschiedenen Haushaltsmitgliedern. Um das outputorientierte Familiennutzen-Familienbudget-Modell T_{VN0}^{out} aus T_{VN0}^{NK} abzuleiten, muss M_{16} daher noch um die Annahme ergänzt werden, dass bei der Nutzung der Hausarbeitszeit t^h nach den Haushaltsmitgliedern i differenziert werden kann:

$$(375)\ M_{18}: t^h \equiv \sum_i^M t_i^h .$$

Mit M_{18} folgt aus obiger Implikationsbeziehung (374):

$$(376)\ T_{VN0}^{NK} \Rightarrow T_{VN0}^{out}: M_{16} \wedge M_{18} \wedge T_{VN0}^{NK}$$ (Z.2 u.3, Sp.3 in Übersicht III-7).

Das outputorientierte Familiennutzen-Familienbudget-Modell T_{VN0}^{out} kann auf der Grundlage der Implikationsbeziehung (374) auch unmittelbar aus dem Grundmodell T_{GM}^{out} abgeleitet werden. Dazu kann man sich die Überlegung zunutze machen, dass in der Neoklassik das verallgemeinerte Grundmodell T_{VR0}^{NK} auch zu dem Familiennutzen-Familienbudget T_{VN0}^{NK} generalisiert werden konnte, nämlich dadurch, dass dort die Modellannahme M'_{11}, die eine Gleichheit der gewogenen Grenznutzen aus der Freizeitnachfrage unterstellt, zu M_{11} verallgemeinert wurde, die auch eine Ungleichheit zulässt[537]. Bezieht man in M'_{11} den Produktivitätsvergleich zwischen Erwerbsarbeit und Hausarbeit mit ein, so erhält man anstelle von M'_{11} mit $x_{0i} > 0$ und insofern $\tau_i = 0$ [538] die Bedingung (366)[539], die nachfolgend als Modellannahme M'_{19} bezeichnet wird:

$$(377)\ M'_{11}: \frac{\frac{\partial U}{\partial x_{0m}}}{w_m} = \frac{\frac{\partial U}{\partial x_{0f}}}{w_f} \Rightarrow M'_{19}: \frac{\frac{\partial U}{\partial x_{0m}}}{\lambda_{2m} \cdot w_m} = \frac{\frac{\partial U}{\partial x_{0f}}}{\lambda_{2f} \cdot w_f} .$$

Der Unterschied zwischen M'_{11} und M'_{19} besteht darin, dass in M'_{19} zusätzlich die Schattenpreise λ_{2i} für die Einhaltung der Totaleinkommensrestriktion ausgewiesen sind. Aus (359)[540] folgt für diese:

---

537 Siehe Sp.3, Z.3 u.2 in Übersicht III-5, S. 180.

538 Siehe oben S. 240.

539 Siehe S. 239.

540 Siehe S. 239.

$$(378)\ \lambda_{2i} = -\left(\frac{\sigma_i}{w_i} + \frac{\lambda_1 \cdot \frac{\partial f_i}{\partial t_i^h}\left(t_i^h\right)}{w_i} \right).$$

Nach (365) ist entweder $t_i^h = 0$ oder $\sigma_i = 0$.

Daher besagt M'_{19}, dass die Bedingung der Gleichheit der Grenznutzen der individuellen Freizeitnachfrage unter der Voraussetzung gleicher Lohnsätze $w_m = w_f$ nur gegeben sein kann, wenn zusätzlich entweder keiner der beiden Eheleute im Haushalt arbeitet und zudem für beide gleiche „complementary slackness" hinsichtlich σ_i unterstellt werden:

(379) $\sigma_f = \sigma_m$, für $t_i^h = 0$

oder beide zusätzlich im Haushalt gleich produktiv sind:

(380) $\frac{\partial f_f}{\partial t_f^h}\left(t_f^h\right) = \frac{\partial f_m}{\partial t_m^h}\left(t_m^h\right)$, mit $\sigma_i = 0$.

Bei uneinheitlichen Lohnsätzen $w_m \neq w_f$ muss gelten

(381) $\sigma_f \neq \sigma_m$ oder

(382) $\frac{\partial f_f}{\partial t_f^h}\left(t_f^h\right) \neq \frac{\partial f_m}{\partial t_m^h}\left(t_m^h\right)$.

Folglich unterstellt die Modellannahme M'_{19} mit der Bedingung der Gleichheit der Grenznutzen der individuellen Freizeitnachfrage entweder, dass keinerlei Hausarbeit verrichtet wird, mithin $t_i^h = 0$ ist, oder eine Spezialisierung der Partner stattfindet. Das outputorientierte Grundmodell lässt sich mit M'_{19} demnach als Spezialfall seines Familiennutzen-Familienbudget-Modells darstellen:

(383) $T_{VN0}^{out} \Rightarrow T_{GM}^{out}: M'_{19} \wedge T_{VN0}^{out}$ (Z.3 nach Z.5, Sp.1 in Übersicht III-7).

Umgekehrt folgt das outputorientierte Familiennutzen-Familienbudget-Modell T_{VN0}^{out} (vergleichbar der neoklassischen Beziehung zwischen $T_{GM}^{NK} \Rightarrow T_{VN0}^{NK}: M_{11} \wedge T_{GM}^{NK}$) mit M_{19}:

$$(384)\ M_{11}: \frac{\frac{\partial U}{\partial x_{0m}}}{w_m} \gtreqless \frac{\frac{\partial U}{\partial x_{0f}}}{w_f} \Rightarrow M_{19}: \frac{\frac{\partial U}{\partial x_{0m}}}{\lambda_{2m} \cdot w_m} \gtreqless \frac{\frac{\partial U}{\partial x_{0f}}}{\lambda_{2f} \cdot w_f}$$

als Verallgemeinerung aus seinem Grundmodell:

(385) $T_{GM}^{out} \Rightarrow T_{VN0}^{out}: M_{19} \wedge T_{GM}^{out}$.

1.3.1.3.2 Modell des „männlichen Chauvinisten"

Die Mehrzahl der outputorientierten Modelle zu Mehrpersonenhaushalten teilt indes die Annahme der Modelle des „männlichen Chauvinisten", wonach in erster Linie Ehefrauen auf

Erwerbsarbeit verzichten[541]. Dies mündete in der Neoklassik in die Annahme eines kompensierten Kreuzsubstitutionseffekts gleich null:

$$(239)\quad M_{13}: \left.\frac{dg_{0i}}{dw_j}\right|_{\overline{U}} = \left.\frac{dg_{0j}}{dw_i}\right|_{\overline{U}} \equiv 0$$ [542].

In der outputorientierten chauvinistischen Modellvariante werden stattdessen Annahmen zur geschlechtsspezifischen Qualifikation getroffen (Z.2e, Sp.5 in Übersicht III-6), wonach Ehefrauen stets in der Hausarbeit produktiver seien, während Ehemänner in der Erwerbsarbeit stets höhere Lohnsätze erzielen. Im diesbezüglichen Familiennutzen-Familienbudget-Modell sind dies zwei von mehreren Möglichkeiten, die für das Verhältnis der Lohnsätze und Grenzproduktivitäten der Hausarbeit prinzipiell existieren. Ebenso gut könnten Ehemänner in der Hausarbeit produktiver sein und weniger verdienen. Weiter könnte es sein, dass sich beide Eheleute in ihrer Arbeitsproduktivität gar nicht unterscheiden.

In der chauvinistischen Modellvariante gelten aber die Modellannahmen:

$$(386)\quad M_{20}: \mu_{1f} < \mu_{1m} \equiv \mu_{1f}' < \mu_{1m}' \equiv \frac{w_f}{p} < \frac{w_m}{p} \text{ und}$$

$$(387)\quad M_{21}: \mu_{2f}' > \mu_{2m}' \equiv \frac{\partial f_f}{\partial t_f^h}\left(t_f^h\right) > \frac{\partial f_m}{\partial t_m^h}\left(t_m^h\right).$$

Hierdurch werden die Möglichkeiten für die innerfamiliale Arbeitsteilung bereits in der Phase der Effizienzüberlegungen deutlich eingegrenzt. Die nachfolgende Abb. III-16 illustriert den Fall, wonach sich für die Ehefrau eine Erwerbstätigkeit schon allein aus Gründen der Effizienz infolge der unterstellten inter- und intrapersonellen Unterschiede in den Lohnsätzen für die Erwerbsarbeit und den Grenzproduktivitäten für die Hausarbeit nicht lohnt, unabhängig von den nachfolgenden Präferenzüberlegungen. Zunächst sind für jeden Ehepartner Effizienzlinien eingezeichnet, wie sie sich ergeben würden, wenn jeder alleine lebte. Für den Ehemann gelten ausgehend von Punkt E_1 die dünn gezeichneten Effizienzlinien c_m, für die Ehefrau die normal gezeichneten c_f. In Punkt E_1 nutzen die Ehepartner ihre Zeit ausschließlich als Freizeit, es gilt $T = x_{0f} = x_{0m}$. Von dort verläuft die Haushaltsproduktionsfunktion der Ehefrau wegen der für sie unterstellten höheren Grenzproduktivität in der Hausarbeit deutlich oberhalb derjenigen, die sich für den Ehemann ergibt. Aus den Tangentialpunkten zwischen den Haushaltsproduktionsfunktionen und den Budgetlinien, die den individuellen Beitrag zum Erwerbseinkommen beschreiben, ergeben sich die Markteintrittspunkte, die besagen, von wo ab die Eheleute im Falle des Alleinlebens aus Effizienzgründen eine Erwerbstätigkeit aufnehmen würden.

---

[541] Siehe u. a. Gustafsson/Stafford (1992), Connelly (1992).

[542] Siehe oben S. 188.

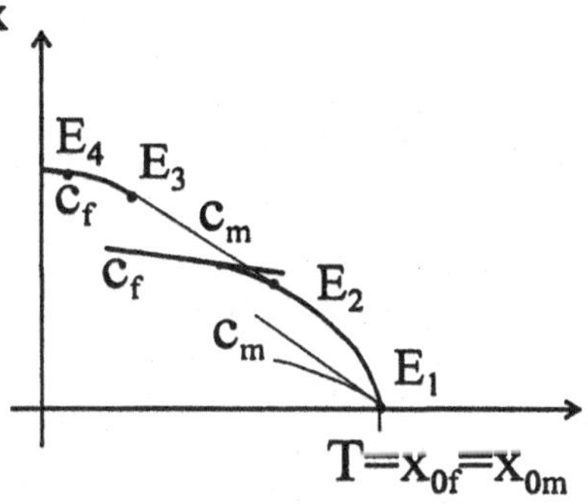

Abb. III-16 *Spezialisierungseffekte aus der sich für das Modell des „männlichen Chauvinisten" ergebenden c-Effizienzlinie*[543]

Der Ehemann nutzt Hausarbeitszeit verglichen zur Erwerbsarbeitszeit dergestalt ineffektiv, dass seine Grenzproduktivität auch bei geringen Einsatzmengen von Hausarbeitszeit seinen Lohnsatz nicht überschreitet. Für alle Werte, die die Hausarbeitszeit t_m^h annehmen kann, gilt bei ihm:

(388) $$\frac{\partial f_m}{\partial t_m^h}\left(t_m^h\right) < \frac{w_m}{p}.$$

Sein Markteintrittspunkt stimmt mit dem Punkt E_1 überein, der seine maximal mögliche Freizeitnachfrage mit $x_{0m} = T$ festlegt.

Für die Ehefrau existiert indessen ein Bereich bis etwas oberhalb E_2, in dem die Grenzproduktivität ihrer Hausarbeitszeit oberhalb ihres Lohnsatzes liegt:

(389) $$\frac{\partial f_f}{\partial t_f^h}\left(t_f^h\right) > \frac{w_f}{p}.$$

Sie würde folglich im Falle des Alleinlebens einen Teil ihrer verfügbaren Zeit für die Produktion von Haushaltsgütern nutzen. Ihr Markteintrittspunkt wäre links von Punkt E_2.

Im Falle des Zusammenlebens wird auf der Abszisse die gemeinsam realisierte Freizeitnachfrage abgetragen, die sich aus der Addition der individuellen Freizeitnachfrage x_{0i} ergibt, entsprechendes gilt für die Bereitstellung der konsumierbaren Güter x auf der Ordinate. Die Darstellung in Abb. III-16 beruht allerdings vereinfachend auf der Annahme, dass sich die beiden Eheleute hinsichtlich ihrer eigenen Freizeitnachfrage und der des Partners indifferent verhalten. Die c-Effizienzlinie für den Haushalt setzt sich aus c_f und c_m zusammen. Die mit ihr beschriebenen Gütermengen beruhen insofern auf wechselnden Relationen bezüglich der Freizeitnachfrage beider Eheleute. Ohne diese Annahme könnten

---

[543] Eigene Darstellung.

die Spezialisierungseffekte nur in einem dreidimensionalen Koordinatensystem dargestellt werden, mit je einer Achse für die individuell zu Grunde gelegten Freizeitniveaus.

Der Vergleich zwischen der Grenzproduktivität der Haushaltsproduktion der Ehefrau und dem Reallohnsatz des Ehemannes gibt nunmehr Aufschluss darüber, ob es ausgehend von Punkt E_1 für den Haushalt lohnender ist, einer Nachfrage nach den Gütern x durch die Hausarbeit der Ehefrau oder alternativ durch die Erwerbsarbeit des Ehemannes nachzukommen. Beide Fälle sind möglich. Der Haushalt wird solange auf die Produktion von Haushaltsgütern durch die Hausarbeit der Ehefrau zurückgreifen, bis ihre Grenzproduktivität in der Hausarbeit bzw. der Schattenreallohnsatz w_f^* ihrer Zeit dem Wert des Reallohnsatzes entspricht, den der Ehemann am Arbeitsmarkt erzielen kann:

$$(390)\quad \frac{\dfrac{\partial c}{\partial x_{0f}}}{\dfrac{\partial c}{\partial x}} = \frac{\partial x}{\partial x_{0f}} = \frac{\partial x_h}{\partial t_f^h} = \frac{\partial f_f}{\partial t_f^h}\left(t_f^h\right) = w_f^* \geq \frac{w_m}{p}.$$

In Abb. III-16 wird diese Gleichgewichtsbedingung in Punkt E_2 erreicht. Von da ab werden die Güter x effizienter als Marktgüter x_m bereitgestellt, die über die Erwerbsarbeit des Ehemannes t_m^e zugekauft werden. Da seine Zeit in Punkt E_3 vollständig verbraucht ist, können darüberhinaus weitere Güter x nur von Seiten der Ehefrau bereitgestellt werden. Solange die Produktivität ihrer Hausarbeit noch oberhalb ihres Reallohnsatzes liegt, erfolgt dies durch eine Ausweitung ihrer Produktion von Haushaltsgütern. Erst oberhalb von E_4 wird die Ehefrau konsumierbare Güter x auch über eine Erwerbstätigkeit bereitstellen.

Für das outputorientierte chauvinistische Grundmodell T_{VN1}^{out} ergibt sich mithin folgende heterogene Reduktionsbeziehung. Es ist mit den Modellannahmen M_{20} und M_{21} ein Spezialfall von T_{VN0}^{out}

$$(391)\quad T_{VN0}^{out} \Rightarrow T_{VN1}^{out} : M_{20} \wedge M_{21} \wedge T_{VN0}^{out}.$$

Da in T_{VN1}^{out} annahmegemäß die Grenzproduktivität der Hausarbeitszeit bei Ehefrauen mit Bezug auf jeden Haushaltsoutput über der ihrer Ehemänner liegt, lässt sich mit diesem Modell die geschlechtsspezifische Arbeitsteilung stets als Ergebnis einer sinnvollen Nutzung komparativer Produktionsvorteile darstellen (Z.3c-d, Sp.5 in Übersicht III-6).

Mit dem Argument, dass Frauen in der Kinderbetreuung naturgemäß produktiver seien, gehen im Übrigen viele chauvinistische Varianten eine Verbindung mit der Kategorie von Modellvarianten ein, die über beschränkte Wahlmöglichkeiten in der Kinderbetreuung Standardisierungen an den Märkten beschreiben (Z.3d, Sp.2)[544].

---

[544] Z. B. Gustafsson/Stafford (1992) und Connelly (1992).

1.3.1.3.3 Verhandlungstheoretisches Individualnutzen-Familienbudget-Modell

Zu Gronau existiert auch ein kooperatives Verhandlungsmodell, welches Ott (1989b) in ihrer Dissertation entwickelt hat. Anknüpfend an die Argumentation der zuvor dargestellten Modellvarianten, wonach sich die Haushaltsmitglieder auf Markt- oder Hausarbeit spezialisieren, um komparative Produktionsvorteile zu nutzen, spricht sich Ott dafür aus, anzunehmen, dass die meist weiblichen Personen, welche sich auf die Hausarbeit spezialisieren, im Konfliktfall des Alleinlebens mit einer doppelten Erschwernis zu kämpfen hätten. Die Ausrichtung der eigenen Fähigkeiten und Fertigkeiten auf die speziellen Wünsche des Partners verringere für diese Frauen die Möglichkeiten eines alternativen Einsatzes ihrer Arbeitskraft. Für das Humanvermögen der auf Hausarbeit spezialisierten Person besteht kein Markt und der zwangsläufige Verzicht auf den Erwerb marktgängiger Qualifikationen erschwert die Rückkehr zum Einpersonenhaushalt. Das Modell von Ott (1989b) bezieht sich durch seine Begrenzung auf die Alternative des Alleinlebens nur auf Verhandlungssituationen mit externen Konfliktpunkten.

Die Spezialisierung der Ehefrau auf die Hausarbeit kann nach Ott (1989b) angesichts der Verluste in marktgängigen Qualifikationen langfristig zu einer Verschlechterung ihrer Verhandlungsposition führen. Infolgedessen kann es zu Konfliktsituationen kommen, in denen Abmachungen über die Arbeitsteilung im Haushalt von dem stärkeren Verhandlungspartner bewusst und erfolgreich unterlaufen werden. Diese Art von Konfliktsituationen werden in der Verhandlungstheorie allgemein als 'Gefangenen-Dilemma'-Situationen bezeichnet. Nach Ott führt dies dazu, dass Frauen langfristigen Vereinbarungen zur Arbeitsteilung heute nicht mehr vertrauen. Sie antizipieren die Gefahren der Spezialisierung und verzichten lieber auf Kinder. Hiermit erklärt sie die gestiegene Frauenerwerbstätigkeit bei gleichzeitig sinkender Geburtenrate, die als Wandel in der innerfamilialen Arbeitsteilung wahrgenommen wird[545].

Die optimale Lösung des outputorientierten, verhandlungsorientierten Individualnutzen-Familienbudget-Modells ergibt sich aus der Maximierung der Nash-Funktion[546]:

$$\begin{aligned} N = {} & \left[U_f\left(x_{\max}, x_{\max f}, x_{0f}\right) - D_f\left(x_{\max}, x_{\max f}, x_{0f}\right)\right] \cdot \\ & \left[U_m\left(x_{\max}, x_{\max m}, x_{0m}\right) - D_m\left(x_{\max}, x_{\max m}, x_{0m}\right)\right] \rightarrow \max! \end{aligned} \tag{392}$$

---

545 Siehe Ott (1989a), S. 110 ff.

546 Veränderte Darstellung auf der Grundlage von Ott (1989b), S. 48 ff. Hinsichtlich der konsumierbaren Güter werden vorliegend nicht nur private Güter $x_{\max i}$, sondern auch haushaltsöffentliche Güter $x_{\max}$ erfasst, so wie dies in der entsprechenden neoklassischen Modellvariante auch geschehen ist. In der Literatur wird diesbezüglich insgesamt sehr unterschiedlich verfahren. Siehe hierzu u. a. auch Horney/McElroy (1981, 1988).

unter Berücksichtigung der bereits im Familiennutzen-Familienbudget-Modell definierten Zielfunktion (351), der Totaleinkommensrestriktion (352) und der Nichtnegativitätsbeschränkungen (353)[547]. Zusätzlich zu beachten ist die Zielfunktion für die Konfliktauszahlungen D_i:

(393) $D_i\left(x_{\max}, x_{\max i}, x_{0i}\right) \rightarrow \max!$,

die sich aus den Haushaltsgleichgewichten der Einpersonenhaushalte $i = f, m$ ergeben, die bei nicht-kooperativem Vorgehen entstehen würden.

Die Lösung der Nash-Funktion erfolgt über die Maximierung der zugehörigen Lagrange-Funktion:

(394)

$$L = \left[U_f - D_f\right] \cdot \left[U_m - D_m\right]$$
$$+\lambda_1\left[\frac{V_f}{p} + \frac{w_f}{p} \cdot t_f^e + \frac{V_m}{p} + \frac{w_m}{p} \cdot t_m^e + \frac{\partial f_f}{\partial t_f^h}\left(t_f^h\right) \cdot t_f^h + \frac{\partial f_m}{\partial t_m^h}\left(t_m^h\right) \cdot t_m^h - x_{\max m} - x_{\max f} - x_{\max}\right]$$
$$+\lambda_{2f}\left[S_{T_f} - V_f - w_f x_{0f} - w_f t_f^e - w_f t_f^h\right] + \lambda_{2m}\left[S_{T_m} - V_m - w_m x_{0m} - w_m t_m^e - w_m t_m^h\right]$$
$$+\varepsilon \cdot x_{\max} + \gamma_f \cdot x_{\max f} + \gamma_m \cdot x_{\max m}$$
$$+\tau_f x_{0f} + \tau_m x_{0m} + \pi_f t_f^e + \pi_m \cdot t_m^e + \sigma_f t_f^h + \sigma_m t_m^h \rightarrow \max!.$$

Die notwendigen Bedingungen erster Ordnung für das Vorliegen eines lokalen Extremwertes sind mit Ausnahme von (395) bis (397) mit den Bedingungen für das Vorliegen eines Extremwertes der Optimierungsaufgabe des Familiennutzen-Familienbudget-Modells identisch[548]:

(395) $\dfrac{\partial L}{\partial x_{\max}} = \dfrac{\partial U_i}{\partial x_{\max}}\left(U_j - D_j\right) - \lambda_1 = 0$

(396) $\dfrac{\partial L}{\partial x_{\max i}} = \dfrac{\partial U_i}{\partial x_{\max i}}\left(U_j - D_j\right) - \lambda_1 = 0$

(397) $\dfrac{\partial L}{\partial x_{0i}} = \dfrac{\partial U_i}{\partial x_{0i}}\left(U_j - D_j\right) + \lambda_{2i} w_i + \tau_i = 0$

(398) $\dfrac{\partial L}{\partial \lambda_1} = \dfrac{V_f}{p} + \dfrac{w_f}{p} t_f^e + \dfrac{V_m}{p} + \dfrac{w_m}{p} t_m^e + \dfrac{\partial f_f}{\partial t_f^h}\left(t_f^h\right) t_f^h + \dfrac{\partial f_m}{\partial t_m^h}\left(t_m^h\right) t_m^h - x_{\max} - x_{\max f} - x_{\max m} = 0$

---

[547] Siehe oben S. 238 f.

[548] Siehe oben S. 238 f.

(399) $\dfrac{\partial L}{\partial \lambda_{2i}} = S_{T_i} - w_i \cdot x_{0i} - w_i \cdot t_i^e - w_i \cdot t_i^h + V_i = 0$

(400) $\varepsilon \cdot x_{\max} = 0$ (401) $\sigma_i \cdot t_i^h = 0$, (402) $\tau_i \cdot x_{0i} = 0$ und (403) $\pi_i \cdot t_i^e = 0$.

Hieraus ergeben sich folgende veränderte Beziehungen[549].

Aus (397) folgt (404) $\dfrac{\frac{\partial U_i}{\partial x_{0i}}}{\frac{\partial U_j}{\partial x_{0j}}} = \dfrac{(\lambda_{2i} \cdot w_i - \tau_i)(U_i - D_i)}{(\lambda_{2j} \cdot w_j - \tau_j)(U_j - D_j)}$ an Stelle von (366).

Aus (395) eingesetzt (358) und gleichgesetzt mit (397) folgt

(405) $\dfrac{\frac{\partial U_i}{\partial x_{0i}}}{\frac{\partial U_i}{\partial x_{\max}}} = \dfrac{w_i}{p} - \dfrac{\tau_i}{\frac{\partial U_i}{\partial x_{\max}}(U_j - D_j)} + \dfrac{\pi_i}{\frac{\partial U_i}{\partial x_{\max}}(U_j - D_j)}$ an Stelle von (367).

Aus (395) eingesetzt in (359) und gleichgesetzt mit (397) folgt

(406) $\dfrac{\frac{\partial U_i}{\partial x_{0i}}}{\frac{\partial U_i}{\partial x_{\max}}} = \dfrac{\partial f_i}{\partial t_i^h}(t_i^h) - \dfrac{\tau_i}{\frac{\partial U_i}{\partial x_{\max}}(U_j - D_j)} + \dfrac{\sigma_i}{\frac{\partial U_i}{\partial x_{\max}}(U_j - D_j)}$ an Stelle von (368).

Aus (405) und (406) lassen sich auf die gleiche Weise wie in dem Familiennutzen-Familienbudget-Modell die selben Bedingungen für die innerhäusliche Arbeitsteilung ableiten. Aus der Bedingung der Gleichheit zwischen den Grenznutzen der Zeit beider Ehepartner (395) und (404) folgt indes zusätzlich die Aufteilung des Gesamtnutzens *U* aus der Kooperation in Abhängigkeit von den Konfliktlösungen *D*:

(407) $\dfrac{\dfrac{\frac{\partial U_i}{\partial x_{0i}}}{(\lambda_{2i} \cdot w_i - \tau_i)}}{\dfrac{\frac{\partial U_j}{\partial x_{0j}}}{(\lambda_{2j} \cdot w_j - \tau_j)}} = \dfrac{(U_i - D_i)}{(U_j - D_j)} = \dfrac{\frac{\partial U_i}{\partial x_{\max}}}{\frac{\partial U_j}{\partial x_{\max}}}.$

Ist die Freizeitnachfrage $x_{0i} > 0$, dann ist auch hier wie in dem Familiennutzen-Familienbudgetmodell nach (402) $\tau_i, \tau_j = 0$. Danach soll die Aufteilung des Gesamtnutzens *U* auf U_i und U_j proportional zum Verhältnis der Grenznutzen der Partner bezüglich der konsumierbaren Güter $x_{\max}$ erfolgen und proportional zu dem mit den Lohnsätzen gewichteten Verhältnis der Grenznutzen der Partner bezüglich ihrer Freizeitnachfrage x_{0i} und x_{0j}.

549 Siehe oben S. 238 f.

Sind die Konfliktauszahlungen D_i und D_j konstant und wird anstelle der beiden Individualnutzenfunktionen eine Familiennutzenfunktion angenommen, dies wird über die Modellannahme M_{15} als innerfamilialer Nutzentransfers $dU_i/dU_j = 1$[550] erfasst:

(408) $M_{15}: \dfrac{U_i - \overline{D}_i}{U_j - \overline{D}_j} = \dfrac{dU_i}{dU_j} = 1,$

folgt aus der Bedingung (407) wegen $\tau_i, \tau_j = 0$ die Bedingung (366) des Familiennutzen-Familienbudget-Modells:

(366) $\dfrac{\dfrac{\partial U}{\partial x_{0f}}}{\lambda_{2f} \cdot w_f} = \dfrac{\dfrac{\partial U}{\partial x_{0m}}}{\lambda_{2m} \cdot w_m}.$

Bei konstantem Konfliktpunkt erweist sich folglich auch das outputorientierte Familiennutzen-Familienbudget-Modell T_{VN0}^{out} als ein Spezialfall seiner verhandlungstheoretischen Modellvariante T_{VN2}^{out}. Die zusätzliche Erklärungskraft von T_{VN2}^{out} ergibt sich auch hier lediglich daraus, dass dieses Modell gegenüber T_{VN0}^{out} zusätzlich die Aufteilung des Gesamtnutzens auf die Ehepartner zu erklären vermag[551]:

(409) $T_{VN2}^{out} \Rightarrow T_{VN0}^{out}: M_{15} \wedge T_{VN2}^{out}$ (siehe Z.2. u. 3, Sp.1 in Übersicht III-7).

Für die Implikationsbeziehung zwischen dem verhandlungstheoretischen Modell der Neoklassik T_{VN2}^{NK} und dem der outputorientierten Produktionstheorie T_{VN2}^{out} gilt schließlich Folgendes. Die outputorientierte Variante T_{VN2}^{out} folgt über eine heterogene Reduktionsbeziehung aus der Neoklassik mit der Modellannahme M_{16}, die ein bestimmtes Verhältnis zwischen der Grenzproduktivität der Erwerbsarbeit und der Hausarbeit zu Grunde legt, und M_{18}, mit der unterstellt wird, dass sich die Hausarbeit den einzelnen Haushaltsmitgliedern zuordnen lässt:

(410) $T_{VN2}^{NK} \Rightarrow T_{VN2}^{out}: M_{16} \wedge M_{18} \wedge T_{VN2}^{NK}$ (Z.1 u. 2, Sp.1).

Vergleichbares galt bereits für die Beziehung zwischen neoklassischem und outputorientiertem Familiennutzen-Familienbudget-Modell (Sp.3, Z.2 u. 3).

1.3.2 Inputorientierte Formulierung der Haushaltsproduktionsfunktion

Das dritte Grundmodell wird auf der Basis einer inputorientierten Produktionsfunktion formuliert (siehe Sp.4 der Übersicht III-1). Als sein Begründer gilt Becker (1965).

---

550 Siehe oben S. 208.

551 Siehe den entsprechenden Beweis bei Ott (1989b), S. 36 ff. und McElroy (1990), S. 570. Dieser erfolgt dort in etwas allgemeinerer Form, als oben dargestellt wurde, nämlich mit Bezug auf die Bedingung der Gleichheit der Grenznutzen eines jeden Gutes x, bezogen auf dessen Preis p; es wird dort also nicht explizit nach Freizeit und Marktgütern differenziert.

1.3.2.1 Grundmodell

Nach Becker ist der mikroökonomische Ansatz so umfassend, dass er eigentlich auf sämtliches Markt- und Nicht-Markt-Verhalten des Menschen anwendbar ist[552]. Den Grundstein zu diesen Überlegungen legte Becker (1955) mit seiner Dissertation "Discrimination in the Market Place", die (1957) als überarbeitete Fassung unter dem Titel "The Economics of Discrimination" veröffentlicht worden ist. Es folgten Anwendungen u. a. auf die Themen Fruchtbarkeit, Irrationales Verhalten, Allokation der Zeit, Haushaltsproduktion, Heirat, soziale Wechselwirkungen sowie der Allokation von Gütern und Zeit im Zeitablauf.[553]

Richtungsweisend für das vorliegend zu erörternde Grundmodell zum Arbeitsangebot privater Haushalte war der Beitrag "Theorie der Allokation der Zeit" (1965), da in diesem die Haushalte erstmalig als Produktionsstätten nicht-marktfähiger Güter betrachtet wurden. Bedeutsam ist in diesem Zusammenhang ferner der von Michael/Becker veröffentlichte Beitrag "Zur neuen Theorie des Konsumentenverhaltens" (1973), in dem die Überlegungen zur Produktionsfunktion weiter expliziert wurden, u. a. durch den Aspekt technologischer Veränderungen.

Becker (1965) argumentiert, dass der Haushalt nur aus dem Konsum von Haushaltsendgütern („commodities“) einen Nutzen erzielen kann. Da diese Güter nicht über den Markt gehandelt werden, muss sie jeder Haushalt selbst produzieren. Ihre Produktion geschieht durch die Kombination von zugekauften Marktgütern, inklusive der über den Markt bezogenen Dienstleistungen, und der von Haushaltsmitgliedern bereitgestellten Zeit[554]. Becker betont hier die Bedeutung der Ressource Zeit, die ein jedes Haushaltsendgut zu seiner Herstellung erfordere[555]. Eine beschränkte Substitution zwischen Marktgütern und Zeit betrachtet er dennoch als fast immer möglich.[556] Maßgeblich ist die jeweils geltende Produktionstechnologie, die formal über Produktionsfunktionen beschrieben wird, also der Zusammenhang zwischen der Produktionsmenge (dem Output an Haushaltsendgütern) und dem Einsatzniveau der eingesetzten Produktionsfaktoren (dem Input an Marktgütern und bereitgestellter Zeit). Die Komplementaritäts- und Substitutionsbeziehungen zwischen den Produktionsfaktoren werden als die wesentliche Determinante der marktlichen und nichtmarktlichen Aktivitäten des Haushalts gekennzeichnet, so auch des Arbeitsangebots.

---

552 Siehe Becker (1993), S. 7.

553 Siehe Becker (1960), (1962), (1965), (1973), (1974a), (1974b), (1975), (1976), und (1993) sowie Michael/Becker (1973). Für seine Verdienste um die Erweiterung der mikroökonomischen Theorie erhielt Becker 1993 den Nobelpreis für Wirtschaftswissenschaften.

554 Siehe Becker (1965), insbes. S. 100.

555 Siehe Becker (1965), insbes. S. 110.

556 Siehe Becker (1965), S. 123 ff.

Mit dem Input an Zeit ist genaugenommen eine Tätigkeit gemeint, die jemand über eine bestimmte Zeit lang zur Produktion von Haushaltsendgütern einsetzt und nicht die Zeit allein. Mit der Zeit allein würden nur reine Reifungs- und Alterungsprozesse sinnvoll beschrieben werden. Insofern lehnt Becker auch den Gebrauch des Begriffs Freizeit nachdrücklich ab, denn er suggeriere, dass der Haushalt über seine Zeit frei verfügen könne, wohingegen, produktionstheoretisch interpretiert, jedweder Konsum von Zeit auch einen Gütereinsatz erfordere und umgekehrt. Folglich seien beide Produktionsfaktoren nur in ihrer Komplementarität angemessen zu erfassen[557]. Im inputorientierten Grundmodell wird daher statt Freizeit $\mathbf{x}_0$ von Nichterwerbsarbeitszeit $\mathbf{t}_r^{ne}$ gesprochen. Die dem Konsum gewidmete Nichterwerbsarbeitszeit sollte aus dem gleichen Grunde nicht auf eine Stufe mit der Hausarbeitszeit $\mathbf{t}^h$ nach Gronau gestellt werden, denn die Kategorie der Hausarbeitszeit ist nur über die Abgrenzung zur Freizeit vorstellbar und könnte folglich mit $\mathbf{t}_r^{ne} = \mathbf{x}_0 + \mathbf{t}^h$ nur einen Teil der Nichterwerbsarbeitszeit ausmachen.

Bei der Bestimmung des Haushaltsgleichgewichts trennen Becker (1965) sowie Michael/Becker (1973), vergleichbar der Vorgehensweise von Gronau, zwischen Effizienz- und Präferenzüberlegungen. Seel (1991a) bezeichnet dies schließlich als ein wesentliches Merkmal produktionstheoretischer Ansätze[558].

Die Phase der Effizienzüberlegungen umfasst die Suche nach den effizienten Produktionsplänen auf der Basis vorgegebener Produktionsfunktionen. Becker (1965) sowie Michael/Becker (1973) nehmen hierzu an, dass der Zusammenhang zwischen den eingesetzten Produktionsfaktoren $(\mathbf{x}_r, \mathbf{t}_r^{ne})$ sowie der Erstellung eines Haushaltsendgutes Z_r jeweils durch eine Produktionsfunktion beschrieben wird[559]. Um ein bestimmtes Haushaltsendgut r in der Menge Z_r zu produzieren, mit $r = 1,\ldots,R$ für die verschiedenen Haushaltsendgüter, sind meistens mehrere, $i = 1,\ldots,I$ Marktgüter $\mathbf{x}_r = (x_{1r},\ldots,x_{Ir})$ vonnöten. Auch mit Bezug auf den Einsatz von Nichterwerbsarbeitszeit $\mathbf{t}_r^{ne}$ können verschiedene Güter $j = 1,\ldots,J$ erforderlich sein. Ein Element des Vektors $\mathbf{t}_r^{ne} = (t_{1r}^{ne},\ldots,t_{Jr}^{ne})$ bezeichnet die Zeiteinsätze einer Person zur Produktion des Gutes r in den Perioden j. Werden die bei der Produktion eines Haushaltsendgutes Z_r eingesetzten Marktgüter $\mathbf{x}_r$ in den betrachteten Perioden vollständig verbraucht, so handelt es sich um Verbrauchsgüter. Die Elemente des Vektors $\mathbf{x}_r$ beschreiben in diesem Fall die verbrauchten Mengen der Markgüter i zur Bereitstellung der Haushaltsendgüter r. Werden die Marktgüter $\mathbf{x}_r$, die während der über $\mathbf{t}_r^{ne}$ definierten Perioden j eingesetzt werden, bei der Produktion von Z_r nur gebraucht (= Ge-

557 Siehe Becker (1965), S. 124.

558 Siehe Seel (1991a), S. 146 f.

559 Siehe Becker (1965), S. 100 und Michael/Becker (1973), S. 149.

brauchsgüter), dann beschreiben die Elemente des Vektors $\mathbf{x_r}$ die Kapazität der Marktgüter i mit Bezug auf die Haushaltsendgüter r[560].

Den Zusammenhang zwischen Produktionsfaktoren und Haushaltsendgütern gibt die (Haushalts-)Produktionsfunktion wieder:

(411) $Z_r = Z_r\left(\mathbf{x_r}, \mathbf{t_r^{ne}}\right)$.

Dabei beschreiben die Vektoren $\mathbf{x_r}$ und $\mathbf{t_r^{ne}}$ die eingesetzte Menge der verschiedenen Marktgüter und Nichterwerbsarbeitszeiten, die zur Produktion einer bestimmten Menge des Haushaltsendgutes Z_r erforderlich sind. Mit den Technologievektoren $\mathbf{a_r^{ne}}$ bzw. $\mathbf{b_r}$, die den Input pro Einheit Z_r beschreiben, gilt für $\mathbf{x_r}$ und $\mathbf{t_r^{ne}}$:[561]

(412) $$\left.\begin{array}{l} \mathbf{x_r} = f(Z_r) = \mathbf{b_r} \cdot Z_r \\ \mathbf{t_r^{ne}} = f(Z_r) = \mathbf{a_r^{ne}} \cdot Z_r \end{array}\right\} \quad \text{mit } \mathbf{a_r^{ne}} = \left(a_{1r}^{ne}, \ldots, a_{Jr}^{ne}\right) \text{ und } \mathbf{b_r} = \left(b_{1r}, \ldots, b_{Ir}\right).$$

Diese Äquivalenz gilt aber nur für den Fall linear-homogener Produktionsfunktionen. Bei nicht-linear-homogenen Produktionsfunktionen hängt das Einsatzniveau der Produktionsfaktoren von dem gewählten Konsummuster ab, womit es eine Funktion von Z_r ist. In diesem Fall muss gelten:[562]

(413) $$\left.\begin{array}{l} \mathbf{x_r} = f(\mathbf{b_r}, Z_r) = \left(\mathbf{b_r}(Z_r)\right) \cdot Z_r \\ \mathbf{t_r^{ne}} = f\left(\mathbf{a_r^{ne}}, Z_r\right) = \left(\mathbf{a_r^{ne}}(Z_r)\right) \cdot Z_r \end{array}\right\}.$$

Werden keine Produktionsfaktoren verschwendet, so legt jede Produktionsfunktion den technologisch effizienten Produktionsplan mit Bezug auf ein Haushaltsendgut r fest. Aus dem Plan ist zu ersehen, welche Produktionsmengen mit unterschiedlichen Faktoreinsatzmengen maximal möglich sind. Wirtschaftlich effizient sind aber nur jene Faktoreinsatzmengen, mit denen ein vorgegebenes Produktionsniveau zu den niedrigst möglichen Kosten realisiert werden kann (= Minimalkostenkombination). Da ferner unterstellt wird, dass die Haushaltsendgüter r hinsichtlich ihres Verbrauchs an Produktionsfaktoren um die beschränkt verfügbaren Ressourcen konkurrieren[563], liefert erst die Produktionsmöglichkeitenkurve, bezugnehmend auf diese Minimalkostenkombinationen, alle effizienten Produktionspläne, die bei Ausschöpfung der Produktionsfaktoren im Rahmen der geltenden Produktionsfunktionen möglich sind[564]. Diese Problemstellung ist mit der Suche eines Mehrproduktunternehmens nach dem optimalen Produktionsplan bei Alternativproduktion ver-

---

560 Vgl. in diesem Sinne den Hinweis bei Becker (1965), S. 100.

561 Siehe Becker (1965), S. 102.

562 Eine entsprechende Erweiterung des Grundmodells von Becker findet sich bei Seel (1991a), S. 158 ff.

563 Siehe Becker (1965), S. 102 f. und Michael/Becker (1973), S. 150.

564 Siehe Becker (1965), S. 107.

gleichbar. Unter Alternativproduktion wird eine Form der verbundenen Produktion verstanden, bei der die Mengenverhältnisse der erstellten Güter im Unterschied zur Kuppelproduktion nicht technologisch fest vorgegeben sind, aber angesichts knapper Produktionsfaktoren wirtschaftlich voneinander abhängen[565].

Die in der Produktionstheorie übliche Unterscheidung[566] zwischen der Bestimmung des wirtschaftlich effizienten Einsatzes der Produktionsfaktoren, bezogen auf ein Produkt, der sog. Minimalkostenkombination, und der optimalen Produktmengenkombination, bezogen auf mehrere Produkte, finden wir bei Becker (1965) sowie Michael/Becker (1973) nicht[567]. Diese Unterscheidung, die zu dem gleichen Ergebnis führt wie die Argumentation der beiden Autoren, wird hier indes eingeführt, weil sie für etwas mehr Klarheit sorgt.

Die Minimalkostenkombination beschreibt die Kombination aus den Vektoren $\mathbf{t}_\mathbf{r}^\mathbf{ne}$ und $\mathbf{x}_\mathbf{r}$, mit der ein vorgegebenes Produktionsniveau an Haushaltsendgütern $\overline{Z}_r$ mit den geringsten Produktionskosten realisiert werden kann. Die Produktionskosten, die sich aus der Summe der Ausgaben für den Zukauf der Produktionsfaktoren errechnen, werden dabei durch die Kostengleichung $K(\cdot)$ angegeben, also gilt:

(414) $K\left(\mathbf{x}_\mathbf{r}, \mathbf{t}_\mathbf{r}^\mathbf{ne}, \overline{Z}_r\right) = \mathbf{p}' \cdot \mathbf{x}_\mathbf{r} + \mathbf{w}' \cdot \mathbf{t}_\mathbf{r}^\mathbf{ne} \rightarrow \min!$

unter Berücksichtigung der Produktionsfunktion (411) für $\overline{Z}_r$. Die Vektoren $\mathbf{p}'$ und $\mathbf{w}'$ bezeichnen hierin die Preise für die Marktgüter i und die Perioden j.[568]

Die Lagrange-Funktion zur Lösung dieses Kostenminimierungsproblems lautet:

(415) $L\left(\mathbf{x}_\mathbf{r}, \mathbf{t}_\mathbf{r}^\mathbf{ne}, \lambda_1\right) = K\left(\mathbf{x}_\mathbf{r}, \mathbf{t}_\mathbf{r}^\mathbf{ne}\right) + \lambda_1\left(\overline{Z}_r - Z_r\left(\mathbf{x}_\mathbf{r}, \mathbf{t}_\mathbf{r}^\mathbf{ne}\right)\right) \rightarrow \min!.$

Die notwendigen Bedingungen für das Vorliegen eines Extremwertes sind mit $r = 1, \ldots, R$:

(416) $\dfrac{\partial L}{\partial t_{jr}^{ne}} = \dfrac{\partial K}{\partial t_{jr}^{ne}} - \lambda_1 \cdot \dfrac{\partial Z_r}{\partial t_{jr}^{ne}} = w_j - \lambda_1 \cdot \dfrac{\partial Z_r}{\partial t_{jr}^{ne}} = 0$, für $j = 1, \ldots, J$

(417) $\dfrac{\partial L}{\partial x_{ir}} = \dfrac{\partial K}{\partial x_{ir}} - \lambda_1 \cdot \dfrac{\partial Z_r}{\partial x_{ir}} = p_i - \lambda_1 \cdot \dfrac{\partial Z_r}{\partial x_{ir}} = 0$, für $i = 1, \ldots, I$

(418) $\dfrac{\partial L}{\partial \lambda_1} = K\left(\mathbf{x}_\mathbf{r}, \mathbf{t}_\mathbf{r}^\mathbf{ne}\right) + \left(\overline{Z}_r - Z_r\left(\mathbf{x}_\mathbf{r}, \mathbf{b}_\mathbf{r}^\mathbf{ne}\right)\right) = 0.$

Aus den Bedingungen (416) und (417) folgt für die Minimalkostenkombination:

(419) $\dfrac{\dfrac{\partial K}{\partial t_{jr}^{ne}}}{\dfrac{\partial K}{\partial x_{ir}}} = \dfrac{\dfrac{\partial Z_r}{\partial t_{jr}^{ne}}}{\dfrac{\partial Z_r}{\partial x_{ir}}} = \dfrac{w_j}{p_i}.$

---

565 Vgl. zum Beispiel Henrichsmeyer/Gans/Evers (1993), S. 145.

566 Siehe u.a. Henrichsmeyer/Gans/Evers (1993), S. 125 ff.; Frantzke (1999), S. 149 ff.

567 Vgl. hierzu Becker (1965), S. 102 f. und Michael/Becker (1973), S. 150 f.

568 Preise und Löhne beziehen sich im vorliegenden Modell also auf unterschiedliche Dimensionen.

Die Kosten sind also an der Stelle minimal, an der die über die erste Ableitung von (411) festgelegte technische Grenzrate der Substitution

$$(420)\ Z_r'\left(\mathbf{x}_r, \mathbf{t}_r^{ne}\right) = \left|\frac{dx_{ir}}{dt_{jr}^{ne}}\right|_{\bar{Z}_r}$$

dem umgekehrten Faktorpreisverhältnis entspricht:

$$(421)\ \left|\frac{dx_{ir}}{dt_{jr}^{ne}}\right|_{\bar{Z}_r} = \frac{w_j}{p_i}.$$

Nach der jeweils geltenden Minimalkostenkombination sollten die beiden Produktionsfaktoren in den Einsatzmengen $\mathbf{x}_r$ und $\mathbf{t}_r^{ne}$ so auf die Produktion der Haushaltsendgüter Z_r aufgeteilt werden, dass die Grenzrate der Substitution von Marktgütern durch Nichterwerbsarbeitszeit dem Reallohnsatz entspricht.

Im speziellen Fall linear-homogener Produktionsfunktionen, beschrieben durch (412)[569], ist die Grenzrate der Substitution vom Produktionsniveau unabhängig, weshalb die Minimalkostenkombination hier unmittelbar auf die Technologievektoren $\mathbf{b}_r$ und $\mathbf{a}_r^{ne}$ bezogen werden kann:

$$(421')\quad \left|\frac{db_{ir}}{da_{jr}^{ne}}\right| = \left|\frac{dx_{ir}}{dt_{jr}^{ne}}\right|_{\bar{Z}_r} = \frac{w_j}{p_i}.$$

Bei nicht-linear-homogener Produktionsfunktion hängt die Minimalkostenkombination (421) wegen $\mathbf{b}_r(Z_r)$ und $\mathbf{a}_r^{ne}(Z_r)$ vom Produktionsniveau ab, es gilt:

$$(421'')\quad \left|\frac{db_{ir}(Z_r)}{da_{jr}^{ne}(Z_r)}\right|_{\bar{Z}_r} = \left|\frac{dx_{ir}}{dt_{jr}^{ne}}\right|_{\bar{Z}_r} = \frac{w_j}{p_i}.$$

Die Grenzrate der Substitution, hier kenntlich gemacht als die beiden linken Ausdrücke der Minimalkostenkombination, ist eine haushaltsinterne Größe. Der rechte Ausdruck, der den relativen Faktorpreis beschreibt, ist dem Haushalt indes durch den Markt extern vorgegeben. Zusammen bestimmen technische Substitutionsrate und relativer Faktorpreis den kostengünstigsten Preis π_r vom Haushaltsendgut r.

Bei linear-homogener Produktionsfunktion gilt hierfür:

$$(422)\ \pi_r \equiv \mathbf{p}' \cdot \mathbf{b}_r + \mathbf{w}' \cdot \mathbf{a}_r^{ne},$$

bei nicht-linear-homogener Produktionsfunktion ist der Preis von r indes mengenabhängig:

$$(422'')\quad \pi_r(Z_r) \equiv \mathbf{p}' \cdot \mathbf{b}_r(Z_r) + \mathbf{w}' \cdot \mathbf{a}_r^{ne}(Z_r).$$

Der Preis π_r entspricht demnach der Summe aus direkten und indirekten Kosten. Die direkten Kosten $(\mathbf{p}' \cdot \mathbf{b}_r)$ ergeben sich aus dem Zukauf der für die Produktion einer Men-

---

569 Siehe oben S. 253.

geneinheit Z_r von Gut r technologisch erforderlichen Menge $\mathbf{b_r}$ an Marktgütern i zum Preis von $\mathbf{p'}$. Die indirekten Kosten $\left(\mathbf{w'}\cdot\mathbf{a}_r^{ne}\right)$ entstehen aus dem mit dem Stundenlohnsätzen $\mathbf{w'}$ bewerteten, technologisch erforderlichen Aufwand an Zeit in den Perioden j im Umfang von $\mathbf{a}_r^{ne}$, sie entsprechen den Opportunitätskosten aus dem entgangenen Ertrag der Erwerbsarbeitszeit.

Aus den Minimalkostenkombinationen für sämtliche Produktionsniveaus von $\overline{Z}_r$ kann die Kostenfunktion abgeleitet werden, die für jedes Niveau die minimalen Kosten angibt[570]:

(423) $K = k(Z_r) = \pi_r \cdot Z_r$.

Hiervon ausgehend können die Produktionsmöglichkeitenlinien ermittelt werden. Jede ist definiert als der geometrische Ort aller Güterkombinationen $(Z_1,\ldots,Z_R)$, die mit einem gegebenen Faktoreinsatz erzeugt werden können. Auf der Grundlage einer linear-homogenen Produktionsfunktion ergibt sich nach (412) mit einem gegebenen Faktoreinsatz $(\mathbf{x_r},\mathbf{t}_r^{ne})^0$ [571]:

(424) $(\mathbf{x_r},\mathbf{t}_r^{ne})^0 = k(Z_1,\ldots Z_R) = \pi_1 \cdot Z_1 + \ldots + \pi_r \cdot Z_R$.

Abb. III-17 zeigt die resultierenden Produktionsmöglichkeitenlinien $Z_2 = h(Z_1,(\mathbf{x_r},\mathbf{t}_r^{ne})^0)$ für den Zwei-Güter-Fall (Z_1,Z_2). Je weiter die Linien vom Koordinatenursprung entfernt liegen, umso größer ist der Einsatz der Produktionsfaktoren, d. h. es gilt

(425) $(\mathbf{x_r},\mathbf{t}_r^{ne})^{(3)} > (\mathbf{x_r},\mathbf{t}_r^{ne})^{(2)} > (\mathbf{x_r},\mathbf{t}_r^{ne})^{(1)}$.

Mit der Produktionsmöglichkeitenlinie $Z_2 = h(Z_1,(\mathbf{x_r},\mathbf{t}_r^{ne})^{(3)})$ schöpfen die Kosten für den Einsatz der Produktionsfaktoren das Totaleinkommen voll aus, dort gilt[572]:

(426) $K = k(Z_1,Z_2) = \pi_1 \cdot Z_1 + \pi_2 \cdot Z_2 = V + \mathbf{w'}\cdot\mathbf{t} = S_T$,

wobei $\mathbf{t}$ ein Vektor ist, der für jede Periode j die gesamte zur Verfügung stehende Zeit angibt.

Becker (1965) unterstellt in seinem Grundmodell linear-homogene Haushaltsproduktionsfunktionen[573]. Diese weisen konstante Skalenerträge mit einem Homogenitätsgrad von Eins auf. Das heißt, bei einer Veränderung aller Produktionsfaktoren um den Faktor v ändert sich mit dem gleichen Faktor v auch der Output an Haushaltsendgütern:[574]

---

570 Bei nicht-linear-homogenen Produktionsfunktionen muss für den Preis $\pi_r(Z_r)$ eingesetzt werden.

571 Siehe oben S. 253.

572 Auch für das inputorientierte Grundmodell gilt, dass der Erhalt von Nichterwerbseinkommen bereits in diesem berücksichtigt wird und nicht in einer eigenen Modellvariante.

573 Siehe beispielsweise Becker (1965), S. 103.

574 Zu den Eigenschaften homogener Produktionsfunktionen vgl. Henderson/Quandt (1983), S. 108.

$$(427)\quad \begin{aligned} Z_r &= Z_r(\mathbf{x}_r, \mathbf{t}_r^{ne}) = \alpha \cdot \mathbf{x}_r + \gamma \cdot \mathbf{t}_r^{ne} \\ v \cdot Z_r &= \alpha \cdot (\mathbf{x}_r \cdot v) + \gamma \cdot (\mathbf{t}_r^{ne} \cdot v) \end{aligned} .$$

Becker (1965) sowie Michael/Becker (1973) gehen zunächst des weiteren davon aus, dass die Faktorpreise $\mathbf{w}'$ und $\mathbf{p}'$ konstant sind, also auch der Lohnsatz $\mathbf{w}'$ von der Menge der angebotenen Erwerbsarbeitszeit unabhängig ist[575]. In diesem Fall bewirkt die Annahme einer linear-homogenen Haushaltsproduktionsfunktion (427), dass der Preis π_r von r unabhängig vom Gesamtoutput ist. Fragt der Haushalt nur zwei Haushaltsendgüter nach, dann ergibt sich aus der Totaleinkommensrestriktion (426) und den Produktionsfunktionen vom Typ (427) eine lineare Produktionsmöglichkeitsgrenzlinie (siehe Abb. III-17), die beschrieben wird über die Funktionsgleichung:

$$(428)\quad Z_2 = \frac{(V + \mathbf{w}'\mathbf{t})}{\pi_2} - \frac{\pi_1}{\pi_2} \cdot Z_1 .$$

Bei mehr als zwei Haushaltsendgütern beschreibt die Möglichkeitsgrenzlinie eine Hyperebene[576].

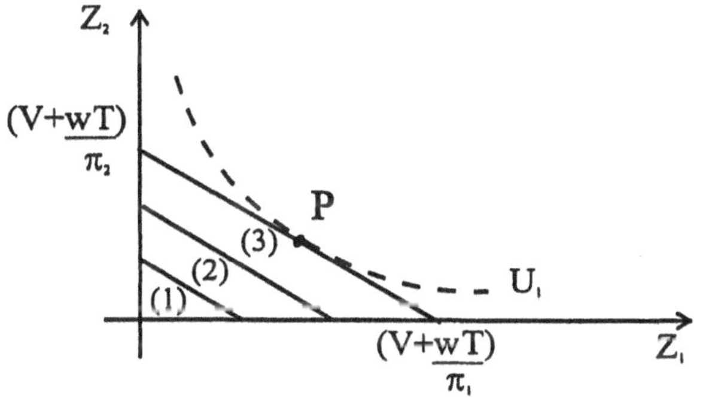

Abb. III-17 *Haushaltsgleichgewicht im inputorientierten Grundmodell bei linear-homogenen Produktionsfunktionen*[577]

Sinkt der Lohnsatz $\mathbf{w}'$ mit dem Umfang an Erwerbsarbeitszeit oder werden nicht-linear-homogenen Produktionsfunktionen unterstellt, so ist der Preis π_r von r indes mengenabhängig:

$$(429)\quad Z_2 = \frac{(V + \mathbf{w}'\mathbf{t})}{\pi_2(Z_2)} - \frac{\pi_1(Z_1)}{\pi_2(Z_2)} \cdot Z_1 .$$

575 Siehe Becker (1965), S. 103 ff.; Michael/Becker (1973), S. 150.

576 Vgl. Seel (1991a), S. 166.

577 Eigene Darstellung auf der Grundlage der Ausführungen von Becker (1965), S. 103.

In seinem Grundmodell unterstellt Becker (1965) für die diesbezügliche Darstellung einer Abhängigkeit des Preises vom Gesamtoutput linear-homogene Produktionsfunktionen mit variablem Lohnsatz[578]. Es wird noch zu zeigen sein, dass er sein Modell damit in unmittelbare Nähe zur Neoklassik rückt. Eine Präzisierung des Grundmodells in Richtung nicht-linear-homogener Produktionsfunktionen findet sich bei Seel (1991a). Sie unterstellt dabei nicht-lineare, neoklassische Produktionsfunktionen, also nicht-lineare, nicht-linear-homogene Produktionsfunktionen mit fallenden Skalenerträgen[579]:

(430) $Z_r = Z_r(\mathbf{x_r}, \mathbf{t_r^{ne}}) = x_{ir}{}^{\beta_1} \cdot t_{jr}^{ne\beta_2}, \quad \beta_1 + \beta_2 \neq 1$, für $i = 1,\ldots,I$ und $j = 1,\ldots,J$.

Auch diese Annahme hat - wie Beckers Annahme eines variablen Lohnsatzes - progressiv mit der Produktionsmenge zunehmende Preise für die Haushaltsendgüter zur Folge. Die Produktionsmöglichkeitenkurve verläuft konvex, ihre veränderliche Steigung ist definiert über die Grenzrate der Substitution zwischen den Haushaltsendgütern (Abb. III-18):

(431) $\tan\alpha = \left|\frac{dZ_2}{dZ_1}\right| = \frac{\pi_1'(Z_1)}{\pi_2'(Z_2)}$.

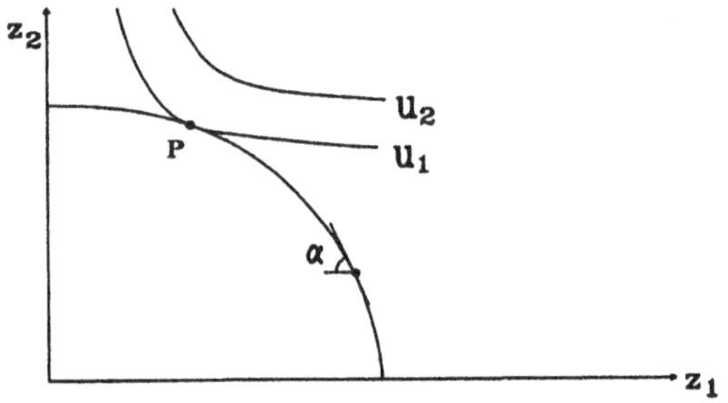

Abb. III-18 *Haushaltsgleichgewicht im inputorientierten Grundmodell von Becker bei nicht-linear-homogenen Produktionsfunktionen bzw. linear-homogenen Produktionsfunktionen mit variablem Lohnsatz*[580]

Ausgehend von der jeweils ermittelten Produktionsmöglichkeitslinie wird in einer zweiten Phase über Präferenzüberlegungen das Haushaltsgleichgewicht bestimmt. Grundlage bildet folgende Nutzenfunktion:[581]

[578] Siehe Becker (1965), S. 105.

[579] Siehe Seel (1991a), S. 158 ff.

[580] Geringfügig geändert aus Seel (1991a), S. 157.

[581] Vgl. Becker (1965), S. 101 sowie Michael/Becker (1973), S. 149.

(432) $U = U(Z_1,\ldots,Z_R) \rightarrow \max!$.

Diese wird unter Berücksichtigung der Totaleinkommensrestriktion über das Lagrange-Verfahren maximiert:

(433) $L = U(Z_r) + \lambda_2\left(S_T - \sum\left(\pi_r(Z_r)\cdot Z_r\right)\right) \rightarrow \max!$.

Die Preise π_r der Haushaltsendgüter r resultieren aus der Minimalkostenkombination, wobei sich der Fall linear-homogener Produktionsfunktionen mit konstantem Lohnsatz als Spezialfall von (433) darstellt, mit (434) $\pi_r(Z_r) = \overline{\pi_r}$.

Die Bedingungen erster Ordnung für das Vorliegen des Haushaltsgleichgewichts sind:

(435) $\frac{\partial L}{\partial Z_r} = \frac{\partial U}{\partial Z_r} - \lambda_2 \cdot \pi_r'(Z_r) = 0$, für $r = 1,\ldots,R$

(436) $\frac{\partial L}{\partial \lambda_2} = S_T - \sum\left(\pi_r'(Z_r)\cdot Z_r\right) = (V + \mathbf{w}'\mathbf{t}) - \sum\left(\pi_r'(Z_r)\cdot Z_r\right) = 0$.

Führt man den Preis der Haushaltsendgüter auf die Kosten für die Produktionsfaktoren zurück, so entspricht nach (435) der Grenznutzen eines jeden Haushaltsendgutes seinem Schattenpreis, der sich wiederum aus dem Grenznutzen des Totaleinkommens λ_2, multipliziert mit den Grenzkosten des Haushaltsendgutes π_r, ergibt:

(437) $\frac{\partial U}{\partial Z_r} = \lambda_2 \cdot \pi_r'(Z_r)$.

Im Haushaltsgleichgewicht P muss das Verhältnis zwischen den Grenznutzen aller Haushaltsendgüter bzw. die Grenzrate ihrer Substitution dem umgekehrten Verhältnis ihrer Grenzkosten entsprechen. Für den Zwei-Güter-Fall gilt:

(438) $\frac{\frac{\partial U}{\partial Z_1}}{\frac{\partial U}{\partial Z_2}} = \left|\frac{dZ_2}{dZ_1}\right|_{\overline{U}} = \frac{\pi_1'(Z_1)}{\pi_2'(Z_2)}$.

Für die Bestimmung des optimalen Güterbündels (Z_1, Z_2) ist die Höhe des Nichterwerbseinkommens folglich unerheblich. Mit ihm ändert sich zwar λ_2, der Grenznutzen des Totaleinkommens, dieser ist aber für alle Z_r gleich.

Der Vektor zur Beschreibung des Arbeitsangebots $\mathbf{t}^e$ ergibt sich aus dem Haushaltsgleichgewicht, und zwar aus den Residualzeiten der insgesamt in jeder Periode j zur Verfügung stehenden Zeiten $\mathbf{t}$ und dem Umfang der Nutzung des Produktionsfaktors $\mathbf{t}_r^{ne}$ in jeder Periode j:

(439) $\mathbf{t}^e = \mathbf{t} - \mathbf{t}_r^{ne}$.

Das Arbeitsangebot hängt folglich von den Determinanten ab, die das Haushaltsgleichgewicht beeinflussen, das sind die Preise der Produktionsfaktoren, die Produktionstechnologie sowie die Präferenzordnung. Aufschluss über die Frage, wie sich das Arbeitsangebot ändert, wenn sich diese Determinanten ändern, gibt der Vergleich verschiedener Gleichgewichtssituationen im Rahmen der komparativen Statik. Da die Gleichgewichtspreise π_r Ausdrücke in den Preisen der Produktionsfaktoren sind, ist eine Slutsky-Zerlegung des Gesamteffektes einer Lohnsatzänderung äußerst kompliziert. Jedenfalls fehlen differenzierte Überlegungen hierzu bei Becker (1965) bzw. Michael/Becker (1973). Sie beschränken sich auf die Beschreibung und Erklärung des Gesamteffektes, wobei Becker (1965) allerdings weiter ausführt, weshalb dieser von der relativen Stärke der Substitutions- und Einkommenseffekte abhängt. Bezug genommen wird dabei auf Unterschiede, die zwischen Haushaltsendgütern hinsichtlich „des relativen marginalen Gewichts des entgangenen Verdienstes" bestehen können. Offenbar um die Analyse zu erleichtern, geht Becker wiederum von dem speziellen Fall linear-homogener Produktionsfunktionen und einem mit dem Arbeitsangebot variierenden Lohnsatz aus[582]. Die nachfolgende Darstellung stellt eine Verallgemeinerung seiner Ausführungen auf den Fall nicht-linear-homogener Produktionsfunktionen dar.

Bei der Produktion von Haushaltsendgütern Z_r wird die verfügbare Zeit t entweder direkt als Produktionsfaktor Zeit $\mathbf{t}_r^{ne}$ genutzt oder indirekt über die Erzielung von monetärem Einkommen $\mathbf{w}'\cdot(\mathbf{t}-\mathbf{t}_r^{ne})=\mathbf{w}'\cdot\mathbf{t}^e$ für den Zukauf des Produktionsfaktors Marktgüter $\mathbf{x}_r$. Der entgangene Verdienst $V_r(\ )$ und das benötigte Einkommen $M_r(\ )$ können in dieser Form unmittelbar zum Totaleinkommen S_T in Beziehung gesetzt werden:

$$(440)\ S_T - V = \sum_{r=1}^{R}\left[M_r(Z_1,\dots Z_R) + V_r(Z_1,\dots,Z_R)\right],$$

mit der Verdienstfunktion

$$(441)\ \sum_{r=1}^{R} M_r(Z_1,\dots,Z_R) = \sum_{r=1}^{R} \mathbf{p}'\cdot\mathbf{b}_r(Z_r)\cdot Z_r$$

sowie der Funktion des entgangenen Verdienstes

$$(442)\ \sum_{r=1}^{R} V_r(Z_1,\dots,Z_R) = \sum_{r=1}^{R} \mathbf{w}'\cdot\mathbf{a}_r^{ne}(Z_r)\cdot Z_r\,.$$

Eine Lohnsatzänderung beeinflusst nach (442) über die indirekten Produktionskosten zwar grundsätzlich die Höhe des entgangenen Verdienstes, von einer solchen Faktorpreisänderung sind aber nicht alle Haushaltsendgüter r in gleichem Maße betroffen. Entscheidend ist das relative marginale Gewicht des entgangenen Verdienstes α_r, also der Anteil der indirekten Kosten $\mathbf{w}'\cdot\mathbf{a}_r^{ne}(Z_r)$ an den gesamten Produktionskosten $\pi_r(Z_r)$ von Gut r:[583]

$$(443)\ \alpha_r = \frac{V_r(Z_1,\dots,Z_R)}{\left[M_r(Z_1,\dots,Z_R)+V_r(Z_1,\dots,Z_R)\right]},\ \text{für } r=1,\dots R.$$

---

[582] Siehe Becker (1965), S. 108.

[583] Siehe Becker (1965), S. 108.

Jene mit relativ hohem Zeitaufwand produzierten Güter reagieren auf eine Lohnsatzänderung empfindlicher als jene mit hohem Marktgütereinsatz. Jede veränderte preisliche Bewertung der Nichterwerbsarbeitszeit führt mit Bezug auf alle Haushaltsendgüter zu neuen Preisrelationen. Vor diesem Hintergrund sind die Effekte einer Lohnsatzänderung auf das Arbeitsangebot komplizierter zusammengesetzt als in allen bisher betrachteten Grundmodellen.

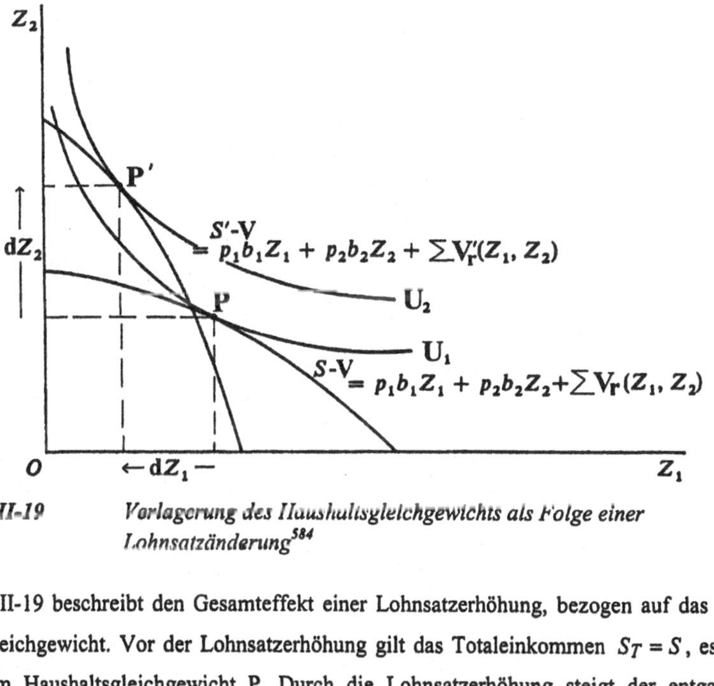

Abb. III-19 *Verlagerung des Haushaltsgleichgewichts als Folge einer Lohnsatzänderung*[584]

Abb. III-19 beschreibt den Gesamteffekt einer Lohnsatzerhöhung, bezogen auf das Haushaltsgleichgewicht. Vor der Lohnsatzerhöhung gilt das Totaleinkommen $S_T = S$, es führt zu dem Haushaltsgleichgewicht P. Durch die Lohnsatzerhöhung steigt der entgangene Verdienst von $\sum V_r$ auf $\sum V_r'$, wodurch sich das Totaleinkommen von S nach S' verlagert und mit ihr das Haushaltsgleichgewicht von P nach P'. Der Haushalt konsumiert infolge der Lohnsatzerhöhung in P' gegenüber P weniger von dem zeitintensiveren Gut Z_1 und mehr von dem marktgüterintensiveren Gut Z_2. Die zugehörige Slutsky-Gleichung für die Zerlegung des Gesamteffektes eine Erhöhung des Durchschnittlohnsatzes im Umfang von dw in den Substitutions- und Totaleinkommenseffekt muss lauten:

[584] Mit Veränderungen in der Notation aus Becker (1965), S. 107.

$$(444)\quad \begin{aligned} dZ_1 &= \frac{\partial Z_1}{\partial w} = \left.\frac{dZ_1}{dw}\right|_{\overline{U}} dw - \frac{\partial Z_1}{\partial(S_T - V)} \cdot Z_1 + \frac{\partial Z_1}{\partial(S_T - V)} \cdot T \\ dZ_1 &= S_{unk} = S_H \qquad - \quad E_1 \qquad + E_2 \end{aligned} \quad \text{, mit } Z_1 = Z_1\left(\pi_1, S_T, \overline{U}\right).$$

Dabei wird mit w der Durchschnittslohnsatz bezeichnet, der sich als arithmetisches Mittel aus den einzelnen Lohnsätzen ergibt, mit denen der Einsatz des Produktionsfaktors $\mathbf{t}_{\mathbf{r}}^{\mathbf{ne}}$ in den verschiedenen Perioden j jeweils preislich bewertet wird. Der Skalar T folgt aus dem skalaren Produkt von t mit dem Einheitsvektor j-ter Ordnung und bezeichnet die Summe aus der pro Periode zur Verfügung stehenden Zeiten. Diese Ausführungen zur der Slutsky-Gleichung fehlen bei Becker, so auch die hier vorgelegte Unterscheidung zwischen einem konventionellen Einkommenseffekt E_1 und einem Totaleinkommenseffekt E_2.

Infolge der Erhöhung um dw steigen die indirekten Kosten für die Produktion der Haushaltsendgüter auf der Grundlage der Funktion für den entgangenen Verdienst (442). Die Haushaltsendgüter verteuern sich, aber nicht alle in gleichem Maße. Z_1 steigt im Preis stärker als Z_2, weil bei ihm die indirekten Kosten mit $\alpha_1 > \alpha_2$ ein höheres Gewicht haben als bei Z_2. Der Preisanstieg hat zum einen einen kompensierten Hicks'schen Substitutionseffekt S_H zur Folge, der auf der Grundlage der Veränderungen in (442) die Wirkung einer veränderten Preisrelation π_2/π_1 bei konstantem Nutzen, aber verändertem Totaleinkommen S_T beschreibt. Dies bewirkt eine Drehung der Produktionsmöglichkeitslinie im Uhrzeigersinn um die ursprüngliche Indifferenzkurve. Darüber hinaus bewirkt die Verteuerung der in der Haushaltsproduktion genutzten Zeit einen Kaufkraftverlust mit Bezug auf alle Haushaltsendgüter, der über den konventionellen Einkommenseffekt E_1 beschrieben wird. Dieser äußert sich darin, dass sich die Achsenabschnitte der Möglichkeitslinie $(S_T - V)/\pi_i$ nach unten verlagern, und zwar umso stärker, je größer nach (443) der Anteil der indirekten Kosten an der Produktion von (Z_1, Z_2) ist.

Der Totaleinkommenseffekt E_2, der nach (440) eine Folge der Neubewertung der Zeit T mit dem jetzt höheren Lohnsatz ist, bewirkt eine Parallelverschiebung der Möglichkeitenlinie nach oben.

Die Wirkung einer Lohnsatzerhöhung auf das Arbeitsangebot hängt insgesamt von der Richtung und der relativen Stärke der Einzeleffekte ab. Der kompensierte Hicks'sche Substitutionseffekt S_H einer Lohnsatzerhöhung ist immer mit einer Abkehr von dem zeitintensiveren Gut Z_1 zu Gunsten des kapitalintensiveren Guts Z_2 verbunden und führt folglich zu einer Zunahme der Erwerbsarbeitszeit. Im Normalfall der Superiorität mit Bezug auf beide Haushaltsendgüter wirkt der konventionelle Einkommenseffekt E_1 in die gleiche Richtung, der Kaufkraftverlust muss durch eine Ausdehnung der Erwerbsarbeitszeit ausgeglichen werden. Es sei denn, das zeitintensivere Gut Z_1 wäre hinreichend inferior, dann würde es zu einer Ausdehnung der Nachfrage nach Z_1 kommen, wodurch die Arbeitszeit zurückgeht[585].

---

585 Vgl. in diesem Sinne Becker (1965), S. 108 f.

Der Totaleinkommenseffekt hängt ebenfalls davon ab, wie der Haushalt die Haushaltsendgüter bewertet. Im Falle der Inferiorität des zeitintensiveren Gutes bewirkt er wie S_H eine Zunahme der Erwerbsarbeitszeit. Im Falle der Inferiorität des kapitalintensiveren Gutes führt der Substitutionseffekt zu einer Reduktion der Erwerbsarbeitszeit, womit Becker (1965) den langfristigen Trend kürzerer Arbeitszeiten in den Industrieländern erklärt[586]. Sind beide Haushaltsendgüter superior, so ist E_2 den beiden anderen Effekten E_1 und S_H entgegengerichtet.

Der Gesamteffekt der Lohnsatzerhöhung wird im Normalfall also eine Ausdehnung der Erwerbsarbeitszeit zur Folge haben. Diese Schlussfolgerungen klingen, wie Becker (1965) selbst bemerkt, sehr vertraut, denn sie entsprechen den Ergebnissen des neoklassischen Grundmodells[587]. Der erste Eindruck täuscht jedoch, weil die neoklassische Theorie die Substitutionsmöglichkeiten der im Preis gestiegenen Zeit durch Marktgüter bei der Produktion von Haushaltsendgütern nicht berücksichtigt. Nach Becker (1965) ist das neoklassische Grundmodell T_{GM}^{NK} ein Spezialfall des inputorientierten Grundmodells T_{GM}^{in}, der dadurch gekennzeichnet sei, dass „die Kosten des Gutes ‚Freizeit' vollständig aus dem entgangenen Verdienst bestehen, und die Kosten der anderen Güter ganz und gar aus Marktgütern"[588].

Es wird im Folgenden zu zeigen sein, dass das neoklassische Grundmodell T_{GM}^{NK} nicht nur unter dieser von Becker vorgebrachten Voraussetzung ein Spezialfall von T_{GM}^{in} ist. Vielmehr gelangen beide Grundmodelle generell zu gleichen Erklärungen, sobald der für das inputorientierte Grundmodell ermittelte Faktor α_r, der den relativen Anteil der indirekten Kosten an den gesamten Produktionskosten π_r ausweist, konstant ist. Auf die Anwendung des wesentlich komplexeren inputorientierten Modells T_{GM}^{in} kann in diesem Fall verzichtet werden. Die Annahme von Becker muss hierbei nicht unbedingt erfüllt sein. Seine Annahme, dass die betrachteten Haushaltsendgüter, hier Z_1 und Z_2, ausschließlich unter dem Einsatz von (Frei-)Zeit bzw. Marktgütern produziert werden, ist nämlich mit

(445) $x_{0i} \equiv t_{j1}^{ne} = a_{j1}^{ne} \cdot Z_1$ und $x_i \equiv x_{2i} = b_{2i} \cdot Z_2$, wobei $i = j$, $i = 1,\ldots,I$ und $j = 1,\ldots,I$,

spezieller als die Annahme eines konstanten Faktors α_r, die vorliegend für die Herleitung von T_{GM}^{NK} aus T_{GM}^{in} als hinreichend betrachtet wird. Dies zeigen die folgenden Überlegungen.

Mit der von Becker getroffenen Annahme (445) wird der Preis π_1 des ausschließlich mit Freizeit produzierten Gutes Z_1 allein durch den Lohnsatz w' festgelegt und der Preis π_2 des ausschließlich mit Marktgütern produzierten Gutes Z_2 allein durch den Marktgüterpreis, danach gilt:

---

586 Siehe Becker (1965), S. 129.

587 Siehe Becker (1965), S. 110.

588 Becker (1965), S. 110.

(446) $\pi_1 \equiv \mathbf{w}'\cdot\mathbf{a}_1^{ne}$, $\pi_2 \equiv \mathbf{p}'\cdot\mathbf{b}_2$.

Die Bedingungen für ein Haushaltsgleichgewicht im inputorientierten Grundmodell lauten in diesem Fall:

(437) $\frac{\partial U}{\partial Z_r} = \lambda_2 \cdot \pi_r \Rightarrow \frac{\partial U}{\partial Z_1} = \lambda_2 \cdot w_j \cdot a_{j1}^{ne}, \frac{\partial U}{\partial Z_2} = \lambda_2 \cdot p_i \cdot b_{i2}$[589].

Die Bedingungen für das Vorliegen eines Haushaltsgleichgewichts wurden im neoklassischen Grundmodell aus der Lagrange-Funktion (139) abgeleitet[590]:

(139) $$\begin{aligned} &L(x_{0i}, x_i, \lambda) \\ &= U(x_{0i}, x_i) + \lambda \cdot b(x_{0i}, x_i) = U(x_{0i}, x_i) + \lambda(w \cdot T - w \cdot x_{0i} - p \cdot x_i) \to \max!. \end{aligned}$$

Für den korrespondierenden Fall, dass die Annahme (445) erfüllt ist, folgt aus dieser:

(139') $$\begin{aligned} &L(Z_1, Z_2, \lambda) = U(Z_1, Z_2) + \lambda \cdot h(Z_1, Z_2) = \\ &U(Z_1, Z_2) + \lambda(w_j \cdot T - w_j \cdot a_{j1}^{ne} \cdot Z_1 - p_i \cdot b_{i2} \cdot Z_2) \to \max!. \end{aligned}$$

Die notwendigen Bedingungen für das Vorliegen eines Extremwertes, die unter dieser speziellen Annahme auf der Grundlage von (139') aus dem neoklassischen Modell folgen, sind identisch mit denen unter (437), die für das inputorientierte Grundmodell gelten. Mit Beckers Annahme (445) lässt sich die Beziehung zwischen inputorientiertem und neoklassischem Modell demnach über die Analogie ihrer Haushaltsgleichgewichte darstellen:

(447) $$\frac{\frac{\partial U}{\partial Z_1}}{\frac{\partial U}{\partial Z_2}} = \frac{\frac{\partial U}{\partial x_{0i}} \cdot a_{j1}^{ne}}{\frac{\partial U}{\partial x_i} \cdot b_{i2}} = \frac{w_j \cdot a_{j1}^{ne}}{p_i \cdot b_{i2}} \Rightarrow \left|\frac{dx_i}{dx_{0i}}\right| = \frac{b_{i2}}{a_{j1}^{ne}} \cdot \left|\frac{dZ_2}{dZ_1}\right| = \frac{w_j}{p_i}, \text{ mit } i{=}j.$$

Der Analogieschluss setzt voraus, dass b_{i2}/a_{j1}^{ne} gegeben ist. Insofern kann die Aussage von Becker insgesamt nachvollzogen werden.

Kommen wir nun zu der Überlegung, dass die gleiche Schlussfolgerung möglich ist, wenn ausschließlich ein konstanter Faktors α_r angenommen wird. Der Ausdruck (443) für den Faktor α_r wird dafür zunächst mit den Funktionswerten von $V_r(\cdot)$ und $M_r(\cdot)$ expliziert:

(443') $$\alpha_r = \frac{\mathbf{w}'\cdot\mathbf{a}_r^{ne}(Z_r)\cdot Z_r}{\mathbf{p}'\cdot\mathbf{b}_r(Z_r)\cdot Z_r + \mathbf{w}'\cdot\mathbf{a}_r^{ne}(Z_r)\cdot Z_r} = \frac{\mathbf{w}'\cdot\mathbf{t}_r^{ne}(Z_r)}{\pi_r(Z_r)\cdot Z_r}.$$

Mit dem totalen Differenzial $d\alpha_r = 0$:

(443'') $$d\alpha_r = \frac{\partial \alpha_r}{\partial Z_r} \cdot \frac{\partial Z_r}{\partial a_{jr}^{ne}} \cdot da_{jr}^{ne} + \frac{\partial \alpha_r}{\partial Z_r} \cdot \frac{\partial Z_r}{\partial b_{ir}} \cdot db_{ir} = 0$$

werden näherungsweise die zu da_{jr}^{ne} und db_{ir} gehörigen, gleichzeitigen Änderungen beschrieben, aus denen sich ein konstanter Faktor α_r ergibt.

---

589 Siehe oben S. 259.

590 Siehe oben S. 131.

Danach resultiert ein konstanter Faktor α_r im Zwei-Güter Fall aus:

$$d\alpha_1 + d\alpha_2 = f'(Z_1, Z_2)dZ_1 + f'(Z_1, Z_2)dZ_2 = 0$$

(448) $$= \left(\frac{\partial\alpha}{\partial Z_1}\cdot\frac{\partial Z_1}{\partial a_{j1}^{ne}} + \frac{\partial\alpha}{\partial Z_2}\cdot\frac{\partial Z_2}{\partial a_{j2}^{ne}}\right)\cdot d\mathbf{a}_j^{ne} + \left(\frac{\partial\alpha}{\partial Z_1}\cdot\frac{\partial Z_1}{\partial b_{i1}} + \frac{\partial\alpha}{\partial Z_2}\cdot\frac{\partial Z_2}{\partial b_{i2}}\right)\cdot d\mathbf{b}_i = 0,$$

wobei $\alpha = f(Z_1, Z_2)$ sei und $Z_1 = Z_1(\mathbf{a}_j^{ne}, \mathbf{b}_i)$ und $Z_2 = Z_2(\mathbf{a}_j^{ne}, \mathbf{b}_i)$.

Ein konstanter Faktor α_r wird auch durch die von Becker getroffenen Annahme (445) $x_{0i} \equiv a_{j1}^{ne} \cdot Z_l = t_{j1}^{ne}$ und $x_i \equiv b_{2i} \cdot Z_2 = x_{2i}$[591] implizit vorausgesetzt. Denn diese führt dazu, dass $\alpha_1 = 1$ für das Gut Z_1 gilt, welches nur aus Freizeit produziert wird, und $\alpha_2 = 0$ für das Gut Z_2, das nur aus Marktgütern produziert wird. Dies ergibt nach (443'):

(449) $$\alpha_1 = \frac{w_j \cdot a_{j1}^{ne}(Z_1)}{w_j \cdot a_{j1}^{ne}(Z_l)} = 1,\ \alpha_2 = \frac{0}{p_i \cdot b_{i2}(Z_2) + 0} = 0.$$

Damit gilt:

(450) $d\alpha_1 = 0,\ d\alpha_2 = 0.$

Auf der Grundlage von (448) muss in diesem Fall gelten:

$$d\alpha_1 + d\alpha_2 = f'(Z_1)dZ_1 + f'(Z_2)dZ_2 = 0$$

(448') $$= \left(\frac{\partial\alpha}{\partial Z_1}\cdot\frac{\partial Z_1}{\partial a_{j1}^{ne}}\right)\cdot d\mathbf{a}_j^{ne} + \left(\frac{\partial\alpha}{\partial Z_2}\cdot\frac{\partial Z_2}{\partial b_{i2}}\right)\cdot d\mathbf{b}_i = 0.$$

Ein konstanter Faktor α_r kann aber auch Folge einer fest vorgegebenen Faktorkombination $(\mathbf{b}_r, \mathbf{a}_r^{ne})$ sein. Denn mit:

(451) $$\left|\frac{da_{jr}^{ne}}{db_{ir}}\right| = \left|\frac{db_{ir}}{da_{jr}^{ne}}\right| = 0$$ (= konstante Faktorkombination) folgt aus (448'):

(452) $$d\alpha_r = \left|\frac{da_{jr}^{ne}}{db_{ir}}\right| = 0$$ (bei konstanter Faktorkombination).

Dieser Fall lässt sich nicht mit Beckers Annahme (445), sondern nur mit (443') aus dem inputorientierten Modell implizieren. Entsprechend kann aus (443'') eine Veränderung im Faktor α_r, also $d\alpha_r \neq 0$, ausdrücklich auf eine Veränderung in der Faktorkombination zurückgeführt werden:

(453) $$d\alpha_r = \left|\frac{da_{jr}^{ne}}{db_{ir}}\right| \neq 0$$ (bei veränderlicher Faktorkombination).

Eine konstante Faktorkombination ist im inputorientierten Grundmodell T_{GM}^{in} inhaltlich nur damit zu erklären, dass entweder auf Grund des Vorliegens eines limitationalen Produktionsprozesses eine Faktorsubstitution technologisch von vornherein ausgeschlossen ist oder

[591] Siehe oben S. 263.

mit $(\mathbf{b_r}, \mathbf{a}_r^{ne})$ bereits die wirtschaftlich effiziente Minimalkostenkombination vorliegt[592]. Bei konstanter Faktorkombination kann sich der Preis π_r von r ausschließlich in Abhängigkeit von den Faktorpreisen p_i und w_j verändern:

(454) $\pi_r = w_j \cdot \bar{a}_{jr}^{ne} + p_i \cdot \bar{b}_{ir}$.

Das Preisverhältnis w_j / p_i bringt hier zum Ausdruck, wieviel Mengeneinheiten des Produktionsfaktors b_{ir} mit Bezug auf r einer Einheit von a_{jr}^{ne} gleichwertig sind, das heißt es gilt:

(455) $\frac{w_j}{p_i} = \frac{b_{ir}}{a_{jr}^{ne}}$, für $r = 1, \ldots, R$.

Resultiert $(\mathbf{b_r}, \mathbf{a}_r^{ne})$ aus der Minimalkostenkombination, so bildet (455) zugleich die Bedingung für diese[593].

Insgesamt verträgt sich Beckers Annahme (445) also mit der oben unterstellten Annahme einer Konstanz des Faktors α_r. Es ist nunmehr zu zeigen, dass aus einem konstanten Faktor α_r auch ohne Beckers Annahme von den Bedingungen für das Haushaltsgleichgewicht des inputorientierten Grundmodells (437) auf die Bedingungen für das Haushaltsgleichgewicht im neoklassischen Modell geschlossen werden kann[594]. Die Überlegungen werden, wie in Beckers Annahme (445) auch, auf den Zwei-Güter-Fall beschränkt. Gegeben seien jetzt aber zwei Haushaltsendgüter $r = 1,2$, die beide sowohl unter dem Einsatz von Zeit und als auch von Marktgütern produziert werden. Soll die Entscheidung über die optimale Nachfrage nach beiden Haushaltsendgütern, aus der im inputorientierten Modell bekanntlich auch das optimale Arbeitsangebot resultiert, auf der Basis des neoklassischen Grundmodells erfasst werden, so muss die Lagrange-Funktion (139) des neoklassischen Modells mit:

(456) $x_{0i} \equiv t_{jr}^{ne} = a_{jr}^{ne} \cdot Z_r$ und $x_i \equiv x_{ir} = b_{ri} \cdot Z_r$, wobei $i = j$, $i = 1, \ldots, I$ und $j = 1, \ldots, I$,

für den Zwei-Güter-Fall zu folgender Lagrange-Funktion modifiziert werden[595]:

(139") $$\begin{aligned} &L(Z_1, Z_2, \lambda) = U(Z_1, Z_2) + \lambda \cdot h(Z_1, Z_2) = U(Z_1, Z_2) \\ &+\lambda(w_j \cdot T - w_j \cdot a_{j1}^{ne} \cdot Z_1 - p_i \cdot b_{i1} \cdot Z_1 - w_j \cdot a_{j2}^{ne} \cdot Z_2 - p_i \cdot b_{i2} \cdot Z_2) \rightarrow \text{max!} \end{aligned}$$

Bei (456) handelt es sich um eine Aussage, die sich im Gegensatz zu Beckers Annahme (445) über die Identitäten

(457) $x_{0i} \equiv t_{jr}^{ne}$ und $x_i \equiv x_{ir}$

vollends aus der Bedingung (412)[596] des inputorientierten Grundmodell implizieren lässt, ohne dass hierfür eine spezielle Annahme erforderlich ist.

---

592 Siehe oben S. 255

593 Siehe (421'), S. 255.

594 Siehe oben S. 264 und ferner S. 259.

595 Vgl. auch oben S. 264.

Die notwendigen Bedingungen für ein Maximum der Funktion $U(Z_1, Z_2)$ auf der Grundlage von (139'') sind:

(458) $\frac{\partial U}{\partial Z_1} = \lambda \cdot \left(w_j \cdot a_{j1}^{ne} + p_i \cdot b_{i1}\right)$

(459) $\frac{\partial U}{\partial Z_2} = \lambda \cdot \left(w_j \cdot a_{j2}^{ne} + p_i \cdot b_{i2}\right)$

(460) $\frac{\partial U}{\partial \lambda} = w_j \cdot T - w_j \cdot a_{j1}^{ne} \cdot Z_1 - p_i \cdot b_{i1} \cdot Z_1 - w_j \cdot a_{j2}^{ne} \cdot Z_2 - p_i \cdot b_{i2} \cdot Z_2 .$

Sie führen ohne Einschränkungen zu dem Haushaltsgleichgewicht (438)[597], welches aus dem inputorientierten Grundmodell abgeleitet wurde. Die notwendigen Bedingungen für ein Maximum der Funktion $U(x_{0i}, x_i)$ entsprechen denen des neoklassischen Grundmodells[598], die vorliegend ebenfalls aus (139'') ableitbar sind. Hierfür ist es unerheblich, dass im inputorientierten Grundmodell der Erhalt von Nichterwerbseinkommen berücksichtigt wird, denn dieses beeinflusst das Haushaltsgleichgewicht (438) wie erörtert nicht[599]. Folglich gilt auch ohne Berücksichtigung von Beckers Annahme (445) eine Analogiebeziehung zwischen beiden Modellen. Denn es gilt:

(461) $\frac{\partial U}{\partial x_{0i}} = \frac{\partial U}{\partial t_{jr}^{ne}} = \lambda \cdot w_j \left(t_{j1}^{ne} + t_{j2}^{ne}\right) = \lambda \cdot w_j \cdot t_{jr}^{ne} = \lambda \cdot w_j \cdot x_{0i}$

(462) $\frac{\partial U}{\partial x_{ir}} = \frac{\partial U}{\partial x_{ir}} = \lambda \cdot p_i \left(x_{i1} + x_{i2}\right) = \lambda \cdot p_i \cdot x_{ir} = \lambda \cdot p_i \cdot x_i .$

und damit auch:

(447') $\frac{\frac{\partial U}{\partial Z_1}}{\frac{\partial U}{\partial Z_2}} = \frac{\frac{\partial U}{\partial x_{0i}} \cdot a_{jr}^{ne}}{\frac{\partial U}{\partial x_i} \cdot b_{ir}} = \frac{w_j \cdot a_{jr}^{ne}}{p_i \cdot b_{ir}} \Rightarrow \left|\frac{dx_i}{dx_{0i}}\right| = \left.\frac{db_{ir}}{du_{jr}^{ne}}\right|_{Z_r} = \frac{w_j}{p_i}$, mit $i=j$.

Bei gegebenem Produktionsniveau $\overline{Z}_r$ folgt aus (447') dann auch mit (455)[600] die für das inputorientierte Grundmodell geltende Bedingung für die Minimalkostenkombination[601].

Unterstellt man nun mit (452)[602] eine konstante Faktorkombination $(\mathbf{b_r}, \mathbf{a_r^{ne}})$, so folgt aus (447') exakt der spezielle Fall, dass das Haushaltsgleichgewicht des neoklassischen Grundmodells gilt:

---

596 Siehe oben S. 253.

597 Siehe oben S. 259.

598 Siehe oben S. 131.

599 Siehe oben S. 259.

600 Siehe oben S. 266.

601 Siehe (421'), S. 255.

602 Siehe S. 265.

$$(447'') \quad \left|\frac{dx_i}{dx_{0i}}\right| = \left.\frac{db_{ir}}{da_{jr}^{ne}}\right|_{Z_r} = \frac{w_j}{p_i} \Rightarrow \left|\frac{dx_i}{dx_{0i}}\right| = \frac{w_j}{p_i}, \quad \text{mit } \left.\frac{db_{ir}}{da_{jr}^{ne}}\right|_{Z_r} = d\alpha = 0\,.$$

Die Annahme $d\alpha_r = 0$ kann somit als Begründung für den Analogieschlusses (447') als notwendig und hinreichend betrachtet werden, was zu beweisen war. Ändert sich die unterstellte Faktorkombination $(\mathbf{b_r}, \mathbf{a_r^{ne}})$ indes, so kann von dem inputorientierten Grundmodell nicht unmittelbar auf das neoklassische Grundmodell geschlossen werden. Für eine variable Faktorkombination $d\alpha_r \neq 0$ gilt:

$$(447''') \left|\frac{dx_i}{dx_{0i}}\right| = \left.\frac{db_{ir}}{da_{jr}^{ne}}\right|_{Z_r} = \frac{w_j}{p_i} \Rightarrow \left|\frac{dx_i}{dx_{0i}}\right| = \frac{1}{d\alpha} = \frac{w_j}{p_i}, \quad \text{mit} = \left.\frac{db_{ir}}{da_{jr}^{ne}}\right|_{Z_r} = d\alpha \neq 0\,.$$

Hier hängt die Gleichgewichtsbedingung zwischen den Güterpreisen w_j/p_i und der Grenzrate $dx_i/d\,x_{0i}$ unmittelbar von der Veränderung im relativen marginalen Gewicht des entgangenen Verdienstes bezogen auf *r* ab, ausgedrückt über $d\alpha_r$.

Der Ausdruck (447') ermöglicht also offenbar einen Vergleich zwischen dem inputorientierten Grundmodell T_{GM}^{in} und dem neoklassischen Grundmodell T_{GM}^{NK} hinsichtlich ihrer Interpretation der relativen Preise für Marktgüter und Zeit:

$$(463) \; \mu_1 = \frac{w_j}{p_i} = \mu_1' = \left|\frac{dx_i}{dx_{0i}}\right| = \frac{1}{d\alpha_r} = \left.\frac{db_{ir}}{da_{jr}^{ne}}\right|_{Z_r}, \text{ mit } i{=}j.$$

Dieser im Vergleich zu (447) allgemeinere Analogieschluss setzt ebenfalls voraus, dass b_{ir}/a_{jr}^{ne} gegeben ist. Der Reallohnsatz w_j/p_i wird dabei der Modellannahme M_1: $\mu_1 = w_j/p_i$ des neoklassischen Grundmodells gemäß interpretiert als die Produktivität der Erwerbsarbeitszeit $\mathbf{t^e} = (\mathbf{t} - \mathbf{a_r^{ne}})$ mit Bezug auf die Bereitstellung des Hicks'schen Konsumaggregats b_{ir}.

Hinsichtlich der relativen Preise für Marktgüter und Zeit kann zwischen dem inputorientierten Grundmodell T_{GM}^{in} und dem neoklassischen Grundmodell T_{GM}^{NK} dann, und nur dann unterschieden werden, wenn Veränderungen im Faktor α_r auftreten und diese auch sichtbar gemacht werden können. Das setzt voraus, dass der relative Anteil der indirekten Kosten an den gesamten Produktionskosten π_r für jedes Haushaltsendgut beobachtbar ist. Ansonsten kann auch das inputorientierte Grundmodell T_{GM}^{in} das Arbeitsangebot auf der Effizienzebene ausschließlich über den vom Markt vorgegebenen relativen Preis w_j/p_i für Nichterwerbsarbeitszeit bzw. Freizeit und Marktgüter erklären. Bei der Rekonstruktion beider Modelle durch das Verfahren der Faktualisierung wird dieser Gesichtspunkt noch eine entscheidende Rolle spielen.

An dieser Stelle bleibt festzuhalten, dass das neoklassische Grundmodell T_{GM}^{NK} mit der Annahme:

(464) $M_{22}: d\alpha_r = \left|\frac{da_{jr}^{ne}}{db_{ir}}\right|_{Z_r} = 0$

als spezielles Modell über folgende heterogene Reduktionsbeziehung aus dem inputorientierten Grundmodell T_{GM}^{in} folgt:

(465) $T_{GM}^{in} \Rightarrow T_{GM}^{NK}: M_{22} \wedge T_{GM}^{in}$,

und zwar ohne dass, wie Becker fälschlicherweise annimmt,

(445) $x_{0i} \equiv a_{j1}^{ne} \cdot Z_1$, $x_i = b_{i2} \cdot Z_2$ gelten muss.

Gelingt es in einer empirischen Prüfung unter der Annahme M_{22}, das neoklassische Grundmodell T_{GM}^{NK} zu widerlegen, so gilt dieser Falsifikationsschluss angesichts dieser Implikationsbeziehung zwangsläufig auch für das inputorientierte Grundmodell T_{GM}^{in}.

Ferner kann das inputorientierte Grundmodell T_{GM}^{in} anhand von (463) als Spezialfall des um die neoklassischen Gesetzesaussagen G^{NK} erweiterten Modells T_M^{GNS} der Grenznutzenschule ausgewiesen werden. Dort wurde die Arbeitsproduktivität bei der Bereitstellung von Gütern durch den Einsatz von Zeit über die Modellannahme $M^{GNS}: \mu_i = x_i / t_i$ vorausgesetzt. Diese kann in T_{GM}^{in} entsprechend beschrieben werden als Relation zwischen der Grenzproduktivität der Zeit μ_{3r}' und dem Marktgütereinsatz μ_{4r}' in der speziellen Verwendung zur Produktion von Z_r:

(466) $\dfrac{\dfrac{\partial Z_r}{\partial a_{jr}^{ne}}}{\dfrac{\partial Z_r}{\partial b_{ir}}} \equiv \dfrac{\mu_{3r}'}{\mu_{4r}'}$.

Veränderungen in α_r resultieren stets aus Veränderungen in den Relationen der Grenzproduktivitäten μ_{3r}'/μ_{4r}'. Auf der Grundlage dieser Auslegungen erhält man für (463):

(463') $\mu_{1ij} = \mu_{1ij}' = \dfrac{\mu_{3r}'}{\mu_{4r}'} = \left.\dfrac{db_{ir}}{da_{jr}^{ne}}\right|_{Z_r} \Leftrightarrow \dfrac{w_j}{p_i} = \dfrac{1}{d\alpha_r} = \left.\dfrac{db_{ir}}{da_{jr}^{ne}}\right|_{Z_r}$.

Das inputorientierte Grundmodell unterstellt also, dass die Arbeitsproduktivität μ_i einerseits - wie auch vom neoklassischen Grundmodell angenommen wird - über die Grenzproduktivität der Erwerbsarbeitszeit mit Bezug auf die Marktgüter durch den am Markt geltenden Reallohnsatz w_j / p_i von außen vorgegeben ist. Sie muss andererseits zugleich der haushaltsinternen Größe entsprechen, die durch die Relation zwischen der Grenzproduktivität der Zeit μ_{3r}' und der des Marktgütereinsatzes μ_{4r}' bei der Produktion von Haushaltsendgütern bzw. durch die Veränderungen im α_r-Faktor festgelegt wird:

(467) $M_{23}: \mu_i = \dfrac{x_i}{t_i} \overset{!}{\equiv} \mu_{1ij} = \mu_{1ij}' = \dfrac{w_j}{p_i} \overset{!}{\equiv} \dfrac{\mu_{3r}'}{\mu_{4r}'} = \dfrac{1}{d\alpha_r}$.

Ist der Reallohnsatz hoch, wird der Haushalt nur solche Produktionsverfahren realisieren, die eine gegenüber dem Marktgütereinsatz vergleichsweise hohe Grenzproduktivität für die Nichterwerbsarbeitszeit ergeben. Ist der Reallohnsatz niedrig, wird der Haushalt bei unveränderter Grenzproduktivität für die Marktgüter Verfahren durchführen, die mit einer niedrigeren Grenzproduktivität der Nichterwerbsarbeitszeit verbunden sind.

Insofern folgen offenbar das neoklassische T_{GM}^{NK} und das inputorientierte Grundmodell T_{GM}^{in} aus dem um G^{NK} erweiterten Modell der Grenznutzenschule T_M^{GNS}, indem sie den Ausdruck zu den Produktionsanstrengungen bei der Bereitstellung von Gütern, nämlich die Arbeitsproduktivität $\mu_i = x_i/t_i$, weiter spezifizieren. Der Unterschied zwischen dem inputorientierten Grundmodell T_{GM}^{in} und dem neoklassischen Grundmodell T_{GM}^{NK} kann vor diesem Hintergrund unter anderem auf das Gelten der Konjunktion $M_1 \wedge M_2$ anstelle der Modellannahme M_{23} zurückgeführt werden. Mit $M_1 \wedge M_2$ leitet sich T_{GM}^{NK} aus dem Modell der Grenznutzenschule T_M^{GNS} her, mit M_{23} folgt indes T_{GM}^{in} (siehe Z.1f, Sp.2 u. 4 in Übersicht III-1). Modellannahme M_1 setzt voraus, dass die Grenzrate der Substitution von den Marktgütern x_i durch die Zeit t_i der Grenzrate der Substitution von Marktgütern durch Erwerbsarbeitszeit t_i^e entspricht und diese ihrerseits dem Reallohnsatz. Die Relation zwischen t_i und t_i^e definiert die Modellannahme M_2. Da in der inputorientierten Produktionstheorie die Grenzrate der Substitution von Marktgütern x_i durch die Zeit t_i auch durch die Minimalkostenkombination festgelegt wird und nicht allein durch die Faktorpreisrelation w_j/p_i, die der Markt vorgibt, muss $M_1 \wedge M_2$ für die Ableitung von T_{GM}^{in} aus T_M^{GNS} an Stelle von T_{GM}^{NK} aus T_M^{GNS} ersetzt werden durch M_{23}. Ist das Verhältnis zwischen der Grenzproduktivität der Zeit μ_{3_r}' und der des Marktgütereinsatzes μ_{4_r}' bei der Produktion von Haushaltsendgütern bzw. der Faktor α konstant, so sind die Implikationen, die sich aus der Modellannahme M_{23} und mit ihr aus T_{GM}^{in} ergeben, die Gleichen wie aus T_{GM}^{NK}, für das $M_1 \wedge M_2$ gilt.

Der gekennzeichnete Unterschied zwischen den beiden Grundmodellen mit Bezug auf T_M^{GNS} ist aber nicht der einzige. Das Modell der Grenznutzenschule T_M^{GNS} unterstellt mit der Antezedenzbedingung des ersten Gossen'schen Gesetzes S_1^{GNS}, dass der Grenznutzen der über die Zeit t_i bereitgestellten Güter x_i in jeder Verwendungsweise i positiv ist und mit dem Umfang von t_i abnimmt. Über die weitere Antezedenzbedingung der Knappheit der Zeit S_2^{GNS} wird hieraus im zweiten Gossen'schen Gesetz bekanntlich die Bedingung für das Haushaltsgleichgewicht abgeleitet[603]. Entscheidend ist nun, dass auf der Grundlage von S_1^{GNS} eine Trennung zwischen Präferenz- und Effizienzebene unmöglich ist. Der Bedingung S_1^{GNS} liegt streng genommen eine implizit formulierte Nutzenfunktion der folgenden Art zu Grunde:

---

[603] Siehe oben S. 122 ff.

(468) $U = U(x_i, t_i) = 0$.

Die in den Grundmodellen der Neoklassik T_{GM}^{NK} und der outputorientierten Produktionstheorie T_{GM}^{out} gebräuchlichen Nutzenfunktionen sind explizite Formulierungen hiervon:

(469) $U^x = U(x_i)$,

die sich mit M_1 bzw. M_{16} über die Parameter $\mu_1 = w_i/p_i$ bzw. $\mu_1 = w_i/p_i = q \cdot \mu_2'$ ableiten lassen aus der Umkehrfunktion:

(470) $U^t = U(t_i)$.

Im inputorientierten Grundmodell T_{GM}^{in} sind (469) und (470) indes nicht mehr als Umkehrfunktionen darstellbar. Das liegt daran, dass sich die Beziehung $\mu_1 = \mu_{3r}'/\mu_{4r}'$ in der Modellannahme M_{23} einerseits auf $\mathbf{b_r}$ und $\mathbf{a_r^{ne}}$ bezieht, andererseits auf Z_r. Das Faktorpreisverhältnis $\mu_1 = w_j/p_i$ in der Modellannahme M_{23} leitet sich infolgedessen aus zwei Güterarten j und i ab, die deutlich voneinander unterschieden werden müssen, weil sie im beschränkten Maße gegeneinander substituierbar sind. Der Lohnsatz w_j ist der Preis für die Nutzung der Zeit in der Periode j (= Gut j), p_i ist der Preis des Marktgutes i (= Gut i). Erst die Minimalkostenkombination bezogen auf ein bestimmtes Produktionsniveau $\overline{Z}_r$ bestimmt, welche Güter j und i, in welchen Mengen zum Einsatz kommen. Sämtliche Faktorpreisverhältnisse $\mu_1 = w_j/p_i$ der Güter j und i sind zwar vom Markt vorgegeben, über die Wahl des Faktoreinsatzniveaus wird jedoch haushaltsintern bestimmt, welche Güterkombinationen und damit Faktorpreisverhältnisse im Einzelfall entscheidend sind. An Stelle von (468) gilt in T_{GM}^{in} von daher die zusammengesetzte Nutzenfunktion:

(471) $U = U\left(Z_r\left(\mathbf{x_r}, \mathbf{t_r^{ne}}\right)\right) = 0$

mit der in T_{GM}^{in} gebräuchlichen expliziten Formulierung bezogen auf $r = 1, \ldots, R$

(472) $U^Z = U(Z_r)$ (473) $\dfrac{\frac{\partial U^Z}{\partial Z_1}}{\frac{\partial U^Z}{\partial Z_2}} = \dfrac{\pi_2}{\pi_1} = \dfrac{w_j \cdot a_{j2}^{ne} + p_i \cdot b_{i2}}{w_j \cdot a_{j1}^{ne} + p_i \cdot b_{i1}}$

und ihrer jeweils für $r = 1, \ldots, R$ geltenden Umkehrfunktionen:

(474) $U^{x,t} = U\left(\mathbf{x_r}, \mathbf{t_r^{ne}}\right)$ (475) $\dfrac{\frac{\partial U^{x,t}}{\partial x_{ir}}}{\frac{\partial U^{x,t}}{\partial t_{jr}^{ne}}} = \dfrac{w_j}{p_i}$.

Im inputorientierten Modell T_{GM}^{in} erfolgt damit quasi eine Trennung in eine Nutzenfunktion U^Z, die sich im Haushaltsgleichgewicht (473) auf die haushaltsinterne Grenzrate der Substitution bezieht, und eine Nutzenfunktion $U^{x,t}$, die sich im Haushaltsgleichgewicht (475) auf das Faktorpreisverhältnis bezieht, wohingegen aus (469) und (470) für das neoklassische Grundmodell T_{GM}^{NK} unmittelbar und ausschließlich das Haushaltsgleichgewicht (475) resultiert.

Insofern erweist sich das neoklassische Grundmodell T_{GM}^{NK} nicht nur auf der Effizienzebene, sondern auch auf der Präferenzebene als ein Spezialfall des inputorientierten Grundmodells T_{GM}^{in}. Wenn das neoklassische Grundmodell T_{GM}^{NK} wegen $M_{22}: d\alpha_r = 0$ aus dem inputorientierten Grundmodell T_{GM}^{in} resultiert, dann ist das Haushaltsgleichgewicht (473) gleich Null, was dem Fall entspricht, dass die Nutzenfunktion (468) gilt. Die auch dem neoklassischen Grundmodell zu Grunde liegende Nutzenfunktion (468) des Modells der Grenznutzenschule T_M^{GNS} ist folglich spezieller als (471), also spezieller als die des inputorientierten Grundmodells T_{GM}^{in}. Die Implikationsbeziehung zwischen T_{GM}^{in} und dem um die neoklassischen Gesetzesaussagen G^{NK} erweiterten Modells T_M^{GNS} erfordert neben M_{23} folglich auch S_1^{in} (siehe auch Z.1f, Sp.4 in Übersicht III-1):

$$(476)\quad T_M^{GNS} \Rightarrow T_{GM}^{in}: S_1^{in} \wedge M_{23} \wedge T_M^{GNS} \wedge G^{NK}$$

$$\text{mit (477)}\quad S_1^{in}: \frac{\partial U\left(Z_r\left(\mathbf{x_r}, \mathbf{t_r^{ne}}\right)\right)}{\partial Z_r \partial t_{jr}^{ne} \partial x_{ir}} > 0, \quad \frac{\partial^2 U\left(Z_r\left(\mathbf{x_r}, \mathbf{t_r^{ne}}\right)\right)}{\partial^2 \left(Z_r\left(\mathbf{x_r}, \mathbf{t_r^{ne}}\right)\right)} < 0.$$

Danach würde ein Falsifikationsschluss vom neoklassischen Modell auf das inputorientierte Modell auch die Grenznutzenschule betreffen.

Die Implikationsbeziehungen vom inputorientierten T_{GM}^{in} und neoklassischen Grundmodell T_{GM}^{NK} zum Modell der Grenznutzenschule T_M^{GNS} ermöglichen nicht nur einen Vergleich beider Modelle, sondern darüberhinaus einen Vergleich zu dem outputorientierten Grundmodell T_{GM}^{out} von Gronau. Nach Gronau ist die Relation zwischen den Grenzproduktivitäten aus Hausarbeit μ_2' und Erwerbsarbeit μ_1' über die Modellannahme M_{16} festgelegt[604]:

$$(324\text{``})\quad M_{16}: q\big|_{\bar{x}} = x_0^* \cdot \left(\frac{1}{x_0 + t^h}\right) = \frac{\frac{w}{p}}{\frac{\partial f}{\partial t^h}\left(t^h\right)} = \frac{\frac{w}{p}}{w^*} = \frac{\mu_1'}{\mu_2'} = \frac{\mu_1}{\mu_2'} \Rightarrow \mu_1' = \mu_1 = q \cdot \mu_2'.$$

Diese lässt sich über die gemeinsame Größe der Grenzproduktivität der Erwerbsarbeit μ_1 mit der Modellannahme M_{23} vergleichen, die für das inputorientierte Grundmodell abgeleitet wurde:

$$(478)\quad M_{16}: \mu_i \equiv \mu_{1i} = q \cdot \mu_2'; \; M_{23}: \mu_i \equiv \mu_{1ij} = \frac{\mu_{3r}'}{\mu_{4r}'} = \frac{1}{d\alpha_r}.$$

Die Grenzproduktivität der Erwerbsarbeit μ_{1i} entspricht in dem outputorientierten Modell T_{GM}^{out} dem Produkt aus der Grenzproduktivität der Hausarbeitszeit μ_2' und dem Faktor q. Im inputorientierten Modell T_{GM}^{in} korrespondiert sie wegen der Identität zu μ_i mit der Grenzrate der Substitution von Marktgütern durch Nichterwerbsarbeitszeit μ_{1ij}, die aus der Relation zwischen der Grenzproduktivität der Nichterwerbsarbeitszeit μ_{3r}' und der

604 Siehe oben S. 228.

Grenzproduktivität der Marktgüter μ_{4r}' bzw. den Veränderungen α_r im relativen Anteil der indirekten Kosten an den gesamten Produktionskosten π_r resultiert. Danach weicht die Grenzproduktivität der Hausarbeitszeit im outputorientierten Modell T_{GM}^{out} systematisch um den Faktor q sowohl von dem Reallohnsatz μ_{1i} als auch von der Grenzrate der Substitution μ_{3r}'/μ_{4r}' ab. Das heißt, im Vergleich zu T_{GM}^{NK} und T_{GM}^{in} kommt das outputorientierte Grundmodell T_{GM}^{out} dann, und nur dann zu abweichenden Erklärungen, wenn es mit $q \neq 1$ Produktivitätsunterschiede unterstellt, und zwar einerseits zwischen Hausarbeitszeit und Reallohnsatz und andererseits zwischen Hausarbeitszeit und Grenzrate der Substitution von Marktgütern durch Nichterwerbsarbeitszeit. Es erscheint gegenüber T_{GM}^{NK} im Vergleich zu T_{GM}^{in} robuster, weil es nicht zwangsläufig mit T_{GM}^{NK} identisch ist, sofern keine Veränderungen in α_r sichtbar sind. Andererseits kann das outputorientierte Modell T_{GM}^{out} den offenbar maßgeblichen Faktor q auch nicht weiter erklären.

Nach (478) folgt das outputorientierte Grundmodell T_{GM}^{out} mit

$$(479)\quad M_{24}: \mu_i \equiv \mu_{1i} = q \cdot \mu_2' \overset{!}{\equiv} \mu_i \equiv \mu_{1ij} = \frac{\mu_{3r}'}{\mu_{4r}'} = \frac{1}{d\alpha_r}$$

aus dem inputorientierten Grundmodell:

$$(480)\quad T_{GM}^{in} \Rightarrow T_{GM}^{out}: M_{24} \wedge T_{GM}^{in}.$$

Danach beschränkt das outputorientierte Grundmodell T_{GM}^{out} das inputorientierte Grundmodell T_{GM}^{in} auf Situationen, in denen sich die Grenzrate der Substitution von Marktgütern durch Nichterwerbsarbeitszeit vereinfacht über $q \cdot \mu_2'$ ausdrücken lässt.

Gronau nimmt mit seinem outputorientierten Grundmodell T_{GM}^{out} an, dass der Haushalt, wenn er Freizeit und konsumierbare Güter nach ihrer Erwünschtheit ordnet, die konsumierbaren Güter jeweils nur als ein Güterbündel betrachtet. Dadurch kann er seine Überlegungen auf die Einprodukt-Problemstellung beschränken. Auf der Nutzenebene entspricht seine Vorgehensweise derjenigen, die bei der Ableitung des optimalen Verbrauchsplans als Hicks'sche Aggregation bezeichnet wird, bei der die Wahl zwischen Marktgütern als Wahl zwischen einem einzelnen Gut (hier die Freizeit) und allen anderen Gütern (die konsumierbaren Güter) betrachtet wird.

Demgegenüber bezieht Becker das Konzept der Präferenz zwar ebenfalls stets auf den Zwei-Güter-Fall, in der Regel beschreibt er hiermit aber die Wahl zwischen nicht-aggregierten Haushaltsendgütern, also die Zuordnung knapper Produktionsfaktoren auf mindestens zwei verschiedene Produktarten. Bei Gronau ist die Entscheidung zwischen Freizeit und konsumierbaren Gütern aber keine Entscheidung zwischen Produktarten. Produktarten sind bei ihm Marktgüter und Haushaltsgüter. Zwischen ihnen wird auf der Nutzenebene nicht mehr differenziert, sondern ausschließlich auf der Güterebene, und dort auch nur in Form des Vergleichs der Grenzproduktivitäten der Erwerbsarbeit μ_{1i}' gegenüber Hausarbeit μ_2' bezogen auf die Produktion konsumierbarer Güter. Dieser Vergleich erfolgt ausschließlich über den Faktor q, den das Modell von Gronau implizit voraussetzt.

Eine outputorientierte Funktion $x = f(z)$ kann prinzipiell durch Umkehrung der Zuordnungsvorschrift als $x = g^{-1}(z)$ unmittelbar aus einer inputorientierten Funktion $z = g(x)$ abgeleitet werden. Die verschiedenartige Aufbauform der Produktionsfunktionen beider Modelle darf daher nicht entscheidend für den Unterschied zwischen beiden Grundmodellen sein[605]. Entscheidend ist vielmehr die in T_{GM}^{out} vorgenommene Vereinfachung der in T_{GM}^{in} verwendeten Größe der Grenzrate der Substitution μ_{3r}'/μ_{4r}' auf die Größe $q \cdot \mu_2'$. Dadurch ist die Voraussetzung $D(g) = W(g^{-1})$ und $D(g^{-1}) = W(g)$[606] für eine Umkehrung nicht erfüllt. Übersicht III-8 zeigt, dass der Definitionsbereich (Wertebereich) der inputorientierten Funktion tatsächlich nicht dem Wertebereich (Definitionsbereich) der outputorientierten Funktion entspricht.

	Grundmodell Becker (1965)	**Grundmodell Gronau (1973, 1977)**
Produktions-funktionen	$Z = g(X)$	$X = f(Z)$
Definitions-bereich	$D(g) = X$ (mit $x_m \equiv Z \cdot b_r$) Marktgüter: $x_m \subset X$ Nichterwerbsarbeitszeit: $t^{ne} \subset X$ (mit $t^{ne} \equiv Z \cdot a_r^{ne}$)	$D(f) = Z$ Marktgüter: $x_m \subset Z$ Haushaltsgüter: $x_h \subset Z$
Wertebereich	$W(g) = Z$ Haushaltsendgüter: $z \subset Z$	$W(f) = X$ Erwerbsarbeitszeit: $t^e \subset X$ Hausarbeitszeit: $(t^h \subset t^{ne}) \subset X$
Umkehr-funktion	$Z = f^{-1}(X)$	$X = g^{-1}(Z)$

Übersicht III-8 *Definitions- und Wertebereiche der Produktionsfunktion im Grundmodell von Becker im Vergleich zum Grundmodell von Gronau*

Der Definitionsbereich der Produktionsfunktion bei Becker ist durch die Menge $D(g) = X$ der Produktionsfaktoren festgelegt, die sich aus den Teilmengen $x_m \subset X$ für die Marktgüter und $t^{ne} \subset X$ für die Nichterwerbsarbeitszeit zusammensetzt. Die Produktionsfunktion selbst legt fest, welche Beziehung zwischen beiden Produktionsfaktoren besteht. Marktgüter

---

605 Insofern kann die Unterscheidung in input- und outputorientierte Grundmodelle, wie hier in Anlehnung an die Klassifizierung von Seel (1991a), S. 209 ff. vorgenommen wird, missverständlich sein. Siehe Fußnote 471, S. 211.

606 Zu diesen mathematischen Eigenschaften von Funktion und Umkehrfunktion siehe Schwarze (1989a), S. 93.

und Zeit können bei Becker vollständig, gar nicht oder in beschränktem Umfang austauschbar sein.

Nur hinsichtlich der Teilmenge der Hausarbeitszeit $\left(t^h \subset t^{ne}\right) \subset X$ entspricht der Definitionsbereich der Produktionsfunktion von Becker dem Wertebereich der Produktionsfunktion von Gronau, hier gilt $t^{ne} \subset D(g)$, $\left(t^h \subset t^{ne}\right) \subset W\left(g^{-1}\right)$. Die Teilmenge der Marktgüter $x_m \subset X$ zählt hingegen in beiden Produktionsfunktionen zum Definitionsbereich. Eine Faktorsubstitution zwischen Marktgütern und Hausarbeitszeit ist insofern in der Produktionsfunktion von Gronau definitionsgemäß nicht möglich, bei Becker indes schon.

Weil mit $D(g) \neq W\left(g^{-1}\right)$ die Voraussetzung einer Umkehrung der Zuordnungsvorschrift nicht erfüllt ist, kann die outputorientierte Produktionsfunktion nach Gronau nicht aus der inputorientierten nach Becker abgeleitet werden und umgekehrt. Bei Gronau beschreibt die additiv aus den Produktionsfunktionen für Marktgüter und Haushaltsgüter zusammengesetzte Produktionsfunktion für konsumierbare Güter eine Technologie, die nur an einer Stelle eine Faktorsubstitution zulässt. Dies ist die Stelle $q = 1$, an der der Faktoreinsatz in Form der Erwerbsarbeit und der Hausarbeit jeweils einen Umfang erreicht hat, der zu einer Gleichheit der Grenzproduktivitäten führt und letztlich den Wechsel zwischen den jeweils zutreffenden Produktionsfunktionen einleitet. An allen anderen Stellen der additiv zusammengesetzten Produktionsfunktion für konsumierbare Güter ist eine Faktorsubstitution unmöglich, weil sie als ineffizient gilt. Gronau verwendet nicht eine Produktionsfunktion, sondern zwei, und zwar zwei limitationale Produktionsfunktionen, die über den Faktor q funktional miteinander verbunden sind. In den Produktionsfunktionen des Grundmodells von Becker hingegen können die Produktionsfaktoren Marktgüter und Nichterwerbsarbeitszeit vollständig, beschränkt oder - wie zu zeigen sein wird - auch gar nicht substituierbar sein.

Im inputorientierten Grundmodell T_{GM}^{in} kann sich infolge einer Substitution zwischen den Produktionsfaktoren bei der Herstellung von Z_r der Faktor α_r verändern. Dadurch können Lohnsatzänderungen ungewöhnliche Arbeitsangebotsreaktionen auslösen. Steigt der Lohnsatz, wird ein Haushalt versuchen, Zeit durch Marktgüter zu substituieren. Der Haushalt wird die Einkommenserhöhung bei beschränkter Substituierbarkeit von Marktgütern und Nichtwerbsarbeitszeit jedoch nur nutzen können, wenn er parallel dazu den Zeiteinsatz erhöht, womit er zwangsläufig auf einen Teil des zusätzlich erzielbaren Einkommens verzichten muss. Es sei denn, er kann auf ein alternatives Produktionsverfahren wechseln, das ihm eine andere Faktorkombination ermöglicht. Insofern kann T_{GM}^{in} die sog. inversen Arbeitsangebotsreaktionen, die in der Neoklassik als umbiegende Arbeitsangebotskurven dargestellt werden[607], auch auf der Effizienzebene erklären. Dies kennzeichnet die spezielle Reichweite dieses Grundmodells.

---

[607] Siehe oben S. 133.

Dagegen können im neoklassischen Grundmodell T_{GM}^{NK} derartige Reaktionen ausschließlich über Änderungen in den Präferenzen erklärt werden, weil die Produktivität der Zeit mit Bezug auf die Bereitstellung der Marktgüter mit der Modellannahme $M_1: \mu_i = x_i/t_i \equiv \mu_{1i} = w_i/p_i$ in Form des Reallohnsatzes nur als Konstante definiert ist. Auch im outputorientierten Grundmodell lassen sich inverse Reaktionen auf Lohnsatzänderungen wegen der Modellannahme $M_{16}: \mu_{1i} = q \cdot \mu_2'$ nur modellexogen erklären, nämlich über Änderungen in $q \cdot \mu_2'$. Tatsächlich erlaubt nur das inputorientierte Grundmodell für inverse Arbeitsangebotsreaktionen mit $M_{24}: \mu_{1i} = q \cdot \mu_2' \equiv 1/d\alpha_r$ modellendogene Erklärungen dadurch, dass diese auf Veränderungen in der technischen Grenzrate der Substitution der Marktgüter durch Nichterwerbsarbeitszeit in Relation zum Reallohnsatz zurückgeführt werden können. Das setzt allerdings voraus, dass der Faktor α_r tatsächlich mit den entsprechenden Eingangsdaten modellendogen erklärt werden kann. Vor dem Hintergrund, dass die inputorientierten Modelle für ihre Aussagen Daten erfordern, von denen einige derzeit nicht vorhanden sind[608], kann man nicht so ohne weiteres davon ausgehen, dass sie im Vergleich zu den neoklassischen Modellen zu realitätsnäheren Modellen führen[609]. Dieser Gesichtspunkt wird - weiter unten - im Rahmen der Faktualisierung noch ausführlich zu diskutieren sein.

1.3.2.2 Modelle mit speziellen Aussagen zu den Restriktionen

Im inputorientierten Grundmodell der Produktionstheorie T_{GM}^{in} werden alle Restriktionen, die sich auf die Kombinationsmöglichkeiten von Marktgütern und Zeit beziehen, zwangsläufig über das Konzept der Produktionsfunktion erfasst.

So hat die Besteuerung des Einkommens eine Veränderung im Faktorpreisverhältnis w_j/p_i zur Konsequenz. Dabei kann das Faktorpreisverhältnis als preisliche Bewertung der Produktionsfaktoren in den Märkten interpretiert werden. Der Erhalt von Nichterwerbseinkommen wirkt sich indes unmittelbar auf die Produktionsmöglichkeitslinie aus, die angibt, welche Mengenkombinationen an Haushaltsendgütern der Haushalt mit seinen Ressourcen maximal produzieren kann. Auch eine etwaige Standardisierung in den Wahlmöglichkeiten auf den Märkten verbleibt innerhalb des konzeptionellen Rahmens des Grundmodells und erfordert keine eigenen Modellvarianten. Mit ihr ändert sich lediglich die Grenzrate der

608 Vgl. zu dieser Problematik auch Juster/Stafford (1991), S. 488 u. 511 ff.

609 Den Standpunkt, dass inputorientierte Modelle zu realitätsnäheren Aussagen führen, vertritt indes Hufnagel (2001), S. 22 und S. 84 ff. Er argumentiert, dass die Kritik an der Datenlage nicht greift, weil in dieser Situation auch die neoklassischen Modelle nichts leisten könnten, was nicht auch die inputorientierten Modelle leisten. Inputorientierte Modelle hätten demgegenüber zumindest eine realitätsnähere Argumentation.

Substitution von Marktgütern durch Nichterwerbsarbeitszeit, das heißt, es wird schwieriger, die Produktionsfaktoren gegeneinander zu ersetzen.

Modellvarianten mit Bezug auf die Restriktionen ergeben sich indes durch die Unterstellung alternativer Produktionsfunktionen (siehe Z.2c, Sp.2 u.3 in Übersicht III-10). Im Grundmodell T_{GM}^{in} waren die Überlegungen, mit denen Produktionstechnologien auf der Basis von Produktionsfunktionen beschrieben wurden, noch recht allgemein. Sie bezogen sich mit der Annahme fallender Skalenerträge in erster Linie auf die Skaleneigenschaften neoklassischer Produktionsfunktionen. Konstante Skalenerträge, die in dem Grundmodell alternativ angenommen werden, folgen der Vorstellung linear-limitationaler Produktionsfunktionen, also der Annahme einer starren Kombination der Faktoreinsatzmengen Nichterwerbsarbeitszeit und Marktgütern, mit Bezug auf jeweils ein Haushaltsendgut. Aber auch hierzu fehlen differenziertere Ausführungen im inputorientierten Grundmodell[610].

Eine Präzisierung des Falles linear-limitationaler Produktionsfunktionen liefert Becker (1973) in seiner Theorie der Heirat, obgleich er hierauf nicht ausdrücklich hinweist. Danach erfordern zahlreiche Haushaltsendgüter, die in ehelichen Haushalten produziert werden, typischerweise bestimmte Kombinationen in den Einsatzmengen der Nichterwerbsarbeitszeit beider Ehepartner. In der Möglichkeit, dass Personen, die einen Haushalt dauerhaft miteinander teilen, diese Art Haushaltsendgüter besser produzieren können als getrennt voneinander lebende Personen, liegt nach Becker der Gewinn aus einer Ehe[611]. Andererseits gilt, je schwieriger es für Ehepartner ist, eine Faktorsubstitution in der Nichterwerbsarbeitszeit vorzunehmen, desto größer werden die Einschränkungen sein, die sie bei ihren Entscheidungen über die Erwerbsarbeitszeit in Kauf nehmen müssen. Dieses Spannungsverhältnis kennzeichnet die Reichweite dieser Variante (siehe Z.3d, Sp.2 in Übersicht III-10).

Für die Modellvariante T_{VR1}^{in} mit explizit linear-limitationaler Produktionsfunktion gilt die bereits eingeführte Modellannahme $M_{22}\colon d\alpha_r = 0$, auf deren Grundlage das neoklassische Grundmodell aus dem inputorientierten Grundmodell abgeleitet werden konnte[612]. Sie kann allerdings dahingehend präzisiert werden, dass die fehlende Möglichkeit der Faktorsubstitution als Ursache für $d\alpha_r = 0$ darauf zurückzuführen ist, dass die Produktionsfaktoren, wenn sie effizient eingesetzt werden sollen, in einem bestimmten Verhältnis zueinander verwendet werden müssen. Es gilt:

$$(481)\quad M'_{22}: \alpha_r = \frac{\mathbf{w}'\cdot\mathbf{a}_r^{ne}(Z_r)\cdot Z_r}{\mathbf{p}'\cdot\mathbf{b}_r(Z_r)\cdot Z_r + \mathbf{w}'\cdot\mathbf{a}_r^{ne}(Z_r)\cdot Z_r} \overset{!}{\equiv} \alpha_r^{eff} .$$

---

[610] Siehe auch die Kritik bei Seel (1991a), S. 148.

[611] Siehe Becker (1973), S. 228 ff.

[612] Siehe oben S. 269.

Da es bei Limitationalität nur eine technisch realisierbare Möglichkeit der Faktorkombination gibt, wird mit dem technologisch effizienten Produktionsplan bereits die Minimalkostenkombination vorgegeben. Zwischen Produktionsmenge und Faktoreinsatzmengen besteht eine proportionale, rein technisch bestimmte Beziehung. Die Grenzproduktivität der Produktionsfaktoren mit Bezug auf Z_r ist durch den Markt vorgegeben, und zwar für die Marktgüter $\mathbf{b_r}$ durch deren Preis p_i, für die Zeit $\mathbf{a_r^{ne}}$ durch deren Opportunitätskosten in Form des Lohnsatzes w_j. Dies veranschaulicht Abb. III-20.

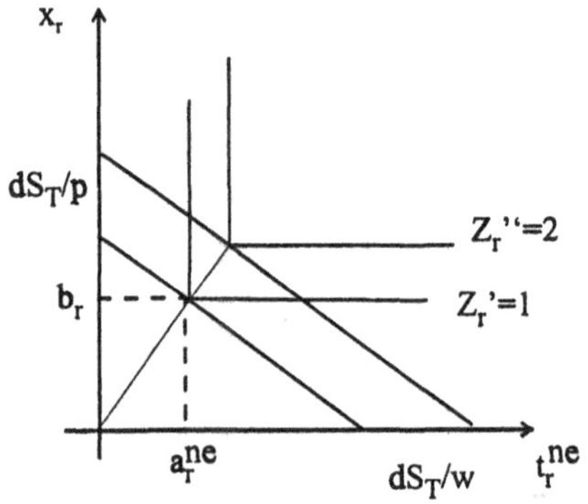

Abb. III-20 *Technisch bestimmte Faktorkombination im Falle linear-limitationaler Produktionsfunktionen*[613]

Die vorliegende Modellvariante T_{VR1}^{in} folgt danach mit M'_{22} aus dem neoklassischen Grundmodell T_{GM}^{NK}:

(482) $T_{GM}^{in} \Rightarrow T_{GM}^{NK}: M_{22} \wedge T_{GM}^{in} \Rightarrow T_{VR1}^{in}: M'_{22} \wedge T_{GM}^{NK}$ (Z.3, Sp.1 u. 2, Übersicht III-9).

Weil das Problem der Wahl des optimalen Produktionsprozesses entfällt, hängt das Arbeitsangebot in T_{VR1}^{in} lediglich von dem konstanten Verhältnis der Produktionsfaktoren und dem Reallohnsatz, sowie von der Präferenzordnung ab.

Alternativ erwogen werden können die aus der Unternehmenstheorie bekannten, weiteren Differenzierungen hinsichtlich der Skaleneigenschaften von Produktionsfunktionen[614]. Zum Beispiel können für den Fall nicht-linearer Produktionsfunktionen auch klassische Produktionsfunktionen unterstellt werden. Andererseits können zu der Alternativproduktion, in der die Haushaltsendgüter über die Konkurrenz um knappe Ressourcen dispositiv miteinander verbunden sind, auch alternative Formen der verbundenen Produktion betrachtet werden. Beispielsweise kann von einer Kuppelproduktion ausgegangen werden, die dadurch gekenn-

[613] Eigene Darstellung.

[614] Vgl. u. a. Henrichsmeyer/Gans/Evers (1993), S. 133 u. 145 ff.

zeichnet ist, dass in einem Produktionsverfahren mehrere, qualitativ unterschiedliche Güter erstellt werden, die über dieses Verfahren technisch fest miteinander verbunden sind.

Nr.	*1*	*2*	*3*
1		Inputorientiertes Grundmodell $T_{GM}^{in}: M_{23} \wedge S_1^{in} \wedge T_M^{GNS} \wedge G^{NK}$ $M_{23}: \mu_i = \frac{x_i}{t_i} \overset{!}{\equiv} \mu_{1ij} = \mu_{1ij}' = \frac{w_j}{p_i} \overset{!}{\equiv} \frac{\mu_{3r}'}{\mu_{4r}'} = \frac{1}{d\alpha_r}$ $S_1^{in}: \frac{\partial U(Z_r(\mathbf{x_r}, \mathbf{t_r^{ne}}))}{\partial Z_r \partial t_{jr}^{ne} \partial x_{ir}} > 0, \quad \frac{\partial^2 U(Z_r(\mathbf{x_r}, \mathbf{t_r^{ne}}))}{\partial^2 (Z_r(\mathbf{x_r}, \mathbf{t_r^{ne}}))} < 0$ $T_M^{GNS}: M^{GNS} \wedge G^{GNS}$	
2	Neoklassisches Grundmodell $T_{GM}^{NK}: M_{01} \wedge M_{02} \wedge T_{VR0}^{NK}$ $T_{GM}^{NK}: M_{22} \wedge T_{GM}^{in}$ $M_{22}: d\alpha_r = \left\lvert \frac{da_{jr}^{ne}}{db_{ir}} \right\rvert_{Z_r} = 0$		
3	Linear-limitationale Produktionsfunktion $T_{VR1}^{in}: M'_{22} \wedge T_{GM}^{NK}$ $M'_{22}: \alpha_r = \frac{\mathbf{w}' \cdot \mathbf{a_r^{ne}}(Z_r) \cdot Z_r}{\mathbf{p}' \cdot \mathbf{b_r}(Z_r) \cdot Z_r + \mathbf{w}' \cdot \mathbf{a_r^{ne}}(Z_r) \cdot Z_r} \overset{!}{\equiv} \alpha_r^{eff}$		Kuppelproduktion (mit Bezug auf spezielles Beispiel, S. 280) $T_{VR2}^{in}: M_{25} \wedge T_{GM}^{in}$ $M_{25}: \frac{w_j}{p_i} = \frac{\frac{\partial Z_1}{\partial a_{j1}^{ne}}}{\frac{\partial Z_1}{\partial b_{i1}}} + \frac{\lambda_2}{p_i} \cdot \frac{\partial Z_2}{\partial a_{j1}^{ne}}$ $\Leftrightarrow \mu_i \equiv \mu_{1ij} = \mu_{1ij}' = \frac{w_j}{p_i} \overset{!}{\equiv} \frac{\mu_{31}'}{\mu_{41}'} + \frac{\lambda_2}{p_i} \cdot \mu_{32}'$

Übersicht III-9 *Inputorientiertes Grundmodell und seine Varianten zu den Restriktionen*

Ausführlichere Überlegungen zur Erweiterung des Grundmodells von Becker (1965) auf den Fall der Kuppelproduktion wurden von Seel (1991a) vorgetragen[615]. Hinweise auf diese

615 Siehe Seel (1991a), S. 158 ff.

Problematik, die mit der Argumentation von Seel in Einklang stehen, finden sich aber auch schon bei Becker (1973) selbst[616].

Seel (1991a) bezeichnet die Kuppelproduktion als nachgerade typische Produktionsfunktion für den Haushalt. Als Beispiel nennt sie die „Mehrdimensionalität der Hausarbeit", wonach im Haushalt häufig ein und dieselbe Person gleichzeitig mehrere Haushaltsendgüter herstellt. Eine diesbezügliche Analyse von Zeitallokationsstrukturen im Haushalt wurde von Henze (1986) durchgeführt. In einem anderen Beispiel wird von Seel die Möglichkeit erwähnt, durch den Einsatz von Hausarbeit simultan verschiedene Zwecksetzungen erfüllen zu können. Hausarbeit kann Mittel zum Zweck, aber auch Selbstzweck sein. So könne beim „Kuchenbacken" unter dem Einsatz von Hausarbeit ein „Kuchen" und gleichzeitig die „Freude am Selberbacken" entstehen. Das Besondere hieran ist, dass in einem solchen Fall die Trennung zwischen Effizienz- und Präferenzüberlegungen aufgegeben werden muss. Ansonsten ist auch das Letztgenannte ein Beispiel für die Mehrdimensionalität der Hausarbeit. Dies kennzeichnet u. a. die Reichweite einer solchen Modellvariante (siehe Z.3d, Sp.3 in Übersicht III-10).

In dem entsprechenden von Seel (1991a) vorgeschlagenen Modell T_{VR2}^{in} zur Erfassung von Kuppelproduktionen wird eine nicht-homogene Produktionsfunktion mit abnehmenden Skalenerträgen unterstellt[617].

Die Minimalkostenkombination, die für ein vorgegebenes Produktionsniveau der Haushaltsendgüter „Kuchen" $\overline{Z_1}$ und „Freude am Selberbacken" $\overline{Z_2}$ die Einsatzmengen an Nichterwerbsarbeitszeit und Marktgütern bestimmt, ergibt sich aus der Minimierung folgender Kostengleichung:[618]

(483) $K\left(\mathbf{x}_1, \mathbf{t}_1^{ne}, \overline{Z}_1, \overline{Z}_2\right) = \mathbf{p}' \cdot \mathbf{x}_1 + \mathbf{w}' \cdot \mathbf{t}_1^{ne} \rightarrow \min!$.

Berücksichtigt werden muss dabei der spezielle funktionale Zusammenhang der Kuppelproduktion, im zitierten Beispiel ist dieser von folgender Art:

(484) $\begin{matrix} \overline{Z_1} \leq Z_1\left(\mathbf{x}_1, \mathbf{t}_1^{ne}\right) \\ \overline{Z_2} \leq Z_2\left(\mathbf{t}_1^{ne}\right) \end{matrix}$.

Dies ergibt das Lagrange-Problem:

(485) $L\left(\mathbf{x}_1, \mathbf{t}_1^{ne}, \lambda_1, \lambda_2\right) = K\left(\mathbf{x}_1, \mathbf{t}_1^{ne}\right) + \lambda_1\left(\overline{Z}_1 - Z_1\left(\mathbf{x}_1, \mathbf{t}_1^{ne}\right)\right) + \lambda_2\left(\overline{Z}_2 - Z_2\left(\mathbf{t}_1^{ne}\right)\right) \rightarrow \min!$.

Die resultierenden notwendigen Bedingungen für das Vorliegen eines Extremwertes der Kostenfunktion sind:

---

616 Siehe Becker (1973), S. 151.

617 Siehe Seel (1991a), S. 167 ff.

618 Siehe Seel (1991a), S. 167 ff.

(486) $\frac{\partial L}{\partial x_{i1}} = p_i - \lambda_1 \cdot \frac{\partial Z_1}{\partial x_{i1}} = 0$, für $i = 1,\ldots,I$

(487) $\frac{\partial L}{\partial t_{j1}^{ne}} = w_j - \lambda_1 \cdot \frac{\partial Z_1}{\partial t_{j1}^{ne}} - \lambda_2 \cdot \frac{\partial Z_2}{\partial t_{j1}^{ne}} = 0$, für $j = 1,\ldots,J$

(488) $\frac{\partial L}{\partial \lambda_1} = Z_1\left(\mathbf{x}_1, \mathbf{t}_1^{ne}\right) - \overline{Z_1} = 0$

(489) $\frac{\partial L}{\partial \lambda_2} = Z_2\left(\mathbf{t}_1^{ne}\right) - \overline{Z}_2 = 0$.

Die Kostengleichung lautet mit Bedingung (413) explizit[619]:

(483) $K(Z_1, Z_2) = \mathbf{p}' \cdot \mathbf{b}_1(Z_1) \cdot Z_1 + \mathbf{w}' \cdot \mathbf{a}_1^{ne}(Z_1, Z_2) \cdot Z_1$, wobei stets $Z_1 \geq Z_2$.

Aus ihr ist zu erkennen, dass in der vorliegende Modellvariante T_{VR2}^{in} zur Berücksichtigung von Kuppelproduktionen gegenüber dem Grundmodell T_{GM}^{in} die Preise für die Haushaltsendgüter stets Preise für die miteinander verbundenen Haushaltsendgüter sind:[620]

(490) $\pi_1(Z_1, Z_2) = \mathbf{p}' \cdot \mathbf{b}_1(Z_1) + \mathbf{w}' \cdot \mathbf{a}_1^{ne}(Z_1, Z_2)$.

T_{VR2}^{in} kann in der hier vorgetragenen Weise wie die vorherige Modellvariante auch als Spezialfall des inputorientierten Grundmodells T_{GM}^{in} ausgewiesen werden. Denn aus (486), aufgelöst nach λ_1 und eingesetzt in (487), folgt:

(491) $M_{25}: \frac{w_j}{p_i} = \frac{\frac{\partial Z_1}{\partial a_{j1}^{ne}}}{\frac{\partial Z_1}{\partial b_{i1}}} + \frac{\lambda_2}{p_i} \cdot \frac{\partial Z_2}{\partial a_{j1}^{ne}} \Leftrightarrow \mu_i \equiv \mu_{1ij} = \mu_{1ij}' = \frac{w_j}{p_i} \stackrel{!}{\equiv} \frac{\mu_{31}'}{\mu_{41}'} + \frac{\lambda_2}{p_i} \cdot \mu_{32}'$,

hier definiert als Modellannahme M_{25}.

Hiernach ist die Faktorkombination auch in dem konkret unterstellten Fall der Kuppelproduktion weiterhin durch das vom Markt vorgegebene Faktorpreisverhältnis μ_{1ij} bestimmt, welches angesichts eines konstanten Skalenertrags als Grenzproduktivität der Erwerbsarbeitszeit μ_{1ij}' mit Bezug auf den Produktionsfaktor ‚Marktgüter' interpretiert werden kann. Auch ist sie festlegt über den Ausdruck, mit dem die haushaltsinterne Produktivität beschrieben wird. Gegenüber der Modellannahme M_{22}, die im inputorientierten Grundmodell den Fall klassischer oder neoklassischer Produktionsfunktionen beschrieb[621], besteht die Modellannahme M_{25} in (491) aber nicht nur aus der Substitutionsrate zwischen den Produktionsfaktoren bei der Realisation von Z_1, sondern ferner aus dem Ausdruck:

(492) $\frac{\lambda_2}{p_i} \cdot \mu_{32}'$.

---

619 Siehe oben S. 253.

620 Vgl. auch der Hinweis bei Seel (1991a), S. 167.

621 Siehe oben S. 269.

Mit diesem Ausdruck wird die Substitutionsrate μ_{31}'/μ_{41}' in (491) in Relation gesetzt zu der mit den Grenzkosten λ_2 und dem Markgüterpreis p_i gewichteten Grenzproduktivität der Nichterwerbsarbeitszeit mit Bezug auf Z_2. Hiermit wird einberechnet, dass in dem angeführten Beispiel der Kuppelproduktion über die Wahl des Faktoreinsatzniveaus für die Produktion Z_1 gleichzeitig der Produktionsplan für Z_2 festgelegt wird. In der mit M_{25} unterstellten Form ist die Grenzproduktivität der Nichterwerbsarbeitszeit mit Bezug auf die Haushaltsendgüter Z_r um (492) größer als im Falle des inputorientierten Grundmodells T_{GM}^{in} mit klassischer oder neoklassischer Produktionsfunktion. Ein Haushalt, der Kuppelproduktion betreiben kann, sieht sich erst bei einem vergleichsweise höheren Reallohnsatz veranlasst, ein positives Arbeitsangebot zu entwickeln, und weist deshalb tendenziell ein niedrigeres Arbeitsangebot auf als ein anderer Haushalt, dem Kuppelproduktion nicht möglich ist.

Die vorliegende Modellvariante T_{VR2}^{in} für die Kuppelproduktion stellt sich mit M_{25} über die heterogene Reduktionsbeziehung:

(493) $T_{GM}^{in} \Rightarrow T_{VR2}^{in}: M_{25} \wedge T_{GM}^{in}$ (siehe Z.3, Sp.3, in Übersicht III-9)

ebenfalls als ein Spezialfall des inputorientierten Grundmodells T_{GM}^{in} dar.

Diese These vertritt auch Seel (1991a) in ihren Überlegungen zur Erweiterung des Grundmodells um die Kuppelproduktion. Bei ihr wird diese Implikationsbeziehung allerdings nicht auf die Modellannahme M_{25} zu der Produktivität der Zeit mit Bezug auf die Marktgüter zurückgeführt, wodurch ein Bezug zu den anderen mikroökonomischen Modellen schwieriger herzustellen ist. Vielmehr werden die Unterschiede über die Vielzahl einzelner Gesetzesaussagen kenntlich gemacht, die aus der veränderten Spezifikation der Produktionsfunktion gegenüber dem inputorientierten Grundmodell folgen[622].

In der Literatur gilt die hier aufgezeigte Möglichkeit, mit speziellen Modellannahmen zu den Produktionsfunktionen aus T_{GM}^{in} weitere logisch selbstständige Modelle ableiten zu können, als fraglich. Klassisches Beispiel hierfür ist die Kritik von Pollak/Wachter (1975). Dem inputorientierten Grundmodell T_{GM}^{in} von Becker fehlt es danach an Realitätsnähe, weil es die für Haushalte typische Kuppelproduktion nicht berücksichtige. Denn nach der Ansicht beider Autoren kann T_{GM}^{in} nicht auf den Fall der Kuppelproduktion angewandt werden, weil es in diesem speziellen Fall zu nicht eindeutigen Lösungen führe. Nur unter der zusätzlichen Voraussetzung linear-homogener Produktionsfunktionen könne die mit dem Ansatz von Becker verfolgte strikte Trennung zwischen Effizienz- und Präferenzüberlegungen bei Kuppelproduktion aufrechterhalten werden. In allen anderen Fällen bewirke die wechselseitige Abhängigkeit der Preise $\pi_r(Z_1, Z_2)$ von den Produktionsmengen der miteinander verbundenen Haushaltsendgüter, dass die Preise nicht nur durch die Produk-

[622] Siehe Seel (1991a), S. 167 ff.

tionstechnologie beeinflusst werden, sondern auch durch die auf der Präferenzebene festgelegten Mengenrelationen zwischen den Haushaltsendgütern[623]. Beide Einflüsse können auf der Grundlage von T_{VR2}^{in} in der Tat analytisch nicht voneinander getrennt werden. Dies zeigt der Ausdruck (492).

Die Kritik von Pollak/Wachter (1975) ist allerdings insofern unverständlich, als die Autoren hiermit einerseits Maßstäbe anlegen, die auch für das neoklassische Grundmodell T_{GM}^{NK} nicht eingefordert werden. Dort wird stets durch die Wahl des optimalen Verbrauchsplans und der hierin enthaltenen Güter i auch der Durchschnittspreis p festgelegt, zu dem der Haushalt sein Konsumaggregat x erwirbt, einfach weil die insgesamt zur Wahl stehenden Marktgüter sich in der Regel preislich unterscheiden. Andererseits kann die wechselseitige Abhängigkeit von Effizienz- und Präferenzüberlegungen, wie gezeigt wurde, über den Ausdruck (492) auf der Basis von T_{VR2}^{in} durchaus sachgemäß erklärt werden.

1.3.2.3 Modelle mit speziellen Aussagen zum Zustandekommen von Nutzenvorstellungen

Becker selbst hat für seinen Ansatz an mehreren Stellen Anwendungsbeispiele im Rahmen eines Familiennutzen-Familienbudget-Modells dargelegt[624], das hier in Sp.4. der Übersicht III-10 gekennzeichnet ist. Daneben existieren zum inputorientierten Grundmodell nur noch wenige Modellvarianten, welche die Entscheidungsprozesse in Mehrpersonenhaushalten berücksichtigen. Allein mit dem Alter des Grundmodells ist dies nicht zu erklären. Eine mögliche Erklärung bietet der Umstand, dass empirische Analysen, die sich auf das inputorientierte Modell stützen, beispielsweise Daten zu dem Einsatzniveau von Produktionsfaktoren in privaten Haushalten erfordern, die in der Realität kaum verfügbar sind[625].

Zu den bekanntesten Vertretern einer chauvinistischen Modellvariante des inputorientierten Grundmodells gehört Willis (1973). Ebenso wie in den chauvinistischen Modellen zur Neoklassik wird auch hier das Erwerbseinkommen des Ehemannes von der Ehefrau als ihr eigenes Nichterwerbseinkommen betrachtet. Infolge der angenommenen Spezialisierung des Ehemannes auf die Erwerbsarbeit steht die dem Ehemann verfügbare Zeit dem Haushalt nicht für die Produktion von Haushaltsendgütern zur Verfügung. Die hierdurch eingeschränkten Möglichkeiten der Faktorsubstitution zwischen der Zeit der Eheleute als Bestimmungsgrund der innerfamilialen Arbeitsteilung kennzeichnen die Reichweite dieser

---

623 Siehe Pollak/Wachter (1975), S. 255 ff.

624 Siehe u. a Becker (1965), S. 123; Michael/Becker (1973), S. 150-158 und insbesondere Becker (1973) sowie (1974b).

625 Vgl. zu dieser Problematik auch Juster/Stafford (1991), S. 488 u. 511 ff. Eine der wenigen Ausnahmen bildet z. B. die KTBL-Datensammlung, auf deren Nutzenmöglichkeiten im Weiteren noch näher eingegangen wird, siehe S. 336.

Variante (Z.3d, Sp.5 in Übersicht III-10). Mit der zusätzlichen Annahme, dass die Anzahl der Kinder in den Präferenzrelationen der Frauen ein inferiores Gut darstellt, ihre Qualität indes ein superiores Gut, kann Willis zudem seine These, dass zwischen dem Einkommen der Frau aus Erwerbsarbeit und ihrer Fertilität ein negativer Zusammenhang besteht, auf der Grundlage des chauvinistischen Modells untermauern. Seiner Arbeit sind kurze Zeit später u. a. Fleisher und Rhodes (1979) mit weiteren Überlegungen gefolgt, die ebenso diesem Modell zuzuordnen sind.

Ansonsten existiert zu dem inputorientierten Grundmodell noch eine verhandlungstheoretische Variante von Seel/Hufnagel (1992), die kurze Zeit später in leicht veränderter Form von Hufnagel (1993) veröffentlicht wurde (siehe Sp.6 in Übersicht III-10). Diese Variante geht allerdings eine Verbindung zu dem aktivitätsanalytischen Grundmodell von Lancaster (1966a) ein und ist ohne dieses nicht vorstellbar.

Indes lässt gerade das verhandlungstheoretische Modell interessante Schlussfolgerungen erwarten, weil es sich als das eigentliche Bindeglied zwischen Neoklassik und Produktionstheorie erweist. Dies zu zeigen, wird Ziel der nachfolgenden Betrachtung sein. Dafür muss allerdings in umgekehrter Reihenfolge als bisher verfahren werden, das heißt, es wird mit dem verhandlungstheoretischen inputorientierten Modell begonnen, aus dem dann das Familiennutzen-Familienbudget-Modell nach Ofek (1971) und das chauvinistische Modell von Willis (1973) als Spezialfälle abgeleitet werden.

1.3.2.3.1 Verhandlungstheoretisches Individualnutzen-Familienbudget-Modell

Seel/Hufnagel (1992) und Hufnagel (1993) schlagen ein kooperatives Verhandlungsmodell mit externem Konfliktpunkt vor. Die produktiven Zusammenhänge und Gesetzmäßigkeiten, die in einem Haushalt zwischen den Produktionsfaktoren und Haushaltsendgütern bestehen, werden in diesem in Anlehnung an das Standardmodell von Seel (1991b), aktivitätsanalytisch auf der Grundlage von Input-Output-Vektoren erfasst. Das Standardmodell folgt in dieser Hinsicht dem Grundmodell von Lancaster (1966a). Dies wird allerdings um das Modell von Becker (1965) ergänzt, mit dem Argument, dass damit die Beziehungen unter den Produktionsfaktoren besser darzustellen sind, weil Becker die ökonomische Bedeutung des Produktionsfaktors Zeit besser herausstellt[626]. Lancaster (1966a) betrachtet nur die verschiedenen Nutzungsmöglichkeiten von Marktgütern. Zeit ist bei ihm nur eine Maßeinheit für die Art und Dauer der Input-Output-Aktivitäten bei der Nutzung von Marktgütern.

---

[626] Siehe Seel (1991b), S. 35 ff.

Nr.	*1*	*2*	*3*	*4*	*5*	*6*
1	**Modellvarianten**	T^{in}_{VR1}	T^{in}_{VR2}	T^{in}_{VN0}	T^{in}_{VN1}	T^{in}_{VN2}
2a	**Konzeptualisierungsleistung**	Inputorientiertes Grundmodell der Produktionstheorie				
2b		Spezielle Aussagen zu den Restriktionen		Spezielle Aussagen zu den Nutzenfunktionen		
2c		Alternative Produktionsfunktionen				
		Limitationale Produktionsfunktion	**Kuppelproduktion**	Kollektive Nutzenfunktion	Individuelle Nutzenfunktion nur für Frauen	Nash-Verhandlungslösung basierend auf einer Neumann-Morgenstern-Nutzenfunktion
2d				Familienbudgetrestriktion		
3a	**Reichweite**	Siehe inputorientiertes Grundmodell der Produktionstheorie				
3b				Präferenzordnung im Mehrpersonenhaushalt als Bestimmungsgrund der innerfamilialen Arbeitsteilung		
3c				Komparative Produktionsvorteile als Bestimmungsgrund der innerfamilialen Arbeitsteilung		
3d		**Fehlende Möglichkeit der Faktorsubstitution** als Bestimmungsgrund des Arbeitsangebots	**Mehrdimensionalität der Zeit** als Bestimmungsgrund des Arbeitsangebots	**Möglichkeiten der Faktorsubstitution zwischen der Zeit der Eheleute** als Bestimmungsgrund der innerfamilialen Arbeitsteilung	**Geschlechtsspezifische Möglichkeiten der Faktorsubstitution zwischen der Zeit der Eheleute** als Bestimmungsgrund der innerfamilialen Arbeitsteilung	Macht-, Droh- und Abhängigkeitspositionen bei unterschiedlichen **Konfliktsituationen**, v.a. infolge der Spezialisierung auf die Nutzung der Nichterwerbsarbeitszeit, als Bestimmungsgründe der innerfamilialen Arbeitsteilung

Übersicht III-10 *Modellvarianten zum inputorientierten Grundmodell der Produktionstheorie*

Das Ziel von Seel/Hufnagel (1992) und Hufnagel (1993) ist die Erklärung der geschlechtsspezifischen Arbeitsteilung im Haushalt, die sich darin zeigt, dass erwerbstätige Ehefrauen mehr arbeiten als ihre Männer und sie trotzdem am gemeinsamen Haushalt festhalten. Dazu vergleichen sie Haushalte von kinderlosen Ehepaaren, in denen beide Partner berufstätig sind, mit Haushalten alleinlebender Arbeitnehmer. Das Alleinleben wird also auch hier als die jeweils erstbeste Alternativlösung von Ehepartnern (= externer Konfliktpunkt) aufgefasst. Für jeden der drei Haushalte werden hinsichtlich der Produktion von Haushaltsendgütern drei individuelle Anspruchsniveaus $f_{aj} = 1,2,3$ festgelegt. Der Zusammenhang zwischen Anspruchsniveau und Produktionsfunktion kann über die zusammengesetzte Funktion

(494) $f_{aj} = f_{aj}\left(Z_j\left(T_j^{ne}, K_j\right)\right)$, mit $j = f, m$

spezifiziert werden.

Die Haushaltsproduktionsfunktionen der Eheleute liegen als erweiterter Cobb-Douglas-Typ vor[627]:

(495) $Z_j\left(T_j^{ne}, K_j\right) = d_j \cdot T_j^{ne\beta_{1j}}\left(K_j - K_{0j}\right)^{\beta_{2j}}$.

Diese beschreiben hier - abweichend vom inputorientierten Grundmodell - die Produktion eines Bündels von Haushaltsendgütern $Z_{11}, \ldots, Z_{RJ}$. Die Nichterwerbsarbeitszeit T_j^{ne} wird als eine aggregierte Größe $T_j^{ne} = \sum t_{jr}^{ne}$ erfasst, das Gleiche gilt für die Ausgaben für Marktgüter $K_j = \sum p_i x_i = \sum w_j \cdot t_j^e$. Hierbei stellt K_{0j} einen von Zrj unabhängigen Ausgabenanteil für Marktgüter dar.

Im Weiteren werden für Frauen und Männer unterschiedliche Nutzenfunktionen angenommen, wonach Männer nicht so viel Wert darauf legen, dass im Haushalt alles perfekt ist. Diese individuellen Nutzenfunktionen werden in Form von Cobb-Douglas-Präferenzen spezifiziert:[628]

(496) $U_j = U_j\left(x_{0j}, f_{aj}\right) = \left(x_{0j} - \bar{x}_{0j}\right)^{\gamma_{1j}} \cdot f_{aj}^{\gamma_{2j}}$,

mit $\bar{x}_{0j}$ für ein Minimum an Freizeit und f_{aj} für die drei Anspruchsniveaus. Die Parameter γ_{1j} und γ_{2j} beschreiben unterschiedliche Indifferenzkurvensysteme. Auffallend ist, dass die Autoren Freizeit als eigenständiges Argument der individuellen Nutzenfunktion betrachten. Denn diese Auslegung entspricht weder dem inputorientierten Grundmodell von Becker noch dem aktivitätsanalytischen Ansatz von Lancaster.

---

627 Siehe Seel/Hufnagel (1992), S. 23 und Hufnagel (1993), S. 120.

628 Siehe Seel/Hufnagel (1992), S. 28.

Die Nutzenfunktion kann mit den beiden Gleichungen (494) und (495) für die Produktionsfunktion direkt auf die Zeitallokation bezogen werden:[629]

(497) $U_j\left(x_{0j}, T_j^{ne}, t_j^e\right) = c_j \cdot \left(x_{0j} - \overline{x_{0j}}\right)^{\gamma_{1j}} \cdot T_j^{ne^{\varepsilon_{1j}}} \cdot \left(t_j^e \cdot w_j - K_{0j}\right)^{\varepsilon_{2j}}$,

mit dem Erwerbseinkommen aus der Erwerbsarbeitszeit t_j^e und dem Lohnsatz w_j sowie den Parametern γ_{1j}, ε_{1j} und ε_{2j} zur Spezifizierung unterschiedlicher Produktionsfunktionen und Indifferenzkurvensysteme.

Entscheiden sich der Mann und die Frau für das Alleinleben, so wird die Menge aller möglichen Nutzenauszahlungen für den Mann und die Frau durch die Konfliktauszahlungen D_m und D_f festgelegt, das sind die Nutzenwerte der individuellen Nutzenfunktionen, die auf der Basis von (497) für das Alleinleben geschätzt werden und sich hinsichtlich γ_{1j}, ε_{1j} und ε_{2j} voneinander unterscheiden. Vergleichbares gilt für die $U = (U_m, U_f)$, dem Auszahlungvektor der individuellen Nutzenfunktionen bei kooperativer Lösung. Eine Nash-Lösung ist erreicht, wenn das durch die Nash-Funktion beschriebene Produkt aus den individuellen Zugewinnen an Nutzenwerten infolge der Kooperation maximal ist[630]:

(498) $N = \left[U_f\left(x_{0f}, T_f^{ne}, t_f^e\right) - D_f\left(x_{0f}, T_f^{ne}, t_f^e\right)\right] \cdot \left[U_m\left(x_{0m}, T_m^{ne}, t_m^e\right) - D_m\left(x_{0m}, T_m^{ne}, t_m^e\right)\right]$
$\rightarrow$ max!

mit $U_m \geq D_m$ und $U_f \geq D_f$.

Die Bedingungen erster Ordnung für eine optimale Lösung der Nash-Funktion führen schließlich zu dem Nash-Haushaltsgleichgewicht:

(499) $$\frac{\partial U_m\left(x_{0m}, T_m^{ne}, t_m^e\right)}{\partial x_{0m}} \cdot \left(U_f - D_f\right) = \left(U_m - D_m\right) \cdot \frac{\partial U_f\left(x_{0f}, T_f^{ne}, t_f^e\right)}{\partial x_{0f}} = 0 .$$

Die Autoren gelangt zu dem Ergebnis, dass Männer im gemeinsamen Haushalt eine Nutzenauszahlung U_m realisieren, die ihnen gegenüber ihren Frauen mehr Freizeit gewährleistet. Die Ursache sehen sie in der geringeren Wertschätzung, die die Hausarbeit T_m^{ne} bei ihnen im Vergleich zur Freizeit x_{0m} annahmegemäß durch den Mann erfährt. Sie stärke hinsichtlich der Freizeitnachfrage die Verhandlungsposition des Mannes, gegeben durch seine Konfliktauszahlung D_m, gegenüber der seiner Frau, gegeben durch D_f. Zwar profitierten auch die Frauen von der Spezialisierung in der Zeitallokation, denn beide Partner können wegen $U_m \geq D_m$ und $U_f \geq D_f$ die Nutzenwerte aus der gesamten Haushaltsproduktion jeweils über die Werte des Alleinlebens steigern. Ansonsten würden sie sich bekanntlich auf der Basis der Nash-Verhandlungslösung nicht für ein kooperatives Vorgehen entscheiden. Männer, die auch im Falle des Alleinlebens gerne mehr Freizeit haben, werden

---

629 Siehe Seel/Hufnagel (1992), S. 28.

630 Ergänzt nach Hufnagel (1992), S. 123, der hier auf die Verhandlungslösung von Nash hinweist, diese aber nicht explizit ableitet.

angesichts ihrer höheren Konfliktauszahlung D_m ihre Präferenz für Freizeit aber auch im gemeinsamen Haushalt durchsetzen können. Denn in der Nash-Lösung bestimmt die Konfliktauszahlung nicht nur die Auszahlung im Konfliktfall, sondern auch die Verteilung im gemeinsamen Haushalt. Ohne diesen Präferenzunterschied würden beide Ehepartner die gleiche Zeit arbeiten, wenn auch bei einem Lohnsatzunterschied mit unterschiedlichen Anteilen in Haus- und Erwerbsarbeit[631].

Das inputorientierte verhandlungstheoretische Modell T_{VN2}^{in} ist eine Verallgemeinerung des verhandlungstheoretischen Modells der Neoklassik T_{VN2}^{NK} (siehe Z.2-3 in Übersicht III-11), wobei sich des Weiteren zeigen lässt, dass beide Modelle aus einem bislang unbeschriebenen, verhandlungstheoretischen Modell T_{VN2} folgen (Z.1). Die Nutzenfunktion (497), die von Hufnagel (1993) direkt auf die Zeitallokation bezogen wurde, entspricht formal der zusammengesetzten Nutzenfunktion (471), über die weiter oben verdeutlicht wurde, dass das neoklassische Grundmodell T_{GM}^{NK} auch auf Präferenzebene als Spezialfall des inputorientierten Grundmodells T_{GM}^{in} kenntlich gemacht werden kann[632]. Denn sie resultiert aus der Nutzenfunktion (496), in der die Variable für das Anspruchsniveau f_a durch die beiden Ausdrücke für die Produktionsfunktion (494) und (495) ersetzt wird. Da die Nutzenfunktion (497) von Hufnagel sowohl für die Bestimmung der Konfliktauszahlungen $D_m(x_{0m}, T_m^{ne}, t_m^e)$ und $D_f(x_{0f}, T_f^{ne}, t_f^e)$ verwendet wird als auch für den Auszahlungsvektor $U = (U_m, U_f)$ des gemeinsamen Haushalts, gilt die zwischen dem neoklassischen und dem inputorientierten Grundmodell kenntlich gemachte Implikationsbeziehung in vergleichbarer Weise auch für die beiden verhandlungstheoretischen Modellvarianten. Das heißt, unter der Bedingung der Modellannahme $M_{22}: d\alpha_r = 0$, wonach keine Faktorsubstitution erfolgt, resultiert das verhandlungstheoretische Modell der Neoklassik T_{VN2}^{NK} aus dem der inputorientierten Produktionstheorie T_{VN2}^{in}:

(500) $T_{VN2}^{in} \Rightarrow T_{VN2}^{NK}: M_{22} \wedge T_{VN2}^{in}$.

---

631 Siehe Hufnagel (1993), S. 116-125.

632 Siehe oben S. 271.

Nr.	1	2
1	**Verallgemeinertes verhandlungstheoretisches Modell**	
2		**Modell der inputorientierten Produktionstheorie**
3	**Modell der Neoklassik**	

1 – Verallgemeinertes verhandlungstheoretisches Modell

$$T_{VN2}: S_1^{in} \wedge M'_{15} \wedge T_M^{GNS} \wedge G^{NK},$$

$$S_1^{in}: \frac{\partial U\left(Z_r\left(\mathbf{x}_r, \mathbf{t}_r^{ne}\right)\right)}{\partial Z_r \partial t_{jr}^{ne} \partial x_{ir}} > 0, \quad \frac{\partial^2 U\left(Z_r\left(\mathbf{x}_r, \mathbf{t}_r^{ne}\right)\right)}{\partial^2\left(Z_r\left(\mathbf{x}_r, \mathbf{t}_r^{ne}\right)\right)} < 0$$

$$M'_{15}: \frac{dU_i}{dU_j} \Leftrightarrow \left.\frac{(U_i - D_i)}{(U_j - D_j)}\right|_{\overline{N}=(U_i-D_i)(U_j-D_j)}, \quad i = j = 1,\ldots, M \text{ und } i \neq j$$

$$T_M^{GNS}: M^{GNS} \wedge G^{GNS}$$

2 – Modell der inputorientierten Produktionstheorie

$$T_{VN2}^{in}: S_1^{in} \wedge M_{23} \wedge T_{VN2} \;,$$

$$M_{23}: \mu_i = \frac{x_i}{t_i} \overset{!}{\equiv} \mu_{1ij} = \mu_{1ij}' = \frac{w_j}{p_i} \overset{!}{\equiv} \frac{\mu_{3r}'}{\mu_{4r}'} = \frac{1}{d\alpha_r}$$

3 – Modell der Neoklassik

$$T_{VN2}^{NK}: M_2 \wedge M_4 \wedge M_5 \wedge T_{VN2}$$

$$M_5: \mu_{1i} = \frac{x_i}{t_i} \overset{!}{\equiv} \frac{x_i}{t_i^e} - \frac{V}{p_i \cdot t_i^e} = \frac{w_i}{p_i}$$

$$T_{VN2}^{NK}: M_{22} \wedge T_{VN2}^{in}, \quad M_{22}: d\alpha_r = 0$$

Übersicht III-11 *Verhandlungstheoretische Modelle der Neoklassik und Produktionstheorie*

Es wird noch zu zeigen sein, dass auch die anderen inputorientierten Modelle zu dem Zustandekommen der Nutzenfunktionen aus dem inputorientierten verhandlungstheoretischen Modell T_{VN2}^{in} ableitbar sind (siehe Übersicht III-12).

Mit Bezug auf die Implikationsbeziehung zwischen dem erweiterten Modell der Grenznutzenschule $T_M^{GNS} \wedge G^{NK}$ und dem inputorientierten Grundmodell T_{GM}^{in}:

(476) $T_M^{GNS} \wedge G^{NK} \Rightarrow T_{GM}^{in}: S_1^{in} \wedge M_{23} \wedge T_M^{GNS} \wedge G^{NK}$ [633]

kann ferner folgende Überlegung angestellt werden. Sofern der Nutzentransfer zwischen U_f und U_m auf der Basis der Modellannahme M'_{15} durch eine Neumann-Morgenstern'-sche-Nutzenfunktion beschreibbar ist, folgt T_{VN2}^{in} aus seinem Grundmodell. Folglich gilt:

(501) $T_M^{GNS} \wedge G^{NK} \Rightarrow T_{VN2}^{in}: S_1^{in} \wedge M'_{15} \wedge M_{23} \wedge T_M^{GNS} \wedge G^{NK}$.

Die Beziehung (501) erlaubt nun den Schluss, dass dem Modell T_{VN2}^{in} ein verhandlungstheoretisches Modell T_{VN2} zu Grunde liegt, welches derart allgemein gültig ist, dass es die

---

[633] Siehe oben S. 272.

in T^{in}_{VN2} enthaltenen verhandlungstheoretischen Gesetzesaussagen durch Fortlassen der Modellannahme M_{23} nicht auf produktionstheoretische Überlegungen begrenzt:

(502) $T_{VN2}: S^{in}_1 \wedge M'_{15} \wedge T^{GNS}_M \wedge G^{NK} \Rightarrow T^{in}_{VN2}: M_{23} \wedge T_{VN2}$.

Nr.	1	2	3
1	Verhandlungstheoretisches Modell $T^{in}_{VN2}: S^{in}_1 \wedge M_{23} \wedge T_{VN2}$		
2	Familiennutzen-Familienbudget-Modell $T^{in}_{VN0}: M_{15} \wedge T^{in}_{VN2}$ $M_{15}: \frac{dU_i}{dU_j} = 1 \Leftrightarrow \left.\frac{(U_i - \bar{D}_i)}{(U_j - \bar{D}_j)}\right\|_{\bar{N}=(U_i-\bar{D}_i)(U_j-\bar{D}_i)} = 1$		
3	Grundmodell $T^{in}_{GM}: M_{26} \wedge T^{in}_{VN0}$, $M_{26}: \mu_{1i}' = \mu_{1im}' = \mu'_{1if}, \quad \mu_{3r}' = \mu_{3mr}' = \mu_{3fr}'$		Modell des „männlichen Chauvinisten“ $T^{in}_{VN1}: M_{27} \wedge T^{in}_{VN0}$, $M_{27}: \left.\frac{dt^{ne}_{fr}}{dt^{ne}_{mr}}\right\|_{\bar{Z}_r} = 0$

Übersicht III-12 *Inputorientiertes Grundmodell mit seinen Varianten zum Zustandekommen von Nutzenvorstellungen*

Über die Konjunktion $M_2 \wedge M_4 \wedge M_5$ folgt aus T_{VN2} dann erwartungsgemäß gleichsam der Spezialfall des verhandlungstheoretischen Modells der Neoklassik:

(503) $T_{VN2}: S^{in}_1 \wedge M'_{15} \wedge T^{GNS}_M \wedge G^{NK} \Rightarrow T^{NK}_{VN2}: M_2 \wedge M_4 \wedge M_5 \wedge T_{VN2}$[634],

wobei zu berücksichtigen ist, dass die Antezedenzbedingung S^{in}_1 zum Ersten Gossen'schen Gesetz, die den inputorientierten Modellen zu Grunde liegt, die analoge Antezedenzbedingung S^{GNS} der Grenznutzenschule nicht nur mit einschließt, sondern darüberhinaus auf solche Fälle erweitert, in denen neben dem Grenznutzen aus den Gütern x_i sowie der Zeit t_i auch der Grenznutzen aus Haushaltsendgütern Z_r bedacht wird. Mit der Modellannahme M'_{15} zieht T_{VN2} gegenüber von T^{GNS}_M ferner solche Fälle in Betracht, in denen der Nutzen, den der Haushalt erzielen kann, zusätzlich unter den Haushaltsmitgliedern aufgeteilt wird. Weil die Wenn-Komponenten von T^{GNS}_M durch S^{in}_1 und M'_{15} logisch abgeschwächt werden, ist das hierüber abgeleitete Modell T_{VN2} sogar logisch stärker als T^{GNS}_M. Auf der höchsten Allgemeinheitsstufe aller beschrieben Modelle (siehe Z.1d in Übersicht

634 Siehe oben Z.1 in Übersicht III-5.

III-1) befindet sich aber T_M^{GNS} (Z.1c), weil auch T_{VN2} aus diesem abgeleitet wird. Eine Falsifikation von T_{VN2} oder eines der beschriebenen Grundmodelle würde daher zwangsläufig auch T_M^{GNS} betreffen.

1.3.2.3.2 Familiennutzen-Familienbudget-Modell

Erst in dem gemeinsam mit Michael verfassten Aufsatz "Zur neuen Theorie des Konsumentenverhaltens" (1971)[635] stellt Becker sein Grundmodell, wie er selbst bemerkt, explizit in den Bezugsrahmen einer Theorie des Haushalts[636]. Dort finden sich dann auch Hinweise darauf, dass mit Bezug auf Mehrpersonenhaushalte nach verschiedenen Haushaltsmitgliedern zu differenzieren ist[637]. Die Familiennutzenfunktion wird aber weiterhin in der Form verwendet, wie sie schon in dem Aufsatz „Eine Theorie der Allokation der Zeit" (1965) als Individualnutzenfunktion eingeführt wurde[638], sie gilt jetzt lediglich für den Haushalt als Ganzes[639]:

(432) $U = U(Z_r) \rightarrow \max!$.

In dem kurze Zeit später veröffentlichten zweiten Teil seiner „Theorie der Heirat" spricht sich Becker (1974a) dann dazu aus, wie das Zustandekommen einer einheitlichen Nutzenfunktion in Mehrpersonenhaushalten erklärt werden kann[640]. Zuvor hatte sich bereits Willis (1971), in seiner Dissertation bezugnehmend auf Becker, mit dieser Frage beschäftigt.

Willis (1971, 1973) äußert dort und auch später seine Zweifel an der Verhaltensannahme von Samuelson (1956), wonach eine Familie durch eine Art sozialer Wohlfahrtsfunktion derart verbunden sei, dass sie so handle, als ob sie eine gemeinsame Nutzenfunktion hätte. Willis spricht sich dagegen dafür aus, anzunehmen, dass sich das Wohlergehen aller Haushaltsmitglieder formal in einer einheitlichen Nutzenfunktion in der Art von (432) darstellen lässt, da die Familie eine Institution sei, die über die Verteilung von Gütern unter ihren Mitgliedern Allokationsprobleme besser zu lösen vermag als der Markt[641].

Möglicherweise hieran anknüpfend führt kurze Zeit später Becker (1974a) in seiner „Theorie der Heirat" das Konstrukt der Fürsorge zur Kennzeichnung der Beziehungen zwischen den Haushaltsmitgliedern ein[642]. Fürsorge ist danach stets mit einem Ressourcen-

---

635 Michael/Becker (1971), S. 149 ff.

636 Siehe auch den Hinweis von Becker (1993), S. 97.

637 Z. B. Becker (1971), FN 8, S. 150.

638 Siehe S. 259.

639 Becker (1971), S. 149.

640 Siehe Becker (1974a), S. 259 ff.

641 Siehe Willis (1973), S. 28 ff.

642 Siehe Becker (1974a), S. 259 ff.

übertrag verbunden, von der sorgenden auf die umsorgte Person. Wer aus der Fürsorge für einen anderen einen persönlichen Nutzen ziehe, für den bestehe der Anreiz, altruistisch zu handeln, allein, weil er mit seinem fürsorglichen Verhalten auch den eigenen Nutzen maximiert. Tatsächlich sei eine altruistische Person daher genauso eigennützig wie eine Person mit egoistischem Verhalten. In seiner „Theorie sozialer Wechselwirkungen" kennzeichnet Becker (1974b, 1976) diesen Anreiz, Altruismus zu stimulieren, als „rotten-kid"-Theorem[643].

Wird zusätzlich unterstellt, nur eine Person, nämlich der Haushaltsvorstand, empfinde für alle anderen Haushaltsmitglieder Fürsorge, dann lässt sich mit dem Konstrukt der Fürsorge begründen, dass auch der Mehrpersonenhaushalt nur eine einzige Nutzenfunktion hat. Allerdings setzt dies voraus, dass die fürsorgliche Person bei Haushaltsentscheidungen stets „das letzte Wort hat"[644]. In den Beispielen von Becker übernimmt diese Rolle allgemein der Ehemann[645].

Im Ergebnis unterscheiden sich die Verhaltensannahmen von Samuelson (1956) einerseits und Willis (1971, 1973) sowie Becker (1974, 1976) andererseits nicht voneinander. Beide begründen die Annahme einer Familiennutzenfunktion. Während Samuelsons Annahme sich indes auf Präferenzüberlegungen bezieht, gelingt es Willis und Becker durch das Konstrukt der Fürsorge, die Abstimmung auf eine einheitliche Nutzenfunktion als Effizienzproblem des Ressourcenübertrags zu kennzeichnen. Dies entspricht Beckers Vorstellung, dass die Ökonomik zum Verständnis der Herausbildung von Präferenzen in der Vergangenheit wenig beizutragen vermochte und man sich von daher auf Betrachtungen der Effizienzebene konzentrieren sollte[646].

Der über die Fürsorge des Ehemanns erzielte Familiennutzen U_m hängt einerseits von den mit *m* gekennzeichneten *r* Haushaltsendgütern Z_{rm} ab, die der Ehemann selbst konsumiert. U_m hängt andererseits aber auch von dem Nutzen U_f ab, den die Ehefrau daraus erzielt, dass sie von ihrem Ehemann *r* verschiedene Haushaltsendgüter Z_{rf} übertragen bekommt, die sie konsumieren kann, hier gekennzeichnet mit *f*. Die Familiennutzenfunktion hat dann folgende Gestalt[647]:

$$(504)\ U_m = U_m\left[Z_{rm}, U_f\left(Z_{rf}\right)\right] .$$

[643] Siehe Becker (1974b), S. 302.

[644] Vgl. die Kritik von Hirshleifer (1977), S. 500 ff.

[645] Siehe Becker (1974a), S. 259 ff.

[646] Siehe hierzu die einleitenden Bemerkungen von Becker (1993), S. 3.

[647] Siehe Becker (1974), S. 304. Dort geht Becker allerdings vereinfachend davon aus, dass der Familienhaushalt nur ein einziges Haushaltsendgut ohne zeitlichen Aufwand und unter Einsatz nur eines einzigen Marktgutes produziert.

Diese maximiert der Haushaltsvorstand unter Berücksichtigung einer Totaleinkommensrestriktion für das aggregierte Familieneinkommen, wie sie unter Berücksichtigung der Identität von Freizeit und Nichterwerbsarbeitszeit:

$$(505)\quad x_{0i} \equiv \sum_{r=1}^{R} t_{jr}^{ne}\text{, mit } i=j,$$

in dieser Art auch im neoklassischen Familiennutzen-Familienbudget-Modell galt[648]:

$$(506)\quad g\left(\mathbf{x_r}, \mathbf{t_r^{ne}}\right) = S_T = \sum_{j=f,m} w_j \cdot T_j + V = \mathbf{p}' \cdot \mathbf{x_r} + \sum_{j=f,m} w_j \cdot t_{jr}^{ne}\text{, für } r = 1,\ldots,R.$$

Der Lagrange-Ansatz im Falle linear-homogener Produktionsfunktionen lautet hierfür:

$$(507)\quad \begin{aligned} &L = U_m\left(Z_{rm}, U_f\left(Z_{rf}\right)\right) \\ &+\lambda\left(w_f T_f + w_m T_m + V - \pi_{rm} Z_{rm} - \pi_{rf} Z_{rf} - \pi_{rm} Z_{rf} - \pi_{rf} Z_{rm}\right) \rightarrow \max!. \end{aligned}$$

Die Preise für die Haushaltsendgüter können dabei unterschiedlich ausfallen, je nachdem, von wem die Haushaltsendgüter Z_{rm} und Z_{rf} produziert wurden, es gilt hierfür

$$(508)\quad \pi_{rm} \equiv \mathbf{p}' \cdot \mathbf{b_r} + w_m \cdot \mathbf{a_r^{ne}} \text{ und } \pi_{rf} \equiv \mathbf{p}' \cdot \mathbf{b_r} + w_f \cdot \mathbf{a_r^{ne}}\ .$$

Aus (507) ergeben sich die Bedingungen erster Ordnung für ein Haushaltsgleichgewicht:

$$(509)\quad \frac{\partial L}{\partial Z_{rm}} = \frac{\partial U_m}{\partial Z_{rm}} - \lambda\left(\pi_{rm} + \pi_{rf}\right) = 0$$

$$(510)\quad \frac{\partial L}{\partial Z_{rf}} = \frac{\partial U_m}{\partial Z_{rf}} - \lambda\left(\pi_{rf} + \pi_{rm}\right) = 0$$

$$(511)\quad \frac{\partial L}{\partial \lambda} = \left(w_f T_f + w_m T_m + V - \pi_{rm} Z_{rm} - \pi_{rf} Z_{rf} - \pi_{rm} Z_{rf} - \pi_{rf} Z_{rm}\right) = 0.$$

Danach muss im Haushaltsgleichgewicht das Verhältnis zwischen dem Grenznutzen aus den Haushaltsendgütern, die der Ehemann selbst nutzt, und dem Grenznutzen derer, die er an seine Frau überträgt, deren umgekehrtem Grenzkostenverhältnis entsprechen:

$$(512)\quad \left.\frac{dZ_{rm}}{dZ_{rf}}\right|_{\overline{U}} = \frac{\lambda\left(\pi_{rf} + \pi_{rm}\right)}{\lambda\left(\pi_{rm} + \pi_{rf}\right)}.$$

Das Arbeitsangebot der Ehepartner ergibt sich aus der Summe der Einsatzniveaus der Produktionsfaktoren, es gilt

$$(513)\quad \overline{T}_j - \sum_{r=1}^{R} t_{jr}^{ne} = t_j^e\text{, für } j = f, m.$$

Nach Becker (1973) wird jeder von beiden Eheleuten bereit sein, bei der Verwendung seiner Ressourcen zu kooperien, um den Gesamtoutput an Haushaltsendgütern zu maximieren.

---

[648] Zur neoklassischen Totaleinkommensrestriktion (221) siehe S. 178. Detailliertere Spezifikationen zur Bestimmung des Haushaltsgleichgewichts im Familiennutzen-Familienbudget-Modell fehlen allerdings bei Becker. Der Gedankengang wird hier ergänzt.

Durch Differentiation der aus (507) abgeleiteten Bedingungen erster Ordnung für ein Haushaltsgleichgewicht nach t_{jr}^{ne} und x_{ir} erhält man die Bedingungen für die Minimalkostenkombinationen mit Bezug auf Z_{rf} und Z_{rm}.

Aus (509) wird

$$(509') \quad \frac{\partial U_m}{\partial Z_{rm}} \cdot \frac{\partial Z_{rm}}{\partial t_{jr}^{ne}} = \lambda \cdot w_j, \quad \frac{\partial U_m}{\partial Z_{rm}} \cdot \frac{\partial Z_{rm}}{\partial x_{ir}} = \lambda \cdot p_i,$$

aus (510):

$$(510') \quad \frac{\partial U_m}{\partial Z_{rf}} \cdot \frac{\partial Z_{rf}}{\partial t_{jr}^{ne}} = \lambda \cdot w_j, \quad \frac{\partial U_m}{\partial Z_{rf}} \cdot \frac{\partial Z_{rf}}{\partial x_{ir}} = \lambda \cdot p_i.$$

Für alle Haushaltsgleichgewichte, die dazu führen, dass beide Personen erwerbstätig sind, muss danach gelten [649]:

$$(514) \quad \left|\frac{dt_{mr}^{ne}}{dt_{fr}^{ne}}\right|_{\bar{Z}_{rf}} = \left|\frac{dt_{mr}^{ne}}{dt_{fr}^{ne}}\right|_{\bar{Z}_{rm}} = \frac{w_f}{w_m}, \text{ für } t_j^e > 0.$$

Wenn die Erwerbsarbeitszeit der Ehefrau $t_f^e = 0$, dann gilt für sie ein Schattenlohnsatz w^*, der mit $w_f^* \geq w_f$ größer gleich ihrem Lohnsatzes w_f ist. Es gilt:

$$(509'') \quad \frac{\partial U_m}{\partial Z_{rm}} \cdot \frac{\partial Z_{rm}}{\partial t_{fr}^{ne}} = \lambda \cdot w_f^* \geq \lambda \cdot w_f \text{ und } (510'') \quad \frac{\partial U_m}{\partial Z_{rf}} \cdot \frac{\partial Z_{rf}}{\partial t_{fr}^{ne}} = \lambda \cdot w_f^* \geq \lambda \cdot w_f.$$

Sofern ihr Ehemann erwerbstätig ist, gilt in diesem Fall das Haushaltsgleichgewicht:

$$(515) \quad \left|\frac{dt_{mr}^{ne}}{dt_{fr}^{ne}}\right|_{\bar{Z}_{rf}} = \left|\frac{dt_{mr}^{ne}}{dt_{fr}^{ne}}\right|_{\bar{Z}_{rm}} = \frac{\mu_{3fr}'}{\mu_{3mr}'} = \frac{w_f^*}{w_m}, \text{ mit } \mu_{3jr}' = \frac{\partial Z_{rf}}{\partial t_{jr}^{ne}} = \frac{\partial Z_{rm}}{\partial t_{jr}^{ne}}.$$

Hier entspricht die Grenzproduktivität μ_{3fr}' der Ehefrau ihrem Schattenlohnsatz[650], die Grenzproduktivität μ_{3mr}' des Ehemanns hingegen seinem Lohnsatz w_m. Entsprechendes gilt, sofern für den Ehemann $t_m^e = 0$ angenommen würde.

Ferner muss für alle $x_{ir} > 0$ und $t_j^e > 0$ gelten:

$$(516) \quad \left|\frac{dx_{ir}}{dt_{jr}^{ne}}\right|_{\bar{Z}_{rf}} = \left|\frac{dx_{ir}}{dt_{jr}^{ne}}\right|_{\bar{Z}_{rm}} = \frac{\mu_{3jr}'}{\mu_{4jr}'} = \frac{w_j}{p_i} = \mu_{1ij} = \mu_{1ij}'.$$

---

[649] Siehe Becker (1973), S. 230.

[650] Mit Bezug auf w^* spricht man gegenüber dem outputorientierten Grundmodell nunmehr wieder besser vom Schattenlohnsatz anstatt vom Schatten(real)lohnsatz, weil dieser in dem Ausdruck $\lambda \cdot w^*$, als dem Schattenpreis der Nichterwerbsarbeitszeit t_{jr}^{ne}, ausschließlich den entgangenen Ertrag aus Erwerbsarbeitszeit beschreibt und nicht den entgangenen Ertrag p^* aus Marktgütern.

Die Bedingungen (514) bis (516) bestimmen die Arbeitsteilung im Mehrpersonenhaushalt. Unterschiede zwischen den Lohnsätzen von Männern und Frauen können im Familiennutzen-Familienbudget-Modell T_{VN0}^{in} implizieren, dass sich mindestens ein Partner vollständig auf Erwerbs- oder Hausarbeit spezialisiert[651]. Allerdings setzt dies die Annahme der vollständigen Substituierbarkeit der Erwerbs- und Nichterwerbsarbeitszeiten zwischen den Partnern voraus. Becker (1973) selbst weist darauf hin, dass die von ihm eingeführte Annahme der vollständigen Substituierbarkeit insbesondere in ehelichen Haushalten nicht uneingeschränkt gelte, da dort zahlreiche Haushaltsendgüter existierten, die eine komplementäre Nutzung der Nichterwerbsarbeitszeiten voraussetzen. Die Komplementarität kann über eine Cobb-Douglas Produktionfunktion beschrieben werden in der Art von [652]:

$$(517)\ Z_r = k(x_{ir})^{\theta_1} \cdot \left(t_{fr}^{ne}\right)^{\theta_2} \cdot \left(t_{mr}^{ne}\right)^{\theta_3}.$$

In diesem Fall ist für die Nutzung komparativer Produktionsvorteile - wie in (514) bis (515) dargestellt - neben der Lohnsatzrelation immer auch das Grenzproduktivitätsverhältnis der Nichterwerbsarbeitszeiten entscheidend, welches eben zum Ausdruck bringt, wieviel Einheiten der Nichterwerbsarbeitszeit des einen Ehepartners nötig sind, damit eine Einheit der Nichterwerbsarbeitszeit des anderen Ehepartners ersetzt werden kann. Die Minimalkostenkombination (515), die eine extreme Spezialisierung der Eheleute zur Folge hat, ist bei beschränkter Faktorsubstitution nur möglich, wenn neben der Lohnsatzunterschied $w_m > w_f$ die Frau in der Nichterwerbsarbeitszeit mit $\mu_{3fr}' = w_f^* \geq w_f$ stets produktiver ist als in der Erwerbsarbeit.

An dieser Stelle bietet sich als Erstes ein Vergleich zwischen dem vorliegenden Familiennutzen-Familienbudget-Modell T_{VN0}^{in} und dem inputorientierten Grundmodell T_{GM}^{in} an. Da die Familiennutzenfunktion durch die Nutzenfunktion des Ehemannes festgelegt wird, sind Differenzen zwischen beiden Modellen streng genommen nur auf der Effizienzebene auszumachen. Gegenüber dem Grundmodell T_{GM}^{in} können in T_{VN0}^{in} bei der Herstellung der Haushaltsendgüter Z_r durch die Möglichkeiten der Faktorsubstitution zwischen der Zeit der Eheleute nach den Bedingungen (514) bis (516) komparative Produktionsvorteile genutzt werden (siehe Z.3c u. d, Sp.4 in Übersicht III-10). In T_{VN0}^{in} kann der Haushalt bei der Ermittlung seines Haushaltsgleichgewichts (512) wegen der Substituierbarkeit der Nichterwerbsarbeitszeiten von Mann und Frau zwischen zwei Preisen $\left(\pi_{rm} + \pi_{rf}\right)$ wählen, die

[651] Vgl. Radke (1997), S. 710, Seel (1999), S. 693 und Seel (2001), S. 52.

[652] Vgl. Becker (1973), S. 232. Siehe auch die generelle Kritik von Radke (1997) an dem inputorientierten Familiennutzen-Familienbudget-Modell, die - wie Seel zeigt (1999) - keine Kritik dieses Modells ist, sondern eigentlich eine Kritik an der speziellen Annahme einer vollständigen Substituierbarkeit in den Zeiten der Familienmitglieder, von der letztlich auch Becker stellenweise, eben u. a. an der zitierten Stelle, abrückt.

eine zusätzliche Einheit Z_{rm} und Z_{rf} der Güter *rm* und *rf* jeweils kostet. Diese Wahlmöglichkeit existiert nur in T^{in}_{VN0}, weil dort hinsichtlich der Nichterwerbsarbeitszeit zwei Produktionsfaktoren existieren, die sich in ihren Preisen und Grenzproduktivitäten unterscheiden können. Die in T^{in}_{VN0} zusätzlich ermittelten Minimalkostenkombinationen (514) und (515) beruhen entsprechend auf einem Produktivitätsvergleich, der eine Gleichheit von Faktorpreisverhältnis und Grenzproduktivitätsverhältnis wahlweise mit Bezug auf verschiedene Produktionsverfahren herbeiführt, die entweder nur die Nichterwerbsarbeitszeit eines Ehepartners oder die Nichterwerbsarbeitszeiten beider erfordern. Entscheidend ist, welches Verfahren bei gegebenem Output zu den geringsten Produktionskosten führt.

Ist die Arbeit der Ehepartner indes auf Marktebene und Haushaltsebene gleichwertig, das heißt, unterscheiden sich ihre Grenzproduktivitäten in der Erwerbsarbeitszeit μ_1' und Nichterwerbsarbeitszeit μ_{3r}' nicht voneinander:

(518) $M_{26}: \mu_{1ij}' = \mu_{1im}' = \mu'_{1if}, \quad \mu_{3r}' = \mu_{3mr}' = \mu_{3fr}'$,

so folgt das inputorientierte Grundmodell T^{in}_{GM} über eine heterogene Reduktionsbeziehung aus dem Familiennutzen-Familienbudget-Modell T^{in}_{VN0}:

(519) $T^{in}_{VN0} \Rightarrow T^{in}_{GM}: M_{26} \wedge T^{in}_{VN0}$ (siehe Übersicht III-12, Z.3, Sp.1-2).

Allgemein bewirkt im inputorientierten Familiennutzen-Familienbudget-Modell T^{in}_{VN0} jedwede Veränderung in der Produktivität von Erwerbs- und Nichterwerbsarbeitszeit, auch wenn diese nur ein Haushaltsmitglied betrifft, unverzüglich eine Reallokation der Zeit bei allen anderen Mitgliedern, vorausgesetzt, eine Faktorsubstitution ist möglich. Vergleichbares gilt für Veränderungen in den Faktorpreisverhältnissen. Komparative Produktionsvorteile und die Möglichkeiten der Faktorsubstitution mit Bezug auf die Nichterwerbsarbeitszeit der Ehepartner gelten neben der familialen Präferenzordnung als die das Grundmodell erweiternden Bestimmungsgründe der innerfamilialen Arbeitsteilung[653]. Danach greift der pauschale Produktivitätsvergleich, den Gronau zwischen Erwerbs- und Hausarbeit durchführt, zu kurz. Die geschlechtsspezifische Arbeitsteilung muss nicht mit dem Verweis auf eine naturgemäß bei Frauen höhere Grenzproduktivität bei der Hausarbeit bzw. der Nutzung von Nichterwerbsarbeitszeit erklärt werden. Ofek (1971), ein Schüler von Becker, kann in seiner Dissertation zeigen, dass in dem inputorientierten Familiennutzen-Familienbudget-Modell T^{in}_{VN0} geschlechtsspezifische Unterschiede in den Lohnsätzen für die häufig beobachteten höheren Eigenlohn- und Kreuzlohnelastizitäten des Arbeitsangebots von Frauen gegenüber Männern wesentlich entscheidender sind als die Annahme einer höheren Grenzproduktivität der Nichterwerbsarbeitszeit der Frauen in der Haushaltsproduktion.

---

[653] Siehe Z.3b-3d gegenüber Z.3a, Sp.4 in Übersicht III-10.

Für die Beziehung zwischen verhandlungstheoretischer Modellvariante T_{VN2}^{in} und dem vorliegenden Familiennutzen-Familienbudget-Modell T_{VN0}^{in} kann schließlich Folgendes festgestellt werden. T_{VN0}^{in} folgt mit der Annahme, dass die Nutzenwerte der individuellen Nutzenfunktionen vollständig übertragbar sind, dass also gilt

(520) $M_{15}: \frac{dU_m}{dU_f} = 1,$

als Spezialfall aus der verhandlungstheoretischen Modellvariante T_{VN2}^{in}

(521) $T_{VN2}^{in} \Rightarrow T_{VN0}^{in}: M_{15} \wedge T_{VN2}^{in}$ (siehe Z.2, Übersicht III-12).

Denn mit M_{15} folgt aus dem Nash-Haushaltsgleichgewicht[654]

(499) $$\frac{\partial U_m\left(Z_{rm}(x_{0m}, T_m^{ne}, t_m^e)\right)}{\partial Z_{rm}(x_{0m}, T_m^{ne}, t_m^e)} \cdot \left(U_f - D_f\right) = \left(U_m - D_m\right) \cdot \frac{\partial U_f\left(Z_{rf}(x_{0f}, T_f^{ne}, t_f^e)\right)}{\partial Z_{rf}(x_{0f}, T_f^{ne}, t_f^e)} = 0$$

die - lediglich mit Bezug auf die Nutzenfunktion um die reelle Zahl des Zugewinns aus der Kooperation $(U_f - D_f) + (U_m - D_m)$ linear transformierte - Bedingung für Haushaltsgleichgewicht im Familiennutzen-Familienbudget-Modell[655]:

(512') $$\left.\frac{dZ_{rm}}{dZ_{rf}}\right|_{(U_i - D_i)} = \frac{\lambda\left(\pi_{rf} + \pi_{rm}\right)}{\lambda\left(\pi_{rm} + \pi_{rf}\right)}.$$

1.3.2.3.3 Modell des „männlichen Chauvinisten"

Die These, wonach die Fruchtbarkeit eines Familienhaushalts streng negativ mit der Lohnrate der Frau korreliere, wird spätestens seit der Arbeit von Willis (1973) auch explizit in dem entsprechenden inputorientierten Modell des „männlichen Chauvinisten" vertreten.

Mit Bezug auf den Ehemann wird unterstellt, er sei im Haushalt, bei der Nutzung seiner Nichterwerbsarbeitszeit, "unproduktiv" und verwende deshalb die ihm zur Verfügung stehende Zeit vollständig als Erwerbsarbeitszeit. Die Arbeitsangebotsentscheidung des Haushalts reduziert sich hierdurch - wie in den anderen chauvinistischen Modellen - auf die Entscheidung der Frau. Ob und in welchem Umfang die Ehefrau erwerbstätig wird, entscheidet alleine sie auf der Grundlage ihres Lohnsatzes, der Preise der Haushaltsendgüter sowie des Erwerbseinkommens ihres Ehemanns, welches sie als ihr eigenes Nichterwerbseinkommen auffasst.

Willis (1973) ist zudem ein Anhänger der sog. „quality-quantity interaction hypothesis". Der häufig bei der Versorgung von Kindern beobachtbare negative Zusammenhang zwischen der Qualität der Versorgung Q_r und Zahl der zu betreuenden Kinder N wird in dieser

---

[654] Siehe oben S. 287.

[655] Siehe oben S. 293.

damit erklärt, dass die Qualität ein superiores Gut darstelle, die Quantität hingegen ein inferiores Gut. Entsprechend trennt Willis (1973) in der Nutzenfunktion für die Ehefrau zwischen beiden „Güterarten", der Qualität $Q_r = Z_{cr}/N$ der Versorgung, beschrieben als Menge Z_{cr} der Versorgung cr pro Kind, und die Zahl der Kinder N. Mit Z_{sr} bezeichnet er die Menge alle übrigen Haushaltsendgüter:[656]

(522) $U = U(Q_r, N, Z_{sr})$.

Bisweilen verzichtet Willis (1973) aber auch auf diese Differenzierung, indem er mit $Z_{cr} = N \cdot Q_r$ dann pauschal von dem Haushaltsendgut „Versorgung von Kindern" spricht, das über folgende Produktionsfunktion bereitgestellt wird:

(523) $Z_{cr} = N \cdot Q_r = Z_{cr}\left(\mathbf{t}_{\mathbf{cr}}^{\mathbf{ne}}, \mathbf{x}_{\mathbf{cr}}\right)$

und bewertet über

(524) $U = U(Z_{cr}, Z_{sr})$,

mit $\mathbf{t}_{\mathbf{cr}}^{\mathbf{ne}}$ als Vektor für den zeitlichen Umfang der Kinderbetreuung und $\mathbf{x}_{\mathbf{cr}}$ für den Vektor der erforderlichen Marktgüter.

Die Produktionsfunktion für die übrigen Haushaltsendgüter Z_{sr} lautet entsprechend:

(525) $Z_{sr} = Z_{sr}(\mathbf{t}_{\mathbf{sr}}^{\mathbf{ne}}, \mathbf{x}_{\mathbf{sr}})$.

Vorausgesetzt, die Faktorpreise sind konstant und die Produktionsfunktionen linear-homogen, kann das Haushaltsgleichgewicht aus der Maximierung der folgenden Lagrange-Funktion ermittelt werden:[657]

(526) $L = U(Z_{cr}, Z_{sr}) + \lambda\left(w \cdot T + V - \pi_{cr} \cdot Z_{cr} - \pi_{sr} \cdot Z_{sr}\right) \rightarrow \max!$.

Dabei zu beachten sind die auf der Grundlage der Minimalkostenkombination ermittelten Preise für die Versorgung der Kinder

(527) $\pi_{cr} = w \cdot \mathbf{a}_{\mathbf{cr}}^{\mathbf{ne}} + p_{ci} \cdot \mathbf{b}_{\mathbf{cr}}$

und die Preise für die übrigen Haushaltsendgüter:

(528) $\pi_{sr} = w \cdot \mathbf{a}_{\mathbf{sr}}^{\mathbf{ne}} + p_{si} \cdot \mathbf{b}_{\mathbf{sr}}$,

mit den Technologievektoren $\mathbf{a}_{\mathbf{cr}}^{\mathbf{ne}}, \mathbf{a}_{\mathbf{sr}}^{\mathbf{ne}}, \mathbf{b}_{\mathbf{cr}}$ und $\mathbf{b}_{\mathbf{sr}}$ für den Input pro Einheit Z_{cr} bzw. Z_{sr} sowie w, p_{ci} und p_{si} für die Faktorpreise.

Die Bedingungen erster Ordnung ergeben für das Haushaltsgleichgewicht:

(529) $\left.\frac{dZ_{sr}}{dZ_{cr}}\right|_{\overline{U}} = \frac{\lambda \cdot \pi_{cr}}{\lambda \cdot \pi_{sr}} = \pi_{cr}$,

sofern Z_{sr} mit einem Preis von $\pi_{sr} = 1$ als „Referenz-Haushaltsendgut" interpretiert wird.

---

[656] Siehe Willis (1973), S. 32 ff.

[657] Siehe Willis (1973), S. 41 ff.

Das Verhältnis der Grenzproduktivitäten der beiden Produktionsfaktoren mit Bezug auf Z_{sr} bzw. Z_{cr}, das auf der Basis der Minimalkostenkombination ermittelt wurde, kann wegen der annahmegemäß konstanten Skalenerträge jeweils als feste Grenzrate der Substitution geschrieben werden:

(530) $\mathbf{r}_{cr} = \mathbf{a}_{cr}^{ne}/\mathbf{b}_{cr}$, $\mathbf{r}_{sr} = \mathbf{a}_{sr}^{ne}/\mathbf{b}_{sr}$.

Sind die Produktionsfunktionen (523) und (525) homogen ersten Grades, so lauten diese:

(531) $Z_{cr} = \mathbf{x}_{cr} \cdot f(\mathbf{r}_{cr})$, mit $f(\mathbf{r}_{cr}) = \mathbf{r}_{cr} \cdot \frac{1}{\mathbf{a}_{cr}^{ne}}$.

(532) $Z_{sr} = \mathbf{x}_{sr} \cdot g(\mathbf{r}_{sr})$, mit $g(\mathbf{r}_{sr}) = \mathbf{r}_{sr} \cdot \frac{1}{\mathbf{a}_{sr}^{ne}}$.

Hieraus folgt mit (533) $\frac{\partial U}{\partial Z_r} = \lambda \cdot \pi_r$ eingesetzt in (534) $\frac{\partial U}{\partial Z_r} \cdot \frac{\partial Z_r}{\partial t_r^{ne}} = \lambda \cdot w^*$[658]:

(535) $\pi_{cr} \cdot \frac{\partial Z_{cr}}{\partial t_{cr}^{ne}} = \pi_{sr} \cdot \frac{\partial Z_{sr}}{\partial t_{sr}^{ne}} = w^* \Rightarrow \pi_{cr} f' = g' = w^*$, mit $\pi_{sr} = 1$.

Entspricht also das Produkt aus der Grenzproduktivität der Nichterwerbsarbeitszeit t_{cr}^{ne} bzw. t_{sr}^{ne} mit Bezug auf Z_{cr} und Z_{sr} und deren Preisen π_{cr} und π_{sr} dem Schattenlohnsatz w^* des Produktionsfaktors Nichterwerbsarbeitszeit, so kann die Zeit der Ehefrau als optimal genutzt betrachtet werden.

Für den Produktionsfaktor Marktgüter gilt entsprechendes:

(536) $p^* = \pi_{cr}(f - \mathbf{r}_{cr} f') = g - \mathbf{r}_{sr} g' = 1$

mit p^* als dem Schattenpreis des Produktionsfaktors Marktgüter $\mathbf{b}_{cr}$ bzw. $\mathbf{b}_{sr}$. Für das Verhältnis zwischen den Schattenpreisen beider Produktionsfaktoren gilt danach:

(537) $\frac{w^*}{p^*} = \frac{f'}{f - \mathbf{r}_{cr} \cdot f'} = \frac{g'}{g - \mathbf{r}_{sr} \cdot g'}$.

Willis (1973) richtet sein Hauptaugenmerk nun im Weiteren auf den Schattenlohnsatz w^* der Ehefrau und sein Verhältnis zu dem Preis des Haushaltsendgutes π_{cr} für die Versorgung der Kinder Z_{cr} in Abhängigkeit von der Nachfrage nach Z_{cr}. Dieses Verhältnis ist nach Willis durch das Stolper-Samuelson-Theorem festgelegt, welches im Rahmen der Theorie der komparativen Kosten entwickelt wurde[659].

Das Stolper-Samuelson-Theorem besagt im Falle von zwei Produktionsfaktoren und zwei Haushaltsendgütern, dass eine Spezialisierung auf eines der beiden Haushaltsendgüter unter folgenden Bedingungen mit einer Verschiebung des Schattenreallohnsatzes w^*/p^* infolge einer veränderten Preisrelation π_{sr}/π_{cr} verbunden ist:

- die Haushaltsproduktionsfunktionen sind linear-homogen,

---

[658] Vgl. hierzu die Explizierung von (509) und (510) zu (509'') und (510''), S. 294.

[659] Siehe Willis (1973), S. 42 bezugnehmend auf Stolper/Samuelson (1941), S. 58-73.

- die Grenzraten der Substitution $\mathbf{r}_{cr}$ und $\mathbf{r}_{sr}$ sind für beide Haushaltsendgüter verschieden
- und die Anordnung von $\mathbf{r}_{cr}$ und $\mathbf{r}_{sr}$ nach ihrer Größe ist unabhängig von der Faktorpreisrelation[660].

Mit $\pi_{sr} = 1$ kann die veränderte Preisrelation π_{sr}/π_{cr} ausschließlich als Veränderung in π_{cr} dargestellt werden[661]. Diese resultiert aus einer Veränderung des Schattenlohnes w^* der Nichterwerbsarbeitszeit und des Schattenpreises p^* der Marktgüter, die die Einhaltung des Totaleinkommens mit Bezug auf die Produktion von Z_{cr} und Z_{sr} kostet. Bei einem Preisniveau von $p^* = 1$ entspricht der Schattenreallohnsatz w^*/p^*, den die Einhaltung der Totaleinkommensrestriktion mit Bezug auf die Produktion von Z_{cr} und Z_{sr} kostet, ferner dem Schattenlohnsatz w^*. Aus der Anwendung des Stolper-Samuelson-Theorems auf das Gleichungssystem (535) bis (537) kann sichtbar gemacht werden, wie empfindlich der Preis für die Versorgung von Kindern π_{cr} auf den Schattenlohnsatz der Frau w^* reagiert.

Die Elastizität η von π_{cr} bezogen auf w^* errechnet sich aus:[662]

(538) $\eta = \mathbf{k}_{cr}\left[(\mathbf{r}_{cr} - \mathbf{r}_{sr})/\mathbf{r}_{cr}\right]$.

Der von Willis (1973) verwendete Faktor $\mathbf{k}_{cr} = w^* \mathbf{a}_{cr}^{ne} / \left(w^* \mathbf{a}_{cr}^{ne} + p^* \mathbf{b}_{cr}\right)$ ist vollends mit dem α_r-Faktor des inputorientierten Grundmodells vergleichbar, auch wenn dieser Hinweis bei Willis fehlt. Der einzige Unterschied besteht darin, dass der Faktor $\mathbf{k}_{cr}$ bei der Berechnung des Anteils, den die indirekten Kosten der Produktion an den Gesamtkosten ausmachen, Schattenlohn und Schattenpreise einbezieht und sich nicht wie in dem Grundmodell auf den am Markt erzielbaren Lohnsatz w bezieht.

In dem Ausdruck η für die Elastizität π_{cr}, bezogen auf w^*, beschreibt $(\mathbf{r}_{cr} - \mathbf{r}_{sr})/\mathbf{r}_{cr}$ schließlich die Differenz in dem marginalen Gewicht der Zeit bei der Produktion von Z_{cr} im Vergleich zu Z_{sr}.

Bezugnehmend auf die notwendigen Bedingungen zur Anwendung des Stolper-Samuelson-Theorems führt Willis (1973) nun die Annahme ein, dass die Versorgung von Kindern Z_{cr} generell zeitintensiver sei als die Produktion des Haushaltsendgutes Z_{sr}, woraus $\mathbf{r}_{cr} > \mathbf{r}_{sr}$ folgt. Dies ergibt eine positive Elastizität η, das heißt, ein Anstieg im Schattenlohn w^* bewirkt einen Anstieg beim Preis π_{cr} für die Kinderbetreuung.[663]

Mit $p^* = 1$ gilt für die Relation zwischen Schattenlohnsatz und dem Reallohnsatz allgemein:[664]

---

660 Siehe Willis (1973), S. 42 bezugnehmend auf Stolper/Samuelson (1941), S. 58-73.

661 Siehe (529), S. 298.

662 Siehe Willis (1973), S. 43.

663 Siehe Willis (1973), S. 43.

664 Siehe Willis (1973), S. 43 ff.

(539) $w^* \geq w/p$,

wobei eine Erwerbstätigkeit festgelegt ist durch:

(539') $w^* = w/p$

und eine Nichterwerbstätigkeit durch:

(539'') $w^* > w/p$.

Wird die Totaleinkommensrestriktion als implizite Funktion der Produktionsmöglichkeitsfunktion beschrieben:[665]

(540) $\phi(Z_{cr}, Z_{sr}, V, \kappa, T) = 0$, mit κ als Parameter für das Humanvermögen,

so lassen sich die beiden Verhaltensweisen einer Erwerbstätigkeit oder Nichterwerbstätigkeit der Ehefrau in zwei alternativen Produktionsmöglichkeitsfunktionen $l(\ )$ und $m(\ )$ darstellen:

(541) $$0 = \phi\left(Z_{cr}, Z_{sr}, V, \kappa, T\right) = \begin{cases} -Z_{cr} + m(Z_{sr}, V, \kappa, T); & w^* = w'/p \\ -Z_{cr} + l(Z_{sr}, V, \kappa, T); & w^* > w'/p \end{cases}.$$

Die Bedingung dafür, ob sich der Haushalt nach (539') $w^* = w'/p$ für eine Produktionsmöglichkeitsfunktion vom l-Typ entscheidet oder nach (539'') $w^* > w'/p$ für m-Typ, ist zugleich die Bedingung für die Partizipation der Ehefrau am Arbeitsmarkt. Entsprechend kann ihre Partizipationsentscheidung über folgende Funktion dargestellt werden:

(542) $y_{f1} = y_{f1}\left(Z_{sr}, V, \kappa, T\right)$,

wobei die Variable für die Partizipation y_{f1} der Frau den Wert Eins annimmt, wenn (539') erfüllt ist, und Null, sobald (539'') gilt.

Abb. III 21 illustriert den Verlauf der aus den beiden Produktionsfunktionen resultierenden Produktionsmöglichkeitslinien. Die konkav verlaufende Produktionsmöglichkeitslinie $l_0 a' l_0$ beschreibt den Fall eines Fernbleibens der Ehefrau vom Arbeitsmarkt. Bei der Produktionsfunktion für die Erwerbstätigkeit wird zusätzlich unterschieden, ob die Ehefrau zu einem konstanten (m^*-Typ) oder einem mit dem Arbeitsangebot t^e steigenden Lohnsatz (m-Typ) erwerbstätig ist. Der steigende Durchschnittslohnsatz ist definiert über:

(543) $w = w\left(t^e, \kappa\right)$.

Der Grenzlohnsatz w' für eine zusätzliche Stunde Erwerbsarbeitszeit verändert sich also mit dem Arbeitsangebot:

(544) $w' = w + w_{t^e} \Delta t^e$,

mit w_{t^e} für die Zunahme des Durchschnittslohnsatzes infolge des Anstiegs des Arbeitsangebots um Δt^e.

---

665 Siehe Willis (1973), S. 47 ff.

Die Steigung von ϕ in Richtung *c/s* beträgt:

(545) $\frac{\partial Z_{cr}}{\partial Z_{sr}} = -(1/\pi_{cr})$.

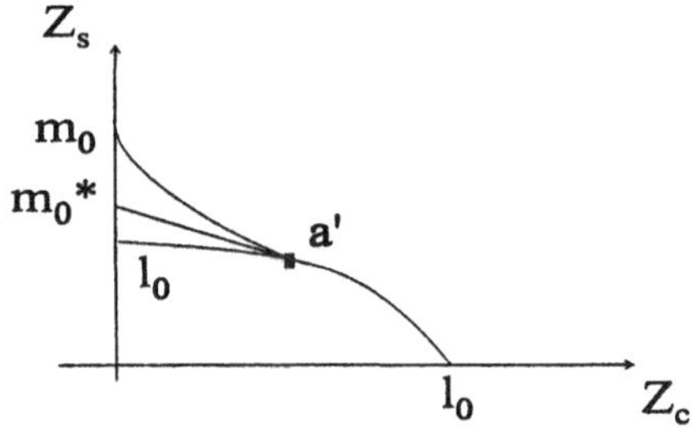

Abb. III-21 *Partizipationsentscheidung im Modell des „männlichen Chauvinisten"*[666]

Die Krümmung von ϕ ergibt sich aus dem Vorzeichen der zweiten Ableitungen, also aus $\phi_{ss} = (1/\pi_{cr})^2 / (\partial \pi_{cr} / \partial Z_{sr})$. Ist ϕ_{ss} negativ, null oder positiv, verläuft die Kurve konkav (*m*-Typ), linear (m^*-Typ) oder konvex (*l-Typ*) zum Koordinatenursprung.

Die Beziehung zwischen Schattenlohnsatz w^* und dem Preis des Haushaltsendgutes π_{cr} lässt sich auf der Grundlage von ϕ in Abhängigkeit von der Nachfrage nach Z_{cr} folgendermaßen bestimmen. Wenn mit $\mathbf{r_r}$ die Grenzrate der Substitution zwischen Nichterwerbsarbeitszeit und Marktgütern gekennzeichnet wird, die allen über ϕ beschriebenen Kombinationen aus Z_{cr} und Z_{sr} zu Grunde liegt, so gilt für diese offenbar:

(546) $\mathbf{r_r} = k_{cr} \cdot \mathbf{r_{cr}} + (1 - k_{cr}) \cdot \mathbf{r_{sr}}$, mit $k_r = \frac{\mathbf{b_{cr}}}{(\mathbf{b_{cr}} + \mathbf{b_{sr}})}$,

wobei k_{cr} den Anteil des Marktgüterinputs $\mathbf{b_{cr}}$, der für die Versorgung der Kinder aufgewandt wird, am gesamten Marktgüterinput beschreibt.

Der Umfang an Z_{cr} in ϕ nimmt den Wert Null an, wenn mit $k_r = 0$ und $\mathbf{r_r} = \mathbf{r_{sr}}$ keine Marktgüter für die Versorgung der Kinder aufgewandt werden, und erreicht sein Maximum entsprechend bei $k_r = 1$ und $\mathbf{r_r} = \mathbf{r_{cr}}$. Entlang der konvex gebogenen Produktionsmöglichkeitslinie $l_0 a' l_0$, mit der eine Nichterwerbstätigkeit unterstellt wird, hat eine Verlagerung von der güterintensiveren Produktion $\mathbf{r_r} = \mathbf{r_{sr}}$ zu der zeitintensiveren Produktion $\mathbf{r_r} = \mathbf{r_{cr}}$ nach (545) auf Grund des Anstiegs der Steigung von ϕ in Richtung *c/s* einen Anstieg des Schattenlohnsatzes w^* zur Folge. Da die Annahme getroffen wurde, dass die Haushaltsendgüter Z_{cr} zur Versorgung der Kinder mit $\mathbf{r_{cr}} > \mathbf{r_{sr}}$ zeitintensiver produziert werden als

[666] Leicht verändert nach Willis (1973), S. 49.

die übrigen Haushaltsendgüter Z_{sr}, hat der Schattenlohnsatz bei $r_r = r_{sr}$ sein Minimum in Höhe von w_1^* und bei $r_r = r_{cr}$ sein Maximum in Höhe von w_2^*. Demnach steigt bei Erhöhung der Nachfrage nach Z_{cr} in (535)[667] der Schattenlohnsatz w^* für die Ehefrau zusammen mit dem Preis für die Versorgung der Kinder π_{cr}. Es fehlt bei Willis (1973) allerdings der Hinweis, dass seine Erklärung eine bestimmte Präferenzrelation von Z_{sr} gegenüber Z_{cr} voraussetzt. Denn der Haushalt wird nur solange Z_{sr} durch Z_{cr} substituieren, solange der Grenznutzen aus Z_{cr} größer ist als der aus Z_{sr}:

$$(547)\quad \frac{\partial U}{\partial Z_{cr}} = \lambda \cdot \pi_{cr} > \frac{\partial U}{\partial Z_{sr}} = \lambda \cdot \pi_{sr}.$$

Dies erklärt den höheren Preis π_{cr}, den der Haushalt für Z_{cr} gegenüber Z_{sr} zu zahlen bereit ist. Da Willis (1973) π_{sr} als Referenzwert ansetzt, mit $\pi_{sr} = 1$, ergibt sich[668]:

$$(547')\quad \frac{\partial U}{\partial Z_{cr}} = \frac{\partial U}{\partial Z_{sr}} \cdot \pi_{cr} \Rightarrow \left.\frac{dZ_{sr}}{dZ_{cr}}\right|_{\bar{U}} = \pi_{cr}.$$

Je größer das Ungleichgewicht im Grenznutzen aus Z_{cr} gegenüber Z_{sr} ist, desto höher fällt nach (535) wegen der Konstanz der Grenzproduktivät f' der Nichterwerbsarbeitszeit bezogen auf Z_{cr} schließlich der Schattenlohnsatz w^* aus:

$$(535)\quad \pi_{cr} \cdot \frac{\partial Z_{cr}}{\partial t_{cr}^{ne}} = w^* \Rightarrow \pi_{cr} f' = w^*.$$

Über diesen Zusammenhang erklärt Willis (1973) schließlich, weshalb die Partizipation von Frauen negativ mit der Zahl ihrer Kinder korreliert: Frauen realisieren die Produktionsmöglichkeitskurve vom l-Typ, solange der Grenzlohnsatz w', den sie am Arbeitsmarkt erzielen können, unterhalb des untersten Wertes ihres Schattenlohnsatzes liegt, also dem Wert, den sie bei Kinderlosigkeit ($Z_{cr} = 0$ und $r_r = r_{sr}$) erzielen. Je höher die Nachfrage nach dem Haushaltsendgut Z_{cr} für die Versorgung der Kinder (aufgrund des vergleichsweise höheren Grenznutzens von Z_{cr} gegenüber Z_{sr}), desto höher muss folglich der Grenzlohnsatz sein, zu dem die Ehefrau bereit ist, eine Erwerbstätigkeit aufzunehmen. Den Wechsel zu einer Erwerbstätigkeit beschreibt in Abb. III-21 Punkt a', die Tangente der Kurve vom m- bzw. m^*-Typ an die Kurve vom l-Typ.

Ein Vergleich des Modells des „männlichen Chauvinisten" T_{VN1}^{in} der inputorientierten Produktionstheorie mit dem zugehörigen Familiennutzen-Familienbudget-Modell T_{VN0}^{in} zeigt, dass die chauvinistische Modellvariante auch diesmal ein Spezialfall ihres Familienmodells ist. Entscheidet der Ehemann über sein Arbeitsangebot, ohne sich mit seiner Ehefrau abzustimmen, so ist in der inputorientierten Produktionstheorie die Konsequenz aus dieser Entscheidung, dass die im Haushalt insgesamt verfügbare Nichterwerbsarbeitszeit ein

667 Siehe oben S. 299.

668 Siehe S. 298.

Produktionsfaktor mit festem Faktorpreis ist. Denn das vom Ehemann eingebrachte Totaleinkommen lässt dadurch, dass es für die Ehefrau nur als Nichterwerbseinkommen vorliegt, keine Differenzierung in Lohnsatz und Zeit zu. Deswegen gibt es aus der Sicht des chauvinistischen Modells im Mehrpersonenhaushalt nur einen Preis für die Zeit, nämlich den Schattenlohnsatz der Frau $w_f^* \geq w_f$. Eine Faktorsubstitution innerhalb der Nichterwerbsarbeitszeit ist folglich ausschließlich bezogen auf die Ehefrau und dort nur mit Bezug auf einzelne Zeitabschnitte möglich, beispielsweise zwischen der Zeit, die von ihr insgesamt zur Produktion von Z_{cr} (Versorgung von Kindern) genutzt wird und jener für Z_{sr} (alle anderen Haushaltsendgüter):

$$(548)\quad \frac{\frac{\partial U}{\partial Z_{sr}} \cdot \frac{\partial Z_{sr}}{\partial t_{sr}^{ne}}}{\frac{\partial U}{\partial Z_{cr}} \cdot \frac{\partial Z_{cr}}{\partial t_{cr}^{ne}}} = \frac{\lambda_1 \cdot w_f^*}{\lambda_1 \cdot w_f^*} \geq \frac{\lambda_1 \cdot w_f}{\lambda_1 \cdot w_f} = 1 .$$

Hieran knüpft die Schlussfolgerung von Willis (1973) an, die etwas allgemeiner formuliert Folgendes besagt: Auf der Basis von konstanten, aber in ihren Beträgen voneinander abweichenden Grenzproduktivitäten der Nichterwerbsarbeitszeit bezogen auf zwei unterschiedliche Haushaltsendgüter Z_{sr} und Z_{cr} ist die Spezialisierung auf das Haushaltsendgut mit der niedrigeren Grenzproduktivität, hier auf Z_{cr}, mit einer Verteuerung des Schattenpreises $\lambda_1 \cdot w_f^*$ der Nichterwerbsarbeitszeit verbunden. Da durch das strikte Nacheinander der Arbeitsangebotsentscheidungen der Ehepartner im chauvinistischen Modell eine Faktorsubstitution zwischen den Nichterwerbsarbeitszeiten der Ehepartner unmöglich ist, es gilt:

$$(549)\quad \frac{\frac{\partial Z_r}{\partial t_{mr}^{ne}}}{\frac{\partial Z_r}{\partial t_{fr}^{ne}}} = \left. \frac{dt_{fr}^{ne}}{dt_{mr}^{ne}} \right|_{\bar{Z}_r} = \frac{\lambda_1 \cdot w_m^*}{\lambda_1 \cdot w_f^*} = 0 ,$$

werden diese Schattenpreise neben dem Grenzertrag der Nichterwerbsarbeitszeit λ_1 ausschließlich über den Schattenlohnsatz $w_f^* \geq w_f$ der Ehefrau festgelegt. Insofern übt die Spezialisierung zwangsläufig einen negativen Arbeitsanreiz auf Ehefrauen aus.

Im Familiennutzen-Familienbudget-Modell können die Schattenlöhne w_f^* und w_m^* der Ehepartner indes jederzeit voneinander abweichen. Zudem können Unterschiede in den Lohnsätzen w_f und w_m bestehen. Die verschiedenen Konstellationen führen insgesamt dazu, dass die Grenzrate der Substitution zwischen den Nichterwerbsarbeitszeiten der Ehepartner unterschiedliche Werte annehmen kann:

$$(550)\quad \frac{\frac{\partial Z_r}{\partial t_{mr}^{ne}}}{\frac{\partial Z_r}{\partial t_{fr}^{ne}}} = \frac{\lambda_1 \cdot w_m^* \geq \lambda_1 \cdot w_m \geq}{\lambda_1 \cdot w_f^* \geq \lambda_1 \cdot w_f \leq} 1 .$$

Demgemäß folgt das Modell des „männlichen Chauvinisten“ T_{VN1}^{in} nach (549) mit der Annahme:

$$(551)\ M_{27}: \left.\frac{dt_{fr}^{ne}}{dt_{mr}^{ne}}\right|_{\bar{Z}_r} = 0,$$

wonach in der Produktion von Haushaltsendgütern Z_r eine Substitution zwischen den Nichterwerbsarbeitszeiten der Eheleute ausgeschlossen ist, über eine heterogene Reduktionsbeziehung aus dem Familiennutzen-Familienbudget-Modell der inputorientierten Produktionstheorie T_{VN0}^{in}:

$$(552)\ T_{VN0}^{in} \Rightarrow T_{VN1}^{in}: M_{27} \wedge T_{VN0}^{in} \qquad \text{(siehe Z.3 in Übersicht III-12).}$$

1.3.3 Aktivitätsanalytische Formulierung der Haushaltsproduktionsfunktion

Bei dem von Koopmanns (1951) entwickelten Konzept der Aktivitätsanalyse werden - wie bereits erwähnt wurde[669] - Produktionen über Input-Output-Vektoren beschrieben. Hier kommt es weniger auf die Spezifizierung einzelner Produktionsfunktionen an als vielmehr auf die Kennzeichnung von alternativ realisierbaren Technologien, von der jede einen spezifischen Zusammenhang zwischen Input- und Outputmenge wiedergibt. Hauptaugenmerk wird auf die Ränder der Technologien gerichtet, weil sich dort die effizienten Aktivitäten befinden, die dadurch gekennzeichnet sind, dass mit gegebenen Inputmengen keine größeren Outputmengen erzielt werden können und umgekehrt. Da die Beschreibung dieses Zusammenhangs zwischen Inputmengen und dem effizienten Rand einer Technologie letztlich vollständig den Vorstellungen einer Produktionsfunktion entspricht, sind Beziehungen zwischen beiden Konzepten ohne weiteres herstellbar.

1.3.3.1 Grundmodell

Das Grundmodell von Lancaster (1966a) weist eine augenscheinliche Nähe zur Neoklassik auf. Eine umfassende, die Wechselwirkungen zwischen Güternachfrage und Arbeitsangebot berücksichtigende Theorie des Haushalts zu entwickeln, ist nicht das Anliegen von Lancaster gewesen. Sein Ziel war die Fortentwicklung der neoklassischen Konsumtheorie, weswegen er die typische partialanalytische Bestimmung des Haushaltsgleichgewichts beibehalten hat[670].

Dennoch hat das aktivitätsanalytische Grundmodell T_{GM}^{akt} mit dem inputorientierten Grundmodell T_{GM}^{in} von Becker (1965) eines gemeinsam. Beide kritisieren die Annahme der

---

[669] Siehe oben S. 211 ff.

[670] Vgl. Luckenbach (1978), S. 214.

Neoklassik, dass der Haushalt seine Wertschätzungen unmittelbar auf Marktgüter beziehe. Hierzu gibt Lancaster (1966a, 1966b) zu bedenken, dass die neoklassischen Modelle deswegen Substitutions- und Komplementaritätsbeziehungen zwischen Marktgütern nur über die Nutzenfunktion erklären können[671]. Realistischer sei es, davon auszugehen, dass Haushalte nicht einzelne Güter nachfragen, sondern die darin enthaltenen Gütereigenschaften. Für die Wahlentscheidung eines Haushaltes sind insofern nicht mehr allein die geltenden Preise und Präferenzen ausschlaggebend, sondern zusätzlich die technologische Eigenschaft, dass einige Marktgüter die begehrten Gütereigenschaften in größeren Mengen und folglich bei gleichem Preis kostengünstiger hervorzubringen vermögen als andere[672].

Ungeachtet der Betonung des konsumtechnologischen Aspektes liefert der Erklärungsansatz von Lancaster (1966a) ein eigenes Modell zum Arbeitsangebot des Haushalts, welches aber in engem Bezug zum Modell der Güternachfrage steht und folglich ohne dieses nicht nachvollzogen werden kann.

Das Modell der Güternachfrage unterstellt, dass der Haushalt zwischen verschiedenen Konsumaktivitäten oder Input-Output-Vektoren wählen kann, um aus Marktgütern Gütereigenschaften hervorzubringen[673]. Jede der h Konsumaktivitäten, die über den Vektor $\mathbf{h}$ dargestellt werden, erfordert einen technologisch festgelegten Input an Marktgütern i, dargestellt durch den Vektor $\mathbf{x}$:

(553) $\mathbf{x} = \mathbf{A} \cdot \mathbf{h}$.

Mit den Koeffizienten der ixh-Matrix $\mathbf{A}$ werden die technologischen Zusammenhänge auf der Inputebene zwischen den Marktgütern i und den Konsumaktivitäten h beschrieben. Lancaster (1966a) lässt die Additivität von Aktivitäten zu und unterstellt, dass diese hinsichtlich der Input-Output-Relationen, die sie beschreiben, ferner durch Größenproportionalität gekennzeichnet sind. Die zu Grunde gelegten Technologien sind folglich linear.

Durch die gleichen Konsumaktivitäten $\mathbf{h}$ werden auf der Outputebene die Gütereigenschaften e freigesetzt, die durch den Vektor $\mathbf{z}$ beschrieben werden[674]. Auch diesem Zusammenhang liegt eine lineare Technologie zu Grunde, die über die exh-Matrix $\mathbf{B}$ beschrieben wird:

(554) $\mathbf{z} = \mathbf{B} \cdot \mathbf{h}$.

---

671 Siehe Lancaster (1966a), S. 132 f. sowie ders. (1966b), S. 14-25.

672 Siehe Lancaster (1966a).

673 Siehe hierzu und im Folgenden Lancaster (1966a), S. 132 ff. Die Notation wurde gegenüber dem Original verändert.

674 Der Vektor $\mathbf{z} = (Z_1, \ldots, Z_E)$ des aktivitätsanalytischen Grundmodells entspricht nur dann dem Vektor $\mathbf{z} = (Z_1, \ldots, Z_R)$ des inputorientierten Grundmodells, wenn mit e=r eine Identität zwischen Gütereigenschaften e und Haushaltsendgütern r angenommen werden kann. Die Konsequenz aus dieser Annahme wird weiter unten noch zu erörtern sein.

Durch die Trennung in die beiden Konsumtechnologien **A** und **B** kann berücksichtigt werden, dass eine Kombination verschiedener Marktgüter unter Umständen andere Gütereigenschaften enthält als die Summe der einzelnen Güter[675]. Hier folgt Lancaster der üblichen Vorstellung eines Produktionsprozesses. Im Weiteren vereinfacht Lancaster (1966a) sein Modell allerdings genau in diesem Punkt dadurch, dass er das Verhältnis zwischen Marktgütern und Aktivitäten mit $i=h$ gleich Eins setzt. Die Trennung zwischen Input- und Outputebene wird aufgehoben, indem der Vektor **h** in (554) durch den Vektor **x** ersetzt wird:

(555) $\mathbf{z} = \mathbf{B} \cdot \mathbf{x}$,

was allerdings voraussetzt, dass die Matrix **B** quadratisch und nicht singulär ist.

Über Effizienzüberlegungen sollen die Aktivitäten aufgefunden werden, die auf dem effizienten Rand der Konsumtechnologie liegen. Da die Additivität der Aktivitäten zugelassen ist, kann der effiziente Rand auch Kombinationen von Aktivitäten enthalten. Dazu werden die Kosten $K(\mathbf{x})$ der Marktgüter **x** für eine vorgegebene Menge von Gütereigenschaften **z*** minimiert. Die Kosten werden über die Geldrestriktion:

(556) $b(\mathbf{x}) = S_y = \mathbf{p}' \cdot \mathbf{x}$

beschrieben, mit dem Vektor **p′** für die Preise der Marktgüter i. Bei der Kostenminimierung sind die mit (555) festgelegte Konsumtechnologie und die geltenden Nichtnegativitätsbedingungen zu beachten[676]:

(556) $b(\mathbf{x}) = K(\mathbf{x}) = \mathbf{p}' \cdot \mathbf{x} \rightarrow \min!$

(555) $\mathbf{z}^* = \mathbf{B} \cdot \mathbf{x}$

(557) $\mathbf{x}, \mathbf{p}', \mathbf{z}^*, \mathbf{B} \geq \mathbf{0}$.

Bei Variation des Vektors für die Gütereigenschaften $\mathbf{z}^*$ ergibt sich durch Skalarmultiplikation $(S_y / S_y{}^*)\mathbf{z}^*$ für jedes Budget $S_y = S_y{}^*$ ein Vektor $\mathbf{x}^{\text{eff}}$ effizienter Marktgüterkombinationen.

Die zugehörige Lagrange-Funktion muss lauten[677]:

(558) $L(\mathbf{x}) = K(\mathbf{x}) + \boldsymbol{\lambda}'(\mathbf{z}^* - \mathbf{x} \cdot \mathbf{B}) \rightarrow \min!$,

mit $\boldsymbol{\lambda}'$ als Vektor für die Lagrange-Multiplikatoren mit Bezug auf jede Gütereigenschaft e. Die Lagrange-Multiplikatoren beschreiben die Grenzkosten der Bereitstellung der Gütereigenschaften **z***, die das Einhalten der Konsumtechnologie kostet. Teilt man die Nebenbedingung der Extremwertaufgabe in so viele einzelne Nebenbedingungen auf, dass für jede

---

[675] Siehe Lancaster (1966a), S. 134 u. 138.

[676] Siehe Lancaster (1966a), S. 139.

[677] Diese weiteren Überlegungen zur analytischen Bestimmung des Haushaltsgleichgewichts fehlen bei Lancaster (1966a). Vgl. hierzu die Überlegungen von Seel (1991), die jedoch abweichend von Lancaster effiziente z-Kombinationen bestimmt und nicht effiziente x-Kombinationen, wofür sie entsprechend die duale Formulierung des hier dargestellten Lagrange-Ansatzes wählt.

Gütereigenschaft eine eigene Nebenbedingung existiert, dann können die Lagrange-Multiplikatoren bzw. Grenzkosten in Form von λ' für jede Gütereigenschaft e separat ausgewiesen werden.

Die Bedingungen erster Ordnung für das Vorliegen effizienter Marktgüterkombinationen sind:

(559) $\frac{\partial L}{\partial x_i} = \frac{\partial K}{\partial x_i} - \sum_{e=1}^{E} \lambda_e \cdot b_{ei} = 0$, für $i = 1,\ldots,I$, mit $i = h$

(560) $\frac{\partial L}{\partial \lambda_e} = Z_e^* - \sum_{i=1}^{I} b_{ei} \cdot x_i = 0$ für $e = 1,\ldots,E$, mit $i = h$.

In Abb. III-22 ist die Isokostenregion für $K(\mathbf{x}) = K\min = K^*$ grau schattiert. Die Strecke CEF beschreibt hierin den effizienten Rand der Konsumtechnologie für den speziellen Fall, dass der Vektor $\mathbf{z}^*$ lediglich aus zwei Gütereigenschaften Z_1 und Z_2 besteht. Die Abbildung zeigt unter anderem, dass der Haushalt die Konsumaktivität, die dem Marktgut 2 zugeordnet ist, nicht in seine Wahlentscheidung einbezieht, weil ihr Rand gegenüber den Rändern der anderen Aktivitäten ineffizient ist.

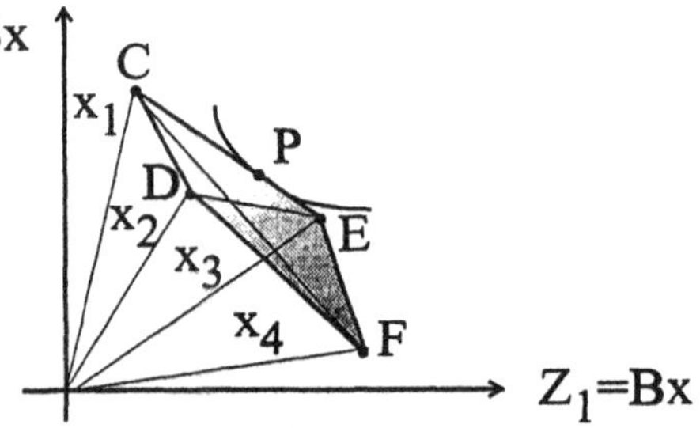

Abb. III-22 *Bestimmung der optimalen Konsumgüternachfrage im Grundmodell von Lancaster (1966a)*[678]

Endgültig festlegen lässt sich das Haushaltsgleichgewicht aber erst in einem zweiten Schritt, in welchem die Transformationskurve mit dem Indifferenzkurvensystem konfrontiert wird. Nachdem die Produktionspunkte gefunden wurden, die auf dem effizienten Rand der alternativ realisierbaren Technologien liegen, müssen jetzt die Punkte gefunden werden, die unter Berücksichtigung der verfügbaren Ressourcen den größten Nutzen erbringen. Auch hierbei sind Kombinationen bzw. Additionen von Aktivitäten möglich. Anwendung findet dabei

678 Nach Lancaster (1966a), S. 139.

das neoklassische Indifferenzprinzip der Nutzentheorie, welches nunmehr auf nutzengleiche Kombinationen von Gütereigenschaften bezogen wird.

Das Haushaltsgleichgewicht folgt aus der Maximierung der Nutzenfunktion:

(561) $U = U(\mathbf{z}) \rightarrow \max!$.

Zwei Nebenbedingungen sind dabei zu beachten. Zum einen ist zu bedenken, dass nur jene Aktivitäten zur Wahl stehen, für die zuvor festgestellt wurde, dass sie auf dem effizienten Rand der Technologie liegen. Diese Menge effizienter Marktgüter wird in Abb. III-22 festgelegt durch die Transformationskurve $\mathbf{x}^{\mathbf{eff}} = (C, \overline{CE}, E, \overline{EF}, F)$. Unter Berücksichtigung der zuvor ermittelten Grenzkosten bzw. Preise der Gütereigenschaften muss zum anderen folgende Geldrestriktion eingehalten werden:

(562) $b(\mathbf{x}) = S_y = \mathbf{p}' \cdot \mathbf{x}^{\mathbf{eff}} = \boldsymbol{\lambda}' \mathbf{z} = K^*$.

Die zugehörige Lagrange-Funktion lautet:

(563) $L = U(\mathbf{z}) + \omega\left(\boldsymbol{\lambda}' \mathbf{z} - \mathbf{p}' \cdot \mathbf{x}^{\mathbf{eff}}\right) \rightarrow \max!$.

Die Bedingungen erster Ordnung für das Haushaltsgleichgewicht lauten:

(564) $\frac{\partial L}{\partial Z_e} = \frac{\partial U}{\partial Z_e} - \omega \cdot \lambda_e = 0$, für $e = 1, \ldots, E$

(565) $\frac{\partial L}{\partial \omega} = \boldsymbol{\lambda}' \cdot \mathbf{z} - \mathbf{p}' \cdot \mathbf{x}^{\mathbf{eff}} = K^* - \mathbf{p}' \cdot \mathbf{x}^{\mathbf{eff}} = 0$.

Hieraus folgt für das Haushaltsgleichgewicht im Zwei-Güter-Fall:

(566) $\frac{\frac{\partial U}{\partial Z_1}}{\frac{\partial U}{\partial Z_2}} = \frac{\omega \cdot \lambda_1}{\omega \cdot \lambda_2} = \frac{\lambda_1}{\lambda_2}$.

wobei λ_1 und λ_2 die über getrennte Nebenbedingungen ermittelten Grenzkosten λ_e für die Bereitstellung der Gütereigenschaften Z_1 und Z_2 sind. Da der Schattenpreis ω, den das Einhalten der Geldrestriktion (562) bei der Nutzenmaximierung kostet, nach (565) über alle Gütereigenschaften bestimmt wird, lässt er sich kürzen. Folglich bestimmt lediglich die Gleichheitsbedingung zwischen der Grenzrate der Substitution unter den Gütereigenschaften und dem Verhältnis der Grenzkosten λ_1/λ_2 das Haushaltsgleichgewicht. Gut erkennbar ist in diesem Ausdruck die Trennung zwischen den Effizienzüberlegungen, auf die die Grenzkosten λ_e zurückzuführen sind, und den Präferenzüberlegungen, die hier über die Grenzrate der Substitution angestellt werden.

Aus Abb. III-22 ist zu ersehen, dass die Transformationskurve eine Indifferenzkurve im Haushaltsgleichgewicht P soeben berührt. Die Steigung $-\lambda_1/\lambda_2$ der Transformationskurve, die für den dargestellten Zwei-Güter-Fall festgelegt ist durch die Funktionsgleichung:

(567) $Z_2 = K^* - \frac{\lambda_1}{\lambda_2}(Z_1, Z_2) \cdot Z_1$, mit $K^* = \mathbf{p}' \cdot \mathbf{x}^{\mathbf{eff}} = S_y$,

muss im Haushaltsgleichgewicht (566) der Steigung der Indifferenzkurve entsprechen.

Das von Lancaster (1966a) vorgelegte Modell zum Arbeitsangebot T_{GM}^{akt} setzt an der Umkehrbarkeit der Konsumaktivitäten an. Produktionen können prinzipiell auch mit negativem Output gerechnet werden. Freizeit wird demgemäß als Nichterwerbsarbeitszeit definiert, die sich von der Erwerbsarbeitszeit nur in diesem einen Punkt unterscheidet. Sie beinhaltet Aktivitäten $\mathbf{x_0}$, die dem Ziel dienen, Eigenschaften aus Gütern freizusetzen, wohingegen die Aktivitäten $\mathbf{h^e}$ der Erwerbsarbeit in umgekehrter Richtung Eigenschaften in Gütern zu verankern vermögen.

Über den Vektor $\mathbf{h^e}$ für die Erwerbsarbeit kann eine bestimmte Menge an Gütereigenschaften $\mathbf{z}$ bereitgestellt werden. Dieser technologische Zusammenhang wird wie folgt erfasst:[679]

(568) $\mathbf{z} = (-\mathbf{B}) \cdot \mathbf{h^e}$.

Durch die Verwendung eines tabellarischen Schemas (Abb. III-23), in das nur die Koeffizienten des Gleichungssystems eingetragen werden, kann dies verdeutlicht werden. In der Z.1 stehen die Bezeichnungen für die unabhängigen Variablen, in Sp.1 die abhängigen Variablen. Der Doppelstrich zwischen Sp.1 und 2 bezeichnet das Gleichheitszeichen. Der Zusammenhang aus (568) wird im Tableau über die Z.1-2 sowie Sp.1 und 2 beschrieben.

Nr.	*1*	*2*	*3*	*4*
1		$\mathbf{h^e}\,(h\mathrm{x}1)$	$\mathbf{x}\,(i\mathrm{x}1)$	$\mathbf{x_0}\,(i\mathrm{x}1)$
2	$\mathbf{z}\,(e\mathrm{x}1)$	$\mathbf{-B}\,(e\mathrm{x}h)$	$\mathbf{B}\,(e\mathrm{x}h = e\mathrm{x}i)$	$\mathbf{E}\,(e\mathrm{x}i)$
3	$\mathbf{x}\,(i\mathrm{x}1)$	$\mathbf{A}(i\mathrm{x}h) = \dfrac{w \cdot \mathbf{1}'(1\mathrm{x}h)}{p \cdot \mathbf{1}'(1\mathrm{x}i)}$	-1	

Abb. III-23 *Technologische Beziehungen im aktivitätsanalytischen Grundmodell nach Lancaster (1966a)*[680]

Der Aktivität $\mathbf{h^e}$ können nach Lancaster (1966a) auch positive Gütereigenschaften zugeordnet werden, um zu berücksichtigen, dass Erwerbsarbeit desgleichen Gütereigenschaften hervorbringen kann, wenn sie demjenigen, der die Arbeit verrichtet, unmittelbar Nutzen stiftet. In diesem Fall würde zwischen der abhängigen Variablen $\mathbf{z}$ in der Zelle Z.2, Sp.1 in Abb. III-23 und der Erwerbsarbeit $\mathbf{h^e}$ in Sp.2 ein positiver Zusammenhang bestehen. Die Verankerung der Gütereigenschaften in Marktgütern erfolgt über:

---

679 Die algebraische Darstellung des Modells zum Arbeitsangebot wurde hier und im Folgenden ergänzt, da sie bei Lancaster (1966a) fehlt.

680 Eigene Darstellung. Die Matrix I ist die passende Einheitsmatrix mit Einsen auf der Diagonalen und sonst nur Nullen.

(569) $\mathbf{x} = \mathbf{A} \cdot \mathbf{h}^{\mathbf{e}}$ (siehe Z.1 u. 3, Sp.1 u. 2 in Abb. III-23).
Danach trägt die Erwerbsarbeit über die Technologie **A** dazu bei, dass die Gütereigenschaften in den Marktgütern enthalten sind.

Lancaster (1966a) unterstellt im Weiteren den speziellen Fall, wonach der Haushalt ausschließlich über Einkommen S_y aus Erwerbsarbeit $\mathbf{h}^{\mathbf{e}}$ verfügt:

(570) $S_y = \mathbf{w}' \cdot \mathbf{h}^{\mathbf{e}}$.

Werden Lohnsatz und Marktgüterpreise jeweils als Durchschnittspreise der über $\mathbf{h}^{\mathbf{e}}$ und $\mathbf{x}$ erfassten Aktivitäten interpretiert, so entspricht der Gütervektor $\mathbf{x}$ dem mit dem Reallohnsatz gewichteten Aktivitätsvektor $\mathbf{h}^{\mathbf{e}}$:

(571) $$\begin{aligned} S_y &= \mathbf{w}' \cdot \mathbf{h}^{\mathbf{e}} = \mathbf{p}' \cdot \mathbf{x} \Rightarrow w \cdot \mathbf{1}' \cdot \mathbf{h}^{\mathbf{e}} = p \cdot \mathbf{1}' \cdot \mathbf{x} \\ &\Rightarrow \mathbf{x} = \frac{w}{p} \cdot \mathbf{h}^{\mathbf{e}} \end{aligned}$$ (siehe Z.1 u. 3, Sp.1 u. 2 in Abb. III-23),

mit den Einheitsvektoren **1'**, die wegen der bereits durch (555)[681] eingeführten Identität von Marktgütern und Aktivitäten $i = h$ die gleiche Dimension haben. Wegen dieser Identität gilt die mit (555) festgelegte Konsumtechnologie[682]:

(555) $\mathbf{z} = \mathbf{B} \cdot \mathbf{x}$ (siehe Z.1. u. Z.2, Sp.1 u. 3).
Setzt man hierin für $\mathbf{x}$ den Ausdruck (571) ein, der sich aus der Erwerbstechnologie ergibt, so lassen sich die Konsum- und Erwerbstechnologie über den Skalar (-1) (siehe Z.1 u. 3, Sp.3) durch einen einzigen technologischen Zusammenhang darstellen:

(572) $\mathbf{z} = \mathbf{B} \cdot \mathbf{h}^{\mathbf{e}} \cdot \frac{w}{p} \Leftrightarrow \mathbf{z} = \mathbf{B} \cdot \mathbf{x}$ (siehe Z.1 bis 3, Sp.3).

Demgemäß kann $\mathbf{x}$ auch als Konsum/Erwerbsarbeit-Aktivität bezeichnet werden. Dieser stellt Lancaster (1966a) nunmehr die Aktivität Freizeit gegenüber, beschrieben über den Vektor $\mathbf{x}_0$, für die er ebenso - wie im Falle von $\mathbf{x}$ und $\mathbf{h}$ - eine Identität zwischen i, dem Gut Freizeit, und h, der Aktivität Freizeit, annimmt, d. h. es gilt für beide einheitlich $\mathbf{x}_0$[683]. Der technologische Zusammenhang zwischen Freizeit i und Gütereigenschaften e wird schließlich über die exi-Matrix E beschrieben:

(573) $\mathbf{z} = \mathbf{E} \cdot \mathbf{x}_0$ (siehe Z.1 u. 2, Sp.4).
Die effizienten Aktivitäten und das Haushaltsgleichgewicht ergeben sich aus dem oben beschriebenen Kostenminimierungs- und Nutzenmaximierungsproblem. Es ist bloß zu bedenken, dass die Gütereigenschaften $\mathbf{z}$ nunmehr aus zwei verschiedenen Güterarten bzw. Aktivitäten hervorgebracht werden können, weshalb (555) und (573) additiv zusammengesetzt werden müssen:

---

681 Siehe oben S. 307.

682 Siehe S. 307.

683 Siehe Lancaster (1966a), S. 146.

(574) $\mathbf{z} = \mathbf{B} \cdot \mathbf{x} + \mathbf{E} \cdot \mathbf{x_0}$, mit $i = h$ (siehe Z.1 u. 2).

Das heißt, die effizienten Güter und Aktivitäten ergeben sich aus der Minimierung der wie folgt gegenüber (558) veränderten Lagrangefunktion[684]:

(575) $L(\mathbf{x}, \mathbf{x_0}) = K(\mathbf{x}, \mathbf{x_0}) + \boldsymbol{\lambda}'(\mathbf{z}^* - \mathbf{B} \cdot \mathbf{x} - \mathbf{E} \cdot \mathbf{x_0}) \rightarrow \min!$

(559) $\frac{\partial L}{\partial x_i} = \frac{\partial K}{\partial x_i} - \sum_{e=1}^{E} \lambda_e \cdot b_{ei} = 0$, für $i = 1, \ldots, I$

(576) $\frac{\partial L}{\partial x_{0i}} = \frac{\partial K}{\partial x_{0i}} - \sum_{e=1}^{E} \lambda_e \cdot e_{ei} = 0$, für $i = 1, \ldots, I$

(577) $\frac{\partial L}{\partial \lambda_e} = Z_e^* - \sum_{i=1}^{I} (b_{ei} \cdot x_i + e_{ei} \cdot x_{0i}) = 0$, für $e = 1, \ldots, E$.

Nur (559) bleibt unverändert, die anderen Bedingungen für das Vorliegen eines Extremwertes ändern sich.

Den abschließenden Präferenzüberlegungen zur Bestimmung des Haushaltsgleichgewichts liegt folgende Totaleinkommensrestriktion zu Grunde:

(578) $b(\mathbf{x}) = S_y = \mathbf{p}' \cdot \mathbf{x}^{\mathbf{eff}} + \mathbf{w}' \cdot \mathbf{x}_0^{\mathbf{eff}} = \boldsymbol{\lambda}' \mathbf{z} = K^*$.

Die zugehörige Lagrange-Funktion lautet:

(579) $L = U(\mathbf{z}) + \omega(\boldsymbol{\lambda}' \mathbf{z} - \mathbf{p}' \cdot \mathbf{x}^{\mathbf{eff}} - \mathbf{w}' \cdot \mathbf{x}_0^{\mathbf{eff}}) \rightarrow \max!$.

Die Bedingungen erster Ordnung für das Haushaltsgleichgewicht sind:

(580) $\frac{\partial L}{\partial Z_e} = \frac{\partial U}{\partial Z_e} - \omega \cdot \lambda_e = 0$, für $e = 1, \ldots, E$

(581) $$\begin{aligned} \frac{\partial L}{\partial \omega} &= \boldsymbol{\lambda}' \cdot \mathbf{z} - \mathbf{p}' \cdot \mathbf{x}^{\mathbf{eff}} - \mathbf{w}' \mathbf{x}_0^{\mathbf{eff}} = K^* - \mathbf{p}' \cdot \mathbf{x}^{\mathbf{eff}} - \mathbf{w}' \mathbf{x}_0^{\mathbf{eff}} = 0 \\ &= \lambda_e Z_e - \mathbf{p}' \cdot \mathbf{x}^{\mathbf{eff}} - \mathbf{w}' \mathbf{x}_0^{\mathbf{eff}} = 0 \end{aligned}.$$

Hieraus folgt die bereits für das Modell der Konsumgütern aufgestellte Bedingung (566) für das Haushaltsgleichgewicht[685].

Da Lancaster (1966a) auch für das Modell des Arbeitsangebots unterstellt, dass die betrachteten Gütereigenschaften $\mathbf{z}$ durch jede der Aktivitäten bereitgestellt werden können, ob durch Erwerbsarbeit und Konsum oder durch Freizeit, wenn auch in unterschiedlichen Mengen und Relationen mit Bezug auf den Güterpreis, lässt diese Bedingung der Gleichheit von Grenznutzenverhältnis und Preisverhältnis zunächst einmal lediglich einen Rückschluss auf die Nachfrage nach Gütereigenschaften zu. Die Aufteilung der Zeit auf Erwerbsarbeitszeit und Freizeit folgt indes durch Einsetzen von Bedingung (580) in (581), wofür beide Bedingungen zuvor nach λ_e aufgelöst werden müssen. Dies ergibt:

---

684 Siehe S. 307.

685 Siehe oben S. 309.

$$(582)\ T - t^e = 1' \cdot x_0^{eff} = \frac{\frac{\partial U}{\partial Z_e} \cdot Z_e}{\omega \cdot w} - \frac{p}{w} \cdot 1' \cdot x^{eff},$$

mit w und p als Durchschnittspreise für x_0^{eff} und x^{eff}[686].

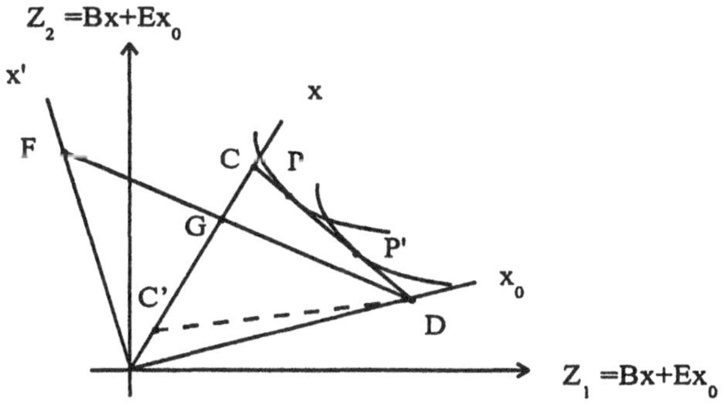

Abb. III-24 *Bestimmung des Haushaltsgleichgewichts im aktivitätsanalytischen Grundmodell*[687]

Hat die zugehörige Transformationskurve $\overline{CD}$ - wie in Abb. III-24 dargestellt - eine negative Steigung, dann gelangen Haushalte mit unterschiedlicher Präferenzordnung zu voneinander abweichenden Haushaltsgleichgewichten, hier zu P und P'. Wäre der Reallohnsatz deutlicher niedriger, dann hätte die Transformationskurve mit $\overline{C'D}$ eine positive Steigung, die Haushalte würden alle ein Haushaltsgleichgewicht in D realisieren, das nur aus Freizeit besteht. Wie Lancaster (1966a) selbst bemerkt, zeigt der mit $\mathbf{x}$ und $\mathbf{x}_0$ dargestellte Zwei-Güter-Fall eine deutliche Nähe zur Neoklassik. Der einzige Unterschied besteht hier darin, dass die Nutzenfunktion sich auf die durch $\mathbf{x}$ und $\mathbf{x}_0$ hervorgebrachten Gütereigenschaften bezieht und nicht auf die Güter selbst, was aber ohne Bedeutung ist, solange beide Güter im Haushaltsgleichgewicht gewählt werden. Abweichungen ergeben sich erst, wenn einzelne Aktivitäten sich gegenüber anderen als ineffizient mit Bezug auf die Bereitstellung der gefragten Gütereigenschaften erweisen[688].

Dieser Fall wird durch Hinzunahme der Aktivität $\mathbf{x}'$ erläutert. Mit ihr zeigt Lancaster (1966a) zugleich die Möglichkeit auf, dass eine Aktivität in der Erwerbsarbeit einen höheren Input an Gütereigenschaften erfordern kann als letztlich für den Konsum bereitsteht, in diesem Fall ist die Aktivität negativ geneigt. Weil die Strecke $\overline{FD}$ vollständig unterhalb

---

[686] Siehe (571), S. 311.

[687] Nach Lancaster (1966a), S. 146.

[688] Nach Lancaster (1966a), S. 146.

von $\overline{CD}$ liegt, ist **x'** gegenüber den anderen beiden Aktivitäten stets ineffizient. Der Haushalt wird die Erwerbsarbeit/Konsum-Aktivität **x'** nicht realisieren, unabhängig davon, welche Präferenzen er hinsichtlich der hieraus hervorgehenden Gütereigenschaften hat.

Das Beispiel zeigt überdies, dass sich das aktivitätsanalytische Grundmodell zum Arbeitsangebot sogar für die Analyse der Entscheidung zwischen verschiedenen Arbeitsarten anbietet. Werden die beiden Erwerbsarbeit/Konsum-Aktivitäten **x'** und **x** unter der Bedingung miteinander verglichen, dass **x** auf Grund eines geringeren Reallohnsatzes im Rahmen des Totaleinkommens nicht C, sondern nur C' ermöglicht, wäre für ein Haushaltsgleichgewicht die Transformationskurve $\overline{FD}$ maßgeblich und nicht $\overline{CD}$. Würde der Reallohnsatz für **x** indes G erlauben, wäre sogar ein Haushaltsgleichgewicht wahrscheinlich, in welchem der Haushalt beide Erwerbsarbeit/Konsum-Aktivitäten miteinander kombiniert, vorausgesetzt, eine Kombination ist wie eingezeichnet möglich. Haushalte mit einer höheren Präferenz zu der Gütereigenschaft Z_2 würden dann verstärkt **x'** realisieren, solche, die lieber Z_1 haben, tendieren zu **x**.[689]

Auch das aktivitätsanalytische Grundmodell T_{GM}^{akt} lässt sich - wie alle anderen Grundmodelle - unmittelbar aus dem mit G^{NK} um die Axiome der Präferenz erweiterten Modell der Grenznutzenschule T_M^{GNS} ableiten. Ansatzpunkt dieser Implikationsbeziehung sind erneut die Bedingungen für ein Haushaltsgleichgewicht. Aus (582) folgt:

$$(582') \quad \frac{\mathbf{1'}\cdot\mathbf{x}^{\mathbf{eff}}}{\mathbf{1'}\cdot\mathbf{x}_0^{\mathbf{eff}}} = \frac{\dfrac{\partial U}{\partial Z_e}\cdot Z_e}{\omega\cdot\mathbf{1'}\cdot\mathbf{x}_0^{\mathbf{eff}}\cdot p} - \frac{w}{p}.$$

Danach wird die Relation unter den Aktivitäten neben dem Reallohnsatz durch einen Quotienten (mittlerer Ausdruck) bestimmt, welcher sich ergibt aus dem Produkt zwischen dem Grenznutzen der Gütereigenschaften und der Menge der Gütereigenschaften, dividiert durch das Produkt aus dem Schattenpreis ω, dem Umfang der Freizeitaktivität und dem Preis für den Inputfaktor Marktgüter. Wegen der Bedingung (580)[690] für die Grenzkosten λ_e kann auch geschrieben werden:

$$(582'') \quad \frac{\mathbf{1'}\cdot\mathbf{x}^{\mathbf{eff}}}{\mathbf{1'}\cdot\mathbf{x}_0^{\mathbf{eff}}} = \frac{1}{p}\cdot\frac{\lambda_e Z_e}{\mathbf{1'}\cdot\mathbf{x}_0^{\mathbf{eff}}} - \frac{w}{p}.$$

Die Produktionsanstrengungen für die Bereitstellung der Erwerbsarbeit/Konsum-Aktivität lassen sich demnach auf die Freizeitaktivität beziehen und umgekehrt. Danach wird die Relation unter den Aktivitäten bestimmt durch die Höhe der Ausgaben für die Gütereigenschaften, $\lambda_e Z_e$, geteilt durch das Produkt aus dem Durchschnittspreis p einer Einheit der

---

689 Siehe Lancaster (1966a), S. 147 f.

690 Siehe oben S. 312.

Erwerbsarbeit/Konsum-Aktivität $\mathbf{x}^{\mathbf{eff}}$ multipliziert mit der Menge der Freizeitaktivität $\mathbf{x}_0^{\mathbf{eff}}$ abzüglich des Reallohnsatzes. Werden die Ausgaben für die Gütereigenschaften Z_e nach (581) in die Ausgaben für die beiden Aktivitäten aufgeschlüsselt, erhält man:

$$(582''')\ \frac{\mathbf{1}'\cdot\mathbf{x}^{\mathbf{eff}}}{\mathbf{1}'\cdot\mathbf{x}_0^{\mathbf{eff}}}=\frac{1}{p}\cdot\frac{\left(p\cdot\mathbf{1}'\cdot\mathbf{x}^{\mathbf{eff}}+w\cdot\mathbf{1}'\cdot\mathbf{x}_0^{\mathbf{eff}}\right)}{\mathbf{1}'\cdot\mathbf{x}_0^{eff}}-\frac{w}{p}=\frac{\mathbf{1}'\cdot\mathbf{x}^{\mathbf{eff}}}{\mathbf{1}'\cdot\mathbf{x}_0^{\mathbf{eff}}}+\frac{w}{p}-\frac{w}{p}.$$

Erkennbar wird, dass die Relation unter den Aktivitäten auf dem effizienten Rand der Technologie einzig und allein durch den Reallohnsatz bestimmt wird. Wird die Technologie A für die Verankerung von Gütereigenschaften über Erwerbsarbeit in der Lagrange-Funktion (575)[691] zur Kostenminimierung explizit berücksichtigt, wird der Zusammenhang zwischen dem effizienten Rand der Technologie und dem Erwerbseinkommen erkennbar. Der Ansatz verändert sich zu:

$$(583)\ L(\mathbf{x},\mathbf{x}_0)=K(\mathbf{x},\mathbf{x}_0)+\boldsymbol{\lambda}'\left(\mathbf{z}^*-\mathbf{B}\cdot\frac{w\cdot\mathbf{1}'}{p\cdot\mathbf{1}'}\cdot t^e-\mathbf{E}\cdot\mathbf{x}_0\right)\rightarrow \min!,$$

$$(584)\ \frac{\partial L}{\partial x_i}=\frac{\partial K}{\partial x_i}-\sum_{e=1}^{E}(\lambda_e\cdot b_{ei})\cdot\frac{w}{p}\cdot t^e=0\,^{692},\ \text{für } i=1,\ldots,I$$

$$(585)\ \frac{\partial L}{\partial x_{0i}}=\frac{\partial K}{\partial x_{0i}}-\sum_{e=1}^{E}\lambda_e\cdot e_{ei}=0,\ \text{für } i=1,\ldots,I$$

$$(586)\ \frac{\partial L}{\partial \lambda_e}=Z_e^*-\sum_{i=1}^{I}(b_{ei}\cdot\frac{w}{p}\cdot t^e+e_{ei}\cdot x_{0i})=0,\ \text{für } e=1,\ldots,E,$$

wobei die beiden Einheitsvektoren 1' wegen $i=h$ die gleiche Dimension haben[693].

Danach wird die Grenzrate der Substitution von Marktgütern durch Freizeit unter Konstanthaltung der Gesamtkosten K^* für die Bereitstellung der Gütereigenschaften Z_e:

$$(587)\ \left.\frac{dx_i}{dx_{0i}}\right|_{\overline{K}^*}=\sum_{e=1}^{E}\frac{e_{ei}}{b_{ei}}\cdot\frac{1}{\frac{w}{p}\cdot t^e},\ \text{für } i=1,\ldots,I \text{ mit } i=h$$

festgelegt durch die mit dem Erwerbseinkommen gewichtete Freizeit/Konsum-Technologie e_{ei}/b_{ei}. Je höher der Reallohnsatz bei unveränderter Technologie und Erwerbsarbeitzeit, desto weniger Marktgüter lassen sich durch Freizeit substitutieren, ohne die Kosten zu verändern.

Die Implikationsbeziehung zwischen dem um die neoklassischen Gesetzesaussagen G^{NK} erweiterten Modell der Grenznutzenschule T_M^{GNS} und dem aktivitätsanalytischen

[691] Siehe oben S. 312.

[692] Der Index e bezieht sich hierbei nicht auf die Variable t^e für die Erwerbsarbeitszeit.

[693] Siehe oben S. 311.

Grundmodell T_{GM}^{akt} erfordert zum einen die aus (582") und (582"')[694] ableitbare Modellannahme M_{28}. Aufgelöst nach dem Reallohnsatz kann (582") und (582"') hierzu unmittelbar auf die Modellannahme $M^{GNS} = \mu_i = x_i/t_i$ der Grenznutzenschule bezogen werden:

$$M_{28}: \mu_i = \frac{x_i}{t_i} \overset{!}{\equiv}$$

$$(588)\ \mu_5 = \frac{w}{p} = \frac{1}{p} \cdot \frac{\lambda_e \cdot Z_e}{\mathbf{1'} \cdot \mathbf{x}_0^{\mathrm{eff}}} - \frac{\mathbf{1'} \cdot \mathbf{x}^{\mathrm{eff}}}{\mathbf{1'} \cdot \mathbf{x}_0^{\mathrm{eff}}}$$

$$= \frac{w}{p} = \frac{1}{p} \cdot \frac{\left(p \cdot \mathbf{1'} \cdot \mathbf{x}^{\mathrm{eff}} + w \cdot \mathbf{1'} \cdot \mathbf{x}_0^{\mathrm{eff}}\right)}{\mathbf{1'} \cdot \mathbf{x}_0^{\mathrm{eff}}} - \frac{\mathbf{1'} \cdot \mathbf{x}^{\mathrm{eff}}}{\mathbf{1'} \cdot \mathbf{x}_0^{\mathrm{eff}}} = \frac{\mathbf{1'} \cdot \mathbf{x}^{\mathrm{eff}}}{\mathbf{1'} \cdot \mathbf{x}_0^{\mathrm{eff}}} + \frac{w}{p} - \frac{\mathbf{1'} \cdot \mathbf{x}^{\mathrm{eff}}}{\mathbf{1'} \cdot \mathbf{x}_0^{\mathrm{eff}}}$$

M_{28} unterstellt, dass die Produktivität μ_i der Zeit t_i mit Bezug auf die Güter x_i als Produktivität μ_5 durch den effizienten Rand $(\mathbf{x}_0^{\mathrm{eff}}, \mathbf{x}^{\mathrm{eff}})$ der Freizeit- und Konsumtechnologie des Haushalts zur Bereitstellung von Gütereigenschaften festgelegt ist. Beide Produktivitäten entsprechen hiernach dem Reallohnsatz. Mit $T - \mathbf{1'} \cdot \mathbf{x}_0^{\mathrm{eff}} = t^e$ hängt folglich auch das Arbeitsangebot, sofern es aus einer Freizeitaktivität auf dem effizienten Rand resultiert, im aktivitätsanalytischen Modell ausschließlich vom Reallohnsatz ab.

Für die Implikationsbeziehung zwischen $T_M^{GNS} \wedge G^{NK}$ und T_{GM}^{akt} ist demnach auch M_2 nötig, wonach sich die Zeit T in Freizeit $x_0 = \mathbf{1'} \mathbf{x}_0^{\mathrm{eff}}$ und Erwerbsarbeitszeit t^e unterteilen lässt[695]:

$$(154)\ M_2: T - \sum t_i^e - x_0 = 0, \text{ wobei } \sum t_i^e = t^e.$$

Aus ihr folgt mit der Antezedenbedingung der Güterknappheit S_2^{GNS} zum Zweiten Gossen'schen Gesetz[696] wegen

$$(589)\ \mathbf{w'} \cdot \mathbf{t^e} = \mathbf{p'} \cdot \mathbf{x}^{\mathrm{eff}}$$

die Funktionsgleichung (578)[697] für die Totaleinkommensrestriktion.

Ferner muss, analog dem inputorientierten Grundmodell T_{GM}^{in}, die Antezedenzbedingung zum Ersten Gossen'schen Gesetz S_1^{GNS} dahingehend geändert werden, dass nunmehr der Grenznutzen aus den Gütereigenschaften Z_e sowie der Güter/Aktivitäten $\mathbf{x}$ und $\mathbf{x}_0$ in jeder Verwendungsweise positiv ist, jedoch mit ihrem Verbrauch abnimmt:

$$(590)\ S_1^{akt}: \frac{\partial U\left(Z_e(\mathbf{x}^{\mathrm{eff}}, \mathbf{x}_0^{\mathrm{eff}})\right)}{\partial Z_e \partial x_i^{eff} \partial x_{0i}^{eff}} > 0, \quad \frac{\partial^2 U\left(Z_e(\mathbf{x}^{\mathrm{eff}}, \mathbf{x}_0^{\mathrm{eff}})\right)}{\partial^2 \left(Z_e(\mathbf{x}^{\mathrm{eff}}, \mathbf{x}_0^{\mathrm{eff}})\right)} < 0.$$

---

694 Siehe oben S. 314 f.

695 Vgl. die Herleitung oben auf S. 139 f.

696 Siehe S. 139.

697 Siehe oben S. 312.

S_1^{GNS}, ergänzt durch S_1^{akt}, erlaubt die folgende heterogene Reduktionsbeziehung zwischen beiden Grundmodellen:

(591) $T_M^{GNS} \wedge G^{NK} \Rightarrow T_{GM}^{akt}: S_1^{akt} \wedge M_2 \wedge M_{28} \wedge T_M^{GNS} \wedge G^{NK}$

(siehe Z.1f, Sp.5 in Übersicht III-1).

Hiernach folgt das aktivitätsanalytische Grundmodell T_{GM}^{akt} aus dem erweiterten Modell der Grenznutzenschule $T_M^{GNS} \wedge G^{NK}$, sofern Haushalte Gütereigenschaften an Stelle von Gütern begehren, ihre Zeit sich in Freizeit und Erwerbsarbeitszeit aufteilt sowie Marktgüter und Freizeit auf dem effizienten Rand der Technologie liegen.

Ein Vergleich zwischen dieser Implikationsbeziehung und derjenigen zwischen dem neoklassischen Grundmodell T_{GM}^{NK} und $T_M^{GNS} \wedge G^{NK}$[698] zeigt:

(155) $T_{GM}^{NK}: M_1 \wedge M_2 \wedge T_M^{GNS} \wedge G^{NK}$ (siehe Z.2, Sp.2 in Übersicht III-13),

dass T_{GM}^{akt} augenscheinlich mit der Antezedenzbedingung S_1^{akt} und der Modellannahme M_{28} aus T_{GM}^{NK} ableitbar ist:

(592) $T_{GM}^{NK} \Rightarrow T_{GM}^{akt}: S_1^{akt} \wedge M_{28} \wedge T_{GM}^{NK}$ (Z.3).

Begehren die Haushalte die bereitgestellten Gütereigenschaften und nicht die diesen zu Grunde liegenden Güter, so muss S_1^{GNS} um die Bedingung S_1^{akt} ergänzt werden. Würde jedes Gut nur eine Gütereigenschaft enthalten, könnte weiterhin ausschließlich S_1^{GNS} gelten.

Die effizienten Inputmengen an Marktgütern $\mathbf{x}^{\mathbf{eff}}$ und Freizeit $\mathbf{x}_0^{\mathbf{eff}}$, die dadurch gekennzeichnet sind, dass eine bestimmte Menge an Gütereigenschaften $\mathbf{z}^*$ nicht mit weniger Freizeit und Marktgüter hergestellt werden kann, beschreiben den effizienten Rand der zu Grunde gelegten Produktionstechnologie. Da auch über Produktionsfunktionen nur technologisch effiziente Input-Output-Relationen festgelegt werden, kann der produktive Zusammenhang, der zwischen der effizienten Inputmenge an Marktgütern $\mathbf{x}^{\mathbf{eff}}$ und Freizeit $\mathbf{x}_0^{\mathbf{eff}}$ einerseits und der Outputmenge an Gütereigenschaften $\mathbf{z}^*$ andererseits besteht[699]:

(574') $\mathbf{z}^* = \mathbf{B} \cdot \mathbf{x}^{\mathbf{eff}} + \mathbf{E} \cdot \mathbf{x}_0^{\mathbf{eff}}$, mit $h=i$.

auch in Form einer Produktionsfunktion

(593) $\mathbf{z}^* = Z\left(\mathbf{x}_0^{\mathbf{eff}}, \mathbf{x}^{\mathbf{eff}}\right)$

beschrieben werden. In dieser Hinsicht ist das aktivitätsanalytische Grundmodell T_{GM}^{akt} sogar zu dem inputorientierten Grundmodell T_{GM}^{in} äquivalent. An sich sind beide Modelle aber inkonsistent. Sie lassen sich nur über weitere Modellannahmen ineinander abbilden.

Eine solche Verbindung nimmt Seel (1991b) in Anlehnung an Evans (1972) in ihrem Standardmodell vor. Bei dem Standardmodell handelt es sich um ein lineares Optimierungs-

---

698 Siehe S. 140.

699 Siehe oben S. 312.

Modell, mit welchem das mathematische Verfahren der linearen Optimierung auf verschiedene, produktionstheoretisch begründbare Entscheidungsprobleme privater Haushalte angewendet werden kann. Grundlage bildet eine Datenbank, mit der Input-Outputvektoren zur Charakterisierung von Technologien definiert werden können[700]. Da das Standardmodell untrennbar mit einer Faktualisierung beider Grundmodelle verbunden ist, wird es weiter unten an entsprechender Stelle noch ausführlich erörtert.

Nach Seel (1991b) unterscheiden sich das aktivitätsanalytische Grundmodell T_{GM}^{akt} und das inputorientierte Grundmodell T_{GM}^{in} zum einen dadurch, dass in T_{GM}^{in} das monetäre Budget S_y nicht wie in T_{GM}^{akt} exogen vorgegeben ist, sondern über die Totaleinkommensrestriktion endogenisiert wird[701]. Dieser Bewertung kann entsprochen werden, sofern man sich ausschließlich auf das Modell der Güternachfrage von Lancaster (1966a) bezieht. Das von Lancaster entwickelte Modell des Arbeitsangebots T_{GM}^{akt} beruht indessen ebenso wie T_{GM}^{in} auf einer Totaleinkommensrestriktion. Der Haushalt kann entweder ausschließlich Freizeitaktivitäten realisieren ($S_T = \mathbf{w}' \cdot \mathbf{x}_0^{\mathbf{eff}}$) oder ausschließlich Erwerbsarbeits/Konsum-Aktivitäten ($S_T = \mathbf{p}' \cdot \mathbf{x}^{\mathbf{eff}}$) oder Kombinationen aus beiden[702]. Seel (1991b) führt zum anderen an, dass das inputorientierte Grundmodell von Becker T_{GM}^{in} es nahe legt, „außer Marktgütern **x** auch die Haushaltszeit T_H (hier T^{ne}, d. Verf.in) als ein Gut aufzufassen, das in alternative Aktivitäten k (hier **h**, d. Verf.in) einfließen kann“[703]. Dies ist dann auch der wesentliche konzeptionelle Unterschied, der für eine Implikationsbeziehung zwischen beiden Modellen zu bedenken ist.

Die aus dem aktivitätsanalytischen Grundmodell T_{GM}^{akt} abgeleitete Produktionsfunktion (593) bringt zum Ausdruck, dass die beiden Produktionsfaktoren Freizeit $\mathbf{x}_0^{\mathbf{eff}}$ und Marktgüter $\mathbf{x}^{\mathbf{eff}}$ bzw. die beiden diesen unmittelbar zugeordneten Aktivitäten vollständig gegeneinander substituierbar sind. Demgegenüber unterstellt das inputorientierte Grundmodell T_{GM}^{in} mit $Z_r = Z_r\left(\mathbf{a}_r^{\mathbf{ne}}, \mathbf{b}_r\right)$ eine beschränkt-substitutionale Produktionsfunktion.

Das inputorientierte Grundmodell T_{GM}^{in} kann nur dann in dem aktivitätsanalytischen Grundmodell T_{GM}^{akt} abgebildet werden, wenn die von Lancaster (1966a) eingeführte Vereinfachung

(594) $\mathbf{x} \equiv \mathbf{h}, \mathbf{x}_0 \equiv \mathbf{h}$, mit $h = i$,

aufgehoben wird, wonach von einer Identität zwischen Gütern und Aktivitäten ausgegangen wurde. Denn um der Vorgabe der inputorientierten Produktionsfunktion Rechnung tragen zu können, dass Produktionsfaktoren möglicherweise nur beschränkt substituierbar sind, muss

---

[700] Siehe Seel (1991b), S. 5.

[701] Siehe Seel (1991b), S. 41.

[702] Siehe die Bedingung (578) auf S. 312.

[703] Siehe Seel (1991b), S. 39.

der Zusammenhang zwischen den beiden Produktionsfaktoren Freizeit $\mathbf{x}_0$ und Marktgüter $\mathbf{x}$ und der Bereitstellung von Gütereigenschaften $\mathbf{z}$ in Relation zu den Aktivitäten $\mathbf{h}$ formuliert werden. Mit Bezug auf die Bereitstellung von Gütereigenschaften aus Marktgütern existiert diese Relation bereits. Denn es gilt:[704]

(572) $\mathbf{z} = \mathbf{B} \cdot \mathbf{h}^{\mathbf{e}} \cdot \frac{w}{p} \Leftrightarrow \mathbf{z} = \mathbf{x} \cdot \mathbf{B}$.

Um den Möglichkeiten der beschränkten Faktorsubstitution sämtlich Rechnung tragen zu können, muss folglich nur noch die Freizeit $\mathbf{x}_0$ als Inputmenge von Aktivitäten $\mathbf{h}$ zur Bereitstellung von Gütereigenschaften $\mathbf{z}$ beschrieben werden. Der Zusammenhang zwischen solchen Freizeitaktivitäten $\mathbf{h}^{\mathbf{ne}}$ und der effizienten Inputmenge $\mathbf{x}_0^{\mathbf{eff}}$ kann mit Bezug auf einzelne Zeitabschnitte j und Haushaltsendgüter r über den aus dem inputorientierten Grundmodell bekannten Technologievektor $\mathbf{a}_{\mathbf{r}}^{\mathbf{ne}} = (a_{1r}^{ne},\ldots,a_{jr}^{ne})$ beschrieben werden, mit dem dort der Aufwand an Nichterwerbsarbeitszeit mit Bezug auf die Bereitstellung von Haushaltsendgütern erfasst wird:

(595) $\mathbf{x}_0^{\mathbf{eff}} = \frac{\mathbf{h}^{\mathbf{ne}}}{a_{jr}^{ne}}$, mit $h = i$, für $j = 1,\ldots,J$ und $r = 1,\ldots,R$.

Eingesetzt in (573) $\mathbf{z} = \mathbf{E} \cdot \mathbf{x}_0$[705] ergibt:

(596) $\mathbf{z} = \mathbf{E} \cdot \mathbf{h}^{\mathbf{ne}} \cdot \frac{1}{a_{jr}^{ne}}$.

Werden die definierten Relationen (595) und (596) in den Ausdruck (574) eingesetzt, mit dem beschrieben wurde, dass die Gütereigenschaften über Marktgüter und Freizeit bereitgestellt werden[706]:

(574') $\mathbf{z}^* = \mathbf{B} \cdot \mathbf{x}^{\mathbf{eff}} + \mathbf{E} \cdot \mathbf{x}_0^{\mathbf{eff}}$

so ergibt dies schließlich einen Ausdruck, der den Zusammenhang zwischen den beiden effizient genutzten Produktionsfaktoren Freizeit $\mathbf{x}_0^{\mathbf{eff}}$ und Marktgüter $\mathbf{x}^{\mathbf{eff}}$ und der Bereitstellung von Gütereigenschaften $\mathbf{z}^*$ in Relation zu den Aktivitäten $\mathbf{h}^{\mathbf{e}}$ und $\mathbf{h}^{\mathbf{ne}}$ beschreibt:

(597) $M_{29}: \mathbf{z}^* = \mathbf{B} \cdot \mathbf{h}^{\mathbf{e}} \cdot \frac{w}{p} + \mathbf{E} \cdot \mathbf{h}^{\mathbf{ne}} \cdot \frac{1}{a_{jr}^{ne}} = \mathbf{B} \cdot \mathbf{x}^{\mathbf{eff}} + \mathbf{E} \cdot \mathbf{x}_0^{\mathbf{eff}}$, mit $\mathbf{h} \equiv \mathbf{h}^{\mathbf{e}} + \mathbf{h}^{\mathbf{ne}}$.

Die Bedingungen für die optimale Kombination der Aktivitäten $\mathbf{h}^{\mathbf{e}}$ und $\mathbf{h}^{\mathbf{ne}}$ ergeben sich mit (597) aus der Minimierung der folgenden Lagrange-Funktion:

(598) $L(\mathbf{h}^{\mathbf{e}},\mathbf{h}^{\mathbf{ne}}) = K(\mathbf{h}^{\mathbf{e}},\mathbf{h}^{\mathbf{ne}}) + \lambda'\left(\mathbf{z}^* - \mathbf{B} \cdot \mathbf{h}^{\mathbf{e}} \cdot \frac{w}{p} - \mathbf{E} \cdot \mathbf{h}^{\mathbf{ne}} \cdot \frac{1}{a_{jr}^{ne}}\right) \rightarrow \min!$

---

[704] Siehe oben S. 311.

[705] Siehe oben S. 311.

[706] Siehe oben S. 312.

$$(599)\ \frac{\partial L}{\partial h_h^e} = \frac{\partial K}{\partial h_h^e} - \boldsymbol{\lambda}' \cdot \mathbf{B} \cdot \frac{w}{p} = 0$$

$$(600)\ \frac{\partial L}{\partial h_h^{ne}} = \frac{\partial K}{\partial h_h^{ne}} - \boldsymbol{\lambda}' \cdot \mathbf{E} \cdot \frac{1}{a_{jr}^{ne}} = 0$$

$$(601)\ \frac{\partial L}{\partial \lambda_e} = \mathbf{z}^* - \mathbf{B} \cdot \mathbf{h}^e \cdot \frac{w}{p} - \mathbf{E} \cdot \mathbf{h}^{ne} \cdot \frac{1}{a_{jr}^{ne}}.$$

Hieraus folgt als Bedingung für die optimale Kombination der Aktivitäten:

$$(602)\ \left|\frac{dh_h^e}{dh_h^{ne}}\right|_{K^*} = \frac{\mathbf{E} \cdot \frac{1}{a_{jr}^{ne}}}{\mathbf{B} \cdot \frac{w}{p}} \Rightarrow \left|\frac{dh_h^e}{dh_h^{ne}}\right|_{K^*} \cdot \frac{w}{p} = \frac{\mathbf{E} \cdot \frac{1}{a_{jr}^{ne}}}{\mathbf{B}},$$

mit **B** als nicht singuläre und quadratische *exh*-Matrix.

Dies entspricht im speziellen Fall linear-homogener Produktionsfunktionen der Bedingung für die Minimalkostenkombination im inputorientierten Grundmodell T_{GM}^{in}[707]:

$$(419')\ \left|\frac{db_{ir}}{da_{jr}^{ne}}\right|_{K^*} = \frac{w_j}{p_i}.$$

Damit aus (602) die Minimalkostenkombination (419') des inputorientierten Modells folgt, müssen offenbar lediglich folgende Voraussetzungen erfüllt sein:

$$(603)\ M_{30}: \left|\frac{dh_h^e}{dh_h^{ne}}\right|_{K^*} = 1, \quad \frac{\mathbf{E}}{\mathbf{B}} = b_{ir}.$$

Die Substitutionsrate zwischen den Konsum- und Freizeitaktivitäten h_h^e und h_h^{ne} muss gleich Eins sein. Ferner muss das Verhältnis zwischen den Technologien **E** und **B** durch die Koeffizienten b_{ir} des Technologievektor $\mathbf{b_r}$ festgelegt sein. Dies bedeutet letztlich auch, dass die Relation zwischen beide Aktivitätsvektoren über einen einheitlichen Aktivitätsvektor **h** darstellbar sein muss:

$$(604)\ \mathbf{h} = \frac{\mathbf{h}^e}{b_{ir}}$$

$$(605)\ \mathbf{h} = \frac{\mathbf{h}^{ne}}{a_{jr}^{ne}}.$$

Auf der Basis von (604) und (605) folgt:

[707] Siehe oben S. 254.

$$dh_h = \frac{dh_h^e}{db_{ir}} = \frac{dh_h^{ne}}{da_{jr}^{ne}}$$

$$(606) \Rightarrow \frac{dh_h}{dh_h^{ne}} \cdot db_{ir} = \frac{dh_h^e}{dh_h^{ne}} = \frac{db_{ir}}{da_{jr}^{ne}}.$$

$$\Rightarrow \frac{dh_h}{dh_h^e} \cdot da_{jr}^{ne} = \frac{dh_h^{ne}}{dh_h^e} = \frac{da_{jr}^{ne}}{db_{ir}}$$

und mit der Modellannahme M_{30}: $dh_h^e / dh_h^{ne} = 1$:

$$(606') \quad \frac{dh_h}{dh_h^{ne}} \cdot db_{ir} = \frac{dh_h}{dh_h^e} \cdot da_{jr} = 1 \Rightarrow \frac{\frac{dh_h}{dh_h^{ne}}}{\frac{dh_h}{dh_h^e}} = \frac{da_{jr}}{db_{ir}}.$$

Danach kann aus (602) mit der Modellannahme M_{30} tatsächlich die Minimalkostenkombination (419') des inputorientierten Modells abgeleitet werden. Hieraus kann geschlossen werden, dass mit den Modellannahmen M_{29} aus (597) und M_{30} aus (603) das inputorientierte Grundmodell T_{GM}^{in} über eine heterogene Reduktionsbeziehung aus dem aktivitätsanalytischen Grundmodell T_{GM}^{akt} ableitbar ist:

(607) $T_{GM}^{akt} \Rightarrow T_{GM}^{in}: M_{29} \wedge M_{30} \wedge T_{GM}^{akt}$ (siehe Z.4, Sp.1 in Übersicht III-13).

Abb. III-25 zeigt zudem, dass beide Modellannahmen implizit in dem „erweiterten Lancaster'schen Modell" nach Seel (1991b) enthalten sind und dieses Modell insofern, der Implikationsbeziehung (607) gemäß, zu dem inputorientierten Grundmodell T_{GM}^{in} äquivalent ist. In den Sp.2 bis 7 befinden sich die unabhängigen Variablen, von denen die mit den Vektoren $\mathbf{h^e}$ und $\mathbf{h^{ne}}$ erfassten Variablen gegenüber der Fassung von Seel hinzugenommen wurden[708]. Hierdurch erfolgt eine Aufschlüsselung der Aktivitäten $\mathbf{h}$ (Sp.3) in die Erwerbsarbeits/Konsum-Aktivitäten $\mathbf{h^e}$ und die Freizeitaktivitäten $\mathbf{h^{ne}}$. Den Zusammenhang zwischen der expliziten Formulierung in dem Modell nach Seel:

(608) $\mathbf{z} = \mathbf{B} \cdot \mathbf{h}$ $\qquad \mathbf{z}^* = (Z_1, \ldots, Z_R)$

und der diesem Modell zu Grunde liegenden impliziten Formulierung beschreibt der eingerahmte Ausschnitt aus dem Tableau. Hierfür gilt:

$$(597)\ \mathbf{z}^* = \mathbf{B} \cdot \mathbf{x}^{\mathbf{eff}} + \mathbf{E} \cdot \mathbf{x}_0^{\mathbf{eff}} = \mathbf{B} \cdot \mathbf{h^e} \cdot \frac{w}{p} + \mathbf{E} \cdot \mathbf{h^{ne}} \cdot \frac{1}{a_{jr}^{ne}}, \text{ mit } \mathbf{z}^* = (Z_1, \ldots, Z_E)$$

(604) $-b_{ir} \cdot \mathbf{h} + \mathbf{h^e} = 0$

(605) $-a_{jr}^{ne} \cdot \mathbf{h} + \mathbf{h^{ne}} = 0$

Das Gleichungssystem (597) entspricht der Modellannahme M_{29}. Die Modellannahme M_{30} ist wie gezeigt wurde in (604) und (605) enthalten.

[708] Siehe Seel (1991b), S. 43.

Nr.	*1*	*2*	*3*	*4*	*5*	*6*	*7*
1		$x_r \equiv x^{eff}$	h	h^e	h^{ne}	$t_r^{ne} \equiv x_0^{eff}$	T^e
2	$z = (Z_1, \ldots, Z_R)$		**B**				
3			$-b_{ir}$	1			
4			$-a_{jr}^{ne}$		1		
5	$z = (Z_1, \ldots, Z_E)$	**B**				**E**	
6		**-I**		**A**			
7					$a_r^{ne'}$	-1	
8		*p*					*-w*
9	*T*					1'	1

Abb. III-25 *Erweitertes Lancaster'sches Modell von Seel (1991b)*[709]

Abschließend lässt sich festhalten, dass die Reichweite des aktivitätsanalytischen Grundmodells nach Lancaster (1966a) sich einerseits auf die Präferenzordnung als Bestimmungsgrund der Erwerbsarbeitszeit erstreckt; vergleichbares galt auch für die anderen Grundmodelle (siehe Z.2a in Übersicht III-1). Das Besondere an dem aktivitätsanalytischen Grundmodell ist, dass der Einfluss des Reallohnsatzes als weiterer Bestimmungsgrund der Erwerbsarbeitszeit nach (581) modellendogen in Abhängigkeit von dem effizienten Rand der Erwerbs- und Konsumtechnologie bestimmt wird, der im Sinne des inputorientierten Grundmodells als Produktionsfunktion interpretiert werden kann (siehe Z.2b, Sp. 5).

1.3.3.2 Spezielle Modelle

Zu dem aktivitätsanalytischen Grundmodell T_{GM}^{akt} existieren nur wenige spezielle Modelle. Das bekannteste von ihnen wurde von Evans (1972) mit der Zielsetzung entwickelt, die Allokation der Zeit über die Grenzkosten der verschiedenen Verwendungsweisen der Zeit zu erklären[710]. Im Grundmodell können nur solche Grenzkosten ermittelt werden, die besagen, wie viel eine bestimmte Gütereigenschaft kostet. Die Zielsetzung von Evans erfordert, dass neben der Zeitrestriktion für die Gesamtzeit jede Aktivität, die über einen Zeitinput realisiert wird, über eine eigene Zeitrestriktion erfasst wird[711]. Nicht notwendig hiermit verknüpft ist

---

709 Mit leichten Veränderungen in der Notation und Anordnung, siehe Seel (1991b), S. 43.

710 Siehe Evans (1972), S. 7 ff.

711 Siehe Evans (1972), S. 9.

die zweite Modifikation, die Evans (1972) in seinem Modell vornimmt, indem er das neoklassische Indifferenzprinzip unmittelbar auf diese Aktivitäten bezieht, an Stelle der Gütereigenschaften[712].

Sein Modell ist durch folgendes Optimierungsproblem gekennzeichnet[713]:

(609) $U = U(\mathbf{h}) \to \max!$

(610) $\mathbf{p}' \cdot \mathbf{A} \cdot \mathbf{h} \leq 0$

(611) $\mathbf{1}' \cdot \mathbf{B} \cdot \mathbf{h} \leq 0$

(612) $\mathbf{1}' \cdot \mathbf{h} = T$

(613) $\mathbf{h} \geq 0$.

Der Vektor **h** definiert - wie im Grundmodell - die Erwerbsarbeits- und Konsumaktivitäten, diese werden jedoch nunmehr über die Restriktion (612) ausdrücklich in Zeiteinheiten erfasst. Die Geldrestriktion (610) besagt, dass jede Aktivität einen bestimmten Marktgüterinput erfordert, für den ein Preis zu entrichten ist. Der Input an Marktgütern wird durch die Matrix **A** beschrieben. Arbeitsaktivitäten ermöglichen eine in negativen Einheiten gerechnete Inputmenge $-\mathbf{p}' \cdot \mathbf{A} \cdot \mathbf{h}$, Konsumaktivitäten eine in positiven Einheiten gerechnete Inputmenge $\mathbf{p}' \cdot \mathbf{A} \cdot \mathbf{h}$. Die Restriktion (611) verknüpft einzelne Aktivitäten über die Technologiematrix **B** miteinander. Die Nichtnegativitätsbedingung für die Aktivitäten wird schließlich über (613) erfasst.

Evans (1972) schlägt vor, die Nutzenfunktion unter Gültigkeit der Nebenbedingungen in Ungleichungsform mit Hilfe des Kuhn-Tucker-Theorems zu lösen. Der besseren Vergleichbarkeit wegen wird hier stattdessen das Lagrange-Verfahren gewählt. Um die Nebenbedingungen in Gleichungen umzuformen, werden die Surplusvariablen s_1 und s_2 eingeführt. Dabei ist $s_i \cdot \lambda = 0$, wonach für $s_i > 0$ gilt, dass $\lambda = 0$, und für $s_i = 0$ gilt, dass $\lambda > 0$ ist:

(614) $$L(\mathbf{h}, \lambda_1, \lambda_2, \lambda_3) = U(\mathbf{h}) + \lambda_1(s_1 - \mathbf{p}' \cdot \mathbf{A} \cdot \mathbf{h}) + \lambda_2(s_2 - \mathbf{1}' \cdot \mathbf{B} \cdot \mathbf{h}) + \lambda_3(\mathbf{1}' \cdot \mathbf{h} - T) \to \max!$$

Die Bedingungen für das Vorliegen eines Extremwertes lauten:

(615) $$\frac{\partial L}{\partial h_h} = \frac{\partial U}{\partial h_h} - \lambda_1 \cdot \mathbf{p}' \cdot \mathbf{A} - \lambda_2 \cdot \mathbf{1}' \cdot \mathbf{B} + \lambda_3 \cdot \mathbf{1}' = 0$$

(616) $$\frac{\partial L}{\partial \lambda_1} = s_1 - \mathbf{p}' \cdot \mathbf{A} \cdot \mathbf{h} = 0$$

(617) $$\frac{\partial L}{\partial \lambda_2} = s_2 - \mathbf{1}' \cdot \mathbf{B} \cdot \mathbf{h} = 0$$

(618) $$\frac{\partial L}{\partial \lambda_3} = \mathbf{1}' \cdot \mathbf{h} - T = 0.$$

---

[712] Siehe Evans (1972), S. 14.

[713] Siehe Evans (1972), S. 14.

Hieraus folgt für das Haushaltsgleichgewicht:

$$(619)\ \frac{\partial U}{\partial h_h} = \lambda_1 \cdot \mathbf{p'}\!\cdot\!\mathbf{A} + \lambda_2 \cdot \mathbf{1'}\!\cdot\!\mathbf{B} - \lambda_3 \cdot \mathbf{1'},$$

wonach der Grenznutzen aus jeder Aktivität ihrem Schattenpreis entsprechen muss, der sich zusammensetzt aus den Schattenpreisen, die das Einhalten der Geldrestriktion $(\lambda_1 \cdot \mathbf{p'}\!\cdot\!\mathbf{A})$ sowie der Technologierestriktion $(\lambda_2 \cdot \mathbf{1'}\!\cdot\!\mathbf{B})$ kostet, abzüglich des Schattenpreises $((\lambda_3 \cdot \mathbf{1'})$, den die Zeitrestriktion kostet. Steht dem Haushalt die Wahl zwischen Aktivitäten frei, dann wird er eine Aktivität realisieren, für die gilt, dass die Summe aus den ersten beiden Schattenpreisen mindestens gleich dem Schattenpreis der Zeit ist[714]:

$$(620)\ \lambda_1 \cdot \mathbf{p'}\!\cdot\!\mathbf{A} + \lambda_2 \cdot \mathbf{1'}\!\cdot\!\mathbf{B} \geq \lambda_3 \cdot \mathbf{1'}.$$

Übersteigt der Schattenpreis der Zeit die anderen Schattenpreise:

$$(621)\ \lambda_1 \cdot \mathbf{p'}\!\cdot\!\mathbf{A} + \lambda_2 \cdot \mathbf{1'}\!\cdot\!\mathbf{B} < \lambda_3 \cdot \mathbf{1'},$$

so kostet die Aktivität mehr als das Einhalten der Geld- und Technologierestriktion und wird wegen des hieraus resultierenden negativen Grenznutzens im Haushaltsgleichgewicht nicht realisiert werden.

Evans (1972) weist ausdrücklich darauf hin, dass sein Modell angesichts dieser Wahlmöglichkeit unter den Aktivitäten den Umfang der Erwerbsarbeitszeit und die Partizipationsentscheidung simultan zu erklären vermag[715]. Denn in seinem Modell wird eine Arbeitsaktivität entweder nicht oder nur in einem bestimmten zeitlichen Umfang realisiert.

Das Modell von Evans (1972) T_{VR}^{akt} folgt über eine heterogene Reduktionsbeziehung aus dem aktivitätsanalytischen Grundmodell T_{GM}^{akt}:

$$(622)\ T_{GM}^{akt} \Rightarrow T_{VR}^{akt}: M_{31} \wedge T_{GM}^{akt} \qquad \text{(siehe Z.4, Sp.2 in Übersicht III-13).}$$

Dazu ist die Annahme erforderlich, dass nicht die Aktivitäten **h** die unabhängigen Variablen der Nutzenfunktion *U( )* darstellen, sondern das Produkt aus der Matrix **B** und **h**. Wobei wie in T_{GM}^{akt} eine Identität von **x** und **h** zu unterstellen ist. Über dieses Produkt sind in T_{GM}^{akt} bekanntlich die Gütereigenschaften **z** definiert, die - technologisch beschrieben über die Matrix **B** - aus den Aktivitäten **h** erzeugt werden können. Es gilt:

$$(623)\ M_{31}: U(\mathbf{z}) \equiv U(\mathbf{B}\cdot\mathbf{h}) \equiv U(\mathbf{B}\cdot\mathbf{x}), \text{mit} \quad \mathbf{z} = \mathbf{B}\cdot\mathbf{h} = \mathbf{B}\cdot\mathbf{x}.$$

Mit M_{31} folgt aus[716]:

$$(563)\quad L = U(\mathbf{z}) + \omega\left(\boldsymbol{\lambda}'\mathbf{z} - \mathbf{p'}\!\cdot\!\mathbf{x}^{\mathbf{eff}}\right) \rightarrow \max!.$$

wegen

---

714 Siehe Evans (1972), S. 15.

715 Siehe Evans (1972), S. 15.

716 Siehe oben S. 309.

$$
(624)\quad \begin{aligned} &L(\mathbf{z},\omega,\lambda_4,\lambda_5) \\ &= U(\mathbf{z})+\omega\left[\lambda_4\left(s_1-\mathbf{p}'\cdot\mathbf{x}^{\mathbf{eff}}\right)+\lambda_5\left(s_2-\mathbf{1}'\cdot\mathbf{z}\right)\right]\rightarrow \max! \end{aligned}
$$

der Lagrange-Ansatz in (614), wobei $\omega \cdot \lambda_4 = \lambda_1, \omega \cdot \lambda_5 = \lambda_2$.

Nr.	*1*	*2*
1	Modell der Grenznutzenschule $T_M^{GNS} \Leftrightarrow M^{GNS} \wedge G^{GNS} \wedge G^{NK} \rightarrow E_2^{GNS}$	
2		Neoklassisches Grundmodell $T_{GM}^{NK}: M_1 \wedge M_2 \wedge T_M^{GNS} \wedge G^{NK}$
3	Aktivitätsanalytisches Grundmodell $T_{GM}^{akt}: S_1^{akt} \wedge M_2 \wedge M_{28} \wedge T_M^{GNS} \wedge G^{NK}$ $T_{GM}^{akt}: S_1^{akt} \wedge M_{28} \wedge T_{GM}^{NK}$ $S_1^{akt}: \frac{\partial U\left(Z_e(\mathbf{x}^{\mathbf{eff}},\mathbf{x}_0^{\mathbf{eff}})\right)}{\partial Z_e \partial x_i^{eff}\,\partial x_{0i}^{eff}} > 0, \quad \frac{\partial^2 U\left(Z_e(\mathbf{x}^{\mathbf{eff}},\mathbf{x}_0^{\mathbf{eff}})\right)}{\partial^2\left(Z_e(\mathbf{x}^{\mathbf{eff}},\mathbf{x}_0^{\mathbf{eff}})\right)} < 0$ $M_{28}: \mu_i = \frac{x_i}{t_i} \overset{!}{\equiv} \mu_5 = \frac{w}{p} = \frac{1}{p}\cdot\frac{\lambda_e \cdot Z_e}{\mathbf{1}'\cdot\mathbf{x}_0^{\mathbf{eff}}} - \frac{\mathbf{1}'\cdot\mathbf{x}^{\mathbf{eff}}}{\mathbf{1}'\cdot\mathbf{x}_0^{\mathbf{eff}}} = \frac{\mathbf{1}'\cdot\mathbf{x}^{\mathbf{eff}}}{\mathbf{1}'\cdot\mathbf{x}_0^{\mathbf{eff}}} + \frac{w}{p} - \frac{\mathbf{1}'\cdot\mathbf{x}^{\mathbf{eff}}}{\mathbf{1}'\cdot\mathbf{x}_0^{\mathbf{eff}}}$	
4	Inputorientiertes Grundmodell (= erweitertes Lancaster'sches Modell nach Seel 1991b) $T_{GM}^{in}: M_{29} \wedge M_{30} \wedge T_{GM}^{akt}$ $M_{29}: \mathbf{z}^* = \mathbf{B}\cdot\mathbf{h}^{\mathbf{e}}\cdot\frac{w}{p} + \mathbf{E}\cdot\mathbf{h}^{\mathbf{ne}}\cdot\frac{1}{a_{jr}^{ne}},$ mit $\mathbf{h} \equiv \mathbf{h}^{\mathbf{e}} + \mathbf{h}^{\mathbf{ne}}$ $M_{30}: \left\lvert \frac{dh_h^e}{dh_h^{ne}} \right\rvert_{K^*} = 1, \quad \frac{\mathbf{E}}{\mathbf{B}} = b_{jr}$	Modell von Evans (1972) $T_{VR}^{akt}: M_{31} \wedge T_{GM}^{akt}$ $M_{31}: U(\mathbf{z}) \equiv U(\mathbf{B}\cdot\mathbf{h}) = U(\mathbf{B}\cdot\mathbf{x})$ mit $\mathbf{z} = \mathbf{B}\cdot\mathbf{h} = \mathbf{B}\cdot\mathbf{x}$

Übersicht III-13 *Aktivitätsanalytische Grundmodell mit Variante und den Implikationsbeziehungen zu anderen Grundmodellen*

Ein Modell, welches spezielle Aussagen zu dem Zustandekommen der Nutzenvorstellungen erlaubt, existiert zu T_{GM}^{akt} nicht, obgleich Lancaster (1975) selbst entsprechende Vorüberlegungen entwickelt hatte, in denen er sich mit dem Problem beschäftigt, dass ein duopolistisches, nicht-kooperatives Individualnutzen-Familienbudget-Modell, welches auf seinem Grundmodell aufbaut, wegen der Möglichkeit einer Inhomogenität in den Grenzkosten der

Gütereigenschaften eine pareto-optimale Allokation nicht sicherstellen kann[717]. Im Zusammenhang mit den neoklassischen Modellen wurde bereits darauf hingewiesen, dass duopolistische Modelle zusätzlich generell mit dem Problem behaftet sind, wegen des fehlenden Bezugs zwischen den Individualnutzenfunktionen eine Pareto-Optimalität auch auf der Nutzenebene nicht gewährleisten zu können[718]. Aus diesem Grunde werden die Überlegungen von Lancaster (1975) hier nicht als eigenes Modell dargestellt. Die Möglichkeit einer Inhomogenität in den Grenzkosten folgt aus der Bedingung (580)[719] für das Haushaltsgleichgewicht, wonach die Grenzkosten dem Grenznutzen der Gütereigenschaften entsprechen müssen. Das kann dazu führen, dass Personen, die auf Grund ihrer individuellen Nutzenfunktion verschiedenartige Kombinationen von Gütereigenschaften begehren, für dieselbe Gütereigenschaft unterschiedliche Grenzkosten bzw. Schattenpreise bezahlen müssen. Einheitliche Schattenpreise für alle Haushaltsmitglieder setzen im Falle individueller Nutzenfunktionen voraus, dass nicht mehr Güter eingesetzt werden als Gütereigenschaften entstehen und die Zahl der von allen Haushaltsmitgliedern nachgefragten Gütereigenschaften wenigstens so groß ist wie die Zahl der individuell nachgefragten. Dies folgt aus den Bedingungen für eine eindeutige Lösung linearer Optimierungsprobleme[720].

1.4 Ergebnis der Rekonstruktion

Die Rekonstruktion durch Gehaltsmaximierung ergibt insgesamt ein deduktiv-nomologisches Theoriensystem, das alle erörterten Modelle einbezieht. Dieses ist in Übersicht III-14 als Modell- bzw. Theorienbaum dargestellt. Grundlage bilden die Implikationsbeziehungen in der Art, wie sie durch Übersicht III-1 bis Übersicht III-13 dokumentiert sind. Modelle, die keine zusätzliche Erklärung liefern, sondern lediglich eines der aufgeführten Modelle stützen, wurden in dem Baum weggelassen. Beispielsweise kann das outputorientierte Grundmodell T_{GM}^{out} nicht nur - wie in dem Baum dargestellt - aus den Modellen T_{VR0}^{NK} und T_{VN0}^{out} deduziert werden[721], sondern es kann - wie erörtert wurde - ferner über die Modellannahmen M_2, M_4, M_5 sowie M_{16} direkt aus dem Modell der Grenznutzenschule T_M^{GNS} hergeleitet werden. Da die Modelle T_{VR0}^{NK} und T_{VN0}^{out} sich gleichermaßen aus T_M^{GNS} ableiten, liefert diese Beziehung zwischen T_{GM}^{out} und T_M^{GNS} jedoch keine zusätzliche Information. Sie ist redundant und wurde deshalb fortgelassen. Vergleichbares gilt u. a. für die

---

[717] Siehe Lancaster (1975), S. 118 f.

[718] Siehe S. 194.

[719] Siehe S. 312.

[720] Siehe Lancaster (1975), S. 120.

[721] Siehe Übersicht III-14, vierte und dritte Stufe von unten, mittleres Modell.

Beziehung zwischen neoklassischem Grundmodell T_{GM}^{NK} und T_{M}^{GNS} sowie inputorientiertem Grundmodell T_{GM}^{in} und T_{M}^{GNS}, die ebenfalls weggelassen wurden, weil beide Modelle sich auch aus speziellen Modellen zu T_{M}^{GNS} ableiten lassen.

Dennoch existieren auch alternative Implikationsbeziehungen, die in dem Modell- und Theorienbaum nicht fortgelassen werden, weil sie eben nicht auf einer Redundanz beruhen, sondern darauf, dass sich ein bestimmtes Modell alternativ über unterschiedliche Modellannahmen aus verschiedenen Modellen ableiten lässt. Implikationsbeziehungen dieser Art sind daran zu erkennen, dass zu dem entsprechenden Modell nicht nur *ein* Ast führt. Vorliegend betrifft dies mit Ausnahme des aktivitätsanalytischen Grundmodells T_{GM}^{akt} alle Grundmodelle, da diese alle alternativ über zwei Äste abgeleitet werden können. Hiervon kennzeichnet jedesmal der eine Ast einen Theorienübergang, der andere eine Implikation, die innerhalb der Theorie verbleibt, der das abgeleitete Grundmodell zugehört[722].

Auf der obersten Stufe des Baums befinden sich die Gesetzesaussagen G^{GNS} und G^{NK} der Grenznutzenschule bzw. Neoklassik. Ihre Anwendung auf die Erklärung des Arbeitsangebots privater Haushalte erfordert, dass die Antezedenzbedingungen S_1^{GNS}, S_2^{GNS} sowie S^{NK} erfüllt sind. Alle darunter aufgeführten Modelle lassen sich durch die gekennzeichneten Modellannahmen aus diesen Gesetzesaussagen deduzieren. Dies ergibt zwei Stämme mit etlichen Querverbindungen und Verzweigungen.

Der linke Stamm besteht aus vier Modellklassen. Die Klassen mit höherer Ordnungszahl stammen von den Klassen mit niedrigerer Ordnungszahl ab. Jede Klasse umfasst unter sich einzelne Modelle, denen gemeinsam zukommt, dass sie sich alle aus einem bestimmten Modell ihrer Modellklasse ableiten lassen. Die erste Klasse besteht aus dem Modell der Grenznutzenschule T_{M}^{GNS} und dem verallgemeinerten verhandlungstheoretischen Modell T_{VN2}. Die zweite Klasse besteht aus den drei speziellen Modellen der inputorientierten Produktionstheorie zum Zustandekommen von Nutzenvorstellungen T_{VN2}^{in}, T_{VN0}^{in} und T_{VN1}^{in}. Die dritte Klasse basiert auf dem verhandlungstheoretischen Modell der Neoklassik T_{VN2}^{NK} und umfasst alle Modelle der Neoklassik. Die vierte Klasse gründet auf dem verhandlungstheoretischen Modell der outputorientierten Produktionstheorie T_{VN2}^{out} und umfasst hier ebenfalls alle Modelle dieser Theorie.

722 Siehe Übersicht III-14 die unteren drei schattierten Modelle.

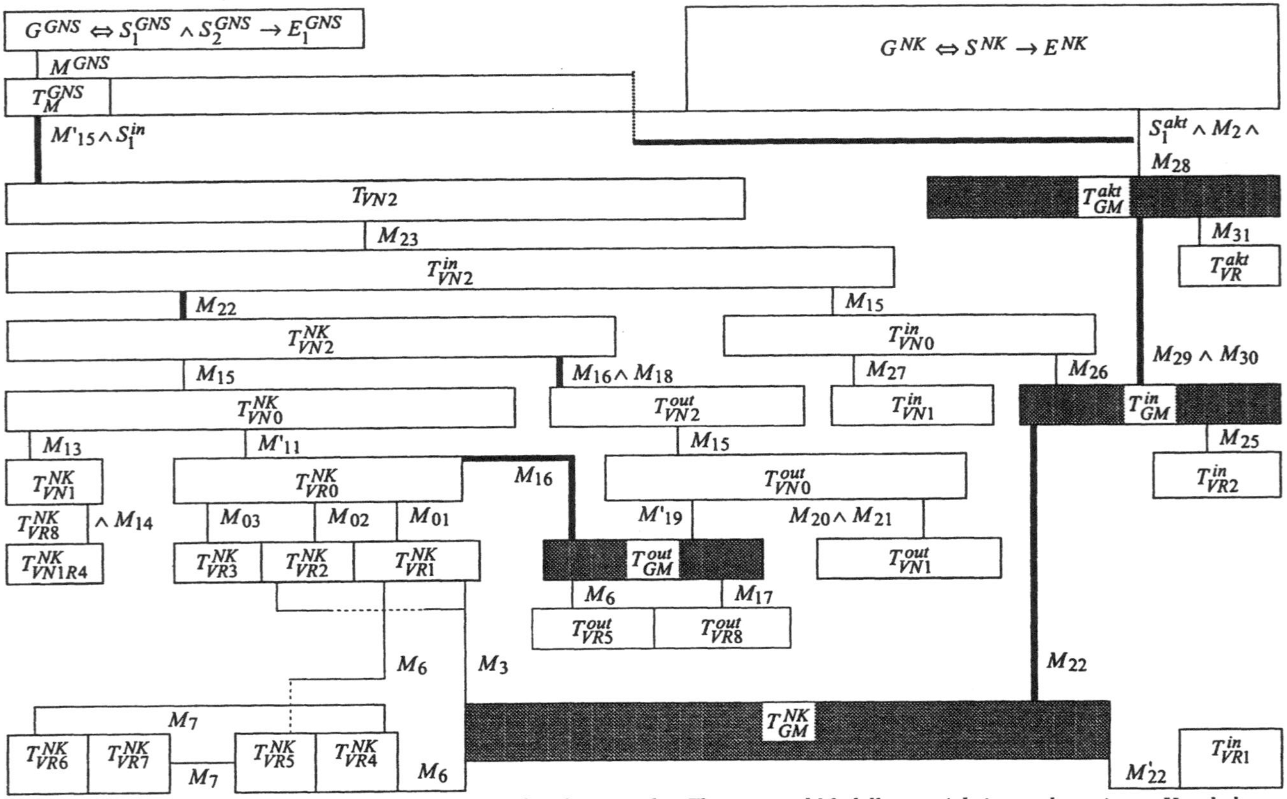

Übersicht III-14 *Deduktiv-nomologisches System mikroökonomischer Theorien und Modelle zum Arbeitsangebot privater Haushalte*

Der rechte Stamm wird nach der gleichen Systematik eingeteilt wie der linke Stamm. Er setzt sich zudem ebenfalls aus vier Modellklassen zusammen, wobei die erste Klasse nun allein aus dem Modell der Grenznutzenschule T_M^{GNS} besteht. Die zweite Klasse beruht auf dem aktivitätsanalytischen Grundmodell T_{GM}^{akt} und umfasst neben diesem das zweite hier beschriebene aktivitätsanalytische Modell T_{VR}^{akt}. Die dritte Klasse gründet auf dem inputorientierten Grundmodell T_{GM}^{in} und umfasst neben diesem das inputorientierte Modell mit Kuppelproduktion T_{VR2}^{in}. Die vierte Klasse beruht schließlich auf dem neoklassischen Grundmodell T_{GM}^{NK} und beinhaltet neben diesem das inputorientierte Modell mit linear-limitationaler Produktionsfunktion T_{VR1}^{in}.

Es sei an dieser Stelle nochmals daran erinnert, dass ein Modell, welches über eine Modellannahme aus einem anderen Modell abgeleitet wurde, in der Regel das Speziellere von beiden ist. Sicher ist dies aber nicht. Entscheidend ist letztlich der Gehalt der zu Grunde gelegten Anwendungsbedingungen. Dies zeigt hier die Beziehung zwischen dem Modell der Grenznutzenschule T_M^{GNS} und dem verallgemeinerten verhandlungstheoretischen Modell T_{VN2}. Das Modell T_{VN2} ist logisch stärker, obwohl es sich aus T_M^{GNS} ableitet[723].

In einem Theoriensystem kann prinzipiell jede Aussage zur Modellannahme erklärt werden[724]. Eine Modellannahme muss expliziert werden, während eine Aussage auch implizit (also als Implikation) gelten kann. Daher ist nicht auszuschließen, dass es zu dem vorliegend entwickelten Theoriensystem und mit ihm zu dem Modell- und Theorienbaum in Übersicht III-14 noch Alternativen gibt, in denen die aufgefundenen Modelle mit anderen als den hier gewählten und explizierten Modellannahmen rekonstruiert würden.

Auch kann alternativ jede Modellannahme zur Antezedenzbedingung einer Gesetzesaussage erklärt werden. Dieser Weg wurde bewusst nicht eingeschlagen, denn er hätte zu einer Vielzahl logisch nicht miteinander verbundener Theorien geführt. Maßgeblich für die Kennzeichnung und Auswahl der Modellannahmen war indes die Zielsetzung, alle logischen Beziehungen zwischen den aufgefundenen Modellen aufzuspüren und diese innerhalb eines deduktiv-nomologischen Theoriensystems nach Weglassen redundanter Modellspezifikationen vollständig darzustellen. Die Verästelungen kennzeichnen alle logischen Beziehungen als deduktiv-nomologische Implikationen. Widersprechen können sich nur solche Modelle, zwischen denen keine absteigende Implikationsbeziehung besteht, also beispielsweise im linken Stamm Modelle aus den beiden Abzweigungen, die von T_{VN2}^{in} (zweites Modell der zweiten Klasse) ausgehen und mit T_{VN2}^{NK} (erstes Modell der dritten Klasse) und T_{VN0}^{in} (drittes Modell der zweiten Klasse) beginnen[725]. Nicht widersprechen dürfen sich innerhalb

[723] Siehe Übersicht III-14, zweite und dritte Stufe von oben, links und der Hinweis auf S. 290 f.

[724] Siehe oben S. 41.

[725] Siehe fünfte Stufe von oben, erstes und zweites Modell von links.

der Abzweigungen die Modelle T_{VN2}^{in}, T_{VN2}^{NK} und T_{VN0}^{NK} (zweites Modell der zweiten Klasse, erstes und zweites Modell der dritten Klasse) bzw. T_{VN2}^{in}, T_{VN0}^{in} und T_{VN1}^{in} (zweites, drittes und viertes Modell der zweiten Klasse), weil sie in absteigender Linie aufeinander folgen. Dies folgt aus dem „modus tollens" der klassischen Logik[726]. Das Feststellen eines Widerspruchs setzt jedoch voraus, dass die den Modellen zugehörenden Modellannahmen an derselben Raum-Zeit-Stelle **m** erfüllt sind. Widersprüche innerhalb des Theoriensystems lassen sich folglich erst dann als solche kennzeichnen, wenn sich die entsprechenden Modellannahmen überhaupt praktisch bewähren können. Empirisch nur schwer nachprüfbare Modellannahmen erschweren den Nachweis bestehender Widersprüche. Im nächsten Schritt der Rekonstruktion, der Faktualisierung, wird es daher darum gehen, alle in dem rekonstruierten Theoriensystem enthaltenen Antezedenzbedingungen und Modellannahmen auf ihren Idealisierungsgrad hin zu untersuchen. Erst danach können mit den faktualisierten Modellen diejenigen ausgewählt werden, für die sich eine vergleichende empirische Überprüfung lohnen würde. Die anderen, idealisierten Modelle müssten erst entsprechend fortentwickelt werden, bis auch sie sich überprüfen lassen.

Zum jetzigen Zeitpunkt kann bereits geschlossen werden, dass, unabhängig von dem Ergebnis der Faktualisierung, die Rekonstruktion durch Gehaltsmaximierung bewirkt hat, dass die logische Beziehung zwischen den in der Übersicht III-14 grau schattierten Grundmodellen nur mit Bezug auf das outputorientierte Grundmodell auf einem Widerspruch beruhen kann. Alle anderen Modelle sind untereinander in absteigender Linie ableitbar. Aus dem aktivitätsanalytischen Grundmodell folgt das inputorientierte und aus diesem das neoklassische Grundmodell. Ferner bestehen zwischen den verschiedenen Grundmodellen bzw. ihren Varianten immerhin fünf Querverbindungen, die jeweils mit einem Theorienübergang verbunden sind (untere fünf fette Linien). Ein grundsätzlicher Unterschied zwischen neoklassischen und produktionstheoretischen Modellen kann vor diesem Hintergrund nicht festgestellt werden.

2 Zweiter Schritt: Rekonstruktion durch Faktualisierung

Bei der Faktualisierung kann zwischen qualitativer und quantitativer Faktualisierung unterschieden werden.

Die qualitative Faktualisierung bezieht sich auf die Identifikation faktischer und idealisierter Modelle. Faktische Modelle enthalten (realistische) Anwendungsbedingungen, die auf real existierende Dinge Bezug nehmen; idealisierte Modelle schließen über ihre (unrealistischen) Anwendungsbedingungen real existierende Dinge aus. Idealisiert sind Modelle auch dann, wenn nur einige ihrer Anwendungsbedingungen unrealistisch sind. Die qualita-

---

726 Siehe oben S. 110.

tive Faktualisierung ist über die Rekonstruktion der Modelle durch Gehaltsmaximierung bereits eingeleitet worden. Denn über die Explizierung aller Anwendungsbedingungen, die für die Theorien und Modelle im Theoriensystem relevant sind, wurden auch solche Bedingungen aufgedeckt, die in der Literatur in dieser Form bisher nicht dargestellt worden sind, die aber für die Erklärung des Explanandum durch die Modelle relevant sind. Die eigentliche qualitative Faktualisierung beinhaltet nunmehr den Nachweis von idealisierten und faktualisierten Anwendungsbedingungen. Geführt werden soll dieser in erster Linie über den Rückgriff auf die in der Literatur vorhandenen induktiv-statistischen Aussagen. Aus diesen soll geschlossen werden, wie wahrscheinlich das Eintreten der Ereignisse ist, die über die Anwendungsbedingungen der Theorien und Modelle unterstellt werden. Induktiv-statistische Aussagen, die im Theoriensystem nicht berücksichtigt werden konnten, können auf diese Weise noch nutzbringend sein. In einigen Fällen ist hierfür auch eine Erweiterung bzw. Explizierung der Modelle nötig.[727]

Bei Modellen, deren Implikationen nicht stetig von den numerischen Daten abhängen, die in das Modell eingehen, wird darüber hinaus eine quantitativ-parametrische Faktualisierung durchgeführt. Der Nachweis von Parameterbereichen, für die die Anwendungsbedingungen eines Modells als faktualisiert gelten kann, gründet sich auf Überlegungen der parametrischen Optimierung. Bei erfolgreichem Nachweis können die Modelle als parametrisch-faktische Modelle bezeichnet werden. Die Durchführung dieser Form der Faktualisierung setzt voraus, dass die Anwendungsbedingungen des betreffenden Modells zuvor über die qualitativen Faktualisierung zumindest stationär faktualisiert werden konnten[728].

Die Rekonstruktion der Modelle soll eine Falsifikation der Modelle vorbereiten, die dann aber nicht mehr Gegenstand der vorliegenden Arbeit ist. Da sich die Falsifikation eines Modells durch Falsifikation seiner Implikationen in dem Modell- und Theorienbaum, der in Übersicht III-14 dargestellt wird, nach oben ausbreiten würde, wird bei dem Verfahren der Faktualisierung der Anwendungsbedingungen den jeweils aufsteigenden Linien gefolgt. Begonnen wird auf den untersten Stufen der beiden Stämme des Theorienbaums.

2.1 Linker Stamm

Beim linken Stamm wird die unterste Stufe durch das neoklassische Modell T_{VR6}^{NK} der dritten Modellklasse beschrieben, welches eine progressiven Besteuerung des Erwerbsein-

---

[727] Zur Definition des Prozesses der Faktualisierung als schrittweiser Überführung einer idealisierten Aussage (Anwendungsbedingung, Implikation, Gesetzesaussage) bzw. eines idealisierten Aussagesystems (Modell) in eine faktische Aussage bzw. ein faktisches Aussagesystems, siehe Kap. II2.2.2.2.3, S. 99 ff.

[728] Siehe des Näheren S. 113.

kommens berücksichtigt. Mit der Überprüfung seiner Modellannahme M_7 wird daher begonnen. Danach werden in aufsteigender und querverlaufender Linie alle weiteren Modelle der dritten Modellklasse faktualisiert, anschließend die zweite und nachfolgend die erste Modellklasse. Mit der ersten Modellklasse wird schließlich das Modell der Grenznutzenschule erreicht. Die vierte Modellklasse des linken Stammes wird erst am Schluss faktualisiert, da sie zwei Querverbindungen zu der dritten Modellklasse aufweist. Eine spätere Falsifikation einzelner Modelle innerhalb dieser Modellklasse würde insofern immer nur einen Teil der dritten Modellklasse betreffen. Hiervon wären indes die zweite und erste Modellklasse insgesamt betroffen.

2.1.1 Dritte Klasse: Modelle der Neoklassik

2.1.1.1 Modelle zur Berücksichtigung der Besteuerung des Erwerbseinkommens

Die Modelle T_{VR4}^{NK} und T_{VR6}^{NK} berücksichtigen in ihrer Erklärung eines positiven Arbeitsangebots im Unterschied zu T_{GM}^{NK} bzw. T_{VR1}^{NK} auch den Einfluss, der von einer Besteuerung des Erwerbseinkommens ausgeht.[729]

Das Modell T_{VR4}^{NK} mit proportionaler Besteuerung erfordert für seine Ableitung aus T_{GM}^{NK} die Modellannahme $M_6: w \equiv w^N$, mit der unterstellt wird, dass die Lohnsätze, die in das Modell einbezogen werden, Nettolohnsätze sind. Diese Annahme ist an sich gut an der Realität überprüfbar. Sofern allerdings nur Daten zu den Bruttolohnsätzen existieren, müssen für die Ermittlung der Nettolohnsätze die Gesamt- und Grenzbelastungen durch Steuern aus den relevanten Daten (Steuerklasse, Freibeträge, sonstige Einkünfte, Sozialversicherungsbeiträge etc.) berechnet werden. Diese Daten müssen individuell erhoben werden, da sie unmittelbar von den Lebensverhältnissen der Person abhängen. Daten der geforderten Art stehen über das Sozio-oekonomische Panel (SOEP) des Deutschen Instituts für Wirtschaftsforschung, Berlin, zur Verfügung, in welchem seit 1984 jährlich eine Vielzahl repräsentativer Daten im Haushalts- und Personenkontext erhoben werden[730].

Das Modell T_{VR6}^{NK}, das mit der Modellannahme $M_7: w^N = w^B(1 - s(t^e))$ darüber hinaus eine progressive Besteuerung des Erwerbseinkommens voraussetzt, verlangt wegen M_7, dass der Nettolohnsatz w^N modellendogen aus der Erwerbsentscheidung t^e erklärt werden kann. Dass solche Berechnungen beispielsweise mit Hilfe von mikroanalytischen

---

[729] Siehe Übersicht III-3 und S. 158 ff.

[730] Siehe SOEP Group (2001).

Simulationsmodellen ebenfalls auf der Basis von Daten des Sozio-oekonomischen Panels empirisch fundiert werden können, zeigen die Ergebnisse von Wagenhals (2000)[731].

Problematischer erscheint es, dass mit den Modellannahmen M_6 und M_7 implizit davon ausgegangen wird, dass die Personen ihren Nettolohnsatz in ihren Arbeitsangebotsentscheidungen exakt wahrnehmen. Nach einer Untersuchung von König et al. (1995) sind die meisten Personen bzw. Haushalte dazu gar nicht in der Lage. Da die Autoren ferner zu dem Ergebnis gekommen sind, dass die Wahrnehmung des tatsächlichen Nettolohnsatzes mit steigendem Bildungsniveau und für Frauen mit Kindern genauer wird, könnte eine Erklärung des Arbeitsangebots, die ausschließlich auf der Grundlage tatsächlich beobachtbarer Nettolohnsätze erfolgt, mit einem systematischen Fehler behaftet sein[732]. Die Modellannahmen M_6 und M_7 hätten dann nur für einen ausgewählten Personenkreis Gültigkeit.

Die Modellannahmen M_6 und M_7 können daher nur unter der Voraussetzung als faktualisiert betrachtet werden, dass sich empirisch belegen lässt, dass die Differenzen zwischen der Wahrnehmung des Nettolohnsatzes und seinem tatsächlichen Wert nicht auf einen systematischen Fehler zurückzuführen sind, von dem die Erklärung des Arbeitsangebots über die Modelle T_{VR4}^{NK} und T_{VR6}^{NK} abhängt, der aber über diese Modelle nicht erfasst wird.

Die Größe dieses Fehlers ließe sich abschätzen, wenn jeweils mehrere gleichartige induktiv-statistische Erklärungen auf der Grundlage dieser Modelle zur Verfügung stünden. Der zufällige Fehler kann hierbei als normalverteilt angenommen werden. Die Ergebnisse $x_1,\ldots,x_I$ der wiederholten Versuche der Ermittlung der wahren Erklärung μ durch eines der Modelle könnten dann als Realisationen einer $N(\mu^*,\sigma^2)$-verteilten Zufallsgröße x_i aufgefasst werden. Der zufällige Fehler bei der i-ten Ermittlung der wahren Erklärung ist dann[733]:

(625) $e_i = x_i - \mu^*$.

Demgegenüber ist der systematische Fehler (= bias) gegeben durch:

(626) $b = \mu^* - \mu$.

Hieraus ergibt sich:

(627) $x_i = \mu + b + e_i$ = wahrer Wert + systematischer Fehler + zufälliger Fehler.

Mit den ermittelten Erklärungen $x_1,\ldots,x_I$ lassen sich $\mu^* = \mu + b$ und σ über die Standardabweichung als Streuungsmaß der Häufigkeitsverteilung schätzen:

---

731 Vgl. Wagenhals (2000), S. 201 ff.

732 Siehe König et al. (1995), S. 357 ff.

733 Vgl. hierzu und im Folgenden die Ausführungen von Hartung (1993), S. 321 ff. zu Messfehlern bei der Datengewinnung.

(628) $\sigma = \sqrt{\frac{1}{n-1}\sum_{i=1}^{I}(x_i - \bar{x})^2}$.

Über die Angabe von Konfidenzintervallen für μ^* und der Varianz σ^2 ließe sich schließlich ein Eindruck von der Größe und der Struktur des zufälligen Fehlers e_i gewinnen. Ist ein zufälliger Fehler vorhanden, der nicht den Annahmen der Normalverteilung genügt, muss ein systematischer Fehler vorliegen. In diesem Fall können die Modelle T_{VR4}^{NK} und T_{VR6}^{NK} die Daten nicht hinreichend erklären und wären folglich falsifiziert.

Zur Faktualisierung der Modelle ist demnach eine Ergänzung der Modellannahmen M_6 und M_7 um eine Annahme M_{6a} erforderlich, die sich auf den empirisch nachprüfbaren Sachverhalt bezieht, dass angesichts der Abweichungen zwischen der Wahrnehmung des Nettolohnsatzes und seinem tatsächlichen Wert kein systematischer Fehler in der Erklärung des Arbeitsangebots vorliegt:

(629) $M_{6a}: b = \mu^* - \mu \overset{!}{=} 0$.

Nur unter der Annahme von M_{6a} kann die Güte der Übereinstimmung der Modellannahmen M_6 und M_7 mit der Realität gemessen werden. Da sich nachfolgend das neoklassische Grundmodell T_{GM}^{NK} nur parametrisch faktualisieren lässt, gilt dies wegen des realistischen Gehalts der Modellannahmen M_6 und M_7 in Konjunktion mit M_{6a} auch für die Modelle T_{VR4}^{NK} und T_{VR6}^{NK}:

(630) $$\begin{aligned} T_{VR4}^{NK,Par} &\Leftrightarrow \forall \mathbf{m}\left[(M_6 \wedge M_{6a})^{Fa} \wedge T_{GM}^{NK,Par} \rightarrow E_{VR4}^{NK}\right] \\ T_{VR6}^{NK,Par} &\Leftrightarrow \forall \mathbf{m}\left[(M_7 \wedge M_{6a})^{Fa} \wedge T_{VR4}^{NK,Par} \rightarrow E_{VR6}^{NK}\right] \end{aligned}.$$

2.1.1.2 Grundmodell

Die Anwendung des neoklassischen Grundmodells T_{GM}^{NK} als Implikation aus T_{VR1}^{NK} setzt über die Modellannahme M_3 voraus, dass Haushalte keinerlei Nichterwerbseinkommen erhalten[734]. Zahlreiche induktiv-statistische Studien geben indes dazu Anlass, diese Annahme als unrealistisch zu bezeichnen. Sie bestätigen nicht nur, dass Haushalte in der Regel Nichterwerbseinkommen erhalten, sondern es werden auch signifikante, positive wie negative Zusammenhänge zwischen dem Erhalt von Nichterwerbseinkommen und dem Arbeitsangebot von Haushalten festgestellt[735].

[734] Siehe oben S. 148.

[735] Vgl. u. a. Merz (1990), Schultz (1990), Greenberg/Kosters (1973).

Wird T_{GM}^{NK} über die Modellannahme M_{22} aus T_{GM}^{in} abgeleitet, so setzt dieses dagegen voraus, dass keine Veränderungen im relativen Anteil der indirekten Kosten an den Produktionskosten von Haushaltsendgütern feststellbar sind[736].

Diese Annahme wäre einerseits erfüllt, wenn in den betrachteten Haushalten keine Haushaltsproduktion stattfände und der entgangene Verdienst $w \cdot T^{ne}$ aus der Verwendung von Nichterwerbsarbeitszeit folglich nicht mit der Produktion von Haushaltsendgütern in Verbindung gebracht werden kann. Hiervon kann aber nicht ausgegangen werden. Denn nach Berechnungen des Statistischen Bundesamtes auf der Grundlage einer 1991/92 durchgeführten, für das Bundesgebiet repräsentativen Zeitbudgetstudie beträgt die im Rahmen der Haushaltsproduktion geschaffene Wertschöpfung in der Bundesrepublik immerhin mehr als ein Drittel der Bruttowertschöpfung unserer Volkswirtschaft[737].

Modellannahme M_{22} wäre andererseits erfüllt, wenn bei Vorliegen einer Haushaltsproduktion der Anteil der indirekten Kosten, der aus dem Einsatz von Nichterwerbsarbeitszeit resultiert, an den gesamten Produktionskosten konstant ist. Der Verfasserin ist einerseits keine Studie zum Arbeitsangebot privater Haushalte bekannt, in der dieser Zusammenhang Gegenstand einer empirischen Untersuchung gewesen wäre. Andererseits fehlen die entsprechenden Daten zur Verwendung von Gütern und während einer bestimmten Zeit geleisteten Dienste in privaten Haushalten, mit denen Fragen dieser Art derzeit untersucht werden könnten[738]. Selbst mit dem Sozio-oekonomischen Panel (SOEP) ist es nicht möglich, Verknüpfungen zwischen dem Zeit- und Gütereinsatz in der Haushaltsproduktion herzustellen[739]. Das liegt einfach daran, dass die SOEP-Daten für diese Fragestellung auf zu hohem Aggregationsniveau erhoben werden. Beispielsweise wird im SOEP die Verwendung von Zeit für Hausarbeit nur über eine einzige Variable erfasst, die sich auf die von einer Person geleisteten Stunden pro Tag bezieht[740].

Eine repräsentative Erhebung von Input-Output-Relationen, welche Produktionstechnologien charakterisieren, dürfte mit Bezug auf den Haushalt im Vergleich zum Betrieb auch deutlich schwieriger, wenn nicht sogar unmöglich sein, einfach, weil schon dem Haushalt selbst, u. a. wegen der fehlenden Verpflichtung zur Rechnungslegung, die notwendigen Informationen hierfür fehlen; obgleich die Aussage, dass private Haushalte Marktgüter erst nutzen können, wenn sie diese in einen Produktionsprozess eingebracht haben, an sich sehr

736 Siehe vorliegend S. 269.

737 Siehe BMfFSFJ (1996), S. 64.

738 Vgl. zu dieser Problematik auch Juster/Stafford (1991), S. 488 u. 511 ff.

739 Siehe SOEP Group (2001).

740 Vgl. auch die entsprechende Bewertung der Datenlage bei Seel (1991b), S. 28.

realistisch erscheint[741]. Ohne die zur Faktualisierung von M_{22} erforderlichen Daten zum relativen Anteil der indirekten Kosten an den Produktionskosten muss die Modellannahme M_{22} als idealisiert betrachtet werden. Dann ist aber auch das neoklassische Grundmodell T_{GM}^{NK}, über die Implikation aus dem inputorientierten Grundmodell T_{GM}^{in}, qualitativ nicht zu faktualisieren.

Nun lässt sich aber, wie nachfolgend gezeigt wird, gerade auf die Implikationsbeziehung zwischen T_{GM}^{in} und T_{GM}^{NK} sehr gut das Verfahren der parametrischen Faktualisierung anwenden, sofern M_{22} mit den entsprechenden Daten stationär qualitativ faktualisiert werden könnte. Dies kann durch behelfsmäßige Überbrückung der bestehenden Datenlücken gezeigt werden. Eine Möglichkeit bietet die Anwendung des von Seel (1991b) entwickelten Standardmodells. Mit diesem lässt sich zeigen, dass T_{GM}^{in} Aussagen enthält, die besagen, für welche Parameter die zur Implikation von T_{GM}^{NK} aus T_{GM}^{in} erforderliche Modellannahme M_{22} empirisch erfüllbar und für welche Parameter sie nicht erfüllbar ist, sofern T_{GM}^{in} wahr ist. Die fehlenden Daten zu den Versorgungsleistungen privater Haushalte, die für eine empirische Überprüfung von T_{GM}^{in} notwendig wären, werden im Standardmodell mit Daten aus Expertenwissen beschrieben. Die Daten stammen u. a. aus der KTBL-Datensammlung, mit der sich wirtschaftliche Handlungen privater Haushalte hinsichtlich ihres Arbeitszeitbedarfs und ihrer Kosten auf der Grundlage verschiedener Verhaltensalternativen berechnen lassen. Bei der Datenerhebung stand nicht die Repräsentativität der Daten im Vordergrund, sondern das Ziel, anhand von Arbeitsversuchen unter „haushaltsähnlichen“ Gegebenheiten und anderem Expertenwissen Anhaltswerte für die Kalkulation und Planung von Versorgungsleistungen zu geben, wenn diese von hinreichend geübten Personen verrichtet werden. Arbeitsverfahren, die sich in den Anforderungen an die Gestaltung einer bestimmten Arbeitsaufgabe voneinander unterscheiden, wurden über entsprechend beschriebene Verhaltensalternativen abgebildet[742].

Das Standardmodell von Seel (1991b) beruht auf dem in Abb. III-25 in Tableau-Form dargestellten „erweiterten Lancaster'schen Modell“, welches dem inputorientierten Grundmodell T_{GM}^{in} äquivalent ist. Die Äquivalenz wurde anhand der Implikationsbeziehung (607) zwischen aktivitätsanalytischem Grundmodell T_{GM}^{akt} und inputorientiertem Grundmodell T_{GM}^{in} gezeigt[743]. Indes unterscheidet sich das Standardmodell in drei Punkten vom „erweiterten Lancaster'schen Modell“. Erstens werden konditionale Mindestbedarfsannahmen bezüglich der Haushaltsendgüter Z_r eingeführt, die vom Haushalt bereitzustellen sind. Die-

[741] Siehe hierzu auch die oben auf S. 276, in Fußnote 609 angesprochene Problematik, dass die Realitätsnähe eines Modells in der Literatur auch anders bewertet wird.

[742] Die KTBL-Datensammlung wurde nach fünfzehn Jahren das letzte Mal 1991 aufgelegt, siehe KTBL (1991a). Ausführliche Erläuterungen der Nutzenmöglichkeiten enthält KTBL (1991b).

[743] Siehe oben S. 321.

se und die zur Verfügung stehende Zeit T in ihren Verwendungsformen $\mathbf{1}'\cdot\mathbf{t}_r^{ne} = T^{ne}$ sowie T^e werden zweitens nach Personen differenziert erfasst. Drittens beschränkt sich das Modell zunächst einmal auf die Suche nach effizienten Z_r-Kombinationen. Präferenzüberlegungen können sich aber über Variationen der Mindestbedarfsannahmen anschließen[744].

Das Standardmodell enthält ein Programmsystem, mit dem auf der Grundlage einer individuellen Datenabfrage und der Struktur des „erweiterten Lancaster'schen Modells" verschiedene ökonomische Problemlagen privater Haushalte als lineare Optimierungsaufgaben dargestellt werden können. Zur Lösung der Optimierungsaufgaben wird die Simplex-Methode verwendet, bei der die Optimallösung nicht wie in der Differenzialrechnung in einem Schritt gefunden wird, sondern iterativ. Ausgehend von einer zulässigen Basislösung wird zunächst geprüft, ob diese optimal ist. Ist dies nicht der Fall, berechnet der Simplex-Algorithmus eine verbesserte zulässige Lösung. Diese wird wiederum auf Optimalität geprüft und gegebenenfalls weiter verbessert. Auf diese Weise wird fortgefahren, bis die optimale Lösung gefunden ist. Die Simplex-Methode verwendet zur Vereinfachung ein rechteckiges Schema, das nur die für die Berechnung notwendigen Konstanten und Koeffizienten des der Optimierungsaufgabe zu Grunde liegenden Gleichungssystems enthält. Für die Anlage des Rechenschemas muss das lineare Gleichungssystem in Matrizenschreibweise vorliegen[745].

Mit dem Standardmodell lassen sich auch Abteilungen von Optimierungsaufgaben formulieren. Eine Abteilung enthält Optimierungsaufgaben, die aus der nachträglichen Änderung von Eingangsgrößen (= Parameter) eines Optimierungsproblems (dem Ausgangsproblem) über eine bestimmte Parametermenge resultieren. Ziel der nachfolgenden parametrischen Faktualisierung ist es, eine Abteilung von Optimierungsaufgaben zu formulieren, innerhalb derer sich lokal stabile Optimierungsaufgaben (als einzelne Klassen von Optimierungsaufgaben) berechnen lassen, für die jeweils die Modellannahme M_{22} erfüllt ist. Innerhalb der Klassengrenzen kann dann das neoklassische Grundmodell T_{GM}^{NK} an Stelle des inputorientierten Grundmodells T_{GM}^{in} angewandt werden kann, ohne dass sich hieraus Unterschiede in der Erklärung des Arbeitsangebots ergeben.

Im Standardmodell dient die Maximierung des Überschusses von Einkommen über die Kosten der Bereitstellung der effizienten Z_r-Kombinationen in der Regel als Zielfunktion der Optimierungsaufgabe[746]. Weil sich die Implikationsbeziehungen zwischen dem inputorientierten und dem neoklassischen Grundmodell am besten durch Maximierung des Zeitüberschusses darstellen lassen, müssen an der Struktur der Optimierungsaufgaben, die sich

[744] Siehe Seel (1991b), S. 43 f.

[745] Vgl. Schwarze (1988), S. 108 ff.

[746] Siehe Seel (1991b), S. 43 f.

aus dem Standardmodell entwickeln lassen, geringfügige Veränderungen vorgenommen werden[747]. Maximiert wird nicht der Überschuss von Einkommen:

(631) $w \cdot T^e - p \cdot x \rightarrow$ max!,

sondern der Überschuss der verfügbaren Zeit T über die Summe aus Erwerbsarbeitszeit T^e und Nichterwerbsarbeitszeit T^{ne}:

(632) $T^{dp} = T - T^{ne} - T^e \rightarrow$ max!

Der erzielte Überschuss soll hier als disponible Zeit T^{dp} bezeichnet werden.

Ferner werden die Variablen zum Mindestbedarf an Haushaltsendgütern $\mathbf{z}$ und zur Zeitallokation nicht personenspezifisch erfasst, da die Grundmodelle den Mehrpersonen-Fall nicht vorsehen. Ferner werden die Surplusvariablen $\mathbf{s}_i$ explizit in dem Tableau aufgeführt, weil diese nachher für die parametrische Faktualisierung gebraucht werden.

Dem Optimierungsproblem, das mit der Simplex-Methode gelöst wird, liegt die Aufgabenstellung zu Grunde, dass der Wert T^{dp} der Zielfunktion (632) unter folgenden Nebenbedingungen maximiert werden soll. Der Bedarf an den Haushaltsendgütern $\mathbf{z}$ muss über die Aktivitäten $\mathbf{h}$ mit der gegebenen Technologie $\mathbf{B}$ mindestens sichergestellt werden:

(633) $\mathbf{z} = \mathbf{B} \cdot \mathbf{h} - \mathbf{s}_1$.

Der von den Aktivitäten $\mathbf{h}$ benötigte Güterinput $\mathbf{x}$ muss über die gegebene Technologie $\mathbf{A}$ mindestens bereitgestellt werden:

(634) $\mathbf{x} = \mathbf{A} \cdot \mathbf{h} + \mathbf{s}_2$.

Der von den Aktivitäten $\mathbf{h}$ benötigte Zeitinput $\mathbf{a}_r^{ne}$ muss über den Umfang der Nichterwerbsarbeitszeit T^{ne} gewährleistet sein:

(635) $T^{ne} = \mathbf{a}_r^{ne\prime} \cdot \mathbf{h} + s_3$.

Die Ausgaben $\mathbf{p}' \cdot \mathbf{x}$ für den benötigten Güterinput $\mathbf{x}$ müssen über das Erwerbseinkommen $w \cdot T^e$ mindestens gedeckt sein:

(636) $w \cdot T^e = \mathbf{p}' \cdot \mathbf{x} + s_4$.

Ferner müssen alle Variablen die Nichtnegativitätsbedingungen erfüllen:

(637) $\mathbf{h}, \mathbf{x}, \mathbf{z}, T^{ne}, T^e, T^{dp}, T, \mathbf{s}_1, \mathbf{s}_2, s_3, s_4 \geq 0$.

Durch die Einführung von Surplusvariablen wurden die als Ungleichungen vorliegenden Nebenbedingungen in Gleichungen überführt. Die Nichtnegativitätsbedingungen werden im Tableau zu dessen Vereinfachung nachfolgend nicht dargestellt, sie gelten aber implizit.

Für die Anlage des Ausgangstableaus in Abb. III-26 wurden die Bezeichnungen für die Variablen des Optimierungsproblems in die Kopfzeile des Tableaus übertragen, auf die sich die Koeffizienten im darunter aufgeführten Datenteil beziehen. Im Datenteil symbolisiert

[747] Vgl. hierzu auch die modifizierte Version in Weiler (1989).

der durchgezogene, senkrecht verlaufende Doppelstrich die Gleichheitszeichen des abgebildeten Gleichungssystems. Die Spalten rechtsseitig des Gleichheitszeichens sind additiv verknüpft. Im Datenteil unter der Kopfzeile befindet sich in Z.1 die Zielbetragszeile, in der die Daten der nach *T* aufgelösten Zielfunktion (632) wiedergegeben werden.

	K	T^{dp}	x	h	T^e	T^{ne}	$\mathbf{s}_1$	$\mathbf{s}_2$	s_3	s_4
Z.1	T	1			1	1				
Z.2	**z**			$\boxed{\mathbf{B}}$			-1			
Z.3			-1	**A**				1		
Z.4				$\mathbf{a}_r^{ne\,\prime}$		-1			1	
Z.5			$\mathbf{p}'$		$-w$					1

Abb. III-26 *Vereinfachte Optimierungsaufgabe des Standardmodells in Simplex-Tableauschreibweise (Ausgangstableau)*

Bei der Simplex-Methode zur Lösung von Optimierungsaufgaben muss mit einer zulässigen Basislösung begonnen werden. Diese ist dadurch kennzeichnet, dass höchstens so viele Variablen von Null verschiedene Werte annehmen wie es Beschränkungen gibt. Gehören zu den Spalten Einheitsvektoren, dann befinden sich die zugehörigen Variablen in der Lösung. Im dargestellten Fall bilden alle vier Surplusvariablen die Basislösung, mit $\mathbf{s}_1 = -\mathbf{z}$ und $\mathbf{s}_2, s_3, s_4 = 0$. Die Lösung ist aber nicht zulässig, da $\mathbf{s}_1$ negativ ist. Sie ist außerdem degeneriert, da die Surplusvariablen $\mathbf{s}_2, s_3, s_4$ den Wert Null aufweisen.

Zur Bestimmung einer ersten zulässigen Basislösung (siehe Abb. III-27) wird die Zwei-Phasen-Methode angewandt[748]. Hierfür wird in der ersten Phase eine Aufgabe gelöst, für die in die Optimierungsaufgabe nach Abb. III-26 die Vektoren $\mathbf{g}_1$ und $\mathbf{g}_2$ sowie die Skalare g_3 und g_4 als künstliche Variablen eingeführt werden. Für diese Optimierungsaufgabe ist durch $\mathbf{g}_1 = \mathbf{z} + \mathbf{s}_1$, $\mathbf{g}_2 = \mathbf{s}_2$, $g_3 = s_3$ sowie $g_4 = s_4$ und dem Zielwert $T^{dp} = T$ sofort eine zulässige Basislösung gegeben. Diese kann nunmehr mit dem primalen Simplexverfahren gelöst werden[749]. Hierbei können zwei Fälle eintreten[750]. Entspricht der g-Anteil der optimalen Lösung dem Nullvektor, so kann in der zweiten Phase aus der zulässigen Basislösung mit dem Simplexverfahren die Optimallösung der eigentlichen Optimierungsaufgabe bestimmt werden. Voraussetzung ist, dass in der ersten Phase alle künstlichen Variablen aus der Basis herausgenommen werden können, indem sie schrittweise gegen eine Nichtbasis-

---

[748] Vgl. Göpfert et al. (1986), S. 294.

[749] Ebenda, S. 204.

[750] Ebenda, S. 294.

variable getauscht werden. Dafür müssen in den zu den Nichtbasisvariablen gehörigen Spalten Einheitsvektoren erzeugt werden. Vorliegend gelingt dies, wobei zur Erzeugung einer zulässigen Lösung der eigentlichen Optimierungsaufgabe vier Austauschschritte nötig sind. Die ermittelten Zwischentableaus und die zulässige Basislösung sind nachfolgend dargestellt.

	K	T^{dp}	x	h	T^{e}	T^{ne}	g_1	g_2	g_3	g_4
Z.1	T	1			1	1				
Z.2	$z+s_1$			**B** (umrandet)			1			
Z.3	$-s_2$		-1	A				-1		
Z.4	$-s_3$			$a_r^{ne\prime}$		-1			-1	
Z.5	$-s_4$		p'		$-w$					-1

Abb. III-27 *Zulässige Basislösung mit künstlichen Variablen*

Die Stellen, an denen die Eins stehen soll, werden als sog. Pivotelemente umrandet. Hätte die Elimination der künstlichen Variablen keinen Erfolg gehabt, dann wäre der g-Anteil von Null verschieden. In diesem Fall würde für die ursprüngliche Optimierungsaufgabe keine zulässige Basislösung existieren.

Eine Lösung des Gleichungssystems ist solange nicht optimal, wie sich in der Zielbetragszeile noch negative Werte befinden[751]. Da für die Variablen die Nichtnegativitätsbedingung erfüllt sein muss und Preise sowie Lohnsätze nicht negativ sein können, ist die in Abb. III-31 erreichte Basislösung bereits die optimale Lösung. Da der Betrag T^{dp} der Zielfunktion nicht negativ werden darf, stehen mit

$$(638)\quad T^{dp} = T - s_3 - \mathbf{a}_r^{ne\prime}\cdot\frac{\mathbf{z}}{\mathbf{B}} - \mathbf{a}_r^{ne\prime}\cdot\frac{\mathbf{s}_1}{\mathbf{B}} - \mathbf{p}'\cdot\mathbf{s}_2\cdot\frac{1}{w} - \mathbf{p}'\cdot\mathbf{A}\cdot\frac{\mathbf{z}}{\mathbf{B}}\cdot\frac{1}{w} - \mathbf{p}'\cdot\mathbf{A}\cdot\frac{\mathbf{s}_1}{\mathbf{B}}\cdot\frac{1}{w}$$

in der Zielbetragsgleichung keine negativen Werte mehr.

[751] Vgl. u. a. Schwarze (1988), S. 110 ff.

	K	T^{dp}	x	h	T^{e}	T^{ne}	g_1	g_2	g_3	g_4
Z.1	T	1			1	1				
Z.2	$\frac{z}{B}+\frac{s_1}{B}$			1			$\frac{1}{B}$			
Z.3	$-s_2-A\cdot\frac{z}{B}-A\cdot\frac{s_1}{B}$		-1				$-\frac{A}{B}$	-1		
Z.4	$-s_3-a_r^{ne'}\cdot\frac{z}{B}-a_r^{ne'}\cdot\frac{s_1}{B}$					-1	$-\frac{a_r^{ne'}}{B}$		-1	
Z.5	$-s_4$		p'		$-w$					-1

Abb. III-28 *Zwischentableau: h gegen g_1 in die Lösung gebracht*

	K	T^{dp}	x	h	T^{e}	T^{ne}	g_1	g_2	g_3	g_4
Z.1	$T-s_3-a_r^{ne'}\cdot\frac{z}{B}-a_r^{ne'}\cdot\frac{s_1}{B}$	1			1		$-\frac{a_r^{ne'}}{B}$		-1	
Z.2	$\frac{z}{B}+\frac{s_1}{B}$			1			$-\frac{1}{B}$			
Z.3	$-s_2-A\cdot\frac{z}{B}-A\cdot\frac{s_1}{B}$		-1				$\frac{A}{B}$	-1		
Z.4	$s_3+a_r^{ne'}\cdot\frac{z}{B}+a_r^{ne'}\cdot\frac{s_1}{B}$					1	$\frac{a_r^{ne'}}{B}$		1	
Z.5	$-s_4$		p'		$-w$					-1

Abb. III-29 *Zwischentableau: T^{ne} gegen h_3 in die Lösung gebracht*

	K	T^{dp}	x	h	T^{e}	T^{ne}	g_1	g_2	g_3	g_4
Z.1	$T-s_3-a_r^{ne'}\cdot\frac{z}{B}-a_r^{ne'}\cdot\frac{s_1}{B}$	1	$\frac{p'}{w}$				$-\frac{a_r^{ne'}}{B}$		1	$\frac{1}{w}$
Z.2	$\frac{z}{B}+\frac{s_1}{B}$			1			$-\frac{1}{B}$			
Z.3	$-s_2-A\cdot\frac{z}{B}-A\cdot\frac{s_1}{B}$		-1				$\frac{A}{B}$	-1		
Z.4	$s_3+a_r^{ne'}\cdot\frac{z}{B}+a_r^{ne'}\cdot\frac{s_1}{B}$					1	$\frac{a_r^{ne'}}{B}$		1	
Z.5	$-s_4$		$-\frac{p'}{w}$		1					$-\frac{1}{w}$

Abb. III-30 *Zwischentableau: T^{e} gegen g_4 in die Lösung gebracht*

	K	T^{dp}	$\mathbf{x}$	$\mathbf{h}$	T^{e}	T^{ne}	$\mathbf{g}_1$	$\mathbf{g}_2$	g_3	g_4
Z.1	$T-s_3-\mathbf{a}_r^{ne\prime}\cdot\frac{\mathbf{z}}{\mathbf{B}}-\mathbf{a}_r^{ne\prime}\cdot\frac{\mathbf{s}_1}{\mathbf{B}}$ $-\mathbf{p}'\cdot\mathbf{s}_2\cdot\frac{1}{w}-\mathbf{p}'\cdot\mathbf{A}\cdot\frac{\mathbf{z}}{\mathbf{B}}\cdot\frac{1}{w}$ $-\mathbf{p}'\cdot\mathbf{A}\cdot\frac{\mathbf{s}_1}{\mathbf{B}}\cdot\frac{1}{w}$	1					$-\frac{\mathbf{a}_r^{ne\prime}}{\mathbf{B}}$ $+\mathbf{p}'\cdot\frac{\mathbf{A}}{\mathbf{B}}\cdot\frac{1}{w}$	$\frac{\mathbf{p}'}{w}$	1	$\frac{1}{w}$
Z.2	$\frac{\mathbf{z}}{\mathbf{B}}+\frac{\mathbf{s}_1}{\mathbf{B}}$			1			$-\frac{1}{\mathbf{B}}$			
Z.3	$\mathbf{s}_2+\mathbf{A}\cdot\frac{\mathbf{z}}{\mathbf{B}}+\mathbf{A}\cdot\frac{\mathbf{s}_1}{\mathbf{B}}$		1				$-\frac{\mathbf{A}}{\mathbf{B}}$	1		
Z.4	$s_3+\mathbf{a}_r^{ne\prime}\cdot\frac{\mathbf{z}}{\mathbf{B}}+\mathbf{a}_r^{ne\prime}\cdot\frac{\mathbf{s}_1}{\mathbf{B}}$					1	$\frac{\mathbf{a}_r^{ne\prime}}{\mathbf{B}}$		1	
Z.5	$-s_4+\mathbf{p}'\cdot\mathbf{s}_2\cdot\frac{1}{w}$ $+\mathbf{p}'\cdot\mathbf{A}\cdot\frac{\mathbf{z}}{\mathbf{B}}\cdot\frac{1}{w}+\mathbf{p}'\cdot\mathbf{A}\cdot\frac{\mathbf{s}_1}{\mathbf{B}}\cdot\frac{1}{w}$				1		$-\mathbf{p}'\cdot\frac{\mathbf{A}}{\mathbf{B}}\cdot\frac{1}{w}$	$\frac{\mathbf{p}'}{w}$		$-\frac{1}{w}$

Abb. III-31 *Zulässige Basislösung und Endtableau: $\mathbf{x}$ für $\mathbf{g}_2$ in die Lösung gebracht*

Die im Endtableau beschriebene optimale Lösung lässt sich folgendermaßen interpretieren. Wenn die Surplusvariablen Null werden, also alle Restriktionen ausgeschöpft sind, dann folgt aus (638) für die Zielfunktion:

(639) $T^{dp}=T-\mathbf{a}_r^{ne\prime}\cdot\frac{\mathbf{z}}{\mathbf{B}}+\mathbf{p}'\cdot\mathbf{A}\cdot\frac{\mathbf{z}}{\mathbf{B}}\cdot\frac{1}{w}$.

Nach Multiplikation mit dem Lohnsatz w kann unter Berücksichtigung von (633)[752] mit $\mathbf{z}/\mathbf{B}=\mathbf{h}$ und $\mathbf{1}'\cdot\mathbf{s}_1=0$ an Stelle von (639) geschrieben werden:

(639') $w\cdot T^{dp}=w\cdot T-\left(w\cdot\mathbf{a}_r^{ne\prime}+\mathbf{p}'\cdot\mathbf{A}\right)\cdot\frac{\mathbf{z}}{\mathbf{B}}=w\cdot T-\left(w\cdot\mathbf{a}_r^{ne\prime}+\mathbf{p}'\cdot\mathbf{A}\right)\cdot\mathbf{h}$.

Mit $\mathbf{A}=\mathbf{x}/\mathbf{h}$ [753] eingesetzt in (639') folgt hieraus:

(639'') $w\cdot T^{dp}=w\cdot T-\left(w\cdot\mathbf{a}_r^{ne\prime}+\mathbf{p}'\cdot\frac{\mathbf{x}}{\mathbf{h}}\right)\cdot\mathbf{h}$.

Der mit dem Lohnsatz bewertete Überschuss T^{dp} der verfügbaren Zeit T über die Summe aus Erwerbsarbeitszeit T^{e} und Nichterwerbsarbeitszeit T^{ne} ergibt sich danach aus der mit dem Lohnsatz bewerteten Zeit T abzüglich der Gesamtkosten für die Aktivitäten $\mathbf{h}$. Die Gesamtkosten resultieren aus dem Produkt zwischen dem Gesamtpreis einer Einheit von $\mathbf{h}$ und der Häufigkeit, mit der $\mathbf{h}$ nachgefragt wird. Der Gesamtpreis von $\mathbf{h}$ setzt sich zusammen aus der Summe der Ausgaben ($\mathbf{p}'\cdot\mathbf{A}$) für die Marktgüter $\mathbf{x}$ pro Einheit $\mathbf{h}$ und den Opportuni-

[752] Siehe oben S. 338.

[753] Siehe oben S. 338.

tätskosten der Nichterwerbsarbeitszeit ($w \cdot \mathbf{a}_r^{ne\prime}$), die für eine Einheit von **h** aufgewandt werden müssen.

Sind die Surplusvariablen gleich Null, folgt aus der Zielfunktion (638) des inputorientierten Grundmodells demnach die neoklassischen Budgetrestriktion (136), sofern zusätzlich die Identität gilt, dass

(640) $x_0 \equiv \mathbf{a}_r^{ne\prime} \cdot \mathbf{h}$.

Denn (640) eingesetzt in (639'') ergibt[754]:

(136) $S_y = w(T - x_0) = w \cdot t^e = p \cdot x \Rightarrow b(x, x_0) = S_T = w \cdot T = w \cdot x_0 + p \cdot x$.

Die Bedingung (640) ist zwangsläufig erfüllt, denn sie liegt mit $\mathbf{h} = \mathbf{h}^{ne}$ und $x_0 = \mathbf{1}' \mathbf{x}_0^{eff}$ der Modellannahme M_{29} zu Grunde, mit der das „erweiterte Lancaster-Modell", auf dem das Standardmodell basiert, aus dem aktivitätsanalytischen Grundmodell von Lancaster ableitbar ist[755].

Kommen wir zurück zu der Modellannahme $M_{22}: d\alpha_r = 0$. Für sie wird der Nachweis des Parameterbereichs angestrebt, innerhalb dessen die Modellannahme realistisch ist und damit die Implikation der neoklassischen Budgetrestriktion (136) aus der Zielfunktion (639) des inputorientierten Grundmodells stabil. Der Faktor α_r, der den relativen Anteil der indirekten Kosten an den gesamten Produktionskosten beschreibt, ist augenscheinlich ein Bestandteil des Ausdrucks (639'') für den Zielbetragswert der disponiblen Zeit nach Maximierung der Zielfunktion (639). Denn (443') als Ausdruck für α_r[756]:

$$\text{(443')} \quad \begin{aligned} \alpha_r &= \frac{w \cdot \mathbf{1}' \cdot \mathbf{a}_r^{ne} \cdot Z_r}{\left(w \cdot \mathbf{1}' \cdot \mathbf{a}_r^{ne} \cdot Z_r + \mathbf{p}' \cdot \mathbf{b}_r \cdot Z_r\right)} \\ &\Rightarrow \left(w \cdot \mathbf{1}' \cdot \mathbf{a}_r^{ne} \cdot Z_r + \mathbf{p}' \cdot \mathbf{b}_r \cdot Z_r\right) = \frac{w \cdot \mathbf{1}' \cdot \mathbf{a}_r^{ne} \cdot Z_r}{\alpha_r} \end{aligned}$$

kann wegen $\mathbf{b_r} \in \mathbf{B}$ mit $\mathbf{b_r} = \mathbf{x}/Z_r$ [757] eingesetzt für den Technologievektor, der den Input an Marktgütern **x** pro Haushaltsendgut Z_r beschreibt, auch wie folgt geschrieben werden:

$$\text{(443'')} \quad \left(w \cdot \mathbf{1}' \cdot \mathbf{a}_r^{ne} \cdot Z_r + \mathbf{p}' \cdot \mathbf{x}\right) = \frac{w \cdot \mathbf{1}' \cdot \mathbf{a}_r^{ne} \cdot Z_r}{\alpha_r} \Rightarrow \mathbf{p}' \cdot \mathbf{x} = \frac{w \cdot \mathbf{1}' \cdot \mathbf{a}_r^{ne} \cdot Z_r}{\alpha_r} - w \cdot \mathbf{1}' \cdot \mathbf{a}_r^{ne} \cdot Z_r .$$

Wird (443'') für α_r nun eingesetzt in den auf (639) basierenden Ausdruck für den Zielbetragswert der disponiblen Zeit (639'') ergibt dies:

---

754 Siehe oben S. 130.

755 Siehe Bedingung (595), S. 319 oben.

756 Siehe oben S. 260 ff.

757 Siehe oben S. 253.

$$(641)\quad \begin{array}{l} w \cdot T^{dp} = w \cdot T - \left(w \cdot \mathbf{a}_{\mathbf{r}}^{\mathbf{ne}\prime}\mathbf{h} + \dfrac{w \cdot \mathbf{1}'\mathbf{a}_{\mathbf{r}}^{\mathbf{ne}\prime} \cdot Z_r}{\alpha_r} - w \cdot \mathbf{1}'\mathbf{a}_{\mathbf{r}}^{\mathbf{ne}\prime} \cdot Z_r \right) \\ \Rightarrow c(\mathbf{h}) = T^{dp} = T - \mathbf{a}_{\mathbf{r}}^{\mathbf{ne}\prime} \cdot \mathbf{h} - \left(\dfrac{\mathbf{1}' \cdot \mathbf{a}_{\mathbf{r}}^{\mathbf{ne}}}{\alpha_r} - \mathbf{1}' \cdot \mathbf{a}_{\mathbf{r}}^{\mathbf{ne}} \right) \cdot Z_r \end{array}.$$

Angenommen die Modellannahme M_{22} wäre basierend auf dem mit (639) beschriebenen Ausgangsproblem stationär realistisch. Nach (639''') kann sich in diesem Fall bei gegebener Menge an Haushaltsendgütern Z_r der Zielbetrag des Überschusses T^{dp} der verfügbaren Zeit T über die Summe aus Erwerbsarbeitszeit T^e und Nichterwerbsarbeitszeit T^{ne} ausschließlich in Abhängigkeit von dem Umfang verändern, in dem die Aktivitäten $\mathbf{h}$ realisiert werden. Aus der Zielfunktion (639), die für die zulässige Basislösung des „erweiterten Lancaster'schen Modells" unter der Annahme, dass die Surplusvariablen gleich Null sind, expliziert wurde, folgt mit M_{22} die Funktion (641) c(**h**).

Das Optimierungsproblem der Maximierung der Zielfunktion (641) kann nun in eine Familie gestörter Probleme eingebettet werden[758], die sich allesamt ohne Einschränkung aus dem inputorientierten Grundmodell ableiten lassen. Die Zielfunktion (641) mit den Nebenbedingungen (633) bis (637) wurde zur Kennzeichnung der Analogiebeziehung zwischen dem inputorientierten und dem neoklassischen Grundmodell als Ausgangsproblem definiert. Eine Störung dieses Ausgangsproblems wird nachfolgend darauf zurückgeführt, dass der Anteil der Surplusvariablen an der optimalen Lösung nicht mehr, wie für das Ausgangsproblem angenommen wurde, gleich Null sein muss. Es gilt in diesem Fall nicht mehr die speziellere Zielfunktion (639), sondern die allgemeinere Zielfunktion (638)[759].

Angenommen, nur die Surplusvariable s_3 würde mit $s_3 \geq 0$ eine Störung herbeiführen können, während alle anderen Surplusvariablen wie bisher gleich Null seien. Aus (638) folgt in diesem Fall:

$$(638')\quad T^{dp} = T - s_3 + \mathbf{a}_{\mathbf{r}}^{\mathbf{ne}\prime} \cdot \mathbf{h} + \mathbf{p}' \cdot \mathbf{A} \cdot \mathbf{h} \cdot \frac{1}{w}.$$

Wird hierin - analog der Vorgehensweise mit Bezug auf das Ausgangsproblem - der Ausdruck (443'') für α_r eingesetzt, ergibt dies:

$$(642)\quad \begin{array}{l} w \cdot T^{dp} = w \cdot T - s_3 - \left(w \cdot \mathbf{a}_{\mathbf{r}}^{\mathbf{ne}\prime}\mathbf{h} + \dfrac{w \cdot \mathbf{1}'\mathbf{a}_{\mathbf{r}}^{\mathbf{ne}\prime} \cdot Z_r}{\alpha_r} - w \cdot \mathbf{1}'\mathbf{a}_{\mathbf{r}}^{\mathbf{ne}\prime} \cdot Z_r \right) \\ \Rightarrow C(\mathbf{h}, s_3) = T^{dp} = T - s_3 - \mathbf{a}_{\mathbf{r}}^{\mathbf{ne}\prime} \cdot \mathbf{h} - \left(\dfrac{\mathbf{1}' \cdot \mathbf{a}_{\mathbf{r}}^{\mathbf{ne}}}{\alpha_r} - \mathbf{1}' \cdot \mathbf{a}_{\mathbf{r}}^{\mathbf{ne}} \right) \cdot Z_r \end{array}.$$

Die Zielfunktion (642) $C(\mathbf{h}, s_3)$ gehört zur Familie gestörter Probleme. Die Störung ist mit der Störvariablen $s_3 \geq 0$ über die Zielfunktion (638) und den Nebenbedingungen (633) bis

---

758 Siehe oben S. 114.

759 Siehe oben S. 340.

(637) definiert. In Zielfunktion (642) ist (641) c(**h**) als Zielfunktion des Ausgangsproblems mit $s_3 = 0$ eingebettet. Der Zielfunktion (642) gestörter Probleme kann über

$$(643)\quad f_s(s_3) = \sup_{\substack{s_3>0 \\ s_1,s_2,s_4=0}} C(\mathbf{h},s_3)$$

eine Empfindlichkeitsfunktion $f_s(s_3)$ zugeordnet werden, die den Maximalwert von $T^{dp} = C(\mathbf{h},s_3)$ über **h** in Abhängigkeit von s_3 beschreibt. Die zu Grunde liegende Optimierungsaufgabe ist genau dann stabil vom Grade 0, wenn der Optimalwert der Zielfunktion (641) c(**h**) des Ausgangsproblems dem Wert der Empfindlichkeitsfunktion mit Störung entspricht. Stabil vom Grade 1,2,3,.., ist die Optimierungsaufgabe, wenn die dem Ausgangsproblem zuordnete Empfindlichkeitsfunktion über **h** stetig differenzierbar ist:

$$(644)\quad \partial c(\mathbf{h}) = \mathbf{a}_{\mathbf{r}}^{\mathbf{ne}\,\prime} \neq \varnothing .$$

Die Stabilität des Optimierungsproblems soll nunmehr über die Parametermenge $w \in W$ für den Lohnsatz untersucht werden. Grundlage bilden die Ergebnisse parametrischer Planungsrechnungen mit der in der dargestellten Weise modifizierten Version des Standardmodells[760]. Die für diesen Zweck ausgewählten Werte zu den Parametern und Variablen der optimalen Lösungen sind in Übersicht III-15 dargestellt. Durch die Parametermenge ist eine Abteilung von Optimierungsaufgaben und -lösungen festgelegt[761]. Über $\mathbf{a}_{\mathbf{r}}^{\mathbf{ne}}$, **A** und **B** werden alternative Produktionstechnologien festgelegt, die sich hinsichtlich der Grenzrate der Substitution db_{ir}/da_{jr}^{ne} voneinander unterscheiden. Der Lohnsatz der Parametermenge $w \in W$ ist Koeffizient im Ausgangstableau[762] und Koeffizient im Endtableau, dort u. a. im Zielbetragswert der disponiblen Zeit[763].

Kann der Haushalt zwischen mehreren Produktionstechnologien wählen, so kann eine Lohnsatzänderung über die Änderungen des Faktorpreisverhältnisses w_j/p_i mit einer veränderten Minimalkostenkombination verbunden sein. Dies verlangt dann einen Wechsel zwischen den Produktionstechnologien. Da die Minimalkostenkombination neben den Marktgütern auch die Einsatzmenge der Nichterwerbsarbeitszeit bestimmt, kann eine Lohnsatzerhöhung sowohl einen Rückgang als auch eine Ausweitung des Arbeitsangebots, die sog. inversen Reaktionen, zur Folge haben. Die in Abhängigkeit vom Lohnsatz ermit-

---

760 Vgl. hierzu die Berechnungen in Weiler (1989), Datenband, S. 49 ff. Die hier verwendeten, Ergebnisse wurden durch Nachberechnungen um die Erfassung einer sich proportional zur Erwerbsarbeitszeit ändernden Wegezeit bereinigt. Sie weichen insofern geringfügig von den zitierten Ergebnissen ab.

761 Vgl. Göpfert et al. (1986), S. 169.

762 Siehe Z.5, Sp. T^e in Abb. III-26.

763 Siehe Z.1, Sp.K in Abb. III-31.

telten Werte für die Basisvariable der Erwerbsarbeitszeit T^e und den Zielbetrag der disponiblen Zeit T^{dp} sind in Abb. III-32 dargestellt.

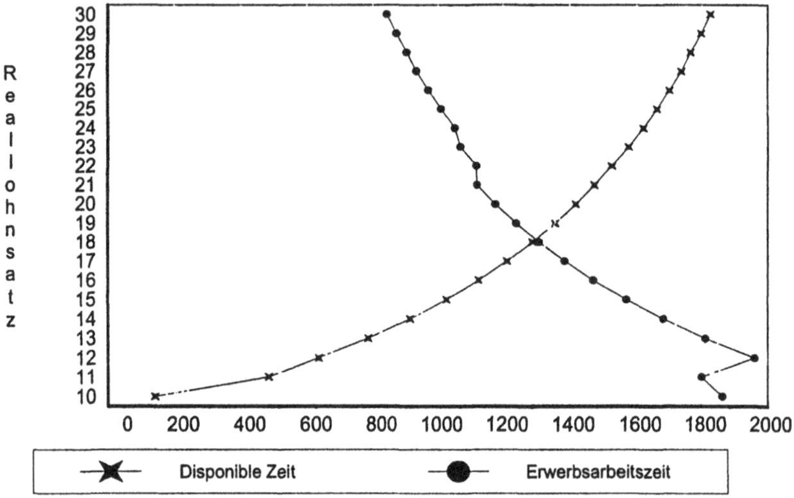

Abb. III-32 *Veränderung der disponiblen Zeit und der Erwerbsarbeitszeit infolge einer schrittweisen Lohnsatzerhöhung*[764]

Aus den parametrischen Planungsrechnungen ist der Parametermenge W entsprechend eine Abteilung mit 30 einzelnen Optimierungsaufgaben und -lösungen hervorgegangen. Dieser werden vorliegend sieben Klassen zugeordnet, die in Übersicht III-15 durch die Doppelstriche voneinander abgegrenzt sind. Jede Klasse umfasst unter sich alle Optimierungslösungen, die auf einer einheitlichen Produktionstechnologie beruhen, gekennzeichnet durch bestimmte Kombination von Teilmatrizen bzw. -vektoren zu **A**, **B** und $\mathbf{a}_r^{ne}$.

Abt. von Optimierungs-aufgaben	Parameter: Lohnsatz w	Produktionstechnologien als Teilmatrizen von **A**, **B** und $\mathbf{a}_r^{ne}$	Werte ausgewählter Basisvariablen			Zielbetrag
			Ausgaben für Marktgüter $\mathbf{p'{\cdot}x}$	Nichterw.-arb.z. T^{ne}	Erwerbs-arbeitszeit T^e	Disponible Zeit T^{dp}
1	10,00	$\mathbf{A}_1^*, \mathbf{B}_1^*, \mathbf{a}_{r1}^{ne*}$	18615	6756	1862	142
2	10,25	$\mathbf{A}_2^*, \mathbf{B}_2^*, \mathbf{a}_{r2}^{ne*}$	19080	6604	1862	294
3	10,50	$\mathbf{A}_3^*, \mathbf{B}_3^*, \mathbf{a}_{r3}^{ne*}$	19546	6517	1862	381
4	10,75	$\mathbf{A}_4^*, \mathbf{B}_4^*, \mathbf{a}_{r4}^{ne*}$	19780	6478	1840	442

764 Vgl. hierzu auch Weiler (1989), Datenband, S. 46 ff.

5	11,00				1798	484
6	11,50				1720	562
7	11,75				1683	599
8	12,00	$A_5^*, B_5^*, a_{r5}^{ne*}$	23524	6166	1960	634
9	12,25				1920	674
10	12,50				1882	712
11	13,00				1810	784
12	14,00				1680	914
13	15,00				1568	1026
14	16,00				1470	1124
15	17,00				1384	1210
16	18,00				1307	1287
17	19,00				1238	1356
18	20,00				1176	1418
19	21,00				1120	1474
20	21,85	$A_6^*, B_6^*, a_{r6}^{ne*}$	24573	6118	1125	1517
21	22,00				1117	1525
22	23,00				1068	1574
23	23,43	$A_7^*, B_7^*, a_{r7}^{ne*}$	25229	6090	1077	1593
24	24,00				1051	1619
25	25,00				1009	1661
26	26,00				970	1700
27	27,00				934	1736
28	28,00				905	1765
29	29,00				873	1797
30	30,00				844	1826

Übersicht III-15 *Ergebnisse der parametrischen Planungsrechnung*[765]

Jeder Klasse von Optimierungslösungen kann nach der Bedingung (443')[766] ein bestimmter Faktor α_r in Abhängigkeit von der Produktionstechnologie zugeordnet werden. Für die Klasse Eins ergibt dies mit den Werten der ersten Optimierungslösung aus Übersicht III-15:

765 Weiler (1989): Datenband, S. 51 ff.

766 Siehe oben S. 343.

$$(443') \quad \alpha_r = \frac{w \cdot \mathbf{l}' \cdot \mathbf{a}_r^{ne} \cdot Z_r}{\left(w \cdot \mathbf{l}' \cdot \mathbf{a}_r^{ne} \cdot Z_r + \mathbf{p}' \cdot \mathbf{b}_r \cdot Z_r\right)} = \frac{10 \cdot 6756}{(10 \cdot 6756 + 18615)} = 0{,}7840 .$$

Entsprechend errechnen sich die Werte für die übrigen Klassen:

Klasse	I	II	III	IV	V	VI	VII
α_r	0,7840	0,7801	0,7778	0,7788	0,7588	0,8447	0,8496

Übersicht III-16 *Faktor α_r für die verschiedenen Klassen von Optimierungslösungen*

Aus der Übersicht III-16 ist zunächst einmal erkennbar, dass der Faktor α_r für den Anteil der indirekten Kosten an den gesamten Produktionskosten auf die Erhöhung des Lohnsatzes sehr uneinheitlich reagiert: Von Klasse I bis III sinkt er zunächst, steigt dann in Klasse IV, sinkt wieder in V und steigt schließlich in den Klassen VI und VII nochmals an, und zwar deutlich. Ein Blick auf den Verlauf der Arbeitsangebotskurve in Abb. III-32 zeigt, dass immer dann, wenn der Faktor α_r ansteigt, das Arbeitsangebot eine inverse Reaktion auf die Lohnsatzerhöhung aufweist. Der Wechsel von der Klasse III nach IV, der mit einer Lohnsatzerhöhung von DM 10,50 auf DM 10,75 verbunden ist, verursacht den unteren Knick in der Arbeitsangebotskurve; der Wechsel von V auf VI bei einem Lohnsatz zwischen DM 21,- und DM 21,85 verursacht den wesentlich kleiner ausfallenden mittleren Knick; und der Wechsel zwischen VI und VII bei einem Lohnsatz zwischen DM 23,- und DM 23,43 ist schließlich für den obersten Knick verantwortlich.

Für die parametrische Faktualisierung der Modellannahme M_{22} ist indes nicht der Wert an sich entscheidend, den α_r annimmt, sondern dass dieser innerhalb einer jeden Klasse konstant bleibt. Denn ein konstanter Faktor α_r ist die Voraussetzung dafür, dass die Implikationsbeziehung zwischen dem inputorientierten Grundmodell T_{GM}^{in} und dem neoklassischen Grundmodell T_{GM}^{NK} sicher gilt[767].

Die obige Berechnung zeigt nun, dass sich aus der Zielfunktion (642) $C(\mathbf{h}, s_3)$ für gestörte Probleme durch Parametrisierung über den Lohnsatz $w \in W$ Klassen von Optimierungsaufgaben implizieren lassen, für die die Modellannahme M_{22} jeweils erfüllt ist. Dabei basiert die Zielfunktion (642) auf dem inputorientierten Grundmodell und unterstellt für dieses, dass die Surplusvariable $s_3 \geq 0$ ist.

Zugleich lässt sich zeigen, dass M_{22} auf den Klassengrenzen nicht erfüllt sein kann, da sich der Faktor α_r zwischen den Klassen sprunghaft ändert. Aus der Zielfunktion (641) für das Ausgangsproblem[768] ist zu erkennen, dass eine sprunghafte Änderung in α_r über $\mathbf{h}$ bei gegebenem Zielbetrag T^{dp} und unveränderter Nachfrage nach Z_r nur durch eine unstete Veränderung in $\mathbf{a}_r^{ne}$ über $\mathbf{h}$ erklärt werden kann. Diese bewirkt nach (644)[769] eine Instabi-

---

767 Siehe auch Z.1 u. 3 in Übersicht III-9.

768 Siehe oben S. 344.

769 Siehe oben S. 345.

lität des Ausgangsproblems. Folglich ist auf den Klassengrenzen tatsächlich die Implikationsbeziehung zwischen dem inputorientierten Grundmodell und dem neoklassischen Grundmodell nicht mehr stabil. Die Freizeitnachfrage der neoklassischen Budgetrestriktion lässt sich, wenn M_{22} nicht erfüllt ist, nicht über die Identität (640) $x_0 \equiv \mathbf{a}_r^{ne\prime} \cdot \mathbf{h}$[770] aus dem inputorientierten Grundmodell ableiten.

Aus der Zielfunktion (642), die dem um $s_3 \geq 0$ gestörten Ausgangsproblem zu Grunde liegt, ist zu erkennen, dass eine Änderung in α_r über $\mathbf{h}$ bei gegebenem Zielbetrag T^{dp} und unveränderter Nachfrage nach Z_r auch mit einer steten Veränderung in $\mathbf{a}_r^{ne}$ über $\mathbf{h}$ in Abhängigkeit von s_3 erklärt werden kann. Diese Veränderung in $\mathbf{a}_r^{ne}$ in Abhängigkeit von s_3 kann nur das inputorientierte Grundmodell über (635) $T^{ne} = \mathbf{a}_r^{ne\prime} \cdot \mathbf{h} + s_3$[771] erklären.

Über das Verfahren der parametrischen Faktualisierung können also in Abhängigkeit vom Parameter w für den Lohnsatz aus der Zielfunktion (642) und den Nebenbedingungen (633) bis (637) Modellklassen nachgewiesen werden, innerhalb derer eine stationär qualitativ faktualisierte M_{22} über das Ausgangsproblem hinaus erfüllt wäre, weil in den zugehörigen Parameterbereichen das Ausgangsproblem stabil ist. Die Stabilität des Ausgangsproblems ermöglicht innerhalb der Klassengrenzen eine sichere Implikation zwischen T_{GM}^{in} und T_{GM}^{NK}. Auf den Klassengrenzen ist das Ausgangsproblem instabil, weswegen M_{22} dort auf einen leeren Gegenstandsbereich trifft. Die dortige Veränderung des Faktors α_r wird als Störung des Ausgangsproblem kenntlich gemacht. Diese Störung kann nur über die Surplusvariable s_3 des inputorientierten Grundmodells erklärt werden. Daher ist eine sichere Implikation zwischen T_{GM}^{in} und T_{GM}^{NK} auf den Klassengrenzen nicht möglich.

Jegliche Form der qualitativen Faktualisierung der Modellannahme M_{22}, scheitert aber - wie erörtert wurde - derzeit daran, dass repräsentative Daten über die Bereitstellung von Haushaltsendgütern fehlen. Unter der Annahme, M_{22} wäre zumindest stationär qualitativ zu faktualisieren, konnte die Implikationsbeziehung zwischen T_{GM}^{in} und T_{GM}^{NK}, die M_{22} voraussetzt, über das Verfahren der parametrischen Faktualisierung quantitativ faktualisiert werden. Kenntlich gemacht wird diese besondere Form der Faktualisierung über den Index *„Par"* gegenüber der qualitativen Faktualisierung *„Fa"*.

Indes wurde die Datenlage für eine Überprüfung der Modellannahme M_3 eines Nichterwerbseinkommens von Null als gut befunden, die vorhandenen induktiv-statistischen Untersuchungen lassen hier jedoch den Schluss zu, dass diese Annahme nur selten erfüllt ist[772]. Da aus der Implikation von T_{GM}^{NK} aus T_{VR1}^{NK} nicht hervorgeht, unter welchen Bedingungen M_3 als erfüllt gelten kann, muss diese Annahme solange, bis sich entsprechende Faktoren

---

[770] Siehe oben S. 343.

[771] Siehe oben S. 338.

[772] Siehe oben S. 334.

gefunden haben, als idealisiert gelten. Wegen der Idealisierung von M_3 kann das neoklassische Grundmodell, wenn überhaupt, dann nur über die Implikationsbeziehung zum inputorientierten Grundmodell T_{GM}^{in} über M_{22} faktualisiert werden:

$$(645)\quad \begin{aligned} T_{GM}^{NK,Id} &\Leftrightarrow \forall \mathbf{m}\left[M_3^{Id} \wedge T_{VR1}^{NK,Id} \rightarrow E_{GM}^{NK}\right] \\ T_{GM}^{NK,Par} &\Leftrightarrow \forall \mathbf{m}\left[M_{22}^{Par} \wedge T_{GM}^{in,Par} \rightarrow E_{GM}^{NK}\right] \end{aligned}$$

Voraussetzung ist, dass sich auch T_{GM}^{in} faktualisieren lässt, was im Weiteren allerdings nur parametrisch gezeigt werden kann[773]. T_{VR1}^{NK} wird sich im Weiteren noch als idealisiert erweisen[774]. Dies ändert aber nichts an dem Ergebnis der ersten Implikation.

Durch die quantitative Faktualisierung der Implikationsbeziehung zwischen T_{GM}^{in} und T_{GM}^{NK} ist ein empirischer Test des Standardmodells möglich, der sich nicht auf die Input-Output-Relationen der Haushaltsproduktion beziehen muss, sondern der sich auf die wesentlich besser verfügbaren Daten beschränken kann, die auch für den empirischen Test des neoklassischen Grundmodells nötig sind. Denn sofern M_{22} erfüllt ist, beschränkt sich das Standardmodell in seiner Erklärung auf das speziellere neoklassische Grundmodell. Wenn modellendogen über T_{GM}^{in} erklärt wird, dass der Faktor α_r im Zusammenhang mit Daten zum Lohnsatz, der Nachfrage nach Marktgütern und Freizeit konstant ist, kann das Standardmodell demnach über diese, das neoklassische Modell beschreibenden Daten empirisch getestet werden. Könnte sich der aus dem Standardmodell abgeleitete Spezialfall des neoklassischen Grundmodells nicht bewähren, so wäre auch das Standardmodell falsifiziert. Ließe sich das Standardmodell auf diese Weise nicht falsifizieren, so darf dies aber nicht als Bestätigung des dem Standardmodell zu Grunde liegenden inputorientierten Grundmodells verstanden werden. Denn dies würde zusätzlich eine Bestätigung des mit $s_3 \geq 0$ gestörten Ausgangsproblems verlangen. Dafür müsste nicht nur das neoklassische Grundmodell unter der Annahme von M_{22} auf der Grundlage des Standardmodells empirisch bestätigt werden, sondern auch die Eingangsdaten, mit denen das Standardmodell die Annahme eines konstanten Faktors α_r erklärt.

2.1.1.3 Modelle zur Berücksichtigung von Steuer- und Transfersystemen

Von den Modellen T_{VR5}^{NK} und T_{VR7}^{NK} werden die Wechselwirkungen zwischen der Besteuerung und dem Erhalt von Transfereinkommen in Betracht gezogen[775]. Das Modell T_{VR5}^{NK} mit proportionaler Besteuerung erfordert für seine Ableitung aus T_{VR1}^{NK} die Modellannahme

---

773 Siehe S. 365 ff.

774 Siehe S. 351 ff.

775 Siehe Übersicht III-3 und S. 158 ff.

$M_6 : w \equiv w^N$, mit der unterstellt wird, dass die Lohnsätze, die in das Modell einbezogen werden, Nettolohnsätze sind. Das Modell T^{NK}_{VR7} setzt diesbezüglich mit der Modellannahme $M_7 : w^N = w^B(1 - s(t^e)$ eine progressive Besteuerung des Erwerbseinkommens voraus. Beide Annahmen konnten bereits über die Konjunktion $M_6 \wedge M_{6a}$ bzw. $M_7 \wedge M_{6a}$ faktualisiert werden. Da sich T^{NK}_{VR1} im nachfolgenden Kapitel als idealisiert erweisen wird, gilt dies auch für T^{NK}_{VR5} und damit auch für T^{NK}_{VR7}[776]:

$$(646)\quad \begin{aligned} T^{NK,Id}_{VR5} &\Leftrightarrow \forall \mathbf{m}\left[(M_6 \wedge M_{6a})^{Fa} \wedge T^{NK,Id}_{VR1} \rightarrow E^{NK}_{VR5}\right] \\ T^{NK,Id}_{VR7} &\Leftrightarrow \forall \mathbf{m}\left[(M_7 \wedge M_{6a})^{Fa} \wedge T^{NK,Id}_{VR5} \rightarrow E^{NK}_{VR7}\right] \end{aligned}.$$

2.1.1.4 Modelle zur Berücksichtigung von Nichterwerbseinkommen

Betrachtet werden die Implikationen der Modelle T^{NK}_{VR1}, T^{NK}_{VR2} und T^{NK}_{VR3} aus dem verallgemeinerten neoklassischen Grundmodell T^{NK}_{VR0}. Alle vier Modelle berücksichtigen Nichterwerbseinkommen. Die Implikation des Modells T^{NK}_{VR1} zur Erklärung eines Arbeitsangebots größer gleich Null aus T^{NK}_{VR0} setzt mit der Modellannahme $M_{01} : q \geq 1$ ferner voraus, dass der Haushalt ein Arbeitsangebot größer gleich Null realisiert, also alle Haushaltsmitglieder erwerbstätig sind oder sich soeben im Markteintritt befinden. Andere Arbeitsangebote können durch T^{NK}_{VR1} nicht erklärt werden. Die empirische Überprüfung dieser Annahme wäre nur möglich, wenn mit $M_{02} : q = 1$ und der hieraus folgenden Implikation von T^{NK}_{VR1} auf T^{NK}_{VR2} diejenigen Personen aus der Erklärung mit T^{NK}_{VR1} ausgeschlossen werden könnten, die sich gerade im Markteintritt befinden. Dies ist jedoch mit diesen Modellen nicht möglich, da q nicht beobachtbar ist und weder von dem zu Grunde liegenden Modell T^{NK}_{VR0} noch von den implizierten Modellen T^{NK}_{VR1} bzw. T^{NK}_{VR2} selbst erklärt wird. Da die Erwerbsquote von Frauen nur bei 42 %, die von Männern nur bei 57,2 % liegt[777], muss der Gegenstandsbereich von T^{NK}_{VR1} mit Bezug auf alle erwerbsfähigen Personen als leer bezeichnet werden, sofern T^{NK}_{VR1} nicht gleichzeitig die Bedingungen benennt, unter denen mit $M_{01} : q \geq 1$ und $M_{02} : q = 1$ eine Person erwerbstätig ist. Würden Parameter hinzugenommen, die die Geltung der Modellannahmen erklärten, so könnte T^{NK}_{VR1} eventuell faktualisiert werden. Anbieten würde sich hier eine Erklärung des Faktors q über Geschlecht, Zahl und

[776] Siehe Übersicht III-17, unterste Stufe, erstes und zweites Modell von links.

[777] Vgl. Statistisches Bundesamt (2000), S. 101, wo die Erwerbsquote als Anteil der Erwerbspersonen an der gesamten Bevölkerung aus dem Mikrozensus vom April 1999 berechnet wird.

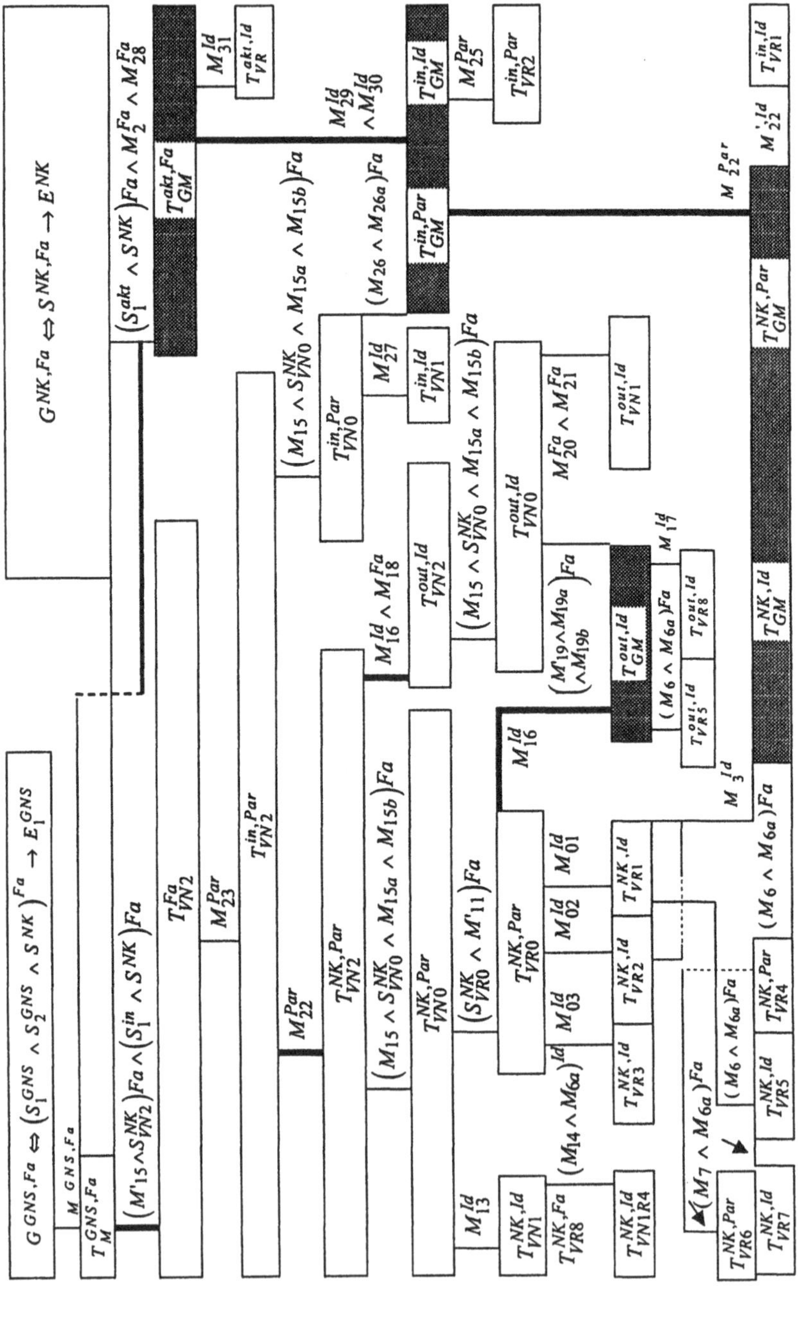

Übersicht III-17 *Faktualisiertes Theoriensystem*

Alter der im Haushalt lebenden Kinder, die Zugehörigkeit der Haushalte zu den Neuen oder Alten Bundesländern sowie über das jeweils geltende Steuer- und Transfersystem[778]. Dies würde voraussetzen, dass es im Weiteren noch gelingt, T_{VR0}^{NK} zu faktualisieren.

Das dritte aus T_{VR0}^{NK} ableitbare Modell T_{VR3}^{NK} wurde schließlich entwickelt, um mit ihm das Fernbleiben erwerbsfähiger Personen vom Arbeitsmarkt zu erklären. Seine Modellannahme $M_{03}{:}q<1$ bezieht sich entsprechend genau auf den Fall, in denen der Gegenstandsbereich der Modellannahme $M_{01}{:}q\geq 1$ leer ist[779]. Da auch T_{VR3}^{NK} nicht erklären kann, unter welchen Bedingungen M_{03} anstelle von $M_{01}{:}q\geq 1$ gilt, muss auch dieses Modell mit Bezug auf alle erwerbsfähigen Personen als idealisiert bezeichnet werden. Dies gilt auch, obwohl sich T_{VR0}^{NK} im Weiteren wenigstens parametrisch faktualisieren läßt. Danach gilt insgesamt für die betrachteten Modelle[780]:

$$T_{VR1}^{NK,Id} \Leftrightarrow \forall \mathbf{m}\left[M_{01}^{Id} \wedge T_{VR0}^{NK,Par} \rightarrow E_{VR1}^{NK}\right]$$

$$(647)\quad T_{VR2}^{NK,Id} \Leftrightarrow \forall \mathbf{m}\left[M_{02}^{Id} \wedge T_{VR0}^{NK,Par} \rightarrow E_{VR2}^{NK}\right].$$

$$T_{VR3}^{NK,Id} \Leftrightarrow \forall \mathbf{m}\left[M_{03}^{Id} \wedge T_{VR0}^{NK,Par} \rightarrow E_{VR3}^{NK}\right]$$

2.1.1.5 „Verallgemeinertes" Grundmodell

Bei dem „verallgemeinerten" neoklassischen Grundmodell T_{VR0}^{NK} handelt es sich um eine korrigierte Fassung der Modelle T_{VR1}^{NK}, T_{VR2}^{NK} und T_{VR3}^{NK}. Korrigiert wurden diese dadurch, dass in T_{VR0}^{NK} keine Eingrenzung des Gegenstandsbereichs auf bestimmte Werte des für die Erklärung des Arbeitsangebots relevanten Faktors q erfolgt. Das Modell gilt generell für $q \in IN$. Seine Implikation aus T_{VN0}^{NK} setzt indes die Geltung der Modellannahme M'_{11} voraus, wonach in einem Haushalt für den mit dem Lohnsatz gewogenen Grenznutzen aus der Freizeitnachfrage x_{0i} nur ein einziger Wert existieren darf[781]. Daher kann das Modell T_{VR0}^{NK} auf Mehrpersonenhaushalte nicht angewandt werden, eben weil bezüglich dieser im Gleichgewicht zwischen den gewogenen Grenznutzen einzelner Haushaltsmitglieder differenziert werden muss.

Die Spezifikation der Modellannahme M'_{11} erfolgt durch die spezielle Art und Weise, wie in dem Familiennutzen-Familienbudget-Modell T_{VN0}^{NK} Nutzenfunktion und Totaleinkommensrestriktion gegenüber T_{VR0}^{NK} spezifiziert werden. Wird innerhalb von T_{VN0}^{NK} in der

[778] Hierauf deuten die Ergebnisse von Wagenhals (2000), S. 201 hin, der die Erwerbsbeteiligung von Frauen über die genannten Parameter induktiv-statistisch erklären kann.

[779] Siehe oben S. 151 ff.

[780] Siehe auch die zweite Stufe von unten, zweites bis viertes Modell in Übersicht III-17.

[781] Siehe oben S. 179.

Familiennutzenfunktion (220) und in der zugehörigen Totaleinkommensrestriktion (221) für die Freizeitnachfrage x_0 bzw. die Lohnsätze w jeweils nur ein einziger Wert verwandt, so folgt aus dem Modell die Bedingung erster Ordnung (222) für das Haushaltsgleichgewicht, welches der Modellannahme M'_{11} entspricht[782]:

$$(648) \quad \frac{\frac{\partial U}{\partial x_0}}{\frac{\partial U}{\partial x_0}} = \frac{w}{w} \Leftrightarrow M'_{11}: \frac{\frac{\partial U}{\partial x_{0m}}}{\frac{\partial U}{\partial x_{0f}}} = \frac{w_m}{w_f} \overset{!}{=} 1.$$

Die diesem Ausdruck zu Grunde liegenden Lohnsätze sind empirisch beobachtbar. Problematischer ist die Messung des Grenznutzens bzw. generell des Nutzens, weshalb in der Mikroökonomik über die Formulierung der Axiome der Präferenz S^{NK} hierauf in den meisten Fällen verzichtet wird[783]. Man könnte insofern argumentieren, dass es sich bei der Modellannahme M'_{11} um eine Annahme handelt, die lediglich über ein entsprechendes Axiom weiter zu begründen wäre. Sie unterstellt eine Bedingung erster Ordnung für ein Maximum der Nutzenfunktion $U(x_{0m}, x_{0f}, x)$, die als Bedingung zwar nicht beobachtbar ist, aus der aber Verhaltensfunktionen mit bestimmten Eigenschaften abgeleitet werden können. Die Bedingung wurde ihrerseits durch die Aufstellung einer Lagrangefunktion aus der Nutzenfunktion und der Nebenbedingungsgleichung der Totaleinkommensrestriktion abgeleitet. Sofern das Verhalten entsprechend der resultierenden Verhaltensfunktionen beobachtbar ist, können die Verhaltensfunktionen als Implikationen des Modells für die Überprüfung des Modells mit der Realität konfrontiert werden. Derartige Verhaltensfunktionen sind die Arbeitsangebotsfunktion und die Funktion für λ[784]. Sie zeigen die Menge der angebotenen Erwerbsarbeitszeit und λ als Funktionen von beobachtbaren Variablen, nämlich dem Lohnsatz, den Marktgüterpreisen und dem Nichterwerbseinkommen. Die Eigenschaften der Nutzenfunktion gehen indes als axiomatisierte Antezedenzbedingungen über in Eigenschaften der Arbeitsangebotsfunktion und können insofern nur als indirekte Nutzenfunktionen über die Arbeitsangebotsfunktion getestet werden[785]. Wenn die Arbeitsangebotsfunktion nicht falsifiziert werden kann, dann scheint es auf den ersten Blick nicht falsch zu sein, das Arbeitsangebot auf der Basis von M'_{11} über T_{VR0}^{NK} zu erklären. Wird T_{VR0}^{NK} jedoch in einer Situation überprüft, in der es eigentlich nicht anwendbar ist, weil M'_{11} nicht erfüllt ist, kann es aus rein logischen Gründen nicht scheitern. Daher muss sichergestellt sein, dass M'_{11} nachweislich realistisch, also faktualisiert ist, damit den Implikationen aus T_{VR0}^{NK} (=hier der Verhaltensfunktion) ein empirischer Gehalt zugeschrieben werden kann.

---

782 Siehe oben S. 178 ff.

783 Vgl. Seel (1991), S. 88 ff.

784 Siehe (174'), S. 150.

785 Vgl. u. a. Seel (1991a), S. 80 f. und Varian (1990), S. 120 ff.

Für die axiomatische Setzung der Eigenschaften der Nutzenfunktion in M'_{11} spricht die Axiomatisierung der Antezedenzbedingung S_1^{GNS}, die über das Modell der Grenznutzenschule ebenfalls in T_{VR0}^{NK} enthalten ist[786], durch die Konjunktion mit den Axiomen der Präferenz S^{NK}. Die in der Antezedenzbedingung S_1^{GNS} zum Ersten Gossen'schen Gesetz enthaltene Annahme eines positiven Grenznutzens wird dort über das neoklassische Axiom der Nichtsättigung festgelegt[787].

Nach dem Axiom der Vollständigkeit gilt ferner für alle Güter x_{0m}, x_{0f} sowie x, die in dem Güterbündel X der Nutzenfunktion $U(x_{0m}, x_{0f}, x)$ enthalten sind, entweder $x_{0m} \geq x_{0f}$ oder $x_{0f} \geq x_{0m}$, $x_{0m} \geq x$ oder $x \geq x_{0m}$ bzw. $x_{0f} \geq x$ oder $x \geq x_{0f}$. Axiomatisiert werden könnte M'_{11} durch eine Eingrenzung dieses Axioms über ein neu einzuführendes Axiom S_{VR0}^{NK}, welches besagt, dass zudem Folgendes gilt:

S_{VR0}^{NK} Entweder ist $x_{0m} \geq x_{0f}$ und $x_{0f} \geq x$ oder $x_{0f} \geq x_{0m}$ und $x_{0m} \geq x$ oder beides.

Nach dem Axiom der Transitivität gilt nämlich dann für alle x_{0m}, x_{0f} und x in X: wenn $x_{0m} \geq x_{0f}$ und $x_{0f} \geq x$ oder $x_{0f} \geq x_{0m}$ und $x_{0m} \geq x$, dann gilt $x_{0i} \geq x$, bzw. wenn $x_{0m} \leq x_{0f}$ und $x_{0f} \leq x$ oder $x_{0f} \leq x_{0m}$ und $x_{0m} \leq x$, dann gilt $x_{0i} \leq x$. Hieraus folgt, dass die Relation $x_{0i} \geq x$ bzw. $x_{0i} \leq x$ auf $x_0 \geq x$ bzw. $x_0 \leq x$ beschränkt werden kann. Diese Aussage verhält sich nach (648) äquivalent mit Modellannahme M'_{11}.

Da Axiome ohne empirische Bestätigung als erfüllt gelten, kann das verallgemeinerte neoklassische Grundmodell mit S_{VR0}^{NK} als teilweise faktualisiert bezeichnet werden:

(649) $T_{VR0}^{NK,Par} \Leftrightarrow \forall \mathbf{m}\left[\left(S_{VR0}^{NK} \wedge M'_{11}\right)^{Fa} \wedge T_{VN0}^{NK,Par} \rightarrow E_{VR0}^{NK}\right]$.

Da es gelingen wird, T_{VN0}^{NK} parametrisch zu faktualisieren, ist T_{VR0}^{NK} zumindest parametrisch faktualisiert.

2.1.1.6 Modell des „männlichen Chauvinisten"

Das Modell des „männlichen Chauvinisten" T_{VN1}^{NK} folgt über die Modellannahme M_{13}, wonach die kompensierten Kreuzlohnsubstitutionseffekte von Eheleuten gleich Null sind, als Spezialfall aus T_{VN0}^{NK} [788].

In induktiv-statistischen Erklärungen des Arbeitsangebots, die auf T_{VN1}^{NK} fußen, wird M_{13} in der Regel entweder explizit axiomatisch gesetzt[789], oder es wird argumentiert, dass

---

786 Siehe hier die beiden oberen Stufen (Zeilen) des Theorienbaums in Übersicht III-14 und deren Verbindung zu T_{VR0}^{NK}.

787 Vgl. Seel (1991), S. 92, Varian (1990), S. 117.

788 Siehe oben S. 187.

789 Vgl. beispielhaft Bognanno/Hixson/Jeffers (1974), S. 82.

von Seiten des Mannes lediglich das durch ihn erzielte Erwerbseinkommen das Arbeitsangebot verheirateter Frauen beeinflusst, was letztlich der axiomatischen Setzung von M_{13} gleichkommt[790]. Die beobachtbare Konsequenz aus M_{13} ist, dass in T_{VN1}^{NK} lediglich der Nutzen für die Ehefrau maximiert wird, und zwar unter der Bedingungen einer Totaleinkommensrestriktion[791], in der das Erwerbseinkommen des Ehemannes als Bestandteil des Totaleinkommens der Ehefrau betrachtet wird. Etwaige Wechselbeziehungen zwischen den individuellen Nutzenfunktionen beider Eheleute werden über M_{13} aus der Erklärung ausgeschlossen.

Bei einer empirischen Überprüfung der Implikationen aus T_{VN1}^{NK} wird die Modellannahme M_{13} also nur indirekt über die beobachtbare Konsequenz des Ausschlusses der Wechselbeziehungen zwischen den individuellen Nutzenfunktionen auf das Arbeitsangebot der Ehefrau getestet. Hierbei taucht erneut das Problem auf, dass mit dem indirekten, über die implizierte Verhaltensfunktion erfolgenden Test von M_{13} nicht sichergestellt ist, ob T_{VN1}^{NK} in einer Situation überprüft wird, in der M_{13} nachweislich Voraussetzung für das Arbeitsangebot der Ehefrau ist. Das Modell ist ansonsten nicht anwendbar.

Die weit verbreitete Handhabung der axiomatischen Setzung von M_{13} ist insofern nicht ganz nachvollziehbar, als der Gegenstandsbereich von Modellannahme M_{13} Sachverhalte aufweist, die ansonsten als sehr gut beobachtbar gelten. Schließlich werden kompensierte Kreuzsubstitutionseffekte einer Lohnsatzänderung in Untersuchungen, die auf dem vergleichsweise allgemeineren Familiennutzen-Familienbudget-Modell T_{VN0}^{NK} beruhen, im Normalfall berechnet. Es wäre also ein Leichtes, vor Anwendung des Modells des „männlichen Chauvinisten" T_{VN1}^{NK} auf die Erklärung des Arbeitsangebots von Frauen zunächst auf der Basis von T_{VN0}^{NK} zu prüfen, ob M_{13} erfüllt ist, um dann das für solche Fälle speziellere und insofern besser geeignete Modell T_{VN1}^{NK} anwenden zu können. Der Verfasserin ist aus der Literatur allerdings kein Fall bekannt, in welchem in dieser Art vorgegangen wurde.

Die in der Vergangenheit von zahlreichen Autoren ermittelten kompensierten Kreuzlohnsubstitutionseffekte zeigen nun keinesfalls eine einheitliche Tendenz und liegen ferner nur vereinzelt nahe Null[792]. Solange sich keine Faktoren aufzeigen lassen, von denen die Geltung von M_{13} mit großer Sicherheit abhängt, muss M_{13} folglich als idealisiert gelten. Obwohl sich parametrisch zeigen lässt, dass sich das in ihm enthaltene Familiennutzen-Familienbudget-Modell T_{VN0}^{NK} auf reale Sachverhalte bezieht, hat das gesamte Modell des „männlichen Chauvinisten" T_{VN1}^{NK} wegen der Idealisierung von M_{13} einen leeren Gegenstandsbereich[793]:

---

790 Vgl. hierzu beispielhaft Merz (1990), S. 244 u. 253.

791 Siehe oben S. 184.

792 Vgl. u. a. die Übersicht bei Killingsworth (1983), S. 124.

793 Siehe auch die dritte Stufe von unten, linkes Modell in Übersicht III-17.

(650) $T_{VN1}^{NK,Id} \Leftrightarrow \forall m\left[M_{13}^{Id} \wedge T_{VN0}^{NK,Par} \rightarrow E_{VN1}^{NK}\right]$.

2.1.1.7 Modell „Heckman-Variante"

Das hier als neoklassische Heckman-Variante bezeichnete Modell T_{VN1R4}^{NK} wurde gebildet, um eine Anwendung von T_{VR8}^{NK} zu ermöglichen. Es folgt mit T_{VR8}^{NK} und M_{14} aus T_{VN1}^{NK}[794].

Das Modell T_{VR8}^{NK} mit Aussagen zu standardisierten Wahlmöglichkeiten am Konsumgüter- und Arbeitsmarkt besteht aus dem oben bereits hinsichtlich seines Faktualisierungsgrades erörterten Modell T_{VR0}^{NK}[795] sowie aus den durch Disjunktion verbundenen Modellannahmen M_8 bis M_{10}[796]. Die Gegenstandsbereiche dieser Modellannahmen beziehen sich jeweils auf fixierte Arbeitszeiten infolge einer beschränkten Wahlmöglichkeit zwischen Vollerwerbstätigkeit, Teilerwerbstätigkeit sowie Nichterwerbstätigkeit. Da die Modellannahmen insgesamt nicht das gesamte Spektrum realisierbarer Arbeitszeiten im Umfang von $t^e \geq 0$ abdecken, kann ihre Disjunktion an sich nicht als faktualisiert bezeichnet werden. Eine Faktualisierung ist aber in der Konjunktion mit M_{14} möglich. Dies wurde bereits bei der Darstellung des Modells T_{VR8}^{NK} angesprochen[797].

Die Modellannahme M_{14} unterstellt, dass die Hausarbeitszeit von Ehefrauen als ein Bestandteil ihrer Gesamtzeit konstant ist. Voraussetzung für ihre Faktualisierung ist die operationalisierbare Abgrenzung zwischen Hausarbeitszeit und Freizeit. Beide Formen der Zeitverwendung sind Bestandteile der ansonsten über die Erwerbsarbeitszeit empirisch gut ermittelbaren Nichterwerbsarbeitszeit.

In seiner Zeitbudgetstudie zum Aufbau eines „Satellitensystems ‚Haushaltsproduktion' zu den Volkswirtschaftlichen Gesamtrechnungen" erörtert das Statistische Bundesamt ausführlich dieses Abgrenzungsproblem zwischen Hausarbeit und sonstigen unbezahlten Tätigkeiten. Das Bundesamt hält gerade im Grenzbereich zwischen Arbeit und Freizeit statistikbedingt Überlegungen für notwendig, die weitergehen als das üblicherweise zur Abgrenzung herangezogene Dritt-Personen-Kriterium, demzufolge zur Hausarbeit jene Tätigkeiten zählen, die auch von Dritten gegen Entgelt geleistet werden können. Vorgeschlagen wird, das Dritt-Personen-Kriterium zweckbezogen zu interpretieren. Danach sollen alle Tätigkeiten, die einem „verallgemeinerten Hauptzweck" dienen, der nicht in der Tätigkeit selbst liegt, zur Hausarbeit gezählt werden. Qualifikation und Bildung, physiologische Regeneration, Geselligkeit und Mediennutzung sowie Beziehungsarbeit würden demgemäß zur

---

794 Siehe (253) oben auf S. 193.

795 Siehe oben S. 353.

796 Siehe oben S. 166 ff.

797 Siehe (253) oben auf S. 193.

Freizeit zählen. Bei den Wegezeiten erfolgt die Einteilung danach, für welche Art der Tätigkeit die aufgewandte Wegezeit Voraussetzung ist.[798]

Es bleibt jedoch das spezielle Abgrenzungsproblem, das daraus resultiert, dass für die Hausarbeit eine Vermischung von Mittel- und Selbstzweckcharakter im Vergleich zur Erwerbsarbeit eher typisch ist, wobei die Vermischung zudem häufig von den Ausführenden sehr unterschiedlich erlebt wird[799]. Die verbleibenden Unschärfen zwischen produktiven Tätigkeiten (= Hausarbeit) und den anderen unbezahlten Tätigkeiten (= Freizeit) dürften sich nach der Auffassung des Statistischen Bundesamtes ausgleichen[800]. Weitere Probleme der Abgrenzung, die für die produktionstheoretischen Ansätze von Bedeutung sind, insbesondere die Frage unterschiedlicher Produktivitäten der Hausarbeit, sind für die Modellannahme M_{14} nicht von Bedeutung.

Die Modellannahme M_{14} kann vor diesem Hintergrund unter der Voraussetzung als faktualisiert betrachtet werden, dass sich zum einen empirisch Folgendes belegen ließe: Die Unschärfen in der Abgrenzung zwischen Hausarbeit und Freizeit dürften sich tatsächlich nicht - wie vermutet wird - auf einen systematischen Fehler zurückführen lassen, von dem die Erklärung des Arbeitsangebots über T^{NK}_{VN1R4} abhängt, der aber über T^{NK}_{VN1R4} nicht erfasst wird. Nur so wäre die Validität des Messwertes Hausarbeitszeit sichergestellt, auf den sich M_{14} bezieht. Zur Faktualisierung des Modells T^{NK}_{VN1R4} ist folglich zumindest eine Ergänzung der Modellannahme M_{14} um die bereits oben in (629) eingeführte Annahme M_{6a} erforderlich[801], die sich nunmehr auf den empirisch nachprüfbaren Sachverhalt bezieht, dass angesichts der Unschärfe in der Abgrenzung zwischen Hausarbeit und Freizeit in der Erklärung des Arbeitsangebots kein systematischer Fehler vorliegt.

Des weiteren müsste sich die Aussage von M_{14} empirisch bestätigen, wonach die Hausarbeitszeit von Ehefrauen unveränderlich ist. Nach den Ergebnissen der Zeitbudgetstudie ist indes nicht davon auszugehen, dass sich M_{14} für alle Ehefrauen bestätigen lässt. Denn dort wurden gerade bei den Ehefrauen und insbesondere in Abhängigkeit von der Erwerbstätigkeit größere Unterschiede im Umfang hauswirtschaftlicher Tätigkeiten ermittelt[802]. Danach kann M_{14}, wenn, dann nur jeweils für die Gruppe der nichterwerbstätigen, vollzeiterwerbstätigen und teilzeiterwerbstätigen Ehefrauen als konstant angenommen werden. Dann aber ist eine Erklärung der beschränkten Wahlmöglichkeit zwischen diesen drei

---

798 Vgl. BMfFSFJ (1996), S. 23 ff.

799 Vgl. Seel (1994), S. 143.

800 Siehe BMfFSFJ (1996), S. 35.

801 Siehe oben S. 334.

802 Siehe BMfFSFJ (1996), S. 84.

Arbeitsregimen mit T_{VN1R4}^{NK} ausgeschlossen. M_{14} muss insofern als idealisiert gelten, da ihr Gegenstandsbereich offenbar leer ist.

Obwohl sich T_{VR0}^{NK} als weiterer Bestandteil von T_{VN1R4}^{NK} zumindest parametrisch faktualisieren ließ[803], ist T_{VN1R4}^{NK} aufgrund seiner idealisierten Bestandteile M_{14} und $T_{VN1}^{NK,Id}$ insgesamt idealisiert[804]:

(651)

$$T_{VN1R4}^{NK,Id} \Leftrightarrow \forall \mathrm{m}\left[\left((M_{14} \wedge M_{6a})^{Id} \wedge (M_8 \vee M_9 \vee M_{10})\right)^{Fa} \wedge T_{VR0}^{NK,Par} \wedge T_{VN1}^{NK,Id} \rightarrow E_{VN1R4}^{NK}\right].$$

2.1.1.8 Familiennutzen-Familienbudget-Modell

Das neoklassische Familiennutzen-Familienbudget-Modell T_{VN0}^{NK} wurde als ein Spezialfall des neoklassischen, kooperativen verhandlungstheoretischen Individualnutzen-Familienbudget-Modells T_{VN2}^{NK} gekennzeichnet[805]. Die Eingrenzung erfolgt über die Modellannahme M_{15}, die besagt, dass die individuellen Nutzenwerte der besten Alternative zum kooperativen Vorgehen, ausgedrückt als Konfliktauszahlung, konstant sind. Unter diesen Umständen folgt bei kooperativem Vorgehen aus den individuellen Nutzenfunktionen eine einheitliche Nutzenfunktion. Ohne ein kardinales Nutzenmaß ist M_{15} jedoch nicht darstellbar. Denn eine Neuman-Morgenstern'sche Nutzenfunktion, die bekanntlich dem Nash-Haushaltsgleichgewicht in T_{VN2}^{NK} zu Grunde gelegt wird, verlangt, dass die Werte der Nutzenfunktion durch reelle Zahlen festgelegt sind. Ansonsten können die für das Nash-Gleichgewicht erforderlichen Differenzen und Produkte der Nutzen nicht gebildet werden[806].

Der Gegenstandsbereich von Modellannahme M_{15} kann folglich nur dann einen realen Sachverhalt aufweisen, wenn eine empirische Erfassung der Wertschätzungen von Haushalten möglich ist. Nun gelten Wertschätzungen bezüglich Gütern in der Mikroökonomik generell als schwer operationalisierbar, was aber eine Voraussetzung für deren empirische Erfassung wäre. In der Mikroökonomik behilft man sich in einem solchen Fall bekanntlich damit, diese Wertschätzungen über das Konzept der indirekten Nutzenfunktion mittelbar zu erfassen[807]. Insbesondere in jenen induktiv-statistischen Erklärungsansätzen zum Arbeitsangebot, in denen Modelle zu Grunde gelegt werden, die in ihrem deterministischen Teil mit

---

803 Siehe S. 353 ff.

804 Siehe auch die fünfte und sechste Stufe von oben, erstes Modell von links in Übersicht III-17.

805 Siehe oben S. 208.

806 Vgl. Holler (1993), S. 12 ff.

807 Vgl. die Erörterung der analogen Problematik auf S. 354 f.

dem rekonstruierten, deduktiv-nomologischen Modell T_{VN2}^{NK} korrespondieren, wird dieser Weg dann auch tatsächlich häufig eingeschlagen[808].

Das Problem der Nutzenmaximierung wurde auf der Grundlage von T_{VN2}^{NK} wie folgt dargestellt[809]:

(258)

$$N(x_{0f}, x_{1f}, x_{0m}, x_{1m}, x_2) = \left[U_f(x_{0f}, x_{1f}, x_2) - D_f(x_{0f}, x_{1f}, x_2)\right] \cdot \left[U_m(x_{0m}, x_{1m}, x_2) - D_m(x_{0m}, x_{1m}, x_2)\right] \rightarrow \text{max!}$$

unter der Nebenbedingung:

(257) $b(x_{1i}, x_2, x_{0i}) = S_T = \sum_{i=1}^{M} w_i T_i + V_i = \sum_{i=1}^{M} p_{1i} x_{1i} + p_2 x_2 + \sum_{i=1}^{M} w_i x_{0i}$.

Mit indirekter Nutzenfunktion $v(\cdot)$ müsste es wie folgt umformuliert werden[810]:

(652) $v(T_i, V_i, w_i, p_{1i}, p_2) = \max N(x_{0f}, x_{1f}, x_{0m}, x_{1m}, x_2)$

unter der Nebenbedingung (257).

Der Funktionswert von $v(\cdot)$ entspricht dem Nutzenmaximum, welches bei gegebener Gesamtzeit T_i, Lohnsätzen w_i, Preisen p_{1i} und p_2 erreichbar ist. Die Werte des Güterbündels $x_{0f}, x_{1f}, x_{0m}, x_{1m}, x_2$, die zu einem Nutzenmaximum führen, werden durch die Marshall'sche Nachfragefunktion $f_0(\cdot)$ nach Freizeit beschrieben:

(653) $x_{0f}, x_{1f}, x_{0m}, x_{1m}, x_2 = f_0(T_i, V_i, w_i, p_{1i}, p_2)$.

Die Parameter der Marshall'schen Nachfragefunktion $f_0(\cdot)$ haben nun den Vorteil, dass sie im Unterschied zu den Wertschätzungen des Haushalts operationalisierbar und empirisch beobachtbar sind.

Für die empirische Überprüfung der Implikationen aus dem verhandlungstheoretischen Modell T_{VN2}^{NK} verbleibt die Schwierigkeit, dass Daten zu den Alternativen des Alleinlebens und der nicht-kooperativen haushaltsinternen Lösung in der Regel nicht vorhanden sind[811].

Der Konfliktpunkt wird alternativ auch über Indikatoren bestimmt, die sich auf die jeweils geltenden familienrechtlichen Regelungen beziehen. Dafür wird beispielsweise angenommen, dass der Konfliktpunkt von Ehefrauen umso größer ist, je großzügiger Scheidungsverfahren aus der Sicht von Frauen gehandhabt werden[812]. Ändern sich Gesetzgebung

---

808 Vgl. hierzu beispielhaft McElroy/Horney (1981), S. 335; Horney/McElroy (1988), S. 17 sowie McElroy (1990), S. 563 ff.

809 Siehe oben S. 198 f.

810 Vgl. hierzu die allgemeine Darstellung indirekter Nutzenfunktionen bei Varian (1990), S. 121.

811 Vgl. die Diskussion bei McElroy (1990), S. 571.

812 Siehe dazu Carlin (1991), S. 223.

und Rechtssprechung nicht, könnte auf Grund dieses Indikators auf einen konstanten Konfliktpunkt geschlossen werden.

Für die Überprüfung der Modellannahme M_{15} konstanter Konfliktauszahlungen wird hier indessen ein anderer Weg vorgeschlagen. Diese Modellannahme erfüllt in der Implikationsbeziehung zwischen T_{VN2}^{NK} und T_{VN0}^{NK} ausschließlich den Zweck, dass bei kooperativem Vorgehen aus der empirisch beobachtbaren Nachfrage des Haushalts nach den Gütern **x** sowie der Kenntnis der Parameter seiner Budgetrestriktion mit hinreichender Validität indirekt auf eine einheitliche Nutzenfunktion des Haushalts geschlossen werden kann. Die Gültigkeit dieses Rückschlusses wird in der Ökonomik an anderer Stelle gemeinhin auch über das verallgemeinerte Axiom der offenbarten Präferenz unterstellt, das alternativ als schwaches (WARP=Weak Axiom of Revealed Preference) oder starkes Axiom (SARP= Strong Axiom) formuliert wird:[813]

$S_{VN0}^{NK;WARP}$ „Wenn gezeigt wurde, dass x_0 dem x_1 vorgezogen wird, so darf niemals gezeigt werden, dass x_1 dem x_0 vorgezogen wird".

$S_{VN0}^{NK;SARP}$ „Wird x_0 faktisch x_1 vorgezogen, welches faktisch x_2 vorgezogen wird, dann muss x_0 auch x_2 vorgezogen werden".

Das starke Axiom der offenbarten Präferenz sichert das Axiom der Transitivität, ist aber stärker als dieses[814]. Beide Axiome setzen voraus, dass ein Gut einem anderen in einer Situation vorgezogen wurde, in der beide hätten gewählt werden können. Wird x^0 faktisch x^1 vorgezogen, muss also gelten[815]:

(654) $p_0 \cdot x_1 \leq p_0 \cdot x_0$.

Danach ist es möglich, die Modellannahme M_{15} über $S_{VN0}^{NK;WARP}$ oder alternativ $S_{VN0}^{NK;SARP}$ zu faktualisieren, ohne dass hierzu Daten zum Konfliktpunkt erforderlich sind. Die Faktualisierung setzt lediglich voraus, dass das aus der Konjunktion von $T_{VN2}^{NK} \wedge M_{15}$ implizierte Nutzenmaximum sich auf eine geringere Zahl von Gütern beziehen muss als für den Haushalt insgesamt auf Grund seiner Totaleinkommensrestriktion wählbar ist.

Der Gegenstandsbereich von M_{15} ist leer, wenn sich bei Bevorzugung von x_0 gegenüber x_1 zeigen ließe, dass

(655) $p_1 \cdot x_0 \leq p_1 \cdot x_1$ gilt, zugleich aber auch (654).

Aus diesem Zusammenhang wird mit Bezug auf das Axiom der offenbarten Präferenz in der Literatur überlicherweise geschlossen, dass der kompensierte Hicks'sche Substitutionseffekt

813 Vgl. Henderson/Quandt (1983), S. 45 f. sowie Varian (1990), S. 146 ff.

814 Vgl. Henderson/Quandt (1983), S. 46.

815 Ebenda, S. 45 f.

S_H einer Preisänderung unter Zugrundelegung dieses Axioms negativ sein muss und die kompensierten Kreuzpreissubstitutionseffekte einander entsprechen[816]. Demnach muss der Substitutionseffekt einer Änderung des eigenen Lohnsatzes mit Bezug auf die Nachfrage nach Freizeit negativ sein und der des Arbeitsangebots entsprechend positiv, wenn das Familiennutzen-Familienbudget-Modell T_{VN0}^{NK} aus dem verhandlungstheoretischen Modell T_{VN2}^{NK} über die Modellannahme M_{15} abgeleitet werden soll. Diese Annahme soll hier als M_{15a} bezeichnet werden:

$$\text{(656)}\quad \begin{array}{l} \dfrac{\partial t_i^e}{\partial w_i} = \left.\dfrac{d g_{ei}}{d w_i}\right|_{\overline{U}} + \dfrac{\partial f_{ei}}{\partial S_T} \cdot t_i^e \\ S_{unk} = S_H \qquad + E_2 \end{array} \qquad \text{mit (657)} \quad M_{15a}: \left.\frac{dg_{ei}}{dw_i}\right|_{\overline{U}} > 0 .$$

Ferner folgt über den gleichen Zusammenhang aus dem Axiom der offenbarten Präferenz, dass eine Gleichheit zwischen den kompensierten Kreuzpreissubstitutionseffekten bzw. Kreuzlohneffekten bestehen muss, nachfolgend mit M_{15b} bezeichnet:

$$\text{(658)}\quad M_{15b}: \left.\frac{dg_{ei}}{dw_j}\right|_{\overline{U}} \overset{!}{=} \left.\frac{dg_{ej}}{dw_i}\right|_{\overline{U}} .$$

Können M_{15a} und M_{15b} empirisch nicht bestätigt werden, wäre der Gegenstandsbereich des aus dem verhandlungstheoretischen Modell T_{VN2}^{NK} implizierten Familiennutzen-Familienbudget-Modells T_{VN0}^{NK} leer.

Nach der induktiv-statistischen Erklärung des Arbeitsangebots durch Horney/McElroy (1988) kann davon ausgegangen werden, dass die Modellannahmen M_{15a} und M_{15b} ein guter Indikator für die Erfüllung der Modellannahme M_{15} sind. Die Studie beruht auf einem indirekten Test von M_{15a} und M_{15b}. Geschätzt wird ein „linear expenditure system", welches sich zu der Marshall'schen Nachfragefunktion (653)[817] des hier rekonstruierten verhandlungstheoretischen Modells T_{VN2}^{NK} konsistent verhält. Die Autorinnen kommen zu dem Ergebnis, dass bei konstanten Konfliktpunkten ($= M_{15}$) in einer dem Familiennutzen-Familienbudget-Modell T_{VN0}^{NK} entsprechenden, auf der Basis von T_{VN2}^{NK} ermittelten Slutsky-Gleichung, in der Art von (656), die kompensierten Substitutionseffekte einer Eigenlohnsatzänderung für Männer und Frauen mit Bezug auf das Arbeitsangebot positive Werte aufweisen. Dies entspricht der Annahme M_{15a}. Ferner ist eine Gleichheit der Kreuzsubstitutionseffekte gesichert, womit auch die Annahme M_{15b} erfüllt ist. Hieraus schließen die Autorinnen mit Bezug auf ihre Studie, dass sich die auf der Grundlage des ver-

---

816 Vgl. Henderson/Quandt (1983), S. 47, der Bezug nimmt auf Samuelson (1948), S. 111 f. und Hicks (1956), S. 127 sowie Varian (1990), S. 150.

817 Siehe oben S. 360.

handlungstheoretischen Modells ermittelten Ergebnisse mit denen des Familiennutzen-Familienbudget-Modell vertragen, folglich nicht zwischen beiden Modellen diskriminiert werden kann.[818]

Auch in einer induktiv-statistischen Untersuchung von Ashenfelter/Heckman (1974), die ausschließlich mit dem Familiennutzen-Familienbudget-Modell T_{VN0}^{NK} durchgeführt wurde, konnten die beiden in M_{15a} und M_{15b} enthaltenen Thesen im Zusammenhang mit diesem Modell nicht widerlegt werden.[819]. Im gleichen Kontext konnte die These der Gleichheit der Kreuzlohnsubstitutionseffekte von Hausman/Ruud (1984) ebenfalls nicht verworfen werden[820].

Die Ergebnisse der drei Studien können folgendermaßen interpretiert werden. Offenbar ist es unter Zugrundelegung des Axioms der offenbarten Präferenz S_{VN0}^{NK} und der Modellannahme M_{15} möglich, aus der empirisch beobachtbaren Nachfrage nach den Gütern **x** auf der Grundlage des verhandlungstheoretischen Modells T_{VN2}^{NK} auf eine einheitliche Familiennutzenfunktion zu schließen, die mit M_{15a} und M_{15b} den Vorstellungen einer Nutzenfunktion im Familiennutzen-Familienbudget-Modell entspricht. Das Familiennutzen-Familienbudget-Modell T_{VN0}^{NK} kann als faktualisiert bezeichnet werden, insofern als die aus M_{15} und dem Axiom der offenbarten Präferenz S_{VN0}^{NK} abgeleiteten Modellannahmen M_{15a} und M_{15b} für die beiden Modelle T_{VN2}^{NK} und T_{VN0}^{NK} gleichermaßen empirisch bestätigt werden konnten. Da sich das verhandlungstheoretische Modell T_{VN2}^{NK} nachfolgend parametrisch faktualisieren lassen wird, gilt dies offenbar auch für das Familienmodell T_{VN0}^{NK}[821]:

$$(659)\ T_{VN0}^{NK,Par} \Leftrightarrow \forall \mathbf{m}\left[\left(S_{VN0}^{NK} \wedge M_{15} \wedge M_{15a} \wedge M_{15b}\right)^{Fa} \wedge T_{VN2}^{NK\ Par} \rightarrow E_{VN0}^{NK}\right].$$

In der Literatur werden die Unterschiede zwischen T_{VN2}^{NK} und T_{VN0}^{NK} statt dessen bisweilen auch darauf zurückgeführt, dass im Vergleich zu dem verhandlungstheoretischen Modell T_{VN2}^{NK} in dem Familiennutzen-Familienbudget-Modell T_{VN0}^{NK} unterstellt wird, die persönliche Verfügungsgewalt über einzelne Bestandteile des Einkommens habe keinen Einfluss auf die familiäre Arbeitsteilung, weil das Einkommen von allen Haushaltsmitgliedern gemeinsam genutzt würde (= „income pooling"). Da im verhandlungstheoretischen Modell T_{VN2}^{NK} das Einkommen im Falle des Alleinlebens bzw. des nicht-kooperativen haushaltsinternen Vorgehens über die individuelle Nutzenfunktion die Nash-Lösung beeinflusst, kann dort von einer Unabhängigkeit zwischen der Verfügungsgewalt über Einkommen und dem Haushaltsgleichgewicht nicht ausgegangen werden. Die These des „income pooling" konnte

818 Siehe Horney/McElroy (1988), insbes. S. 25 ff.

819 Ashenfelter/Heckman (1974), S. 75. Siehe hierzu auch S. 181.

820 Siehe Hausman/Ruud (1984), S. 242 ff.

821 Siehe sechste Stufe von oben, linkes Modell in Übersicht III-17.

von einigen Autoren empirisch widerlegt werden[822], woraus stellenweise geschlossen wird, dass sich T_{VN0}^{NK} gegenüber T_{VN2}^{NK} empirisch nicht durchsetzen konnte[823]. Nach der vorliegenden Implikationsbeziehung ist indes eine Diskriminierung zwischen beiden Modellen auf der Grundlage der These des „income pooling" nicht so ohne weiteres möglich. Der Vergleich zwischen den Modellen verlangt ferner, dass auch das Axiom der offenbarten Präferenz S_{VN0}^{NK} und die Modellannahmen M_{15} M_{15a} und M_{15b} erfüllt sind. Denn nach (659) kann T_{VN0}^{NK} nur dann aus T_{VN2}^{NK} impliziert werden. Würde sich unter diesen Bedingungen die These des „income pooling" falsifizieren lassen, wäre T_{VN0}^{NK} tatsächlich falsifiziert, allerdings auch das diesem zu Grunde liegende, allgemeinere Modell T_{VN2}^{NK}. Eine Diskrimierung zwischen beiden Modellen wäre damit nicht erreicht. Insofern sind die Bedenken einiger Autoren berechtigt, dass mit der Widerlegung eines Modells nicht automatisch alle alternativen Modelle bestätigt sind[824]. Entscheidend ist, welche Implikationsbeziehungen zwischen den Modellen bestehen.

2.1.1.9 Verhandlungstheoretisches Modell

Mit der Modellbildung des kooperativen, verhandlungstheoretischen Individualnutzen-Familienbudget-Modells der Neoklassik T_{VN2}^{NK} aus der namensgleichen Modellvariante der inputorientierten Produktionstheorie T_{VN2}^{in} [825] findet ein Übergang zwischen beiden Theorien statt[826]. Erforderlich ist die Modellannahme M_{22}, wonach keine Veränderungen im relativen Anteil der indirekten Kosten an den Produktionskosten von Haushaltsendgütern feststellbar sind. Diese Annahme konnte über das Verfahren der parametrischen Faktualisierung in Berechnungen mit dem Standardmodell zumindest quantitativ faktualisiert werden[827]. Obwohl M_{22} parametrisch faktualisiert werden konnte, ist T_{VN2}^{NK} idealisiert, da sich im Weiteren noch herausstellen wird, dass T_{VN2}^{in} idealisiert ist[828]:

(660) $T_{VN2}^{NK,Id} \Leftrightarrow \forall \mathbf{m}\left[M_{22}^{Par} \wedge {T_{VN2}^{in}}^{Id} \rightarrow E_{VN2}^{NK} \right].$

---

[822] Z. B. von Schultz (1990) und Thomas (1990).

[823] Eine Übersicht über diese Arbeiten liefern Hoddinott/Alderman/Haddad (1997), S. 129 ff.

[824] Vgl. die diesbezüglich von Chiaporri (1997), S. 45 und Hoddinott/Alderman/Haddad (1997), S. 139 vorgetragenen Bedenken.

[825] Siehe oben S. 288.

[826] Derartige Theorieübergänge sind in Übersicht III-14 durch die fett eingezeichneten Linien besonders gekennzeichnet.

[827] Siehe oben S. 331 ff.

[828] Siehe fünfte Stufe von oben, linkes Modell in Übersicht III-17.

2.1.2 Zweite Klasse: Modelle der inputorientierten Produktionstheorie

2.1.2.1 Grundmodell

Das inputorientierte Grundmodell T_{GM}^{in} kann über die Modellannahme M_{26} aus dem inputorientierten Familiennutzen-Familienbudget-Modell T_{VN0}^{in} abgeleitet werden[829].

M_{26} besagt, dass sich Eheleute nicht in den Ertragszuwächsen voneinander unterscheiden, die sich beim Einsatz einer zusätzlichen Einheit ihrer Erwerbs- und Nichterwerbsarbeitszeit jeweils einstellen. Der in Westdeutschland mit ca. 25 % und in Ostdeutschland mit ca. 6 % des Verdienstes der Männer feststellbare Unterschied in den Lohnsätzen zwischen Männern und Frauen lässt diese Annahme zumindest mit Bezug auf die Grenzproduktivitäten der Erwerbsarbeitszeit als unrealistisch erscheinen[830]. Dabei ist die von v. Kulmiz (2001) erörterte Frage, ob dieser Unterschied auf einer Lohndiskriminierung auf Grund des Geschlechts beruht oder auf einer Lohndifferenzierung auf Grund objektiver Merkmale, für das Geltendmachen der Annahme M_{26} unerheblich. Denn in beiden Fällen tangiert der Verdienstabstand zwischen Männern und Frauen den Ertragszuwachs, der sich bei Frauen im Vergleich zu Männern beim Einsatz einer Einheit Erwerbsarbeitszeit mit Bezug auf die Bereitstellung von Marktgütern über den Reallohnsatz einstellt. Die Unterscheidung in beide Komponenten könnte lediglich für die Frage entscheidend sein, unter welchen Umständen sich M_{26} in Zukunft als nicht mehr idealisiert erweisen wird.

Festzuhalten ist: Für die Erklärung des Arbeitsangebots in Mehrpersonenhaushalten, in denen erwerbsfähige Personen beider Geschlechter vertreten sind, erweist sich der Gegenstandsbereich von M_{26} als leer. Das inputorientierte Grundmodell T_{GM}^{in} als Spezialfall von T_{VN0}^{in} kann danach nur auf Einpersonenhaushalte angewandt werden oder auf Mehrpersonenhaushalte, in denen nur Erwerbsfähige i eines Geschlechts m oder f leben. Das heißt, es muss gelten[831]:

(661) $M_{26a}: (i = f \wedge i \neq m) \vee (i = m \wedge i \neq f)$.

Die Implikationsbeziehung zwischen beiden Modellen sollte entsprechend korrigiert werden, um einen leeren Gegenstandsbereich von M_{26} auszuschließen. In der korrigierten Fassung kann das inputorientierte Grundmodell T_{GM}^{in} als zumindest parametrisch faktualisiert bezeichnet werden, da sich dasselbe nachfolgend auch für das inputorientierte Familiennutzen-Familienbudget-Modell T_{VN0}^{in} zeigen lassen wird:

---

829 Siehe oben S. 296.

830 Vgl. die Berechnungen von v. Kulmitz (2001), S. 415 auf der Grundlage von Daten aus der Gehalts- und Lohnstrukturerhebung 1990 des Statistischen Bundesamtes; vgl. ferner BMfFSFG (2002), S. 5.

831 Siehe dritte Stufe von oben, erstes Modell rechts in Übersicht III-17.

(662) $T_{GM}^{in,Par} \Leftrightarrow \forall \mathbf{m}\left[(M_{26} \wedge M_{26a})^{Fa} \wedge T_{VN0}^{in,Par} \rightarrow E_{GM}^{in}\right]$.

2.1.2.2 Familiennutzen-Familienbudget Modell

Die Ableitung des Familiennutzen-Famileinbudget T_{VN0}^{in} aus T_{VN2}^{in} erfolgt unter der Annahme M_{15} für konstante Konfliktauszahlungen. Eine vergleichbare Implikationsbeziehung wurde bereits zwischen den entsprechenden neoklassischen Modellvarianten festgestellt und unter Zugrundelegung des Axioms der offenbarten Präferenz S_{VN0}^{NK} faktualisiert[832]. Wird dieses an Stelle der Güter x_i, Freizeit und Marktgüter, auf die Haushaltsendgüter Z_r bezogen, so kann mit ihm die Modellannahme M_{15} auch mit Bezug auf das hier zu Grunde gelegte Modell T_{VN2}^{in} faktualisiert werden. Bei Geltung von S_{VN0}^{NK} muss der kompensierte Hicks'sche Substitutionseffekt S_H einer Preisänderung negativ sein, was der Annahme der faktualisierten Modellannahme M_{15a}^{Fa} entspricht. Ferner müssen die kompensierten Kreuzlohnsubstitutionseffekte einander entsprechen (M_{15b}^{Fa}). Da sich im Weiteren T_{VN2}^{in} zumindest parametrisch faktualisieren lässt[833], gilt dies folglich auch für T_{VN0}^{in}[834]:

(663) $T_{VN0}^{in,Par} \Leftrightarrow \forall \mathbf{m}\left[\left(S_{VN0}^{NK} \wedge M_{15} \wedge M_{15a} \wedge M_{15b}\right)^{Fa} \wedge T_{VN2}^{in,Par} \rightarrow E_{VN0}^{in}\right]$.

2.1.2.3 Modell des „männlichen Chauvinisten"

Das inputorientierte Modell des „männlichen Chauvinisten" T_{VN1}^{in} folgt über die Annahme M_{27} aus dem verhandlungstheoretischen Modell T_{VN0}^{in}, wonach mit Bezug auf die Bereitstellung der Haushaltsendgüter Z_r keine Faktorsubstitution zwischen den Nichterwerbsarbeitszeiten der Eheleute stattfindet[835]. Für die Faktualisierung von M_{27} reicht es nicht aus, festzustellen, dass die Nichterwerbsarbeitszeiten der Eheleute unverändert geblieben sind. Denn dieser Tatsache könnte dennoch eine Faktorsubstitution zwischen den Eheleuten zu Grunde liegen, sofern diese durch eine Faktorsubstitution zwischen Marktgütern und den Nichterwerbsarbeitszeiten kompensiert worden wäre. Maßgeblich für M_{27} ist, dass mit Bezug auf keines der bereitgestellten Haushaltsendgüter Z_r eine Faktorsubstitution in den Nichterwerbsarbeitszeiten der Eheleute stattgefunden haben darf.

Die bereits im Zusammenhang mit der Modellannahme M_{22} erörterte Datenlage erschwert auch in diesem Fall eine qualitative Faktualisierung. M_{27} könnte jedoch wie M_{22} über das Verfahren der parametrischen Faktualisierung geprüft werden, vorausgesetzt, die

---

832 Siehe oben S. 359.

833 Siehe S. 367 ff.

834 Siehe fünfte Stufe von unten, zweites Modell von links in Übersicht III-17.

835 Siehe oben S. 305.

Annahme M_{27} könnte stationär, qualitativ faktualisiert werden. Ließe sich in diesem Falle zeigen, dass in einem durch das Standardmodell beschriebenen Haushalt infolge einer Lohnsatzerhöhung eine Faktorsubstitution in den Nichterwerbsarbeitszeiten der Eheleute bezogen auf eines oder sogar mehrere Haushaltsendgüter stattfindet, wäre damit nachgewiesen, dass M_{27} bisweilen einen leeren Gegenstandsbereich hat.

Eine Simulation dieser Art wurde von Seel (1999) auf der Grundlage eines Linearen-Optimierungs-Modells durchgeführt, welches in der Tradition des Standardmodells auf dem „erweiterten Lancaster-Modell" beruht. Ziel war es, Spezialisierungs- und Despezialisierungsprozesse im Familienzusammenhang über eine Parametrisierung von Restriktionen am Arbeitsmarkt, Nettostundenlöhnen sowie Konsumansprüchen zu erklären. Die Ergebnisse dieser Berechnungen zeigen, dass der Haushalt durch Substitution der Nichterwerbsarbeitszeiten der Eheleute, u. a. in der Kinderbetreuung, Effizienzgewinne realisiert[836]. In diesem Fall ist die Modellannahme M_{27} wegen der Faktorsubstitution nicht erfüllt. Solange das Familiennutzen-Familienbudget-Modell T_{VN0}^{in} keine Erklärung dazu enthält, unter welchen Bedingungen M_{27} und mit ihr das speziellere Modell des „männlichen Chauvinisten" T_{VN1}^{in} gilt, muss M_{27} als idealisiert bezeichnet werden, weil sie offenbar nicht immer zutrifft[837]. Damit ist auch T_{VN1}^{in} idealisiert, obwohl T_{VN0}^{in} zuvor zumindest parametrisch faktualisiert werden konnte:

(664) $T_{VN1}^{in,Id} \Leftrightarrow \forall \mathbf{m}\left[\wedge M_{27}^{Id} \wedge T_{VN0}^{in,Par} \rightarrow E_{VN1}^{in}\right]$.

2.1.2.4 Verhandlungstheoretisches Modell

Die Modellbildung des kooperativen, verhandlungstheoretischen Individualnutzen-Familienbudget-Modells der inputorientierten Produktionstheorie T_{VN2}^{in} aus dem verallgemeinerten verhandlungstheoretischen Modell T_{VN2} erfolgt über die Modellannahme M_{23}[838]. Danach ist die Produktivität μ_i der Zeit t_i mit Bezug auf die Marktgüter x_i durch die Minimalkostenkombination festgelegt, wonach die Grenzrate der Substitution zwischen Marktgütern und Zeit deren umgekehrtem Faktorpreisverhältnis entspricht.

Der relative Faktorpreis $\mu_{1i} = w_j / p_i$ kann als volkswirtschaftliche Substitutionsrate interpretiert werden, die dem Haushalt von außen durch die Preisbildung an den Märkten vorgegeben ist. Das Preisverhältnis drückt aus, wie viele Mengeneinheiten von den Marktgütern x_i auf gesamtwirtschaftlicher Ebene einer Stunde geleisteter Erwerbsarbeitszeit t_j^e gleichwertig sind[839]. Es kann folglich empirisch aus den Preisen ermittelt werden, die an

---

836 Siehe Seel (1999), S. 699.

837 Siehe fünfte Stufe von oben, zweites Modell von rechts in Übersicht III-17.

838 Siehe oben S. 290.

839 Vgl. in diesem Sinne Frantzke (1999), S. 153.

einem bestimmten Handelsplatz auf den Faktor- und Konsumgütermärkten im Durchschnitt für die Marktgüter x_i und die Erwerbsarbeitszeit t_j^e bezahlt werden.

Demgegenüber muss die Grenzrate der Substitution zwischen Marktgütern und Zeit, die sich aus der Wahl des Faktoreinsatzniveaus im Haushalt ergibt, über die Eingangsgrößen des inputorientierten Grundmodells aus diesem modellendogen ermittelt werden. Unter anderem im Zusammenhang mit der Erörterung der Modellannahme M_{22}[840] wurde bereits festgestellt, dass die hierzu erforderlichen Daten derzeit nicht zur Verfügung stehen. So kann auch die Modellannahme M_{23} qualitativ nicht faktualisiert werden. Andererseits ist auch auf die Implikationsbeziehung zwischen T_{VN2}^{in} und T_{VN2} aufgrund der Annahme von M_{23} das Verfahren der parametrischen Faktualisierung sehr gut anwendbar, wäre M_{23} zumindest stationär qualitativ zu faktualisieren. Dies zeigen die nachfolgenden Überlegungen. Multipliziert man die Bedingung für μ_{1ij}' in M_{23} unter der Voraussetzung eines Durchschnittspreises $\mathbf{p}$ über alle Marktgüter i mit $\mathbf{1}'\cdot\mathbf{p}$, ergibt dies:

$$(665)\quad M_{23}\colon w_j = \mathbf{1}'\mathbf{p}\cdot\mu_{1ij}' = \mathbf{1}'\mathbf{p}\cdot\left|\frac{dx_i}{dt_j^e}\right| = \mathbf{1}'\mathbf{p}\cdot\frac{\mu_{3r}'}{\mu_{4r}'} = \mathbf{1}'\mathbf{p}\cdot\left|\frac{db_{ir}}{da_{jr}^{ne}}\right|_{Z_r}.$$

Mit den in der Parametrisierung ermittelten Werten zu $\mathbf{p}'\cdot\mathbf{x}$, $\mathbf{1}'\cdot\mathbf{t}^e = T^e$, T^{ne} und w[841], eingesetzt in (665), kann die Modellannahme M_{23} über den Parameterbereich $w_j = w \in W$ mit Bezug auf die ermittelten Klassen von Optimierungsaufgaben quantitativ faktualisiert werden. Dies zeigt Übersicht III-18. Die Werte in Z.1 bis Z.4 beziehen sich jeweils auf die unteren Klassengrenzen. Die Werte in Z.5 wurden nach der in Z.5 angegebenen Formel aus der Differenz zwischen den Werten der jeweils benachbarten Klassen errechnet (siehe beispielhaft Z.5, Klasse I nach II).

Diesen Berechnungen zufolge erfüllen beim Übergang zwischen den Klassen lediglich die Werte zwischen den Klassen V und VII die Modellannahme M_{23}. Der auf der Basis von M_{23} errechnete Lohnsatz stimmt mit dem tatsächlichen Lohnsatz überein. Danach kann der Haushalt zwischen diesen Klassen Produktionstechnologien realisieren, die ihm eine kontinuierliche Substitution zwischen Nichterwerbsarbeitszeit und Marktgütern erlauben. Für die Übergänge zwischen den Klassen I bis IV ist die Modellannahme M_{23} indes nicht erfüllt, der aus ihr errechnete Lohnsatz entspricht nicht dem tatsächlichen Lohnsatz. Auf der Grundlage der Bedingung (665) für M_{23}, muss zwischen den Klassen I bis IV gelten:

$$(665')\quad w_j \neq \mathbf{1}'\mathbf{p}\cdot\left|\frac{dx_i}{dt_j^e}\right| = \mathbf{1}'\mathbf{p}\cdot\frac{\mu_{3r}'}{\mu_{4r}'} = \mathbf{1}'\mathbf{p}\cdot\left|\frac{db_{ir}}{da_{jr}^{ne}}\right|_{Z_r} \quad \text{(für die Übergänge zw. I bis IV).}$$

---

840 Siehe oben S. 335 ff.

841 Siehe Übersicht III-15.

Dies kann nur daran liegen, dass sich in den Übergängen zwischen den Klassen I bis IV jedesmal die Produktionstechnologie und mit ihr die optimale Faktorpreisrelation $w_j/\mathbf{1'}{\cdot}\mathbf{p}$ ändert.

	Klasse	I	II	III	IV	V	VI	VII
1	$w = w_j$	10,00	10,25	10,50	10,75	*12,00*	*21,85*	*23,43*
2	$\frac{\mathbf{p'}{\cdot}\mathbf{x}}{T^e}$	$\frac{18615}{1862}$ =10,00	$\frac{19080}{1862}$ =10,25	$\frac{19546}{1862}$ =10,50	$\frac{19780}{1840}$ =10,75	$\frac{23524}{1960}$ =12,00	$\frac{24573}{1125}$ =21,85	$\frac{25229}{1077}$ =23,43
3	$\mathbf{p'}{\cdot}\mathbf{x}$	18615	19080	19546	19780	23524	24573	25229
4	T^{ne}	6756	6604	6517	6478	6166	6118	6090
5	$\mathbf{1'p}\cdot\left\|\frac{dx_i}{dt_j^e}\right\| \overset{?}{=} w_j$	$\frac{19080-18615}{6756-6604} = \frac{465}{152} = 3{,}06$	$\frac{466}{87}$ $= 3{,}06$	$\frac{234}{39}$ $= 6$	$\frac{3744}{312}$ $= \mathit{12}$	$\frac{1049}{48} =$ *21,85*	$\frac{656}{28}$ $= \mathit{23{,}43}$	

Übersicht III-18 *Quantitative Faktualisierung von M_{23} an den unteren Klassengrenzen*

Denn innerhalb der Klassen darf sich die Produktionstechnologie nicht ändern. Dies wurde bereits in Kap. 2.1 als Bestätigung der Modellannahme $M_{22}{:}\,d\alpha_r = 0$ interpretiert. Folglich muss in den Klassen auf der Basis der Bedingung (665) für M_{23} gelten:

$$(665``)\quad dw_j = \mathbf{1'p}\cdot\left|\frac{dx_i}{dt_j^e}\right| = \mathbf{1'p}\cdot\left|\frac{db_{ir}}{da_{jr}^{ne}}\right|_{Z_r} = \mathbf{1'p}\cdot d\alpha_r = 0\,.$$

Auch in dieser Hinsicht kann M_{23} durch die auf dem Wege der Parametrisierung ermittelten Modellklassen bestätigt werden, wie die nachfolgende Übersicht exemplarisch für die Werte innerhalb der Klasse IV zeigt. Die Parametrisierung des Lohnsatz bewirkt lediglich einen Rückgang in der Erwerbsarbeitszeit und angesichts $dw_j = \mathbf{1'}{\cdot}\mathbf{p}\cdot d\alpha_r = 0$ keine Faktorsubstitution.

Klasse IV	*w*= 10,75	11,00	11,50	11,75
$\frac{\mathbf{p'}{\cdot}\mathbf{x}}{T^e}$	$\frac{19780}{1840}$ =10,75	$\frac{19780}{1798}$ =11,00	$\frac{19780}{1720}$ =11,50	$\frac{19780}{1683}$ =11,75

Übersicht III-19 *Quantitative Faktualisierung von M_{23} innerhalb der Klassen*

Abschließend kann festgestellt werden, dass sich auch die Modellannahme M_{23} auf der Grundlage des Standardmodells - für einzelne Parameterabschnitte (=Modellklassen) des Parameterbereichs $w \in W$ - zumindest quantitativ faktualisieren lässt. Da das verallgemeinerte verhandlungstheoretische Modell T_{VN2} nachfolgend ebenfalls faktualisiert werden kann, sogar qualitativ, ist das inputorientierte Modell T_{VN2}^{in} insgesamt parametrisch faktualisiert[842]:

(666) $T_{VN2}^{in,Par} \Leftrightarrow \forall \mathbf{m}\left[M_{23}^{Par} \wedge T_{VN2}^{Fa} \rightarrow E_{VN2}^{in}\right]$.

2.1.3 Erste Klasse: Modelle der Grenznutzenschule

2.1.3.1 Verallgemeinertes verhandlungstheoretisches Modell

Das verallgemeinerte kooperative, verhandlungstheoretische Modell T_{VN2} folgt mit der Antezedenzbedingung S_1^{in} und der Modellannahme $M_{15}^{'}$ aus dem um die Gesetzesaussagen der neoklassischen Theorie G^{NK} erweiterten Modell der Grenznutzenschule T_M^{GNS}[843].

Die Modellannahme $M_{15}^{'}$ besagt, dass der Nutzentransfer zwischen Haushaltsmitgliedern durch eine Neumann-Morgenstern'sche Nutzenfunktion beschrieben werden kann. Sie ist, wie schon mit Bezug auf Modellannahme M_{15} festgestellt, ohne ein kardinales Maß dafür, wie die einzelnen Haushaltsmitglieder die ihnen zur Wahl stehenden Alternativen individuell bewerten, nicht darstellbar. Während das Axiom der offenbarten Präferenz S_{VN0}^{NK} in der Konjunktion mit M_{15} eine Familiennutzenfunktion definierte, erfordert $M_{15}^{'}$ eine Axiomatik, die eine Individualnutzenfunktion für jedes Haushaltsmitglied festlegt. Der Unterschied zwischen beiden Modellannahmen besteht letztlich darin, dass $M_{15}^{'}$ den Nutzentransfer zwischen den Haushaltsmitgliedern gegenüber M_{15} zusätzlich über Veränderungen in den individuellen Konfliktauszahlungen beschreibt, dem sog. Bargaining-Effekt[844]:

(667) $\frac{dU_i}{dD_j} = \frac{dU_i}{dU_j} \cdot \frac{dU_j}{dD_j}$.

In der Literatur existieren mehrere Axiomsysteme, mit denen sich eine individuelle Neumann-Morgenstern'sche Nutzenfunktion definieren lässt. Die Zuordnung einer reellen Zahl zu jeder Alternative erfolgt hier im Wesentlichen über zwei Annahmen[845]. Erstens wird unterstellt, dass das Individuum von den ihm gebotenen Alternativen sagen kann, welche es einer anderen vorzieht und zwischen welchen es indifferent ist. Diese Annahme ist bereits als Axiom der Vollständigkeit Bestandteil der Antezedenzbedingung S^{NK} der Gesetzesaussage G^{NK}.

Zweitens wird Folgendes angenommen:

---

842 Siehe vierte Stufe von oben, linkes Modell in Übersicht III-17.

843 Siehe oben S. 290 ff.

844 Vgl. dazu auch Ott (1989), S. 64.

845 Vgl. Holler (1992), S. 13 ff.

S_{VN2} Wenn ein Individuum indifferent bezüglich x_0 und x_1 ist, dann kann in jeder denkbaren Präferenzrelation x_0 durch x_1 und x_1 durch x_0 mit einem drittem Gut x_2 substituiert werden[846].

Diese hier als Axiom der Substituierbarkeit S_{VN2} bezeichnete, zweite, Annahme ist in der Implikationsbeziehung (502) von T_{VN2} aus $T_M^{GNS} \wedge G^{NK}$ noch nicht enthalten[847]. Sie muss folglich zur Faktualisierung der Modellannahme $M_{15}^{'}$ ergänzt werden.

Für diese Implikation bedarf es neben $M_{15}^{'}$ noch der Faktualisierung von S_1^{in}. Bei S_1^{in} handelt es sich um eine Ergänzung der Antezedenzbedingung S_1^{GNS} der Grenznutzenschule zum Ersten Gossen'schen Gesetz. S_1^{in} besagt, dass in inputorientierten Modellen die Haushalte die Güter x_i nur mittelbar begehren. Unmittelbar sind die Haushaltsendgüter Z_r ausschlaggebend für den erzielten Nutzen. Vorausgesetzt wird eine zusammengesetzte Funktion $U(Z_r(\mathbf{b_r}, \mathbf{a_r^{pe}}))$, mit $\mathbf{b_r} \equiv \mathbf{x_r}$ und $\mathbf{a_r^{pe}} \equiv \mathbf{t_r}$, die man dadurch erhält, dass man in der Nutzenfunktion $U(Z_r)$ die Variable Z_r für die Haushaltsendgüter durch die Produktionsfunktion $Z_r(\mathbf{b_r}, \mathbf{a_r^{pe}})$ ersetzt. S_1^{in} kann ebenso wie S_1^{GNS} über die Axiome der Präferenz S^{NK} faktualisiert werden, die als Antezedenzbedingung der neoklassischen Gesetzesaussage in die Implikationsbeziehung eingehen. Dafür müssen die Güterbündel x_i in S^{NK} lediglich gegen Z_r ausgetauscht werden. Dieser Austausch selbst ist bereits Bestandteil der zusammengesetzten Funktion $U(Z_r(\mathbf{b_r}, \mathbf{a_r^{pe}}))$ in S_1^{in}.

Da die Geltung von S_{VN2} und S^{NK} nicht weiter zu begründen ist, wenn es sich um axiomatische Setzungen handelt, ist T_{VN2} demnach faktualisiert, da sich im Weiteren noch das Modell der Grenznutzenschule T_M^{GNS} faktualisieren lässt[848]:

$$(668) \quad T_{VN2}^{Fa} \Leftrightarrow \forall \mathbf{m}\left[\left(G^{NK} \wedge S_1^{in}\right)^{Fa} \wedge \left(S_{VN2} \wedge M_{15}^{'} \wedge\right)^{Fa} \wedge T_M^{GNS,Fa}\right].$$

2.1.3.2 Modell der Grenznutzenschule

Das Modell der Grenznutzenschule T_M^{GNS} folgt über die Modellannahme M^{GNS} aus den Aussagen G^{GNS} des Ersten Gossen'schen Gesetzes[849].

M^{GNS} definiert die Produktivität der menschlichen Arbeitskraft als das Verhältnis der Ausbringungsmenge x_i zu der für die Erzeugung verbrauchten Einsatzmenge an Arbeitsstunden t_i. Die Definition entspricht der in der Ökonomik üblichen Kennzahl der mengenmäßigen Wirtschaftlichkeit. Sie misst die Effektivität von Produktionsvorgängen, ohne dass die zu Grunde liegenden Mengenrelationen hierfür mit Marktpreisen in Geldeinheiten be-

---

846 Vgl. Holler (1992), S. 13 ff.

847 Siehe S. 290.

848 Siehe dritte Stufe von oben, linkes Modell in Übersicht III-17.

849 Siehe oben S. 122 ff.

wertet werden müssen. Dies hat den Vorteil, dass mit dieser Kennzahl Aussagen über die Produktivität nicht von der Preisentwicklung abhängen[850]. Damit wird M^{GNS} in besonderem Maße dem realen Sachverhalt gerecht, dass im Nicht-Markt-Bereich keine Marktpreise existieren, Produktivitätsvergleiche zwischen Markt- und Nicht-Markt-Bereich aber trotzdem erforderlich sind. Offenbar findet die Modellannahme M^{GNS} über T_M^{GNS} deshalb als Maßstab für den wirtschaftlichen Einsatz der Zeit auch in allen Grundmodellen Verwendung. Insofern weist der Gegenstandsbereich der Modellannahme M^{GNS} auf jeden Fall reale Sachverhalte auf, die prinzipiell messbar sind. Die Daten zur Arbeitsproduktivität mit Bezug auf den privaten Haushalt sind jedoch nur begrenzt verfügbar. Probleme bei der Erhebung von Daten zur Ermittlung der Produktivität entstehen insbesondere dann, wenn für einen Arbeitsträger mehrere Teilproduktivitäten existieren[851]. Im Marktbereich kann der Input noch einheitlich über das Arbeitsangebot erfasst werden, welches mit dem geltenden Realohnsatz zu bewerten ist. Aber bereits die Erfassung des Outputs dürfte aus mikroökonomischer Sicht wegen der Nichtkonstanz der Güternachfrage Schwierigkeiten bereiten. Noch problematischer ist die Erfassung von Kennzahlen zu Input-Output-Beziehungen bei der Bereitstellung von Haushaltsendgütern. Dies wurde bereits unter anderem im Zusammenhang mit der Modellannahme M_{22} erörtert. Insofern ist M^{GNS} realistisch, es mangelt indes je nachdem, für welches Gut i die Annahme M^{GNS} vorausgesetzt wird, an den notwendigen Daten zur empirischen Prüfung und numerischen Spezifikation von M^{GNS}.

Zur weiteren Faktualisierung des Modells der Grenznutzenschule T_M^{GNS} muss noch geklärt werden, ob auch die Antezedenzbedingungen S_1^{GNS} und S_2^{GNS} der Aussagen G^{GNS} des Ersten Gossen'schen Gesetzes sich auf faktisch vorliegende Sachverhalte beziehen. S_1^{GNS} besagt, dass der Grenznutzen der Menge x_i eines Gutes i positiv ist, jedoch mit der Zeitdauer t_i seiner Nutzung bzw. Bereitstellung abnimmt. S_2^{GNS} unterstellt, dass diese Zeit nur begrenzt verfügbar ist. Es wurde bereits an entsprechender Stelle erörtert, dass beide Antezedenzbedingungen über die neoklassischen Axiome der Präferenz S^{NK} erfasst werden und folglich über diese axiomatisiert werden können. Die Hinzunahme von S^{NK} zu G^{GNS} kann folglich eine faktualisierende Korrektur des Ersten Gossen'schen Gesetzes mit S_1^{GNS} und S_2^{GNS} bewirken, sofern man anerkennt, dass Axiome nicht mehr weiter begründet werden müssen[852]:

$$(669)\ G^{GNS,Fa} \Leftrightarrow \forall \mathbf{m}\left[\left(S_1^{GNS} \wedge S_2^{GNS} \wedge S^{NK}\right)^{Fa} \rightarrow E_1^{GNS}\right].$$

[850] Vgl. in diesem Sinne Wöhe (2000), S. 46 ff.

[851] Vgl. Vahlens Großes Wirtschaftslexikon (1993), S. 1722 f.

[852] Siehe erste Stufe von oben, erstes Modell von links in Übersicht III-17.

Hiermit wäre mit $M^{GNS,Fa}$ zugleich eine vollständige Faktualisierung des Modells der Grenznutzenschule erreicht[853]:

$$(670)\quad T_M^{GNS,Fa} \Leftrightarrow \forall \mathbf{m}\left[M^{GNS,Fa} \wedge \left(G^{GNS} \wedge G^{NK}\right)^{Fa} \rightarrow E_M^{GNS}\right].$$

2.1.4 Vierte Klasse: Outputorientierte Modelle der Produktionstheorie

Die outputorientierten Modelle bilden den verbleibenden Seitenzweig des linken Stamms des Modell- und Theorienbaums[854].

2.1.4.1 Modelle zum Steuer- und Transfersystem und den standardisierten Wahlmöglichkeiten an den Märkten

Auf der untersten Stufe der outputorientierten Modelle befinden sich das Modell T_{VR5}^{out} zur Berücksichtigung einer proportionalen Besteuerung des Erwerbseinkommens und zum Zusammenwirken von Steuer- und Transfersystem und das Modell T_{VR8}^{out} zu den standardisierten Wahlmöglichkeiten an den Märkten. T_{VR5}^{out} folgt für positive Arbeitsangebote $q \geq 0$ aus dem outputorientierten Grundmodell T_{GM}^{out}, sofern die Modellannahme $M_6\!: w = w^N$ vorausgesetzt wird. Diese Annahme, die besagt, dass die in das Modell einbezogenen Lohnsätze Nettolohnsätze sind, konnte oben bereits durch Hinzunahme der Modellannahme M_{6a} faktualisiert werden[855]. Da sich aber T_{GM}^{out} generell, so auch für $q \geq 0$, im Folgenden als idealisiert erweisen wird, muss dies auch für T_{VR5}^{out} gelten:

$$(671)\quad T_{VR5}^{out,Id} \Leftrightarrow \forall \mathbf{m}\left[(M_6 \wedge M_{6a})^{Fa} \wedge T_{GM}^{out,Id}\Big|_{q\geq 1} \rightarrow E_{VR5}^{out}\right].$$

Mit dem zweiten hier erörterten Modell T_{VR8}^{out} können gegenüber dem Grundmodell standardisierte Wahlmöglichkeiten am Konsumgütermarkt als Einflussfaktor für das Arbeitsangebot in Betracht gezogen werden. Notwendig ist hierfür die Modellannahme M_{17}, über die unterschiedliche Teilproduktivitäten im Markt- und Nicht-Markt-Bereich vorausgesetzt werden. In dem dargestellten Beispiel bezogen sich diese auf Alternativen zur Bereitstellung des Gutes Kinderbetreuung[856].

---

[853] Siehe zweite Stufe von oben, erstes Modell von links in Übersicht III-17.

[854] Siehe in Übersicht III-14 die mittleren Modelle in der zweiten bis fünften Stufe von unten.

[855] Siehe oben Kap. III2.1.1.3, S. 350 ff.

[856] Siehe oben S. 233 ff.

$$(346)\quad M_{17}: \frac{\mu_i}{n} = \frac{\frac{x_i}{t_i}}{n} = n_1 \cdot \frac{f_{kh}(t^h)}{t^h} = n_2 \cdot \alpha_{km} \frac{x_{km}}{t^e_{km}} = n_2 \cdot \alpha_{km} \frac{w}{p_{km}}, \text{ mit } n = n_1 + n_2 + n_3.$$
$$= n_3 \cdot \alpha_{kah} \frac{x_{kah}}{t^e_{kah}} = n_3 \cdot \alpha_{kah} \frac{w}{p_{kah}}$$

Die Anteile $n = n_1 + n_2 + n_3$, mit denen die Teilproduktivitäten bei der Kinderbetreuung zum Tragen kommen, werden ebenso wie die Einsatzverhältnisse der Inputfaktoren, nämlich die Hausarbeitszeit t^h sowie die für die Finanzierung der außerhäuslichen Kinderbetreuung genutzten Erwerbsarbeitszeiten t^e_{km} und t^e_{kah}, modellendogen aus der Erwerbsentscheidung erklärt. Exogen gegeben sein müssen die Faktoren α_{km} und α_{kah}, mit denen Unterschiede in den Teilproduktivitäten der außerhäuslichen Kinderbetreuung unterstellt werden, die sich nicht auf die Preise dieser Substitute zurückführen lassen. Argumentiert wird, dass diese Unterschiede in der „Qualität Q der Kinderbetreuung pro Kind n" zum Ausdruck kommen. Danach basiert die subjektive Qualitätseinstufung des Marktsubstituts „Kinderbetreuung" nur teilweise auf der relativen Preishöhe des Produktes. Diese Annahme könnte realistisch sein, empirisch nachzuprüfen ist eine solche Qualitätsbeurteilung aber angesichts der Schwierigkeiten, Präferenzrelationen zu messen, wohl kaum. Insofern muss die Modellannahme M_{17}, und mit ihr und dem Grundmodell auch das Modell T^{out}_{VR8}, als idealisiert bezeichnet werden:

$$(672)\quad T^{out,Id}_{VR8} \Leftrightarrow \forall \mathbf{m}\left[M^{Id}_{17} \wedge T^{out,Id}_{GM} \rightarrow E^{out}_{VR8}\right].$$

2.1.4.2 Grundmodell

Das outputorientierte Grundmodell T^{out}_{GM} kann über die Modellannahme M_{16} aus dem verallgemeinerten neoklassischen Grundmodell T^{NK}_{VR0} abgeleitet werden. Mit dieser Annahme wird unterstellt, dass das Verhältnis zwischen der Grenzproduktivität μ_1 für die Erwerbsarbeit und μ_2 für die Hausarbeitszeit t^h mit Bezug auf die konsumierbaren Güter x über den Faktor q beschrieben werden kann. Von diesem wird in M_{16} des Weiteren vorausgesetzt, dass er ein zeitliches Vielfaches bzw. ein Bruchteil vom Markteintrittspunkt x^*_0 ist, welches bzw. welcher sich dem Umfange nach aus dem Verhältnis zwischen dem jeweiligen Umfang an Freizeit x_0 und an Hausarbeitszeit t^h errechnen lässt[857].

Der Gegenstandsbereich von Modellannahme M_{16} kann nur belegt werden, wenn einerseits der unterstellte Produktivitätsvergleich zwischen Erwerbsarbeit und Hausarbeit mit Bezug auf die konsumierbaren Güter x tatsächlich möglich ist, andererseits der Faktor q bekannt ist. Als operationale Größe für die Grenzproduktivität der Erwerbsarbeitszeit gilt der Reallohnsatz. Die Grenzproduktivität der Hausarbeitszeit indes wird durch eine Skalen-

---

[857] Siehe oben S. 226 ff.

ertragsfunktion beschrieben. Über den Faktor q ist bekannt, dass er im Markteintritt den Wert Eins annimmt[858].

Die Produkte der Erwerbsarbeitszeit sind Marktgüter, die der Hausarbeitszeit Haushaltsgüter. Für den Produktivitätsvergleich werden beide Produkte in M_{16} als unmittelbar vergleichbar angenommen. So bezieht sich auch der Faktor q stets auf ein bestimmtes Produktionsniveau konsumierbarer Güter x. Seine Berechnung im Zusammenhang mit M_{16} verlangt, dass in den Haushalten, auf die das Grundmodell T_{GM}^{out} zur Erklärung des Arbeitsangebots angewandt werden soll, Reallohnsatz und Skalenertragsfunktion als Größen für die Grenzproduktivitäten der Erwerbs- und Hausarbeit auf das gleiche Produktionsniveau konsumierbarer Güter x bezogen werden können. Diese Anforderung dürfte für keinen Haushalt generell erfüllbar sein, weil es für etliche Marktgüter, die heute zur Standardausstattung eines Haushalts gehören, keine Substitute gibt, die im Haushalt hergestellt werden könnten. Denn Haushalte produzieren keine Telefone, keine Kühlschränke, keine Fernseher etc. Die Modellannahme M_{16} muss somit als idealisiert gelten.

Eine andere Möglichkeit ist die Modellbildung von T_{GM}^{out} über Modellannahme M'_{19} aus dem outputorientierten Familiennutzen-Familienbudget-Modell T_{VN0}^{out}[859]. Die Annahme M'_{19} besagt, dass die Grenznutzen aus der individuellen Freizeitnachfrage x_{0i} der Eheleute $i = w, f$, dividiert durch das Produkt aus individuellem Lohn w_i und Schattenpreis λ_{2i} der Einhaltung der Totaleinkommensrestriktion, gleich sind. Die Explizierung von λ_{2i} hatte des Weiteren Folgendes ergeben: Der Ausdruck in M'_{19} unterstellt implizit, dass entweder kein Lohnsatzunterschied zwischen Eheleuten existiert *und* bei Gleichheit der zugehörigen „complementary slackness" σ_i keiner von beiden Partnern Hausarbeit leistet oder ein Lohnsatzunterschied besteht *und* eine Spezialisierung zwischen den Partnern stattfindet. In den anderen Fällen ist M'_{19} nicht erfüllt und folglich T_{GM}^{out} nicht aus T_{VN0}^{out} ableitbar[860].

Der erstgenannte Fall scheidet als unrealistisch aus. Denn nach v. Kulmiz (2001) ist eine Lohnsatzdifferenz zwischen den Geschlechtern, zumindest für die Bundesrepublik, generell „ohne große Mühe" feststellbar[861]. Nach den Ergebnissen der Zeitbudgetstudie des Statistischen Bundesamts verbringen ferner Ehemänner abhängig vom Haushaltstyp im Durchschnitt mindestens 1:32 h ihrer Zeit täglich mit hauswirtschaftlichen Tätigkeiten, aber dennoch deutlich weniger als ihre Ehefrauen mit 4:45 h[862]. Daher kann M'_{19} nur erfüllt sein, wenn der zweite implizit durch M'_{19} unterstellte Fall realistisch ist.

---

[858] Siehe oben S. 226 ff.

[859] Siehe oben S. 242.

[860] Siehe oben S. 243.

[861] Siehe v. Kulmiz (2001), S. 406.

[862] Vgl. BMfFSFJ (1996), S. 80.

Um die Modellannahme M'_{19} zu faktualisieren, sollte sie danach durch die aufgedeckten, realistischeren Annahmen korrigiert werden, die offenbar für die Erklärung des Arbeitsangebots mit dem outputorientierten Grundmodell T_{GM}^{out} faktisch relevant sind. Das heißt, es müsste im Zusammenhang mit M'_{19} zusätzlich unterstellt werden, dass uneinheitliche Lohnsätze zwischen den Eheleuten vorliegen:

(673) $M'^{Fa}_{19a}: w_m \neq w_f$,

und entweder nur einer der beiden Partner Hausarbeit leistet oder - angesichts von Unterschieden in den Grenzproduktivitäten der Hausarbeitszeit - auf jeden Fall beide in unterschiedlichem Umfang:

(674) $M'^{Fa}_{19b}: t_f^h \neq t_m^h$.

Dies ergibt für die Faktualisierung des outputorientierten Grundmodells T_{GM}^{out} insgesamt folgendes Ergebnis. Das outputorientierte Grundmodell T_{GM}^{out} weist keinen geringeren Faktualisierungsgrad[863] auf als das Familiennutzen-Familienbudget-Modell T_{VN0}^{out}, ist aber wegen der Idealisierung von T_{VN0}^{out} auf Grund von M_{16}^{Id} ebenfalls idealisiert[864]:

(675) $T_{GM}^{out,Id} \Leftrightarrow \forall \mathbf{m}\left[\left(M'_{19} \wedge M'_{19a} \wedge M'_{19b}\right)^{Fa} \wedge T_{VN0}^{out,Id} \rightarrow E_{GM}^{out}\right]$.

Auch die alternative Modellbildung von T_{GM}^{out} über das verallgemeinerte neoklassische Grundmodell T_{VR0}^{NK} erfährt diese Einschränkung über die Idealisierung von M_{16}^{Id}[865]:

(676) $T_{GM}^{out,Id} \Leftrightarrow \forall \mathbf{m}\left[M_{16}^{Id} \wedge T_{VR0}^{NK,Par} \rightarrow E_{GM}^{out}\right]$.

2.1.4.3 Modell des „männlichen Chauvinisten"

Aus dem Familiennutzen-Familienbudget-Modell T_{VN0}^{out} lässt sich über die Modellannahmen M_{20} und M_{21} auch das Modell des „männlichen Chauvinisten" T_{VN1}^{out} ableiten[866].

Die Modellannahmen M_{20} und M_{21} benennen - den Modellannahmen M_{19a}, M_{19b} und M'_{19} des Grundmodell T_{GM}^{out} vergleichbar - spezielle Situationen, für die die aus T_{VN0}^{out} ableitbaren Implikationen gelten. Dabei erweisen sich die Modellannahmen M_{20} und M_{21} als Spezialfall von M_{19a} und M_{19b}, mit denen in T_{GM}^{out} bereits die Modellannahme M'_{19} faktualisiert werden konnte. Dies ist insofern interessant, als in der Literatur das chauvinistische Modell wesentlich häufiger angewandt wird als das Grundmodell. Der Umstand, dass das Grundmodell ohne die vorgenommene Ergänzung von M'_{19} um M_{19a} und M_{19b} nicht faktualisiert werden konnte, könnte hierfür ein plausibler Grund sein.

---

863 Siehe oben S. 101

864 Siehe zweite Stufe von unten, fünftes Modell von links in Übersicht III-17.

865 Siehe ebenda.

866 Siehe oben S. 246.

Modellannahme M_{20} unterstellt gegenüber von M_{19a} nicht nur eine Ungleichheit in den Lohnsätzen der Eheleute, sondern speziell, dass der Reallohnsatz der Ehefrau niedriger ist als der ihres Mannes. Mit M_{21} wird eine höhere Grenzproduktivität der Ehefrau in der Hausarbeit angenommen. In dieser Situation wird nach T_{VN1}^{out} die Ehefrau mehr Hausarbeit leisten als ihr Mann. Demgegenüber wurden über M_{19b} lediglich nicht identische Umfänge in den Hausarbeitszeiten der Eheleute vorausgesetzt. Während in dem korrigierten Grundmodell T_{GM}^{out} über M_{19a} und M_{19b} offen bleibt, wer von beiden Partnern jeweils in der Erwerbsarbeit und der Hausarbeit der Produktivere ist, legt T_{VN1}^{out} die Produktivitätsunterschiede mit M_{20} und M_{21} genau den Vorstellungen der geschlechtsspezifischen Arbeitsteilung gemäß fest.. Solange in vielen Haushalten die geschlechtsspezifische Arbeitsteilung realisiert wird, wofür u. a. die Ergebnisse von v. Kulmiz (2001) und dem BMfFSFJ (1996) sprechen, dürften sich beide Modelle also recht gut gegeneinander diskriminieren lassen. Erst wenn es Situationen gibt, in denen sich die Annahmen M_{20} und M_{21} gegenüber M_{19a} und M_{19b} als zu eng erweisen, wäre ein solcher Vergleich nicht mehr möglich. Denn in diesen Fällen müsste das Familienmodell T_{VN0}^{out} an Stelle des chauvinistischen Modells T_{VN1}^{out} angewandt werden.

Da auch dem chauvinistischen Modell T_{VN1}^{out} über T_{VN0}^{out} die im Rahmen des Grundmodells bereits idealisierte Modellannahme M_{16} zu Grunde liegt, ist es ebenso mit dem Mangel der Idealisierung versehen:

(677) $T_{VN1}^{out,Id} \Leftrightarrow \forall \mathbf{m}\left[M_{20}{}^{Fa} \wedge M_{21}^{Fa} \wedge T_{VN0}^{out,Id} \rightarrow E_{VN1}^{out}\right].$

Dies zeigt nochmals, dass der Annahme M_{16} für die Faktualisierung der outputorientierten Modelle in Zukunft eine entscheidende Bedeutung zukommt. Ohne sie sind alle Gegenstandsbereiche der outputorientierten Modelle leer und die Modelle damit nicht anwendbar.

2.1.4.4 Familiennutzen-Familienbudget-Modell

Die Faktualisierung des outputorientierten Familiennutzen-Familienbudget-Modells T_{VN0}^{out} aus dem verhandlungstheoretischen Individualnutzen-Familienbudget-Modell T_{VN2}^{out} erfordert die um das Axiom der offenbarten Präferenz S_{VN2}^{NK} und die Modellannahmen M_{15a} und M_{15b} ergänzte und axiomatisierte Modellannahme M_{15} in gleicher Weise, wie dies auch schon für die Neoklassik festgestellt wurde[867]. Da sich T_{VN2}^{out} indes nachfolgend als idealisiert herausstellen wird, gilt dies ebenso für das outputorientierte Familiennutzen-Familienbudget-Modell T_{VN0}^{out}[868]:

[867] Siehe dazu ausführlich S. 359 ff. und ferner S. 366 ff.

[868] Siehe dritte Stufe von unten, drittes Modell links in Übersicht III-17.

$$(678)\ T_{VN0}^{out,Id} \Leftrightarrow \forall \mathbf{m}\left[\left(S_{VN0}^{NK} \wedge M_{15} \wedge M_{15a} \wedge M_{15b}\right)^{Fa} \wedge T_{VN2}^{out,Id} \rightarrow E_{VN0}^{out}\right].$$

2.1.4.5 Verhandlungstheoretisches Modell

Das kooperative, verhandlungstheoretische Individualnutzen-Familienbudget-Modell an der obersten Stelle der Abzweigung zu der outputorientierten Modellklasse folgt aus der analogen neoklassischen Modellvariante, das heißt, hier findet abermals ein Übergang zwischen zwei Theorien statt. Dafür muss zum einen die Modellannahme M_{16} der unmittelbaren Vergleichbarkeit von Markt- und Haushaltsgütern unterstellt werden, die oben bereits als idealisiert gekennzeichnet wurde[869].

Ferner muss mit der Modellannahme M_{18} vorausgesetzt werden, dass die im Haushalt geleistete Hausarbeitszeit den einzelnen Haushaltsmitgliedern eindeutig zugeordnet werden kann. Diese Modellannahme bezieht sich auf den in Zeitbudgetstudien üblicherweise dokumentierten Sachverhalt, dass die Hausarbeitszeit nach Haushaltsmitgliedern getrennt ausgewiesen werden kann;[870] sie ist damit faktualisiert. Insgesamt ist T_{VN2}^{out} wegen M_{16}^{Id} aber idealisiert[871]:

$$(679)\ T_{VN2}^{out,Id} \Leftrightarrow \forall \mathbf{m}\left[M_{16}^{Id} \wedge M_{18}^{Fa} \wedge T_{VN2}^{NK,Par} \rightarrow E_{VN2}^{out}\right].$$

Der Umstand, dass das outputorientierte verhandlungstheoretische Modell T_{VN2}^{out} nicht unmittelbar aus dem analogen inputorientierten Modell T_{VN2}^{in} abgeleitet werden kann, sondern nur mittelbar über das neoklassische Modell T_{VN2}^{NK}, zeigt im Übrigen, dass ein Vergleich zwischen T_{VN2}^{out} und T_{VN2}^{in} nur möglich ist, wenn neben den Modellannahmen M_{16} und M_{18} auch die Modellannahme M_{22} einer fehlenden Faktorsubstitution zwischen Nichterwerbsarbeitszeit und Marktgütern für T_{VN2}^{out} vorausgesetzt wird.

Die Kritik, die andernorts, u. a. von Seel (1982), an dem outputorientierten Modell vorgetragen wird, setzt daher streng genommen an der Modellannahme M_{22} an. Auch dort wird zwar bezweifelt, dass die mit M_{16} in T_{VN2}^{out} unterstellte unmittelbare Vergleichbarkeit von Marktgütern und Haushaltsgütern realistisch ist. Dieser Kritikpunkt wird im Weiteren aber dadurch begründet, dass beide Güter nicht vergleichbar wären, weil Marktgüter für den Haushalt ohne die Kombination mit Nichterwerbsarbeitszeit überhaupt nicht nutzbar wären[872]. Hieraus wird dann die Forderung abgeleitet, im Sinne der inputorientierten Modelle die unterschiedlichen Komplementaritätsbeziehungen zwischen beiden Faktoren stärker zu

---

869 Siehe oben S. 374 ff.

870 Vgl. z. B. BMfFSFJ (1996).

871 Siehe vierte Stufe von unten, zweites Modell links in Übersicht III-17.

872 Vgl. Seel (1984), S. 5.

berücksichtigen[873]. Deren Existenz wird aber über M_{22} nicht nur - wie gezeigt wurde - durch die outputorientierten Modelle ausgeschlossen, sondern auch, und zwar sogar in erster Linie, durch die neoklassischen Modelle, an oberster Stelle durch T_{VN2}^{NK}. Die Kritik an dem outputorientierten Modell beinhaltet daher strenggenommen neben der unmittelbaren Kritik an Modellannahme M_{16} somit auch eine Kritik an der Modellannahme M_{22} der neoklassischen Modelle. Eine argumentative Trennung zwischen beiden Kritikpunkten ist gerade insofern sinnvoll, als - wie weiter oben gezeigt - die Modellannahme M_{22} im Unterschied zu M_{16} zumindest quantitativ faktualisiert werden konnte.

Damit ist der linke Stamm des Theorienbaums vollständig einer faktualisierenden Kritik unterzogen worden. Vollständig faktualisiert werden konnten die in Übersicht III-17 mit „Fa" gekennzeichneten Theorien und Modelle. Dazu gehören in absteigender Linie die Grenznutzenschule $G^{GNS,Fa}$ mit ihrem Modell $T_{M}^{GNS,Fa}$ sowie das allgemeine verhandlungstheoretische Modell T_{VN2}^{Fa}. Quantitativ auf dem Wege der Parametrisierung faktualisiert werden konnten die verhandlungstheoretischen Modelle der inputorientierten Produktionstheorie $T_{VN2}^{in,Par}$ und der Neoklassik $T_{VN2}^{NK,Par}$, das neoklassische Familiennutzen-Familienbudget-Modell $T_{VN0}^{NK,Par}$ sowie das verallgemeinerte neoklassische Grundmodell $T_{VR0}^{NK,Par}$. Das Modell des „männlichen Chauvinisten" $T_{VN1}^{NK,Id}$, die neoklassische Heckman-Variante $T_{VN1R4}^{NK,Id}$ sowie die drei neoklassischen Modellvarianten $T_{VR1}^{NK,Id}$, $T_{VR2}^{NK,Id}$ und $T_{VR3}^{NK,Id}$ müssen als idealisiert bezeichnet werden. Ungeklärt ist noch der Gehalt des neoklassischen Grundmodells, welches über den linken Stamm des Theoriebaums als idealisiert belegt wurde. Da es alternativ über die bereits faktualisierte Modellannahme M_{22}^{Par} aus dem inputorientierten Grundmodell T_{GM}^{in} abgeleitet werden kann, muss für seine Bewertung noch das Ergebnis der Begutachtung von T_{GM}^{in} abgewartet werden.

2.2 Rechter Stamm

Nunmehr folgt ausgehend vom inputorientierten Modell mit linear-limitationaler Produktionsfunktion T_{VR1}^{in} die Faktualisierung des rechten Stammes. Diese führt über die unterste Stufe der dritten Modellklasse, zur zweiten und ersten Modellklasse. Mit der ersten Modellklasse wird wie im linken Stamm schließlich das Modell der Grenznutzenschule erreicht. Die Modellklassen des rechten Stamm sind gegenüber denen des linken Stamms nur sehr dünn besetzt.

---

[873] Vgl. Seel (1984), S. 11.

2.2.1 Dritte Modellklasse: Inputorientierte Modelle

2.2.1.1 Modelle mit spezieller Produktionsfunktion

Das inputorientierte Modell mit explizit linear-limitationaler Produktionsfunktion T_{VR1}^{in} folgt mit M_{22} und M'_{22} aus dem inputorientierten Grundmodell T_{GM}^{in}. Da das neoklassische Grundmodell T_{GM}^{NK} ebenso mit M_{22} aus T_{GM}^{in} folgt, ist T_{VR1}^{in} unter der Voraussetzung, dass M'_{22} gilt, zugleich ein Spezialfall von T_{GM}^{NK}[874]. Die Modellannahme M_{22} konnte bereits quantitativ faktualisiert werden[875]. M'_{22} besagt, dass die über M_{22} angenommene, fehlende Möglichkeit der Faktorsubstitution darauf zurückzuführen ist, dass es bei der Kombination von Marktgütern und Nichterwerbsarbeitszeit nur eine Faktorkombination gibt, die technologisch effizient ist.

Haushaltsendgüter, für deren Bereitstellung sich nur eine einzige, effiziente Technologie finden lässt, sind augenscheinlich äußerst selten. Hierfür spricht u. a. der Umstand, dass in der KTBL-Datensammlung zu den Versorgungsleistungen stets Verhaltensalternativen aufgefunden werden konnten[876]. Allerdings hängt diese Feststellung auch davon ab, auf welchem Abstraktionsniveau das Konstrukt Haushaltsendgut festgelegt wird. Ein PKW beispielsweise kann zwar nur von einer einzelnen Person gefahren werden, solange das Haushaltsendgut aber „Transport mit dem PKW" lautet und nicht „Herr Müller möchte alleine in seinem PKW fahren" sind Fahrer, Beifahrer und PKW substituierbar und folglich mehrere Transportaktivitäten realisierbar[877].

Offenbar hängt der Idealisierungsgrad der Modellannahme M'_{22} davon ab, ob für die Definition und Bewertung eines Haushaltsendgutes auch die zu Grunde liegende Technologie ausschlaggebend ist und nicht nur die Leistung, die mit Hilfe der Technologie produziert wird. Trifft dies zu, scheint die Wahrscheinlichkeit größer zu sein, dass M'_{22} einen realen Sachverhalt beschreibt. Ob eine Technologie im Einzelfall Mittel zum Zweck oder Selbstzweck ist, erscheint aber objektiv kaum fassbar. Zumindest wird an anderer Stelle, dort zumeist unmittelbar bezogen auf die Verwendung von Zeit, diese Ambivalenz als Argument für die mangelhafte Tauglichkeit produktionstheoretischer Ansätze angeführt[878]. Genau genommen handelt es sich hierbei um einen Fall von Kuppelproduktion, der dazu

---

[874] Siehe oben S. 278.

[875] Siehe oben S. 331 ff.

[876] Siehe z. B. die Verhaltensalternativen zur Ernährung und zur Reinigung von Kleidung, KTBL (1991a), S. 11a bzw. S. 57a.

[877] Vgl. Juster/Stafford 1991, S. 491.

[878] Vgl. Seel (1999), S. 695 und Juster/Stafford (1991), S. 491.

führt, dass die Preise der Haushaltsendgüter nicht mengenunabhängig sind und folglich nicht unabhängig von den Präferenzen[879].

Damit scheint die Wahrscheinlichkeit, dass M'_{22} einen realen Sachverhalt beschreibt, zu steigen, wenn zugleich der Fall der Kuppelproduktion vorliegt, der mit der Modellannahme M_{25} über das Modell T_{VR2}^{in} erklärt wird[880]. Auf die Sinnhaftigkeit, beide Modellannahmen miteinander zu verknüpfen, deuten bereits die Ausführungen Beckers (1973) in seiner Theorie der Heirat hin. Dort wird der Gewinn aus einer Ehe bekanntlich vor allem darin gesehen, Güter produzieren zu können, in denen die als Selbstzweck genutzte Zeit der Partner dauerhaft aufeinander bezogen und miteinander kombiniert werden kann[881]. Je höher der Anteil der Zeit, die als Selbstzweck genutzt wird, desto schwieriger wird eine Faktorsubstitution zwischen Nichterwerbsarbeitszeit und Marktgütern. Aus der Kuppelproduktion wird dann zugleich ein limitationaler Produktionsprozess.

Die Implikationen, die in produktionstheoretischen Modellen aus Kuppelproduktionsprozessen resultieren können, wurden unter dem Gesichtspunkt der Mehrdimensionalität der Hausarbeit auch bei Henze (1986) näher untersucht. Grundlage bildet ein Lineares-Optimierungs-Modell in der Art des aus dem aktivitätsanalytischen Grundmodell T_{GM}^{akt} abgeleiteten inputorientierten Grundmodells T_{GM}^{in}[882]. Henze (1986) kann in parametrischen Planungsrechnungen zu einem Mehrpersonenhaushalt zeigen, dass sich bezugnehmend auf T_{GM}^{in} die Mehrdimensionalität der Hausarbeit als ein Fall von Kuppelproduktion gut darstellen lässt, vorausgesetzt, es würden die entsprechenden Daten zur mehrdimensionalen Erledigung der Hausarbeit existieren. Sie parametrisiert in ihren Berechnungen den Freizeitanspruch einer Ehefrau mit Bezug auf einen Zielbetragswert „Einzahlungs-/Auszahlungsüberschuss". Dabei unterscheidet sie zwischen den Fällen einer eindimensionalen und mehrdimensionalen Erledigung der Hausarbeit durch die Frau. Die eindimensionale Erledigung der Hausarbeit entspricht den Vorstellungen des inputorientierten Grundmodells T_{GM}^{in}, die mehrdimensionale ist ein Fall von Kuppelproduktion, der mit T_{VR2}^{in} erfast wird. Die Ergebnisse ihrer Berechnungen zeigt Übersicht III-20. Für beide Fälle gelangt sie zu identischen fünf Parameterabschnitten, die jeweils durch stabile Zielwertdifferenzen innerhalb eines Parameterabschnittes gekennzeichnet sind. Beide Fälle unterscheiden sich allerdings hinsichtlich des unteren Parameterwertes für den Freizeitanspruch und hinsichtlich des Anstiegs in den Zielwertdifferenzen von Abschnitt zu Abschnitt. Bei Kuppelproduktion T_{VR2}^{in} kann die Frau bei gleichem Zielwert zunächst im Abschnitt I einen höheren Freizeitan-

879 Vgl. die Kritik von Pollak/Wachter (1975), S. 255 ff.

880 Siehe oben S. 282.

881 Siehe oben S. 277.

882 Siehe auch das diesbezügliche Fazit bei Henze (1986), S. 229.

spruch haben als im Grundmodell T_{GM}^{in}. In Abschnitt III bis V muss der Haushalt bei Kuppelproduktion zur Erhöhung der Freizeit der Frau um 100 Minuten indes höhere Auszahlungen tätigen als ohne Kuppelproduktion, erfasst über das Grundmodell.

	Eindimensionalität ($=T_{GM}^{in}$)			Mehrdimensionalität ($=T_{VR2}^{in}$)		
Parameter-abschnitt	Parameter: Freizeit-anspruch in Min.	Zielwert in DM (Einz./Ausz. Überschuss)	Ziel-wert-differenz	Parameter: Freizeit-anspruch in Min.	Zielwert in DM (Einz./Ausz. Überschuss)	Zielwert-differenz
I	8680	-1,18	-0,18	11480	-1,18	-0,20
II	(8780 bis 9480)	(-1,36 bis -2,79)	(ϕ -0,23)	(11580 bis 12180)	(-1,38 bis -2,81)	(ϕ -0,23)
		-3,02	-1,17	12280	-3,05	-1,44
III	9580	-4,19	-3,88	12380	-4,49	-4,03
IV	9680	-8,07	-12,42	12480	-8,52	-14,47
V	(9780 bis 9880)	(-20,49 bis - 34,96)	(ϕ -14,47)	12680	(-22,99 bis - 38,70)	(ϕ -15,71)

Übersicht III-20 *Ergebnisse der parametrischen Planungsrechnung von Henze (1986)*[883]

Henze (1986) gelingt es, die Zielwertdifferenzen als Grenzkosten zu erklären, die die Einhaltung der unterstellten Zeitrestriktion kostet[884]. Danach sind die Grenzkosten der Zeit bei Kuppelproduktion (bzw. Mehrdimensionalität) höher also ohne. Ihre Vorgehensweise hinsichtlich der Abgrenzung von Parameterabschnitten ist nun mit der Klassenbildung von Optimierungsaufgaben vergleichbar, die im Zusammenhang mit der parametrischen Faktualisierung der Modellannahmen M_{22} und M_{23} und den dort zu Grunde gelegten parametrischen Planungsrechnungen erörtert wurde. Denn vergleicht man die Ergebnisse der beiden Modellrechnungen zu T_{GM}^{in} und T_{VR2}^{in} miteinander, so fällt mit Bezug auf die Modellannahme M_{25}:

$$(491)\; M_{25}\colon \frac{w_j}{p_i} = \frac{\dfrac{\partial Z_1}{\partial a_{jl}^{ne}}}{\dfrac{\partial Z_1}{\partial b_{il}}} + \frac{\lambda_2}{p_i} \cdot \frac{\partial Z_2}{\partial a_{jl}^{ne}} \Leftrightarrow \mu_i \equiv \mu_{1ij} = \mu_{1ij}' = \frac{w_j}{p_i} \overset{!}{\equiv} \frac{\mu_{31}'}{\mu_{41}'} + \left[\frac{\lambda_2}{p_i} \cdot \mu_{32}'\right]$$

mit der vorliegend T_{VR2}^{in} aus T_{GM}^{in} abgeleitet werden konnte, Folgendes auf[885]. Das Grundmodell ist dadurch gekennzeichnet, dass es in jedem Parameterabschnitt durch die Wahl der

---

883 Gekürzt und in der Notation leicht verändert nach Henze (1986), S. 160.

884 Siehe Henze (1986), S. 160 ff.

885 Siehe oben S. 281.

Produktionstechnologie für jedes Haushaltsendgut Z_r eine bestimmte Grenzrate der Substitution μ_{3r}'/μ_{4r}' unterstellt. In der Modellannahme M_{25} wird diese Annahme nur für das Haushaltsendgut Z_1 getroffen. Mit dem Ausdruck in der Klammer wird diese spezielle Grenzrate der Substitution μ_{31}'/μ_{41}' bezogen auf Z_1 in Relation gesetzt zu der mit den Grenzkosten λ_2 und dem Markgüterpreis p_i gewichteten Grenzproduktivität der Nichterwerbsarbeitszeit mit Bezug auf die Produktion von Z_2. Denn das Haushaltsendgut Z_2 wird in T_{VR2}^{in} bekanntlich als das Gut gekennzeichnet, welches aus der mehrdimensionalen Nutzung der Zeit a_{j1}^{ne} profitiert. Aus der konstanten Grenzrate der Substitution für beide Modelle T_{GM}^{in} und T_{VR2}^{in} erklärt sich bei den Berechnungen von Henze (1986) dann auch die Stabilität der Zielwertdifferenzen innerhalb eines Parameterabschnittes[886]. Der Unterschied, der zwischen beiden Modellen hinsichtlich des unteren Parameterwertes und des Anstiegs der Zielwertdifferenzen von Abschnitt zu Abschnitt festgestellt werden kann, resultiert daraus, dass T_{VR2}^{in} mit dem eingeklammerten Ausdruck in M_{25} die Grenzrate der Substitution bezogen auf Z_1 wie beschrieben relativiert. Das führt in den Berechnungen von Henze (1986) zu dem bereits erwähnten Ergebnis, dass die Ehefrau bei Kuppelproduktion zur Erhöhung der Freizeit höhere Auszahlungen tätigen muss als ohne Kuppelproduktion. Innerhalb der Parameterabschnitte scheint aber auch der Wert für den eingeklammerten Ausdruck stabil zu sein, hierfür spricht zumindest die Gesamtstabilität der Zielwertdifferenzen. Aus diesen Überlegungen kann insgesamt geschlossen werden, dass mit den Berechnungen von Henze Modellklassen nachgewiesen wurden, innerhalb derer die Modellannahme M_{25} stets erfüllt ist, was allerdings ihre stationäre, qualitative Faktualisierung voraussetzt. Innerhalb dieser Klassen ist die Implikation von T_{GM}^{in} auf T_{VR2}^{in} damit sicher. Aus Gründen des bereits im Zusammenhang mit den Modellannahmen M_{22} und M_{23} erörterten Mangels an Daten zu den Input-Output-Vektoren ist eine qualitative Faktualisierung jedoch derzeit nicht möglich. Auch auf den Klassengrenzen setzt die Implikation voraus, dass sowohl die Veränderung in μ_{31}'/μ_{41}' als auch die Veränderungen in dem eingeklammerten Ausdruck in M_{25} empirisch nachgewiesen werden.

Modellannahme M_{25} kann demnach als parametrisch faktualisiert bezeichnet werden (siehe Z.3 in nachfolgender Bedingung (680)):

$$T_{VR1}^{in\ Id} \Leftrightarrow \forall \mathbf{m}\left[M'^{Id}_{22} \wedge M_{22}{}^{Par} \wedge T_{GM}^{in} \to E_{VR1}^{in}\right]$$

$$(680)\quad T_{VR1}^{in} \Leftrightarrow \forall \mathbf{m}\left[\left(M_{25}^{Par} \wedge M'_{22}{}^{Id}\right) \wedge M_{22}^{Par} \wedge T_{GM}^{in} \overset{?}{\to} E_{VR1}^{in}\right].$$

$$T_{VR2}^{in} \Leftrightarrow \forall \mathbf{m}\left[M_{25}^{Par} \wedge T_{GM}^{in} \to E_{VR2}^{in}\right]$$

---

886 Vgl. dazu die Stabilität des α_r-Faktors in den Berechnungen zu den Parameterabschnitten des Grundmodells auf S. 334 ff.

Könnte ferner über das Verfahren der parametrischen Faktualisierung belegt werden, dass Kuppelproduktion oftmals in limitationale Produktionsprozesse mündet, so wäre mit M_{25} auch die Modellannahme M'_{22}, wonach es nur eine einzige Technologie gibt, zumindest parametrisch faktualisiert (siehe hierzu auch die bereits angesprochene Implikationsbeziehung[887], Z.2 in (680)). Berechnungen dieser Art fehlen aber.

Ansonsten dürfte es nur wenige Haushaltssituationen geben, für die sich eine Erklärung des Arbeitsangebots auf der Basis von M'_{22} als zutreffend erweist. Da die Modellannahme eine strikt universale Aussage ist, wäre es für ihre empirische Überprüfung auf Wahrheitsnähe zudem nötig, alle für den Haushalt realisierbaren Technologien daraufhin zu untersuchen, ob es für die Bereitstellung des betreffenden Haushaltsendgutes gegebenenfalls tatsächlich keine Alternative gibt, mit der eine Faktorsubstitution möglich wäre. Dieser Beweis dürfte unmöglich sein[888]. Daher muss M'_{22} als idealisiert bezeichnet werden (Z.1 in (680)).

Der Schlussfolgerung der bereits zitierten Studie von Seel (1999), dass die Ergebnisse, die sich aus dem inputorientierten Grundmodell T_{GM}^{in} von Becker (1973/74a) ergeben, v. a. in Bezug auf die Kuppelproduktion bzw. den verbundenen Konsum, nicht den Erwartungen entsprechen würden[889], kann auf der Grundlage der vorliegend ermittelten Implikationsbeziehungen insofern zugestimmt werden, als das Modell für die Kuppelproduktion T_{VR2}^{in} mit M_{25} einen Spezialfall bildet, der eben nicht immer angenommen werden kann. Wären die Implikationen aus T_{VR2}^{in} jedoch zu widerlegen, dann beträfe dieser Umstand in gleicher Weise auch das inputorientierte Grundmodell von Becker $\dot{T}_{GM}^{in}$ und ferner das aktivitätsanalytische Grundmodell T_{GM}^{akt}, welches den beiden Modellen zu Grunde liegt[890].

2.2.1.2 Grundmodell

Das inputorientierte Grundmodell T_{GM}^{in} kann nicht nur - wie im linken Stamm dargelegt[891] - aus seinem Familiennutzen-Familienbudgetmodell T_{VN0}^{in} abgeleitet werden, sondern auch aus dem aktivitätsanalytischen Grundmodell T_{GM}^{akt}[892]. Diese Implikation setzt mit der Modellannahme M_{29} zum einen voraus, dass die Bereitstellung eines bestimmten Produktionsniveaus der Haushaltsendgüter Z_r * über alternativ realisierbare Erwerbs- und Freizeitaktivitäten $\mathbf{h}^e$ und $\mathbf{h}^{ne}$ hinsichtlich des effizienten Einsatzes der Produktionsfaktoren $\mathbf{x}^{eff}$

---

[887] Siehe oben.

[888] Siehe zu dieser Problematik im Allgemeinen Friedrichs (1985), S. 71.

[889] Siehe Seel (1999), S. 706.

[890] Siehe in aufsteigender Linie der rechte Stamm in Übersicht III-14.

[891] Siehe oben S. 365 f.

[892] Siehe vorliegend S. 321.

und $\mathbf{x}_0^{\text{eff}}$ durch die Technologien **B** und **E** beschreibbar ist. Eine über alternative Aktivitäten gekennzeichnete Technologie entspricht den Vorstellungen einer beschränkt substitutionalen Produktionsfunktion. Mit M_{30} wird zum anderen der Zusammenhang zwischen den Erwerbs- und Freizeitaktivitäten festgelegt. Daraus ergibt sich, dass zu den einzelnen Aktivitäten, bezogen auf Z_r *, mehrere Input-Output-Vektoren vorliegen:

$$(681)\ \frac{\mathbf{z}^*}{\mathbf{B}} = \mathbf{h}^e \cdot \frac{w}{p} + \mathbf{h}^{ne} \cdot \frac{\mathbf{b}_i}{\mathbf{a}_j^{ne}}.$$

Diese Schwierigkeit, die sich für die Faktualisierung von M_{29} und M_{30} ergibt, wurde bereits im Zusammenhang mit der Modellannahmen M_{22} erörtert. Empirische Daten zur Überprüfung der zu Grunde gelegten Input-Output-Vektoren sind derzeit nicht verfügbar. Können zu einem Produktionsniveau eines Haushaltsendgutes Z_r * aber nicht mindestens zwei Input-Output-Vektoren für zwei alternativ realisierbare Aktivitäten empirisch aufgefunden werden, so könnte eine Produktionstechnologie derart, wie sie über M_{29} und M_{30} definiert ist, nicht als existierend angenommen werden. Denn mit der Nachfrage nach einem Haushaltsendgut wären bereits Art und Umfang des Einsatzes von Marktgütern i und Nichterwerbsarbeitszeit j eindeutig festgelegt, die für die Bereitstellung des Haushaltsendgutes erforderlich sind. So werden dann auch in Modellrechnungen mit dem Standardmodell von Seel (1999), welches auf der Implikationsbeziehung von T_{GM}^{in} aus T_{GM}^{akt} gründet, zu jedem Haushaltsendgut exakt zwei alternativ realisierbare Aktivitäten unterstellt. Die eine wird hinsichtlich ihrer Input-Output-Relationen als Standard, die andere als kapitalintensiv gekennzeichnet[893]. Aber auch diese Unterstellungen zu den Input-Output-Relationen beruhen überwiegend auf Daten, die nicht empirisch ermittelt wurden. Also ist T_{GM}^{in} solange nicht sicher aus T_{GM}^{akt} ableitbar, wie die Daten zur Überprüfung von Input-Output-Relationen fehlen.

Es muss an dieser Stelle noch erwähnt werden, dass das inputorientierte Grundmodell T_{GM}^{in} in der vorliegenden Form als Implikation aus T_{GM}^{akt} sich wie dieses nur auf positive Arbeitsangebotsentscheidungen bezieht. Eine Äquivalenz zwischen T_{GM}^{in}, abgeleitet aus T_{VN0}^{in}, und T_{GM}^{in}, abgeleitet aus T_{GM}^{akt}, besteht insofern nur, wenn entweder in T_{VN0}^{in} kein Nichterwerbseinkommen berücksichtigt wird oder in dem Schluss von T_{GM}^{akt} auf T_{GM}^{in} zusätzlich die Möglichkeit des Bezugs von Nichterwerbseinkommen erwogen wird. Da das inputorientierte Grundmodell T_{GM}^{in} in den Ausführungen von Becker Nichterwerbseinkommen V berücksichtigt, sollte über $M_{3a}: V \geq 0$ letztere Möglichkeit unterstellt werden. Danach müsste zusätzlich M_{3a} gelten, um T_{GM}^{in} aus T_{GM}^{akt} faktualisieren zu können. Da Nichterwerbseinkommen niemals negativ sein kann, ist M_{3a} stets erfüllt und damit faktualisiert. Für die Faktualisierung von M_{29} und M_{30} wäre es erforderlich, dass das input-

[893] Siehe Seel (1999), S. 708.

orientierte Grundmodell T_{GM}^{in} die Bedingungen definiert, unter denen die Produktionstechnologie über Alternativen beschreibbar ist. Solange dies wegen der fehlenden Daten nicht der Fall ist, muss T_{GM}^{in} aus T_{GM}^{akt} als idealisiert betrachtet werden[894]:

$$(682)\ T_{GM}^{in\ \ Id} \Leftrightarrow \forall \mathbf{m}\left[M_{29}^{Id} \wedge M_{30}^{Id} \wedge M_{3a}^{Fa} \wedge T_{GM}^{akt} \rightarrow E_{GM}^{in}\right].$$

2.2.2 Zweite Klasse: Aktivitätsanalytische Modelle

2.2.2.1 Modell von Evans

Das Modell von Evans (1972) folgt aus T_{GM}^{akt} unter der Annahme M_{31}, wonach eine Identität zwischen Gütereigenschaften und Aktivitäten besteht. Danach kann eine bestimmte Gütereigenschaft nur mit einer bestimmten Aktivität hergestellt werden[895].

Diese Annahme erscheint für die Erklärung auf der Grundlage von T_{GM}^{akt} nur dann zweckmäßig, wenn ausschließlich solche Aktivitäten betrachtet werden, von denen bereits gesagt werden kann, dass sie sich auf dem effizienten Rand der Technologie befinden. Andernfalls müsste es sich bei der Bereitstellung von Gütereigenschaften um einen limitationalen Produktionsprozess handeln, denn alle nicht-limitationalen Technologien sind stets eine Menge von Aktivitäten, die alternativ realisiert werden können.

Die Aussage, eine bestimmte Aktivität sei effizient, ist ohne Begrenzung der Zahl der alternativen Aktivitäten eine strikt universale Aussage, da sie keinerlei Raum-Zeit-Bezug hat. Universale Aussagen lassen sich nicht verifizieren. Bezogen auf den vorliegenden Fall müssten alle alternativen Aktivitäten in dieser Welt ausfindig gemacht werden, um zu prüfen, ob die Aussage wahr ist[896]. Eine Identität zwischen Gütereigenschaften und Aktivitäten wäre folglich nur beweisbar, wenn eine Gütereigenschaft aus mehr als einer Aktivität hergestellt werden kann. Diese Situation indes widerspricht der Annahme M_{31} selbst.

Damit ist der Gegenstandsbereich der Modellannahme M_{31} leer. Sie und mit ihr das Modell von Evans (1972) müssen als idealisiert gelten[897]:

$$(683)\ T_{VR}^{akt,Id} \Leftrightarrow \forall \mathbf{m}\left[M_{31}^{Id} \wedge T_{GM}^{akt,Fa} \rightarrow E_{VR}^{akt}\right].$$

2.2.2.2 Grundmodell

Das aktivitätsanalytische Grundmodell T_{GM}^{akt} ergibt sich aus dem erweiterten Modell der Grenznutzenschule $T_{M}^{GNS} \wedge G^{NK}$[898]. Dies setzt voraus, dass die Antezedenzbedingung

894 Siehe dritte Stufe von oben, erstes Modell rechts in Übersicht III-17.

895 Siehe oben S. 324.

896 Vgl. Friedrichs (1985), S. 71.

897 Siehe dritte Stufe, erstes Modell rechts in Übersicht III-17.

S_1^{GNS} der Grenznutzenschule zum Ersten Gossen'schen Gesetz ergänzt wird um die Antezedenzbedingung S_1^{akt} der aktivitätsanalytischen Produktionstheorie, wonach Haushalte unmittelbar Gütereigenschaften Z_e anstatt Güter x_i begehren. S_1^{akt} wird, wie schon die Antezedenzbedingung S_1^{in} der inputorientierten Produktionstheorie, über die Axiome der Präferenz S^{NK} faktualisiert, die als Antezedenzbedingung der neoklassischen Gesetzesaussage in die Implikationsbeziehung zwischen T_{GM}^{akt} und $T_M^{GNS} \wedge G^{NK}$ eingehen.

Voraussetzung für die Modellbildung von T_{GM}^{akt} aus $T_M^{GNS} \wedge G^{NK}$ sind ferner die Modellannahmen M_2 und M_{28}.

M_2 unterstellt, dass die verfügbare Zeit des Haushalts T sich in Freizeit x_0 und mit Bezug auf die Marktgüter x_i in produktiv genutzter Zeit t_i bzw. Erwerbsarbeitszeit t_i^e aufteilt. Wird die Freizeit als Nichterwerbsarbeitszeit aufgefasst, so ist M_2 stets erfüllt. Denn unzweifelhaftes Faktum ist, dass Nichterwerbsarbeitszeit nicht zur Bereitstellung von Marktgütern x_i über t_i^e beiträgt.

M_{28} unterstellt, dass die Produktivität μ_i der Zeit t_i mit Bezug auf die Güter x_i auf dem effizienten Rand $(\mathbf{x}^{\mathbf{eff}}, \mathbf{x}_0^{\mathbf{eff}})$ der Freizeit- und Konsumtechnologie des Haushalts zur Bereitstellung von Gütereigenschaften durch den Reallohnsatz w/p festgelegt ist. Eine Faktualisierung von M_{28} setzt voraus, dass die Freizeit- und Konsumaktivitäten, die auf dem effizienten Rand der Technologie liegen, eindeutig, ausschließlich und vollständig bestimmbar sind. Diese sind dadurch gekennzeichnet, dass die Bereitstellung der Gütereigenschaften nicht mit weniger Marktgütern $\mathbf{x}^{\mathbf{eff}}$ und nicht mit weniger Nichterwerbsarbeitszeit $\mathbf{x}_0^{\mathbf{eff}}$ hergestellt werden kann.

Informationen dieser Art werden durch die bereits erwähnte KTBL-Datensammlung bereitgehalten, die Daten zu Versorgungsleistungen im Unterhaltsbereich privater Haushalte enthält[899]. Unterschiede im Ressourcenbedarf der Alternativen sind auch in dieser nur dadurch gekennzeichnet, dass eine bestimmte Versorgungsleistung nicht mit weniger Input hergestellt werden kann. Die KTBL-Daten können folglich dahingehend interpretiert werden, dass sie verschiedene Freizeit- und Konsumaktivitäten bzw. Versorgungsleistungen, die auf dem effizienten Rand der (Haushalts-)Technologie liegen, hinsichtlich Output und Input qualitativ und quantitativ beschreiben. Der Umfang einer bestimmten Art von Versorgungsleistung kann als Outputmenge einer bestimmten Gütereigenschaft gedeutet werden. Die hierfür aufzuwendende Arbeitszeit kann als effizient genutzte Nichterwerbsarbeitszeit $\mathbf{x}_0^{\mathbf{eff}}$ interpretiert werden, die entstandenen Kosten als der preislich bewertete Aufwand an Marktgütern $p \cdot \mathbf{x}^{\mathbf{eff}}$. Mit den KTBL-Daten oder vergleichbaren Daten ließen sich also die effizienten Ränder von Technologien in Haushalten über das Verhältnis $\mathbf{x}^{\mathbf{eff}}/\mathbf{x}_0^{\mathbf{eff}}$ beschreiben. Problematisch ist jedoch die fehlende Repräsentativität der KTBL-Daten.

---

[898] Siehe oben S. 314 ff.

[899] Siehe KTBL (1991a), siehe oben S. 336.

Ließe sich schließlich zeigen, dass in den Haushalten, deren Arbeitsangebot erklärt werden soll, die Produktivität $\mu_i = x_i/t_i$ der Zeit t_i mit Bezug auf die Güter x_i auf dem effizienten Rand $\mathbf{x}^{\mathrm{eff}}/\mathbf{x}_0^{\mathrm{eff}}$ über alle Versorgungsleistungen dem Reallohnsatz entspricht, wäre die Modellannahme M_{28} erfüllt und folglich T_{GM}^{akt} als Erklärungsmodell anwendbar. Ob es dann auch richtig erklärt, wird auch hier erst ein empirischer Test seiner Implikationen zeigen. Setzt man für μ_i die Produktivität $\mu_1 = w/p$ der Erwerbsarbeitszeit, bezogen auf Marktgüter, so könnten die Ergebnisse der eigenen Parametrisierung bereits als Faktualisierung interpretiert werden. Denn innerhalb der Klassen bleibt $\mathbf{x}^{\mathrm{eff}}/\mathbf{x}_0^{\mathrm{eff}}$ konstant und $\mathbf{p}'\mathbf{x}/T^e$ entspricht dem Reallohnsatz[900]. Vor diesem Hintergrund kann T_{GM}^{akt} insgesamt als faktualisiert betrachtet werden[901]:

$$(684)\ T_{GM}^{akt,Fa} \Leftrightarrow \forall \mathbf{m}\left[\left(S_1^{akt} \wedge G^{NK}\right)^{Fa} \wedge M_2^{Fa} \wedge M_{28}^{Fa} \wedge T_M^{GNS,Fa} \rightarrow E_{GM}^{akt}\right].$$

2.2.3 Erste Klasse: Modell der Grenznutzenschule

Die erste Klasse besteht im Unterschied zum linken Stamm hier allein aus dem Modell der Grenznutzenschule T_M^{GNS}, welches an entsprechender Stelle bereits als Implikation aus den Gesetzesaussagen der Grenznutzenschule faktualisiert werden konnte.[902]

Zusammenfassend lässt sich feststellen, dass im rechten Stamm des Theorienbaums nur die neoklassischen Gesetzesaussagen G^{NK} und das aktivitätsanalytische Grundmodell $T_{GM}^{akt,Fa}$ vollständig faktualisiert werden konnten. Die darunter dargestellten Modelle waren größtenteils aber über Parametrisierungen immerhin quantitativ zu faktualisieren. Dazu zählen das inputorientierte Familiennutzen-Familienbudget-Modell $T_{VN0}^{in,Par}$, sein Grundmodell $T_{GM}^{in,Par}$ sowie sein Modell zur Berücksichtigung von Kuppelproduktion $T_{VR2}^{in,Par}$. Wobei die Faktualisierung von $T_{GM}^{in,Par}$ nur über $T_{VN0}^{in,Par}$ gelungen ist, nicht aber über das aktivitätsanalytische Grundmodell $T_{GM}^{akt,Fa}$. Als idealisiert erwiesen haben sich das aktivitätsanalytische Modell von Evans $T_{VR}^{akt,Id}$ und das inputorientierte Modell mit limitationaler Produktionsfunktion $T_{VR1}^{in,Id}$ sowie das an der Übergangsstelle zwischen linkem und rechtem Stamm des Theorien- und Modellbaums angrenzende inputorientierte, chauvinistische Modell $T_{VN1}^{in,Id}$.

---

900 Siehe Übersicht III-15.

901 Siehe zweite Stufe von oben, rechtes Modell in Übersicht III-17.

902 Siehe hierzu S. 371 f.

IV Fazit

Die wissenschaftliche Erklärung des Arbeitsangebots privater Haushalte erfolgt mehrheitlich mit dem Ziel der Politikberatung. Als eines der größten Probleme erweist sich hierbei, dass es für die Bewertung ordnungspolitischer Maßnahmen von wissenschaftlicher Seite nach wie vor an empirisch fundierten Kenntnissen der tiefer liegenden Gesetzmäßigkeiten des Arbeitsangebots mangelt. Komplexere Modelle existieren zwar, ihre Anwendung auf Erfahrungstatsachen scheitert aber vor allem an der Datenlage. Vor diesem Hintergrund wird die Frage wieder aktuell, die seinerzeit schon Einstein und Popper bewegt hatte, nämlich ob es angesichts unseres Nichtwissens methodisch gerechtfertigt ist, aus deduktiv-nomologischen Modellen statistische Schlussfolgerungen zu ziehen. Denn seit sich die Ökonometrie als eigenständiger Wissenschaftszweig entwickelt hat, dominiert diese Vorgehensweise in Form des traditionellen ökonometrischen Ansatzes auch in der empirischen Analyse des Arbeitsangebots privater Haushalte. Neuere Ansätze verzichten zunächst sogar gänzlich auf eine theoretische Begründung. Erst nachdem ein statistisch spezifiziertes Modell auf empirischem Wege numerisch geschätzt worden ist, wird seine Theoriekonsistenz in der schrittweise durchgeführten Vereinfachung geprüft.

Hauptkritikpunkt an dieser Vorgehensweise ist die „logische Kluft", die zwischen der Verwerfung einer deduktiv-nomologisch begründeten Aussage und einer hieraus abgeleiteten Wahrscheinlichkeitsaussage besteht. Diese wurde zum Ausgangspunkt der vorliegenden Arbeit erklärt. Ziel war es, die wichtigsten mikroökonomischen Modelle zum Arbeitsangebot privater Haushalte in einem einheitlichen, diese logische Kluft überwindenden Theorienzusammenhang zu rekonstruieren.

Die gewählte Strategie, die Modelle erst durch Gehaltsmaximierung gemeinsam und wechselseitig in einem deduktiv-nomologischen Bezugssystems nachzubilden, um sie dann durch einzelne induktiv-statistische Gesetzesaussagen einer faktualisierenden Korrektur zu unterziehen, hat sich im Großen und Ganzen bewährt. Denn es wurde damit erreicht, was Einstein für die klassische statistische Mechanik in dem Brief an Popper seinerzeit ausgeführt hatte: Die aus den rekonstruierten, deduktiv-nomologischen Modellen abgeleiteten Implikationen (die Prognosen und Erklärungen zum Arbeitsangebot) gelten ohne Vorbehalt als sicher. Das verbleibende Problem, dass nicht oder nicht genau bekannt ist, ob die Anwendungsbedingungen des Modells erfüllt sind, erweist sich dann als ein Problem, das induktiv-statistischen Prüfverfahren zugänglich ist.

Vorgehensweise und Ergebnisse der Arbeit, die dieses Fazit tragen, werden im Folgenden kurz zusammengefasst.

In Kapitel I wurde einleitend die Tendenz zu komplexeren Erklärungsmodellen festgestellt, mit denen versucht wird, der Verschiedenartigkeit des Arbeitsangebots privater Haushalte aus der Sicht der mikroökonomischen Theorie besser gerecht zu werden. Anschließend wurde der Mangel eines einheitlichen Theorienzusammenhangs kenntlich gemacht und auf seine möglichen Ursachen zurückgeführt. Das Überwiegen von empirischen Studien, die induktiv-statistisch begründet sind, über solche, die auf eine deduktiv-nomologische Vorgehensweise zurückführbar sind, kristallisierte sich als Hauptursache dieses Mangels heraus. Entsprechend schien die Lösung erfolgversprechend, für die aufgefundenen Modelle einen gemeinsamen Bezugsrahmen zu schaffen, innerhalb dessen die wesentlichen Modelle aus den beiden verschiedenen Begründungszusammenhängen bestmöglich rekonstruiert werden können.

Diese Problemauswahl war in Kapitel II ausführlich zu begründen, insbesondere deshalb, weil die Methode der theorienvergleichenden Rekonstruktion eine Entlehnung aus den Sozialwissenschaften ist und von daher in den Wirtschaftswissenschaften weniger bekannt ist. Begonnen wurde mit der Abgrenzung des Gegenstands der Modelle. Der Schwerpunkt lag auf der anschließenden Sichtung und Begutachtung der bereits verwendeten und alternativ realisierbaren Methoden der Modellbildung einerseits und auf der Modellprüfung andererseits. Dadurch konnte insgesamt der Bezugsrahmen für die Rekonstruktion der relevanten Modelle aufgezeigt werden. Die Konzeptstruktur der deduktiv-nomologischen Ansätze zu nutzen, um die wichtigsten der aufgefundenen Modelle darin nach einheitlichen Kriterien wechselseitig in sich nachzubilden, schien vor diesem Hintergrund die beste Vorgehensweise. Allerdings war von Anfang an klar, dass man den Modellen insgesamt nur gerecht werden wird, wenn man zusätzlich die deduktiv-nomologisch geprüften und erweiterten Modelle im Bezugssystem der induktiv-statistischen Ansätze nachvollzieht.

In Kapitel III bildete demgemäß die in Anlehnung an eine entsprechende Verfahrensweise in den Sozialwissenschaften begründete Gehaltsmaximierung den ersten Schritt der theorienvergleichenden Rekonstruktion der Modelle. Das erklärte Ziel, auf diese Weise nicht nur ein einheitliches Theoriensystem aufzubauen, sondern auch durch Kenntlichmachen der Anwendungsbedingungen der Modelle deren Faktualisierung vorbereiten zu können, dürfte erreicht worden sein.

Mit dem einheitlichen, deduktiv-nomologischen Theoriensystem kann das Arbeitsangebot privater Haushalte unter verschiedenen Gesichtspunkten über jeweils sichere Implikationen erklärt werden. Als einer der wichtigsten Gesichtspunkte hat sich dabei die Auslegung der Arbeitsproduktivität erwiesen. Denn alle Modelle konnten nicht nur auf das Nutzenkonzept der Grenznutzenschule zurückgeführt werden, sondern es konnte ferner gezeigt werden, dass die Grundmodelle der verschiedenen Theorien auf unterschiedlichen Konzeptionen zur (Arbeits-)Produktivität beruhen. Das erstaunt insofern, als die neoklassischen Modelle gemeinhin als völlig frei von produktionstheoretischen Überlegungen betrachtet werden, was in dieser Ausschließlichkeit augenscheinlich nicht aufrechtzuerhalten ist. Die neoklassischen Modelle unterscheiden sich in dieser Hinsicht von den anderen Modellen nur darin, dass sie ausschließlich auf Annahmen zur Produktivität der erwerbswirtschaftlichen Arbeit beruhen. Die Modelle der sog. Produktionstheorie enthalten indessen zusätzliche Annahmen zum Produktivitätsvergleich zwischen Erwerbswirtschaft und Unterhaltswirtschaft. Es ließ sich zeigen, dass diese Annahmen in den inputorientierten Modellen noch weiter expliziert werden können, allerdings nur unter der engen Voraussetzung, dass eine Faktorsubstitution zwischen Marktgütern und Nichterwerbsarbeitszeit tatsächlich nachgewiesen werden kann. In diesem Fall kann die Grenzrate der Substitution als interner Preis interpretiert werden, den das Beachten der haushaltsspezifischen Produktionsfunktion kostet. Dies erlaubt einen Preisvergleich zwischen den Produkten, die auf den Arbeits- und Konsummärkten gehandelt werden, mit den Produkten, die der Haushalt selbst produziert. Der Produktivitätsvergleich zwischen Erwerbswirtschaft und Unterhaltswirtschaft wird auf diese Weise um den Aspekt der Preisbildung erweiterbar. Für den marktlich vermittelten Konsum von Marktgütern durch Erwerbsarbeit beschreibt der Reallohnsatz als externer Preis die Grenzproduktivität der Arbeit; für den nicht-marktlichen Konsum von Haushaltsendgütern gelten neben den externen Preisen auch die internen Preise als die relevante Größe.

In diesem Zusammenhang ist bemerkenswert, dass zwischen den rekonstruierten Modellen fünf Implikationen auszumachen sind, durch die ein Übergang zwischen Neoklassik, output- und inputorientierter Produktionstheorie erfolgt. Zwei von diesen sind Implikationen zwischen Grundmodellen, die zudem die Besonderheit aufweisen, dass sie unmittelbar aufeinander aufbauen. Dies hat insgesamt zur Konsequenz, dass eine Falsifikation des hiervon betroffenen neoklassischen Grundmodells in aufsteigender Linie eine Falsifikation des inputorientierten und aktivitätsanalytischen Grundmodells nach sich ziehen würde. Nur das outputorientierte Grundmodell bliebe in diesem Fall noch übrig, da es lediglich über zwei Seitenzweige mit den anderen Modellen verwandt ist.

Je nach Sachlage wird das Arbeitsangebot über die Modelle, die speziellere Aussagen zu den Restriktionen oder zu dem Zustandekommen von Nutzenvorstellungen enthalten, besser erklärt werden können als durch das jeweilige Grundmodell. So können nicht beabsichtigte negative Arbeitsanreize auf der Restriktionsebene bei Erfüllung der Modellannahmen auf eine mangelhafte Abstimmung zwischen Steuer- und Transfersystem zurückgeführt werden, ein Nebeneinander von Unter- und Überbeschäftigung auf einen Mangel an Arbeitszeitflexibilität. Auf der Nutzenebene kann beispielsweise die gestiegene Frauenerwerbstätigkeit bei gleichzeitig sinkender Geburtenrate mit den von Frauen antizipierten Gefahren einer Spezialisierung auf Hausarbeit erklärt werden, etc.

Das rekonstruierte Theoriensystem gibt in dieser Hinsicht auch zu erkennen, wo Lücken in der Modellbildung bestehen. So existiert zu dem aktivitätsanalytischen Grundmodell nur ein spezielleres Modell, welches innerhalb der Aktivitätsanalyse verbleibt. Ob eine Entwicklung weiterer Modelle zusätzliche Erklärungsmöglichkeiten böte, bleibt aber unklar.

Die begrenzte Zahl an Anwendungsbedingungen, die ausreichen, um die wichtigsten Modelle zum Arbeitsangebot privater Haushalte aus den Gesetzesaussagen der Grenznutzenschule und der Neoklassik stufenweise abzuleiten, geben schließlich zu der Hoffnung Anlass, dass auf der Grundlage des Theoriensystems vergleichende empirische Tests zwischen den Modellen einfacher systematisch vorbereitet werden können als bisher, zumal einige Antezedenzbedingungen und Modellannahmen sogar mehrfach vorkommen. Das verbleibende Problem, dass nicht oder nicht genau bekannt ist, ob die Anwendungsbedingungen der verschiedenen Modelle in einem empirischen Test überhaupt erfüllbar sind, ist in dieser Arbeit durch die Faktualisierung der Modelle in Angriff genommen worden.

Ausgangspunkt hierfür bildete die Idee, dass diejenigen induktiv-statistischen Gesetzesaussagen, die sich nicht auf logisch-deduktivem Wege aus dem Theoriensystem ableiten ließen, hiernach zumindest noch für eine Überprüfung und gegebenenfalls für eine Korrektur der Anwendungsbedingungen der Modelle genutzt werden könnten. Diese Zielsetzung konnte zwar nicht zufrieden stellend erreicht werden, aber es wurde zumindest deutlich, welche Hindernisse noch zu überwinden sind.

Es hat sich u. a. gezeigt, dass die bisherigen induktiv-statistischen Erklärungen des Arbeitsangebots letztlich nur in geringem Maße zur Faktualisierung der Anwendungsbedingungen herangezogen werden konnten. Behelfsmäßig wurde entweder auf empirische Untersuchungen aus anderen Themengebieten zurückgegriffen oder es wurden Daten aus Expertenbefragungen herangezogen. Zum Teil liegt dieser Mangel offenkundig darin begründet, dass induktiv-statistische Erklärungen des Arbeitsangebots bisher in ersten Linie nur dem Auffinden von Einzelaussagen und Modellen gedient haben. Damit die Anwendungsbedingungen eines Modells auf ihre Übereinstimmung mit der Realität untersucht werden können, muss das jeweilige Modell jedoch bereits vorliegen und in seinen logischen Zusammenhängen erörtert worden sein. Es muss klar sein, ob und wie eine Einzelaussage im gesamten Modell begründet ist, ob sie Anwendungsbedingung oder Implikation ist. Eine systematische Überprüfung der benannten Anwendungsbedingungen konnte demnach bisher einfach deshalb nicht stattfinden, weil kein einheitliches Theorien- und Modellsystem existierte. An Gelegenheiten der empirischen Überprüfung der Anwendungsbedingungen der Modelle sollte es in der Mikroökonomik an sich nicht mangeln. Denn schließlich handelt es sich bei den meisten der hier kenntlich gemachten Bedingungen um Aussagen, die auch in anderen Aussagesystemen der Mikroökonomik anzutreffen sind und von daher zumindest für die Fachöffentlichkeit nicht als ungewöhnlich bezeichnet werden können. Hierzu zählen die Modellannahmen zu den Produktivitäten und Produktivitätsunterschieden, die Annahmen zu den Substitutionseffekten, zum Typ der Produktionsfunktion, zu der Gestalt der Nutzenfunktion sowie zu Identitäten. Ungewöhnlich ist vielmehr, dass diese Aussagen nunmehr ausdrücklich als Modellannahmen erscheinen, die empirisch geprüft werden müssen, bevor aus den mikroökonomischen Modellen zum Arbeitsangebot testbare

Implikationen generiert werden können. Ein interdisziplinäres Vorgehen erscheint lediglich bei der Überprüfung der Modellannahmen zu den Nutzenvorstellungen erforderlich und insofern auch berechtigt. Dies kann daraus geschlossen werden, dass die meisten dieser Annahmen im hiesigen ökonomischen Kontext lediglich axiomatisch begründet werden konnten. Wegen des bis dahin fehlenden Nachweises, wurde die generelle Bewertbarkeit von Modellannahmen im ökonomischen Kontext bislang noch in Frage gestellt[903].

Bereits aus der zum Teil behelfsmäßigen Faktualisierung ergaben sich interessante Ergebnisse. Zu nennen ist hier insbesondere der Nachweis, dass die für alle outputorientierten Modelle erforderliche Modellannahme M_{16} idealisiert ist. Entweder, es gelingt in Zukunft eine Fortentwicklung solcher Modelle, durch die M_{16} entbehrlich wird oder faktualisiert werden kann, oder die outputorientierten Modelle bleiben insgesamt nicht anwendbar.

Ferner konnte sowohl das neoklassische als auch das inputorientierte Modell des „männlichen Chauvinisten" als idealisiert gekennzeichnet werden, ein entsprechendes aktivitätsanalytisches Modell fehlt. Hier böte sich eine Fortentwicklung beider Modelle dahingehend an, dass von diesen modellendogen zu erklären wäre, wovon die Geltung der Modellannahme M_{13} für das neoklassische Modell und M_{27} für das inputorientierte abhängen.

Die Wahrscheinlichkeit für die Geltung der faktualisierten Modelle ist größer gleich Null. Wie sicher die Anwendungsbedingungen eines Modells im Einzelfall tatsächlich erfüllt sind, muss dennoch für jede einzelne Anwendung separat geprüft werden. Bei den idealisierten Modellen dürfte diese Prüfung von vornherein wenig sinnvoll sein.

Erfolgversprechend erscheinen im Weiteren gezielte induktiv-statistische Untersuchungen zur rechnerischen Bestimmung der Wahrscheinlichkeit der Geltung der Anwendungsbedingungen. Dies gilt insbesondere für diejenigen Bedingungen, die über den Weg der Parametrisierung bereits unter der Annahme faktualisiert werden konnten, dass eine spätere stationär qualitative Faktualisierung der Anwendungsbedingungen möglich ist. Hier sollten als Erstes die Modellannahmen jener Modelle empirisch geprüft werden, bei denen eine Falsifikation ihrer Implikationen durchschlagende Fasifikationen der Implikationsbeziehungen im gesamten Modell- und Theorienbaum nach sich ziehen könnten. Dazu gehört sicherlich die Modellannahme M_{22}, die einerseits eine Implikation zwischen dem neoklassischen und inputorientierten Grundmodell ermöglicht, andererseits eine zwischen deren verhandlungstheoretischen Modellvarianten. Auf die Schwierigkeit, hierfür die erforderlichen Daten ermitteln zu können, wurde hingewiesen. Würde sich die Geltung von M_{22} weiter belegen lassen, so wäre der nächste Schritt eine Überprüfung des neoklassischen Grundmodells T_{GM}^{NK} bei Geltung von M_{22}. Eine Falsifikation von T_{GM}^{NK} hätte dann gleichsam eine Falsifikation des inputorientierten Grundmodells T_{GM}^{in} zur Folge. Denn sie würde

[903] U.a. bei Seel (2001), S. 57.

die Konjunktion $M_{22} \wedge T_{GM}^{in}$ widerlegen und bei Bestätigung von M_{22} folglich das inputorientierte Grundmodell T_{GM}^{in} verwerfen. Würden sich zu einem späteren Zeitpunkt noch die Modellannahmen M_{29} und M_{30} faktualisieren lassen, mit denen das inputorientierte Grundmodell aus dem aktivitätsanalytischen Grundmodell abgeleitet werden konnte, dann wäre mit der Falsifikation von T_{GM}^{NK} zugleich T_{GM}^{akt} widerlegt.

Faktualisierte Modelle können empirisch gegeneinander diskriminiert werden. Hierfür wird nachfolgende Vorgehensweise empfohlen.

Für eine vergleichende empirische Überprüfung bieten sich vor allem solche Modelle an, deren Anwendungsbedingungen an bestimmten Raum-Zeit-Stellen **m** gleichermaßen erfüllt werden könnten. Hierzu zählen etwa die beiden outputorientierten Modelle T_{VN0}^{out} und T_{VN1}^{out}, also das Familienmodell und das chauvinistische Modell[904], sofern ihre Anwendungsbedingungen sich zu einem späteren Zeitpunkt noch faktualisieren ließen. Das Erfüllen ihrer Anwendungsbedingungen wäre dann die Voraussetzung dafür, dass die gleichzeitige Anwendung beider Modelle überhaupt legitim ist. Widersprüchliche Annahmen zu real vorliegenden Sachverhalten müssen bei einem vergleichenden Test von daher per se ausgeschlossen sein[905].

Deutlich unterschieden werden muss in dieser Hinsicht zwischen zwei Sachlagen: Einerseits können verschiedene Modelle untereinander widersprüchliche Annahmen aufweisen, andererseits kann innerhalb eines Modells ein Widerspruch zwischen Annahmen enthalten sein. Mit untereinander widersprüchlichen Annahmen („Lohnsatz steigt" vs. „Lohnsatz sinkt") können verschiedene Modelle den gleichen Sachverhalt, z. B. ein rückläufiges Arbeitsangebot, jeweils unter Bezugnahme auf ihre eigenen Annahmen unterschiedlich erklären. Dieser Fall wurde ausführlich in der Begründung der Problemstellung der vorliegenden Arbeit erörtert[906]. Die Forderung nach Widerspruchslosigkeit bezieht sich nur auf die Aussagen innerhalb eines Modells. Hierauf hatte schon Popper (1994) verwiesen[907].

Widersprechen sich die Annahmen von Modellen, so ist ein vergleichender empirischer Test zwischen ihnen indes ausgeschlossen. Verschiedene Modelle können sich aber auch in ihren Implikationen widersprechen. Ein Widerspruch in den Implikationen verschiedener Modelle ist nun sogar besonders günstig für den Vergleich von Modellen. Ist die Anwendung mehrerer Modelle legitim, so gilt nämlich das Modell als das sicher bewährte, welches

---

904 Siehe oben S. 377.

905 Vgl. hierzu auch die Position von Seel (2001): „...wenn man aus widersprüchlichen Annahmen (‚Vertrauen' vs. ‚Nicht-Vertrauen') auf dasselbe Ergebnis (geschlechtstypische Arbeitsteilung) schließen kann, dann kann es mit der Kausalität der herangezogenen Konstrukte für das Ergebnis nicht so weit her sein" (S. 56).

906 Siehe oben S. 29 ff.

907 Siehe oben Fußnote 211, S. 91.

einen Sachverhalt zutreffend erklärt. Die anderen Modelle, mit hiervon abweichenden Erklärungen, können dann als falsifiziert bezeichnet werden.

Die Rekonstruktion der Modelle hat indes gezeigt, dass widersprüchliche Implikationen eher selten anzutreffen sind. Denn viele der Modelle sind in absteigender Linie voneinander ableitbar. Vielleicht ist dies auch ein Grund dafür, dass ohne ein einheitliches Theoriensystem, wie das vorliegende, die empirischen Tests von Modellen bisher wenig zu deren Auslese beigetragen haben. Wie soll in diesem Fall, der für die Modelle des Arbeitsangebots typisch zu sein scheint, vorgegangen werden?

Hier bietet es sich an, genau diesen Umstand, nämlich dass sich die Modelle, die gegeneinander diskriminiert werden sollen, häufig auf ein gemeinsames, allgemeineres Aussagesystem zurückführen lassen, zum Ausgangspunkt des Vergleiches zu wählen. Mit anderen Worten: Ziel muss es sein, das gemeinsame Aussagesystem zum Referenzmodell für den Vergleich heranzuziehen. Alle Modelle, die verglichen werden sollen, müssten dafür als klassische Regressionsmodelle vorliegen, auch das Referenzmodell. Die deduktiv-nomologisch begründeten Modelle bilden dabei jeweils den deterministischen Modellteil eines jeden Regressionsmodells. Das Regressionsmodell unterstellt, dass die funktionale Abhängigkeit, die zwischen den Variablen durch den deterministischen Modellteil unterstellt wird, wenigstens „im Mittel" besteht. Abweichungen der zu erklärenden Variablen von ihrem Mittelwert werden entsprechend, im stochastischen Modellteil, auf die Anwesenheit einer zufälligen Störvariablen zurückgeführt. Nach der Zuordnungsvorschrift des klassischen Regressionsmodells überlagern sich die deduktiv-nomologische Erklärung und zufällige Störvariable additiv[908].

Durch den Vergleich zwischen erklärter und nicht-erklärter Varianz der abhängigen Variablen (z. B. zur Beschreibung des Arbeitsangebot), bezogen auf das Referenzmodell, könnte schließlich auf den Erklärungswert der Modelle geschlossen werden. Dies geht aus den Berechnungen hervor, die im Rahmen der parametrischen Faktualisierung der Implikationsbeziehung zwischen dem inputorientierten Grundmodell T_{GM}^{in} und dem neoklassischen Grundmodell T_{GM}^{NK} durchgeführt wurden. Das neoklassischen Grundmodell konnte Veränderungen in dem α_r-Faktor nicht erklären, wohl aber das inputorientierte Grundmodell. Ansonsten erwiesen sich beide Modelle als identisch, denn das neoklassische Grundmodell folgt mit der Annahme $M_{22}{:}d\alpha_r = 0$ aus dem inputorientierten Grundmodell. Es ist daher zu vermuten, dass eine Regression mit dem neoklassischen Grundmodell zu einer höheren nicht-erklärten Varianz der abhängigen Variablen führen wird als eine Regression mit dem inputorientierten Grundmodell, sofern das inputorientierte Grundmodell die Varianz des Arbeitsangebots über den α_r-Faktor zum Teil zu erklären vermag. Das inputorientierte

908 Vgl. dazu Schneeweiß (1990), S. 29.

Grundmodell würde in diesem Vergleich als Referenzmodell dienen, da es das allgemeinere von beiden Modellen ist.

Ein Modell, welches das beobachtete Arbeitsangebot gut erklärt, müsste demnach Abweichungen hervorrufen, die der Verteilung einer Zufallsvariablen entsprechen. Das heißt, bei einer Normalverteilung sollte der bedingte Mittelwert der Abweichungen zwischen erklärtem und beobachtetem Arbeitsangebot gleich Null und die Varianz der Störvariablen gleich σ^2 sein. Art und Ausmaß der Abweichungen wären anschließend über eine Verteilungsprüfung weiter zu untersuchen.

Ließe sich dabei zeigen, dass die Abweichungen bezüglich eines Modells mit einer der erklärenden Variablen korreliert, so wäre dies ein deutliches Indiz dafür, dass dieses Modell zur Erhöhung seines Erklärungswertes hinsichtlich der erklärenden Variablen noch weiter ausdifferenziert werden müsste. Diese Hypothese der Autokorrelation kann z. B. über den Durbin-Watson-Test oder einen Verteilungsplot getestet werden.

Könnte in diesem Zusammenhang ferner gezeigt werden, dass von zwei Modellen T_{M1} und T_{M2}, die beide aus dem gleichen Referenzmodell R hervorgegangen sind, T_{M1} bezogen auf eine bestimmte erklärende Variable eine kleinere Autokorrelation aufweist als T_{M2}, so würde dies den Rückschluss erlauben, dass das Modell T_{M1} einen höheren Erklärungswert aufweist als T_{M2}.

Mit dem vorliegend entwickelten deduktiv-nomologischen Theoriensystem für die wichtigsten Modelle zum Arbeitsangebot privater Haushalte können die zu testenden Modelle gezielt nach den Erfordernissen eines solchen Tests ausgewählt werden. Angesichts der recht großen Zahl der Modelle wäre eine erfolgreiche Eingrenzung konkurrierender Modelle und eine gezielte Fortentwicklung sich ergänzender Modelle auf jeden Fall lohnend.

Am Ende besteht die Hoffnung, dass das Ziel der Verbesserung der Leistungsfähigkeit[909] der Theorien und Modelle zum Arbeitsangebot privater Haushalte mit der vorliegenden Arbeit ein Stück näher gerückt ist. Das Kapitel III war notwendig, um das unverbundene Nebeneinander der Erklärungsansätze aufzulösen und durch das Aufzeigen ihrer Äquivalenzen, Ableitbarkeiten, Vereinbarkeiten und Widersprüchlichkeiten[910] eine Diskriminierung überhaupt erst zu ermöglichen. Dieser Blickwinkel - das Herstellen eines einheitlichen Theoriensystems - hat die Gelegenheit geboten, neben den aufgezeigten Implikationsbeziehungen Fehldeutungen auszuräumen und Lücken in der Theorienbildung durch exakte Bestimmung der als „Brückenglieder“ zwischen den Modellen fungierenden Modellannahmen zu schließen. Die Idealisierung verschiedener Modelle zeigt die Notwendigkeit der entsprechenden Weiterentwicklung der Modelle. Darüber hinaus besteht die Hoffnung, dass

---

[909] Siehe oben Fußnote 16, S. 14.

[910] Siehe oben Fußnote 13, S. 13.

durch die exakte Benennung der Modellannahmen ein Test der Modelle möglich wird bzw. gezielter durch die Erhebung geeigneter Daten vorbereitet werden kann. Entsprechende Arbeiten hätten dann den Vorteil, dass die Evolution der Modelle insgesamt auf einer gesicherteren Auslese beruhen würde und einzelne Annahmen und Implikationen nicht im Bereich „des Beliebigen“[911] blieben.

[911] Siehe oben Fußnote 8, S. 12.

V Verzeichnisse

In Fettschrift markiert ist die gekürzte Zitierweise im Text.

Einige der Quellenangaben sind als Wiederabdruck zitiert. In diesem Fall entspricht die erstgenannte Jahreszahl (**fett**) dem Erscheinungsjahr der Erstveröffentlichung, die zweite Jahreszahl dem Erscheinungsjahr der verwendeten Quelle.

1 Literatur

Abowd, John M. and Orley **Ashenfelter(1981)**: Anticipated Unemployment, Temporary Layoffs and Compensating Wage Differentials, in: Sherwin Rosen (ed.): Studies in Labor Markets, Chicago 1981, S. 141-170.

Albert, Hans (**1965**): Modell-Platonismus. Der neoklassische Stil des ökonomischen Denkens in kritscher Beleuchtung, in: Ernst Topitsch (Hg.): Logik der Sozialwissenschaften, Köln /Berlin 1965, S. 406-434.

------ (**1984**): Modelldenken und historische Wirklichkeit, in: Hans Albert (Hg.): Ökonomisches Denken und soziale Ordnung, Tübingen 1984, S. 39-61.

Albert, Max (**1996**): „Unrealistische Annahmen" und empirische Prüfung, Methodologische Probleme der Ökonomie am Beispiel der Außenhandelstheorie, in: Zeitschrift für Wirtschafts- u. Sozialwissenschaften 116(1996), S. 451-486.

Arni, Jean-Louis (**1989**): Die Kontroverse um die Realitätsnähe der Annahmen in der Oekonomie, Güsch 1989.

Ashenfelter, Orley and James J. **Heckman** (**1974**): The Estimation of Income and Substitution Effects in a Model of Family Labor Supply, in: Econometrica 42(1974)1, S. 73-85.

Ashworth, John .S. and David T. **Ulph** (**1981**): Household Models, in: C.V. Brown (ed.): Taxation and Labour Supply, London 1981, S. 117-133.

Baßeler, Ulrich, Jürgen **Heinrich** und Walter **Koch** (**1995**): Grundlagen und Probleme der Volkswirtschaft, 13. überarb. u. erw. Aufl. Köln 1995.

Bartenwerfer, Jens (**1990**): Mikroökonometrische Querschnittsanalysen des individuellen Erwerbsverhaltens, Frankfurt a.M. etc. 1990.

Barth, Peter S. (**1967**): A Cross-Sectional Analysis of Labor-Force Participation Rates in Michigan, in: Industrial and Labor Relations Review 20(1967)2, S. 234-249.

Beblo, Miriam (**2001**): Bargaining over Time Allocation - Economic Modeling and Econometric Investigation of Time Use within Families, Heidelberg 2001.

Beblo, Miriam und Birgit **Soete** (**2000**): Der Haushalt als Forschungsgegenstand der ökonomischen Theorie - Macht eine Gender-Analyse Sinn?, in: Schmollers Jahrbuch 120(2000), S. 63-92.

Becker, Gary S. (**1957**): The Economics of Discrimination, Universitiy of Chicago Press 1957.

------ (**1960**): An Economic Analysis of Fertility, in: Demographic and Economic Change in Developed Countries, a conference of the Universities-National Bureau Committee for Economic Research. Princeton University Press for the National Bureau of Economic Research 1960; zitiert als dt. Übersetzung „Eine ökonomische Analyse der Fruchtbarkeit", in: ders. (1993): a.a.O., S. 188-214.

------ (**1962**): Irrational Behavior and Economic Theory, in: Journal of Political Economy 70(1962)1; zitiert als dt. Übersetzung „Irrationales Verhalten und ökonomische Theorie", in: ders. (1993): a.a.O., S. 167-186.

------ (**1965**): A Theory of the Allocation of Time, in: The Economic Journal 75(1965)299, S. 493-517; zitiert als dt. Übersetzung: „Eine Theorie der Allokation der Zeit", in: ders. (1993): a.a.O., S. 97-130.

------ (**1973**): A Theory of Marriage, Part I, in: Journal of Political Economy 81(1973)4, S. 813-846; zitiert als dt. Übersetzung „Eine Theorie der Heirat", in: ders. (1993): a.a.O., S. 225-259.

------ (**1974a**): A Theory of Marriage, Part II, in: Journal of Political Economy 82(1974)2, S. 11-26, zitiert als dt. Übersetzung „Eine Theorie der Heirat", in: ders. (1993): a.a.O., S. 259-281.

------ (**1974b**): A Theory of Social Interactions, in: Journal of Political Economy 82(1974)6, S. 1063-1091, zitiert als dt. Übersetzung „Eine Theorie der Sozialen Wechselwirkungen", in: ders. (1993): a.a.O., S. 282-317.

------ (**1975**): Human Capital: A Theoretical and Empirical Analysis, with Special Reference to Education, Veränderte 2. Aufl. New York 1975; zitiert als dt. Übersetzung des Anhangs zu Kapitel 3: „Investment in Human Capital: Rates of Return": „Die Allokation von Zeit und Gütern in Zeitablauf", in: ders. (1993): a.a.O., S. 130-145.

------ (**1976**): Altruismus, Egoismus und Genetische Eignung: Ökonomie und Soziobiologie; dt. Übersetzung (ohne Angabe des Originaltitels), in: ders. (1993), S. 317-332.

------ (**1993**): Der ökonomische Ansatz zur Erklärung menschlichen Verhaltens (dt. Übersetzung von „The Economic Approach to Human Behavior", Chicago 1976, durch Monika und Viktor Vanberg), 2. Aufl. Tübingen 1993.

Bender, Dieter (**1976**): Angebot des Haushalts, I: Arbeitsangebot, in: Handwörterbuch der Wirtschaftswissenschaft (HDWW), Bd. 1, hrsg. von Willi Albers et al.: Stuttgart/New York/ Tübingen/ Göttingen/ Zürich 1976, S. 223-232.

Ben-Porath, Yoram (**1980**): The F-Connection: Families, Friends and Firms and the Organisation of Exchange, in: Population and Development Review (1980)6, S. 1-30.

Berkson, Joseph (**1944**): Application of the Logistic Function to Bio-Assay, in: Journal of the American Statistical Association 39(1944), S. 357-365.

Bitz, Michael (**1993**): ‚Beruf' in: Vahlens Großes Wirtschaftslexikon (1993): a.a.O., S. 225.

Blundell, Richard (**1990**): Unemployment and the Labour Supply of Married Women, in: H. König (Hg.): Economics of Wage Determination, Berlin 1990, S. 273-293.

BMfFSFG (1996): Bundesministerium für Familie, Senioren, Frauen und Jugend (Hg.): Zeit im Blickfeld - Ergebnisse einer repräsentativen Zeitbudgeterhebung, Stuttgart/ Berlin/Köln 1996.

------ (**2002**): Bundesministerium für Familie, Senioren, Frauen und Jugend (Hg.): Bericht zur Berufs- und Einkommenssituation von Frauen und Männern, Kurzfassung, Materialien zur Gleichstellungspolitik Nr. 85/2002.

Bognanno, Mario F. and Jesse S. **Hixson** and James R. **Jeffers** (**1974**): The Short-Run Supply of Nurse's Time, in: The Journal of Human Resources 9(1974)1, S.80-94.

Bolin, Kristian (**1997**): A Family With One Dominating Spouse, in: Inga Persson and Christina Jonung (eds): Economic of the Family and Family Policies, London 1997, S. 84-99.

Bowen, William G./T. and Aldrich **Finegan (1965)**: Labor Force Participation and Unemployment, in: Arthur M. Ross (ed.): Employment Policy and the Labor Market, Berkeley/ Los Angeles 1965, S. 115-161.

Brandes, Wilhelm **(1985)**: Über die Grenzen der Schreibtisch-Ökonomie, Tübingen 1985.

Bronfenbrenner, Martin and Jan **Mossin (1967)**: The Shorter Work Week and The Labor Supply, in: Southern Economic Journal 33(1967)3, S. 322-331.

Cain, Glen G. and Harold W. **Watts (1973)** (eds.): Income Maintenance and Labor Supply, New York/San Francisco/London 1973.

----- Toward a Summary and Synthesis of the Evidence, in: dies. (eds.) (1973): a.a.O., S. 328-367.

Carlin, Paul S. **(1991)**: Intra-Family Bargaining and Time Allocation, in: Research in Population Economics 7(1991), S. 215-243.

Chiappori, Pierre-André **(1997)**: „Collective" Models of Household Behavior: The Sharing Rule Approach, in: Lawrence Haddad, John Hoddinott and Harold Alderman (eds.) (1997), S. 39-52.

Collatz, Lothar und Wolfgang **Wetterling (1971)**: Optimierungsaufgaben, Berlin/ Heidelberg/New York 1971.

Connelly, Rachel **(1992)**: The Effect of Child Care Costs on Married Women's Labor Force Participation, in: Review of Economics and Statistics 74(1992), S. 83-90.

Dantzig, George B. **(1966)**: Lineare Programmierung und Erweiterungen, Berlin/Heidelberg/New York 1966.

Deaton, Angus and John **Muellbauer (1980)**: Economics and consumer behavior, Cambridge University Press 1980.

Debreu, Gerard **(1976)**: Werttheorie, Berlin/Heidelberg/New York 1976.

Dinges, Hermann **(2001)**: Stochastisches und deterministisches Denken, in: Allgemeines Statistisches Archiv 85(2001), S. 173-186.

Einstein, Albert **(1935)**: Ein Brief an Popper aus dem Jahre 1935, in: Karl R. Popper (1994): a.a.O., S. 412-414.

Egner, Erich **(1976)**: Der Haushalt, Eine Darstellung seiner volkswirtschaftlichen Gestalt, 2. Aufl. Berlin 1976.

Evans, Alan W. **(1972)**: On the Theory of the Valuation and Allocation of Time, in: Scottish Journal of Political Economy, February 1972, S. 1-17.

Fehl, Ulrich **(1993a)**: Neoklassik, in: Vahlens Großes Wirtschaftslexikon (1993), S. 1516 f.

------ **(1993b)**: Gleichgewichtstheorie, in: Vahlens Großes Wirtschaftslexikon (1993): a.a.O., S. 830.

Feyerabend, Paul K. **(1962)**: Explanation, Reduction, and Empiricism, in: H. Feigl and G. Maxwell (Hg.): Minnesota Studies in the Philosophy of Science, Vol. III, Minneapolis 1962, S. 28-97.

Finney, D.J. **(1947)**: Probit Analysis, London 1947.

Fleisher, Belton M. and George F. **Rhodes (1979)**: Fertility, Women's Wage Rate and Labor Supply, in: American Economic Review 69(1979)1, S. 14-24.

Frambach, Hans **(1996)**: Nutzen- und tauschtheoretische Grundlagen in der Entwicklung der Neoklassik, in: Zeitschrift für Wirtschafts- u. Sozialwissenschaften 116(1996), S. 85-117.

Franke, Jürgen **(1992)**: Grundzüge der Mikroökonomik, 5. völlig überarb. u. erw. Aufl. München/Wien 1992.

Frantzke, Anton (**1999**): Grundlagen der Volkswirtschaftslehre - Mikroökonomische Theorie und Aufgaben des Staates in der Marktwirtschaft, Stuttgart 1999.

Franz, Wolfgang (**1985**): An Economic Analysis of Female Work Participation, Education, and Fertility: Theory and Empirical Evidence for the Federal Republic of Germany, in: Journal of Labor Economics 3(1985)1, S. 218-234.

------ (**1991**): Arbeitsmarktökonomik, Berlin/Heidelberg 1991.

Franz, Wolfgang and Seiichi **Kawasaki** (**1981**): Labor Supply of Married Women in the Federal Republic of Germany: Theory and Empirical Results from a New Estimation Procedure, in: Empirical Economics 6(1981), S. 129-143.

Frey, Bruno S. (**1990**): Ökonomie ist Sozialwissenschaft, München 1990.

Friedman, Milton (**1953**): Essays in Positive Economics, Chicago 1953, reprinted in: William Breit and Harold M. Hochman (eds.): Readings in Microeconomics, London/New York Sydney/Toronto 1970.

Friedrichs, Jürgen (**1985**): Methoden empirischer Sozialforschung, 13. Aufl. Opladen 1985.

Gerfin, Harald und Peter **Heimann** (**1976**): Elastizität, in: Handwörterbuch der Wirtschaftswissenschaft (HDWW), Bd. 2, hg. von Willi Albers et al., Stuttgart/New York/ Tübingen/Göttingen/Zürich 1976, S. 353-362.

Giarini, Orio und Patrick M. **Liedtke** (**1999**): Wie wir arbeiten werden - Der neue Bericht an den Club of Rome, München 1999.

Giesen, Bernhard und Michael **Schmid** (**1978**): Methodologische Modelle und soziologische Theorien, in: Karl Otto Hondrich und Joachim Matthes (Hg.) (1978): a.a.O., S. 232-254.

Göpfert, Alfred (Hg.) (**1986**): Optimierung und optimale Steuerung - Lexikon der Optimierung, Berlin 1986.

Goldberger, Arthur S. (**1964**): Econometric Theory, New York/London/Sydney 1964.

Gossen, Hermann Heinrich (**1854**): Entwicklung des menschlichen Verhaltens, und der daraus fließenden Regeln für menschliches Verhalten, Braunschweig 1854, Reproduktion Amsterdam 1967.

Graham, John W. and Carole A. **Green** (**1984**): Estimating the Parameters of a Houshold Production Function with Joint Products, in: Review of Economics and Statistics 66(1984)2, S. 277-282.

Gramm, Wendy Lee (**1975**): Household Utility Maximization and the Working Wife, in: American Economic Review 65(1975)1, S. 90-100.

Greenberg, David H. and Marvin Kosters (**1973**): Income Guarantees and the Working Poor :The Effect of Income-Maintenance Programs on the Hours of Work of Male Family Heads, in: Glen G. Cain and Harald W. Watts (eds.) (1973), S. 14-101.

Greshoff, Rainer (**1993**): Methodische Überlegungen zum Theorienvergleich in den Sozialwissenschaften, Arbeitspapier 1993-3 der Forschungsgruppe Erwägungskultur der Universität-Gesamthochschule Paderborn, Paderborn 1993.

Gronau, Reuben (**1973a**): The Effect of Children on the Housewife's Value of Time, in: Journal of Political Economy 81(1973), S. 168-199.

------ (**1973b**): The Intrafamily Allocation of Time: The Value of the Housewives' Time, in: American Economic Review 63(1973)Sept., S. 634-651.

------ (**1974**): Wage Comparisons, in: Journal of Political Economy 82(1974), S. 1119-1143.

------ (**1977**): Leisure, Home Production and Work - The Theory of the Allocation of Time Revisited, in: Journal of Political Economy 85(1977)6, S. 1099-1123.

------ **(1986)**: Home Production - A Survey, in: Orley Ashenfelter and R. Layard (eds.): Handbook of Labor Economics, Vol. 1, Amsterdam 1986, S. 273-304.

Gustafsson, Siv **(1991)**: Neoklassische Theorien und die Lage der Frau: Ansätze und Ergebnisse zu Arbeitsmarkt, Haushalt und der Geburt von Kindern, in: Karl U. Mayer, Jutta Allmendinger und Johannes Huinink (Hg.): Vom Regen in die Traufe: Frauen zwischen Beruf und Familie, Frankfurt a. M. 1991, S. 408-421.

------ **(1993)**: Getrennte Besteuerung und subventionierte Kinderbetreuung, in: Gerd Grözinger, Renate Schubert und Jürgen Backaus (Hg.): Jenseits von Diskriminierung, Marburg 1993.

Gustafsson, Siv and Frank **Stafford** **(1992)**: Child Care Subsidies and Labor Supply in Sweden, in: The Journal of Human Resources 27(1992), S. 204-230.

Haddad, Lawrence, John **Hoddinott** and Harold **Alderman** (eds.) **(1997)**: Intrahousehold Resource Allocation in Developing Countries - Models, Methods, and Policy, Baltimore/London 1997.

Hagenaars, Aldi J. M. **(1990)**: Female Labour Supply in Micro-Simulation Models, in: Johann Kurt Brunner and Hans-Georg Petersen (eds.): Simulation Models in Tax and Transfer Policy - Proceedings of an International Symposium, Frankfurt a. M./New York 1990, S. 479-507.

Hall, R. E. **(1970)**: Wages, Income and Hours of Work in the U.S. Labor Force, Working Paper of the Department of Economics, M.I.T. August 1970.

Hanoch, Giora **(1980)**: A Multivariate Model of Labor Supply: Methodology and Estimation, in: James P. Smith (ed.) (1980), S. 249-326.

Hanson, N. R. **(1965)**: Patterns of Discovery, Cambridge 1965.

Harsanyi, John C. **(1977)**: Rational Behavior and Bargaining Equilibrium in Games and Social Situations, Cambridge 1977.

Hauser, Richard, Gert G. **Wagner** und Klaus F. **Zimmermann** **(1998)**: Erfolgsbedingungen empirischer Wirtschaftsforschung und empirisch gestützter wirtschafts- und sozialpolitischer Beratung, in: Allgemeines Statistisches Archiv 82(1998), S. 369-379.

Hausman, Jerry A. **(1979)**: The Econometrics of Labor Supply on Convex Budget Sets, in: Economics Letters 3(1979), S. 171-174.

Hausman, Jerry and Paul **Ruud** **(1984)**: Family Labor Supply with Taxes, in: American Economic Review 74(1984)2, S. 242-248.

Hawrylyshyn, Oli **(1977)**: Towards a Definition of Non-Market Activities, in: Review of Income and Wealth 23(1977), S. 79-96.

Hayo, Bernd **(1997)**: Alternative methodologische Ansätze in der Ökonometrie: Eine Einführung, in: Allg. Statistisches Archiv (1997)87, S. 266-289.

Heckman, James Joseph **(1971)**: Three Essays on the Supply of Labor and the Demand of Goods, Ph. D. dissertation, Department of Economics, Princeton University 1971.

------ **(1974)**: Shadow Prices, Market Wages, and Labor Supply, in: Econometrica 42(1974), S. 679-694.

------ **(1976)**: The Common Structure of Statistical Models of Truncation, Sample Selection, and Limited Dependent Variables and a Simple Estimator for Such Models, in: Annals of Economic and Social Measurement 5(1976), S. 475-492.

------ **(1980)**: Sample Selection Bias as a Specification error with an Application to the Estimation of Labor Supply Functions, in: James P. Smith (ed.) (1980): a.a.O., S. 206-248.

Hempel, Carl. G. (**1965**): Aspects of Scientific Explanation, New York/London 1965.

Hempel, Carl G. and Paul **Oppenheim** (**1948**): Studies in the Logic of Explanation, in: Philosophie of Science (1948)15, S. 135-175.

Henderson, James M. and Richard E. **Quandt** (**1983**): Mikroökonomische Theorie, Eine mathematische Darstellung, 5. überarb. Aufl. München 1983.

Henrichsmeyer, Wilhelm, Oskar **Gans** und Ingo **Evers** (**1993**): Einführung in die Volkswirtschaftslehre, 10. verbess. Aufl. Stuttgart 1993.

Henze, Ursula (**1986**): Zur ökonomischen Analyse von Zeitallokationsstrukturen im Haushalt unter besonderer Berücksichtigung der Mehrdimensionalität von Hausarbeit, Diss. Bonn 1986.

Hesse, Klaus (**1983**): Hausarbeit in der "Theorie des Haushalts", in: Hauswirtschaft und Wissenschaft 31(1983)3, S. 115-121.

Heuser, Harro (**1981**): Lehrbuch der Analysis, 2. Teil, 4. durchges. Aufl. Stuttgart 1981.

Hicks, John R. (**1956**): A Revision of Demand Theory, Oxford 1956.

Hicks, John R. and Roy G. D. **Allen** (**1934**): A Reconsideration of the Theory of Value, Economica NS, 1(1934), Teil 1, S. 52-76, Teil 2, S. 196-219, dt. Übersetzung: Eine erneute Betrachtung der Werttheorie, in: Alfred Eugen Ott (Hg.): Preistheorie, Berlin 1965, S. 117-161.

Hirshleifer, Jack (**1977**): Shakespeare vs. Becker on altruism: The importance of having the last word, in: Journal of Economic Literature 15(1977)2, S. 500-502.

Hoddinott, John, Harold **Alderman** and Lawrence **Haddad** (**1997**): Testing Competing Models of Intrahousehold Allocation, in: Lawrence Haddad, John Hoddinott and Harold Alderman (eds.) (1997): a.a.O., S. 129-141.

Holler, Manfred J (**1992**): Ökonomische Theorie der Verhandlungen - Einführung, 3. völlig überarb. Aufl. München/Wien 1992.

Holub, Hans Werner (**1993**): Einige kritische Überlegungen zum zeitgenössischen Wissenschaftsbetrieb, in: Ökonomie und Gesellschaft 10(1993), S. 228-244.

Hondrich, Karl Otto (**1976**): Entwicklungslinien und Möglichkeiten des Theorienvergleichs, in: R. M. Lepsius: Zwischenbilanz der Soziologie. Verhandlungen des 17. Deutschen Soziologentages, Stuttgart 1976, S. 14-36.

Hondrich, Karl Otto und Joachim **Matthes** (Hg.) (**1978**): Theorienvergleich in den Sozialwissenschaften, Darmstadt/Neuwied 1978.

Horney, Mary Jean and Marjorie B. **McElroy** (**1988**): The Household Allocation Problem - Empirical Results from a Bargaining Model, in: Research in Population Economics, 6(1988), S. 15-38.

Hübler, Olaf (**1983**): Ökonometrische Untersuchungen zum Arbeitsangebotsverhalten von Frauen, in: Mitteilungen aus der Arbeitsmarkt- und Berufsforschung 3(1983), S. 301-311.

Hufnagel, Rainer (**1993**): Muster der geschlechtsspezifischen Arbeitsteilung im Haushalt, in: Hauswirtschaft und Wissenschaft 41(1993)3, S. 116-125.

—— (**2001**): Neue Mikroökonomik und Nachfrageanalyse, Frankfurt a. Main 2001.

Hujer, Reinhard und Helmut **Knepel** (**1984**): Inhaltliche und formale Kriterien der Analyse ökonomischer Systeme, in: Erwin Roth (Hg.) unter Mitarbeit von Klaus Heidenreich: Sozialwissenschaftliche Methoden, München/Wien 1984, S. 618-621.

Juster, F. Thomas and Frank P. **Stafford (1991)**: The Allocation of Time: Empirical Findings, Behavioral Models and Problems of Measurement, in: Journal of Economic Literature 29(1991), S. 471-522.

Kalai, Ehud and Meir **Smorodinsky (1975)**: Other Solutions to Nash's Bargaining Problem, in: Econometrica 43(1975), S. 513-518.

Karg, Georg **(1973)**: Einkommensverteilung und Einkommenselastizität der Nachfrage nach Nahrungsmitteln, in: Agrarwirtschaft 22(1973)4, S. 121-127.

Karg, Georg und Markus **Lehmann (1991)**: Haushaltsmodell der KTBL-Datensammlung ‚Haushalt', in: Kuratorium für Technik und Bauwesen in der Landwirtschaft e. V. (KTBL) (Hg.): Nutzungsmöglichkeiten der KTBL-Datensammlung Haushalt, Münster-Hiltrup 1991.

Keller, Albert **(1982)**: Allgemeine Erkenntnistheorie, Stuttgart/Berlin/Köln/Mainz 1982.

Killingsworth, Mark R. **(1983)**: Labor supply, Cambridge University Press 1983, Reprinted 1988.

Killingsworth, Mark R. and James J. **Heckman (1986)**: Female Labor Supply, in: Orley Ashenfelter and Richard Layard (eds.): Handbook of Labor Economics, Vol. I, Amsterdam /New York/Oxford /Tokyo 1986.

Kleinhückelskoten, Hans-Dieter **(1984)**: Die umbiegende Arbeitsangebotskurve - ein altes Problem neu interpretiert, in: Jahrbücher für Nationalökonomie und Statistik 199 (1984)2, S. 145-157.

Kleinhückelskoten, Hans-Dieter und Dieter **Spaetling (1981)**: Aspekte der Inferiorität und Superiorität als ökonomische Phänomene - Ein Beitrag zur Neuorientierung der mikroökonomischen Theorie, in: Jahrbücher für Nationalökonomie und Statistik 196(1981)6, S. 511-526

Knepel, Helmut **(1984)**: Datenorientierte Analyse ökonomischer Systeme, in: Erwin Roth (Hg.): Sozialwissenschaftliche Methoden, München/Wien 1984, S. 622-641.

König, Heinz, François **Laisney**, Michael **Lechner** und Winfried **Pohlmeier (1995)**: Tax Illusion and Labour Supply of Married Women: Evidence from German Data, in: KYKLOS 48(1995)3, S. 347-368.

Koopmanns, Tjalling C. **(1951)**: Analysis of Production as an Efficient Combination of Activities, in: Tjalling C. Koopmanns (ed.): Activity Analysis of Production and Allocation, New York 1951.

Kooreman, Peter and Arie **Kapteyn (1990)**: On the Empirical Implementation of Some Game Theoretic Models of Household Labor Supply, in: The Journal of Human Resources 25(1990)4, S. 584-598.

Kooreman, Peter and Sophia **Wunderink (1997)**: The Economics of Household Behaviour, London 1997.

Kosters, Marvin H. **(1966)**: Income and Substitution in a Family Labor Supply Model, in: Report No. P-3339, The RAND Corporation 1966.

Krajewski, Wladyslaw **(1977)**: Idealization and Factualization in Science, in: Erkenntnis 11(1977), S. 323-339.

Krelle, Wilhelm **(1987)**: Über Gossens „Gesetze des menschlichen Verkehrs", in: Wilhelm Krelle und Horst Claus Recktenwald: Gossen und seine „Gesetze in unserer Zeit, Düsseldorf 1987.

Krüsselberg, Hans-Günter, Michael **Auge** und Manfred **Hilzenberger (1986)**: Verhaltenshypothesen und Familienzeitbudgets - die Ansatzpunkte der "Neuen Haushaltsökonomik" für Familienpolitik, Bd. 182 der Schriftenreihe des BMfJFG, Stuttgart/ Berlin/Köln/Mainz 1986.

KTBL (1991a): Kuratorium für Technik und Bauwesen in der Landwirtschaft e. V. (Hg.): Datensammlung für die Kalkulation der Kosten und des Arbeitszeitbedarfs im Haushalt, 4. Aufl. Münster-Hiltrup 1991.

—— **(1991b)**: Nutzungsmöglichkeiten der KTBL-Datensammlung Haushalt, Münster-Hiltrup 1991.

Kuhlmann, Eberhard **(1990)**: Verbraucherpolitik, München 1990.

Kuhn, Thomas S. **(1967)**: Die Struktur wissenschaftlicher Revolutionen, Frankfurt 1967.

Külp, Bernhard **(1977)**: Theorie der Freizeitnachfrage, in: Wirtschaftswissenschaftliches Studium 6(1977)1, S. 12-17.

Kulmiz, Leontine von **(2001)**: Lohndiskriminierung von Frauen - Eine Analyse mit der Gehalts- und Lohnstrukturerhebung 1990, in: Wirtschaft und Statistik (2001)5, S. 406-415.

Lancaster, Kelvin J. **(1966a)**: A New Approach to Consumer Theory, in: Journal of Political Economy 74(1966)2, S. 132-157.

------ **(1966b)**: Change and innovation in the technology of consumption, in: American Economic Review 56(1966), S. 14-25.

Lauenstein, Helmut und Georg **Karg (1980)**: Zur Prüfung der Prognosegüte ökonometrischer Modelle, in: Prognose und Prognosekontrolle. Schriften der Gesellschaft für Wirtschafts- und Sozialwissenschaften des Landbaues e.V., Bd. 17, Münster 1980, S. 159-190.

Lemennicier, Bertrand **(1979)**: The Economics of Conjugal Roles, in: Louis Levy-Garbona (ed.): Sociological Economics, London/Beverly Hills 1979, S. 189-222.

Leuthold, Jane H. **(1968)**: An Empirical Study of Formula Income Transfers and the Work Decision of the Poor, in: The Journal of Human Resources 3(1968)3, S. 312-323.

Luckenbach, Helga **(1975)**: Theorie des Haushalts, Göttingen 1975.

------ **(1978)**: Neuere Ansätze in der Mikroökonomischen Konsumtheorie, in: Gottfried Bombach, Bernhard Gahlen und Alfred E. Ott (Hg.): Neuere Entwicklungen in der Theorie des Konsumentenverhaltens, Tübingen 1978, S. 211-235.

Lundberg, Shelly and Robert A. **Pollak (1997)**: Separate-Spheres Bargaining and the Marriage Market, in: Lawrence Haddad, John Hoddinott and Harold Alderman (eds.) (1997): a.a.O., S. 75-94.

Maddala, G.S. **(1983)**: Limited-dependent and qualitative variables in econometrics, rep. Cambridge 1991.

Manser, Marilyn and Murray **Brown (1979)**: Bargaining Analysis of Household Decisions, in: C.B. Lloyd, E.S. Andrews and C. L. Gilroy (eds.): Women in the Labor Market, New York 1979, S. 3-26.

------ **(1980)**: Marriage and Household Decision-Making: A Bargaining Analysis, in: International Economic Review 21(1980)1, S. 31-44.

Matthies, Hildegard et al. **(1994)**: Arbeit 2000 - Anforderungen an eine Neugestaltung der Arbeitswelt. Eine Studie der Hans-Böckler-Stiftung, Hamburg 1994.

McElroy, Marjorie **(1990)**: The Empirical Content of Nash-Bargained Household Behavior, in: The Journal of Human Resources 25(1990)4, S. 559-583.

McElroy, Marjorie and Mary Jean **Horney (1981)**: Nash-Bargained Household Decisions: Toward a Generalization of the Theory of Demand, in: International Economic Review 22(1981)2, S. 333-349.

Meyer-Dohm, Peter **(1965)**: Sozialökonomische Aspekte der Konsumfreiheit, Freiburg im Breisgau 1965.

Meyerson, Roger B. **(1999)**: Nash Equilibrium and the History of Economic Theory, in: Journal of Economic Literature (1999)37, S. 1067-1082.

Merz, Joachim **(1986)**: Das Arbeitsangebot verheirateter Frauen in der Bundesrepublik Deutschland - Eine mikroökonometrische Analyse unter Berücksichtigung des "selectivity bias" durch den PROBIT/COLS und den TOBIT-Ansatz mit Daten des Sozio-ökonomischen Panels, Sfb3-Arbeitspapier Nr. 207, Frankfurt a. M./Mannheim 1986.

------ **(1987)**: Das Arbeitsangebot verheirateter Frauen in der Bundesrepulik Deutschland - Eine mikroökonometrische Analyse unter Berücksichtigung des 'selectivity bias', in: Hans-Jürgen Krupp und Ute Hanefeld (Hg.): Lebenslagen im Wandel 1987, Frankfurt a. M./New York 1987, S. 126-157.

------ **(1989)**: Das Arbeitsangebot von Frauen im Haushaltskontext - Entlohnung und Arbeitszeit auf der Basis eines zweistufigen TOBIT-Ansatzes mit Daten des sozioökonomischen Panels. Sfb3-Arbeitspapier Nr. 282, Frankfurt a. M./Mannheim 1989.

------ **(1990)**: Female Labor Supply: Labor Force Participation, Market Wage Rate and Working Hours of Married and Unmarried Women in the Federal Republic of Germany, in: Jahrbücher für Nationalökonomie und Statistik 207(1990)3.

Michael, Robert T. and Gary S. **Becker (1973)**: On the New Theory of Consumer Behavior, in: The Swedish Journal of Economics 75(1973)4, S. 378-395; zitiert als dt. Übersetzung: Zur neuen Theorie des Konsumentenverhaltens, in: Gary S. Becker (1993): a.a.O., S. 145-166.

Miller, D. **(1974)**: Popper's qualitative theory of verisimilitude, in: British Journal for the Philosophy of Science 25(1974), S. 166-177.

Millimet, Daniel L. **(2000)**: The Impact of Children on Wages, Job Tenure, and the Division of Household Labour, in: The Economic Journal (2000)110, C139-C157.

Mincer, Jacob **(1962)**: Labor Force Participation of Married Women, in: National Bureau of Economic Research (ed.): Aspects of Labor Economics, Princeton 1962.

------ **(1963)**: Market Prices, Opportunity Costs and Income Effects, in: Carl Christ et al. (eds.): Measurement in Economics, Stanford 1963, S. 67-82.

------ **(1974)**: Schooling, Experience, and Earnings, New York/London 1974.

Ministerium für Arbeit, Gesundheit und Soziales des Landes Nordrhein-Westfalen (Hg.) **(1996)**: Zukunft des Sozialstaates - Defizite und Reformbedarf in ausgewählten Bereichen der sozialen Sicherung, Düsseldorf 1996.

Mises, Ludwig v. **(1959)**: Liberalismus, Wirtschaftlicher Liberalismus (II), in: Handwörterbuch der Sozialwissenschaften (1959), S. 596-603.

Müller-Merbach, Heiner **(1969)**: Operations Research, Methoden und Modelle der Optimalplanung, Berlin/Frankfurt a. M. 1969.

Nash, John F. **(1950)**: The Bargaining Problem, in: Econometrica 18(1950), S. 155-162.

------ **(1953)**: Two-Person Cooperative Games, in: Econometrica 21(1953), S. 128-140.

Neumann, John v. and Oskar **Morgenstern (1944)**: Theory of Games and Economic Behavior, rep. Princeton 1953, zitiert als dt. Übersetzung der 3. Aufl. von 1953: „Spieltheorie und wirtschaftliches Verhalten", Würzburg 1961.

Oberender, Peter (**1993**): Gossensche Gesetze, in: Vahlens Großes Wirtschaftslexikon (1993): a.a.O., S. 843.

Ofek, Hayim (**1971**): Allocation of Good and Time in a Family Context, Columbia University, Ph.D. 1971.

Opp, Karl-Dieter (**1999**): Methodologie der Sozialwissenschaften, Einführung in Probleme ihrer Theorienbildung und praktischen Anwendung, 4., völlig neubearb. Aufl. Opladen 1999.

Ott, Notburga (**1989a**): Familienbildung und familiale Entscheidungsfindung aus verhandlungstheoretischer Sicht, in: Gert Wagner, Notburga Ott und Hans-Joachim Hoffmann-Nowotny (Hg.): Familienbildung und Erwerbstätigkeit im demographischen Wandel, Berlin/Heidelberg/New York 1989, S. 97-116.

------ (**1989b**): Haushaltsökonomie und innerfamiliäre Arbeitsteilung: eine spieltheoretische Analyse familialer Entscheidungen, Diss. Univ. Bielefeld 1989.

------ (1992): Intrafamily Bargaining and Household Decisions, Berlin u.a. 1992.

Parker, John E. and Lois B. **Shaw** (**1968**): Labor Force Participation within Metropolitan Areas, in: Southern Economic Journal 34(1968)4, S. 538-547.

Perlman, Richard (**1969**): Labor Theory, New York/London/Sydney/Toronto 1969.

Peters-Wellmer, Ursula (**1984**): Zur Vereinbarkeit von Haushaltsführung und Erwerbstätigkeit von Müttern aus haushaltsökonomischer Sicht - Eine Untersuchung der Einflussfaktoren anhand eines Haushaltsmodells, Diss. Univ. Bonn 1984.

Pollak, Robert A. and Michael. L **Wachter** (**1975**): The Relevance of the Household Production Function and Its Implication for the Allocation of Time, in: Journal of Political Economy 83(1975)2, S. 255-277.

Popper, Karl R. (**1994**): Logik der Forschung, 8. weiter verbess. u. vermehrte Aufl. Tübingen 1994.

Radke, Petra (**1997**): Familiäre Arbeitsteilung unter Einbeziehung haushaltsinterner sozialer Anerkennung, in: Jahrbücher für Nationalökonomie u. Statistik 216(1997)6, S. 709-721.

Reid, Margaret G. (**1934**): Economics of Household Production, New York 1934.

Reinhardt, Fritz und Heinrich **Soeder** (**1990**): dtv-Atlas zur Mathematik, Bd. 1: Grundlagen, Algebra und Geometrie, 8. Aufl. München 1990.

Ribar, David C. (**1992**): Child Care and the Labor Supply of Married Women, in: The Journal of Human Resources 27(1992)1, S. 134-165.

Robbins, Lionel (**1930**): On the Elasticity of Demand for Income in Terms of Effort, in: Economica 10(1930) 29, S. 123-129.

Rosen, Harvey S. (**1976a**): Tax Illusion and the Labor Supply of Married Women, in: Review of Economics and Statistics 58(1976), S. 167-172.

------ (**1976b**): Taxes in a Labor Supply Model with Joint Wage-Hours Determination, in: Econometrica 44(1976)3, S. 485-507.

Roth, Erwin (Hg.) (**1984**): Sozialwissenschaftliche Methoden, München/Wien 1984.

Samuelson, Paul A. (**1948**): Foundations of Economics Analysis, Cambridge 1948.

------ (**1956**): Social Indifference Curves, in: The Quarterly Journal of Economics 70(1956), S. 1-22.

Schlick, Moritz **(1925)**: Allgemeine Erkenntnislehre, Berlin 1925.

Schmitz, Paul und Alfred **Schönlein (1978)**: Lineare und linearisierbare Optimierungsmodelle sowie ihre ADV-gestützte Lösung, Braunschweig 1978.

Schneeweiß, Hans **(1990)**: Ökonometrie, 4. überarb. Aufl. Heidelberg 1990.

Schultz, Paul T. **(1980)**: Estimating Labor Supply Functions for Married, in: James P. Smith (ed.) (1980): a.a.O., S. 25-89.

----- **(1990)**: Testing the Neoclassical Model of Family Labor Supply and Fertility, in: The Journal of Human Resources 25(1990)4, S. 599-634.

Schumann, Jochen **(1987)**: Grundzüge der mikroökonomischen Theorie, 5. rev. u. erw. Aufl. Berlin 1987.

Schwarze, Jochen **(1989a)**: Mathematik für Wirtschaftswissenschaftler, Bd. 1: Grundlagen, 8. Aufl. Herne/Berlin 1989.

------ **(1989b)**: Mathematik für Wirtschaftswissenschaftler Bd. 2: Differential- und Integralrechnung, 8. Aufl. Herne/Berlin 1989.

------ **(1988)**: Mathematik für Wirtschaftswissenschaftler Bd. 3: Lineare Algebra, Lineare Optimierung und Graphentheorie, 7. Aufl. Herne/Berlin 1988.

Schweitzer, Rosemarie v. **(1968)**: Haushaltsanalyse und Haushaltsplanung, Versuch einer systematischen Darstellung, Berlin 1968.

------ **(1991)**: Einführung in die Wirtschaftslehre des privaten Haushalts, Stuttgart 1991.

Scitovsky, Tibor de **(1941-42)**: A Reconsideration of the Theory of Tarifs, in: Review of Economic Studies 9(1941-42), S. 89-110.

Seel, Barbara **(1973)**: Die Kriterien haushaltsökonomischer Entscheidungen, in: Hauswirtsch und Wissenschaft 21(1973)6, S. 227-283.

------ **(1975)**: Grundlagen haushaltsökonomischer Entscheidungen, Berlin 1975.

------ **(1984a)**: Hausarbeit in der "Theorie des Haushalts" - eine kritische Ergänzung, in: Hauswirtschaft und Wissenschaft 32(1984)1, S. 5-13.

------ **(1984b)**: Haushaltsentscheidungen als Entscheidungen über Arbeit, in: Hauswirtschaft und Wissenschaft 32(1984)5, S. 242-250.

------ **(1991a)**: Ökonomik des privaten Haushalts, Stuttgart 1991.

------ **(1991b)**: Standardmodell zur Analyse und Planung ökonomischer Problemlagen privater Haushalte, Frankfurt a. M./Bern/New York/Paris 1991.

------ **(1994)**: Haushaltsarbeit aus haushaltsökonomischer Sicht, in: Klaus Hesse (Hg.): Strukturen privater Haushalte und Familien, Frankfurt a. M. 1994, S. 141-173.

------ **(1998)**: Der Stellenwert der Verbraucherpolitik in der sozialen Marktwirtschaft, in: Hauswirtschaft und Wissenschaft 46(1998), 99-104.

------ **(1999)**: Familiäre Arbeitsteilung - Versagt der ökonomische Erklärungsansatz?, in: Jahrbücher für Nationalökonomie und Statistik 219(1999)5 u. 6, S. 692-711.

------ **(2001)**: Partnerschaftliche Arbeitsteilung und der ökonomische Erklärungsansatz, in: Zeitschrift für Familienforschung 13(2001)2, S. 49-68.

Seel, Barbara und Rainer **Hufnagel (1992)**: Intra-Household Division of Labour and the Female Labour Supply, Paper to be Presented at the 22nd General Conference of the International Association for Research in Income and Wealth, (Unveröffentlicht), Flims 1992.

Seyfarth, Constans **(1978)**: Zur Grundlegung eines nicht-restriktiven Vergleichs soziologischer Theorien, in: Karl Otto Hondrich und Joachim Matthes (Hg.) (1978): a.a.O., S. 285-313.

Sharif, Mohammed (**2000**): Inverted „S" - The complete neoclassical labour-supply function, in: International Labour Review 139(2000)4, S. 409-435.

Slutsky, Eugen E. (**1915**): Sulla teoria del bilancio del consumatore, in: Giornale degli Economisti, 51(1915), S. 1-26, zitiert als dt. Übersetzung: Zur Theorie des Verbraucherbudgets, in: Alfred Eugen Ott (Hg.): Preistheorie, Köln/Berlin 1968, S. 87-116.

Smith, James P. (ed.) (**1980**): Female Labor Supply: Theory and Estimation, Princeton 1980.

SOEP Group (**2001**): The German Socio-Economic Panel (GSOEP) after more than 15 years - Overview, in: Elke Holst, Dean R. Lillard and Thomas A. DiPrete (Hg.): Proceeding of the 2000 Fourth International Conference of German Socio-Economic Panel Study Users (GSOEP 2000), Vierteljahrshefte zur Wirtschaftsforschung, 70(2001)1, S. 7-14.

Spaetling, Dieter (**1976**): Das Problem der Zeitallokation in der Theorie des Haushalts, in: Zeitschrift für die gesamte Staatswissenschaft 132(1976)1, S. 19-40.

Starbatty, Joachim (**1985**): Die englischen Klassiker der Nationalökonomie - Lehre und Wirkung, Darmstadt 1985.

Statistisches Bundesamt (Hg.) (**2000**): Statistisches Jahrbuch für die Bundesrepublik Deutschland, Wiesbaden 2000.

Stegmüller, Wolfgang (**1969**): Probleme und Resultate der Wissenschaftstheorie und analytischen Philosophie, Bd. I: Wissenschaftliche Erklärung und Begründung, Berlin/Heidelberg/New York 1969.

------ (**1973**): Probleme und Resultate der Wissenschaftstheorie und analytischen Philosophie, Bd. IV: Personelle und statistische Wahrscheinlichkeit, Zweiter Halbband, Berlin/Heidelberg/New York 1973.

Stobernack, Michael (**1991**): Das Arbeitsangebot in der Bundesrepublik Deutschland - Eine Schätzung auf der Basis des Sozio-Ökonomischen Panels, in: Jahrbücher für Nationalökonomie und Statistik 208(1991)6, S. 625-641.

Stolper, Wolfgang F. und Paul A. **Samuelson** (**1941**): Protection and Real Wages, in: Review of Economic Studies 9(1941), S. 58-73.

Strom, Steinar and Gerhard **Wagenhals** (**1991**): Female Labour Supply in the Federal Republic, in: Jahrbücher für Nationalökonomie und Statistik 208(1991)6, S. 575-595.

Theil, Henri (1971): Principles of Econometrics, New York etc. 1971.

Thomas, Duncan (**1990**): Intra-Household Resource Allocation: An Inferential Approach, in: Journal of Human Resources 25(1990)4, S. 635-664.

Tichý, P. (**1974**): On Popper's definitions of verisimilitude, in: British Journal for the Philosophy of Science 25(1974), S. 155-160.

Tiezel, Manfred (**1981**): „Annahmen" in der Wirtschaftstheorie, in: Zeitschrift für Wirtschafts- und Sozialwissenschaften 101(1981)3, S. 237-265.

Tobin, James (**1958**): Estimation of Relationships for Limited Dependent Variables, in: Econometrica 26(1958), S. 24-36.

Tobin, James and H. S. **Houthakker** (**1950/51**): The Effect of Rationing on Demand Elasticities, in: Review of Economic Studies 18(1950/51), S. 140-153.

Troßmann, Ernst (**1993**): Produktionsfunktion, in: Vahlens Großes Wirtschaftslexikon (1993): a.a.O., S. 1709-1712.

Untiedt, Gerhard (**1992**): Das Erwerbsverhalten verheirateter Frauen in der Bundesrepublik Deutschand - Eine mikroökonometrische Untersuchung, Heidelberg 1992.

Vahlens Großes Wirtschaftslexikon (1993), hg. von Erwin Dichtl und Otmar Issing, Bd. 1: A-K, Bd. 2: L-Z, 2. überarb. u. erw. Aufl. München 1993.

Varian, Hal R. **(1990)**: Mikroökonomie, 2. Nachdruck der 2. völlig überarb. u. stark erw. Aufl. München 1990.

------ **(1991)**: Grundzüge der Mikroökonomik, 2. überarb. u. erw. Aufl. München/Wien 1991.

Veblen, Thorstein A. (1899): The Theory of the Leisure Class, An Economic Study of the Evolution of Institutions, New York 1899.

Wagenhals, Gerhard **(2000)**: Arbeitsangebotseffekte des Steuer- und Transfersystems in der Bundesrepublik Deutschland, in: Jahrbücher für Nationalökonomie und Statistik 220(2000)2, S. 191-211.

Wagner, Adolf und Rolf **Wiegert (1982)**: Probleme der Adäquation bei Einkommenseffekt und Substitutionseffekt von Preisänderungen, in: Jahrbücher für Nationalökonomie und Statistik 197(1982)1, S. 21.

Weiler, Mirjam **(1989)**: Freizeit aus der Sicht der Neuen Mikroökonomischen Theorie des Haushalts, Staatsarbeit Univ. Bonn 1989.

Williamson, Oliver E.**(1985)**: The Economic Institutions of Capitalism, New York 1985, zitiert als dt. Übersetzung ders.: Die ökonomischen Institutionen des Kapitalismus, Tübingen 1990.

Willis, Robert J. **(1971)**: The Economic Determinants of Fertility Behavior, Diss. Univ. Washington 1971.

—— **(1973)**: A New Approach to the Economic Theory of Fertility Behavior, in: Journal of Political Economy 81(1973)2, S14-S64; zitiert als Wiederabdruck in: Theodore W. Schultz (Hg.): Economics of the Family: Marriage, Children and Human Capital, Chicago 1974, S. 25-75.

Wissenschaftsrat (1998): Stellungnahme zu den Wirtschaftsforschungsinstituten der Blauen Liste in den alten Ländern - Allgemeine Gesichtspunkte, Drucksache 3320/98 v. 23.01.1998.

Wöhe, Günter **(2000)**: Einführung in die Allgemeine Betriebswirtschaftslehre, 20. überarb. Aufl. München 2000.

Woll, Arthur (Hg.) **(1992)**: Wirtschaftslexikon, 6. überarb. u. erw. Aufl. München/Wien 1992.

—— **(1976)**: Allgemeine Volkswirtschaftslehre, 5. neu bearb. Aufl. München 1976.

------ **(2000)**: Allgemeine Volkswirtschaftslehre, 13. überarb. u. erg. Aufl. München 2000.

Zameck-Glyscinski, Walburga von **(1985)**: Neoklassische Bevölkerungsökonomik, München 1985.

Zimmermann, Klaus F. **(1985)**: Familienökonomie, Theoretische und empirische Untersuchungen zur Frauenerwerbstätigkeit und Geburtenentwicklung, Berlin/Heidelberg/ New York 1985.

Zimmermann, Klaus F. and John P. **De New (1991)**: Market Restrictions and the Role of Preferences in Family Economics, in: Jacques J. Siegers, Jenny de Jong-Gierveld and Evert van Imhoff (eds.): Female Labour Market, Behaviour and Fertility, Berlin/ Heidelberg 1991, S. 158-172.

Zimmermann, Werner **(1986)**: Operations-Research: quantitative Methoden zur Entscheidungsvorbereitung, 3. völlig überarb. u. erw. Auflage München/Wien 1986.

2 Abbildungen und Übersichten

2.1 Abbildungen

2.2 Übersichten

3 Notationen

3.1 Lateinische Symbole

a	Absolutes Glied einer Funktionsgleichung
a_{0i}, a_{1i}	i-te Koeffizienten einer unabhängigen Variablen zur Erklärung der abhängigen Variablen ‚Nutzen aus Konsumgütern' in einer Nutzenfunktion $U(\ )$
$\mathbf{a}$	$i \times 1$-Vektor zu den Werten eines Regressionskoeffizienten
$\hat{\mathbf{a}}$	Schätzer des Vektors $\mathbf{a}$
$\mathbf{a}_r^{ne}$	$j \times 1$-Vektor für den Umfang a_{jr}^{ne} an Nichterwerbsarbeitszeit in der Periode j, die zur Produktion einer Einheit Z_r des r-ten Haushaltsendgutes benötigt wird
A	Aussage A
$A()$	Aussageform zu A
A_1^D, A_2^D	Allgemeine deduktiv-nomologische Ausdrucksformen
$\mathbf{A}$	$i \times h$-Matrix zur Beschreibung des technologischen Zusammenhanges zwischen Marktgütern $\mathbf{x}$ und Konsumaktivitäten $\mathbf{h}$
b	Systematischer Fehler (=bias)
$b_{0i}\ b_{1i}$	i-te Koeffizienten einer unabhängigen Variablen zur Erklärung der abhängigen Variablen ‚Arbeitsfreude' in einer Nutzenfunktion $U(\ )$
b_j	j Koeffizienten
$\mathbf{b}$	$j \times 1$-Vektor zu den Werten eines Regressionskoeffizienten
$\hat{\mathbf{b}}$	Schätzer des Vektors $\mathbf{b}$
$\mathbf{b}_r$	$i \times 1$-Vektor für die Menge x_i des i-ten Marktgutes, die zur Produktion einer Einheit Z_r des r-ten Haushaltsendgutes benötigt wird
$b(\ )$	Budgetfunktion, Budgetrestriktion
B	Aussage B
$\mathbf{B}$	$e \times h$-Matrix zur Beschreibung eines technologischen Zusammenhanges zwischen Gütereigenschaften $\mathbf{z}$ und Konsumaktivitäten $\mathbf{h}$
$B()$	Aussageform zu B
c	Parameter zur Beschreibung einer Cobb-Douglas-Nutzenfunktion
$c = \{\ \}$	c-Kombinationen effizienter Güterbündel
C	Aussage C
$C()$	Aussageform zu C
d	Parameter zur Beschreibung einer Cobb-Douglas-Nutzenfunktion
D_i	i-te Variable für die Konfliktauszahlungen der Eheleute $i = f, m$
D_I^i, D_{II}^i	Konfliktauszahlungen D_i für die im Text weiter beschriebenen Fälle I und II

D	$i \times 1$-Vektor mit Konfliktauszahlungen
$\mathbf{D_V}$	Erste Ableitung der Variablen für die Konfliktauszahlungen aus **D** nach den Nichterwerbseinkommen aus **V**
$\mathbf{D_w}$	Erste Ableitung der Variablen für die Konfliktauszahlungen aus **D** nach den Lohnsätzen aus **w**
$D(g), D(f)$	Definitionsbereiche der Funktionen $g(\ )$ und $f(\ )$
e	Index zur Bezeichnung von Güterarten x_e mit $e = 0f, 0m, 1f, 1m, 2$; alternativ Störvariable
e	$i \times 1$-Vektor zu den Werten einer Störvariablen
E_1	„Normaler" Einkommenseffekt
E_2	Totaleinkommenseffekt
E_i	Explanandum-Satz
E_i^D	Explanandum-Satz der deduktiven Modellkategorie
E_i^I	Explanandum-Satz der induktiven Modellkategorie
$E_i\mathbf{m}$	Explanandum-Sätze mit **m** erlaubten Raum-Zeit-Stellen
$E_i\mathbf{n}$	Explanandum-Sätze an der Stelle $\mathbf{n} \subset \mathbf{m}$
E	$e \times i$-Matrix aus individuellen Grenznutzen von **x**; alternativ $e \times i$-Matrix zur Beschreibung des technologischen Zusammenhanges zwischen Gütereigenschaften **z** und Freizeit $\mathbf{x_0}$
$E(\ )$	Erwartungswert von ( )
$E(y \mid x)$	Bedingter Erwartungswert für y bei vorgegebenem x
f_a	Index zur Bezeichnung von Anspruchsniveaus
$f(\ )$	Marshall'sche Nachfragefunktion nach Konsumgütern x
$f_0(\ )$	Marshall'sche Nachfragefunktion nach Freizeit x_0
$f_e(\ )$	Marshall'sche Angebotsfunktion für Erwerbsarbeitszeit t^e
$f_s(s_i)$	Empfindlichkeitsfunktion
$f(t^h)$	Haushaltsproduktionsfunktion
F=F( )	Falschheitswert von ( )
g	$i \times 1$-Vektor für individuelle Nutzenzugewinne
$g(\ )$	Hicks'sche Nachfragefunktion nach Konsumgütern x
$g_0(\ )$	Hicks'sche Nachfragefunktion nach Freizeit x_0
$g_e(\ )$	Hicks'sche Angebotsfunktion für Erwerbsarbeitszeit t^e
G_i^k	Universale Gesetzesaussagen mit $k = 1, \ldots, K$ für die einzelnen Theorien und $i = 1, \ldots, I$ für die einzelnen Aussagen
$G_1^1 \wedge \ldots \wedge G_I^K$	Konjunktion universaler Gesetzesaussagen
G_i^{kD}	Universale Gesetzesaussagen der deduktiv-nomologischen Modellkategorie
G_i^{kI}	Universale Gesetzesaussagen der induktiv-statistischen Modellkategorie
G_0	„Reale" Gesetzesaussagen

h_j	Unabhängige Variablen zur Erklärung des Lohnsatzes (Lohngleichung)
$\mathbf{h}$	$h \times 1$-Vektor zu Konsumaktivitäten
$\mathbf{h}^{\mathbf{e}}$	$h \times 1$-Vektor zu Erwerbsaktivitäten
$\mathbf{h}^{\mathbf{ne}}$	$h \times 1$-Vektor zu Freizeitaktivitäten
$h()$	Arbeitsangebotsfunktion
$h(z,x)$	Implizite Formulierung einer Produktionsfunktion
H_{rl}	Universale Gesetzesaussagen eines Modells mit $r = 1,\dots,R$ für die einzelnen Modelle und $l = 1,\dots L$ für die einzelnen Aussagen
H_{rl}^D	Universale Gesetzesaussagen eines Modells der deduktiven Modellkategorie
H_{rl}^I	Universale Gesetzesaussagen eines Modells der induktiven Modellkategorie
$H_{1l} \wedge .. \wedge H_{RL}$	Konjunktion universaler Gesetzesaussagen eines Modells
$\lvert H \rvert$	Hesse'sche Determinante
k	ein Folgesatz aus Gesetzesaussagen; alternativ Parameter in einer Cobb-Douglas-Produktionsfunktion
K	Variable für die „Konsumsumme" (Ausgaben für alle Konsumgüter $p \cdot x$)
l	ein Folgesatz aus Gesetzesaussagen
L	Lagrange-Funktion, primale Formulierung
L_D	Lagrange-Funktion, duale Formulierung
L_I, L_{II}	Nash-Haushaltsgleichgewichte für die im Text beschriebenen Fälle I und II
$L()$	Likelihood-Funktion als Funktion der Regressionsparameter ( ) zur Schätzung von Regressionsfunktionen im Sinne der Maximum-Likelihood-Methode
$\mathbf{m}$	$z \times v$-Matrix von Konstanten für z Raum-Zeit-Stellen und v Raum-Zeit-Koordinaten
Mj	Modellannahmen
$M_j\mathbf{m}$	Modellannahmen an den Stellen $\mathbf{m}$
$M_j\mathbf{n}$	Modellannahmen an der Stelle $\mathbf{n} \subset \mathbf{m}$
M_j^D	Modellannahmen in der deduktiven Modellkategorie
M_j^{Fa}	faktualisierte Modellannahmen
M_j^I	Modellannahmen in der induktiven Modellkategorie
M_j^{Id}	idealisierte Modellannahmen
M_j^{Par}	parametrisch-faktualisierte Modellannahmen
M_0	„Reale" Sachverhalte
$M_r(\ )$	Funktion zur Beschreibung des Verdienstes bei der Produktion des Haushaltsendgutes Z_r
n	Variable für die Anzahl von Kindern

n	$1 \times \nu$-Vektor von Konstanten zu ν Raum-Zeit-Koordinaten, mit $\mathbf{n} \subset \mathbf{m}$
N	Funktionswert der Nashfunktion
N_e	Nash-Haushaltsgleichgewicht mit Bezug auf die Güter e
$N(x_{0i}, x_i)$	Nashfunktion
$N(\mu, \sigma^2)$	Normalverteilung mit dem Mittelwert μ und der Varianz σ^2 ( )
$N(0,1)$	Standardnormalverteilung
o_i	i-tes Element des Vektors **o**
o	$i \times 1$-Preisvektor
p	Variable für den Preis des Hicks'schen Konsumaggregats x
p_i	i-te Variable für den Preis des Marktgutes x_i
p_{ki}	i-te Variable für den Preis des Marktgutes x_{ki} zur Kinderbetreuung
p^*	Schattenpreis, den die Einhaltung der Geldrestriktion kostet
p'	$1 \times i$-Vektor für die Preise der Marktgüter i
P	Haushaltsgleichgewicht
$P(x)$	Wahrscheinlichkeit P als Funktion von x ( )
$P(y = 1 \mid x)$	Bedingte Wahrscheinlichkeit für das Ereignis $y = 1$ bei gegebenem x
q_h	Element der Matrix **A**
q	„q-Faktor" als zeitliche Vielfache bzw. einen Bruchteil von T
Q	Variable zur Beschreibung der Qualität der Kinderbetreuung; alternativ Haushaltsgleichgewicht
r	$1 \times i$-Vektor für den Nachfrageüberhang nach **x**
r_r, r_{cr}, r_{sr}	Grenzraten der Substitution zwischen Nichterwerbsarbeitszeit und Marktgutern bezogen auf das Haushaltsendgut r, cr bzw. sr
R_1, R_2^G, R_2^H	Randpunkte von Streckenzügen
s	Proportionaler Steuersatz
s	$1 \times \nu$-Vektor von Konstanten zu ν Raum-Zeit-Koordinaten
$s_i, \mathbf{s}_1$	$i \times 1$-Vektor bzw. Matrix von Surplusvariablen
$s(t^e)$	Durchschnittssteuersatz in Abhängigkeit vom Arbeitsangebot
ds/dwt^e	Grenzsteuersatz
S_0	„Reale" Sachverhalte
S_H	Hicks-Substitutionseffekt
S_i	Antezedenzbedingungen
S_i^D	Antezedenzbedingungen in der deduktiven Modellkategorie
S_i^{Fa}	faktualisierte Antezedenzbedingungen
S_i^I	Antezedenzbedingungen in der induktiven Modellkategorie
S_i^{Id}	idealisierte Antezedenzbedingungen
$S_i\mathbf{m}$	Antezedenzbedingungen an den Stellen **m** (zu **m** siehe Df. $E_i\mathbf{m}$)

$S_i\mathbf{n}$	Antezedenzbedingungen an der Stelle $\mathbf{n} \subset \mathbf{m}$
S_{unk}	Unkompensierter Substitutionseffekt
S_S	Slutsky-Substitutionseffekt
S_T	Variable für das Totaleinkommen
S_y	Variable für das Erwerbseinkommen
q_j	Koeffizient in der Lohngleichung
$\mathbf{t}$	$j \times 1$-Vektor, der für jede Periode j die gesamte zur Verfügung stehende Zeit beschreibt
t^e	Umfang an Erwerbsarbeitszeit
t_i^e	i-tes Element des Vektors $\mathbf{t^e}$, Umfang der i-ten Erwerbsarbeitszeit
t_j^e	j-tes Element des Vektors $\mathbf{t^e}$, Umfang der j-ten Erwerbsarbeitszeit
$t_i^{e,opt}$	Optimaler Umfang der i-ten Arbeitszeit
$\mathbf{t^e}$	$i \times 1$-Vektor für den Umfang der Erwerbsarbeitszeiten i; alternativ $jx1$-Vekt.
t_i^h	i-tes Element des Vektors $\mathbf{t^h}$, Umfang der Hausarbeitszeit i
$t_i^{h,opt}$	Optimaler Umfang der Hausarbeitszeit i
$\mathbf{t^h}$	$i \times 1$-Vektor für den Umfang t_i^h der Hausarbeitszeiten i
$\mathbf{t_r^{ne}}$	$j \times 1$-Vektor für den Umfang t_{jr}^{ne} der Nichterwerbsarbeitszeit in den Perioden j, wobei t_{jr}^{ne} zur Produktion einer bestimmten Menge Z_r des Haushaltsendgutes r benötigt wird
T	Umfang an verfügbarer Zeit
T_i	i-te Variable für den Umfang an verfügbarer Zeit; alternativ auch j-*te*
T^e	Umfang an Erwerbsarbeitszeit
T^k	k einzelne Theorien
T^{kD}	k deduktiv-nomologisch begründete Theorien
T^{kI}	k induktiv-statistisch begründete Theorien
T^{ne}	Umfang an Nichterwerbsarbeitszeit
T_{Mr}	r Modelle
T_{Mr}^{Fa}	r faktualisierte Modelle
T_{Mr}^{Id}	r idealisierte Modelle
T_{Mr}^{Par}	r parametrisch-faktualisierte Modelle
T_{GM}^r	Grundmodelle zu den Theorien $r = (NK, out, in, akt)$
T_{VNi}^r	Modellvarianten mit i speziellen Aussagen zu den Nutzenfunktionen in den Theorien $r = (NK, out, in, akt)$
T_{VRk}^r	Modellvarianten mit k speziellen Aussagen zu den Restriktionen in den Theorien $r = (NK, out, in, akt)$
$U_i(\ )$	i-te Nutzenfunktion

U_{ij}	Totale Differentiation der Nutzenfunktion nach i und j
U	Funktionswert der Nutzenfunktion $U(\ )$
$v(\ )$	Indirekte Nutzenfunktion
V	Variable für Nichterwerbseinkommen
V_i	i-te Variable für das Nichterwerbseinkommen (Vermögens- und Transfereinkommen)
V^{vir}	„Virtuelles" Nichterwerbseinkommen
$\mathbf{v}$	$i \times 1$-Vektor zu den Werten einer Störvariablen
$\mathbf{V}$	$i \times 1$-Vektor für Nichterwerbseinkommen
Var( )	Varianz von ( )
$V_r(\ )$	Funktion zur Beschreibung des entgangenen Verdienstes bei der Produktion des Haushaltsendgutes Z_r
w	Variable für den Stundenlohnsatz
w_i	i-te Variable für den Stundenlohnsatz; alternativ j-te
w_i^B	i-te Variable für den Brutto-Stundenlohnsatz; alternativ j-te
w_i^N	i-te Variable für den Netto-Stundenlohnsatz; alternativ j-te
w_i^*	i-te Variable für den Schattenlohnsatz; alternativ j-te
$\mathbf{w}'$	$1 \times i$-Vektor für Stundenlohnsätze; alternativ $1 \times j$-Vektor
$\mathbf{w}^{B\prime}$	$1 \times i$-Vektor für Brutto-Stundenlohnsätze
$\mathbf{w}^{N\prime}$	$1 \times i$-Vektor für Netto-Stundenlohnsätze
$\mathbf{w}^{*\prime}$	$1 \times i$-Vektor für den Schattenlohnsatz, den die Einhaltung der Zeitrestriktion kostet: alternativ $1 \times j$-Vektor
$W = w(\ )$	Wahrheitswert aus der Funktion $w(\ )$
$W(g)$, $W(f)$	Wertebereiche der Funktionen $g(\ )$ und $f(\ )$
x	Variable zur Beschreibung des Hicks'schen Konsumaggregats, bestehend aus einem Bündel an Gütern x_i
$x(\ )$	Funktion zur Beschreibung der Güterbereitstellung
$x = f(z)$	Inputorientierte explizite Formulierung einer Produktionsfunktion
x_h	Variable für die Menge von Haushaltsgütern
x_{hi}	Variable für die Menge des Haushaltsgutes i
x_i	Variable für die Menge des Gutes i
x_j	unabhängige Variable
x_{ki}	Variable für die Menge des in der Kinderbetreuung eingesetzten Gutes i
x_m	Variable für die Menge von Marktgütern
x_{0i}	Variable für den Umfang der Freizeit i; alternativ auch j
x_0^*	Variable für den Umfang an Freizeit im Markteintrittspunkt
x^{opt}	Optimaler Umfang an Marktgütern

x_{0i}^{opt}	Optimaler Umfang der Freizeit *i*
$\mathbf{x}$	$i \times 1$ -Vektor für die Menge x_i des (Markt-)Gutes *i*
$\mathbf{x}^{\mathbf{eff}}$	$i \times 1$ -Vektor für die Menge x_i des effizient genutzten (Markt-)Gutes *i*
$\mathbf{x_0}$	$i \times 1$ -Vektor für den Umfang x_{0i} der Freizeit *i*; alternativ auch $j \times 1$
$\mathbf{x_0^{eff}}$	$i \times 1$ -Vektor für den Umfang x_{0i} der effizient genutzten Freizeit *i*;
$\mathbf{x_r}$	*r*-te Zeile von **X**
$\mathbf{X}$	$i \times r$ -Matrix für die Menge x_i des (Markt-)Gutes i zur Produktion der Menge Z_r des Haushaltsendgutes *r*
$\mathbf{X_V}$	Erste Ableitung für das Güterbündel aus dem Vektor **x** nach den Nichterwerbseinkommen aus **V**
$\mathbf{X_w}$	Erste Ableitung für das Güterbündel aus dem Vektor **x** nach den Lohnsätzen aus **w**
$\mathbf{X}$	$i \times j$ -Matrix für *i* Realisationen zu *j* unabhängigen Variablen
y	abhängige Variable
$\mathbf{y}$	$i \times 1$ -Vektor für *i* Realisationen einer abhängigen Variablen
$\mathbf{y_1}$	$i \times 1$ -Vektor für *i* Realisationen der abhängigen Variablen „Partizipation am Arbeitsmarkt“
$\mathbf{y_2} = \mathbf{t^e}$	$i \times 1$ -Vektor für *i* Realisationen der abhängigen Variablen „Arbeitszeit“; der Vektor entspricht dem Vektor $\mathbf{t^e}$
$\hat{\mathbf{y}}$	Schätzer des Vektors $\mathbf{y}$
$\mathbf{Y}$	$i \times k$ -Matrix für *i* Realisationen zu *k* abhängigen Variablen
z_j	Element des Vektors z, Menge des *j*-ten Güteroutputs
Z_e	Variable zur Beschreibung des *e*-ten Gütereigenschaft
Z_r	Variable zur Beschreibung des *r*-ten Haushaltsendgutes
$Z_r(\cdot)$	Produktionsfunktion für das Haushaltsendgut *r*
$\mathbf{z}$	$r \times 1$-Vektor für die Menge Z_r des Haushaltsendgutes *r*, alternativ $e \times 1$ für die Menge Z_e der Gütereigenschaft *e*
$z = g(x)$	Outputorientierte explizite Formulierung einer Produktionsfunktion

3.2 Griechische Symbole

α_{ki}	*i*-te Variable zur Beschreibung der Produktivität verschiedener Formen der Kinderbetreuung
α_r	Variable zum relativen Anteil der indirekten Kosten $w \cdot \mathbf{a_r^{ne}}$ an den Produktionskosten π_r für Z_r
α_1, α_2	Parameter zur Beschreibung einer Cobb-Douglas-Nutzenfunktion
β	Parameter zur Beschreibung einer Cobb-Douglas-Nutzenfunktion
γ	Parameter zur Beschreibung einer Cobb-Douglas-Nutzenfunktion

δ	Parameter zur Beschreibung einer Cobb-Douglas-Nutzenfunktion
ε	Parameter zur Beschreibung einer Cobb-Douglas-Nutzenfunktion
η	Parameter zur Beschreibung einer Cobb-Douglas-Nutzenfunktion
ν	Faktor zur Beschreibung des Homogenitätsgrades einer Produktionsfunktion
ν_i	i-te Störvariable
θ	Parameter zur Beschreibung einer Cobb-Douglas-Produktionsfunktion
λ	$1 \times e$-Vektor mit Lagrange-Multiplikatoren für die primale Formulierung einer Lagrange-Funktion $L(\cdot)$
λ_i, λ_e	i-tes bzw. e-tes Element von $\boldsymbol{\lambda}$ und i-ter bzw. e-ter Lagrange-Multiplikator für die primale Formulierung einer Lagrange-Funktion L
λ_D	Lagrange-Multiplikator für die duale Formulierung einer Lagrange-Funktion L
$\lambda_{\mathbf{V}}$	Erste Ableitung des Lagrange-Multiplikators aus dem Vektor λ nach den Nichterwerbseinkommen aus Vektor **V**
$\lambda_{\mathbf{w}}$	Erste Ableitung des Lagrange-Multiplikators aus dem Vektor λ nach den Lohnsätzen aus dem Vektor **w**
μ_i, μ_i'	i-te Produktivität bzw. Grenzproduktivität der Zeit t_i mit Bezug auf x_i
μ_{1i}, μ_{1i}'	i-te Produktivität bzw. Grenzproduktivität der Erwerbsarbeitszeit t_i^e mit Bezug auf x_i
μ_{1ij}, μ_{1ij}'	j-te Produktivität bzw. Grenzproduktivität der Erwerbsarbeitszeit t_j^e mit Bezug auf x_i
μ_{2i}, μ_{2i}'	i-te Produktivität bzw. Grenzproduktivität der Hausarbeitszeit t_i^h mit Bezug auf x_{hi}
μ_{3r}, μ_{3r}'	i-te Produktivität bzw. Grenzproduktivität der Nichterwerbsarbeitszeit $\mathbf{t}_r^{ne}$ bzw. $\mathbf{a}_r^{ne}$ mit Bezug auf Z_r
μ_{4r}, μ_{4r}'	i-te Produktivität bzw. Grenzproduktivität der Marktgüter $\mathbf{x_r}$ bzw. $\mathbf{b_r}$ mit Bezug auf Z_r
μ_5	Produktivität der Zeit t_i mit Bezug auf x_i auf dem effizienten Rand $(\mathbf{x}^{eff}, \mathbf{x}_0^{eff})$ der Erwerbs- und Konsumtechnologie eines Haushalts
π^f, π^m	Spezielle Lagrange-Multiplikatoren für Nichtnegativitätsbedingungen zur Erwerbsarbeitszeit
π_r	Produktionskosten für Z_r
σ	Standardabweichung der Variablen x, die einer Normalverteilung $N(\mu, \sigma^2)$ genügt
σ^f, σ^m	Spezielle Lagrange-Multiplikatoren für Nichtnegativitätsbedingungen zur Hausarbeitszeit
τ^f, τ^m	Spezielle Lagrange-Multiplikatoren für Nichtnegativitätsbedingungen zur Freizeitnachfrage

$\Phi(x)$	Verteilungsfunktion der Standardnormalverteilung $N(0,1)$
$\phi(x)$	Dichtefunktion der Standardnormalverteilung $N(0,1)$
χ	Parameter zur Beschreibung einer Cobb-Douglas-Nutzenfunktion

3.3 Spezielle Symbole zu einzelnen Theorien und Modellen

3.3.1 Theorien

GNS	Der Grenznutzenschule zugehörig
akt	Der aktivitätsanalytischen Produktionstheorie zugehörig
in	Der inputorientierten Produktionstheorie zugehörig
out	Der outputorientierten Produktionstheorie zugehörig
NK	Der Neoklassik zugehörig
T^k	$k = \{GNS, NK, out, in\}$ mikroökonomische Theorien

3.3.2 Gesetzesaussagen

Fa — Index zur Kennzeichnung faktualisierter Gesetzesaussagen

G^{GNS} — Zweites Gossen'sches Gesetz, wonach unter der Bedingung $S_1^{GNS} \wedge S_2^{GNS}$ der Grenznutzen der Güter *i* in allen Verwendungsweisen gleich ist. Es gilt:

$$G^{GNS} \Leftrightarrow \forall \mathbf{m}\left[S_1^{GNS}\mathbf{m} \wedge S_2^{GNS}\mathbf{m} \rightarrow E_1^{GNS}\mathbf{m}\right]$$

Ergebnis der Faktualisierung: $G^{GNS,Fa}{:}(S_1^{GNS} \wedge S_2^{GNS} \wedge S^{NK})^{Fa}$

G^{NK} — Gesetzesaussage der Neoklassik aus den Axiomen der Präferenz:

> „*Wenn* die Axiome der Präferenz gelten, *dann* wird ein Wirtschaftssubjekt versuchen, bei gegebenem Budget sowie gegebenen Güterpreisen eine Güterkombination nachzufragen, welche das Maximum einer Nutzenfunktion bringt."

G_1^{kD}, G_1^D — Deduktiv-nomologische, verbalisierte Gesetzesaussage:

> „*Wenn* sich das Nichterwerbseinkommen von Eheleuten erhöht, *dann* verringern sie ihr Arbeitsangebot".

Es gilt: $G_1^{kD} \Leftrightarrow G_1^D \Leftrightarrow \forall \mathbf{m}\left[S_1^D\mathbf{m} \rightarrow E_1^D\mathbf{m}\right]$

$G_1^{kD'}, G_1^{D'}$ — Deduktiv-nomologische, mathematisierte Gesetzesaussage, wonach zwischen Nichterwerbseinkommen *V* und Arbeitsangebot t^e ein negativer Zusammenhang besteht:

$$G_1^{kD'} \Leftrightarrow G_1^{D'}{:}f'(V) = \frac{\partial t^e}{\partial V} < 0$$

G_1^{kI}, G_1^I	Induktiv-statistische, verbalisierte Gesetzesaussage mit gleichem Wortlaut wie G_1^{kD}; es gilt: $G_1^{kI} \Leftrightarrow G_1^I \Leftrightarrow \forall \mathbf{m}\left[S_1^D\mathbf{m} \overset{P=0,95}{\rightarrow} E_1^D\mathbf{m}\right]$
G_2^D	Deduktiv-nomologische, verbalisierte Gesetzesaussage, wonach sich mit sinkendem Lohnsatz w das Arbeitsangebot t^e verringert; es gilt: $G_2^D \Leftrightarrow \forall \mathbf{m}\left[S_3^D\mathbf{m} \rightarrow E_1^D\mathbf{m}\right]$
G_2^I	Induktiv-statistische, verbalisierte Gesetzesaussage mit gleichem Wortlaut wie G_2^D; es gilt: $G_2^D \Leftrightarrow \forall \mathbf{m}\left[S_3^D\mathbf{m} \overset{P=0,80}{\rightarrow} E_1^D\mathbf{m}\right]$
H^{GNS}	Gesetzesaussagen des Modells der Grenznutzenschule T_M^{GNS}
$H_{9l} - H_{11l}$	Gesetzesaussagen der Modelle T_{M9}, T_{M10} und T_{M11}
H_{11}^D	Deduktiv-nomologische, verbalisierte Gesetzesaussage aus Modell T_{M1}^D: „*Wenn* Ehepaare auf der Grundlage eines gemeinsamen Totaleinkommens entscheiden und *wenn* sich deren Nichterwerbseinkommen erhöht, *dann* verringert sich deren Arbeitsangebot.“
H_{11}^I	Induktiv-statistische, verbalisierte Gesetzesaussage des Modells T_{M1}^I mit gleichem Wortlaut wie H_{11}^D
H_{21}^D	Deduktiv-nomologische, mathematisierte Gesetzesaussage des Modells T_{M2}^D, wonach für den negativen Zusammenhang zwischen Nichterwerbseinkommen V und Arbeitsangebot t_i^e gilt: $H_{21}^D: \frac{\partial t_i^e}{\partial V} = \frac{\partial f(V)}{\partial V} < 0$
H_{31}^D	Deduktiv-nomologische, mathematisierte Gesetzesaussage des Modells T_{M3}^D, wonach sich der negative Zusammenhang zwischen Nichterwerbseinkommen V und Arbeitsangebot t_i^e mit den Parametern c und d einer Cobb-Douglas-Nutzenfunktion sowie dem Lohnsatz w_i wie folgt spezifizieren lässt: $H_{31}^D: g'(V) = \frac{\partial t_i^e}{\partial V} = -\frac{c}{c+d} \cdot \frac{1}{w_i} < 0$
H_{32}^D	Deduktiv-nomologische, verbalisierte Gesetzesaussage des Modells T_{M3}^D, wonach der Zusammenhang zwischen Nichterwerbseinkommen V und Arbeitsangebot t^e durch den Lohnsatz w beeinflusst wird

H_{41}^{D}	Deduktiv-nomologische, mathematisierte Gesetzesaussage des Modells T_{M4}^{D}, wonach sich der negative Zusammenhang zwischen Nichterwerbseinkommen V und Arbeitsangebot t_i^e mit dem Parameter α_1 einer Stone-Geary-Nutzenfunktion sowie dem Lohnsatz w_i spezifizieren lässt: $H_{41}^{D}: h'(V) = \frac{\partial t_i^e}{\partial V} = -\alpha_1 \cdot \frac{1}{w_i}$
H_{42}^{D}	Deduktiv-nomologische, verbalisierte Gesetzesaussage des Modells T_{M4}^{D}, wonach der Zusammenhang zwischen Nichterwerbseinkommen V und Arbeitsangebot t^e durch den Lohnsatz w beeinflusst wird
H_{51}^{D}	Deduktiv-nomologische, verbalisierte Gesetzesaussage des Modells T_{M5}^{D}, wonach zwischen dem Lohnsatz w und dem Arbeitsangebot t^e kein positiver Zusammenhang besteht
H_{51}^{I}	Induktiv-statistische, verbalisierte Gesetzesaussage des Modells T_{M5}^{I} mit gleichem Wortlaut wie H_{51}^{D}
H_{61}^{D}	Deduktiv-nomologische, verbalisierte Gesetzesaussage des Modells T_{M6}^{D}, wonach zwischen dem Lohnsatz w und dem Arbeitsangebot t^e ein positiver Zusammenhang besteht
H_{61}^{I}	Induktiv-statistische, verbalisierte Gesetzesaussage des Modells T_{M6}^{I} mit gleichem Wortlaut wie H_{61}^{D}
H_{71}^{D}	Deduktiv-nomologische, verbalisierte Gesetzeaussage des Modells T_{M7}^{D}, wonach zwischen dem Nichterwerbseinkommen V und dem Arbeitsangebot t^e ein positiver Zusammenhang besteht
H_{71}^{I}	* unbesetzt * , weil eine zu H_{71}^{D} vergleichbare, induktive Aussage fehlt
Id	Index zur Kennzeichnung idealisierter Gesetzesaussagen

3.3.3 Modelle

Fa	Index zur Kennzeichnung faktualisierter Modelle
Par	Index zur Kennzeichnung von durch parametrische Faktualisierung quantitativ faktualisierter Modelle
Id	Index zur Kennzeichnung idealisierter Modelle
T_{M1} - T_{M11}	Modelle zur Verdeutlichung der falsifikatorischen Schlussweise

T_{M1}^{D} Verbalisiertes Modell der deduktiv-nomologischen Modellkategorie:

$$T_{M1}^{D} \Leftrightarrow H_{1l}^{D} \forall \mathbf{m}\left[M_{1}^{D}\mathbf{m} \wedge G_{1}^{kD}\mathbf{m}\right]$$

T_{M2}^{D} Mathematisiertes Modell der deduktiv-nomologischen Modellkategorie:

$$T_{M2}^{D} \Leftrightarrow H_{2l}^{D} \forall \mathbf{m}\left[M_{1}^{D'}\mathbf{m} \wedge M_{1}^{NK}\mathbf{m} \wedge G_{1}^{kD}\mathbf{m} \wedge G^{NK}\mathbf{m}\right]$$

T_{M3}^{D} Mathematisiertes Modell der deduktiv-nomologischen Modellkategorie mit Cobb-Douglas Nutzenfunktion M_{1}^{NK}:

$$T_{M3}^{D} \Leftrightarrow H_{3l}^{D} \forall \mathbf{m}\left[M_{1}^{D'}\mathbf{m} \wedge M_{1}^{NK}\mathbf{m} \wedge G_{1}^{kD}\mathbf{m} \wedge G^{GNS}\mathbf{m} \wedge G^{NK}\mathbf{m}\right]$$

T_{M4}^{D} Mathematisiertes Modell der deduktiv-nomologischen Modellkategorie mit Stone-Geary-Nutzenfunktion M_{2}^{NK}:

$$T_{M_4}^{D} \Leftrightarrow H_{4l}^{D} \forall \mathbf{m}\left[M_{1}^{D'}\mathbf{m} \wedge M_{2}^{NK}\mathbf{m} \wedge G_{1}^{kD}\mathbf{m} \wedge G^{GNS}\mathbf{m} \wedge G^{NK}\mathbf{m}\right]$$

T_{M5}^{D} Verbalisiertes Modell der deduktiv-nomologischen Modellkategorie:

$$T_{M5}^{D} \Leftrightarrow H_{5l}^{D} \forall \mathbf{m}\left[M_{2}^{D}\mathbf{m} \wedge \neg G_{2}^{D}\mathbf{m}\right]$$

T_{M6}^{D} Verbalisiertes Modell der deduktiv-nomologischen Modellkategorie:

$$T_{M6}^{D} \Leftrightarrow H_{6l}^{D} \forall \mathbf{m}\left[M_{3}^{D}\mathbf{m} \wedge G_{2}^{D}\mathbf{m}\right]$$

T_{M7}^{D} Verbalisiertes Modell der deduktiv-nomologischen Modellkategorie:

$$T_{M6}^{D} \Leftrightarrow H_{6l}^{D} \forall \mathbf{m}\left[M_{4}^{D}\mathbf{m} \wedge G_{1}^{D}\mathbf{m}\right]$$

T_{M1}^{I} Verbalisiertes Modell der induktiv-statistischen Modellkategorie:

$$T_{M1}^{I} \Leftrightarrow H_{11}^{I} \Leftrightarrow \forall \mathbf{m}\left[M_{1}^{I}\mathbf{m} \wedge S_{1}^{I}\mathbf{m} \overset{P=0{,}95}{\rightarrow} E_{1}^{I}\mathbf{m}\right]$$

T_{M2}^{I} Mathematisiertes Modell der induktiv-statistischen Modellkategorie mit deterministischem Modellteil aus T_{M3}^{D} (Funktionstyp Tobit-Modell):

$$T_{M2}^{I} \Leftrightarrow$$

$$H_{21}^{I}: \frac{\begin{array}{c}1-P\left(E_{1}^{I}\mathbf{m}, M_{1}^{D'}\mathbf{m} \wedge M_{1}^{NK}\mathbf{m} \wedge S_{2}^{I}\mathbf{m} \wedge G_{1}^{kD}\mathbf{m} \wedge G^{GNS}\mathbf{m} \wedge G^{NK}\mathbf{m}\right) < \varepsilon \\ M_{1}^{D'}\mathbf{m} \wedge M_{1}^{NK}\mathbf{m} \wedge S_{2}^{I}\mathbf{m} \wedge G_{1}^{kD}\mathbf{m} \wedge G^{GNS}\mathbf{m} \wedge G^{NK}\mathbf{m}\end{array}}{\text{Also ist es praktisch sicher, dass } E_{1}^{I}\mathbf{m}} \left[1-P<\varepsilon\right]$$

T_{M3}^{I}, T_{M4}^{I} * unbesetzt *, weil induktive Modelle, die mit den deduktiven Modellen T_{M3}^{D} und T_{M4}^{D} vergleichbar sind, fehlen.

T_{M5}^{I} Verbalisiertes Modell der deduktiv-nomologischen Modellkategorie:

$$T_{M5}^{D} \Leftrightarrow H_{51}^{D} \forall \mathbf{m}\left[M_{2}^{D}\mathbf{m} \wedge S_{3}^{I}\mathbf{m} \overset{P=0{,}80}{\rightarrow} \neg E_{1}^{I}\mathbf{m}\right]$$

T^{I}_{M6} Verbalisiertes Modell der deduktiv-nomologischen Modellkategorie:

$$T^{D}_{M6} \Leftrightarrow H^{D}_{61} \forall \mathbf{m} \left[M^{D}_{3}\mathbf{m} \wedge S^{I}_{3}\mathbf{m} \overset{P=0,80}{\rightarrow} E^{I}_{1}\mathbf{m} \right]$$

T^{I}_{M7} * unbesetzt *, weil ein vergleichbares induktives Modell zu T^{D}_{M7} fehlt

3.3.3.1 Grenznutzenschule und Neoklassik

T^{GNS}_{M} Modell der Grenznutzenschule zur optimalen Güternachfrage, bezogen auf die Produktionsanstrengung ihrer Bereitstellung; es gilt:

$T^{GNS}_{M}: M^{GNS} \wedge G^{GNS}$

$T^{GNS'}_{M}$ Das um die Gesetzesaussagen aus den neoklassischen Axiomen der Präferenz G^{NK} erweiterte Modell der Grenznutzenschule; es gilt:

$T^{GNS'}_{M}: T^{GNS}_{M} \wedge G^{NK}$

T^{NK}_{GM} Neoklassisches Grundmodell; es gilt: $T^{NK}_{GM}: M_1 \wedge M_2 \wedge T^{GNS}_{M} \wedge G^{NK} \Leftrightarrow$ $T^{NK}_{GM}: M_{22} \wedge T^{in}_{GM} \Leftrightarrow T^{NK}_{GM}: M_1 \wedge M_{15} \wedge T_{VN2} \Leftrightarrow T^{NK}_{GM}: M_3 \wedge T^{NK}_{VR1} \Leftrightarrow$ $T^{NK}_{GM}: M_3 \wedge T^{NK}_{VR2}$

Ergebnis der Faktualisierung:

$T^{NK,Id}_{GM}: M^{Id}_{3} \wedge T^{NK,Id}_{VR1} \Leftrightarrow T^{NK,Par}_{GM}: M^{Par}_{22} \wedge T^{in,Par}_{GM}$

T_{VN2} Verallgemeinertes, kooperatives verhandlungstheoretisches Modell; es gilt:

$T_{VN2}: S^{in}_{1} \wedge M'_{15} \wedge T^{GNS}_{M} \wedge G^{NK}$

Ergebnis der Faktualisierung:

$T^{Fa}_{VN2}(S^{in}_{1} \wedge G^{NK})^{Fa} \wedge (S_{VN2} \wedge M'_{15})^{Fa} \wedge T^{GNS,Fa}_{M}$

Ergebnis der Faktualisierung: $T^{GNS,Fa}_{M}: M^{GNS,Fa} \wedge (G^{GNS} \wedge G^{NK})^{Fa}$

T^{NK}_{VN0} Neoklassisches Familiennutzen-Familienbudget-Modell; es gilt:

$T^{NK}_{VN0}: M_2 \wedge M_4 \wedge M_5 \wedge M_{15} \wedge T^{GNS}_{M} \wedge G^{NK} \Leftrightarrow T^{MK}_{VN0}: M_{15} \wedge T^{NK}_{VN2}$

Ergebnis der Faktualisierung:

$T^{NK,Par}_{VN0}: (S^{NK}_{VN0} \wedge M_{15} \wedge M_{15a} \wedge M_{15b})^{Fa} \wedge T^{NK,Par}_{VN2}$

T^{NK}_{VN1} Neoklassisches Modell des „männlichen Chauvinisten"; es gilt:

$T^{NK}_{VN1}: M_{13} \wedge T^{NK}_{VN0}$

Ergebnis der Faktualisierung: $T^{NK,Id}_{VN1}: M^{Id}_{13} \wedge T^{NK,Par}_{VN0}$

T^{NK}_{VN1R4} Neoklassische Heckman-Variante; es gilt: $T^{NK}_{VN1R4}: T^{NK}_{VN1} \wedge \left(T^{NK}_{VR8} \wedge M_{14}\right)$

Ergebnis der Faktualisierung:

$T^{NK,Id}_{VN1R4}: (M_{14} \wedge M_{6a})^{Id} \wedge (M_8 \vee M_9 \vee M_{10})^{Fa} \wedge T^{NK,Par}_{VR0} \wedge T^{NK,Id}_{VN1}$

T_{VN2}^{NK} Neoklassisches, kooperatives verhandlungstheoretisches Individualnutzen-Familienbudget-Modell; es gilt:

$T_{VN2}^{NK}: M_2 \wedge M_4 \wedge M_5 \wedge M'_{15} \wedge T_M^{GNS} \wedge G^{NK} \Leftrightarrow$

$T_{VN2}^{NK}: M_2 \wedge M_4 \wedge M_5 \wedge T_{VN2} \Leftrightarrow T_{VN2}^{NK}: M_{22} \wedge T_{VN2}^{in}$

Ergebnis der Faktualisierung: $T_{VN2}^{NK,Par}: M_{22}^{Par} \wedge T_{VN2}^{in,Par}$

T_{VR0}^{NK} „Verallgemeinertes“ neoklassisches Grundmodell, mit dem eine Erwerbstätigkeit und eine Nicht-Erwerbstätigkeit sowie die Partizipationsentscheidung gleichermaßen erklärt werden können; es gilt:

$T_{VR0}^{NK}: M_2 \wedge M_4 \wedge M_5 \wedge T_M^{GNS} \wedge G^{NK} \Leftrightarrow T_{VR0}^{NK}: M'_{11} \wedge T_{VN0}^{NK}$

Ergebnis der Faktualisierung: $T_{VR0}^{NK,Par}: (S_{VR0}^{NK} \wedge M'_{11})^{Fa} \wedge T_{VN0}^{NK,Par}$

T_{VR1}^{NK} Neoklassisches Modell zur Erklärung eines Arbeitsangebots größer gleich Null ohne Besteuerung des Erwerbseinkommens; es gilt: $T_{VR1}^{NK}: M_{01} \wedge T_{VR0}^{NK}$

Ergebnis der Faktualisierung: $T_{VR1}^{NK,Id}: M_{01}^{Id} \wedge T_{VR0}^{NK,Par}$

T_{VR2}^{NK} Neoklassisches Modell zur Erklärung der Partizipationsentscheidung; es gilt:

$T_{VR2}^{NK}: M_{12} \wedge T_{VR1}^{NK} \Leftrightarrow T_{VR2}^{NK}: M_{02} \wedge T_{VR1}^{NK}$

Ergebnis der Faktualisierung: $T_{VR2}^{NK,Id}: M_{02}^{Id} \wedge T_{VR0}^{NK,Par}$

T_{VR3}^{NK} Neoklassisches Modell zur Erklärung von Situationen, in denen der Haushalt vom Arbeitsmarkt fernbleibt; es gilt: $T_{VR3}^{NK}: M_{03} \wedge T_{VR0}^{NK}$

Ergebnis der Faktualisierung: $T_{VR3}^{NK,Id}: M_{03}^{Id} \wedge T_{VR0}^{NK,Par}$

T_{VR4}^{NK} Neoklassisches Modell zur Berücksichtigung einer proportionalen Besteuerung des Erwerbseinkommens (ohne Nichterwerbseinkommen); es gilt:

$T_{VR4}^{NK}: M_6 \wedge T_{GM}^{NK}$

Ergebnis der Faktualisierung: $T_{VR4}^{NK,Par}: (M_6 \wedge M_{6a})^{Fa} \wedge T_{GM}^{NK,Par}$

T_{VR5}^{NK} Neoklassisches Modell zur Berücksichtigung einer proportionalen Besteuerung des Erwerbseinkommens (mit Nichterwerbseinkommen); es gilt:

$T_{VR5}^{NK}: M_6 \wedge T_{VR1}^{NK}$

Ergebnis der Faktualisierung: $T_{VR5}^{NK,Id}: (M_6 \wedge M_{6a})^{Fa} \wedge T_{VR1}^{NK,Id}$

T_{VR6}^{NK} Neoklassisches Modell zur Berücksichtigung einer progressiven Besteuerung des Erwerbseinkommens (ohne Nichterwerbseinkommen); es gilt:

$T_{VR6}^{NK}: M_7 \wedge T_{VR4}^{NK}$

Ergebnis der Faktualisierung: $T_{VR6}^{NK,Par}: (M_7 \wedge M_{6a})^{Fa} \wedge T_{VR4}^{NK,Par}$

T_{VR7}^{NK} Neoklassisches Modell zur Berücksichtigung einer progressiven Besteuerung des Erwerbseinkommens (mit Nichterwerbseinkommen); es gilt:

$T_{VR7}^{NK}: M_7 \wedge T_{VR5}^{NK}$

Ergebnis der Faktualisierung: $T_{VR7}^{NK,Id}:(M_7 \wedge M_{6a})^{Fa} \wedge T_{VR5}^{NK,Id}$

T_{VR8}^{NK} Neoklassisches Modell zur Erklärung des Arbeitsangebots bei Standardisierung in den Wahlmöglichkeiten am Arbeitsmarkt; es gilt:

$\neg T_{VR8}^{NK}:(M_8 \vee M_9 \vee M_{10}) \wedge T_{VR0}^{NK}$

3.3.3.2 Outputorientierte Produktionstheorie

T_{GM}^{out} Grundmodell der outputorientierten Produktionstheorie; es gilt:

$T_{GM}^{out}: M_2 \wedge M_4 \wedge M_5 \wedge M_{16} \wedge T_M^{GNS} \wedge G^{NK} \Leftrightarrow$

$T_{GM}^{out}: M_{16} \wedge T_{VR0}^{NK} \Leftrightarrow T_{GM}^{out}: M'_{19} \wedge T_{VN0}^{out} \Leftrightarrow T_{GM}^{out}: M_{24} \wedge T_{GM}^{in}$

Ergebnis der Faktualisierung: $T_{GM}^{out,Id}: M_{16}^{Id} \wedge T_{VR0}^{NK,Par}$,

$T_{GM}^{out,Id}:(M'_{19} \wedge M'_{19a} \wedge M'_{19b})^{Fa} \wedge T_{VN0}^{out,Id}$

T_{VR5}^{out} Outputorientiertes Modell zur proportionalen Besteuerung; es gilt:

$T_{VR5}^{out}: M_6 \wedge T_{GM}^{out}\big|_{q\geq 1} \Leftrightarrow T_{VR5}^{out}: M_{16} \wedge T_{VR5}^{NK}\big|_{q\geq 1}$

Ergebnis der Faktualisierung: $T_{VR5}^{out,Id}:(M_6 \wedge M_{6a}) \wedge T_{GM}^{out,Id}\big|_{q\geq 1}$

T_{VR8}^{out} Outputorientiertes Modell zu standardisierten Wahlmöglichkeiten; es gilt:

$T_{VR8}^{out}: M_{17} \wedge T_{GM}^{out}$

Ergebnis der Faktualisierung: $T_{VR8}^{out,Id}: M_{17}^{Id} \wedge T_{GM}^{out,Id}$

T_{VN0}^{out} Outputorientiertes Familiennutzen-Familienbudget-Modell; es gilt:

$T_{VN0}^{out}: M_{15} \wedge T_{VN2}^{out} \Leftrightarrow T_{VN0}^{out}: M_{19} \wedge T_{GM}^{out} \Leftrightarrow T_{VN0}^{out}: M_{16} \wedge M_{18} \wedge T_{VN0}^{NK}$

Ergebnis der Faktualisierung: $T_{VN0}^{out,Id}:(M_{15} \wedge M_{15a} \wedge M_{15b})^{Fa} \wedge T_{VN2}^{out,Id}$

T_{VN1}^{out} Outputorientiertes Modell zum „männlichen Chauvinisten"; es gilt:

$T_{VN1}^{out}: M_{20} \wedge M_{21} \wedge T_{VN0}^{out}$

Ergebnis der Faktualisierung: $T_{VN1}^{out,Id}: M_{20}^{Fa} \wedge M_{21}^{Fa} \wedge T_{VN0}^{out,Id}$

T_{VN2}^{out} Outputorientiertes, kooperatives verhandlungstheoretisches Individualnutzen-Familienbudget-Modell; es gilt $T_{VN2}^{out}: M_{16} \wedge M_{18} \wedge T_{VN2}^{NK}$

Ergebnis der Faktualisierung: $T_{VN2}^{out,Id}: M_{16}^{Id} \wedge M_{18}^{Fa} \wedge T_{VN2}^{NK,Par}$

3.3.3.3 Inputorientierte Produktionstheorie

T_{GM}^{in} Grundmodell der inputorientierten Produktionstheorie; es gilt:

$T_{GM}^{in}: S_1^{in} \wedge M_{23} \wedge T_M^{GNS} \wedge G^{NK} \Leftrightarrow T_{GM}^{in}: M_{26} \wedge T_{VN0}^{in} \Leftrightarrow$

$T_{GM}^{in}: M_{29} \wedge M_{30} \wedge T_{GM}^{akt}$

Ergebnis der Faktualisierung:

$T_{GM}^{in,Par}: (M_{26} \wedge M_{26a})^{Fa} \wedge T_{VN0}^{in,Par}$, $T_{GM}^{in,Id}: M_{29}^{Id} \wedge M_{30}^{Id} \wedge M_{3a}^{Id} \wedge T_{GM}^{akt,Fa}$

T_{VR1}^{in} Inputorientiertes Modell mit explizit linear-limitationaler Produktionsfunktion; es gilt: $T_{VR1}^{in}: M_{22} \wedge M'_{22} \wedge T_{GM}^{in} \Leftrightarrow T_{VR1}^{in}: M'_{22} \wedge T_{GM}^{NK}$

Ergebnis der Faktualisierung: $T_{VR1}^{in,Id}: M_{22}^{Par} \wedge M_{22}^{',Id} \wedge T_{GM}^{in,Par}$

T_{VR2}^{in} Inputorientiertes Modell mit Kuppelproduktion; für ein spezielles Beispiel gilt: $T_{VR2}^{in}: M_{25} \wedge T_{GM}^{in}$

Ergebnis der Faktualisierung: $T_{VR2}^{in,Par}: M_{25}^{Par} \wedge T_{GM}^{in,Par}$

T_{VN0}^{in} Inputorientiertes Familiennutzen-Familienbudget-Modell; es gilt:

$T_{VN0}^{in}: M_{15} \wedge T_{VN2}^{in}$

Ergebnis der Faktualisierung:

$T_{VN0}^{in,Par}: (S_{VN0}^{NK} \wedge M_{15} \wedge M_{15a} \wedge M_{15b})^{Fa} \wedge T_{VN2}^{in,Par}$

T_{VN1}^{in} Inputorientiertes Modell zum „männlichen Chauvinisten"; es gilt

$T_{VN1}^{in}: M_{27} \wedge T_{VN0}^{in}$

Ergebnis der Faktualisierung: $T_{VN1}^{in,Id}: M_{27}^{Id} \wedge T_{VN0}^{in,Par}$

T_{VN2}^{in} Inputorientiertes, kooperatives verhandlungstheoretisches Individualnutzen-Familienbudget-Modell; es gilt

$T_{VN2}^{in}: M_{23} \wedge T_{VN2} \Leftrightarrow T_{VN2}^{in}: S_1^{in} \wedge M'_{15} \wedge M_{23} \wedge T_M^{GNS} \wedge G^{NK}$

Ergebnis der Faktualisierung: $T_{VN2}^{in,Par}: M_{23}^{Par} \wedge T_{VN2}^{Fa}$

3.3.3.4 Aktivitätsanalytische Produktionstheorie

T_{GM}^{akt} Aktivitätsanalytisches Grundmodell; es gilt:

$T_{GM}^{akt}: S_1^{akt} \wedge M_2 \wedge M_{28} \wedge T_M^{GNS} \wedge G^{NK}$

Ergebnis der Faktualisierung:

$T_{GM}^{akt,Fa}: (S_1^{akt} \wedge G^{NK})^{Fa} \wedge M_2^{Fa} \wedge M_{28}^{Fa} \wedge T_M^{GNS,Fa}$

T_{VR}^{akt} Modell von Evans (1972); es gilt: $T_{VR}^{akt}: M_{31} \wedge T_{GM}^{akt}$

Ergebnis der Faktualisierung: $T_{VR}^{akt,Id}: M_{31}^{Id} \wedge T_{GM}^{akt,Fa}$

3.3.4 Antezedenzbedingungen

Fa	Index zur Kennzeichnung faktualisierter Antezedenzbedingungen
Id	Index zur Kennzeichnung idealisierter Antezedenzbedingungen
Par	Index zur Kennzeichnung parametrisch-faktualisierter Antezedenzbedingungen
S_1^D	Antezedenzbedingung eines deduktiv-nomologischen Modells, wonach sich das Nichterwerbseinkommen von Eheleuten erhöht
S_1^I	Antezedenzbedingung eines induktiv-statistischen Modells mit gleichem Wortlaut wie S_1^D
S_2^I	Antezedenzbedingung eines induktiv-statistischen Modells, wonach der Funktionstyp des Tobit-Modells gilt
S_3^D	Antezedenzbedingung eines deduktiv-nomologischen Modells, wonach Lohnsätze sinken
S_3^I	Antezedenzbedingung eines induktiv-statistischen Modells mit gleichem Wortlaut wie S_3^D
S_1^{GNS}	Antezedenzbedingung der Grenznutzenschule zum Ersten Gossen'schen Gesetz, wonach der Grenznutzen eines Gutes *i* positiv ist, jedoch mit seinem Verbrauch x_i bzw. der Zeitdauer t_i seiner Nutzung/Bereitstellung abnimmt: $S_1^{GNS}: U(0) = 0, \frac{\partial U(x_i, t_i)}{\partial x_i \partial t_i} > 0, \frac{\partial^2 U(x_i, t_i)}{\partial^2 x_i \partial^2 t_i} < 0$
S_1^{in}	Antezedenzbedingung der inputorientierten Produktionstheorie zum Ersten Gossen'schen Gesetz, wonach der Grenznutzen des Gutes *r* positiv ist, jedoch mit dem Verbrauch von Z_r, x_{ir} bzw. der Zeit t_{jr}^{ne} abnimmt: $S_1^{in}: \frac{\partial U\left(Z_r\left(\mathbf{x_r}, \mathbf{t_r^{ne}}\right)\right)}{\partial Z_r \partial t_{jr}^{ne} \partial x_{ir}} > 0, \quad \frac{\partial^2 U\left(Z_r\left(\mathbf{x_r}, \mathbf{t_r^{ne}}\right)\right)}{\partial^2\left(Z_r\left(\mathbf{x_r}, \mathbf{t_r^{ne}}\right)\right)} < 0$
S_1^{akt}	Antezedenzbedingung der aktivitätsanalytischen Produktionstheorie zum Ersten Gossen'schen Gesetz, wonach der Grenznutzen des Gutes *e* positiv ist, jedoch mit dem Verbrauch von Z_e, x_i^{eff} bzw. x_{0i}^{eff} abnimmt: $S_1^{akt}: \frac{\partial U\left(Z_e(\mathbf{x^{eff}}, \mathbf{x_0^{eff}})\right)}{\partial Z_e \partial x_i^{eff} \partial x_{0i}^{eff}} > 0, \quad \frac{\partial^2 U\left(Z_e(\mathbf{x^{eff}}, \mathbf{x_0^{eff}})\right)}{\partial^2\left(Z_e(\mathbf{x^{eff}}, \mathbf{x_0^{eff}})\right)} < 0$

S_2^{GNS} Antezedenzbedingungen der Grenznutzenschule zum Zweiten Gossen'schen Gesetz, wonach der Umfang an Zeit t_i durch T begrenzt ist:

$$S_2^{GNS}: T - \sum_i t_i = 0$$

S^{NK} Es gelten die neoklassischen Axiome der Präferenz. Danach gilt u. a.:

> „Ein Wirtschaftssubjekt kann die Güter seines Begehrens nach ihrer Dringlichkeit ordnen, sodass die Möglichkeit besteht, diese Präferenzen in Form einer Nutzenfunktion darzustellen".

$S_{VN0}^{NK;WARP}$ Schwaches (WARP=Weak Axiom of Revealed Preference) Axiom der offenbarten Präferenz, bezogen auf die Güter x_0 dem x_1:

> „Wenn gezeigt wurde, dass x_0 dem x_1 vorgezogen wird, so darf niemals gezeigt werden, dass x_1 dem x_0 vorgezogen wird".

$S_{VN0}^{NK;SARP}$ Starkes Axiom (SARP=Strong Axiom) der offenbarten Präferenz, bezogen auf die Güter x_0, x_1 und x_2:

> „Wird x_0 faktisch x_1 vorgezogen, welches faktisch x_2 vorgezogen wird, dann muss x_0 auch x_2 vorgezogen werden".

S_{VN2} Axiom der Substituierbarkeit:

> „Wenn ein Individuum indifferent bezüglich x_0 und x_1 ist, dann kann in jeder denkbaren Präferenzrelation x_0 durch x_1 und x_1 durch x_0 mit einem dritten Gut x_2 substituiert werden":

S_{VR0}^{NK} Entweder gilt $x_{0m} \geq x_{0f}$ und $x_{0f} \geq x$ oder $x_{0f} \geq x_{0m}$ und $x_{0m} \geq x$ oder beides.

3.3.5 Modellannahmen

Fa Index zur Kennzeichnung faktualisierter Modellannahmen

Par Index zur Kennzeichnung von durch parametrische Faktualisierung quantitativ faktualisierter Modellannahmen

Id Index zur Kennzeichnung idealisierter Modellannahmen

M_{01} Der Haushalt befindet sich im Bereich eines Arbeitsangebots größer gleich Null; es gilt: $M_{01}: q \geq 1$

M_{02} Der Haushalt befindet sich genau im Markteintritt; es gilt: $M_{02}: q = 1$, $M_{02} \in M_{01}$

M_{03} Der Haushalt, der keiner Erwerbstätigkeit nachgeht, befindet sich rechts vom Markteintrittpunkt; es gilt: $M_{03}: q < 1$

M_1 Die (Arbeits-)produktivität μ_i der Zeit t_i mit Bezug auf die Marktgüter x_i entspricht der Produktivität μ_{1i} und Grenzproduktivität μ_{1i}' der Erwerbsarbeitszeit t_i^e mit Bezug auf die Marktgüter x_i und diese dem Reallohnsatz w_i/p_i ; es gilt:

$$M_1{:}\mu_i = \frac{x_i}{t_i} \overset{!}{\equiv} \mu_{1i} = \frac{x_i}{t_i^e} = \frac{w_i}{p_i} = \mu'_{1i}$$

M_2 Die Zeit T kann als Freizeit x_0 genutzt werden und/oder als produktive Zeit t_i mit Bezug auf x_i bzw. Arbeitsangebot t_i^e ; es gilt:

$$M_2{:}T - \sum_i t_i - x_0 = T - \sum t_i^e - x_0 = 0, \text{ wobei } \sum t_i^e = t^e$$

M_3 Das Nichterwerbseinkommen V ist gleich Null; es gilt: $M_3{:}V = 0$

M_{3a} Der Haushalt bezieht gegebenenfalls Nichterwerbseinkommen; es gilt

$$M_{3a}{:}V \geq 0$$

M_4 Mit $q \geq 1$ ist das Arbeitsangebot größer gleich Null, mit $q = 1$ liegt der Markteintrittspunkt $x_0{}^*$ vor sowie mit $q < 1$ eine Nichterwerbstätigkeit rechts vom Markteintrittspunkt; es gilt:

$$M_4{:}q \cdot T' = q \cdot \sum_i x_{0i} = \sum_i x_{0i}{}^*, \text{ wobei} \sum_i x_{0i} = x_0 \text{ und } \sum_i x_{0i}^* = x_0^*$$

M_5 Die (Arbeits-)produktivität μ_i der Zeit t_i mit Bezug auf die Marktgüter x_i entspricht der Produktität μ_1 der Erwerbsarbeitszeit t_i^e mit Bezug auf die Marktgüter x_i abzüglich des Anteils des Nichterwerbseinkommens V am Erwerbseinkommen und dieser Ausdruck seinerseits dem Reallohnsatz w/p ; es gilt:

$$M_5{:}\mu_{1i} = \frac{x_i}{t_i} \overset{!}{\equiv} \frac{x_i}{t_i^e} - \frac{V}{p_i \cdot t_i^e} = \frac{w_i}{p_i}$$

M_6 Der Lohnsatz kann als Nettolohnsatz interpretiert werden; es gilt:

$$M_6{:}w \equiv w^N$$

M_{6a} Es liegt kein systematischer Fehler b vor, gegeben als Differenz zwischen einem erklärten Wert μ^* und einem wahren Wert μ :

$$M_{6a}{:}b = \mu^* - \mu \overset{!}{=} 0$$

M_7 Der Nettolohnsatz geht auf eine stetig verlaufende Progression zurück; es gilt: $M_7{:}w^N = w^B\left(1 - s\left(t^e\right)\right)$

M_8 Es liegt eine Vollzeiterwerbstätigkeit im Umfang von größer gleich 38,5 Stunden/Woche vor; es gilt: $M_8{:}t^e \geq 38{,}5$

M_9 Es liegt eine Teilzeiterwerbstätigkeit im Umfang von mehr als 19,25 und weniger als 28,5 Stunden/Woche vor; es gilt: $M_9{:}19{,}25 < t^e < 28{,}5$

M_{10} Es liegt keine Erwerbstätigkeit vor; es gilt: $M_{10}{:}t^e = 0$

M_{11} Die Grenznutzen aus der Freizeitnachfrage x_{0i} der Eheleute $i = m, f$ müssen nicht gleich sein; es gilt also:

$$M_{11}{:}\frac{\frac{\partial U}{\partial x_{0m}}}{\frac{\partial U}{\partial x_{0f}}} = \frac{w_m}{w_f} \begin{matrix}\leq \\ \geq\end{matrix} 1, \text{ mit } w \equiv w_i \text{ und } x_0 \equiv x_{0i}$$

M'_{11} Die Grenznutzen aus der Freizeitnachfrage x_{0i} der Eheleute $i = m, f$ sind gleich; es gilt also:

$$M'_{11}{:}\frac{\frac{\partial U}{\partial x_{0m}}}{\frac{\partial U}{\partial x_{0f}}} = \frac{w_m}{w_f} = 1 \Leftrightarrow \frac{dU}{dx_0} = w, \text{ mit } w \equiv w_i \text{ und } x_0 \equiv x_{0i}$$

M_{12} Die verfügbare Zeit T wird im Haushaltsgleichgewicht vollständig für die Freizeitnachfrage x_0^* aufgewandt; es gilt: $M_{12}{:}T = x_0^*$

M_{13} Die kompensierten Kreuzsubstitutionseffekte einer Lohnsatzänderung, bezogen auf die Freizeitnachfrage bzw. das Arbeitsangebot, sind gleich Null; es gilt:

$$M_{13}{:}\left.\frac{dg_{0i}}{dw_j}\right|_{\overline{U}} = \left.\frac{dg_{0j}}{dw_i}\right|_{\overline{U}} = 0, \text{ mit } i = f, m \text{ und } j = m, f, \text{ wobei } i \neq j$$

M_{14} Die Hausarbeitszeit der Frau t_f^h ist als Bestandteil ihrer Gesamtzeit T_f konstant; es gilt: $M_{14}{:}T_f = x_{0f} + t_f^h + t_f^e$

M_{15} Bedingung der Gleichheit des Nutzentransfers zwischen U_i und U_j bei konstanten Konfliktauszahlungen D_i und D_j; es gilt:

$$M_{15}{:}\frac{dU_i}{dU_j} = 1 \Leftrightarrow \left.\frac{\left(U_i - \overline{D}_i\right)}{\left(U_j - \overline{D}_j\right)}\right|_{\overline{N} = \left(U_f - \overline{D}_f\right)\cdot\left(U_m - \overline{D}_m\right)} = 1$$

mit $i = j = 1, \ldots, M$ und $i \neq j$

M'_{15} Der Nutzentransfer zwischen U_i und U_j kann durch eine Neumann-Morgenstern'sche Nutzenfunktion beschrieben werden als

$$M'_{15}: \frac{dU_i}{dU_j} \Leftrightarrow \left.\frac{(U_i - D_i)}{(U_j - D_j)}\right|_{\overline{N}=(U_i-D_i)(U_j-D_j)} \qquad \text{mit } i = j = 1,\ldots, M \text{ und } i \neq j$$

M_{15a} Der Substitutionseffekt einer Änderung des Lohnsatzes der Person *i*, bezogen auf deren Arbeitsangebot, ist positiv; es gilt:

$$M_{15a}: \left.\frac{dg_{ei}}{dw_i}\right|_{\overline{U}} > 0$$

M_{15b} Es besteht eine Gleichheit zwischen den kompensierten Kreuzpreissubstitutionseffekten bzw. Kreuzlohneffekten der Familienmitglieder *i* und *j*; es gilt:

$$M_{15b}: \left.\frac{dg_{ei}}{dw_j}\right|_{\overline{U}} \overset{!}{=} \left.\frac{dg_{ej}}{dw_i}\right|_{\overline{U}}$$

M_{16} Das Verhältnis zwischen der Grenzproduktivität der Erwerbsarbeit und der Hausarbeitszeit mit Bezug auf die konsumierbaren Güter x wird über den Faktor q beschrieben; es gilt:

$$M_{16}: q\big|_{\overline{x}} = x_0^* \cdot \left(\frac{1}{x_0 + t^h}\right) = \frac{\frac{w}{p}}{\frac{\partial f}{\partial t^h}\left(t^h\right)} = \frac{\frac{w}{p}}{w^*} = \frac{\mu_1'}{\mu_2'} = \frac{\mu_1}{\mu_2'}$$

M_{17} Es gibt Produktivitätsunterschiede in der Kinderbetreuung; für diese gilt mit $n = n_1 + n_2 + n_3$:

$$M_{17}: \frac{\mu_i}{n} = \frac{\frac{x_i}{t_i}}{n} = n_1 \cdot \frac{\partial f_{kh}}{\partial t^h}\left(t^h\right) = n_1 \cdot \mu_{2kh}$$
$$= n_2 \cdot \alpha_{km} \frac{x_{km}}{t_{km}^e} = n_2 \cdot \alpha_{km} \frac{w}{p_{km}} = n_2 \cdot \alpha_{km} \cdot \mu_{1km}$$
$$= n_3 \cdot \alpha_{kah} \frac{x_{kah}}{t_{kah}^e} = n_3 \cdot \alpha_{kah} \frac{w}{p_{kah}} n_3 \cdot \alpha_{kah} \cdot \mu_{1kah},$$

M_{18} Die absolvierte Hausarbeitszeit kann den Haushaltsmitgliedern *i* zugeordnet werden; es gilt:

$$M_{18}: t^h = \sum_i t_i^h \qquad i = 1,\ldots, M$$

M_{19} Bei $w \equiv w_i$ müssen die mit der Lohnsatzrelation und den Schattenpreisen λ_{2i} der Einhaltung der (zusammengesetzten) Totaleinkommensrestriktion gewogenen Grenznutzen aus der Freizeitnachfrage x_{0m} und x_{0f} nicht gleich sein; es gilt:

$$M_{19}: \frac{\frac{\partial U}{\partial x_{0m}}}{\lambda_{2m} \cdot w_m} \gtreqless \frac{\frac{\partial U}{\partial x_{0f}}}{\lambda_{2f} \cdot w_f}$$

M'_{19} Bei $w \equiv w_i$ müssen die mit der Lohnsatzrelation und den Schattenpreisen λ_{2i} der Einhaltung der (zusammengesetzten) Totaleinkommensrestriktion gewogenen Grenznutzen aus der Freizeitnachfrage x_{0m} und x_{0f} gleich sein; es gilt:

$$M'_{19}: \frac{\frac{\partial U}{\partial x_{0m}}}{\lambda_{2m} \cdot w_m} = \frac{\frac{\partial U}{\partial x_{0f}}}{\lambda_{2f} \cdot w_f} \text{ mit } \lambda_{2i} = -\left(\frac{\sigma_i}{w_i} + \frac{\lambda_1 \cdot \frac{\partial f_i}{\partial t_i^h}\left(t_i^h\right)}{w_i} \right)$$

M'_{19a} Die Eheleute m und f haben uneinheitliche Lohnsätze w; es gilt:

$$M'_{19a}: w_m \neq w_f$$

M'_{19b} Entweder leistet nur einer der beiden Eheleute m und f Hausarbeit t^h oder beide in unterschiedlichem Umfang; es gilt:

$$M'_{19b}: t_f^h \neq t_m^h$$

M_{20} Der Reallohnsatz der Ehefrau ist niedriger als der des Ehemannes; es gilt

$$M_{20}: \mu_{1f} < \mu_{1m} = \mu_{1f}' < \mu_{1m}' \equiv {}^{w_f}\!/_{p} < {}^{w_m}\!/_{p}$$

M_{21} Die Ehefrau hat eine höhere Grenzproduktivität in der Hausarbeit als ihr Ehemann; es gilt:

$$M_{21}: \mu_{2f}' > \mu_{2m}' \equiv \frac{\partial f_f}{\partial t_f^h}\left(t_f^h\right) > \frac{\partial f_m}{\partial t_m^h}\left(t_m^h\right)$$

M_{22} Es ist keine Veränderung im Faktor α_r, dem relativen Anteil der indirekten Kosten an den gesamten Produktionskosten π_r, feststellbar; es gilt:

$$M_{22}: d\alpha_r = \left| \frac{da_{jr}^{ne}}{db_{ir}} \right|_{Z_r} \equiv 0$$

M'_{22} Wie M_{22}, wobei als Ursache für die fehlende Möglichkeit der Faktorsubstitution $d\alpha_r = 0$ ein limitationaler Produktionsprozess ersichtlich ist:

$$M'_{22}: \alpha_r = \frac{\mathbf{w}' \cdot \mathbf{a}_r^{ne}(Z_r) \cdot Z_r}{\mathbf{p}' \cdot \mathbf{b}_r(Z_r) \cdot Z_r + \mathbf{w}' \cdot \mathbf{a}_r^{ne}(Z_r) \cdot Z_r} \overset{!}{\equiv} \alpha_r^{eff}$$

M_{23} Die Produktivität μ_i der Zeit t_i mit Bezug auf die Marktgüter x_i ist durch die Minimalkostenkombination festgelegt, die einerseits durch Produktivität der Erwerbsarbeitszeit t_i^e mit Bezug auf die Marktgüter x_i bestimmt wird, andererseits durch die rein haushaltsinterne Größe der Relation zwischen der Grenzproduktivität μ_{3r}' der Nichterwerbsarbeitszeit t_{jr}^{ne} und der Grenzproduktivität μ_{4r}' des Marktgütereinsatzes x_{ir} bei der Produktion von Haushaltsendgütern Z_r:

$$M_{23}: \mu_i = \frac{x_i}{t_i} \overset{!}{\equiv} \mu_{1ij} = \mu_{1ij}' = \frac{w_j}{p_i} \overset{!}{\equiv} \frac{\mu_{3r}'}{\mu_{4r}'} = \frac{1}{d\alpha_r}$$

M_{24} Die Veränderungen des relativen Anteils α_r der indirekten Kosten an den gesamten Produktionskosten π_r sind über die Grenzproduktivität der Erwerbsarbeitszeit μ_1' und ein Vielfaches q der Grenzproduktivität der Hausarbeitszeit μ_2' festgelegt; es gilt:

$$M_{24}: \mu_i \equiv \mu_{1i} = q \cdot \mu_2' \overset{!}{\equiv} \mu_i \equiv \mu_{1ij} = \frac{\mu_{3r}'}{\mu_{4r'}} = \frac{1}{d\alpha_r}$$

M_{25} Die Produktivität μ_i der Zeit t_i mit Bezug auf die Marktgüter x_i ist bei der Kuppelproduktion der Güter Z_1 und Z_2 durch die Minimalkostenkombination festgelegt, die einerseits durch die vom Markt vorgegebene Produktivität μ_{1ij} der Erwerbsarbeitszeit t_j^e mit Bezug auf die Marktgüter x_i bzw. dem Reallohnsatz w_j / p_i bestimmt wird, andererseits durch die rein hauhaltsinterne Größe der Substitutionsrate μ_{31}'/μ_{41}' zwischen Marktgütern und Nichterwerbsarbeitszeit mit Bezug auf Z_1 sowie durch die mit den Grenzkosten λ_2 für Z_2 und dem Marktgüterpreis p_1 gewichtete Grenzproduktivität der Nichterwerbsarbeitszeit mit Bezug auf Z_2; es gilt speziell für das auf Seite 280 beschriebene Beispiel:

$$M_{25}: \frac{w_j}{p_i} = \frac{\dfrac{\partial Z_1}{\partial a_{j1}^{ne}}}{\dfrac{\partial Z_1}{\partial b_{i1}}} + \frac{\lambda_2}{p_i} \cdot \frac{\partial Z_2}{\partial a_{j1}^{ne}} \Leftrightarrow \mu_i \equiv \mu_{1ij} = \mu_{1ij}' = \frac{w_j}{p_i} \overset{!}{\equiv} \frac{\mu_{31}'}{\mu_{41}'} + \frac{\lambda_2}{p_i} \cdot \mu_{32}'$$

M_{26} Die Ehepartner unterscheiden sich nicht voneinander hinsichtlich ihrer Grenzproduktivitäten μ_1' der Erwerbsarbeitszeit t_j^e mit Bezug auf Marktgüter x_i und ihrer Grenzproduktivitäten μ_{3r}' der Nichterwerbsarbeitszeit t_j^{ne} mit Bezug auf die Haushaltsendgüter Z_r; es gilt:

$$M_{26}: \mu_{1ij}' = \mu_{1im}' = \mu_{1if}', \mu_{3r}' = \mu_{3mr}' = \mu_{3fr}'$$

M_{26a} Im Haushalt leben nur Erwerbsfähige *i* eines Geschlechts *m* oder *f*; es gilt:

$$M_{26a}: (i = f \wedge i \neq m) \vee (i = m \wedge i \neq f)$$

M_{27} Eine Faktorsubstitution zwischen den Nichterwerbsarbeitszeiten von Eheleuten ist ausgeschlossen; es gilt:

$$M_{27}: \left.\frac{dt_{fr}^{ne}}{dt_{mr}^{ne}}\right|_{\bar{Z}_r} = 0$$

M_{28} Die Produktivität μ_i der Zeit t_i mit Bezug auf die Güter x_i ist auf dem effizienten Rand $(\mathbf{x}^{\mathbf{eff}}, \mathbf{x}_0^{\mathbf{eff}})$ der Erwerbs- und Konsumtechnologie des Haushalts mit μ_5 durch den Reallohnsatz w/p festgelegt, es gilt:

$$M_{28}: \mu_i = \frac{x_i}{t_i} \overset{!}{\equiv} \mu_5 = \frac{w}{p} = \frac{1}{p} \cdot \frac{\lambda_e \cdot Z_e}{\mathbf{1}' \cdot \mathbf{x}_0^{\mathbf{eff}}} - \frac{\mathbf{1}' \cdot \mathbf{x}^{\mathbf{eff}}}{\mathbf{1}' \cdot \mathbf{x}_0^{\mathbf{eff}}} = \frac{\mathbf{1}' \cdot \mathbf{x}^{\mathbf{eff}}}{\mathbf{1}' \cdot \mathbf{x}_0^{\mathbf{eff}}} + \frac{w}{p} - \frac{\mathbf{1}' \cdot \mathbf{x}^{\mathbf{eff}}}{\mathbf{1}' \cdot \mathbf{x}_0^{\mathbf{eff}}}$$

M_{29} Die Bereitstellung eines bestimmten Produktionsniveaus der Haushaltsendgüter Z_r * ist über alternativ realisierbare Erwerbs- und Freizeitaktivitäten $\mathbf{h}^{\mathbf{e}}$ und $\mathbf{h}^{\mathbf{ne}}$ hinsichtlich des effizienten Einsatzes der Produktionsfaktoren $\mathbf{x}^{\mathbf{eff}}$ und $\mathbf{x}_0^{\mathbf{eff}}$ durch die Technologien **B** und **E** beschreibbar:

$$M_{29}: \mathbf{z}^* = \mathbf{B} \cdot \mathbf{h}^{\mathbf{e}} \cdot \frac{w}{p} + \mathbf{E} \cdot \mathbf{h}^{\mathbf{ne}} \cdot \frac{1}{a_{jr}^{ne}} = \mathbf{B} \cdot \mathbf{x}^{\mathbf{eff}} + \mathbf{E} \cdot \mathbf{x}_0^{\mathbf{eff}}, \text{ mit } \mathbf{h} \equiv \mathbf{h}^{\mathbf{e}} + \mathbf{h}^{\mathbf{ne}}$$

M_{30} Die Substitutionsrate zwischen den Konsum- und Freizeitaktivitäten h_h^e und h_h^{ne} ist gleich Eins. Ferner ist das Verhältnis zwischen den Technologien **E** und **B** durch die Koeffizienten b_{ir} des Technologievektor $\mathbf{b_r}$ festgelegt:

$$M_{30}: \left|\frac{dh_h^e}{dh_h^{ne}}\right|_{K^*} = 1, \quad \frac{\mathbf{E}}{\mathbf{B}} = b_{ir}$$

M_{31} Die Nutzenfunktion bezieht sich auf Gütereigenschaften **z**, die als Produkt von **B** und **h** bzw. **B** und **x** definiert sind:

$$M_{31}: U(\mathbf{z}) \equiv U(\mathbf{B} \cdot \mathbf{h}) \equiv U(\mathbf{B} \cdot \mathbf{x}), \quad \text{mit} \quad \mathbf{z} = \mathbf{B} \cdot \mathbf{h} = \mathbf{B} \cdot \mathbf{x}$$

M^{GNS} Für die Arbeitsproduktivität bei der Bereitstellung von Gütern durch den Einsatz von Zeit gilt $M^{GNS}: \mu_l : x_l / t_i$

M_1^D, M_1^I Eheleute entscheiden über ihr Arbeitsangebot auf der Grundlage ihres gemeinsamen Totaleinkommens

$M_1^{D'}\ M_1^{I'}$ M_1^D lässt sich als Funktionsgleichung auslegen

$M_{1a}^{D'}$	Die vom Haushalt begehrten Güter x bestehen nur aus Marktgütern x_m; es gilt: $M_{1a}^{D'}: x = x_m$
$M_{1b}^{D'}$	Die vom Haushalt begehrten Güter x bestehen aus gegeneinander vollständig substituierbaren Marktgütern x_m und Haushaltsgütern x_h; es gilt: $M_{1b}^{D'}: x = x_m + x_h$, mit $x_m = \frac{w_i^B \cdot t_i^e}{p} + \frac{V}{p}$ und $x_h = \frac{\partial f}{\partial t^h}\left(t^h\right)$
M_1^{NK}	Die Präferenzen eines Haushalts lassen sich in Form einer Cobb-Douglas-Nutzenfunktion darstellen
M_2^{NK}	Die Präferenzen eines Haushalts lassen sich in Form einer Stone-Geary-Nutzenfunktion darstellen
M_2^D, M_2^I	Ehefrauen reagieren auf die Lohnsätze ihrer Männer
M_3^D, M_3^I	Ehemänner reagieren auf die Lohnsätze ihrer Frauen
M_4^D	Ehefrauen verhalten sich als „secondary workers" und betrachten das Erwerbseinkommen ihrer Ehemänner als ihr Nichterwerbseinkommen

3.3.6 Sätze

E_1^D	Explanandum-Satz eines deduktiv-nomologischen Modells, wonach ein Ehepaar sein gemeinsames Arbeitsangebot verringert
E_1^I	Explanandum-Satz eines induktiv-statistischen Modells mit gleichem Wortlaut wie E_1^D
E_1^{GNS}	Explanandum-Satz des Zweiten Gossen'schen Gesetzes, wonach der Grenznutzen $\partial U(\ )$ der Menge eines Gutes i über alle Güterarten $i = 1, \ldots, I$ gleich ist (Ausgleich der gewogenen Grenznutzen); es gilt: $E_1^{GNS}: \frac{\partial U(x_i)}{\partial t_i} = \frac{\partial U(t_i)}{\partial t_i} = \frac{\partial U(x_i)}{\partial x_i}$
E_M^{GNS}	Explanandum-Satz des Modells zur Grenznutzenschule T_M^{GNS}

FSC
www.fsc.org
MIX
Papier | Fördert gute Waldnutzung
FSC® C083411

Kolibri 360 GmbH
Ferdinand-Jühlke-Straße 7
99095 Erfurt, Deutschland
produktsicherheit@kolibri360.de

Druck:
CPI Druckdienstleistungen GmbH
im Auftrag der
Kolibri 360 GmbH
Ferdinand-Jühlke-Str. 7
99095 Erfurt